高等学校土木工程专业规划教材
卓越工程师教育培养计划试用教材

Bridges Construction
桥 梁 施 工

（第二版）

徐 伟 主 编

郭征红 骆艳斌
夏乔网 黄 丁 副主编

人民交通出版社
China Communications Press

内 容 提 要

本书是在土木工程专业课程体系改革的基础上，根据面向21世纪土木类人才培养目标和“卓越工程师”的培养要求组织编写的。在编写中，本书注重对基本原理和基本方法的阐述，并结合当前桥梁工程领域新的施工技术和施工方法，强调技术发展及其实用性，力求做到理论联系实际，较全面地反映当前桥梁工程施工的先进水平和科技成果。同时，综合现行设计施工规范、规程和标准，以培养学生在桥梁工程领域的技术工作能力和专业水平为目的。在编写中，努力做到图文并茂、深入浅出、通俗易懂。

全书共16章，全面、系统地介绍了铁路、公路桥梁各种桥跨结构、墩台及各种形式基础的施工方法、施工控制技术、施工组织与施工管理，并给出了几种典型桥梁的施工实例。

本书可作为高等院校土木工程专业桥梁工程专业课教材，也可供桥梁设计、施工技术人员参考。

图书在版编目(CIP)数据

桥梁施工/徐伟主编. —2版. —北京：人民交通出版社，2013.6

ISBN 978-7-114-10542-5

I. ①桥...　II. ①徐...　III. ①桥梁施工—高等学校—教材　IV. ①U445

中国版本图书馆CIP数据核字(2013)第069748号

高等学校土木工程专业规划教材
卓越工程师教育培养计划试用教材

书　　名：桥梁施工(第二版)
著 作 者：徐　伟
责任编辑：曲　乐　黎小东
出版发行：人民交通出版社
地　　址：(100011)北京市朝阳区安定门外外馆斜街3号
网　　址：http://www.ccpress.com.cn
销售电话：(010)59757973
总 经 销：人民交通出版社发行部
经　　销：各地新华书店
印　　刷：北京鑫正大印刷有限公司
开　　本：787×1092　1/16
印　　张：25.5
字　　数：650千
版　　次：2008年7月　第1版
2013年6月　第2版
印　　次：2020年12月　第2版　第5次印刷　总第8次印刷
书　　号：ISBN 978-7-114-10542-5
定　　价：49.00元

第二版前言

随着我国交通事业的蓬勃发展，一大批跨越大江大河、甚至跨海湾的特大型桥梁正不断地建立起来。自本书第一版出版后，我国桥梁建设事业方兴未艾，推动了桥梁施工技术的创新与发展。尽管我国已在基础设施建设和城市建设等各个方面取得了重要成就，但在祖国建设中未来桥梁工程事业的发展对桥梁工程师提出了更高的要求。与世界发达国家相比，我国土木工程师的培养还存在一定差距。我们有必要改变传统的教育理念和培养模式，把科学素养、技术能力、工程素养、人文精神、领导才能、活动能力、创新潜质等融合在一起，培养能够针对不同工程问题制定最佳规划、设计和建设方案，并负责实施的卓越土木工程人才。围绕着这个卓越工程师的培养目标，我们进行了本书第二版的修改。

本书第二版在前一版的基础上，结合我国最新的桥梁施工技术规范、工程实例、相关文献对近几年国内外桥梁施工新技术、新工艺进行了汇编，补充到本书的各章节中。主要参考文献为《公路桥涵施工技术规范》(JTG/T F50—2011)及《〈公路桥涵施工技术规范〉实施手册》。

第二版修订工作第1～4章由李洋洋完成；第5～8章由代鑫完成；第9～11章由夏乔网完成；第12～16章由黄丁完成。徐伟对全书进行了校审和统编。

由于桥梁施工技术和管理的发展日新月异，限于编者的水平，书中可能存在不足之处，诚挚地希望读者提出宝贵意见，不吝赐教。

编　者

2013年春于同济大学

第一版前言

大力发展交通运输事业，建立四通八达的现代化交通网，对于发展国民经济，加强全国各族人民的团结，促进文化交流和巩固国防等方面，都具有非常重要的作用。桥梁是交通线中的重要组成部分，它飞越深沟峡谷、跨越江河湖海，使天堑变通途。世界各大城市，常以雄伟壮丽、简约美观的大桥作为城市的标志与骄傲。因而桥梁结构已不仅仅被视为交通线上重要的工程实体，而且常作为一个国家科学技术、综合国力的体现。进入21世纪以来，为适应经济全球化和生产力的高速发展，随着科学技术的突飞猛进，更大跨度和更大规模的跨江工程、跨海工程，推动了桥梁结构向高强、轻型、大跨度的方向发展。

桥梁施工技术，特别是大跨度桥梁施工技术要求较高，施工难度较大。随着科学技术的进步，施工机具、设备和土木工程材料的发展，桥梁施工技术得到不断改进、提高并逐步发展和丰富起来。目前，桥梁施工技术的发展主要体现在大型深水基础施工技术、无支架施工技术、大型施工机具、大型构件的高精度制造技术和施工全过程的控制技术等方面。经过改革开放后30年来的发展，我国桥梁的建造技术达到了世界先进水平，进入了世界桥梁强国之列。

《桥梁施工》是土木工程专业桥梁方向的一门限定选修专业课，其目的是使学生通过学习能了解桥梁施工的基本方法和关键技术，初步具有拟订桥梁施工方案的能力以及掌握施工技术、施工组织计划的基本知识，为毕业后从事桥梁工程设计、施工和管理等工作奠定基础。鉴于《桥梁施工》实践性强、综合性大和社会性广，桥梁施工中许多技术问题的解决和管理系统的建立，均要涉及有关学科知识的综合应用。因此，本书依据土木工程专业教学指导委员会课程大纲，力求拓宽学生的专业知识面，注重相关学科的基本理论和知识的综合运用，使学生达到理论联系实际的学习效果。在编写中，我们在极力反映国际桥梁施工先进技术的同时，也尽可能介绍我国成熟的施工技术和创新发展的新技术及管理的新成果。

本教材由徐伟担任主编，郭征红、骆艳斌担任副主编。参加编写的其他人员有：谢小松、陈灿、宋灿、李劭晖、孙旻、胡晓依、赵飞、谭萍、关雪梅、时春霞、李明雨、高吉龙、刘海、吕茫茫、徐蓉、席永慧。限于编者水平有限，本书难免会有错误和遗漏之处，诚挚地希望读者对此来函、来电，不吝赐教，我们对此表示深深的感谢。

编　者

2008年6月

目　　录

第一章　绪　　论

第一节　概　　述

桥梁是交通的重要设施之一，是跨越山沟、河流、道路、海峡和海湾的大型结构工程。不仅如此，一座功能完备、设计优良的桥梁还是一个城市的象征与骄傲，如我国的南京长江大桥和美国的旧金山金门大桥等。桥梁建设的历史悠久，最早可以追溯到三千年前出现的粗石桥。经过几千年的时间沉淀，桥梁的结构形式从以木桥、石板桥、石拱桥为主发展到现在的多种材料建造而成的大跨径拱桥、斜拉桥和悬索桥。随着人类进步与社会经济的发展，人们对于桥梁的设计要求不仅仅局限于其交通功能，更是提出了桥梁的造型艺术美观与周围环境相协调等人文理念，进而使得现代桥梁的发展越来越具有人性化和美学价值。

随着科学技术的进步，以及施工机具、设备和建筑材料的更新与发展，对于桥梁施工技术的要求也就越来越高。以桥梁下部结构为例，自钢筋混凝土推广使用以来，桥梁墩台的结构形式趋于多样化。除了传统的重力墩台外，还发展了空心墩、桩柱式墩台、构架式墩台、框架式墩台、双柱式墩、拼装墩台及预应力钢筋混凝土薄壁墩等新型墩台，并日趋轻型、柔性化。与此同时，桥梁基础发展迅速。20 世纪 50 年代以后，以中国、日本为首的跨江、跨海峡大桥的兴建，大力发展了深水基础技术。如 20 世纪 50 年代在武汉长江大桥中首创了管柱基础，60 年代在南京长江大桥中发展了重型沉井、深水钢筋混凝土沉井和钢沉井，70 年代在九江长江大桥中创造了双壁钢围堰钻孔桩基础，80 年代后进一步发展了复合基础。进入 21 世纪以来，钢吊箱围堰加钻孔灌注桩高桩承台式结构在特大型桥梁基础工程中逐渐推广应用，相应地出现了我国原创的深水区大型群桩基础施工技术。在日本，由于本四联络线工程的建设，近 20 年来，其深水基础技术发展很快，以地下连续墙、设置沉井和无人沉箱技术最为突出。

由此可见，桥梁结构形式众多，相应地对应着多种不同的施工方法、施工设备和施工技术，这些也就决定了桥梁施工技术相对复杂、控制难度相对加大。桥梁工程施工的特点主要体现为：①施工生产的流动性和地区性；②施工周期长、占用流动资金多；③露天作业、水中作业及高空作业多；④工程的单一性；⑤施工生产组织的复杂性。因此，对于桥梁结构而言，除了正确设计外，选择合适的桥梁施工技术，将施工方法与施工过程相结合，并贯穿于桥梁结构的设计中也尤为重要。

第二节　桥梁工程施工技术的发展概况

我国桥梁的施工技术有过非常辉煌的历史，早在距今约三千年的周文王时，我国就已在宽阔的渭河上架设过大型浮桥。后陆续涌现了一大批以石料、铁为建材的桥梁建筑，其中以被称为国宝桥的河北“赵州桥”为代表。赵州桥（图 1-1）已经有 1 400 年的历史，是当今世界上跨径最大、建造最早的单孔敞肩型石拱桥，经历了 10 次水灾、8 次战乱和多次地震都没有造成破坏。1991 年 9 月，赵州桥被美国土木工程师学会选定为第十二个“国际土木工程里程碑”。

18 世纪以后，欧洲率先进入工业社会，从根本上改变了 200 年西方文明的历史，促进了大规模的铁路桥梁建设。迄今，以英国不列颠尼亚箱梁桥(跨度 141m，1850 年)、美国布鲁克林悬索桥(跨度 486m，1883 年)及英国福斯悬臂桁架桥(跨度 520m，1890 年)为标志的桥梁建筑仍散发着西方工业文明的气息。

图 1-1　赵州桥

20 世纪初期，西方工业社会获得空前发展。美国率先出现了兴建高速公路和城市交通基础设施的高潮，从而促进了中小跨径的钢筋混凝土桥和大跨径钢桁架桥、钢拱桥和钢悬索桥的大量兴建。由于养护方便，在 100m 以内的中小跨径桥梁范围内，钢筋混凝土简支梁桥、带挂孔的悬臂梁桥以及拱桥逐步代替了小跨径钢桥，成为 20 世纪上半叶中小跨度桥梁的主流桥型。石拱桥施工过去都采用满堂支架，在水流湍急的山谷中和有洪汛的大河上建造拱桥，常常会因支架被冲毁而造成事故。20 世纪 30 年代欧洲的一座拱桥首创一种不用支架的钢筋混凝土拱肋分段悬拼施工技术获得成功，这种被称为“米兰法”的无支架施工工艺是桥梁史上一次重要的创新，改变了过去在支架上施工、最后落架的传统方式。20 世纪 30 年代的另一个重要成就是大跨径悬索桥和拱桥的发展和创新，以美国纽约华盛顿桥(跨度 1 067m，1931 年)、旧金山金门大桥(见图 1-2，跨度 1 280m，1937 年)为代表显示其在桥梁领域的垄断实力。

二次世界大战后，德国、日本再度崛起。20 世纪 50 年代起，联邦德国经济的复苏推动了德国桥梁工程的发展，斜拉桥结构得以初露锋芒，并很快波及世界桥梁工程界。1953 年，德国工程师 Finsterwald 在建造跨越莱茵河的 Worms 桥时，首创了预应力混凝土悬臂梁桥挂篮悬浇的节段施工新技术取得成功，这一新技术使预应力混凝土梁式桥突破了 100m 跨度。1958 年建造的 SC 莱茵河桥(图 1-3)，全长 1 281.6m，主跨 205m，主跨悬臂施工，边跨施工时采用辅助墩，使预应力混凝土梁式桥第一次突破了 200m。

图 1-2　金门大桥

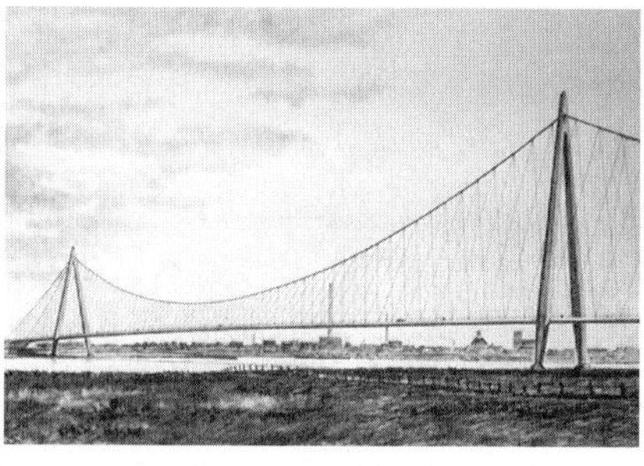

图 1-3　SC 莱茵河桥

20 世纪 60 年代，欧美各国在兴建高速公路的高潮中建造了许多桥梁，进入了桥梁建设的黄金时代。预应力夹片锚和抗疲劳的高应力幅冷铸镦头锚的问世，预应力混凝土的节段施工工艺在挂篮悬浇法以后又出现了预制节段悬拼工艺，以及在移动托架上或用架桥机悬挂的拼装工艺，是预应力技术发展的高峰时期。高强度螺栓的摩擦型连接取代了传统的铆钉连接，从此栓焊结构成为大跨径钢桥的新形式。从钢桥面发展到预应力混凝土桥面以及两种材料结合(竖向、横向和纵向)的多种形式，使斜拉桥在很大的跨度范围内都成为最有竞争力的桥梁。可以说，这一年代是斜拉桥发展的第一个高峰期。还有一些创始于 20 世纪 50 年代，在 60 年代趋于成熟的先进施工技术，如预应力混凝土悬臂梁桥的挂篮现浇施工、上层移动支架进行预制构件节段的悬拼施工等。

20 世纪 70 年代可以说是预应力技术发展的成熟期，与此同时，斜拉桥已开始由前联邦德国向欧洲各国以及加拿大、美国、日本等国推广。特别是在法国，斜拉桥和预应力技术的结合出现了采用预应力混凝土桥塔和桥面的 P. C. 斜拉桥。一种创新的顶推法施工工艺在这一年代获得了成功。这种将节段预制工厂设置在桥头，在前端钢鼻梁的帮助下，逐段向前顶推，直至完成全部多跨连续梁的浇筑和架设。所有工作都在桥头工厂中完成，在运输和安装条件比较困难的山谷地区是一种经济合理的工法。以后又发展到曲线长桥的顶推施工。

20 世纪 80 年代，日本、丹麦开辟了兴建跨海工程的先河。日本在建造本四联络桥中的悬索桥时，首创预制平行钢丝索股的施工技术，将排成正六边形的 127 根钢丝索股一次牵拉就位，大大提高了主缆施工效率。20 世纪 80 年代初，我国迎来了改革开放的新时期，率先在广东省掀起了桥梁建设的高潮，但基本上是一种跟踪性的发展和提高。如 1988 年建成的广东江门外海桥(图 1-4)，主桥为 9 孔一联预应力混凝土变截面连续梁桥，采用悬臂施工法。

20 世纪 90 年代，世界桥梁工程进入了一个崭新阶段，一批高水平的大桥相继完成，如法国诺曼底大桥(图 1-5)、中国万县长江大桥、日本明石海峡大桥(图 1-6)等。这一时期的技术创新主要表现在实施上述大跨径桥梁的建设中所采用的一些新材料和新工艺上，如法国诺曼底大桥的平行钢绞线拉索和施工控制技术、中国万县长江大桥的钢管混凝土劲性拱架及其悬拼悬浇控制技术、日本明石海峡大桥塔墩深水基础和钢桥塔减振技术等。

图 1-4　江门外海桥

图 1-5　诺曼底桥

图 1-6　日本明石海峡大桥

经过 20 多年的发展，我国经济突飞猛进，国力显著增强。同时，我国也加快了基础建设的步伐，一大批桥梁如雨后春笋，层出不穷。特别是近十年来建成的代表当今世界桥梁最高发展水平的一大批斜拉桥、悬索桥，更是确定了中国桥梁的世界地位。如苏通长江公路大桥(图 1-7)，是我国建桥史上工程规模最大、综合建设条件最复杂的特大型桥梁工程，全长

32.4km，主桥采用双塔双索面钢箱梁斜拉桥。苏通长江公路大桥，斜拉桥主孔跨径 1 088m，列世界第一；主塔高度 306m，列世界第一；斜拉索的长度 580m，列世界第一；群桩基础平面尺寸 113.75m×48.1m，列世界第一。专用航道桥采用 140m＋268m＋140m＝548m 的 T 型刚构梁桥，为同类桥梁工程世界第二。苏通长江公路大桥工程规模之大，建设标准和科技含量之高，施工技术和条件之复杂，代表了当今世界桥梁建设的最高水平。

图 1-7　苏通长江公路大桥

第三节　桥梁结构类型

一般桥梁通常由桥梁的上部结构、下部结构以及附属结构组成。其中，桥梁上部结构为桥跨结构，而下部结构包括桥墩、桥台及其基础，如图 1-8 所示；附属结构包括桥头路堤护坡、护岸等。

桥梁都建造在一定的地层上，桥梁结构的全部荷载都由下部地层来承担。受桥梁结构影响的那一部分地层称为地基，桥梁下部结构与地基接触的部分称为基础。桥墩、桥台，一可以支承上部结构荷载，二可以将上部荷载传递给地基。

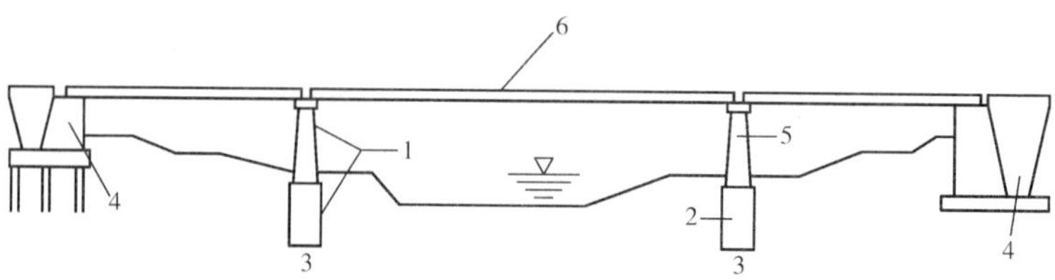

图 1-8　桥梁结构各部位立面示意图

1-下部结构；2-基础；3-地基；4-桥台；5-桥墩；6-上部结构

按照受力特点的不同，桥梁结构可以分为五大类：梁式桥、拱式桥、悬索桥、斜拉桥和刚构桥，还有一种梁式和拱式的组合形式，如图 1-9 所示。前三者是古老的桥梁结构形式，后两者是近代特别是 20 世纪 50 年代以来发展较快的两种结构形式。

一、梁式桥

梁式桥是一种使用最广泛的桥梁类型，是桥梁家族中最古老、最基本的成员。其他桥型结构组成部分也少不了梁或以梁作为结构的重要组成部分，如斜拉桥和悬索桥，可以说是由悬吊起来的梁组成。

早期，梁式桥构造简单、施工方便，但是建筑高度小，不经济，一般适用跨径只有 5～15m。随着近代高强钢材和水泥的出现，使钢梁桥、钢筋混凝土梁桥和预应力混凝土梁桥得到迅速的发展。结构形式也随着材料和技术的进步而不断演进，由简支梁发展到悬臂梁和连续梁，由实腹板梁发展到桁梁和箱梁，由单一材料和单一结构体系的梁桥发展到结合梁或组合梁。在施工方法上除采用现场浇筑外，大量采用预制的装配式桥梁，实现制造安装工业化和设计标准化。

图 1-9　桥梁结构类型

a)梁式桥；b)拱式桥；c)悬索桥；d)斜拉桥；e)刚构桥；f)拱梁组合体系桥

二、拱式桥

拱式桥是在竖向荷载作用下，产生水平推力的结构物，因此，一般为弧形结构桥，形式多样，构造各异。按所使用的建筑材料可分为：石拱桥、钢筋混凝土拱桥、木拱桥及钢拱桥。按拱上建筑形式可分为实腹式拱桥和空腹式拱桥，前者构造简单、施工方便，但重力大，适合中、小跨径；后者圬工体积小，桥形美观，但施工复杂，一般适用于大、中跨径。按主拱轴线的线形可分为圆弧拱、抛物线拱及悬链线拱等。按桥面位置可分为上承式拱桥、下承式拱桥和中承式拱桥。将拱脚用系杆连接或与行车道系组合共同受力，可以形成系杆拱。

除此以外，按照我国工程界习惯，还可将拱桥按材料和结构形式分为：石拱桥（包括混凝土拱桥）、双曲拱桥、钢筋混凝土箱形拱桥、钢筋混凝土肋拱桥、钢筋混凝土桁架拱桥、钢筋混凝土刚架拱桥、钢管混凝土拱桥、劲性骨架混凝土拱桥和钢拱桥。1997 年建成的万县长江大桥，主跨 420m，为世界最大跨径的混凝土拱桥。2000 年建成的广州丫髻沙珠江大桥，主跨 360m，为世界第一钢管混凝土拱桥。2002 年合龙的上海卢浦大桥，主跨 550m，被誉为“世界第一拱”，为全焊接钢结构拱桥。我国在建设大跨径拱桥技术方面居世界领先地位。

三、悬索桥

悬索桥是特大跨径桥梁的主要形式之一，被公认为桥梁领域中最优美的桥型，人们常将其称为“桥梁皇后”。它一般是由主缆和加劲梁成一体的桥面、用来连接加劲梁和主缆的吊杆、变换拉索角度的塔和锚固拉索的锚碇构成。现在主缆一般用许多根高强钢丝做成，按 AS 法(空中选丝法)或 PPWS 法(预制束股法)制造。主缆两端由锚碇固定，锚碇由大体积混凝土做成，也有在山体中开挖隧道，然后浇筑混凝土形成。

按悬索桥的形式分类，有地锚式悬索桥、自锚式悬索桥和双链式悬索桥。绝大部分大跨径悬索桥是地锚式悬索桥，施工简单，安全度高；自锚式悬索桥适用于两岸地基承载力较差的软土；双链式悬索桥荷载均匀，但构件数量多，不经济。

主缆的几何形状是由包括恒载和活载等外力作用下的平衡条件决定的。如果恒载相当大，则由恒载确定的几何形状就不会因较小的活载而引起多大变化。而桥面线形是通过吊杆由主缆决定的。在主缆几何形状不因活载上桥面发生多大变化的情况下，桥面的线形也就没有多大改变，于是对活载来讲，桥面就有了刚度，这就是“重力刚度”的概念。

四、斜拉桥

斜拉桥构思起于吊索桥，从塔架上悬挂斜拉索来支承梁，经过历史的沉淀，演变为一种用斜拉索(或斜拉杆)悬吊桥面的桥梁。斜拉桥由斜拉索、塔柱和主梁组成。高强钢材制成的斜拉索将主梁多点吊起，并将主梁的恒载和活载传给塔柱，再由塔柱传给基础。斜拉桥在可达到的跨径内较悬索桥经济、刚度大、空气动力性能好。

斜拉索常布置成单索面和双索面，主要形式有辐射形、竖琴形、扇形等。塔柱有柱式、门式、A 形、钻石形、倒 Y 形等，按数量有独塔、双塔或多塔。主梁有混凝土梁、钢箱梁、组合梁和混合梁等。斜拉桥的结构体系可能的选择范围宽广，按斜拉索、塔柱和主梁三者的不同结合方式可分为：悬浮体系、支承体系、塔梁固结体系、刚构体系和协作体系等。正是由于其斜拉索、塔柱和主梁的不同变化和组合，可以构成不同结构性能、力学特点和美学效果的斜拉桥，给工程师提供了广阔的想像和创造空间。

五、刚构桥

将主梁与墩台刚性固结，连接成整体，则主梁的弯矩可以传递给墩台，使其同时弯曲又受压力作用，这种桥型称为刚构桥。刚构桥是静不定结构，受力情况比较复杂，除恒载与活载外力外，土压力、温度变化、混凝土收缩改变、不均匀沉降等均引起结构内力。刚构桥按支承方式分为无铰刚构桥和有铰刚构桥。工程上习惯将刚构桥分为：单跨刚构桥、多跨刚构桥、斜腿刚构桥、预应力混凝土(PC)T 形刚构桥、PC 连续刚构桥等。

预应力混凝土 T 形刚构桥，是由于悬臂施工法的衍生而发展出的一种新桥型。施工时主梁自桥墩向两侧平衡悬伸，一般分段悬臂浇筑或悬臂拼装，逐段施加预应力以支承自身结构及施工荷载。T 形刚构施工阶段与运营阶段受力图式基本相同，能充分发挥材料性能，故可增大跨度。但因主梁跨中设铰，跨中挠度较大，且铰也不易制造安装和养护，因此近年来较少采用。PC连续刚构桥适合于高桥墩、大跨径的情况，主梁与桥墩固结，跨中不设铰，行车舒顺。桥墩一般采用柔性薄壁墩，作用如同摆柱，利用其柔性以适应各种外力引起的纵向位移。墩身柔度大(刚度小)对梁的嵌固作用小，梁的受力就接近于连续梁桥。柔性墩需考虑主梁的纵向变形与转动方向的影响和墩身偏心受压时的稳定性。近年来，各国修建PC连续刚构桥很多。

第四节　桥梁工程施工方法及选择

一、桥梁基础施工

根据目前国内外已建成的桥梁基础情况，其类型主要有：直接基础(明挖扩大基础)、桩基础(包括打入桩基础和钻孔桩基础)、管柱基础、沉井基础、组合基础(包括沉井加管柱基础和沉井加钻孔桩基础)和特殊基础(包括双承台管柱基础、锁口管柱基础、多柱基础、连续墙基础、沉箱基础和设置基础)。一般来说，桥梁基础工程发展到今天，已经不受水文、地质条件的控制，所重视的是工程结构本身和经济效益。目前国内已经拥有了合乎我国国情的一整套施工工艺及相应的设备，从面向特大型桥梁基础已经向"组合基础"发展。如苏通长江公路大桥塔墩基础采用高桩承台式结构，其深水基础施工技术条件复杂，施工难度大，在诸如钢吊箱施工、钻孔灌注桩施工中创造了许多先进和独特的施工工艺，许多技术具有独创性。

1. 扩大基础和明挖基础施工

扩大基础或明挖基础，属直接基础，是将基础底板设在直接承载地基上，来自上部结构的荷载通过基础底板直接传递给承载地基。扩大基础的施工方法通常是采用明挖的方式，其主要内容包括：基础的定位放样、基坑开挖、基坑排水、坑壁支撑、基底处理以及砌筑(浇筑)基础结构物等。一般，明挖扩大基础用于基础不深，土层稳定，有排水条件，对于机具要求不高的情况。根据水文资料和现场实际情况，选择排水挖基或水中挖基，同时根据土质情况和基坑深度选择相应的支撑方式，基底挖至设计高程时，及时进行检验。

2. 桩基础施工

当地基浅层土质较差，持力土层埋藏较深，需要采用深基础才能满足结构物对地基强度、变形和稳定性要求时，可用桩基础。基桩按材料分类有木桩、钢筋混凝土桩、预应力混凝土桩与钢桩。桥梁基础中应用较多的是中间两种。按制作方法分为预制桩和钻(挖)孔灌注桩。按施工方法分为锤击沉桩、振动沉桩、射水沉桩、静力压桩、就地灌注桩与钻孔埋置桩等，前四种又统称为沉入桩。应该依据地质条件、设计荷载、施工设备、工期限制及对附近建筑物产生的影响等来选择桩基的施工方法。

沉桩前应做好工程地质钻探资料、打桩资料，确定打桩方法、试桩等工作。桩基础轴线的定位点应设置在不受沉桩影响处，施工过程中如发现地质情况与勘测报告有出入时，应根据具体情况进行补充钻探。

灌注桩是采用人工或机械钻孔，在土中形成一定直径的孔，达到设计高程后，将钢筋骨架(笼)吊入孔中，灌注混凝土形成为桩基础。钻孔灌注桩的关键是钻孔。钻孔的方法可归纳为三种类型：冲击法、冲抓法和旋转法。冲击法系用冲击钻机(我国常用的是z-30钻机)或卷扬机带动冲锥，借助锥头自重下落产生的冲击力反复冲击破碎土石或把土石挤入孔壁中，用泥浆浮起钻渣，或用抽渣筒或空气吸泥机排出钻渣而形成钻孔，适用于各种土。冲抓法是用冲抓锥靠自重产生冲击力切入土层破碎土层，叶瓣抓土、弃土以形成钻孔，适用于黏性土、砂黏土类碎石，但不宜在强度较大的基岩中钻孔。旋转法是用人力或钻机，通过钻杆带动锥或钻头旋转切削土，用泥浆浮起排出钻渣形成钻孔，用于较厚的黏土层、砂土层、砂软层等。

3. 管柱与沉井基础施工

管柱基础适用于各种土质的基底，尤其是在深水、岩面不平、无覆盖层或覆盖层很厚的自然条件下，不宜修建其他类型基础时。管柱基础的结构，可采用单根或多根形式，使之穿过覆盖层或空洞、孤石，支承于较密实的土或新鲜岩面。管柱基础施工是在水面上进行的，不受季节性限制，能尽量使用机械操作，从而改善劳动条件，提高工作效率，加快工程进度，相应地降低工程成本。管柱基础按条件不同，施工方法可分为两种：需要设置防水围堰的低承台或高承台基础、不需要设置防水围堰的低承台或高承台基础。这两种施工方法以设防水围堰的比较复杂。管柱基础施工时，必须设置控制管柱倾斜和防止位移的导向结构，导向结构的布置应便于下沉和接高管柱。

沉井是用钢筋混凝土制成的井筒（下有刃脚，以利下沉和封底）结构物，一般由刃脚、井壁、隔墙、封底混凝土、井孔顶盖板等组成。一般，在表层地基土的承载力不足、地下深处有较好的持力层，或山区河流中冲刷大，或河中有较大卵石不便于桩基施工；或岩层表面较平坦、覆盖层不厚，但河水较深等条件下，即当水文地质条件不宜修筑天然地基和桩基时，根据经济比较分析，可考虑采用沉井基础。沉井的类型，根据其施工工艺，分为就地制作沉井和浮式沉井。沉井基础的特点是埋置深度可以很大、整体性强、稳定性好、刚度大、能承受较大的荷载作用。沉井本身既是基础，又是施工时的挡土、防水围堰结构物，且施工设备简单，工艺不复杂，可以几个沉井同时施工，场地紧凑，所需净空高度较低，故在桥梁工程中得到较广泛的应用。但沉井施工工期较长；对粉砂类土在井内抽水易发生流沙现象，造成沉井倾斜；下沉时如遇有大孤石、沉船、落梁、大树根或井底岩层表面倾斜过大，均会给施工带来很大困难。因此要求在施工前，应事先详细钻探，探明地层情况及获取有关资料，以利于制订沉井下沉方案。沉井下沉前，须对附近构筑物、建筑物和施工设备采取有效的防护措施，并在下沉过程中，经常进行沉降观测以及精度控制。出现不正常变化或危险情况，应及时进行加固支撑等，确保安全，避免事故。

4. 地下连续墙施工

地下连续墙是一种新型的桥梁基础形式。其主要施工工艺是在基础结构物的周边，在地基中开挖出一个具有一定宽度与深度的槽孔，泥浆护壁，然后在槽内安放钢筋笼，浇筑混凝土，逐段施工，最终形成的一道连续的地下钢筋混凝土墙。当混凝土强度达到要求时，可以将地下连续墙作为挡土帷幕墙、减少对邻近建筑物影响以及承受垂直荷载的基础的一部分。

地下连续墙施工前，必须具备工程地质资料、区域内障碍物资料、必要的试验资料等。地下连续墙施工工艺，包括准备开挖的地下墙深槽、用专用机械进行深槽开挖、安放接头管、吊放钢筋笼下入槽内、下灌注导管并灌注混凝土、拔出接头管和单元墙段完成几部分。

二、桥梁上部结构施工

1. 就地浇筑法

就地浇筑法是在桥位处搭设支架，在支架上浇筑桥体混凝土，达到强度后拆除模板、支架。就地浇筑法施工不需要预制场地，也不需要大型起吊、运输设备，梁体的主筋可不中断，桥梁整体性好。它的缺点主要是工期长，施工质量不容易控制；对预应力混凝土梁由于混凝土的收缩、徐变引起的应力损失比较大；施工中的支架、模板耗用量大，施工费用高；搭设支架影响排洪、通航，施工期间可能受到洪水和漂流物的威胁。因此，一般用于小跨径桥梁建造。

2. 预制安装法

在预制工厂或在运输方便的桥址附近设置预制场进行梁的预制工作，运输到现场后，采用一定的架设方法进行安装。预制安装法施工，一般是指钢筋混凝土或预应力混凝土简支梁的预制安装。

预制构件安装的方法很多，各需不同的安装设备，可根据施工的实际情况合理选择。预制安装法施工的主要特点如下：

(1)由于是工厂生产制作，构件质量好，有利于确保构件的质量和尺寸精度，并尽可能多地采用机械化施工。

(2)上、下部结构可以平行作业，因而可缩短现场工期。

(3)能有效利用劳动力，并由此而降低了工程造价。

(4)由于施工速度快，可适用于紧急施工工程。

(5)将构件预制后由于要存放一段时间，因此在安装时已有一定龄期，可减少混凝土收缩、徐变引起的变形。

3. 悬臂施工法

悬臂施工法是从桥墩开始，两侧对称进行现浇梁段或将预制节段对称进行拼装。前者称为悬臂浇筑施工，后者称为悬臂拼装施工。

悬臂浇筑混凝土分 2 次或 3 次浇筑时，为使后浇的混凝土重力不致引起挂篮变形，从而避免混凝土开裂，可采取相应措施，如浇筑混凝土前，先用水箱灌以相当于混凝土重的水，代替混凝土重，然后在浇筑混凝土过程中，逐渐放水使挂篮的负荷和挠度基本不变。一般，大跨径桥梁均采用悬臂浇筑法，因此，其施工工艺日趋成熟。对于连续梁，一般有逐跨连续悬臂施工法、T-单悬臂梁-连续梁施工法、T-双悬臂梁-连续梁施工法。在浇筑混凝上时，应注意浇筑方法、拆模时间等。

悬臂拼装法施工的主要工序包括：块件预制，移运、整修、吊装定位、预应力张拉、施工缝接缝处理等，各道工序均有不同要求，并对整个拼装质量具有密切影响。块件拼装接缝一般分为湿接缝与胶接缝；湿接缝用高强细石混凝土，胶接缝则用环氧树胶为接缝料。

悬臂施工的主要特点如下：

(1)桥梁在施工过程中产生负弯矩，桥墩也要承受由施工而产生的弯矩，因此悬臂施工宜在营运状态的结构受力与施工阶段的受力状态比较接近的桥梁中选用，如预应力混凝土 T 形刚构桥、变截面连续梁桥和斜拉桥等。

(2)非墩梁固接的预应力混凝土梁桥，采用悬臂施工时应采取措施，使墩、梁临时固结，因而在施工过程中有结构体系的转换。

(3)采用悬臂施工的机具设备种类很多，就挂篮而言，也有桁架式、斜拉式等多种形式，可根据实际情况选用。

(4)悬臂浇筑施工简便、结构整体性好，施工中可不断调整位置，常在跨径大于 100m 的桥梁上选用。悬臂拼装法施工速度快，桥梁上、下部结构可平行作业，但施工精度要求比较高，可在跨径 100m 以下的大桥中选用。

(5)采用悬臂施工法可不用或少用支架，施工同时不会影响通航或桥下交通。

4. 转体施工法

转体施工法是将桥梁构件先在桥位处岸边(或路边及适当位置)进行预制，待混凝土达到设计强度后旋转构件就位、拼装的施工方法。对于转体构件而言，设计特色在于其转角连接处，既要满足强度要求，又要满足可转动要求。一般而言，其支座位置就是施工时的旋转支承和旋转轴，在桥梁转体完成后，按设计要求改变支承情况，满足最初的设计要求。

转体施工法的主要特点如下：

(1)可以利用地形，方便预制构件。

(2)施工期间不断航，不影响桥下交通，并可在跨越通车线路上进行桥梁施工。

(3)施工设备少，装置简单，容易制作并便于掌握。

(4)节省木材和施工用料。采用转体施工法与缆索无支架施工法比较，可节省木材80%，节省施工用钢60%。

(5)减少高空作业，施工工序简单，施工速度快捷。当主要结构先期合龙后，给以后施工带来方便。

(6)转体施工法适合于单跨和三跨桥梁，可在深水、峡谷中建桥采用，同时也适应在平原区以及用于城市跨线桥。

(7)大跨径桥梁采用转体施工法，将会取得较好的技术经济效益。转体重量轻型化、多种工艺综合利用，是大跨径及特大跨径桥梁施工的最佳竞争方案。

5. 顶推法施工

顶推法施工是在沿桥纵轴方向的台后设置预制场地，分节段预制，并用纵向预应力筋将预制节段与施工完成的梁体连成整体，然后通过水平千斤顶施力，将梁体向前顶推出预制场地。随后继续在预制场进行下一节段梁的预制，循环操作直至施工完成。

由于预制梁被顶推悬出，梁跨中截面通过墩顶时将由正弯矩变更为负弯矩，因此，除了配设足够的下部钢筋以外，还需将梁的上部钢筋加强，以满足负弯矩的要求(作施工验算)。桥跨中间如有必要设置临时支墩时，其施工技术要求应按照设计规定进行。

在顶推前，应根据梁长度、设计顶推跨度、桥墩能承受的水平推力以及顶推设备和滑动装置等条件，选择适宜的顶推方式，以抵抗顶推过程中的摩阻力。

顶推法施工发挥了先张法和悬浇法的优点，弥补了其缺点，具有分段预制的好处而无块件与块件的接缝问题。此外，还具有如下特点：

(1)可节约施工场地，减少构件、材料运输，并节省劳力和减轻劳动强度与缩短工期的效果显著。

(2)便于加强施工管理，施工场地仅限于预制台附近较小范围；并可盖设临时工棚，有利于冬期、雨季施工；加之反复操作，工人技术容易熟练，有利于促进质量提高。

(3)可相应降低造价。由于临时设备只是预制台附近的设备和顶推装置，不需脚手架和特殊的机械，只需制作梁段块件单元长度的模块，并可反复使用。

6. 移动模架逐孔施工法

逐孔施工法是中等跨径预应力混凝土连续梁中的一种施工方法，它使用一套设备(支架、模板等)从梁的一端逐孔施工，直到整个梁施工完成。

移动模架逐孔施工法的主要特点如下：

(1)移动模架逐孔施工法不需设置地面支架，不影响通航和桥下交通，施工安全、可靠。

(2)有良好的施工环境，保证施工质量，一套模架可多次周转使用，具有在预制场生产的优点，施工整体性好。

(3)机械化、自动化程度高，节省劳力，降低劳动强度，上下部结构可以平行作业，缩短工期。

(4)通常每一施工梁段的长度取用一孔梁长，接头位置一般可选在桥梁受力较小的部位。

(5)移动模架设备投资大，施工准备和操作都较复杂。

(6)移动模架逐孔施工法宜在跨径小于50m的多跨长桥上使用。

7. 横向位移法施工

横向位移法施工是在拟待安置结构的位置旁预制该结构物，并横向移运该结构物，将它安置在规定的位置上。

横向位移法施工的主要特点是在整个操作期间与该结构有关的支座位置保持不变，即没有改变梁的结构体系。在横向移动期间，临时支座需要支承该结构的施工重量。

横向位移法施工多用于正常通车线路上的桥梁工程的换梁。为了尽量减少交通的中断时间，可在原桥位旁预制并横向位移施工。横向位移施工法也可与其他施工方法配合使用。如一座分离式箱梁桥，可先采用顶推法按单箱完成，再采用横向位移法就位，之后在原位置上继续进行另一单箱梁顶推施工，这样可以使用一套顶推设备完成全桥的施工。

横向位移施工法多采用卷扬机、液压装置并配以千斤顶进行。由于混凝土桥具有较大的自重力，横向位移法施工常在钢桥上使用。

8. 提升与浮运施工

提升与浮运施工，是一种采用竖向运动施工就位的方法。提升施工是在未来结构物下方的地面上预制该结构并把它提升就位。浮运施工是将桥梁在岸上预制，通过大型浮船移运至桥位，利用船的上下起落安装就位的方法。

采用提升和浮运的方法常选取整体结构，重达数千吨，使用该方法的要求如下：

(1)在该结构下面需要有一个适宜的地面。

(2)被提升结构下的地面要有一定的承载力。

(3)拥有一台支承在一定基础上的提升设备。

(4)该结构应该是平衡的，至少在提升操作期间是平衡的。

(5)采用浮运法施工要有一系列的大型浮运设备。

三、桥梁施工方法选择

选择确定桥梁的施工方法，需要充分考虑桥位的地形、环境、安装方法的安全性、经济性、施工速度等。因此，在桥梁设计时就要对桥位条件进行详细的调查，掌握现场的地理环境、地质条件及气象条件。施工场地处在市区内、平原、山区、跨河道、跨海湾等，其各方面的条件差别很大，运输条件和环境约束也不相同，这些条件除作为选择施工方法的依据外，同时也涉及设计方案的考虑、桥跨及结构形式的选定。

在选择施工方法时，桥梁的类型、跨径、施工的技术水平、机具设备条件也是相当重要的因素。虽然桥梁的施工方法很多，但对于不同的桥梁类型，有的适合，有的就不适合，有的则在特定的条件下可以使用。在考虑每种桥梁施工方法特点的基础上，桥梁施工方法的选定，可依据下列条件综合考虑：

(1)使用条件。桥梁的类型、使用跨径、墩高、梁下空间的限制、平面场地的限制、桥墩的外形等。

(2)施工条件。工期要求、起重能力和机具设备要求、架设时是否封闭交通、架设时所需的临时设施、材料可供情况、架设施工的经济核算等。

(3)自然环境条件。山区或平原、地质条件及软弱层状况、对河道的影响、运输线路的限制等，诸如海洋环境下的桥梁，需着重考虑海洋环境对桥梁的腐蚀作用及海上施工的安全性，选择适宜的施工方法和建筑材料。

(4)社会环境影响。对施工现场环境的影响，包括公害、景观、污染、架设孔下的障碍、道路交通的阻碍、公共道路的使用及建筑限界等。

第五节　桥梁工程施工课程的“教”与“学”

桥梁工程施工课程是土木工程专业桥梁课群组的一门限定选修专业课。通过学习，学生应了解桥梁结构常用的施工设备及施工方法，并能将桥梁工程的设计理论与施工技术相结合，提高全面分析问题的能力。该课程具有很强的实践性，课程的培养目标注重于学生对桥梁工程施工技术及管理知识的掌握，运用课堂理论教学和工程实践相结合的教学手段，使学生获得对桥梁工程施工技术及管理的感性认识，掌握现场工程师的基本业务技能，初步具备现场施工技术管理能力，为学生走上工作岗位后，能顺利进入工作角色，胜任岗位工作奠定基础。为了达到这一目的，教师教学过程的安排与学生思维的进展间应构成“同构效应”关系。所谓“同构”，是高等数学上的概念，即互相联系的事物其特征和状态相互发生的某种对应关系。

一、桥梁施工课程的教学内容

基于学生系统学习了土木工程测量、结构力学、混凝土结构基本原理、钢结构基本原理和桥梁结构等专业课，这门课程具有实践性强、综合性强和涉及知识面宽等特点，目的是使学生了解桥梁结构常用的施工方法和特点、各施工方法的工艺流程，以及桥梁结构受力与所采用的施工方法之间的关系等。因此，这门课程是一门理论与实践紧密结合的应用型课程，其主要内容包括理论教学内容和实践教学内容两部分。

1. 理论教学内容

桥梁工程在世界各地发展迅速，桥梁工程施工课程是一门传统知识与现代知识的综合课程。传统的施工技术内容仍在沿袭，但现代新技术、新材料、新工艺、新方法大大地改变了施工技术，使之成为一门集现代高科技与传统技术、施工技术与施工管理紧密结合的课程。桥梁施工课程的理论教学内容主要包括如下几点：

(1)桥梁施工中的常用设备。

(2)桥梁基础和墩台的施工方法。

(3)桥梁结构体系与所采用的施工方法之间的关系。

(4)桥梁结构常用的施工方法和特点，各种施工方法的工艺流程。

(5)桥梁施工测量与施工控制技术。

(6)桥梁施工组织设计与施工管理。

2. 实践教学内容

除了从理论上掌握基础桥梁知识以外，更需要的是把理论融入实践中，加深对于理论的理解。因此，需要从以下几个方面着手实践，从而真正掌握桥梁知识。

(1)认识实习。

(2)现场参观、授课。

(3)建立教学实验基地，培养学生的动手操作能力。

(4)课程设计，结合具体桥梁工程项目编写施工组织设计。

(5)生产实习。

二、桥梁施工课程的教学方法

桥梁施工课程是一门理论性与实践性兼备的课程，特别是工程实践性很强，单纯依靠传统的课堂板书讲授进行教学是不够的，而且也不可能取得好的教学效果。因此，针对各类教学内容的不同特点，适宜在教学活动中使用课堂板书、多媒体演示、网络自学、工程现场实习参观和课程设计等互为配合、补充的多种教学方法和手段。

1. 教学方法

(1)实施“体系化”教学工程，全面提高教学质量。课程组成员应包括有丰富教学经验的教师、实验师及外聘教师等，形成一个完整的教学体系，重视课程讲授、课程辅导和实践等每一个环节。

(2)加强实践教学环节，多了解实际工程，并且参观施工现场。

(3)以“产学研”为牵动，培养学生的生产、学习、科研与管理能力，加强对学生综合素质培养。

(4)运用现代化教学方法和手段开展教学活动，推动教学方法和手段的创新。制作多媒体课件、进行网络课程自学、利用网络资源构建教师与学生交流的平台。

(5)列举案例进行教学，加强理论与实践的联系；利用工程实物与工程照片拉近书本与实际的距离。

2. 教学手段

(1)课堂教学与多媒体教学相结合，利用图表、动画、音频、视频等手段，使生产工地复杂的施工过程得以更直观、更具体的表现，提高学生的学习兴趣。

(2)运用现代信息技术手段，构建网络教学平台，将课程的教学大纲、电子教材、课堂讲义、学习指导、生产实习资料等栏目进行定期更新和充实，供学生自学。

(3)利用资料室、模型室、实验室或实训中心，加大对学生的训练与培养力度。

(4)定期组织校内外及企事业专家讲座，使学生及时了解和掌握国内外桥梁施工的新方法、新工艺。

(5)加强与课程相关的实践活动，如认识实习、生产实习等，让学生直接参与到桥梁工程生产活动的各个环节中去，培养学生的工程素质及谦虚谨慎、吃苦耐劳的敬业精神，达到教书育人的目的。

三、学习桥梁施工课程的注意事项

根据桥梁工程施工课程的特点，学生在学习时应注意如下几点：

(1)必须要有热爱本专业、勤奋好学、踏实敬业、勇于吃苦、善于创新的品德和素质。

(2)从体系上掌握桥梁施工的内容与特点，建立对桥梁工程施工技术及管理的感性认识。

(3)理论联系实际，多观察、多动手、勤思考，掌握现场工程师的基本业务技能。

(4)听课前做好预习，避免听课误区；结束课程后，当场解决疑问。

(5)熟悉和掌握相应的规范或规程，并学会使用规范与规程的方法。

总而言之，桥梁施工是一门比较年轻而又迅速发展的学科，尚存在一些不完善的施工方法和构造措施。因此，在学习和运用规范和规程的过程中，要善于发现问题，灵活运用，并且结合实践，勇于探索和创新。

第二章　桥梁施工的常用设备

第一节　概　　述

改革开放以来，随着我国国民经济的快速稳定持续发展，公路交通建设需求不断上升，一大批公路桥梁工程陆续兴建，且建设规模逐年扩大，其发展速度之快，使得工程技术标准和质量要求不断提高，从而桥梁施工技术以及桥涵施工设备也得到长足的发展。特别是近十年来，在大量新建与扩建改造工程中，先进机械设备与机械化施工的推广，取得了一系列优质高效的成果，令世界瞩目。

在现代化的桥梁工程施工中，已普遍、大量地使用各种机械设备，特别是一些桥梁工程的专用设备代替以往的手工操作，极大地提高了工作效率，缩短了工期。因此，先进的施工技术与先进的机械设备相结合，使桥梁工程建设屡创佳绩。实际上，一些大跨深水及结构形式较特殊的桥梁，在确定施工方法时，相配套的机械设备通常是主要考虑因素之一。

施工设备和机具是桥梁施工技术中的一个重要组成部分。先进施工设备和机具的大量应用，使得各种类型桥梁的施工方法和施工手段更加丰富，可供选择的施工方案的范围也更加广泛，由此推动了桥梁施工技术水平的提高和发展。而另一方面，随着桥梁建设事业的日益推进，其施工技术的发展也对各种施工设备和机具提出了更高的要求，促进它们不断地改造、更新和创新。

桥梁施工设备和机具分类标准不一，按功能分主要有：常备式结构（装配式支架设备）、架设安装机具设备（起重、架桥设备）、混凝土施工设备、预应力张拉设备、钢筋加工设备、模板设备、桩工设备、钻孔设备、泥浆系统及其设备、挖泥（砂）设备、浮运设备、梁桥施工机械、拱桥施工机械、斜拉桥施工机械、悬索桥施工机械、桥梁检测机械和排水设备等。另外，桥梁施工可分为下部（桥梁基础）施工和上部施工，桥梁施工设备也可分为桥梁基础施工机械设备和桥梁上部结构施工机械设备。

桥梁施工用的设备和机具门类品种繁多，所以，在进行施工组织和规划时，一般要根据具体的施工对象、工期、劳力分布等情况，合理地选用和安排各种机具设备，以期使它们能够发挥最大的工效和经济效益。

第二节　常备式结构及应用

桥梁施工中常备式结构，主要有万能杆件、贝雷梁、军用梁、钢管支架等。

一、万能杆件

钢制万能杆件又称拼装式钢脚手架，是用角钢制成的可拼成节间距为 2m×2m 的桁架杆件。其通用性强，弦杆、腹杆及连接板等均为标准件，所以具有装拆方便、运输方便、利用率高等特点，可以拼装成桁架、墩架、塔架、龙门架等形式，以作为桥梁墩台、索塔施工的脚手架，或作为吊车主梁以安装各种预制构件，必要时还可作为临时桥梁的墩台和桁架。

1. 万能杆件的构造

万能杆件的构件一般分为三大类，分别是杆件（在拼装时组成桁架的弦杆、腹杆、斜撑）、连接板（连接各种杆件成需要的形状）、缀板（加强两肢、四肢角钢组合断面的整体性）。

万能杆件的类型有：铁道部门生产的甲型（又称 M 型）、乙型（又称 N 型）和西安筑路机械生产的乙型（称为西乙型）。它们在结构、拼装形式上基本相同，仅弦杆角铁尺寸、部分缀板的大小和螺栓直径稍有差异。下面以西乙型为例，介绍万能杆件的构造。

西乙型万能杆件共有大小杆件 24 种，其中杆件及拼接用的角钢零件 9 种、节点板 9 种、缀片 2 种、填板 1 种、支承靴 1 种以及普通螺栓 2 种。各种构件的具体规格、尺寸，详见表 2-1 所示。

西乙型万能杆件规格、尺寸表 表 2-1

编号	名　称	规　格 (mm)	单位质量 (kg)	说　明
1	长弦杆	∠100×100×12×3994	71.49	
2	短弦杆	∠100×100×12×1994	35.69	
3	斜杆	∠100×100×12×2350	42.07	
4	立杆	∠75×75×8×1770	15.98	
5	斜撑	∠75×75×8×2478	22.38	
6	联结角钢	∠90×90×10×580	8.20	用于 1 或 2
7	支承角钢	∠100×100×12×494	8.84	用于 1 或 2
7A	支承靴角钢	∠100×100×12×594	10.63	用于 1 或 2
8	节点板	□250×280×10	9.42	1、2 与 4、5 相连
11	节点板	□860×552×10，A=33.89cm²	35.88	1、2 与 3、4 相连
13	节点板	□580×552×10，A=2492cm²	19.56	1、2 与 4、16 相连
15	弦杆填塞板	□8×480×10	3.01	用于 1 或 2
16	长立杆	∠L75×75×8×3770	34.04	
17	节点板	□626×350×10，A=2005cm²	15.74	4、16 与 4、5 相连
18	节点板	□305×314×10，A=606cm²	4.76	4、16 与 4、5 水平相连
19	缀板	□210×180×10	2.97	用于 1 或 2
20	缀板	□170×160×10	2.14	用于 3、4、5、16
21A	支承靴		24.01	
22	节点板	□580×392×10	17.85	1、2 与 4、5 相连
22A	节点板	□580×566×10	25.77	1、2 与 4、5 相连
23	节点板	□540×262×10，A=1334cm²	10.47	4、16 与 4、5 相连
24	普通螺栓	ϕ22×(40、50、60)		
25	普通螺栓	ϕ27×(40、50、60、70、80)		
28	大节点板	□860×886×10，A=7042cm²	73.84	1、2 与 3、4 相连

注：各种杆件除 19、20 号用 A3 钢制作外，其余均用 16 锰钢制作；表中 A 为节点板面积。

2. 万能杆件的组拼

用万能杆件组拼成桁架时，其高度可 2m、4m 及 2m 的倍数。当高度为 2m 时，腹杆为三角形；当高度和宽度为 4m 时，腹杆为菱形；当高度超过 6m 时，则可做成多斜杆的形式，如图 2-1 所示。

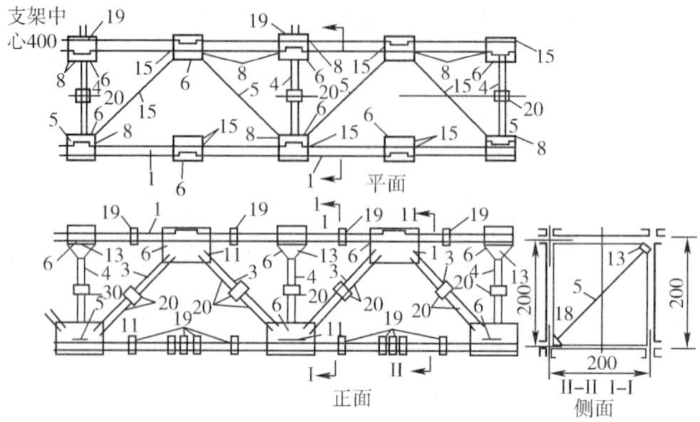

图 2-1 万能杆件组拼桁架示意图(图中各杆件的型号见表 2-1)(尺寸单位:cm)

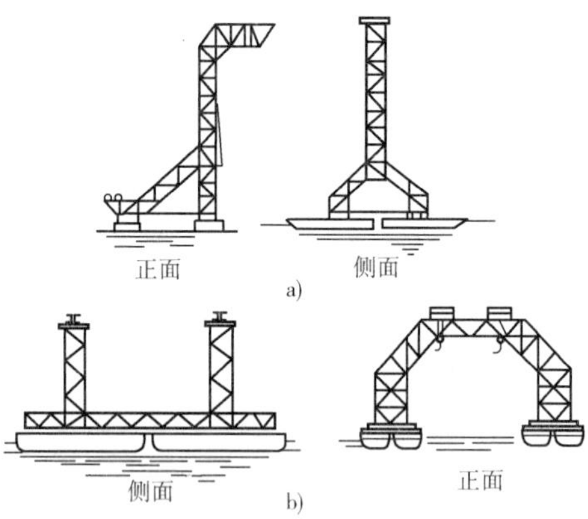

图 2-2 万能杆件组拼浮式吊架示意图

桁架承载能力，应根据荷载标准和跨度验算。可采用下列方法变更承载能力：①变更组成杆件的杆件数目；②变更杆件的自由长度；③变更桁架的高度；④变更桁架的数目；⑤变更杆件组拼的结构形式。

用万能杆件组拼成墩架、塔架时，其柱与柱之间距离可以与桁架相同，按 2m 倍数变更。图 2-2 所示为万能杆件组拼浮式吊架示意；图 2-3 所示为万能杆件组拼塔架示意。

二、贝雷梁

贝雷梁是一种由桁架拼装而成的钢桁架结构，是桥梁施工中常用的工具式结构，可用于搭设便桥，组拼支架、拱架，施工钢梁，组装装配式公路钢桥等。图 2-4 所示为某大桥钻孔施工平台中以贝雷梁组拼成钢桁架梁的应用实例。

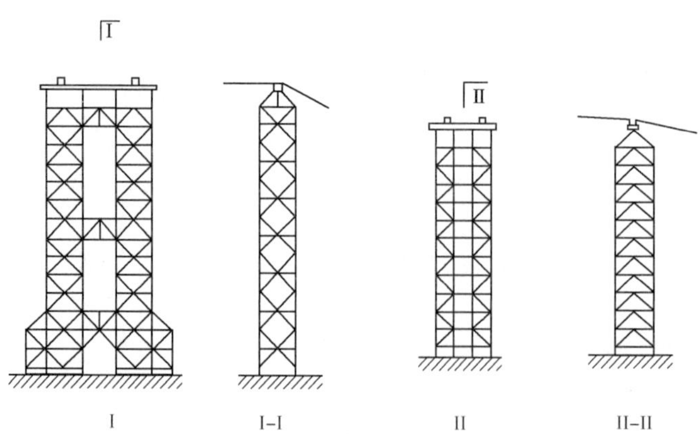

图 2-3 万能杆件组拼塔架示意图

贝雷梁现有进口与国产两种。

国产贝雷其桁节使用16锰钢，销子用铬锰钛钢，插销用弹簧钢制造，焊条用T505X型。材料的容许应力按基本应力提高30%，个别钢质杆件超过上述规定时，不得超过其屈服点的85%。16锰钢拉应力、压应力及弯应力为273MPa，剪应力为208MPa；30铬锰钛钢拉应力、压应力及弯应力为110.5MPa，剪应力为585MPa；栓滚最大容许荷载为250kN，平滚每一滚子最大荷载为60kN。

图2-4 某大桥钻孔施工平台贝雷梁组拼的钢桁架梁

进口贝雷的材料屈服点强度为351MPa，其容许应力可按0.7×351=245MPa考虑。销子容许应力可考虑与国产一样，桁架销子双剪状态允许剪力为550kN，弦杆螺栓允许剪力为150kN，允许拉力为80kN，摆动滚子（摇滚）最大容许荷载为210kN。

贝雷梁主要由桁架、桁架销、加强弦杆、横梁、支撑连接构件等组成，现分别介绍如下。

1. 桁架

桁架结构如图2-5所示，它是由上、下弦杆，竖杆及斜杆焊接而成。弦杆上焊有多块带圆孔的钢板，其中，弦杆螺栓孔用在拼装双层或加强梁上，在拼装时将桁架螺栓或弦杆螺栓插入此孔内，使双层桁架或桁架与加强弦杆连接起来；支撑架孔用来安装支撑架，以加固上、下节桁架；风构孔用来连接抗风拉杆；端竖杆上的支撑架孔用来安装支撑架、斜撑和联板；横梁夹具孔用来安装横梁夹具。在下弦杆上设有4块横梁垫板，垫板上有栓钉，用来固定横梁位置。

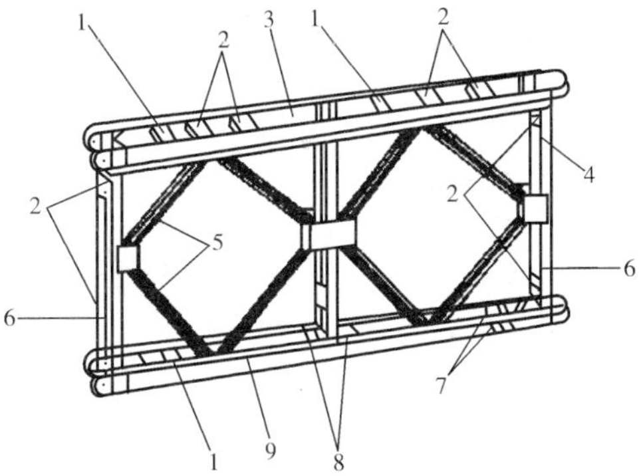

图2-5 桁架结构图

1-弦杆螺栓孔；2-支撑架孔；3-上弦杆；4-竖杆；5-斜撑；6-横梁夹具孔；7-风构孔；8-横梁垫板；9-下弦杆

2. 销子（桁架销）

销子（图2-6）用于连接桁架，其端部有一小圆孔，用以插保险插销（图2-7），防止销子脱落。销子头有一凹槽，其方向与小圆孔相同，安装时如看不见插销孔，可借凹槽方向确定插销孔方向，使插销顺利安装。

3. 加强弦杆

加强弦杆（图2-8）是为了提高梁的抗弯能力、充分发挥桁架腹杆的抗剪作用而与桁架弦杆平行连接的特殊弦杆构件，一般不设于首尾节桁架。在加强弦杆中部设有支撑架孔和弦杆螺栓孔。

4. 横梁

横梁结构如图 2-9 所示，中部 4 个卡子用以固定纵梁位置，两端设短柱以连接斜撑。安装横梁时，将栓钉孔套入桁架弦杆横梁垫板上的栓钉，使横梁在桁架上就位。栓钉孔的间距与桁架间距相同，横梁就位后，桁架间距即固定。

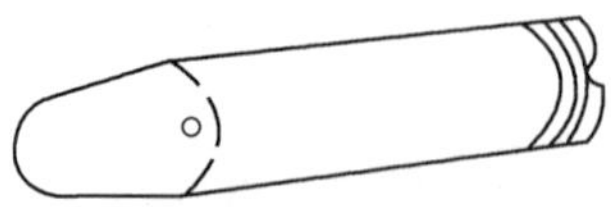

图 2-6 销子

图 2-7 保险插销

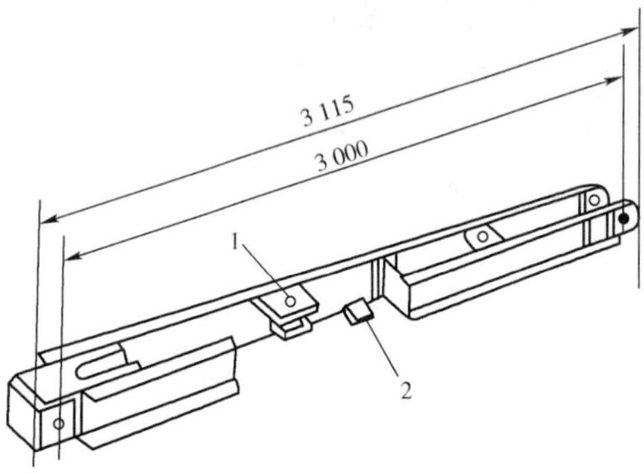

图 2-8 加强弦杆(尺寸单位:mm)
1-支撑架孔;2-弦杆螺栓孔

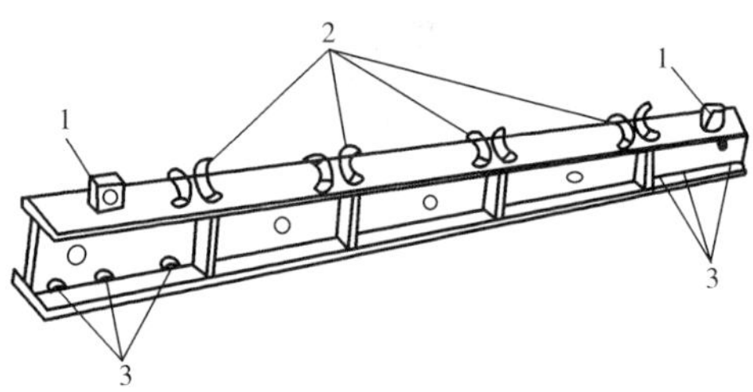

图 2-9 横梁
1-短柱;2-卡子;3-栓钉孔

为了增加单片贝雷桁架的强度，主桁架可由数排并列或双层叠置，贝雷桁架的组合形式多达十余种。

三、军用梁

桥梁施工常用六四式军用梁(俗称三角架)，是全焊构架、销接组装、单层或双层多片式、用于桥面体系的拆装式上承钢桁梁，是我军用于桥梁抢修的设备。它既适用于跨长 4m 倍数的铁路标准跨度，也适用于按 0.5m 变换跨长的非铁路标准跨度。此种构件结构轻便，轮廓尺寸小，可以用普通载货汽车装运，用小型机具组拼，杆件种类少，便于拆装、互换。目前除用于军事铁路桥梁外，还普遍用于公路桥梁现浇支架、导梁组拼、临时便桥、无支架吊装的索塔结构等。

图 2-10 所示为六四式军用梁组装后的连接系构造。六四式军用梁的构件有 11 种分为三大类，其中包括基本构件(含标准三角构架、端构架、标准弦杆、端弦杆、斜弦杆、撑杆等 6 种)、辅助端构架构件(长度为 1.5m、2.5m、3.0m)、低支点端构架构件(长度为 2.0m、3.0m)。军用梁的配件也有 11 种，按用途分为主桁构件连接配件、连接系配件、桥面系配件以及支座四大类。

四、钢管支架(钢管脚手架)

桥梁施工中，常用的钢管支架有扣件式、螺栓式和承插式三种连接方式。扣件式钢管支架的特点是拆装方便，搭设灵活，能适应结构物平、立面的变化。螺栓连接的钢管支架的基本构造形式与扣件式钢管支架大致相同，所不同的是用螺栓连接代替扣件连接。承插式钢管支架是在立杆上焊以承插短管，在横杆上焊以插栓，用承插方式组装而成。现列举几种典型的钢管支架如下。

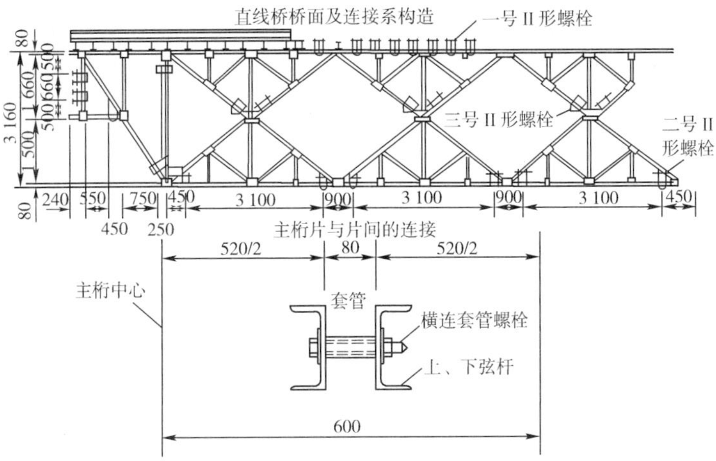

图 2-10　六四式军用梁连接系构造（尺寸单位：mm）

1. WDJ 碗扣式多功能钢支架

WDJ 碗扣式多功能钢支架是一种先进的扣件式钢管钢支架，因其具有功能多、功效高、承载力大、安全可靠、便于管理、易改造等优点而被广泛应用于建筑、市政及交通的各个领域。WDJ 碗扣架构件主要有立杆、专用立杆、横杆、间横杆、斜杆、窄挑杆、宽调杆、脚手板、提升滑轮、斜道板、架梯、直角撑、立杆垫座、立杆可调底座、立杆可调托撑、立杆连接销、双可调早拆翼托-Ⅰ型、双可调早拆依托-Ⅱ型、单可调早拆翼托-Ⅰ型、单可调早拆依托-Ⅱ型等。碗扣式钢支架配有模板早拆支撑体系，有双可调和单可调两种模板早拆翼托撑。应用模板早拆支撑体系可使模板周转速度加快 2～3 倍，模板投入量减少 1/3～2/3。

2. 轻型钢支架

轻型钢支架适用于桥下地面较平坦、有一定承载力的梁桥，并且可以达到节省木料的目的。轻型钢支架（图 2-11）的梁和柱以工字钢、槽钢为主要材料，斜撑、连接系等可采用角钢。构件规格应统一，排架应预先拼装成片或成组，并以混凝土、钢筋混凝土枕木或木枕木作支承基底。支撑基底常需要埋入地面以下适当深度以防冲刷；在排架下垫以一定厚度的枕木或木楔来适应桥下高度；纵梁支点处设置木楔为便于支架和模板的拆卸等。

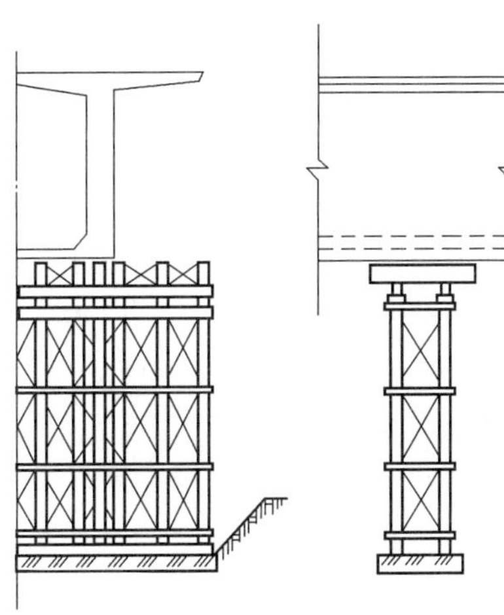

图 2-11　轻型钢支架

3. CKC 门式钢支架

CKC 门式钢支架因其轻巧、灵活、使用简单方便，在桥梁建设中曾广泛应用。其品种规格多，适宜支撑各种形状的混凝土构造物，但因它轻巧而刚度小，采用插接和销接，连接间隙较大，虽本身配有小交叉杆，仍容易晃动，特别是多层门架叠合使用时更为明显。因此，为保证支架的整体稳定性，一定要设置纵横大交叉杆将门架纵横交叉连接。

第三节　架设安装常用机具设备及应用

桥梁施工中，架设安装的机具设备种类繁多、体系庞大，应根据各自的特性与适用条件，因地制宜、因桥制宜地选择合适的施工机械及施工方案。架设安装机具设备可分为起重机具和架桥机两大类。

一、起重机具

1. 扒杆

扒杆是一种简单的起重吊装工具，可以用来升降重物，移动和架设桥梁等，一般由施工单位根据工程的需要自行设计和加工制作。常用的扒杆种类有独脚扒杆、人字扒杆、摇臂扒杆和悬臂扒杆等。人字扒杆具体形式如图 2-12 所示。

图 2-12　人字扒杆

2. 龙门架

龙门架即龙门起重机，又称龙门扒杆或龙门吊机，是一种最常用的垂直起吊设备。在龙门架顶横梁上设行车时，可横向运输重物、构件；在龙门架两腿下缘设有滚轮并置于铁轨上时，可在轨道上纵向运输；如在两腿下设能转向的滚轮时，可进行任何方向的水平运输。龙门架通常设于构件预制场吊移构件；或设在桥墩顶、墩旁安装大梁构件。常用的龙门架有拐脚龙门架和装配式钢桥桁节（贝雷）拼制的龙门架（图 2-13），近年来还发展了抓斗龙门架、电磁龙门架、两用或三用龙门架等。

龙门架在构造上由金属结构（包括桥架、起重小车架、支腿、驾驶室）、机构以及电气与控制系统组成。根据主梁的形式不同，分为单梁式和双梁式两种（图 2-13）；根据整机钢结构分为桁架式和箱形结构两种；根据支腿的形式，分为“八”字形（图 2-13）、“C”形和“L”形等几种。也有在特殊情况下用的龙门架，只有一个支腿，另一端直接装钢轮，支承在厂房或仓库结构的轨道上。为了扩大龙门架的作业范围，桥架主梁常伸出于支腿之外，呈悬臂结构（图 2-14），悬臂长度一般是桥架跨度的 30%～40%。可以是双悬臂式（两端都伸出）或单悬臂式（只有一端伸出），以此来减小主梁的弯矩，减轻整机结构，有利于龙门架的装卸工作。

3. 浮吊

浮吊，又称起重船或浮式起重机，在桥梁建筑、港口船舶装卸、港建水工作业等工程中广泛使用。浮吊按船体机动性能可分为自航式、非自航式两类。内河港口使用非自航式浮吊，通常在方形船甲板上，设置不同形式的起重机，再配置船舶系缆设备及生活设施等。中小型浮吊一般采用岸上供电，若为自航式浮吊则需装设推进系统。

按起重机性能又可分为回转式浮吊与非回转式浮吊。回转式浮吊比较灵活，起重机部分可作 360°回转的，称为全回转浮吊。非回转式浮吊包括臂架固定式和臂架变幅式(动臂式)，虽然机动性不强，必须用弯曲航线来运送吊件，但造价相对较低；而非回转、动臂式浮吊，其虽机动性能较差，但对于起吊重件是非常适用的，一般起重量大于 200t 的大型浮吊多采用此形式。非回转式浮吊的金属结构一般由臂架系统、人字架组成；起重机的机构由起升机构、变幅机构组成。图 2-15、图 2-16 所示分别是起重量为 500t 和 700t 的大型浮吊。

图 2-13　双主梁钢结构龙门架

图 2-14　单、双悬臂式龙门架

图 2-15　500t 大型浮吊

图 2-16　700t 大型浮吊

目前，由上海某机械公司设计制造完成的亚洲最大的浮吊(图 2-17)却采用了回转式，设计中把滚轮数量从原来的 1 排增加了 4 排，加大了起重机的直径，确保浮吊受力均匀，其起重量为 4 000t，被誉为海事工程的“大力士”，拟用于海上起重、建桥、铺管、打捞等多种用途。该公司还将制造 7 000t 浮吊，目前构件已经开始制作。

4. 浮箱

在桥梁施工中，浮箱是重要的作业平台。目前，由中铁大桥局集团第七工程有限公司定点生产的多用途浮箱，可用来架设海上浮桥栈桥；快速搭设海上浮动码头；可架设公路带式桥、组拼成公路渡驳或与装配式公路钢桥组合架设公路高架浮桥；与铁路器材组合架设或拼组铁路浮桥、渡驳和浮墩；拼组浮吊、打桩船及钻井平台等各种水上工程作业平台，供水上施工、钻探等作业之用。

多用途浮箱(图 2-18)是一种多用器材，由标准箱、首尾箱、岸边箱、铰接器、舾装件等五部分组成，可直接在水上用人力和简单工具拼装，操作十分简便，互换性能强。陆上运输时可使用普通载重汽车和铁路车辆整体运装，不超限，拼装成套后亦可在水上拖带航行。

5. 缆索起重机

缆索起重机，是一种以柔性钢索作为大跨距支承构件，架设在施工区域上方，具有垂直运输和水平运输功能的特种起重设备，主要由主索、天线滑车、起重索、牵引索、起重及牵引绞车、主索地锚、塔架、风缆、主索平衡滑轮、电动卷扬机、手摇绞车、链滑车及各种滑轮等部件组成，被广泛用于桥梁工程、水利水电工程等的施工中。在吊装拱桥时，缆索吊装系还需配备扣索、扣索排架、扣索地锚、扣索绞车等部件。其布置方式如图 2-19 所示。

图 2-17　4000t 特大型回转式浮吊

图 2-18　多用途浮箱

缆索起重机分为固定式和移动式两种。移动式根据移动形式又分为平移式和辐射式。固定式具有两个固定支架，支架顶端有承载钢丝绳，起重小车支承在承载钢丝绳上，由牵引绳牵引移动。其作业范围是一条狭窄的带，大多是小型起重机，用于吊运量不大的或辅助工作。平移式的两个支架可在两条平行轨道上同步移动，其作业范围是起重机运移范围内的矩形空间，由于服务范围大，在桥梁建设、建筑施工和水利工程中用得较多。图 2-20 所示为平移式缆索起重机的支(塔)架实例。辐射式的一个支架固定，另一个支架可绕着固定支架作圆弧形轨迹的移动，其作业范围是一个扇形空间，适用于材料场中由一点集中送料到多处，或由多处运料到一点的场合。

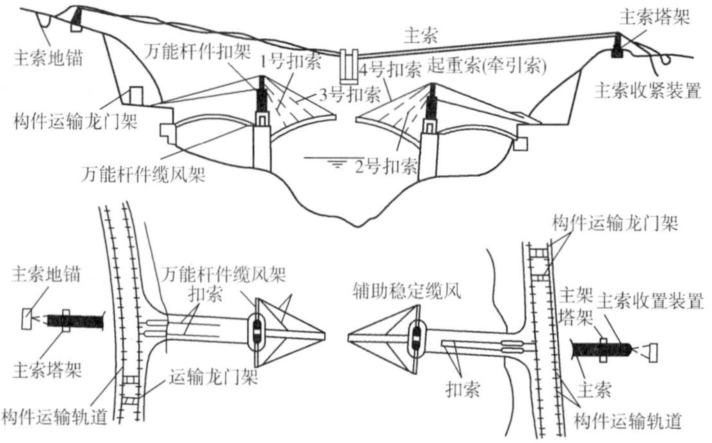

图 2-19　缆索吊装设备布置图

6. 汽车吊

汽车吊又称汽车起重机，是安装在标准的或专用的载货汽车底盘上的全旋转臂架起重机。它行驶速度高，越野性能好，适用于流动性大的作业场所。其工作区一般应在侧面和后方。但是起重机效率较低，不能配套双绳抓斗等使用，在散货装卸作业场合受到限制。

汽车吊的车轮采用弹性悬挂，行驶性能接近于汽车。它一般除在车头设有驾驶员室外，绝大多数还在转台(或转盘、回转台等)上设有起重机驾驶室。汽车吊采用内燃机作动力，其行驶传动都采用机械式，而起重机作业部分的动力传递则采用机械式、电动式、液压式几种。除小型汽车吊以外，为减小行驶时的外形尺寸，臂架都做成伸缩箱式结构或折叠式桁架结构。图

2-21、图 2-22 所示分别是 25～65t 汽车吊和 90～600t 汽车吊；图 2-23 所示为 150t 汽车吊吊装桥梁预制件实例。

图 2-20 平移式缆索起重机的支(塔)架实例

图 2-21 25～65t 汽车吊

图 2-22 90～600t 汽车吊

图 2-23 150t 汽车吊吊装桥梁预制件实例

二、架桥机

目前，在我国使用的架桥机类型很多，其构造和性能也各不相同，最常用的有单梁架桥机和双梁架桥机两种类型；还有运梁车也是必不可少的架桥设备。

1. 单梁架桥机

单梁架桥机机轴重轻，对桥头线路无特殊要求，架梁时稳定性好；能依靠自身装置装梁、自行运梁，直接喂梁；机臂能升降、摆头、前后伸缩；可以在曲线上和隧道口架梁。图 2-24 所示为 DL 型单梁架桥机。该类型架桥机应用较多的是胜利型 130t 架桥铺轨机(SL-130)。

图 2-24 DL 型单梁架桥机

2. 双梁架桥机

(1)双主梁钢结构架桥机

双主梁钢结构架桥机(JQⅢ系列)，如图 2-25 所示。JQⅢ系列架桥机导梁采用双片钢桁架结构。结合贝雷梁的特点，单边主梁由两片垂直平行弦桁架，和两片水平平行弦桁架组成；垂直平行弦桁架的腹杆形式为菱形，水平平行弦桁架中的腹杆为斜杆式腹杆。其特点是：总结和借鉴了英制贝雷桁架结构的优点，质量轻、加工成本低，材料利用率高；刚度大，制造时容易控制变形，增加了梁的强度和水平刚度。由 6 节单元节组成单根导梁，每单元间采用销轴紧密连接，在遵循等强度原则设计的基础上，在中部进行加强以确保设备悬臂过孔中部弯矩与支座板力最大时的强度、安全性。导梁上部设有走台与护栏，利于定期的维护保养,并利于运输。

(2)DF450 型架桥机

DF450 型架桥机如图 2-26 所示,为侧置双主梁式架桥机。主梁为矩形箱形断面,每根主梁分为 7 段,各段用精制螺栓、节点板组合而成。该机可双向作业,传力明确、改善支腿受力,减轻了支腿尺寸与重量;活动支腿可相对于主梁作纵向移动,以适应架设不同跨度梁的需要;双箱形梁侧置式结构使得其横向稳定性较好,整机高度大大低于上置式箱形主梁式架桥机。

图 2-25　双主梁钢结构架桥机(JQⅢ系列)

图 2-26　DF450 型架桥机(右图为厦门沧海大桥东引桥施工实例)

架桥机种类繁多,桥梁施工中所使用的不胜枚举,如:贝雷结构架桥机(图 2-27)、三角桁架钢结构架桥机(图 2-28),以及 2005 年获国家新型专利的高速铁路 900t 级箱梁运架设备 JQ900 型下导梁架桥机(图 2-29)等。

图 2-27　贝雷结构架桥机

图 2-28　三角桁架钢结构架桥机

3. DCY 运梁车

DCY50 型 450t 运梁车如图 2-30 所示;DCY 指大吨位全液压运梁车,其运载能力为 450t。

图 2-29　JQ900 型下导梁架桥机

图 2-30　DCY50 型 450t 运梁车

第四节　混凝土施工设备及应用

混凝土工程是混凝土桥梁结构工程的一个重要内容，其施工质量的好坏直接关系到结构的承载能力和耐久性能。而影响混凝土施工质量优劣的关键因素之一就是混凝土施工设备。在桥梁施工中，常用的混凝土施工设备有混凝土搅拌机（站）、混凝土输送设备、混凝土振捣器等。

一、混凝土搅拌机

混凝土搅拌机是将一定配合比的水泥、砂石、水和外加剂、掺和料拌制成具有一定匀质性、和易性要求的混凝土拌和物的机械设备，也称混凝土拌和机。混凝土搅拌机按照进料、搅拌、出料是否连续，可分为周期作用式和连续作用式两大类。周期作用式混凝土搅拌机按其搅拌原理可分为自落式和强制式两种；连续作用式混凝土搅拌机由于拌和物在搅拌机内的搅拌时间比较短，一般都做成强制式的。

1. 强制式混凝土搅拌机

强制式混凝土搅拌机的搅拌原理是：物料由于处于不同位置和角度的旋转叶片强制其改变运动方向，产生交叉料流而进行搅拌。其主要用于搅拌干硬性混凝土和轻集料混凝土，也可搅拌低流动性混凝土，具有搅拌质量好、生产率高、操作简便、安全等优点，但机件磨损大，适用于预制场使用。一般有涡桨式搅拌机、行星式搅拌机、卧轴式搅拌机（单轴、双轴）等类型，如图 2-31～图 2-34 所示。

图 2-31　强制式涡桨混凝土搅拌机

图 2-32　CB-LX1000 型立轴行星式混凝土搅拌机

2. 自落式混凝土搅拌机

自落式混凝土搅拌机的搅拌原理是物料由固定在旋转搅拌筒内的叶片带至高处，靠自重力下落而进行搅拌。其多用于搅拌塑性混凝土和低流动性混凝土，具有机件磨损小、易于清理、移动方便等优点，但动力消耗大，效率低，适用于施工现场。常用的有锥形反转出料搅拌机、锥形倾翻出料搅拌机等类型，如图 2-35、图 2-36 所示。

图 2-33　SJD60 型强制式单卧轴混凝土搅拌机

图 2-34　JS500 双卧轴强制式混凝土搅拌机

图 2-35　JZC350 锥形反转出料搅拌机

图 2-36　JF 系列锥形倾翻出料搅拌机

二、混凝土搅拌站(楼)

由于分散搅拌不利于质量的控制，世界各国都推行了工厂集中搅拌的预拌混凝土制度，所以除了小容量的搅拌机作为单机使用外，一般搅拌机都应作为搅拌站(楼)的配套主机。我国现行相关的国家标准规定，公称容量(也称为出料容量，即捣实后的混凝土体积)为 150～350L 的搅拌机，它由进料、搅拌、出料、供水、控制、底盘等部分组成，具有独立完成混凝土搅拌作业的功能。公称容量为 500L 及 500L 以上的搅拌机应配置成搅拌站(楼)。

混凝土搅拌站(楼)是由搅拌机及供料、储料、配料、出料、控制等系统及结构部件组成，用于生产混凝土拌和物的成套设备(图 2-37、图 2-38)。采用混凝土搅拌站(楼)，便于对混凝土配合比作较为严格的控制，保证质量；有利于采用自动化技术，大大提高劳动生产率、节省劳动力、降低成本；无须在施工现场安装搅拌装置、堆放砂石、储存水泥，从而节约了场地，避免了原材料的浪费。

混凝土搅拌站(楼)按照集料在混凝土生产流程中需要提升的次数分为混凝土搅拌楼和混凝土搅拌站。集料经一次提升而完成全部生产流程的称为混凝土搅拌楼，俗称单阶式，如图 2-39 所示。集料提升两次或两次以上的称为混凝土搅拌站，俗称双阶式，如图 2-40 所示。

混凝土搅拌楼(单阶式)从储料开始全部靠自重材料下落经过各个工序,所以自动化程度高、效率高,但结构高度大,需配备大型运输设备,一次性投资大、建设周期长,适用于产量大的固定式;混凝土搅拌站(双阶式)高度小,只需配备小型运输设备,投资小、建设快、平面布置灵活,但效率和自动化程度一般都较低,适用于中、小产量的拆装式和移动式,特殊情况下也可用于产量大的拆装式和移动式。

图 2-37 "1602"混凝土搅拌船

图 2-38 某大桥混凝土搅拌站

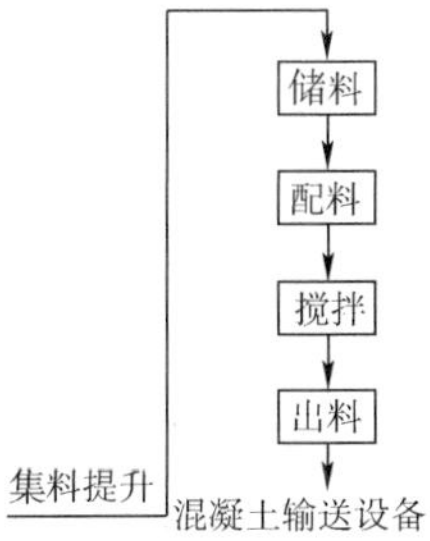

图 2-39 单阶式混凝土搅拌楼集料流程

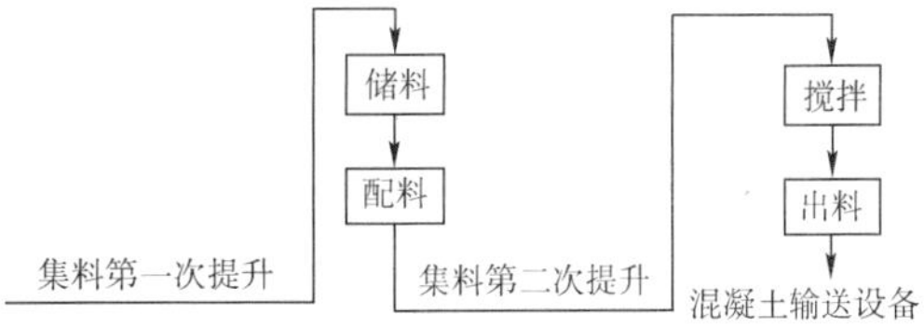

图 2-40 双阶式混凝土搅拌站集料流程

混凝土搅拌站(楼)主要由物料供给系统、称量系统、搅拌主机系统和控制系统等四大部分组成。

(1)物料供给系统。它是指组合成混凝土的砂子、石、水泥、水等几种物料的堆积和提升系统。砂和石料的提升,一般是以悬臂拉铲为主,另有少部分采用装卸机上料,配以皮带输送机输送的方式。水泥则以压缩空气吹入散装的水泥筒仓,辅之以螺旋机和水泥秤供料。搅拌用水一般用水泵实现压力供水。

(2)称量系统。砂石一般采用累积计量,水泥单独称量,搅拌用水一般采用定量水表计量。

(3)搅拌主机系统。搅拌主机的选择,决定了搅拌站(楼)的生产率。常用的主机有锥形反转出料式、主轴涡桨式和双卧轴强制式等形式。

(4)控制系统。一般有两种方式:一种是开关电路,继电器程序控制;另一种是采用运算放大器电路,增加了配比设定,落实调整容量变换等功能。近几年,微机控制技术开始用于控制系统,从而提高了控制系统的可靠性。

三、混凝土输送设备

混凝土的输送设备应根据结构物特点、混凝土浇筑量、运距、现场道路情况以及现有机具设备等条件进行选择。混凝土的水平运输,短距离多用手推车、机动翻斗车、轻轨翻斗车;长距离则用自卸汽车、混凝土搅拌运输车等。垂直运输可用各种升降机、卷扬机及塔式起重机等。此外,混凝土泵(车)是能同时完成水平运输和垂直运输的机械。本节对混凝土搅拌运输车、混凝土泵(车)作一简要的介绍。

1. 混凝土搅拌运输车

混凝土搅拌运输车(图 2-41),是专门用于进行长距离输送混凝土拌和物的车辆。它是将运输的搅拌筒安装在汽车底盘上,把在预拌混凝土搅拌站生产的混凝土成品或经称量的原料装入搅拌筒内,然后运至施工现场,在整个运输过程中,混凝土的搅拌筒始终在作慢速转动,从而使混凝土在长途运输后,仍不会出现离析现象,以保证混凝土的质量。

图 2-41　混凝土搅拌运输车实例

混凝土搅拌运输车一般有两种输送工艺:集中搅拌相配合的搅拌输送工艺和集中配料相配合的搅拌输送工艺。前者搅拌运输车接受的是搅拌好了的预拌混凝土,在运往现场的途中,搅拌筒不断的低速(1～3r/min)旋转,对混凝土拌和物进行搅拌,以防止混凝土拌和物发生离析和初凝。后者则是将经中心配料站称量的水泥、砂、石和水等原料装入搅拌运输车的搅拌筒内,然后在搅拌运输车驶向现场的途中,搅拌筒以 6～10r/min 的转速进行搅拌;当浇筑现场距中心配料站较远时,可在驶近现场时再注水搅拌。

混凝土搅拌运输车可按底盘形式、驱动形式、传动形式、多功能、搅拌筒布置等多种分类标准进行分类,图 2-42 所示为混凝土搅拌运输车示意图。

图 2-42　混凝土搅拌运输车示意图

1-搅拌筒;2-进料斗;3-卸料斗;4-卸料溜槽

2. 混凝土泵(车)

混凝土泵(图 2-43)是利用压力沿管道将混凝土拌和物连续输送到浇筑地点的设备。它能同时完成水平输送和垂直输送,比起重机加吊罐等传统的浇筑设备效率高、劳动力省、费用低、质量好。混凝土泵的采用对保证混凝土拌和物的质量起到了检验作用,因为不可泵送的混凝土拌和物大部分也是不符合质量要求的。

混凝土泵经过铺设管道输送混凝土拌和物，在管道末端有易弯曲的软管便于布料。但在中小型工地经常铺设和拆除输送管道很麻烦，为此发展了臂架式混凝土泵车。臂架式混凝土泵车(图 2-44)是将混凝土泵和布料装置(布料装置由折叠式臂架和装在其上的输送管道，以及回转装置组成的)装在汽车底盘上，因此具有机动性强、布料灵活等优点。但是臂架式混凝土泵车结构复杂、价格昂贵，臂架长度受汽车底盘的限制，泵送距离和高度较小。

图 2-43　HBT100R 混凝土泵

图 2-44　臂架式混凝土泵车

臂架式混凝土泵车适宜于大体积基础、零星分散工程以及泵送距离和高度较小的场合；而混凝土泵适宜于在固定地点长时间作业及泵送距离和高度较大的场合。混凝土泵还可与独立布料杆配合使用，以减轻繁重的体力劳动和充分发挥混凝土泵的效率。

四、混凝土振捣器

混凝土拌和物浇筑之后，须经密实成型，才能填满模板、密实包裹钢筋、排除拌和物中的气体，使混凝土制品或结构具有一定的外形和内部结构，提高混凝土制品或结构的强度和耐久性。混凝土振捣器正是这样的使混凝土密实成型的设备，它借助动力通过一定装置作为振源产生频繁的振动，并将这种振动传给混凝土，以振动捣固混凝土。合理选择和正确使用混凝土振捣器，不但可以提高混凝土浇筑速度和质量，而且可以降低工程成本，改善劳动条件，是人工振捣无法达到的。

混凝土振捣器按其作用方式可分成两大类：内部振捣器和外部振捣器。内部振捣器即是插入式振捣器；外部振捣器包括平板式振捣器、附着式振捣器和振动台等。

1. 插入式振捣器

插入式振捣器主要由振动棒、软轴和电动机三部分组成。振动棒工作部分长约 500mm，直径为 35～50mm，内部装有偏心振子，电机开动后，由于偏心振子的作用使整个棒体产生高频微幅的振动。振动棒和混凝土接触时，便将振动传给混凝土，很快使其密实成型。插入式振捣器主要用于振动各种垂直方向尺寸较大的混凝土体，如桥梁墩台、基础、柱、梁、坝体、桩及预制构件等。插入式振捣器可按工作原理分为偏心式和行星式两种类型，常见的型号有 ZX50、ZX70 等。图 2-45 所示为插入式振捣器的一种。

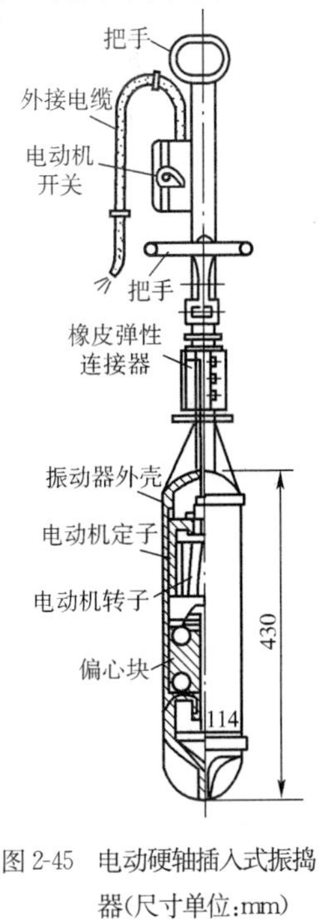

图 2-45　电动硬轴插入式振捣器(尺寸单位:mm)

2. 平板式振捣器

平板式振捣器属外部振捣器，它是直接放在混凝土表面上移动进行振捣工作，适用于坍落度不太大的塑性、半塑性、干硬性、半干硬性的混凝土，或如水泥混凝土路面、平板、拱面等浇筑层不厚、表面较宽敞的混凝土捣固。平板式振捣器的构造，如图2-46所示。

3. 附着式振捣器

附着式振捣器也属于外部振捣器，其振动构造与平板式振捣器的工作部分相同。由于振动作业方式的不同，附着式振捣器是靠底部的螺栓或其他锁紧装置固定安装在模板外部（或滑槽料斗等），振捣器的能量是通过模板传给混凝土，从而使混凝土被振捣密实。附着式振捣器作用半径不大，仅适用于振捣钢筋较密、厚度较小等不宜使用插入式振捣器的结构。

各种类型的附着式振捣器的构造基本相同，仅在外形上有所区别，图2-47所示即为附着式振捣器的构造示意。

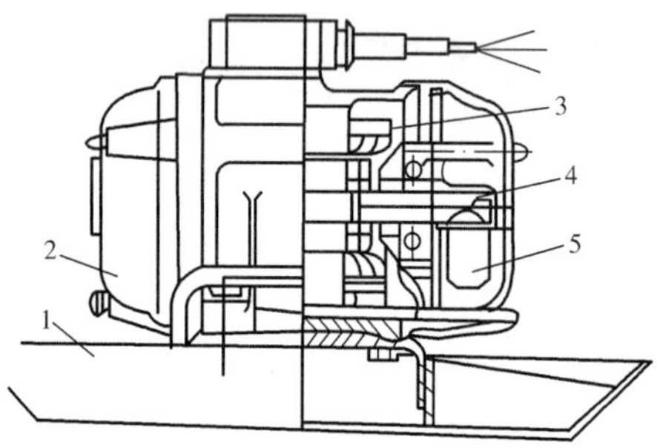

图2-46　平板式振捣器

1-底板；2-外壳；3-定子；4-转子轴；5-偏心块

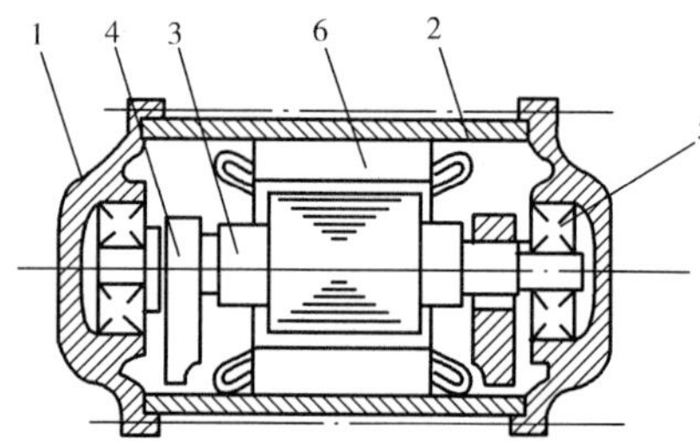

图2-47　附着式振捣器构造示意图

1-电动机密封端盖；2-机壳；3-转子轴；4-偏心块振动子；5-轴承；6-电动机定子

4. 振动台

振动台为一个支承在弹性支座上的工作平台，平台下设有振动机构。混凝土振动台是由电动机、同步器、振动平台、固定框架、支取弹簧及偏振子等组成。其工作时，振动机构作上下方向的定向振动。振动台具有生产效率高、振捣效果好的优点，主要用于混凝土制品厂预制件的振捣。图2-48所示为振动台的结构图。

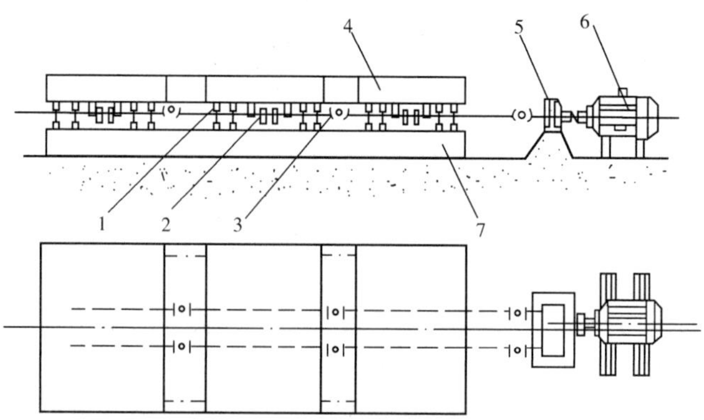

图2-48　混凝土振动台的结构

1-弹簧座；2-偏心振动子；3-联轴器；4-振动台面；5-同步器；6-电动机；7-底座

第五节　预应力张拉设备及应用

20 世纪 50 年代,我国预应力混凝土施工技术开始起步,随着各类预应力混凝土建筑的迅速发展,预应力张拉成套设备得到了广泛的普及,在公路桥梁建筑方面的应用也日趋广泛。预应力张拉设备主要包括预应力张拉千斤顶、预应力锚夹具、油泵车等。

在预应力混凝土桥梁施工中,预应力张拉工艺可分为先张法、后张法和电热法 3 种。

先张法即先张拉预应力钢筋,后浇筑混凝土。其工艺简单,关键是解决高强预应力钢材的张拉与锚固问题,不同钢材形式和性能,所需选取的张拉机具、锚固机具、放张方法的种类不同。

后张法即为先浇筑混凝土,后张拉预应力钢筋。此法是利用构件自身作为加力台座进行预应力筋的张拉,并用锚夹具将张拉完毕的预应力筋锚固在构件的两端;再在预应力筋的管道内压水泥浆,使预应力筋与混凝土黏结成整体。后张法主要是靠锚夹具来传递和保持预加应力的。

电热法是利用热胀冷缩的原理,在预应力钢筋中通过强大的电流,短时间内将钢筋加热,使钢筋随着加热温度的升高而伸长。当钢筋伸长到要求长度后,切断电源,锚固钢筋。随着温度的下降,钢筋逐渐冷却回缩。由于钢筋的两端已经锚固,不能自由冷缩,故这种冷缩在钢筋中产生拉应力;钢筋的冷缩力压紧构件的两端,使构件混凝土产生预压应力,从而达到预加应力的目的。

各种预应力张拉工艺对应着多种张拉设备,而各种张拉设备又有多种形式。锚具、夹具和张拉机械的选用,应根据钢筋种类以及结构要求、产品技术性能和张拉工艺等选择,张拉机械则应与锚具配套使用。在后张法施工中锚具及张拉机械的合理选择尤其重要,工程中可参考表 2-2 进行选用。

预应力筋、锚具及张拉机械的配套选用　　表 2-2

<table>
<tr><th rowspan="3">预应力筋品种</th><th colspan="3">锚　具　形　式</th><th rowspan="3">张 拉 机 械
(千斤顶)</th></tr>
<tr><th colspan="2">固　定　端</th><th rowspan="2">张 拉 端</th></tr>
<tr><th>安装在结构之外</th><th>安装在结构之内</th></tr>
<tr><td>钢绞线及钢绞线束</td><td>夹片锚具
挤压锚具</td><td>压花锚具
挤压锚具</td><td>夹片锚具</td><td>穿心式</td></tr>
<tr><td rowspan="3">钢丝束</td><td rowspan="3">夹片锚具
镦头锚具
挤压锚具</td><td rowspan="3">挤压锚具
镦头锚具</td><td>夹片锚具</td><td>穿心式</td></tr>
<tr><td>镦头锚具</td><td>拉杆式</td></tr>
<tr><td>锥塞锚具</td><td>锥锚式、拉杆式</td></tr>
<tr><td>精轧螺纹钢筋</td><td>螺母锚具</td><td></td><td>螺母锚具</td><td>拉杆式</td></tr>
</table>

一、预应力千斤顶

在预应力混凝土结构施工中,用来对预应力钢筋施加张拉力的主要设备,分为机械式、液压式和电热式 3 种。常用的是液压式,它由千斤顶、高压油泵及其输油管等部分组成。预应力千斤顶按其作用形式可分为:单作用(拉伸)、双作用(张拉、顶锚)和三作用(张拉、顶锚、退楔)3 种;按结构特点又可分为:拉杆式(YL 型)、穿心式(YC 型)、锥锚式(YZ 型)和台座式(YT 型)4 种。

1. 拉杆式千斤顶

拉杆式千斤顶用于螺母锚具、锥形螺杆锚具、钢丝镦头锚具等。它由主油缸、主缸活塞、回油缸、回油活塞、连接器、传力架、活塞拉杆等组成。图 2-49 为用拉杆式千斤顶张拉时的工作示意图。张拉前，先将连接器旋在预应力的螺丝端杆上，相互连接牢固。千斤顶由传力架支承在构件端部的钢板上。张拉时，高压油进入主油缸、推动主缸活塞及拉杆，通过连接器和螺丝端杆，预应力筋被拉伸。千斤顶拉力的大小可由油泵压力表的读数直接显示。当张拉力达到规定值时，拧紧螺丝端杆上的螺母，此时张拉完成的预应力筋被锚固在构件的端部。锚固后回油缸进油，推动回油活塞工作，千斤顶脱离构件，主缸活塞、拉杆和连接器回到原始位置。最后将连接器从螺丝端杆上卸掉，卸下千斤顶，张拉结束。

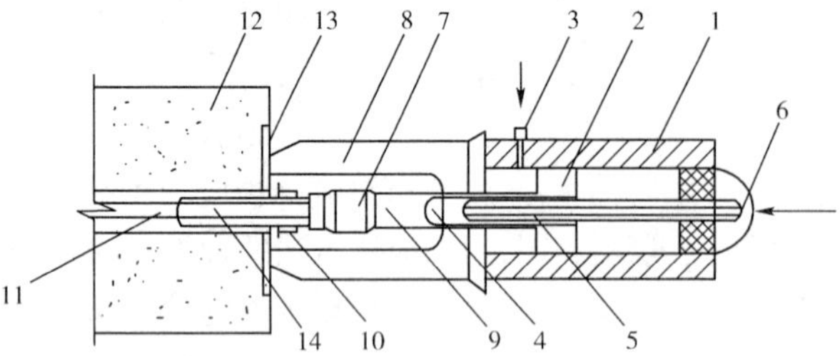

图 2-49　拉杆式千斤顶张拉原理

1-主油缸；2-主缸活塞；3-进油孔；4-回油缸；5-回油活塞；6-回油孔；7-连接器；8-传力架；9-拉杆；10-螺母；11-预应力筋；12-混凝土构件；13-预埋铁板；14-螺丝端杆

目前常用的一种千斤顶是 YL-60 型拉杆式千斤顶。另外，还生产 YL-400 型和 YL-500 型千斤顶，其张拉力分别为 4 000kN和 5 000kN，主要用于张拉力较大的钢筋张拉。拉杆式千斤顶构造简单，操作方便，应用较广。

2. 穿心式千斤顶

穿心式千斤顶是利用双液压缸张拉预应力筋和顶压锚具的双作用千斤顶。穿心式千斤顶适用于张拉带 JM 型锚具、XM 形锚具的钢筋，配上撑脚与拉杆后，也可作为拉杆式千斤顶张拉带螺母锚具和镦头锚具的预应力筋。图 2-50 为 JM 型锚具和 YC-60 型千斤顶的安装示意图。系列产品有 YC-20D，YC-60 与 YC-120 型千斤顶。大跨度结构、长钢丝束等引申量大者，用穿心式千斤顶为宜。

3. 锥锚式千斤顶

锥锚式千斤顶是具有张拉、顶锚和退楔功能三作用的千斤顶，用于张拉带锥形锚具的钢丝束。系列产品有：YZ-38，YZ-60 和 YZ-85 型千斤顶。

锥锚式千斤顶由张拉油缸、顶压油缸、退楔装置、楔形卡环、退楔翼片等组成，如图 2-51 所示。其工作原理是当张拉油缸进油时，张拉缸被压移，使固定在其上的钢筋被张拉。钢筋张拉后，改由顶压油缸进油，随即由副缸活塞将锚塞顶入锚圈中。张拉缸、顶压缸同时回油，则在弹簧力的作用下复位。

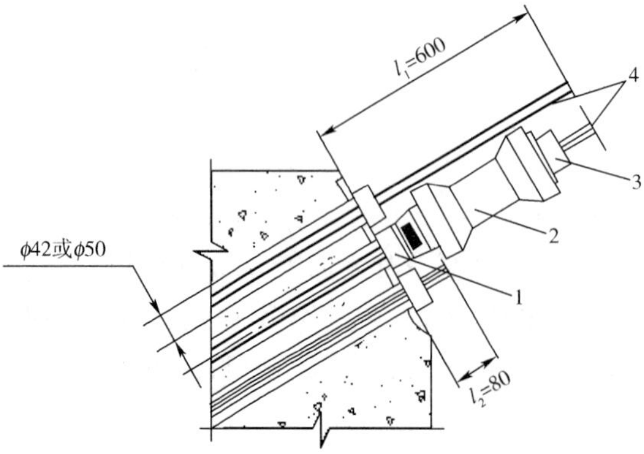

图 2-50　YC-60 型千斤顶和 JM 型锚的安装(尺寸单位：mm)

1-工作锚；2-YC-60 型千斤顶；3-工具锚；4-预应力筋束

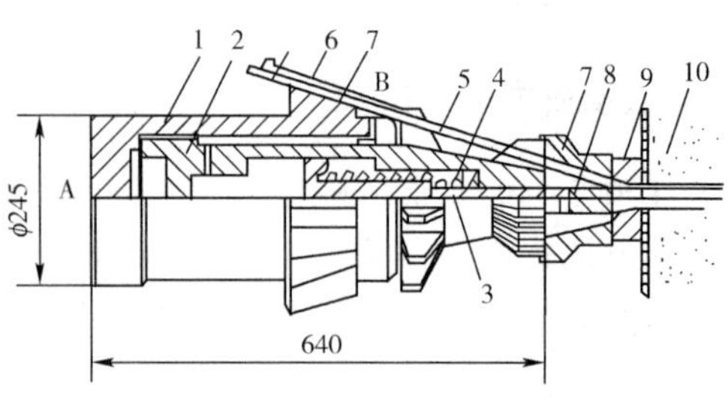

图 2-51　锥锚式千斤顶的构成(尺寸单位：mm)

1-张拉油缸；2-顶压油缸（张拉活塞）；3-顶压活塞；4-弹簧；5-预应力筋；6-楔块；7-对中套；8-锚塞；9-锚环；10-构件

4. 台座式千斤顶

台座式千斤顶,即普通液压千斤顶。先张法施工中常常会进行多根钢筋的同步张拉,当用钢台模以机组流水法或传送带法生产构件多进行多根张拉,可用普通液压千斤顶进行张拉。张拉时要求钢丝的长度基本相等,以保证张拉后各钢筋的预应力相同,为此,事先应调整钢筋的初应力。图 2-52 为用液压千斤顶进行成组张拉的示意图。

二、预应力锚夹具

我国的预应力锚具起始于 20 世纪 50 年代,到目前为止,已经相继研制出多种形式,如交通部公路规划设计院研制的 YM 型锚具,中国建筑科学院研制的 OM、XM 型锚具,同济大学和柳州建筑机械厂研制的 OVM 新型锚具,性能都达到国际预应力混凝土协会(FIP)的标准,并且我国的预应力锚具也正向着大吨位、系列化、多品种方向发展。

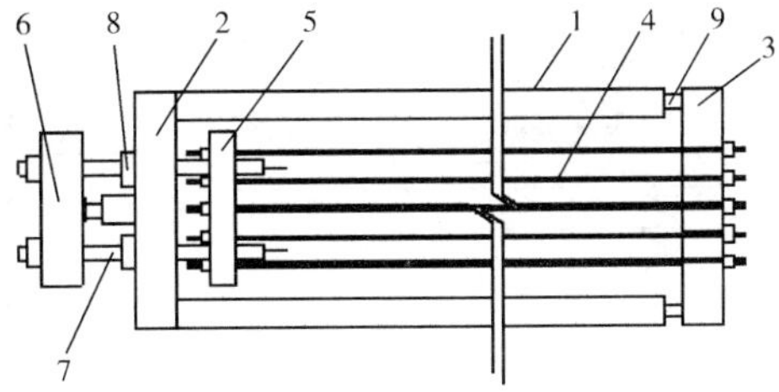

图 2-52 液压千斤顶进行成组张拉的示意图

1-台模;2、3-前后横梁;4-钢筋;5、6-拉力架横梁;7-大螺丝杆;8-油压千斤顶;9-放松装置

一般来说,先张法中锚固预应力钢筋用的工具称为夹具,后张法中锚固预应力钢筋用的工具称为锚具。

1. 锚具

锚具按结构形式可分为:支承式、夹片式、锥塞式、握裹式。我国采用最多的锚具是夹片式锚具和支承式锚具。

(1)支承式锚具

①螺母锚具。螺母锚具由螺丝端杆、螺母和垫板三部分组成。其适用于直径 18～36mm 的预应力钢筋,如图 2-53 所示。锚具长度一般为 320mm,当为一端张拉或预应力筋的长度较长时,螺杆的长度应增加 30～50mm。

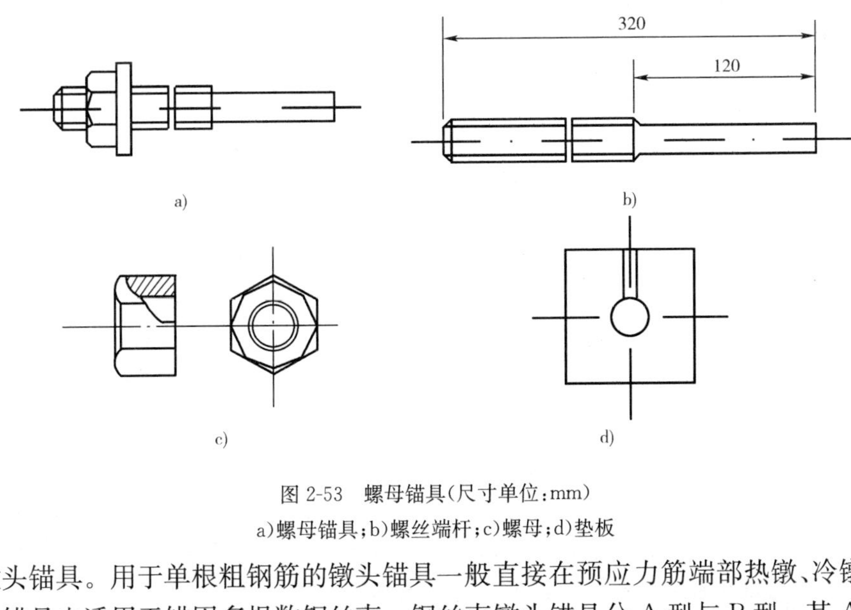

图 2-53 螺母锚具(尺寸单位:mm)

a)螺母锚具;b)螺丝端杆;c)螺母;d)垫板

②镦头锚具。用于单根粗钢筋的镦头锚具一般直接在预应力筋端部热镦、冷镦或锻打成型。镦头锚具也适用于锚固多根数钢丝束。钢丝束镦头锚具分 A 型与 B 型。其 A 型由锚环与螺母组成,可用于张拉端;B 型为锚板,用于固定端。钢丝束镦头锚具的构造如图 2-54 所

示。镦头锚具的优点是操作简便迅速，不会出现锥形锚易发生的“滑丝”现象，故不发生相应的预应力损失。这种锚具的缺点是下料长度要求很精确，否则，在张拉时会因各钢丝受力不均匀而发生断丝现象。镦头锚具用 YC-60 千斤顶（穿心式千斤顶）或拉杆式千斤顶张拉。

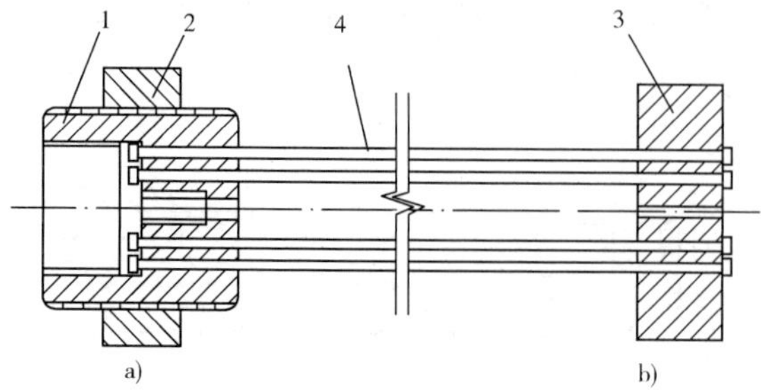

图 2-54　钢丝束镦头锚具的构造

a)张拉端锚具（A 型）；b)固定端锚具（B 型）

1-锚环；2-螺母；3-锚板；4-钢丝束

（2）夹片式锚具

①JM 型锚具。JM 型锚具为单孔夹片式锚具。JM12 型锚具可用于锚固 4～6 根直径为 12mm 的钢筋或 4～6 束直径为 12mm 的钢绞线。JM15 型锚具则可锚固直径为 15mm 的钢筋或钢绞线。JM 型锚具由锚环和夹片组成，其构造如图 2-55 所示。JM 型锚具性能好，锚固时钢筋束或钢绞线束被单根夹紧，不受直径误差的影响，且预应力筋是在呈直线状态下被张拉和锚固，受力性能好。为此，为适应小吨位高强钢丝束的锚固，近年来还发展了锚固 6～7 根 $\phi5$ 碳素钢丝的 JM5-6 型和 JM5-7 型锚具，其原理完全相同。

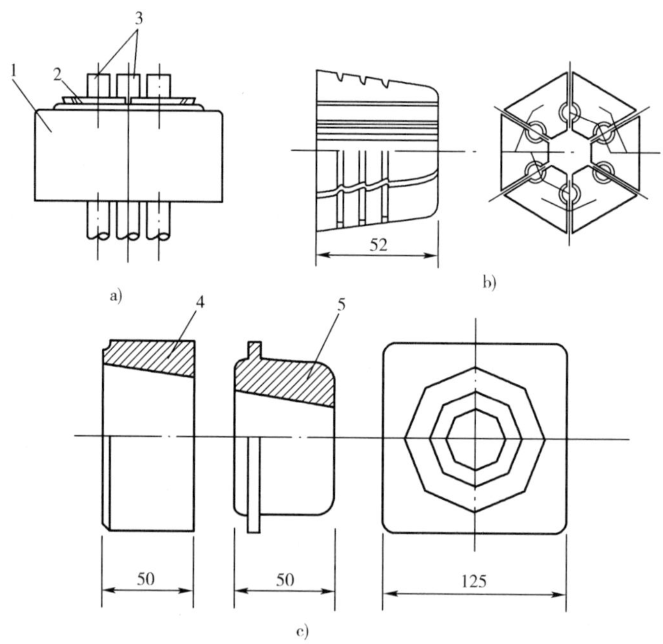

图 2-55　JM 型锚具的构造（尺寸单位：mm）

a)JM 型锚具；b)夹片；c)锚环

1-锚环；2-夹片；3-钢筋束和钢绞线束；4-圆钳环；5-方锚环

②XM 型锚具。XM 型锚具属多孔夹片锚具，是一种新型锚具。这是在一块多孔的锚板上，利用每个锥形孔装一副夹片夹持一根钢绞线的一种楔紧式锚具。这种锚具的优点是任何一根钢绞线锚固失效，都不会引起整束锚固失效，并且每束钢绞线的根数不受限制。XM 型锚具由锚板与三片夹片组成，如图 2-56 所示。它既适用于锚固钢绞线束，又适用于锚固钢丝束；既可锚固单根预应力筋，又可锚固多根预应力筋。XM 型锚具具有通用性强、性能可靠、施工方便、便于高空作业的特点。

③QM及OVM型锚具。QM型锚具也属于多孔夹片锚具，它适用于钢绞线束。该锚具由锚板与夹片组成，如图2-57所示。QM型锚固体系配有专门的工具锚，以保证每次张拉后退楔方便，并减少安装工具锚所花费的时间。OVM型锚具是在QM型锚具的基础上，将夹片改为二片式，并在夹片背部上部锯有一条弹性槽，以提高锚固性能。

④BM型锚具。BM型锚具是一种新型的夹片式扁形群锚，简称扁锚。它是由扁锚头、扁形垫板、扁形喇叭管及扁形管道等组成，构造如图2-58所示。扁锚的优点是：张拉槽口扁小，可减小混凝土板厚，便于梁的预应力筋按实际需要切断后锚固，有利于减少钢材；钢绞线单根张拉，施工方便。这种锚具特别适用于空心板、低高度箱梁以及桥面横向预应力等张拉。

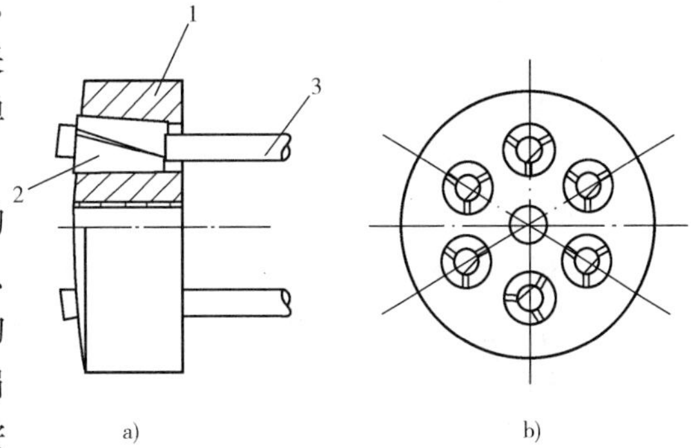

图2-56　XM型锚具的构成

a)装配图；b)锚板

1-锚板；2-夹片(三片)；3-钢绞线

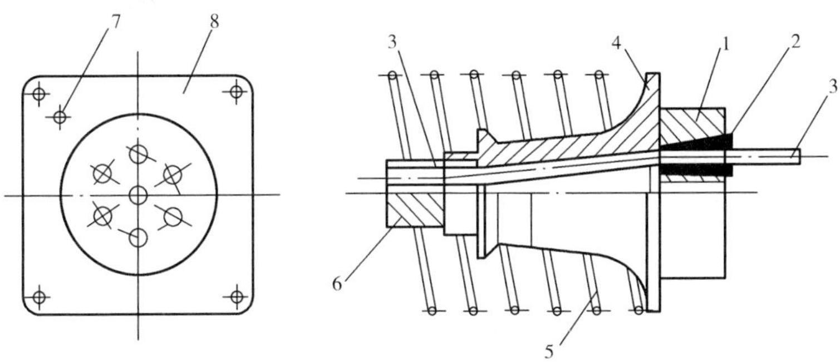

图2-57　QM型锚具及配件

1-锚板；2-夹片；3-钢绞线；4-喇叭形铸铁垫板；5-螺旋筋；6-预留孔道用的螺旋管；7-灌浆孔；8-锚垫板

(3)锥塞式锚具

①锥形锚具。锥形锚具由钢质锚环和锚塞(图2-59)组成，用于锚固钢丝束。锚环内孔的锥度应与锚塞的锥度一致。锚塞上刻有细齿槽，夹紧钢丝防止滑动。锥形锚具的尺寸较小，便于分散布置；缺点是易产生单根滑丝现象，钢丝回缩量较大，所引起的应力损失亦大，并且滑丝后无法重复张拉和接长，应力损失很难补救。此外，钢丝锚固时呈辐射状态，弯折处受力较大。钢质锥形锚具一般用锥锚式三作用千斤顶进行张拉。

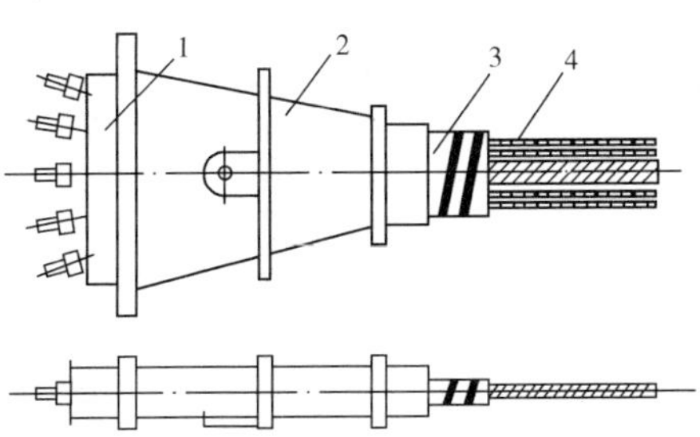

图2-58　扁锚的构造

1-扁锚板；2-扁形垫板与喇叭管；3-扁形波纹管；4-钢绞线

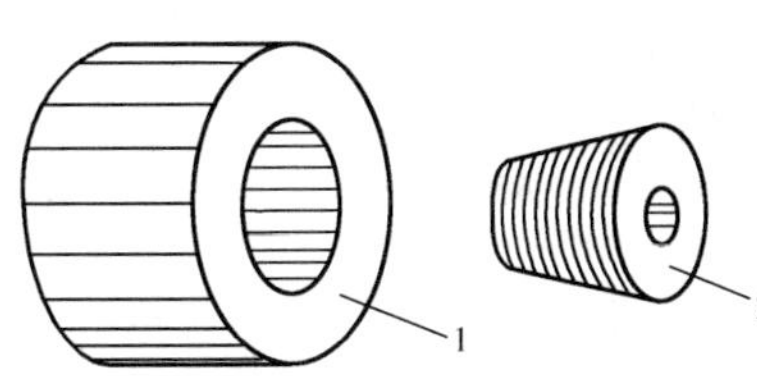

图2-59　锥形锚具的构成

1-锚环；2-锚塞

②锥形螺杆锚具。用于锚固14～28根直径5mm的钢丝束。它由锥形螺杆、套筒、螺母等组成(图2-60)。锥形螺杆锚具与YL-60,YL-90拉杆式千斤顶配套使用,YC-60、YC-90穿心式千斤顶亦可应用。

(4)握裹式锚具

钢绞线束的固定端的锚具除了可以采用与张拉端相同的锚具外,还可选用握裹式锚具。握裹式锚具有挤压锚具和压花锚具两类。

①挤压锚具。挤压锚具是利用液压压头机将套筒挤紧在钢绞线端头上的一种锚具。套筒内衬有硬钢丝螺旋圈,在挤压后硬钢丝全部脆断,一半嵌入外钢套,一半压入钢绞线,从而增加钢套筒与钢绞线之间的摩阻力。锚具下设有钢垫板与螺旋筋。这种锚具适用于构件端部的设计力大或端部尺寸受到限制的情况。挤压锚具的构造,如图2-61所示。

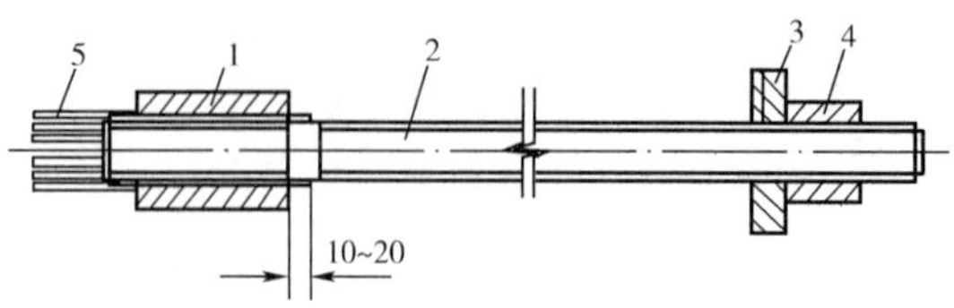

图2-60　锥形螺杆锚具的构成(尺寸单位:mm)

1-套筒;2-锥形螺杆;3-垫板;4-螺母;5-钢丝束

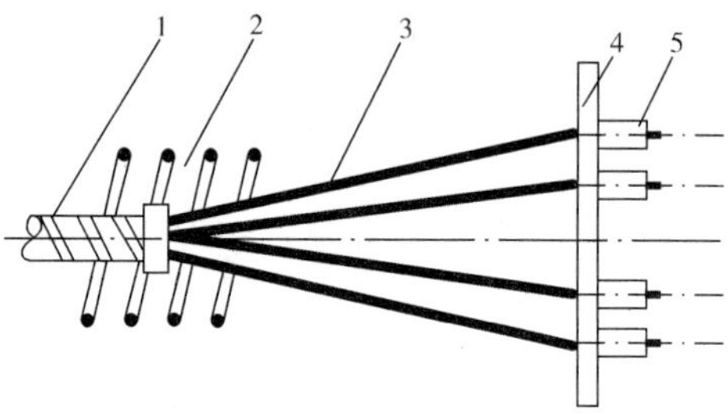

图2-61　挤压锚具的构造

1-波纹管;2-螺旋筋;3-钢绞线;4-钢垫板;5-挤压锚具

②压花锚具。压花锚具是利用液压压花机将钢绞线端头压成梨形散花状的一种锚具(图2-62)。梨形头的尺寸对于ϕ15钢绞线不小于ϕ95mm×150mm。

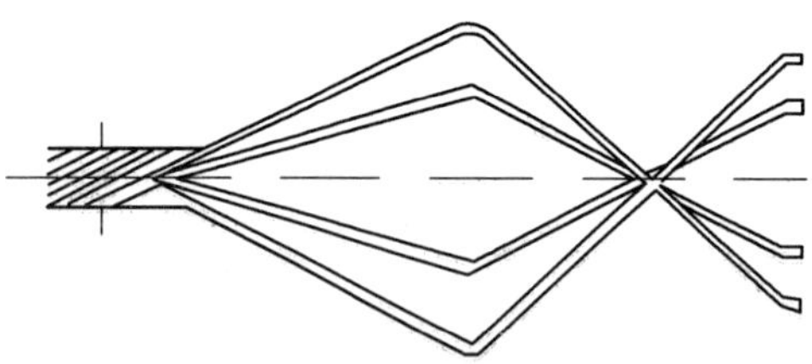

图2-62　压花锚具

2. 夹具

夹具应具有良好的自锚性能、松锚性能和安全的重复使用性能。主要锚固零件宜采取镀膜防锈。夹具按施工功能可分为钢丝夹具和钢筋夹具两种。

(1)钢丝夹具

先张法中钢丝的夹具分两类:一类是将预应力筋锚固在台座或钢模上的锚固夹具;另一类是张拉时夹持预应力筋用的夹具。锚固夹具与张拉夹具都是重复使用的工具。夹具的种类繁多,图2-63、图2-64所示为一些常用的锚固夹具和张拉夹具。

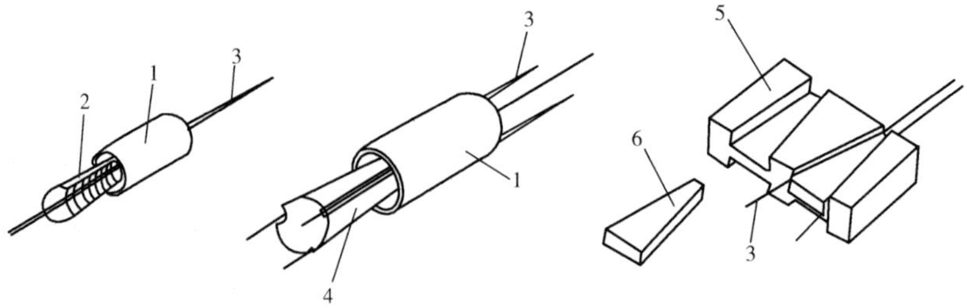

a)　b)　c)

图2-63　钢丝的锚固夹具

a)圆锥齿板式;b)圆锥槽式;c)锲形

1-套筒;2-齿板;3-钢丝;4-锥塞;5-锚板;6-锲块

(2)钢筋夹具

钢筋锚固多用螺母锚具、镦头锚和销片夹具等。张拉时可用连接器与螺母锚具连接，或用销片夹具等。销片式夹具由圆套筒和圆锥形销片组成(图 2-65)，套筒内壁呈圆锥形，与销片锥度吻合。销片有两片式和三片式，钢筋就夹紧在销片的凹槽内。

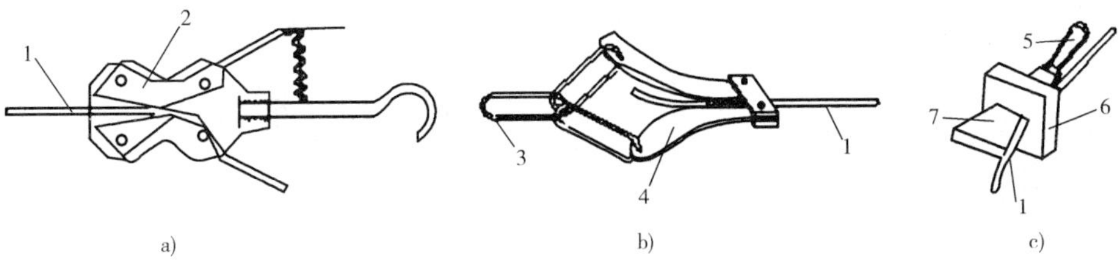

图 2-64　钢丝的张拉夹具

a)钳式；b)偏心式；c)锲形

1-钢丝；2-钳齿；3-拉钩；4-偏心齿条；5-拉环；6-锚板；7-锲块

三、油泵车

油泵车式预应力张拉设备的重要组成部分，是实施张拉的动力源，它与张拉千斤顶配合，构成液压系统回路，操作油泵车供给千斤顶高压油，并控制千斤顶动作，实现张拉预应力筋的目的。一般油泵车都由高压油泵、油箱、控制阀、溢流阀、油压表、液压管路、支撑件、电动机等构成。泵体与电动机连接在油箱(车体)内，车体下方安装 4 个轮子，其中两只为万向轮，就构成了油泵车。

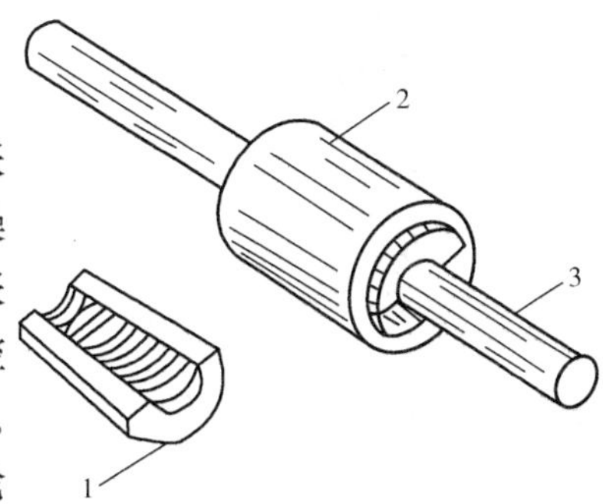

图 2-65　两片式销片夹具的构成

1-销片；2-套筒；3-预应力筋

高压油泵是向液压千斤顶各个油缸供油，使其活塞按照一定速度伸出或回缩的主要设备。油泵的额定压力应等于或大于千斤顶的额定压力。

高压油泵分手动和电动两类，目前常使用的有：ZB4-500 型、ZB10/320～4/800 型、ZB0.8-500 型与 ZB0.6-630 型等几种，其额定压力为 40～80MPa。

用千斤顶张拉预应力筋时，张拉力的大小是通过油泵上的油压表的读数来控制的。油压表的读数表示千斤顶张拉油缸活塞单位面积的油压力。为保证预应力筋张拉应力的准确性，应定期校验千斤顶，确定张拉力与油表读数的关系。其校验期一般不超过 6 个月。校正后的千斤顶与油压表必须配套使用。

第六节　其他常用机具及设备

在桥梁施工中，除了以上介绍的各类常用机具和设备之外，还有一些常用的机械同样起着举足轻重的作用。

一、钢筋加工机械

钢筋加工机械，主要用于制作各种混凝土结构物或钢筋混凝土预制构件所配制的钢筋和钢筋骨架等。对于混凝土工程中大量使用的非预应力钢筋和钢筋骨架，其加工的生产程序如图 2-66 所示。

由图 2-66 可以看出,钢筋加工机械主要包括钢筋调直机、钢筋切断机、钢筋弯曲机以及钢筋焊接机等。

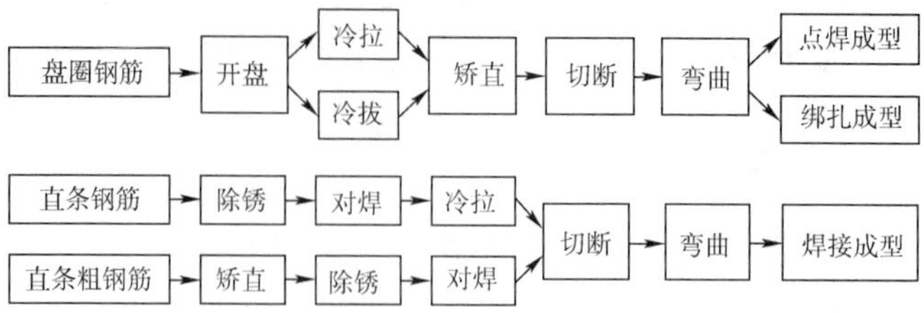

图 2-66 钢筋加工的生产程序

1. 钢筋调直机

钢筋调直机,又称为甩直机械,用于将成盘的细钢筋和经冷拔的低碳钢丝调直。目前,常用的定型调直机有 GT4-8 型和 GT4-14 型以及数控钢筋调直机等。这种类型的机械具有一机多用的功能,能在一次操作中完成自动调直、输送、切断,并兼有除锈作用。图 2-67 所示为 GT4-8 型调直切断机结构示意图。

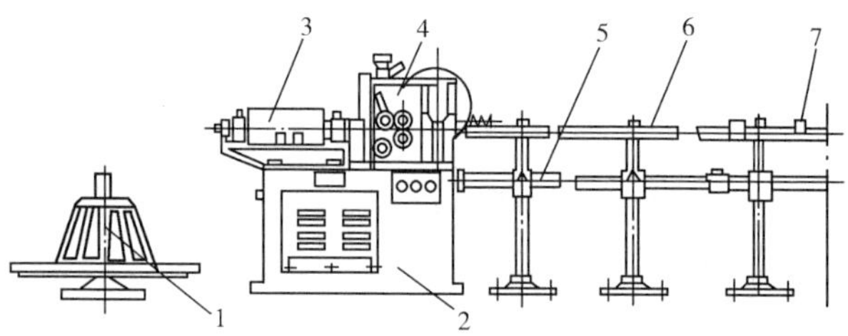

图 2-67 GT4-8 型调直切断机的结构

1-放盘架;2-机座;3-调直筒;4-传动箱;5-弯架;6-导料槽;7-定尺板

2. 钢筋切断机

钢筋切断机,是把钢筋原材料和已矫直的钢筋切断成所需要的长度的专用机械。切断机有机械式和液压式传动两种,多以电动机驱动。目前普遍使用的机械式有 GQ40 型钢筋切断机主要用于切断 6～40mm 的普通钢筋,每分钟可切断 32 次。常用液压式为 DYJ-32 型钢筋切断机,如图 2-68 所示。

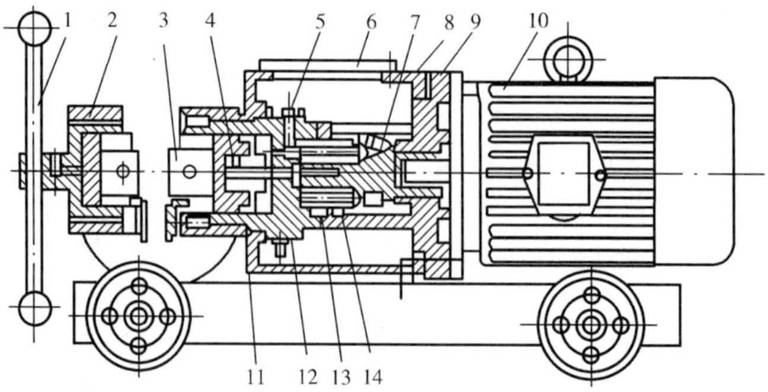

图 2-68 DYJ-32 型钢筋切断机的结构

1-手柄;2-支座;3-主刀片;4-活塞;5-放油阀;6-观察窗;7-偏心轴;8-油箱;9-连接架;10-电动机;11-皮碗;12-油缸体;13-油泵缸;14-柱塞

3. 钢筋弯曲机

钢筋经过调直、切断后，需加工成构件或构件中所需要配置的形状，如端部弯钩、梁内弓筋、起弯钢筋等。钢筋弯曲机又称冷弯机，常用型号有 GW40 型如图 2-69 所示。

4. 钢筋焊接机

(1)钢筋点焊机

点焊是采用基础焊接的方法，使相互交叉的钢筋在其接触处形成牢固的焊点。点焊机的种类很多，按结构形式可分为固定式和悬挂式两种；按压力传动方式可分为杠杆式、气压式和液压式；按电极类型又可分为单头和多头等形式。点焊钢筋网常用 DN 系列短臂固定式、DN3 系列长臂固定式以及 DN7 系列多头点焊机等。

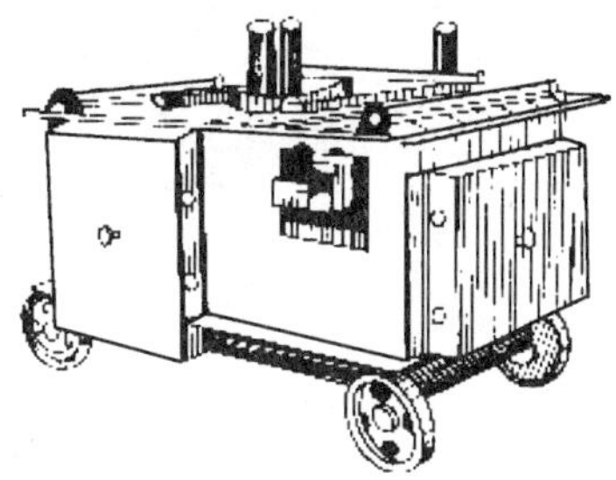
图 2-69　GW40 型钢筋弯曲机的外形

(2)钢筋对焊机

对焊是将两个被焊件装置在焊机夹具内，并使两个待焊端相对放置且保持接触，通以焊接电流使其加热到足够的温度，同时持续地、断续地施加压力，从而使焊接牢固。对焊机按焊接方法可分为电阻对焊、预热闪光对焊等；按其结构形式可分为弹簧顶锻式、杠杆积压弹簧锻式、气压顶锻式等。对焊机有 UN、UN1、UN5、UN8 等系列。

(3)钢筋弧焊机

电弧焊是利用电弧的热量融化母材和填充金属而形成焊点或焊缝的一种焊接方法。电弧焊的主要设备是弧焊机，作为用来进行电弧放电的电源，其作用是维持不同功率的电弧稳定地燃烧。电弧焊机可分为交流弧焊机和直流弧焊机两类。交流弧焊机又称焊接变压器，常用有 BX1、BX3、BX7 和 BX8 等型号。直流弧焊机又分为焊接发电机和焊接整流器两种，常用有 AX、AX3、AX4 和 AX5 等型号。

二、模板

预制梁的模板虽是施工过程中的临时结构，但它不仅控制梁体尺寸的精度，而且对工程质量、施工进度和工程造价有直接影响，在桥梁施工中十分重要。模板必须具有满足要求的强度、刚度和稳定性，能可靠地承受施工过程中可能产生的各项荷载，保证结构的设计形状、尺寸和模板各部件之间相互位置的准确性。板面应光滑平整、接缝严密，确保混凝土在强烈振动下不漏浆；同时，需便于制作、装拆容易、施工操作方便、保证安全。

桥梁施工中的模板形式多样，有组合式定型钢模板、滑动模板、提升模板、拼装式模板等，需根据桥梁的结构形式、施工方法、施工部位、现场情况等方面进行选择。

有一种特殊的模板称为移模，源于欧洲，主要应用在采用悬臂施工法的现浇主梁的浇筑施工中。图 2-70 所示为德国尼拉尼尔桥的悬臂施工法过程中移模的应用情况。移模的主要作用是容纳混凝土直到其结硬成适当的形状；然后，模板必须从结硬的混凝土上拆除。为达这一目的，所有模板的表面必须是可移动的。图中各模板的表面是分离的，但它们可以锁定到一起，形成不透水的表面，作为桥面的底模。移模一般在下面的安全岛上装配，由多个节段组成，施工时，每个移模每次向前移动一个节段。图 2-71、图 2-72 所示为移模的一些实际应用实例。

图 2-70　德国尼拉尼尔桥的移模施工

图 2-71　移模应用实例一

图 2-72　移模应用实例二

思 考 题

1. 桥梁施工中，有哪些主要的施工设备？
2. 试述万能杆件和贝雷梁的构造特点及相互的区别。
3. 简述各类起重机具的适用范围。
4. 列举出两种双梁架桥机的构造及作业特点。
5. 试述混凝土搅拌站与混凝土搅拌楼的区别及其组成体系。
6. 简述混凝土泵与混凝土泵车的联系及各自的优点和缺点。
7. 简述各类混凝土振捣器的适用范围。
8. 试述预应力千斤顶的类型及常用类型的工作原理。
9. 简述常用锚夹具的类型及使用对象。
10. 列举钢筋加工及模板的常用设备情况。

第三章　桥梁基础施工

第一节　概　　述

桥梁基础是桥梁结构物直接与地基接触的最下部分，是桥梁下部结构的重要组成部分，它起着支承桥跨结构，保持体系稳定，把上部结构、墩台的自重及车辆的荷载传递给地基的重要作用。桥梁基础的施工质量直接决定着桥梁的强度、刚度、稳定性、耐久性和安全度。

基础工程在桥梁结构物的设计与施工中，占有极为重要的地位，它对结构物的安全使用和工程造价有很大的影响。统计表明，建筑物失事70%～80%是由基础失效而引起。桥梁墩台基础的失效，据史密斯分析世界百年来桥梁损坏的原因统计，在143座损坏的桥梁中，有70座是桥基被洪水冲坏或由其他水力问题所引起的。我国铁路桥梁自1930年至1965年的35年内，桥梁被水冲坏的有250座之多。

工程实践表明：桥梁基础均在地面或水面以下，其施工条件和受力状况都和上部结构不同，桥梁基础完成后即埋于水、土中，属于隐蔽工程，如有缺陷，较难发现，也较难弥补和修复，而这些缺陷往往直接影响整个桥梁结构的使用甚至安全；基础工程的施工进度，常常控制着整个桥梁工程的施工进度；下部结构工程的造价，通常在整个桥梁造价中占相当大的比例，尤其是在复杂的地质条件下或深水条件下修建桥梁基础更是如此。因此，必须高度重视桥梁基础施工，严格按规范办事，确保工程质量。

一、桥梁基础类型

公路桥梁由于其结构形式多种多样，所处位置的地形、地质、水文情况千差万别，因此其基础的形式也种类繁多。

桥梁基础根据埋置深度分浅基础和深基础两类，它们的施工方法不同，设计计算原理也不同。浅基础是在桥台或桥墩下直接修建的埋深较浅的基础（一般小于5m），如若浅层土质不良，则需把基础埋置于较深的良好地层上，这样的基础称为深基础（一般埋置深度大于5m）。基础埋置在土层内深度虽较浅，但在水下部分较深，如深水中的桥墩基础，称为深水基础。浅基础最简单经济，也最常用，形式有明挖重力式扩大基础、钢筋混凝土条形基础等；当需要设置深基础时，则常采用桩基础或沉井基础，特殊桥位也可能采用其他大型基础或组合形式。

随着交通需求的增长、桥梁跨度的增大以及基础入水深度的增加，尤其是近年来跨海湾、跨海峡、跨江河大桥不断新建，桥梁深水基础应用日益广泛，形式也不断翻新。桥梁深水基础起源于美国，至今已有100多年的历史。根据目前国内外已建成的桥梁深水基础情况，其类型主要有：桩基础、沉井基础、组合基础、特殊基础和管柱基础等。各类桥梁基础，如表3-1所示。

发展至今，桥梁基础已种类众多，而选择基础类型、确定基础方案主要取决于地基土的工程性质、水文地质条件、荷载特性、桥梁结构形式及使用要求，以及材料的供应和施工技术等因素。方案选择的原则是：力争做到使用上安全可靠，施工技术上简便可行，经济上合理。因此，应综合考虑设计、施工等多方面因素来选择合适的基础类型及其施工方案。

桥梁基础的类型 表 3-1

<table>
<tr><th>基础类型</th><th colspan="2">分　类</th></tr>
<tr><td rowspan="2">浅基础</td><td colspan="2">直接基础:明挖重力式扩大基础、钢筋混凝土条形基础等</td></tr>
<tr><td colspan="2">浮桥的浮体:船只或浮鲸</td></tr>
<tr><td rowspan="7">深基础</td><td rowspan="3">桩基础</td><td>按施工方法分:沉入桩基础、钻孔桩基础</td></tr>
<tr><td>按传力方式分:摩擦桩基础、端承桩基础</td></tr>
<tr><td>按材料分:钢筋混凝土桩基础、预应力钢筋混凝土桩基础、钢桩基础</td></tr>
<tr><td colspan="2">沉井基础:开口沉井基础、气压沉箱基础</td></tr>
<tr><td colspan="2">组合基础:沉井加管柱基础、沉井加钻孔桩基础等</td></tr>
<tr><td colspan="2">特殊基础:地下连续墙基础、锁口钢管桩基础、多柱式基础、设置基础等</td></tr>
<tr><td colspan="2">管柱基础:预应力钢筋混凝土管柱基础、钢管柱基础</td></tr>
</table>

本章将对目前应用最为广泛的几种基础形式的施工技术予以详细介绍。

二、桥梁基础施工

1. 桥梁基础施工的主要方法

桥梁基础因其形式和所处环境、地质、水文条件,桥梁结构体系,环保要求及施工条件等因素不同,要选用不同的施工方法。旱地土质地基扩大基础及条形基础采用明挖法,既可以采用人工开挖也可以机械开挖,若为岩石地基,还需进行适当的爆破施工。水中明挖基础必须设置围堰,或者采取临时改河措施。桩基础的成孔有挖孔和钻孔两种方法,挖孔适用于旱地无水或地下水位较低的密实土质地层或岩石地层。人工挖孔桩径应大于 1.2m,孔深在 15m 以内;机械挖孔一般适用于土质地层,钻孔按地质条件不同可选用旋转钻成孔、冲击钻成孔、冲抓钻成孔等多种形式。深水中钻孔需搭设钻孔施工平台,并辅以钢围堰或钢吊箱围堰作为模板进行成桩后的承台混凝土干施工。沉井基础与地下连续墙基础的施工与旱地上的施工方法也有所不同。

2. 基础施工前的准备工作

(1)应根据招、投标文件,施工合同,设计文件及有关规范编报施工组织设计。

(2)应做好施工现场准备,修建施工临时设施,安装调试施工机具及标定试验机具,进行施工测量及复核测量资料,做好材料的储存和堆放,做好开工前的试验检测工作。

(3)施工组织设计宜包括以下内容:编制说明,施工组织机构,施工平面布置图,施工方法,施工详图,资源计划,总进度计划和进度图,质量管理,安全生产,环境保护。

(4)施工单位必须建立健全质量保证体系,主要内容为:质量方针、质量目标、质量保证机构、质量保证程序、质量保证措施。

(5)制订完善的安全技术措施,进行安全技术交底。

第二节　明挖扩大基础施工

刚性扩大基础,又称明挖基础,是直接在墩台下开挖基坑修建而成的实体基础。它适合于在岸上或水流冲刷影响不大的浅水处,且浅表地基承载力合适的地层。它构造简单,施工方便,最为常见。

明挖扩大基础的平面形状常为矩形，也有其他形式(视墩台身底面的形状而定)；立面形状可为单层或多层台阶扩大形式，与地基承载力及上部荷载大小等有关，如图 3-1 所示。明挖扩大基础的常用材料有混凝土、片石混凝土、浆砌片石等，混凝土强度等级一般不宜小于 C15，浆砌片石一般用 M5 以上水泥砂浆 M25 以上石料。

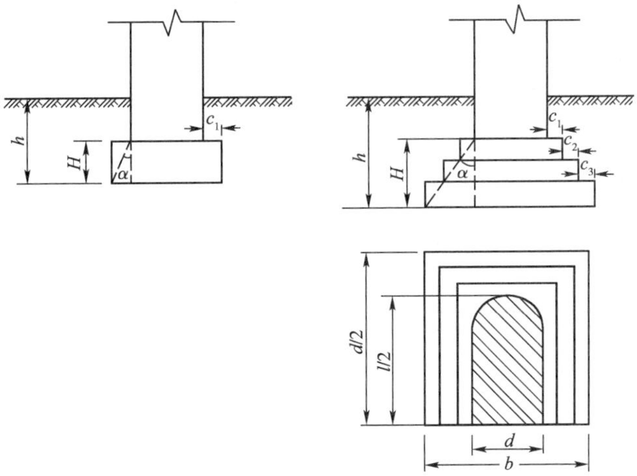

图 3-1　明挖扩大基础平面、立面图

明挖扩大基础的特点是稳定性好、施工简便、取材容易、能承受较大的荷载，所以只要地基承载力能满足要求，它是桥梁的首选基础形式。但其缺点是自重大，并且在持力层为软弱土时，由于基础面积不能无限制扩大，需要对地基进行处理或加固后才能采用。所以对于荷载较大，上部结构对沉降变形较为敏感(超静定结构)，持力层的土质较差且较厚的情况，不宜采用明挖扩大基础。

扩大基础的施工方法通常是采用明挖的方式进行的。在开挖基坑前，应做好复核基坑中心线、方向和高程，并应按地质水文资料，结合现场情况，决定开挖坡度、支护方案以及地面的防水、排水措施。如果地基土质较为坚实，开挖后能保持坑壁稳定，可不设置支撑，采取放坡开挖。实际工程由于土质关系、开挖深度、放坡受到用地或施工条件限制等因素影响，需采取各种加固坑壁措施，诸如挡板支撑、钢木结合支撑、混凝土护壁等；在开挖过程中有渗水时，则需要在基坑四周挖边沟或集水井以利排除积水。在水中开挖基坑时，通常需预先修筑临时性的挡水结构物(称为围堰)，如草袋围堰等，然后将基坑内的水排干，再开挖基坑。基坑开挖至设计高程后，必须抓紧进行坑底土质鉴定、清理与整平工作，及时砌筑基础结构物。故明挖扩大基础施工的主要内容，包括基础的定位放样、基坑开挖、基坑排水、基底处理，以及砌筑(浇筑)基础结构物等。

一、基础的定位放样

为建筑基础开挖的临时性坑井称为基坑。基坑属于临时性工程，其作用是提供一个空间，使基础的砌筑作业得以按照设计所指定的位置进行。

在基坑开挖前，先进行基础的定位放样工作，以便正确地将设计图上的基础位置准确地设置到桥址上。放样工作系根据桥梁中心线与墩台的纵横轴线，推算出基础边线的定位点，再放线画出基础的开挖范围。图 3-2 表示桥台基础定位放样情况，*a*-*b*-*c*-*d*-*e*-*f*-*g*-*h* 所围阴影部分为桥台基础外缘线，放样是先放基坑顶部四角的边桩 A、B、C、D。基坑底部的尺寸较设计的平面尺寸每边各增加 0.5～1.0m 的富余量，以便于支撑、排水与立模板（如果是坑壁垂直的无水基坑坑底，可不必加宽，直接利用坑壁作基础模板亦可）。按一定的放坡开挖至坑底（A'、B'、C'、D'）后，基础灌筑前才定出 a-b-c-d-e-f-g-h 各点。具体的定位工作视基坑深浅而有所不同。基坑较浅时，可使用挂线板，拉线挂垂球进行定位。基坑较深时，用设置定位桩形成定位线 1—1、2—2、…，进行定位。基坑各定位点的高程及开挖过程中高程检查，一般用水准测量方法进行。

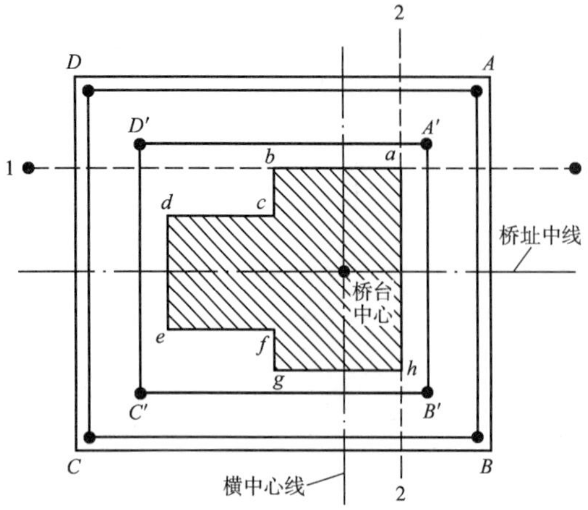

图 3-2　桥台基础定位放样示意图

二、陆地基坑开挖

基坑大小应满足基础施工要求，对有渗水土质的基坑坑底开挖尺寸，需按基坑排水设计（包括排水沟、集水井、排水管网等）和基础模板设计而定，一般基底尺寸应比设计平面尺寸各边增宽 0.5～1.0m。基坑可采用垂直开挖、放坡开挖、支撑加固或其他加固的开挖方法，具体应根据地质条件、基坑深度、施工期限与经验，以及有无地表水或地下水等现场因素来确定。

1. 基坑开挖施工方法

(1)坑壁不加支护的基坑

对于在干涸无水河滩、河沟中，或有水经改河或筑堤能排除地表水的河沟中；在地下水位低于基底，或渗透量少，不影响坑壁稳定；以及基础埋置不深，施工期较短，挖基坑时，不影响邻近建筑物安全的施工场所，可考虑选用坑壁不加支护的基坑。基坑的形式如图 3-3 所示。

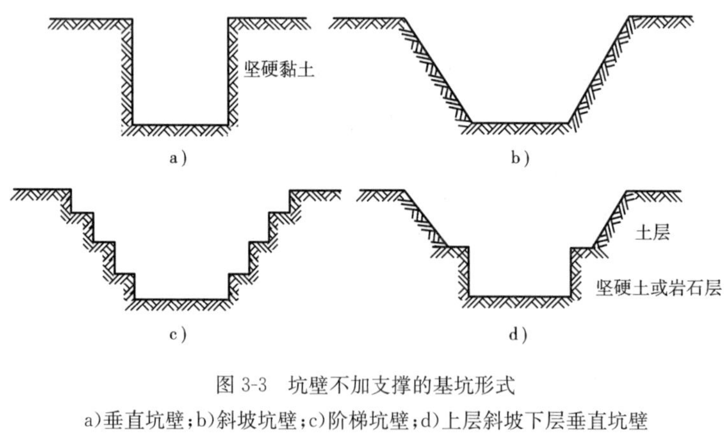

图 3-3　坑壁不加支撑的基坑形式

a)垂直坑壁；b)斜坡坑壁；c)阶梯坑壁；d)上层斜坡下层垂直坑壁

黏性土在半干硬或硬塑状态，基坑顶缘无活荷载，稍松土质基坑深度不超过 0.5m，中等密实（锹挖）土质基坑深度不超过 1.25m，密实（镐挖）土质基坑深度不超过 2.00m 时，均可采用垂直坑壁基坑。基坑深度在 5m 以内，土的湿度正常时，基坑可按表 3-2 所示，采用斜坡坑壁开挖或按坡度比值挖成阶梯形坑壁，每梯高度为 0.5～1.0m 为宜，可作为人工运土出坑的台阶。土的湿度有可能使坑壁不稳定而引起坍塌时，基坑坑壁坡度应缓于该湿度下的天然坡度。

当基坑有地下水时，地下水位以上部分可以放坡开挖；地下水位以下部分，若土质易坍塌或水位在基坑底以上较深时，应加固开挖。

放坡开挖坑壁坡度表

表 3-2

坑壁土类	坑壁坡度		
	坡顶无荷载	坡顶有静荷载	坡顶有动荷载
砂类土	1:1	1:1.25	1:1.5
卵石、砾类土	1:0.75	1:1	1:1.25
粉质土、黏质土	1:0.33	1:0.5	1:0.75
极软岩	1:0.25	1:0.33	1:0.67
软质岩	1:0	1:0.1	1:0.25
硬质岩	1:0	1:0	1:0

注：①坑壁有不同土层时，基坑坑壁坡度可分层选用，并酌设平台。

②坑壁土的类别按照现行行业标准《公路土工试验规程》(JTG E40—2007)划分；岩面单轴抗压强度＜5MPa、5～30MPa、＞30MPa时，分别定为极软、软质、硬质岩。

③当基坑深度大于5m时，基坑坑壁坡度可适当放缓或加设平台。

无水基坑施工中，对于一般小桥涵的基础，基坑工程量不大，可用人力施工方法；大、中型桥梁基础工程，基坑深，基坑平面尺寸较大，挖方量多，可用机械或半机械施工方法。

(2)坑壁有支护加固的基坑

如果基坑壁坡不易稳定，并有地下水渗入，或放坡开挖场地受限，或各类工程量太大，可按具体情况采用挡板支撑、钢木结合支撑、混凝土护壁(喷射混凝土护壁，现浇混凝土护壁)、钢板桩围堰、锚杆支护及地下连续墙等支护措施。

常用的坑壁支撑形式有：直衬板式坑壁支撑、横衬板式坑壁支撑、框架式支撑、锚桩式支撑、锚杆式支撑、锚碇板式支撑及斜撑式支撑等(图 3-4)。其施工方法根据土质情况不同，可一次挖成或分段开挖，每次开挖深度不宜超过 2m。

2. 基坑开挖注意事项

基坑顶有动荷载时，坑顶边与动载间应留有不小于 1m 宽的护道。若动载过大或工程地质和水文地质不良，还要增宽护道或采取加固措施。

基坑开挖可以采用人工开挖，也可以采用挖掘机、推土机、装载机等机械进行开挖，但无论采用哪一种方法施工，基底均应避免超挖，已经超挖或松动部分应予以清除。若施工时间较长，又可能遇到暴雨天气时，应在基坑外设临时截水沟或排水沟，防止雨水流入基坑内，使坑内土质变化。任何土质基坑挖至高程后，都不能长时间暴露、扰动或浸泡而削弱其承载能力。一般土质基坑挖至基底高程时，应保留 10～20cm 厚一层，在基础砌(浇)筑前人工突击挖除，迅速检验，随即进行基础施工。

岩石地基开挖，坑壁坡度如表 3-2 所列。硬质岩可以垂直向下，一般设计开挖深度为风化层厚度，新鲜基岩、微风化或弱风化岩层都可做基础持力层。开挖一般采用人工开挖，必要时可进行松动爆破，但要严格控制爆破深度和用药量，防止过量爆破引起持力层松动破坏。根据岩层的风化程度、倾向、倾角及发育情况，采用适当方法进行坑壁防护。挖出渣石必须运至设计指定地点，不能对施工安全或周围群众生产、生活环境造成危害。

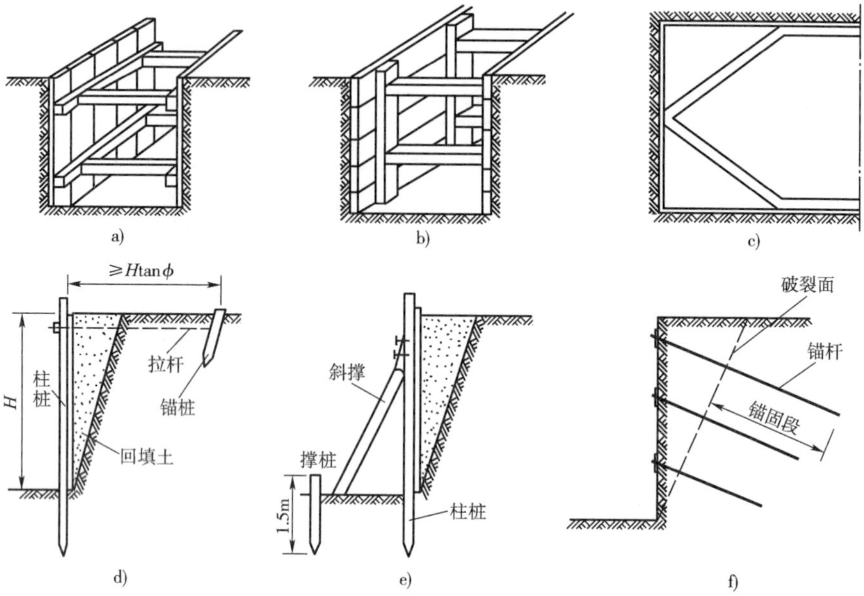

图 3-4　坑壁支撑形式

a)直衬板式支撑；b)横衬板式支撑；c)框架式支撑；d)锚桩式支撑；e)斜撑式支撑；f)锚杆式支撑

三、水中基础的基坑开挖

桥梁墩台基础大多位于地表水位以下，有时流水还比较大，施工时都希望在无水或静止水条件下进行。因此，桥涵水中基础施工，首先应采用围堰或临时改河措施排除水流影响，同时在开挖过程中要采取措施排除坑外渗水和地下水，施工难度比陆地作业量增大，施工成本也增加很多。桥梁水中基础最常用的施工方法是围堰法。围堰的作用主要是防水和围水，有时还起着支撑施工平台和基坑坑壁的作用。

围堰有土围堰，土袋围堰，钢板桩围堰，钢筋混凝土板桩围堰，竹、铅丝笼围堰，套箱围堰，双壁钢围堰等多种。围堰的结构形式和材料要根据水深、水流速、地质情况、基础形式以及通航要求等条件进行选择。一般要求围堰高度高出施工期间可能出现的最高水位(包括浪高)0.5～0.7m。围堰外形应考虑河流断面被压缩后流速增大引起水流对围堰、河床的集中冲刷及影响通航、导流等因素；堰内面积应能满足基础施工的需要，围堰要力求防水严密、尽量减少渗漏，以减轻排水工作量。几种明挖扩大基础常用的围堰形式如下。

1. 土围堰

土围堰适用于水深 1.5m 以内，流速≤0.5m/s，河床渗水性较小的河流。土堰的断面一般为梯形，堰顶宽 1～2m，堰外边坡为 1∶2～1∶3，堰内边坡一般为 1∶1～1∶1.5，坡脚与基坑边缘距离根据河床土质及基坑深度而定，但不得小于 1m。筑堰宜采用黏性土或砂类土填出水面后应进行夯实。筑堰前应将堰底河床上的树根、石块、杂物等清除，自上游开始填筑至下游合龙。流速过大有冲刷危险时，在外坡面用草皮、柴排、片石或草袋等加以防护。

2. 土袋围堰

土袋围堰适用于水深 3.0m 以内，流速≤1.5m/s，河床土质渗水较小的情况。围堰中心部分可填筑黏土及黏性土芯墙。堰顶宽一般为 1～2m，有黏土芯墙时为 2～2.5m，堰外边坡 1∶0.5～1∶1，堰内边坡 1∶0.2～1∶0.5。土袋内装填松散黏性土，一般装至袋容量的 60%为宜，袋口用麻线或细铁线缝合。坡脚至基坑边距离及堰底河床处理方法、填筑方向与土围堰相同。堆码在水中的土袋，其上、下层和内、外层应相互错缝，尽量堆码密实整齐。

3. 钢板桩围堰

钢板桩围堰适用于砂类土、黏性土、碎石土及风化岩石等河床的深水基础，钢板桩的机械性能和尺寸应符合要求。我国常用的是德国拉森式槽型钢板桩，经过整修或焊接后钢板桩应采用同类型钢板进行锁口连接并通过试验检查，钢板桩的接长应以等强度焊缝接长。当设备许可时，宜在打桩前将2～3块钢板拼为一组，组拼后用夹具夹牢。钢板桩堆存、搬运、起吊时，应防止由于自重而引起的变形和锁口损坏。

插打钢板桩时，必须具有可靠的导向设备，以保证钢板桩的垂直沉入。一般先将全部钢板桩逐根或逐组插打到稳定深度，然后依次打入至设计深度。插打的顺序按施工组织设计进行，一般自上游分两头插向下游合龙。插打前在锁口内涂以黄油、锯末等混合物，组拼桩时，用油灰和棉花捻缝，以防漏水。钢板桩顶达到设计高程时的平面位置偏差，在水上打桩时不得大于20cm，在陆地打桩时不得大于10cm。在插打过程中，应随时检查其平面位置是否正确，桩身是否垂直，发现倾斜应立即纠正或拔起重插。

当水深较大时，常用围檩（由钢或钢木构成的框架）作为钢板桩的定位和支撑。在深水处修筑围堰，为了保证围堰不渗水或尽可能少渗水，可采用双层钢板桩围堰，或采用钢管式的钢板桩围堰。钢板桩可用锤击、振动或辅以射水等方法下沉，但在黏土地基中不宜使用射水。锤击时宜使用桩帽，以分布冲击力和保护桩头。在插打钢板桩时，如起重设备高度不够，允许改变吊点位置，但吊点位置不得低于桩顶以下1/3桩的长度。围堰将合龙时，宜经常观测四周的冲淤状况，必要时应采取措施，预防上游冲空、涌水或下游淤积，影响施工进程。

拔除钢板桩前，宜向堰内灌水，使堰内外水位相等或堰内水位高于堰外水位1.0～1.5m。拔桩时从下游附近易于拔除的一根或一组钢板桩开始，并尽可能采用振动拔桩法。钢板桩强度大，防水性能好，打入土、砾、卵石层时穿透性能强，适合与水深10～30m的桥位围堰。

4. 钢筋混凝土板桩围堰

钢筋混凝土板桩围堰适用于黏性土、砂类土、碎石土类河床，除用于基坑挡土防水以外，还可不拔除作为建筑结构物的一部分。通常板宽50～60cm，厚10～30cm。为使其合龙及方便企口接缝，插打板桩时，应从上游开始按顺序进行直至下游合龙。板桩断面应符合设计要求，板桩桩尖角度视土质坚硬程度而定；沉入砂砾层的板桩桩头，应增设加劲钢筋或钢板。钢筋混凝土板桩的制作，应用刚度较大的模板，榫口接缝应顺直、密合。如用中心射水下沉，板桩预制时，应留射水通道。

5. 竹、铅丝笼围堰

在岩层裸露河底不能打桩，或流速较大而水深在1.5～4.0m的情况下，可采用竹、铅丝笼围堰。竹、铅丝笼围堰制作应坚固，可使用钢筋串联、螺栓连接以及铁丝捆扎等方法加固。按照水深、流速、基坑大小及防渗要求，可以用单层或双层竹、铅丝笼围堰。单层时，在围堰内填土袋，在外侧堆土袋；双层时，在两层之间填土，防止渗漏。竹、铅丝笼的宽度，为水深的1.0～1.5倍。竹、铅丝笼可用浮运、吊装或滑移就位，就位后填石（装土）下沉，在堰底外围堆土袋，以防堰底渗漏。

6. 套箱围堰

套箱围堰适用于埋置不深的水中基础，也可用以修建桩基承台。无底套箱围堰用木板、钢板或钢丝水泥制成，内部设钢木支撑；根据具体施工条件制成整体式或装配式，而相应的各自施工方法也不相同。

套箱施工分为准备、制作、就位、下沉、清基和浇筑水下混凝土等工序。准备是搭设工作平台，视具体情况采用浮动或固定平台形式；制作即在岸上加工拼装组件，或就地组装成整体运往工作平台就位下沉，或组件运往工作平台拼装后下沉；就位系将无底套箱在工作平台上定位，按测量控制就位于基础位置；下沉是将套箱吊起，拆去工作平台上脚手板等阻碍下沉的水平构件，计算机控制同步、缓慢下沉，保证套箱位置平稳，不得倾斜，并用绞车等设备随时校正套箱位置。下沉套箱之前清除河床表面障碍物，若套箱设置在岩层上时，应整平岩面；如果基岩岩面倾斜，应将套箱底部做成与岩面相同的倾斜度以增加套箱的稳定并减少渗漏。下沉到位后，可采用吹沙吸泥或静水挖抓沙泥方法进行水下清基。清基完成后，经检验合格便可浇筑水下混凝土封底，再抽干套箱内积水，浇筑基础、墩台。

近年来，用于大型深水基础工程的双壁钢围堰即是从套箱围堰而发展起来的，相关施工技术将于桩基础施工一节予以介绍。

如果基坑土质不好，采用抽水挖基将产生涌泥或涌沙现象，严重影响坑壁的稳定时，或者基坑土质渗水量过大，已超过现有排水能力，基坑水抽不干时，均可采用水中挖基方法。常用的水中挖基方法有：水力吸泥机、水力吸石筒、空气吸泥机等；如遇有坚实土层，可用射水方法配合松土，以加快挖基进度；如基坑水深，挖方量大，亦可采用抓泥斗或挖掘机进行水中挖基作业。

四、基坑排水

围堰完工后，需将堰内积水排除；在开挖过程中，也可能有渗水出现，必须随挖随排。抽水设备的排水能力应大于渗水量的 1.5～2.0 倍。常用的排水方法有：集水坑(沟)排水法、井点排水法、帷幕法及板桩法、沉井法等。

1. 集水坑(沟)排水法

除严重流沙外，一般情况下均可适用集水坑(沟)排水法。集水坑(沟)的大小，主要根据渗水量的大小而定；集水沟沟底应低于基坑底面，集水沟底宽不小于 0.3m、纵坡为 1‰～5‰。如排水时间较长或土质较差时，沟壁可用木板或荆笆支撑防护。集水坑一般设在下游位置，坑深应大于进水龙头高度，并用荆笆、竹篾、编筐或木笼围护，以防止泥沙阻塞吸水龙头。

2. 井点排水法

井点排水法适用于粉、细砂或地下水位较高、有承压水、挖基较深、坑壁不易稳定和普通排水方法难以解决的基坑。井点排水在渗透系数为 0.5～150m/d 的土中，尤其在 2～50m/d 的土中效果最好。降水深度一般可达 4～6m，二级井点可达 6～9m，超过 9m 应选用喷射井点或深井点法。应根据土层的渗透系数、降低地下水位的深度及工程特点，选择适宜的井点法类型和所需设备，其使用范围如表 3-3 所示。

各种井点排水法的使用范围 表 3-3

序号	井点法类型	土层渗透系数(m/d)	降低水位深度(m)
1	轻型井点法	0.1～80	3～9
2	喷射井点法	0.1～50	8～20
3	射流泵井点法	0.1～50	<10
4	电渗井点法	<0.1	5～6
5	管井井点法	20～200	3～5
6	深井泵法	10～80	>15

使用井点法排水时，应注意下列事项：

(1)降低成层土中地下水位时，应尽可能将滤水管埋设在透水性较好的土层中；井点管的下端滤水长度应考虑渗水土层的厚度，但不得小于1m。

(2)在水位降低的范围内设置水位观测孔，其数量视工程情况而定。

(3)应对整个井点孔位加强维护和检查，保证不间断地进行抽水。

(4)应考虑孔水位降低区域构筑物受其影响而可能产生的沉降，并应做好沉降观测，必要时采取防护措施。

3. 帷幕法

帷幕法是在基坑边线外设置一圈隔水幕，用以隔断水源，减少渗流水量，防止流沙、突涌、管涌、浅蚀等地下水的作用。方法有深层搅拌桩隔水墙、压力注浆、高压喷射注浆、冻结帷幕法等。帷幕法除自然冻结法外，均因所需设备较多、费用较大，在桥涵基础施工中应用较少。自然冻结法在我国北方地区应用前景较好，一般采用分格分层开挖，即将已冻结的水或土从上往下逐层分格开挖，连续开挖通过水层或饱和土层直到河底，再通过河底覆盖层到达基础设计高程。浅滩处可用砂土筑岛代替水，因为土的冻结速度比水快。

4. 其他排水法

对于土质渗透性较大、挖掘较深的基坑，还可采用板桩法、沉井法及冰套箱法等。河中水深大于2m以上时，可考虑采用冰套箱法，将套箱直接排水沉到河底，已缩短冻结法中的凿冰时间。

五、基底检验与处理

1. 基底检验

基础是隐蔽工程，基坑施工是否符合设计要求，在基础浇筑前应按规定进行检验。《公路桥涵施工技术规范》(JTG/T F50—2011)规定："基坑开挖并处理完毕，应首先由施工人员自检并报请检验，确认合格后填写地基检验表。经检验签证的地基检验表由施工单位保存作为竣工交验资料；未经签证，不得砌筑基础。"检验的目的在于：确定地基的容许承载力大小、基坑位置与高程是否与设计文件相符，以确保基础的强度和稳定性，不致发生滑移等病害。

(1)检验内容

基底检验的主要内容应包括：检查基底平面位置、尺寸大小、基底高程；检查基底地质情况和承载力是否与设计资料相符；检查基底处理和排水情况是否符合上述规范要求；检查施工记录及有关试验资料等。

(2)检验方法

按桥涵大小、地基土质复杂(如溶洞、断层、软弱夹层、易熔岩等)情况及结构对地基有无特殊要求，可采用以下检查方法：

①小桥涵的地基，一般采用直观或触探方法，必要时可进行土质试验。特殊设计的小桥涵对地基沉降有严格要求，且土质不良时，宜进行荷载试验。对经加固处理后的特殊地基，一般采用触探或做密实度检验等。

②大、中桥和地基土质复杂结构对地基有特殊要求的地基检验，一般采用触探和钻探(钻深至少4m)取样做土工试验，或按设计的特殊要求进行荷载试验。

③特大桥应按设计要求具体处理。

(3)检验标准

基底平面周线位置允许偏差不小于设计要求，一般不得大于200mm；基底高程允许偏差不得超过±50mm（土质）、+50mm～－200mm（石质）。

2. 基底处理

天然地基上的基础是直接靠基底土来承担荷载的，故基底土好坏，对基础及墩台、上部结构的影响极大，因此，基坑开挖至设计高程后，要按地质情况和设计要求采取相应的处理措施。地基处理的范围至少应宽出基础之外0.5m。基底处理方法根据地基土的种类、强度和密度、现场情况而异，一般方法如下：

(1)细粒土及特殊土地基

属细粒土或特殊土类的饱和软弱黏土层、粉砂土层及湿陷性黄土、膨胀土和黏土及季节性冻土，强度低，稳定性差，处理时应视该类土的处治深度、含水率等情况，按基底的要求采取固结、换填等方法处理，以满足设计要求。

(2)粗粒土及巨粒土地基

对于强度和稳定性满足设计要求的粗粒土及巨粒土基底，应将其承重面平整夯实，其范围应满足基础的要求。基底有水不能彻底排干时，应将水引至排水沟，然后在其上修筑基础。

(3)岩层基底

若基底位于风化岩层上，则应按基础尺寸凿除已风化的表面岩层，直至满足地基承载力要求或其他方面的要求为止；在砌筑基础圬工的同时将基坑底填满、封闭，并应在挖至设计高程并满足地基承载力要求后尽快进行封闭，以防止其继续风化。对于一般性能良好的未风化岩石地基应将岩面上的松碎石块、淤泥、苔藓等清除后洗净岩面，并凿出新鲜岩面；对于坚硬的倾斜岩层，应将岩层面凿平，若倾斜度较大、无法凿平时，还应将岩面凿成多级台阶，台阶的宽度宜不小于0.3m。

(4)多年冻土地基

在多年冻土层（即永冻土）上修筑基础的基底时，基础不应置于季节性冻融土层上，且不得直接与冻土接触。基底之上应设置隔温层或保温层材料，且铺筑宽度应在基础外缘加宽1m，隔温层一般为10～30cm粗砂或10cm的素混凝土垫层。施工时，明水应在距坑顶10m之外修排水沟。水沟之水应引于远离坑顶宣泄并及时排除融化水。按保持冻结的原则设计的明挖基础，其多年平均地温等于或高于－3℃时，应于冬季施工；多年平均地温低于－3℃时，可在其他季节施工，但应避开高温季节，并应按下列规定处理：

①严禁地表水流入基坑。

②及时排除季节冻层内的地下水和冻土本身的融化水。

③必须打设遮阳棚和防雨棚。

④施工前做好充分准备，组织快速施工。做好的基础应立即回填封闭，不宜间歇；必须间歇时，应以草袋、棉絮等加以覆盖，防止热量侵入。

(5)溶洞地基

对于影响基底稳定的溶洞，不得堵塞溶洞水路；而干溶洞可用砂砾石、碎石、干砌和浆砌片石及灰土等回填密实；当基底干溶洞较大、回填处理有困难时，可采用桩基处理，也可用钢筋混凝土盖板或梁跨越；桩基设计应履行设计变更手续，并应由设计单位进行设计。

(6)泉眼地基

处理泉眼地基，可将有螺口的钢管紧紧打入泉眼，盖上螺母并拧紧，阻止泉水流出；或向泉眼内压注速凝的水泥砂浆，再打入木塞堵眼。当堵眼有困难时，可采用管子塞入泉眼，将水引流至集水坑排出或在基底下设盲沟引流至集水坑排出，待基础圬工完成后，向盲沟压注水泥浆堵塞。采用此方法时，应注意防止砂土流失，引起基底沉陷；不应由于泉眼而使基底饱水。

3. 地基加固

现行施工技术规范中删去了地基加固的内容，但因桥头部分有时会用到，现简要介绍如下。

我国地域辽阔，自然地理环境不同，土质强度、压缩性和透水性等性质有很大的差异。其中，有不少是软弱土或不良土，诸如淤泥和淤泥质土、湿陷性黄土、膨胀土、季节性冻土以及土洞、溶洞等。当桥涵位置处于这类土层上时，除可采用桩基、沉井等深基础外，也可视具体情况不同采用相应的地基加固措施，以提高其承载能力，然后在其上修筑扩大基础，以求获得缩短工期、节省投资的效果。近年来国内外地基处理的技术迅速发展，处理的方法越来越多，老方法不断改进，新方法陆续涌现，目前国内外地基处理方法多至百种以上。对于一般软弱地基土层加固处理方法可归纳为四种类型，即：

(1)换填土法：将基础下软弱土层全部或部分挖除，换填力学物理性质较好的土。

(2)挤密土法：用重锤夯实或砂桩、石灰桩、砂井、塑料排水板等方法，使软弱土层挤压密实或排水固结。

(3)胶结土法：用化学浆液灌入或粉体喷射搅拌等方法，使土颗粒胶结硬化，改善土的性质。

(4)土工聚合物法：用土工膜、土工织物、土工格栅与土工合成物等加筋土体，以限制土体的侧向变形，增加土的周压力，有效提高地基承载力。

实际工程中必须根据上部结构对地基的要求，针对不同地基土的特性，有的放矢、因地制宜地选择加固方法，以最经济的手段达到预期的加固效果。

六、基础施工

扩大基础的种类有浆砌片石、浆砌块石、片石混凝土、钢筋混凝土等几种，各自施工方法分别介绍如下。

1. 浆砌块(片)石

一般要求砌块在使用前必须浇水湿润，将表面的泥土、水锈清洗干净。砌第一层砌块时，如基底为岩层或混凝土基础，应先将基底表面清洗、湿润，再坐浆砌筑。砌筑应分层进行，各层先砌筑外圈定位行列，然后砌筑里层，外圈砌石与里层砌块交错连成一体。各砌层的砌块应安放稳固，砌块间应砂浆饱满，黏结牢固，不得直接贴靠或脱空。

片石砌体宜以2～3层砌块组成一工作层，每层的水平缝应大致找平，各层竖缝应相互错开，不得贯通。外圈定位行列和转角石，应选择形状较为方正及尺寸较大的片石，并长短相间地与里层砌块咬接，砌缝宽度一般不应大于4cm。较大的砌块应放在下层，石块的尖锐突出部分应敲除。竖缝放宽时，在砂浆中塞以小石块填实。

块石砌筑时每层石料高度应大致一律，外圈定位行列和镶面石块，应丁顺相间或二顺一丁排列，砌缝宽度不大于3cm，上下层竖缝错开距离不小于8cm。

2. 加石混凝土和片石混凝土

混凝土中填放石块时，应符合以下规定：

(1)填放石块的数量不宜超过混凝土结构体积的25%；当设计为片石混凝土砌体时，石块可增加为50%～60%。

(2)应选用无裂纹、夹层且未被锻炼过的、高度<15cm、具有抗冻性能的石块。

(3)石块的抗压强度应不小于25MPa及混凝土强度等级。

(4)石块应清洗干净,应在捣实的混凝土中埋入一半以上;石块应分布均匀,净距不小于10cm,距结构侧面和顶面净距不小于15cm;对于片石混凝土,石块净距可以不小于4~6cm,石块不得挨靠钢筋或预埋体。

3. 钢筋混凝土基础

旱地浇筑钢筋混凝土基础,应在对基底及基坑验收完成后,尽快绑扎、放置钢筋;在底部放置混凝土垫块,保证钢筋的混凝土净保护层厚度,同时安放墩柱或台身钢筋的预埋部分,保证其定位准确;对全部钢筋进行检查验收,保证其根数、直径、间距、位置满足设计文件和技术规范要求时,即可浇筑混凝土。拌制好的混凝土运输至现场后,若高差不大,可直接倒入基坑内;若倾卸高度过大,为防止发生离析,应设置串筒或滑槽,槽内焊上减速钢梳,保证混凝土整体均匀运入基坑,用插入式振捣密实。浇筑应分层进行,但应连续施工,在下层混凝土开始凝结之前,应将上层混凝土灌注捣实完毕。基础全部筑完凝结后,要立即覆盖草袋、麻袋、稻草或砂子,并经洒水养生。养生时间一般普通硅酸盐水泥混凝土为7d以上,矿渣水泥、火山灰质水泥或掺用塑化剂的混凝土应为14d以上。

水中混凝土基础在基坑排水的情况下施工方法与旱地基础相同,只是在混凝土凝固后即可停止排水,也不需再进行专门的养生工作;若渗漏严重、排水困难时,可采用水下灌筑混凝土的施工方法。水下灌筑分为水下封底和水下直接灌筑基础两种,前者封底后仍要排水再浇筑基础,封底只是起封闭渗水的作用,其混凝土只作为地基而不作为基础本身,适用于板桩围堰开挖的基坑。

浇筑基础时,应做好与台身、墩身的接缝联结,一般要求如下:

(1)混凝土基础与混凝土墩(台)身的接缝,周边应预埋直径不小于16mm的钢筋或其他铁件,埋入与露出的长度不应小于钢筋直径的30倍,间距不大于钢筋直径的20倍。

(2)混凝土或浆砌片石基础与浆砌片石墩(台)身的接缝,应预埋片石作榫。片石的厚度不应小于15cm,其强度要求不低于基础或墩(台)身混凝土或砌体的强度。

施工后的基础平面尺寸,其前后、左右边缘与设计尺寸的容许误差不大于±50mm。

第三节　沉入桩基础施工

当墩(台)所处位置的覆盖层很厚,适于承载的地基很深,或同时水深也较大时,往往需要采用深基础,桩基础就是一种常用的深基础。

桩基础由若干根桩和承台两部分组成,桩在平面排列上可为一排或几排,所有桩的顶部由承台连成一个整体。在承台上再修筑桥墩或桥台及上部结构,如图3-5所示。桩身可全部或部分埋入地基土中,当桩身外露在地面上较高时,在桩之间应加横系梁以加强各桩的横向联系。

我国桥梁桩基础大多采用钢筋混凝土桩、预应力混凝土桩和钢桩,混凝土强度等级一般为C20~C40。混凝土桩的截面形式有圆形、环形、方形、六角形等,钢桩的截面形式有圆形、H形等。在桩轴方向,也分竖直桩和斜桩。斜桩通常用于拱桥墩台基础。

随着桥梁建设的发展和工程技术的进步,在桥梁实践中已形成了各种形式的桩基础,它们在自身构造和桩侧土相互作用性能上都具有各自的特点,应该依据地质条件、设计荷载、施工设备、工期限制及对附近建筑物产生的影响等来选择桩基的施工方法。本章重点介绍按施工方法分类的两种桩基础,即沉入桩基础和钻(挖)孔桩基础。

一、沉入桩基础概述

沉入桩是通过汽锤（或柴油锤）或振动打桩机等方法将各种预先制好的桩（主要是钢筋混凝土实心桩或空心管桩、预应力混凝土管桩，也有木桩或钢桩）沉入或打入地基中所需深度。这种施工方法适用于桩径较小（一般直径在 0.6～1.5m），地基土质为砂性土、塑性土、粉土、细砂以及松散的不含大卵石或漂石的碎卵石类土的情况。

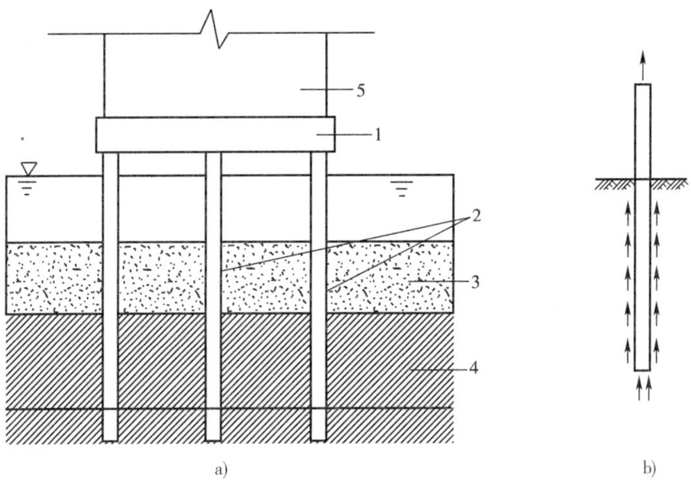

图 3-5　桩基础一般构造

1-承台；2-基础；3-松软土层；4-持力层；5-墩身

目前，所使用的预制桩（包括普通的和预应力的）均已形成一定规格。实心方桩尺寸一般有 30cm×30cm、30cm×35cm、35cm×35cm、35cm×40cm、40cm×40cm 等规格，桩长为 10～24m。管桩一般由工厂以离心成型法制成，目前成品规格为：管桩外径 40cm、55cm 两种，分为上、中、下三节，管壁厚度为 8～10cm。近年来发展的 PHC 高强预应力混凝土离心管桩已在工程上广泛应用，上海市延安东路高架道路与外环快速干道等工程均有采用。PHC 离心管桩系工厂化生产，制桩标准化程度高，具有混凝土强度高（C80）、施工可贯入性好、穿透力强、耐久性好及吨位承载造价低等特点，且桩型、桩长可根据用户要求及施工情况灵活选配和拼接。同时 PHC 管桩的桩尖可按场地土质类型选用开口式或闭口式，其中开口式可减少打桩过程中外排土量，从而减轻对周围建筑物和地下管道、管线等挤压效应。

二、沉入桩制作

制作钢筋混凝土桩和预应力混凝土桩所用技术应按现行《公路桥涵施工技术规范》（JTG/T F50—2011）办理。此外，还应注意以下事项：

（1）钢筋混凝土桩内的纵向主钢筋如需接头时，应采用对焊接头。

（2）螺旋筋或箍筋必须箍紧主筋，与主筋交接处应用点焊焊接或用铁丝扎结牢固。

（3）预应力混凝土的纵向主筋采用冷拉钢筋且需焊接时，应在冷拉前采用闪光接触对焊焊接。

（4）桩长用法兰盘连接时，法兰盘应对准位置焊接在钢筋或预应力钢筋上；对先张法预应力混凝土桩，法兰盘应先焊接在力筋上，然后进行张拉。

(5)混凝土应由桩顶向桩尖方向连续灌注，不得中断，不得留施工缝。

(6)桩的钢筋骨架(包括预应力钢筋骨架)允许偏差应符合表 3-4 的规定。

(7)预制混凝土桩的粗集料宜采用碎石。

(8)桩的混凝土浇筑完毕后，应在桩上标明编号、灌制日期和吊点位置，并填写制桩记录。

桩的钢筋骨架允许偏差 表 3-4

项 目	允许偏差(mm)	项 目	允许偏差(mm)
纵向钢筋间距	±5	桩顶钢筋网片位置	±5
螺旋筋或箍筋间距	0，−20	纵钢筋底尖端位置	±5
纵向钢筋与模板净距	±5		

预制桩的混凝土强度应满足设计要求，其制作除应符合表 3-5 的允许偏差外，还应符合下列要求：

预制钢筋混凝土桩和预应力混凝土桩的允许偏差 表 3-5

项 目		允 许 偏 差(mm)
混凝土强度(MPa)		符合设计要求
长度		±50
横截面	横截面边长	±5
	空心桩空心(管心)直径	±5
	空心(管心或管桩)中心对桩中心	±5
桩尖对桩纵轴线		±10
桩轴线的弯曲矢高		桩长的 0.1%且≤20
桩顶面与桩纵轴线的倾斜偏差		1%桩径或边长，且不大于 3
接桩的接头平面与桩轴平面垂直度		0.5%

(1)钢筋混凝土桩的收缩裂缝宽度不得超过 0.2mm，深度不得超过 20mm；裂缝长度不得超过 1/2 桩宽。

(2)预应力混凝土桩桩身不得有裂缝。

(3)桩表面应无蜂窝、麻面，若因特殊情况出现表面蜂窝时，蜂窝深度不得超过 5mm，每面蜂窝面积不得超过该面总面积的 0.5%。

(4)有棱角的桩，棱角碰损深度应在 5mm 以内且每 10m 长的边棱角上只有一处破损，在一根桩上边棱破损总长度不得大于 500mm。

(5)预制桩出场前应进行检验，出场时应具备出场合格检验记录。

三、沉桩设备

沉入桩的施工方法主要有：锤击沉桩、振动沉桩、射水沉桩以及静力压桩等。不同施工方法所使用的沉桩设备也相异，需根据实际施工条件和现场情况选用。常用的沉桩设备及其适用范围，如表 3-6 所示。

常用沉桩设备适用范围及优、缺点　　表 3-6

序号	沉桩设备种类	适用范围	优缺点
1	坠锤	适宜于打木桩及断面较小的混凝土桩；在一般黏性土、砂类土含有少量砾石的土均可使用	设备简单，使用方便，能调整落距，冲击力可大可小，但速度慢效率较低
2	单动汽锤	适宜于打各种桩	汽锤冲程短，对桩头不易损坏，起落锤速度快，效率较高
3	双动汽锤	适宜于打各种桩；可用于打斜桩；使用压缩空气时可于水下打桩；可作拔桩机	冲击次数多，冲击力大，工作效率高，可不用桩架打桩。但设备笨重，移动不方便
4	柴油机桩锤	适宜于打各种桩及钢板桩；不宜在过软或过硬土中打桩	附有桩架、动力设备，机架轻，移动方便，燃料消耗少，沉桩效率高
5	振动沉桩机锤	适宜于打各种桩；不宜于打斜桩及有接头的木桩；宜用于松散砂土、亚黏土、黄土和软土，对密实黏性土、风化岩、砾石效果差	沉桩速度快，施工操作简易安全，能辅助拔桩
6	静力压桩机	适用于不能有噪声和振动影响邻近建筑物的软土地区；桩的断面宜≤40cm×40cm或 ϕ45cm 以内管桩	无噪声、无振动，桩配筋简单，短桩可接，便于运输。只适用松软地基，需要塔架设备；运输安装不便
7	射水沉桩设备	适于砂土、砂砾或其他坚硬的地基；大断面的混凝土桩及空心管桩配合射水可加快下沉；不宜用于大卵石及坚硬的黏土层或厚度超过 50cm 的泥炭层；不宜用于承受水平推力及上拔的锚固桩或离建筑物较近的桩	配合锤击沉桩，可加快进度，效率高。桩不易打坏。不宜于沉斜桩。设备较多只能配合锤击或振动沉桩，不能单用射水沉桩

锤击沉桩的主要设备有桩锤、桩架及动力装置三部分；表 3-6 所列各种桩锤的示意图如图 3-6 所示。射水沉桩的设备包括水泵、水源、输水管路和射水管等；射水管的布置如图 3-7 所示。射水管内射水的长度应为桩长(L_1)、射水嘴伸出桩尖外的长度(L_2)和射水管高出桩顶以上高度(L_3)之和，即 $L=L_1+L_2+L_3$。

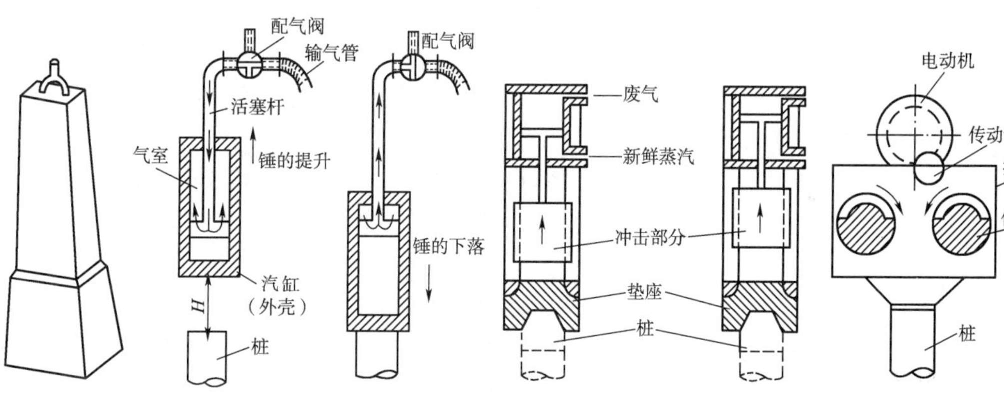

图 3-6　桩锤类型示意图

a)坠锤；b)单动汽锤；c)双动汽锤；d)整体结构式振动锤

在设备组成中，重要的辅助设备主要是桩架、桩帽及送桩等。桩架在沉桩施工中，承担吊锤、吊桩、插桩、吊插射水管及桩在下沉过程中的导向作用等。桩架可用木料和钢料做成，分为：轨道式桩架、液压步履式桩架、悬臂履带式桩架和三点支承履带式桩架等，工程中常用的是钢制轨道式桩架(图 3-8)。桩架的正面是导向杆，用于控制桩锤和桩身的方向；顶上装有滑轮，底盘上装有卷扬机，用于提升桩锤与桩等。其特点可以在轨道上运行，并可在水平面内转动 360°；导向杆能够伸缩、倾斜(用于打斜桩)等。以上作业均由自备的动力设备和机械装置驱动与操纵。这类桩架最大高度可达 35m，最大倾斜度可达 1∶3。缺点是比较笨重，成本较高。

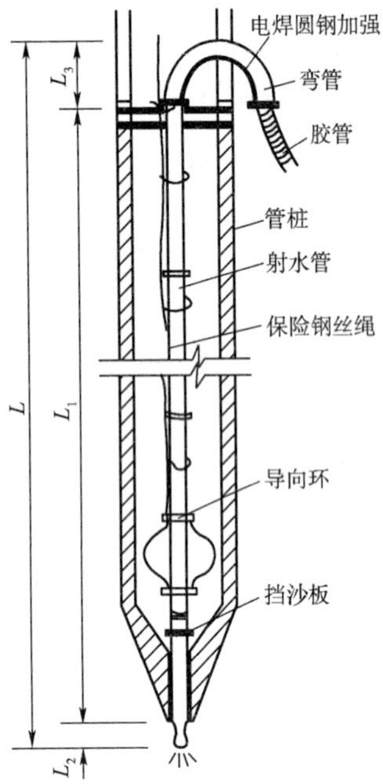

图 3-7　射水管布置示意图

桩帽主要为保护桩顶承受冲击力，在沉桩时应保证锤击力作用于桩轴线而不偏心，应要求桩帽构造坚固，垫木易于拆换或整修。送桩用于当桩顶被锤击低于龙门而仍需继续沉入时，即需把桩顶送到地面下必要深度处用。图 3-9 所示为桩帽及钢送桩的示意图。

四、沉桩施工

沉桩的一般工序为：下沉试桩→冲击试验、垂直静荷载试验(或水平静荷载试验、拔桩试验)→决定桩的入土深度、沉桩方法及沉桩机具→平整场地、架立设备、制作预制桩等准备工作→桩位放样→吊桩、插桩、沉桩→规定的休止时间、观测、记录→必要时进行试验检验、矫正→截凿桩头→修筑承台。

一般情况下，施工应遵循几个要点：沉桩前应具备工程地质钻探资料、水文资料、打桩资料；桩基础轴线的定位点应设置在不受沉桩影响处，允许偏差应在设计容许范围内；沉桩顺序一般由一端向另一端连续进行，当桩基平面尺寸较大或桩距较小时，宜由中间向两端或四周进行；如桩埋置有深浅，宜先沉深的，后沉浅的；在斜坡地带，应先沉坡顶的，后沉坡脚的；贯入度应通过试桩或做沉桩试验后与监理、设计单位研究确定；施工过程中如发现地质情况与勘测报告有出入时，应根据具体情况进行补充钻探。现将主要施工方法分述如下。

1. 锤击沉桩

锤击沉桩一般适用于黏质土、砂类土。由于锤击沉桩依靠桩锤的冲击能量将桩打入土中，因此一般桩径不能太大(不大于 0.6m)，入土深度在 40m 左右，否则对沉桩设备要求较高。沉桩设备是桩基施工的质量与成败的关键，应根据土质、工程量、桩的种类、规格、尺寸、施工期限、现场水电供应等条件选择。冲击锤的选择，原则上是重锤低击，具体选择时可根据锤重与桩重的比值、桩锤的重机能系数等予以考虑。

沉桩前，应对桩架、桩锤、动力机械等主要设备部件进行检查；开锤前应再次检查桩锤、桩帽或送桩与桩的中轴线是否一致。锤击沉桩开始时，应严格控制各种桩锤的动能：用坠锤和单动汽锤时，提锤高度不宜超过 0.50m；用双动汽锤时，可少开气阀降低气压和进气量，以减少每分钟的锤击数。用柴油机锤时，可控制供油量以减少锤击能量，如桩尖已沉入到设计高程，但沉入度仍达不到要求时，应继续下沉至达到要求的沉入度为止。沉桩时，如遇到：沉入度突然发生急剧变化；桩身突然发生倾斜、移位；桩不下沉，桩锤有严重的回弹现象；桩顶破碎或桩身开裂、变形，桩侧地面有严重隆起现象等时，应立即停止锤击，查明原因，采取措施后方可继续施工。

沉桩过程中应注意：桩帽与桩周围应有5～10mm 间隙，以便锤击时桩在桩帽内可做微小的自由转动，避免桩身产生超过许可的扭转应力；打桩机的导向杆应予固定，以便施打时稳定桩身；导向杆设置应保证桩锤上、下活动自由；预制桩顶面应附有适合桩帽大小的桩垫，其厚度视桩垫材料、桩长及桩尖所受抗力大小决定；桩垫破碎后应及时更换；选用的桩帽，应将锤的冲击力均匀分布于桩顶面。

从沉桩开始时起，就应严格控制桩位及竖桩的竖直度或斜桩的倾斜度；并且在沉桩过程中，不得采用顶、拉桩头或桩身办法来纠偏，以防桩身开裂并增加桩身附加弯矩。锤击沉桩的停锤控制标准如下：

(1)设计桩尖高程处为硬塑黏性土、碎石土、中密以上的砂土或风化岩等土层时，根据贯入度变化并对照地质资料，确认桩尖已沉入该土层，贯入度达到控制贯入度。

(2)当贯入度已达到控制贯入度，而桩尖高程未到达设计高程时，应继续锤入 100mm 左右(或锤击30～50 次)，如无异常变化即可停锤；若桩尖高程比设计高程高很多时，应报有关部门研究确定。

(3)设计桩尖高程处为一般黏性土或其他松软土层时，应以高程控制，贯入度作为校核。当桩尖已达设计高程，而贯入度仍较大时，应继续锤击，使其接近控制贯入度。

(4)在同一桩基中，各桩的最终贯入度应大致接近，而沉入深度不宜相差过大，避免基础产生不均匀沉降。如因土质变化太大，致使各桩贯入度或沉桩深度相差过大时，应报有关部门研究，另行制定停锤标准。对于特殊设计的桩，桩尖设计高程有高低时(如拱桥的桥台桩等)，应按设计要求处理。

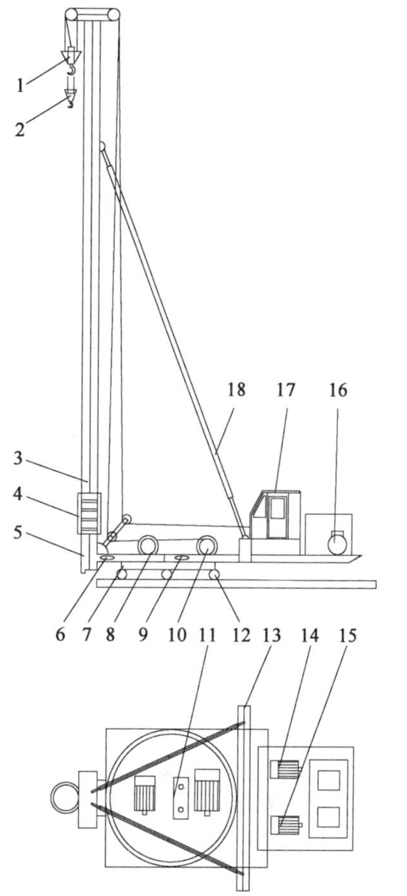

图 3-8 钢制轨道式桩架

1-主钩；2-副钩；3-立柱；4-升降梯；5-水平伸缩小车；6-上平台；7-下平台；8-升降梯卷扬机；9-水平伸缩机构；10-副吊桩卷扬机；11-减速器；12-轨轮行走装置；13-横梁；14-吊锤卷扬机；15-主吊卷扬机；16-电气设备；17-操纵室；18-斜撑

2. 射水沉桩

射水施工方法的选择，应视土质情况而异，在砂夹卵石层或坚硬土层中，一般以射水为主，锤击或振动为辅；在亚黏土或黏土中，为避免降低承载力，一般以锤击或振动为主，以射水为辅，并应适当控制射水时间和水量；下沉空心桩，一般用单管内射水。当下沉较深或土层较密实时，可用锤击或振动，配合射水；下沉实心桩，将射水管对称地装在桩的两侧，并能沿着桩身上下自由移动，以便在任何高度上射水冲土。必须注意，不论采取任何射水施工方法，为保证桩的承载力，当桩端沉至距设计高程为 1.5 倍桩径或边长(桩径或边长≤600mm)或 1.0 倍桩径或边长(桩径或边长>600mm)时，应停止冲水，将水压减至 0～0.1MPa，并改用锤击。对湿陷性黄土地层，除设计有特殊规定外，不宜采用射水沉桩。预制的钢筋混凝土桩或预应力混凝土桩以射水配合沉桩时，宜用较低落距锤击，避免因射水后，桩尖支承力不足，桩身产生超过允许的拉应力。水冲锤击沉桩，应根据土质情况随时调节冲水压力，控制沉桩速度。用水冲锤击沉桩后，应及时与邻桩或固定结构夹紧，防止倾斜位移。

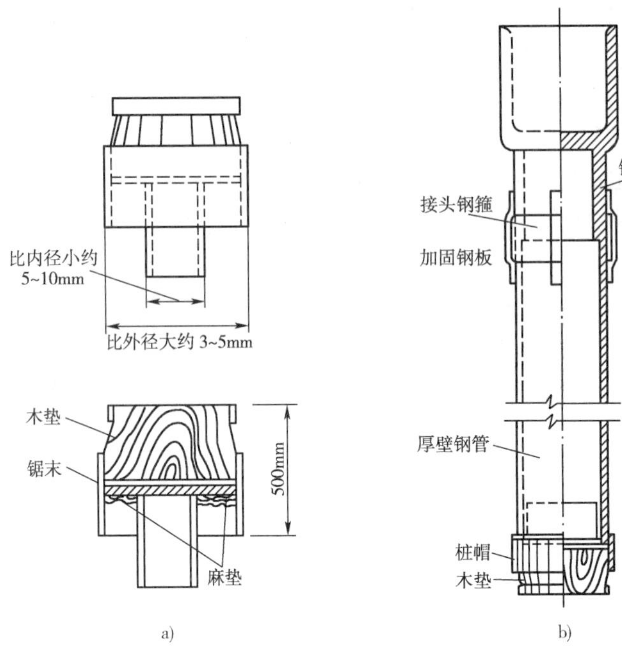

图 3-9　桩帽与送桩示意图

a）钢帽；b）钢送桩

沉桩设备如射水管的布置，具体需根据实际施工需要的水压与流量而定；水压与流量关系到地质条件、选用的桩锤或振动机具、沉桩深度和射水管直径、数目等因素，较完善的方法是在沉桩施工前经过试桩后予以选定。

吊插基桩时要注意及时引送输水胶管，防止拉断与脱落；基桩插正立稳后，压上桩帽桩锤，开始用较小水压，使桩靠自重下沉。初期应控制桩身不使下沉过快，以免阻塞射水管嘴，并注意随时控制和校正桩的方向；下沉渐趋缓慢时，可开锤轻击，沉至一定深度（8～10m）已能保持桩身稳定后，可逐步加大水压和锤的冲击动能；沉桩至距设计高程一定距离停止射水，拔出射水管，进行锤击或振动使桩下沉至设计要求高程。

若采用中心射水法沉桩，要在桩垫和桩帽上留有排水通道，防止射水从桩尖孔返入桩内，产生水压，造成桩身胀裂。管桩下沉到位后，如设计要求以混凝土填芯时，应用吸泥等法清除沉渣以后，用水下混凝土填芯。

3. 振动沉桩

振动沉桩适用于砂类土、黏质土和中密及较松的砾类土。对于软塑类黏土及饱和砂质土，当基桩入土深度＜15m 时，可只用振动沉桩机。除此情况外，宜采用射水配合沉桩。在选择沉桩机（锤）时，应验算振动上拔力对桩身结构的影响。同时应注意确保振动沉桩机、机座、桩帽连接可靠，沉桩和桩中心轴线尽量保持在同一直线上。每一根桩的沉桩作业应一次完成，不可中途停顿，以免土层的摩阻力恢复，增加下沉困难。

振动沉桩停振控制标准，应以通过试桩验证的桩尖高程控制为主，以最终贯入度（mm/min）或可靠的振动承载力公式计算的承载力作为校核。

4. 静力压桩

静力压桩系采用静压力将桩压入土中，即以压桩机的自重克服沉桩过程中的阻力，适用于黏质土层，但不宜用于坚硬状态的黏质土和中密以上的砂类土。沉桩速度视土质状况而异。同一地区、相同截面尺寸与沉入深度的桩，其极限承载能力与锤击沉桩大体相同。

静力压桩的准备工作包括：根据地质钻探、静力触探或试桩资料估算压桩阻力；选用压桩设备，但应注意使设计承载力大于压桩阻力的40%；压桩施工用辅助设备及测量仪器的检查校定等等。压桩作业开始后，应尽可能连续施工，减少停顿次数和时间，以免产生过大的启动阻力。桩尖接近设计高程时，应严格控制压桩进程。当遇到插桩初压时，桩尖即有较大走位和倾斜，或沉桩过程中桩身倾斜或下沉速度加快，以及压桩阻力突然剧增或压桩设备倾斜等情况时，应暂停施工，分析原因，及时处理。

5. 沉桩质量标准

依照现行《公路桥涵施工技术规范》(JTG/T F50—2011)的规定，预制混凝土桩(钢桩)的沉桩施工质量应符合表3-7的规定。

沉桩施工质量标准 表3-7

检查项目			允许偏差
桩位(mm)	群桩	中间柱	$d/2$，且不大于250
		外缘柱	$d/4$
	单排桩	顺桥方向	40
		垂直桥轴方向	50
倾斜度		直桩	1%
		斜桩	$\pm0.15\tan\theta$

注：①d为桩的直径或短边长度；

②θ为斜桩轴线与垂线间的夹角；

③深水中采用打桩船沉桩时，其允许偏差应符合设计文件或现行行业标准《港口工程桩基规范》(JTS 167-4—2012)的规定。

五、试桩试验

除多年冻土、湿陷性黄土等地层以外，施工阶段检验性的试桩试验均应按照现行《公路桥涵施工技术规范》(JTG/T F50—2011)的相关办法执行，其内容包括工艺试验、冲击试验及静压、静拔和静推等静载试验、动力试验等。除一般的中、小桥沉桩工程有可靠的依据和实践经验可不进行试桩外，其他沉桩工程在施工前，应先沉试桩，以确定沉桩工艺和检验桩的承载力。

试桩的位置应符合设计要求，设计无要求时，宜选择在有代表性地质的地方，并尽量靠近地质钻孔或静力触探孔，其间距一般不宜大于5m或小于1m。试桩的桩径、测试内容应符合设计要求，试桩数量应按照施工合同及规范规定确定。

试桩前应进行下列准备工作：试桩的桩顶如有破损或强度不足时，应将破损和强度不足段凿除后，修补平整；做静推试验的桩，如系空心桩，则应于直接受力部位填充混凝土；做静压、静拔的试桩，为便于在原地面处施加荷载，在承台底面以上部分或局部冲刷线以上部分设计不能考虑的摩擦力应予扣除；做静压、静拔的试桩，桩身需通过尚未固结新近沉积的土层或湿陷性黄土、软土等土层对桩侧产生向上的负摩擦力部分，应在桩表面涂设涂层，或设置套管等方法予以消除；在冰冻季节试桩时，应将桩周围的冻土全部融化，其融化范围按规范执行。

1. 工艺试验和冲击试验

(1)试验的主要目的

选择合理的施工方法和机具设备；检验桩沉入土中的深度能否达到设计要求；选定锤击沉桩时的锤垫、桩垫及其参数；利用静压试验等方法，验证选用的动力公式在该地质条件下的准确程度；选定射水设备及射水参数(水量、水压等)；查定沉桩时有无"假极限"或"吸入"现象，并确定是否需要复打以及决定复打前的"休止"天数；确定施工工艺和停止沉桩的控制标准。

(2)试验方法及要点

进行冲击试验，若使用蒸汽锤，需预先将汽锤加热；用单动汽锤、坠锤沉桩时，记录桩身每下沉 1.0m 的锤击数和全桩的总锤击数，并测量锤击每米沉桩平均落锤高度；用双动汽锤、柴油锤、振动锤沉桩时，记录桩身每下沉 1.0m 的锤击(或振动)时间和全桩的总锤击(或总振动)时间；当桩沉至接近设计高程附近(约 1.0m 左右)时，用单动汽锤、坠锤沉桩，记录每 100mm 的锤击数，至设计高程时，最后加打 5 锤，记录桩的下沉量，算出每锤平均值(以 mm/击计)，作为停锤贯入度；用双动汽锤、柴油锤、振动锤沉桩，记录每 100mm 的锤击(或振动)时间，算出最后 100mm 每分钟平均值(以 mm/min 计)，作为停锤贯入度。

冲击(复打)试验应经过"休止"后进行，"休止"时间按土质不同而异，可由试验后确定，一般在砂类土、桩尖位于大块碎石土、紧密的砂类土或坚硬的黏质土上，不少于 1d；在粗、中砂和细砂里，不少于 3d；在黏质土和饱和的粉质土里，不少于 6d。复打应采用沉桩时达到最后贯入度相同的功能和相同的设备进行锤击或振动。

2. 单桩承载力试验

特大桥和地质复杂的大、中桥，应采用静压试验方法确定单桩容许承载力。一般的大、中桥的试桩，可采用静载试验法(分为静压、静拔、静推试验)，在条件适宜时，亦可采用可靠的动力检测法或静力触探法。锤击沉入的中、小桥试桩，在缺乏上述试验条件时，可结合具体情况，选用适当的动力公式计算单桩容许承载力。确定的单桩容许承载力如不能满足设计要求时，应报有关部分研究处理。

(1)静压试验

静压试验通常用来确定单桩承载力和荷载与位移的关系，以及校核动力公式的准确程度。一般采用慢速维持荷载法，若设计无特殊要求时，用单循环加载试验。静压试验应在冲击试验后立即进行，对于钻(挖)孔灌注桩，须待混凝土达到能承受设计要求荷载后，才可进行试验。

加载仪器一般采用油压千斤顶。千斤顶的反力装置可根据现场的实际条件选用下列三种形式之一：

①锚桩承载梁反力装置：锚桩承载梁反力装置能提供的反力，应不小于预估最大试验荷载的 1.3～1.5 倍。锚桩一般采用 4 根，如入土较浅或土质松软时可增至 6 根。锚桩与试桩的中心间距，当试桩直径(或边长)≤800mm 时，可为试桩直径(或边长)的 5 倍；当试桩直径>800mm时，上述距离不得小于 4m。

②压重平台反力装置：利用平台上压重作为对桩静压试验的反力装置。压重不得小于预估最大试验荷载的 1.2 倍，压重应在试验开始前一次加上。试桩中心至压重平台支承边缘的距离与上述试桩中心至锚桩中心距离相同。

③锚桩压重联合反力装置：当试桩最大加载量超过锚桩的抗拔能力时，可在承载梁上放置或悬挂一定重物，由锚桩和重物共同承受千斤顶反力。

对于位移的测量，测量仪表必须精确，一般使用 1/20mm 光学仪器或力学仪表，如水平仪、挠度仪、偏移计等。支撑仪表的基准架应有足够的刚度和稳定性。基准梁的一端在其支承上可以自由移动，不受温度影响引起上拱或下挠。基准桩应埋入地基表面以下一定深度，不受气候条件等影响。基准桩中心与试桩、锚桩中心（或压重平台支承边缘）之间的距离宜符合表 3-8的规定。

基准桩中心至试桩、锚桩中心（或压重平台支承边）**的距离**　　表 3-8

反力系统	基准桩与试桩	基准桩与锚桩（或压重平台支承边）
锚桩承载梁反力装置	$\geqslant 4d$	$\geqslant 4d$
压重平台反力装置	≥2.0m	≥2.0m

注：表中为试桩的直径或边长 $d\leqslant 800$mm 的情况；若试桩直径 $d>800$mm 时，基准桩中心至试桩中心（或压重平台支承边）的距离不宜小于 4.0m。

加载要点：加载重心应与试桩轴线相一致。加载时应分级进行，使荷载传递均匀，无冲击。加载过程中，不使荷载超过每级的规定值。每级加载量为预估最大荷载的 1/10～1/15。当桩的下端埋入巨粒土、粗粒土以及坚硬的黏质土中时，第一级可按 2 倍的分级荷载加载。对施工检验性试验，预估最大荷载一般可采用设计荷载的 2.0 倍。每级加载完毕后，每隔 15min 观测一次，累计 1h 后，每隔 30min 观测一次；若桩端下为巨粒土、砂类土、坚硬黏质土最后 30min 内下沉量不大于 0.1mm 时，或者桩端下为半坚硬和细粒土最后 1h 内下沉量不大于 0.1mm 时即可认为稳定。

通常，加载终止及极限荷载取值是有如下规定：总位移量大于或等于 40mm，本级荷载的下沉量大于或等于前一级荷载的下沉量的 5 倍时，加载即可终止，取此终止时荷载小一级的荷载为极限荷载；总位移量大于或等于 40mm，本级荷载加上后 24h 未达稳定，加载即可终止，取此终止时荷载小一级的荷载为极限荷载；巨粒土、密实砂类土以及坚硬的黏质土中，总下沉量小于 40mm，但荷载已大于或等于设计荷载乘以设计规定的安全系数，加载即可终止，取此时的荷载为极限荷载。施工过程中的检验性试验，一般加载应继续到桩的 2 倍的设计荷载为止。如果桩的总沉降量不超过 40mm，及最后一级加载引起的沉降不超过前一级加载引起的沉降的 5 倍，则该桩可以予以检验。极限荷载的确定有时比较困难，应绘制荷载—沉降曲线（P-s 曲线）、沉降—时间曲线（s-t 曲线）确定，必要时还应绘制 s-$\lg t$ 曲线、s-$\lg P$ 曲线（单对数法）、s-$[1-P/P_{max}]$曲线（百分率法）等综合比较，确定比较合理的极限荷载取值。

采用静压试验得到的极限荷载除以设计规定的安全系数后，即作为单桩容许承载力。若结构上要求限制桩顶沉降值的基桩，可在静压试验曲线中，按设计要求的允许沉降值（应适当考虑长期荷载效应）取其对应的荷载作为单桩抗压容许承载力。另外，可采用可靠的动测法，检测单桩的抗压容许承载力；或根据锤击沉桩的贯入度，选用适当的动力公式计算单桩抗压容许承载力。

（2）静拔试验

静拔试验是在个别桩基中设计承受拉力时，用以确定单桩抗拔容许承载力。一般可按复打规定的“休止”时间以后进行。对于钻（挖）孔灌注桩，须待灌注的混凝土强度达到设计要求的强度后才可进行。静拔试验也可在静压试验后进行。

加载装置可采用油压千斤顶，其反力装置一般采用两根锚桩和承载梁组成，试桩和承载梁用拉杆连接，将千斤顶置于两根锚桩之上，顶推承载梁，引起试桩上拔。试桩与锚桩间中心距离可按静压试验中相同确定。加载一般采用慢速维持荷载法进行。施加的静拔力必须作用于桩的中轴线。加载应均匀、无冲击。每级加载量不大于预计最大荷载的1/10～1/15。

位移观测同静压试验。当位移量≤0.1mm/h时，即可认为稳定。勘测设计阶段，总位移量≥25mm，加载即可终止；施工阶段，加载不应大于设计容许抗拔荷载。所有试验观测数据应按规范及时填写记录，并绘制与静压试验同类的曲线。

(3)静推试验

静推试验主要是确定桩的水平承载力、桩侧地基土水平抗力系数的比例系数。试验方法，对于承受反复水平荷载的基桩，采用多循环加卸载方法；对于承受长期水平荷载的基桩，采用单循环加载方法。

加载装置一般采用两根单桩通过千斤顶相互顶推加载；或在两根锚桩间平放一根横梁，用千斤顶向试桩加载；有条件时可利用墩台或专设反力座以千斤顶向试桩加载。在千斤顶与试桩接触处宜安设一球形铰座，保证千斤顶作用力能水平通过桩身轴线。加载反力结构的承载能力应为预估最大试验荷载的1.3～1.5倍，其作用方向的刚度不应小于试桩。反力结构与试桩之间净距按设计要求确定。固定百分表的基准桩宜设在桩侧面靠位移的反方向，与试桩净距不小于试桩直径的1倍。

①多循环加卸载试验法。加载分级可按预计最大试验荷载的1/10～1/15，一般可采用5～10kN，过软的土可采用2kN级差。各级荷载施加后，恒载4min测读水平位移，然后卸载至零，2min后测读残余水平位移，至此完成一个加载循序，如此循环5次，使完成一级荷载的试验观测。加载时间应尽量缩短，测量位移间隔时间应严格准确，试验不得中途停歇。当桩顶水平位移超过20～30mm(软土取40mm)或桩身已经断裂或桩侧地表明显裂纹或隆起时，即可终止加载。最后，由试验记录绘制水平荷载一时间一桩顶位移关系曲线(H-t-x曲线)、水平荷载一位移梯度关系曲线(H-$\Delta x/\Delta H$曲线)等，并按照规范规定确定出临界荷载、极限荷载及水平抗推容许承载力。

②单循环加卸载试验法。加载分级与多循环加卸载试验方法相同；加载后测读位移量与静压试验测读的方法相同；如位移量≤0.05mm/h即可认为稳定。勘测设计阶段的试验，水平力作用点处位移量≥50mm，加载即可终止；施工检验性试验，加载不应超过设计的容许荷载。所有试验观测数据应填写记录，并绘制同静压试验相类似的曲线图，将水平位移量改为横坐标，荷载改为纵坐标。

施工中如对基桩桩身质量或承载力发生疑问时，可选用可靠的无破损检验方法或按规范规定的方法进行检验。

六、深水基桩施工

在河流水浅时，一般可搭设施工便桥、便道、土岛和各种类型脚手架组成的工作平台，其上安置桩架并进行水中沉桩作业。

在较宽阔的河中，可将桩安设在组合的浮体上或固定平台，亦可使用专用打桩船。此外还可采用如下方法：

(1)先筑围堰后沉基桩法：一般在水不深，桩基临近河岸时采用此法。

(2)先沉基桩后筑围堰法：一般适用于较深的水中桩基。此法包括拼装导向围笼并浮运至墩位，抛锚定位，围笼下沉接高；在围笼内插打定位桩，下沉其余基桩，然后插打钢板桩，组成防水围堰，以及其后的吸泥、水下混凝土封底等工序组成。

(3)用吊箱围堰修筑水中桩基法：一般适用修筑深水中的高桩承台。悬吊在水中的套箱，在沉桩时用作导向定位，沉桩完后封底抽水，浇筑水中混凝土承台。目前，我国特大型、大型桥梁常采用的深水高桩承台基础，就一般选取钢吊箱围堰修筑深水中的钻孔灌注桩基础的方法，此法将在下一节中予以介绍。

采用浮桩机锤击沉桩时，其自身的稳定性应经过详细计算，并应有防止浮体晃动的设施，锚的重力、数量和位置，钢丝绳的规格以及避风措施均应作出规定，并对其受力状态经常检查调整。当波浪超过二级（波峰高 0.25～0.50m）、流速大于 1.5m/s 或风力超过 5 级（风速大于 8～10.7m/s）时，均不宜沉桩；当其他船舶通过施工区，船行波影响打桩船稳定时，宜暂停沉桩。已沉好的水中桩，宜用钢制杆件把相邻桩连成一体加以防护，并设置标志，严禁在已沉好的桩上系缆等。

第四节　钻（挖）孔桩基础施工

灌注桩是采用就地成孔的方法来完成的一种深基础。其施工方法是：先用机械或人工在土中做成桩孔，然后在孔内放入钢筋笼骨架，再灌注桩身混凝土而形成桩身，最后在桩顶浇筑承台（或盖梁）。其中，若用钻（冲）孔机成孔，称为钻孔桩；若用人工开挖桩孔，则称为挖孔桩。灌注桩的特点是施工设备简单，操作方便，适用于各种砂性土、黏性土，也适用于碎卵石类土层和岩层。钻孔桩的直径一般为 0.8～3.0m，其长度可由几米至百米。挖孔桩的直径不宜小于 1.2m，长度不宜大于 20m，以便于人工挖土。下面就分别介绍钻（挖）孔桩基础的施工技术。

一、场地准备

施工场地在设备进场前要进行平整；接通水、电、铺设施工车辆进出道路；按成孔、灌注、制作钢筋笼，堆置混凝土材料，废水废渣临时存放，材料工具存放，及搭建工地临时设施等多方面的需求进行规划布置。如果作业场地狭小，应考虑在作业场地附近寻找混凝土材料堆置场地和搭建临时设施。

施工场地的平整要根据地形、地下水位或江河湖海的水位、桩顶高程等进行。若场地为旱地，则清除地面杂物，换除软土，填平低洼，夯打密实，以免施工设备坐落在不坚实填土上而引起下陷。在水域施工时，浅水时适宜围堰筑岛方法，修筑作业场地。在深水域时，可搭设工作平台，或利用船只作施工平台。工作平台的高度应比最高水位高出 1.5～2.0m。

对于一些地下埋设物或地下构筑物，在施工前应认真调查是否妨碍施工。如妨碍施工，则需进一步探查了解这些地下埋设物或地下构筑物的类型、形状、几何尺寸、位置、埋设时间和所属管理单位等情况，并与设计单位协商清除或拆移。对某些无法拆移的地下管道，与设计部门协商变更桩位，以避开地下管道。对不便拆移又需要保护的重要管道，其近旁的钻孔灌注桩在施工前，要采取专门措施对管道予以保护。

地上障碍物一般为空中架设的各种电线电缆，紧贴作业场地的屋墙房檐，以及架设在场地上空的其他物体。这些障碍物影响吊车作业和钻架（塔）的安装移位，一般应予以拆移拆除。

场地平整完毕，依据设计桩位平面图及场地有关测量资料，校测场地基准线和基准点；测量桩位线，测定桩的位置、桩位地面高程。根据需要，可以适当补充测量控制点。在测定的桩位点，打入铁质标志桩，露出地面 60～100mm。水域场地桩位的测量，通常采用极坐标法或前方交会法，测量桩孔的中心位置偏差不大于 5mm。

二、施工工艺流程

因成孔方法的不同和现场情况各异，施工工艺流程不会完全相同。在施工前，需要进行各项准备工作，如施工放样、确定成孔方法及设备、材料场地布置等；而最首要的任务是要安排好施工计划，编制具体的工艺流程图，作为安排各工序施工操作和进度的依据。现以钻孔灌注桩的施工工艺流程为例，简要介绍其一般工艺流程，如图3-10所示。钻孔灌注桩施工的主要工序是：埋设护筒、制备泥浆、钻孔、清底、钢筋笼制作与吊装，以及灌注水下混凝土等。挖孔桩的施工工艺除挖孔环节外，大致与钻孔桩相同。

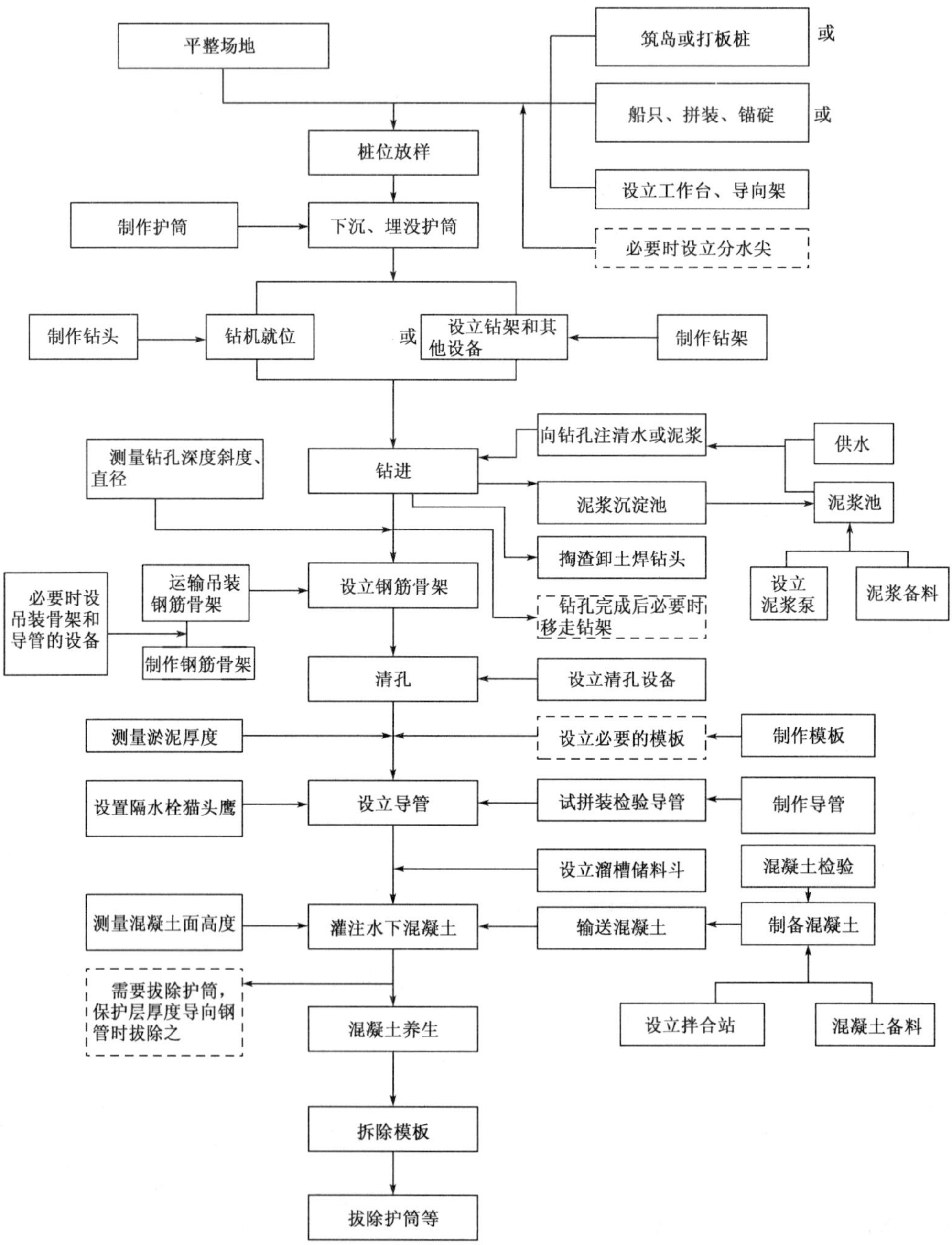

图3-10　钻孔灌注桩施工工艺流程

三、成桩施工准备

钻孔灌注桩由于其施工速度快，质量稳定，受气候环境影响小，因而被普遍采用。但其施工工序的前期准备工作十分重要，只有条件充分才能保证施工顺利进行。

1. 护筒埋设

钻孔成败的关键是防止孔壁坍塌。当钻孔较深时，在地下水位以下的孔壁土在静水压力下会向孔内坍塌，甚至发生流沙现象。钻孔内若能保持比地下水位高的水头，增加孔内静水压力，能稳定孔壁、防止坍孔。护筒除起到这个作用外，同时还有隔离地表水、保护孔口地面、固定桩孔位置和起到钻头导向作用等。

埋设的护筒可以采用钢护筒，也可以采用现场预制的钢筋混凝土护筒。在放样好的桩位处，开挖一个圆形基坑将护筒埋入。护筒应坚实，不漏水，护筒内径应比桩径稍大 200～400mm。护筒顶高程采用反循环钻时其顶部应高出地下水位 2.0m；采用正循环钻时应高出地下水位 1.0～1.5m；处于旱地时，护筒在满足上述条件的基础上还应高出地面 0.3m。护筒埋置深度应根据设计要求或桩位的水文地质情况确定，一般情况埋置深度宜为 2～4m，特殊情况应加深以保证钻孔和灌注混凝土的顺利进行。有冲刷影响的河床，还应沉入局部冲刷线以下不小于 1.0～1.5m。

2. 泥浆制备

钻孔泥浆由水、黏土（或膨润土）和添加剂组成。按钻孔方法和地质情况，一般需采用泥浆悬浮钻渣和护壁。除地层本身全为黏性土能在钻进中形成合格泥浆外，开工前应准备数量充足和性能合格的黏土和膨润土。调制泥浆时，先将土加水浸透，然后用搅拌机或人工拌制，按不同地层情况严格控制泥浆浓度。为了回收泥浆原料和减少环境污染，应设置泥浆循环净化系统。泥浆性能要求，如表 3-9 所示。

泥浆性能指标要求表 表 3-9

钻孔方法	地层情况	泥浆性能指标							
		相对密度	黏度(Pa·s)	含砂率(%)	胶体率(%)	失水率(mL/30min)	泥皮厚(mm/30min)	静切力(Pa)	酸碱度(pH)
正循环	一般地层	1.05～1.20	16～22	8～4	≥96	≤25	≤2	1.0～2.5	8～10
	易坍地层	1.20～1.45	19～28	8～4	≥96	≤15	≤2	3～5	8～10
反循环	一般地层	1.02～1.06	16～20	≤4	≥95	≤20	≤3	1～2.5	8～10
	易坍地层	1.06～1.10	18～28	≤4	≥95	≤20	≤3	1～2.5	8～10
	卵石土	1.10～1.15	20～35	≤4	≥95	≤20	≤3	1～2.5	8～10
推钻冲抓	一般地层	1.10～1.20	18～24	≤4	≥95	≤20	≤3	1～2.5	8～11
冲击	易坍地层	1.20～1.40	22～30	≤4	≥95	≤20	≤3	3～5	8～11

注：①地下水位高或其流速大时，指标取高限，反之取低限；

②地质状态较好，孔径或孔深较小的取低限，反之取高限；

③在不易坍塌的黏质土层中，使用推钻、冲抓、反循环回转钻进时，可用清水提高水头（≥2m）维护孔壁；

④若当地缺乏优良黏质土，远运膨润土亦很困难，调制不出合格泥浆时，可掺用添加剂改善泥浆性能，各种添加剂掺量可按现行施工技术规范中选取；

⑤泥浆的各种性能指标测定方法参见现行施工技术规范。

直径>2.5m 的大直径钻孔灌注桩对泥浆的要求较高，泥浆的选择应根据钻孔的工程地质情况、孔位、钻机性能、泥浆材料条件等确定；在地质复杂，覆盖层较厚，护筒下沉不到岩层的情况下，宜使用丙烯酰胺即 PHP 泥浆，此泥浆的特点是不分散、低固相、高黏度。

3. 钢筋笼制作

在钻孔之前或者钻孔的同时要制作好钢筋笼，以便成孔、清孔后尽快灌注混凝土，防止塌孔事故发生。钢筋笼应按图纸尺寸要求，按吊装和钢筋单根定长确定下料长度，注意主筋在 50cm 范围内接头数量不能超过截面主筋根数总数的 50%，加强筋直径要准确；箍筋要预先调直，螺旋形布置在主筋外侧；定位筋应均匀对称地焊接在主筋外侧。下钢筋笼前应对其进行质量检查，保证钢筋根数、位置、净距、保护层厚度等满足要求。

四、成孔方法

灌注桩的成孔方法很多，各自适应于不同地层与环境条件。在桥梁工程中应用较多的是钻孔灌注桩、挖孔灌注桩两种。

1. 钻孔灌注桩成孔方法

一般采用螺旋钻头或冲击锥等机具成孔，或用旋转机具辅以高压水冲成孔。国内常用的方法是螺旋钻钻孔法、机动推钻钻孔法、正循环回转法、反循环回转法、潜水电钻法、冲抓锥法，以及冲击锥法等。无论采用何种钻孔方法，对钻机扭矩功率、钻锥形式、钻杆截面、钢丝绳规格、泥浆泵泵量、泵压、真空泵真空度、吸泥泵吸量、气举法压缩空气的压力、排气量等，应按钻孔直径与深度、地层情况、工期、设备条件认真研究选择。各种钻孔机具（方法）的适应范围如表 3-10 所示，主要成孔方法详述如下。

(1)正循环回转法

利用钻具旋转切削土体钻进，泥浆泵将泥浆压进泥浆笼头，通过钻杆中心从钻头喷入钻孔内，泥浆挟带钻渣沿钻孔上升，从护筒顶部排浆孔排出至沉淀池，钻渣在此沉淀而泥浆流入泥浆池循环使用。该方法适用于细粒土、砂类土、卵石粒径小于 2cm 含量少于 20%的卵石土、软岩。其优点是钻进与排渣同时连续进行，在适用的土层中钻进速度较快，但需设置泥浆槽、沉淀池等，施工占地较多，且机具设备较复杂。

(2)反循环回转法

在泥浆输送方面与正循环法正好相反，即泥浆输入钻孔内，然后从钻头的钻杆下口吸进，通过钻杆中心排出至沉淀池内。该方法适用于细粒土、砂类土、卵石粒径小于钻杆内径 2/3，含量少于 20%的卵石土、软岩。其钻进与排渣效率较高，但接长钻杆时装卸麻烦，钻渣容易堵塞管路。另外，因泥浆是从上向下流动，孔壁坍塌的可能性较正循环法的大，从而需采用较高质量的泥浆。

(3)冲抓锥法

冲抓锥构造简单，由三角立架、锥头、卷扬机三部分组成。施工时，通过三角立架、滑轮组、钢丝绳、卷扬机等使得锥头落入孔内抓土，于孔外卸土。过程中不需钻杆，钻进与提锥卸土均较推钻快。由于锥瓣下落时对土层有一股冲击力，故使用的土质较广。其优点是机械简单、成本较低，但施工自动化程度低，需人工操作；清运渣土，劳动强度大，施工速度较慢。另外，该方法不能钻斜孔；钻孔深度超过 20m 后，其钻孔进度大为降低；当孔内遇到漂石或探头石时冲抓较困难，需改用冲击锥钻进。

(4)冲击锥法

其设备由冲击钻头、三角立架、卷扬机三部分组成。其工作原理是:用卷扬机、钢丝绳通过三角立架上的滑轮将锥头提起,然后放开卷扬机,使锥头自然下落,锥头的冲击作用将砂砾石或岩石砸成碎末、细渣,靠泥浆将其悬浮起来排出孔外。该方法适用于各类土层。其优点是可24小时连续作业,施工效率较高;在冲击锥下冲时有些钻渣被挤入孔壁,起到加强孔壁并增加土层与桩间的侧摩阻力作用,但不能钻斜孔;钻普通土层时,进度比其他方法都慢;钻大直径孔时,需采取先钻小孔逐步扩孔的办法,即分级扩孔法。

钻孔机具参考表　　表3-10

编号	钻孔机具(方法)	适用范围			
		土层	孔径(cm)	孔深(m)	泥浆作用
1	长、短螺旋钻机	地下水位以上的细粒土、砂类土、砾类土、极软岩	长螺旋钻30～80,短螺旋钻50	26～70	干作业不需泥浆
2	机动推钻(钻斗钻)	细粒土、砂类土、卵石粒径小于10cm,含量少于30%的卵石土	80～200	30～60	护壁
3	正循环回转钻机	细粒土、砂类土、卵石粒径小于2cm,含量少于20%的卵石土、软岩	80～300	40～100	悬浮钻渣并护壁
4	反循环回转钻机	细粒土、砂类土、卵石粒径小于钻杆内径2/3,含量少于20%的卵石土、软岩	80～250	泵吸<40,气举150	护壁
5	正循环潜水钻机	淤泥、细粒土、砂类土、卵石粒径小于10cm,含量少于20%的卵石土	80～200	50～80	悬浮钻渣并护壁
6	反循环潜水钻机	同编号4	80～200	100(泵吸<气举)	护壁
7	全护筒冲抓和冲击钻机	各类土层	80～200	30～60	不需泥浆
8	冲抓锥	淤泥、细粒土、砂类土、砾类土、卵石土	80～200	30～50	护壁
9	冲击实心锥	各类土层	80～200	100	短程浮渣并护壁
10	冲击管锥	细粒土、砂类土、砾类土、松散卵石土	60～150	100	短程浮渣并护壁

注:①土的名称依照《公路土工试验规程》(JTG E40—2007)土的工程分类的规定;

②单轴极限抗压强度小于30MPa的岩石称为软岩,大于30MPa的称为硬岩,小于5MPa的称为极软岩;

③正、反循环回转钻机(包括潜水钻机)附着坚硬牙轮钻头时,可钻抗压强度达100MPa的硬岩;

④表中所列各种钻机(方法)适用钻孔直径和孔深系指国内一般情况下的适用范围,随着钻孔钻机不断改进,扭矩功率增强,辅助设施提高,钻孔直径和孔深的范围将逐渐增大。

2. 挖孔灌注桩成孔方法

挖孔灌注桩多用人工开挖和小型爆破,配合小型机具成孔,然后灌注混凝土形成桩基。它适用于无地下水或少量地下水,且较密实的土层或风化岩层。其优点是设备投入少,成本低,成孔后可直观检查孔内土质状况，基桩质量有可靠保证；缺点是施工速度较慢。若孔内产生的空气污染物超过现行《环境空气质量标准》(GB 3095)规定的三级标准浓度限值时，必须采取通风措施，方可采用人工挖孔施工。

挖孔施工应根据地质和水文地质情况选择孔壁支护方案，并应经过计算，确保施工安全并满足设计要求。孔壁支护类型一般可选用木框架、竹篱、柳条、荆笆、现浇混凝土井圈支护，也可采用喷射混凝土护壁。挖孔直径应不小于1.2m，孔深不宜大于15m。挖孔过程中，应经常检查桩孔尺寸、平面位置和竖轴线倾斜情况，如有偏差应随时纠正。挖孔时如有水渗入，除及时支护孔壁外，还应根据渗水量大小应用水桶或水泵排走以保证施工安全，或采用井点法降低孔中地下水位。孔内遇到岩层须爆破时，宜采用浅眼松动爆破法，严格控制炸药用量并在炮眼附近加强支护；孔深大于5m时，必须采用电雷管引爆；孔内爆破后应先通风排烟15min并经检查无有害气体后，施工人员方可下井继续作业。挖孔达到设计深度后，应进行孔底处理，做到孔底表面无松渣、泥、沉淀土；若地质复杂，应探测了解孔底以下地质情况再作研究处理。

五、钻孔故障及处理方法

钻孔灌注桩无论采用何种方法钻孔，开孔的孔位必须准确。开钻时均应慢速钻进，待导向部位或钻头全部进入地层后，方可加速钻进。正、反循环钻孔(含潜水钻)均应采用减压钻进，即钻机的主吊钩始终要承受部分钻具的重力，而孔底承受的钻压不超过钻具重力之和(扣除浮力)的80%。但是，由于地质构造的复杂性和施工期间各种因素的影响，钻孔过程中仍然常有故障发生，及时确认故障类型，采取补救措施，才是减少损失、保证质量的最佳途径。

1. 坍孔

坍孔的表征是孔内水位突然下降又回升，孔口冒细密水泡，出渣量显著增加而不见进尺，钻机负荷显著增加等。坍孔多由泥浆性能不符合要求、孔内水头未能保证、机具碰撞孔壁等原因造成。应查明坍孔位置后进行处理，坍孔不严重时，可回填土到坍孔位以上，并采取改善泥浆性能、加高水头、深埋护筒等措施，继续钻进；坍孔严重时，应立即将钻孔全部用砂类土和砾石土回填，无上述土类时可采用黏质土并掺入5%～8%的水泥砂浆，应等待数日方可采取改善措施后重钻。坍孔部位不深时，可采取深埋护筒法，将护筒填土夯实，重新钻孔。

2. 钻孔偏斜、弯曲

钻孔偏斜、弯曲，常由地质松软不均、岩面倾斜、钻架位移、安装未平或遇探头石等原因造成。一般可在偏斜处吊住钻锥反复扫孔，使钻孔正直。偏斜严重时，应回填黏质土到偏斜处顶面，待沉积密实后重新钻孔。

3. 扩孔与缩孔

扩孔多系孔壁小坍塌或钻锥摆动过大造成，应针对原因采取防治措施。钻锥缩孔常因地层中含遇水能膨胀的软塑土或泥质页岩造成；钻锥磨损过甚，亦能使孔径稍小。前者应采用失水率小的优质泥浆护壁，后者应及时焊补钻锥。缩孔已发生时，可用钻锥上下反复扫孔，扩大孔径。

4. 钻孔漏浆

遇护筒内水头不能保持时，宜采取护筒周围回填土夯筑密实、增加护筒沉埋深度、适当减小护筒内水头高度、增加泥浆相对密度和黏度、倒入黏土使钻锥慢速转动、增加孔壁黏质土层厚度等措施，用冲击法钻孔时，可填入片石、卵石，反复冲击，增加护壁。

5. 梅花孔(或十字孔)

梅花孔常由冲击钻锥的自动转向装置失灵、泥浆相对密度和黏度太大、冲程太小等原因造成,应针对上述原因采取改善措施。已发生的梅花孔,应采用片石或卵石土掺黏质土混合回填孔内,重新冲击钻孔。

6. 糊钻、埋钻

糊钻、埋钻,多系正循环(含潜水钻机)回转钻进时,遇软塑黏质土层,泥浆相对密度和黏度过大,进尺快、钻渣量大,钻杆内径过小,出浆口堵塞而造成。应改善泥浆性能,对钻杆内径、钻渣进出口和排渣设备的尺寸进行检查计算,并控制适当进尺。若已严重糊钻,应停钻提出钻锥,清除钻渣。

冲击钻锥糊锥时,应减小冲程,降低泥浆相对密度和黏度,并在黏土层回填部分砂类土和砾类土。遇到坍方或其他原因造成埋钻时,应使用空气吸泥机吸走埋锥的泥沙,提出钻锥。

7. 卡钻

卡钻常发生在冲击钻孔时,多因先形成了梅花孔,或钻锥磨损未及时焊补、钻孔直径变小,而新钻锥又过大,冲锥倾倒,遇到探头石,或孔内掉入物件卡住等。卡钻后不宜强提,可用小锥冲击或用冲、吸的方法将钻锥周围的钻渣松动后再提出。

8. 掉落钻物

掉落钻物,宜迅速用打捞叉、钩、绳套等工具打捞。若落体已被泥沙埋住时,宜按前述各条,先清泥沙,使打捞工具能接触落体后打捞。

9. 确保处理故障人员的安全

在任何情况下,严禁施工人员进入没有护筒或无其他防护设施的钻孔中处理故障。当必须下入护筒或其他防护设施中钻孔时,应在检查孔内无有害气体,并备齐防毒、防溺、防坍埋等安全设施后方可进行。

六、钢筋骨架吊放

钢筋骨架由主筋、加强筋、螺旋箍筋、定位筋四部分组成,其构造应满足设计要求。经检查合格后,用吊机(或钻机钻架、灌注塔架)吊起垂直放入孔内,相邻节端应焊接牢靠,定位准确。下到设计位置后,应在顶部采取相应措施反压并固定其位置,防止在混凝土灌注过程中产生上浮。若灌注桩为变截面桩基,钢筋骨架吊放按设计要求施工。

钢筋骨架的制作和吊放的允许偏差为:主筋间距±10mm;箍筋间距±20mm;骨架外径±10mm;骨架倾斜度±0.5%;骨架保护层厚度±20mm;骨架中心平面位置20mm;骨架顶端高程±20mm;骨架底面高程±50mm。

七、混凝土灌注

灌注混凝土之前,应先探测孔底泥浆沉淀厚度。如果大于规定,要再次清孔,但应注意孔壁的稳定,防止塌孔。混凝土拌和物运至灌注地点时,应检查其均匀性和坍落度等,如不符合要求,应进行第二次拌和,二次拌和后仍不符合要求时,不得使用。首批灌注混凝土的数量应能满足导管首次埋置深度(≥1.0m)和填充导管底部的需要,如图3-11所示,所需混凝土数量按下式计算:

$$V \geqslant \frac{\pi D^2}{4}(H_1 + H_2) + \frac{\pi d^2}{4} h_1$$

式中：V——灌注首批混凝土所需数量(m^3)；

D——桩孔直径(m)；

H_1——桩孔底至导管底端间距，一般为0.4m；

H_2——导管初次埋置深度(m)；

d——导管内径(m)；

h_1——桩孔内混凝土达到埋置深度 H_2 时，导管内混凝土柱平衡导管外(或泥浆)压力所需的高度(m)，即 $h_1=H_w\gamma_w/\gamma_c$；

H_w——井孔内水或泥浆的深度(m)；

γ_w——井孔内水或泥浆的重度(kN/m^3)；

γ_c——混凝土拌和物的重度(取$24kN/m^3$)。

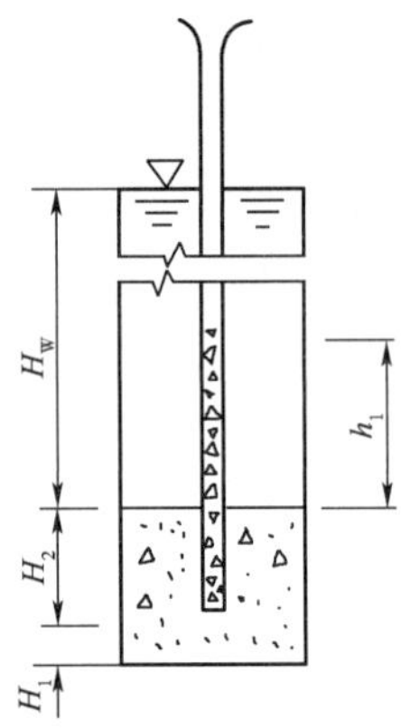

图3-11 首批混凝土数量计算

当钢筋笼就位，导管下至设计深度，首批混凝土已拌和完毕运送至桩位处时，即可开始灌注混凝土。首批灌注混凝土时，应在导管漏斗底口处设置可靠的防水设施(一般放置一个直径与管内孔完全吻合的木球)。混凝土倒入漏斗，压住木球向下运动，导管中水从管底压出，从井口逐渐排向井外，混凝土靠自重和向下冲力压至孔底。随着混凝土不断灌入，孔内混凝土面逐渐升高，井内积水不断上升，直至混凝土灌满全孔，水全部被排出。

首批混凝土拌和物下落后，混凝土应连续灌注。在灌注过程中，特别是潮汐地区和有承压力地下水地区，要注意保持孔内水头；导管的埋置深度宜控制在2～6m；并应经常测探井孔内混凝土面的位置，及时地调整导管埋深；孔内溢出的水或泥浆应引流至适当地点处理，不能随意排放，污染环境及河流。为防止钢筋骨架上浮，当灌注的混凝土顶面距钢筋骨架底部1m左右时，应降低混凝土的灌注速度；当混凝土拌和物上升到骨架底口4m以上时，提升导管，使其底口高于骨架底部2m以上，再恢复正常灌注速度。灌注的桩顶高程应比设计高出一定高度，一般为0.5～1.0m，以保证混凝土强度，多余部分接桩前必须凿除，残余桩头应无松散层。在灌注将近结束时，应核对混凝土的灌入数量，以确定所测混凝土的灌注高度是否正确。

八、深水灌注桩基础施工

目前，国内桥梁深水桩基一般采用高桩承台钻孔灌注桩基础，通常选取单(双)壁钢吊箱围堰加钻孔施工平台的形式进行深水中施工。其施工流程一般为：插打钢管桩→搭设钻孔施工平台→振动下沉钢护筒→钻孔灌注桩施工→施工平台拆除→首节钢吊箱安装→钢吊箱接高(下沉)→钢吊箱封底→干施工承台。其中，关键环节除了钻孔灌注桩单桩的施工外，还有钻孔施工平台的搭设与钢吊箱围堰的施工，分别为钻孔灌注桩单桩和桩顶承台的施工提供有利施工环境。

1. 搭设钻孔施工平台

深水基础钻孔桩一般为大直径，施工时受洪水、通航、大流速和冲刷的影响，为排除施工干扰，必须在桩位设置工作施工平台。施工平台是钢护筒下沉定位的导向辅助平台；是桩基础钻孔、水下混凝土灌注的作业平台；是基础施工机具、材料临时堆放的场地；是双壁钢围堰施工拼装、下沉的支承平台。目前我国采用的深水桩基施工平台有固定施工平台(支架)和浮动施工平台两种类型。固定施工平台一般有:型钢平台、桁架平台和型钢与桁架组合平台。按平台受力方式可分为:钢管桩单独受力、钢护筒单独受力、钢管桩与钢护筒同时受力。对于墩位区水深流急、风疾浪大的灌注桩施工,采用钢管桩与钢护筒同时受力的固定平台体系有明显的优越性和可行性,在桥梁跨度和桥址水位深度不断增大的现代大型桥梁工程中,是一种很值得提倡的平台形式。我国苏通长江公路大桥主塔基础和蚌埠朝阳淮河公路大桥均采用这种平台体系。

2. 钢吊箱围堰施工

当承台底面距河床面较高,或承台以下为较厚的软弱土层、且水深流急时,目前多用钢吊箱围堰作为防水措施来进行深水基础施工。钢吊箱是一种有底的套箱,主要作用是为承台提供干的施工环境,如苏通长江公路大桥就是用其作此用途;有时也可同时用来作桩基沉桩导向定位,取代施工平台,如南京长江第三大桥南塔基础施工。钢吊箱一般由底板、侧板、内支撑、悬吊及定位系统组成。侧板又有单壁和双壁两种形式,如京九复线东江二桥采用的是单壁钢吊箱,苏通长江公路大桥采用的是双壁钢吊箱。单壁钢吊箱结构简单,方便加工;双壁钢吊箱施工主动性高,可充分利用水的浮力进行吊箱的拼装与下沉。另外,钢吊箱在基础施工完成后可以用作永久防碰撞设施,起到保护桥基础的作用,在苏通长江公路大桥中就作为永久设施而保留了。

钻孔灌注桩基础的施工分为先下钢围堰后成桩和先成桩后下钢围堰两种施工方案。

(1)先下钢围堰后施工钻孔桩方案

先下钢围堰后施工钻孔桩方案具有以下优点:

①钢护筒厚度及长度减少易于准确定位;

②节省钻孔平台钢管桩钢材,也可节省加工焊接及施工桩的费用;

③节省钻孔平台的稳定措施费。

若无覆盖层或覆盖层很浅时,宜采用先下钢围堰后施工钻孔桩方案。

(2)先成桩后施工钢围堰方案

先成桩后施工钢围堰方案具有以下优点:

①施工快,从施工钻孔平台钢管桩、架设平台至开钻时间短;

②可降低钢围堰高度,节省工期,降低造价,且减少双壁钢围堰夹壁混凝土量;

③避免岩面高低不平时,钢围堰不规律的高低刃脚着岩难度;

④清除钻渣难度减小;

⑤封底混凝土量可减少。

因此,先成桩后施工钢围堰方案常被用于覆盖层较厚,且覆盖层较软、承载力较小,工期和造价有要求的工程中。无论何种方案,都是利用钻孔平台和钢围堰来施工钻孔灌注桩和承台结构,完成深水桩基础整体的建设工作。

九、质量检验与质量标准

钻(挖)孔在终孔和清孔后,应进行孔位、孔深检验。孔径、孔形和倾斜度则宜采用专用仪器测定,当缺乏专用仪器时,可采用外径为钻孔桩钢筋笼直径加100mm(不得大于钻头直径),长度为4~6倍外径的钢筋检孔器吊入钻孔内检测。钻(挖)孔成孔的质量标准如表3-11所示。

钻孔桩水下混凝土的质量,应符合以下要求:

(1)桩身混凝土抗压强度,应符合设计规定,每桩试件组数为2~4组。除用预留试块做抗压强度试验外,还应凿平桩头,并取桩头试块做抗压强度试验。

(2)桩身混凝土不能有断层或夹层。应仔细检查分析混凝土记录,并用无破损方法检验桩身,对质量可疑的桩,要钻芯取样进行试验。

(3)凿除桩头留下的部分不能有残余松散层和薄弱混凝土层,嵌入承台或盖梁内的桩头及锚固钢筋长度要符合规范要求。

钻(挖)孔灌注桩成孔质量标准 表 3-11

项　　目		规定值或允许偏差
钻(挖)孔桩	孔的中心位置(mm)	群桩:100;单排桩:50
	孔径(mm)	不小于设计桩径
	倾斜度(%)	钻孔:<1;挖孔:<0.5
	孔深(m)	摩擦桩:不小于设计规定 支承桩:比设计深度超深不小于 0.05
钻孔桩	沉淀厚度(mm)	摩擦桩:符合设计规定。设计未规定时,对于直径≤1.5m 的桩,≤200;对桩径>1.5m 或桩长>40m 或土质较差的桩,≤300 支承桩:不大于设计规定;设计未规定时≤50
	清孔后泥浆指标	相对密度:1.03~1.10;黏度:17~20Pa·s;含砂率:<2%;胶体率:>98%

注:①清孔后的泥浆指标,是指从桩孔的顶、中、底部分别取样检验的平均值。本项指标的测定,限指大直径桩或有特定要求的钻孔桩。

②对冲击成孔的桩,清孔后泥浆的相对密度可适当提高,但不宜超过 1.15。

第五节　沉井基础施工

沉井基础是一种历史悠久的施工方法,适用于地基表层较差而深部较好的地层,既可以用在陆地上,也可以用在较深的水中。所谓沉井基础,就是将一个事先筑好的、以后充当基础的混凝土井筒放在墩台设计位置,然后在井筒一边挖土,一边靠井筒的自重不断下沉,直至设计高程的基础的施工方法。基本施工工序是:首先在地面(或人工筑岛)上做成钢筋混凝土沉井底节,底节足部的内侧井壁做成由内向外斜的"刃脚";然后用机械或人工方法挖掘与清除井底土,使之不断下沉,沉井底节以上随之逐节接高;沉井下沉到设计高程后,再以混凝土封底,并建筑沉井顶盖,沉井基础便告完成,最后再在其上修建墩身。沉井基础的施工步骤,如图3-12所示。下沉时,为了减少沉井侧壁和土之间的摩阻力,可以采用泥浆护套、空气幕或塑料布膜衬壁等方法。

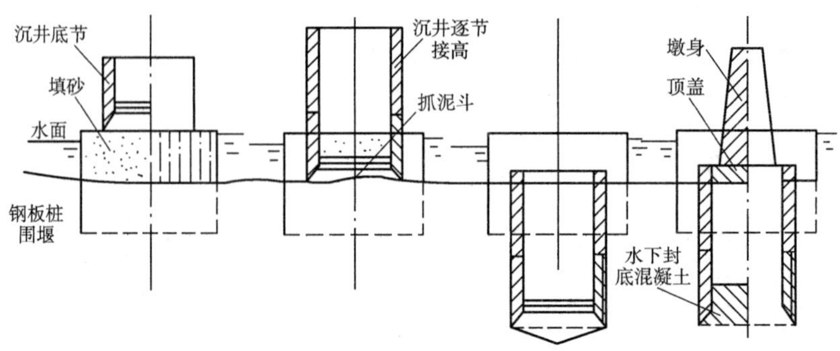

图 3-12　沉井基础的施工步骤

a)沉井底节在人工筑岛上浇筑;b)沉井开始下沉及接高;c)沉井已下沉到设计位置;d)进行封底及墩身工作

沉井基础是桥梁工程中一种较常见的基础形式。沉井的优点是：埋置深度可以很大，整体性强，稳定性好，能承受较大的垂直荷载和水平荷载；沉井既是基础，又是施工时的挡土和挡水围堰结构物，施工工艺也不复杂。其不足是：工期较长；对细砂及粉砂类土在井内抽水易发生流沙现象，造成沉井倾斜；沉井下沉过程中遇到大孤石、树干或井底岩层表面倾斜过大，会给施工带来一定困难。

按下沉方式，沉井基础可分为：就地建造下沉的沉井和浮运就位下沉的沉井。按建筑材料，沉井基础可分为：混凝土沉井、钢筋混凝土沉井等。按外观形状，在平面上可分为圆形、矩形及圆端沉井等；在竖剖面上可分为竖直式、倾斜式及阶梯式等。具体沉井类型的选择要视具体的下沉深度、墩（台）底部形状、土层性质等施工条件而定。

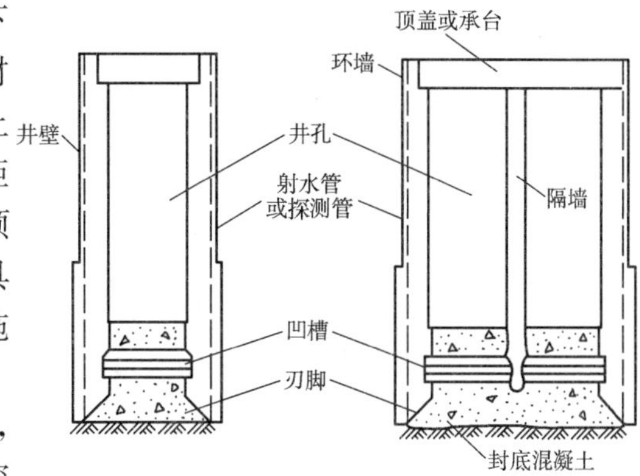

图 3-13　沉井构造

沉井基础虽有多种形式，但基本构造相同，它由刃脚、井壁、隔墙、井孔、凹槽、射水管和探测管、封底、顶盖（或承台）以及环箍等组成，如图3-13所示。

气压沉箱则是一种类似于沉井的深水基础，其不同之处是在沉井刃脚以上适当高度处设置一层密封的顶盖板。顶盖板以下为工作室，以上构造与沉井类似。顶盖板中开有空洞，安置升降井筒直出水面，井筒上端为气闸。压缩空气经气闸和井筒输入工作室，当压力相当于刃脚处水头时，工作室内积水被排出，施工人员就可以进入工作室，在气压（2～3 个大气压，视沉箱下沉深度而定）下进行挖土。挖出的土通过井筒提升，经气闸运出。这样，沉箱就可以利用其自重下沉到设计高程。沉箱的主要缺点是：对施工人员的身体有害（易得沉箱病），工效很低，现已基本不用。

一、沉井制作

沉井位于浅水或可能被水淹没的岸滩上时，宜就地筑岛制作；沉井在制作至下沉过程中位于无被水淹没可能的岸滩上时，如地基承载力满足设计要求，可就地整平夯实制作，如地基承载力不够，应采取加固措施。在地下水位较低的岸滩，若土质较好时，可开挖基坑制作沉井。在水深流急、筑岛困难的情况下修建沉井基础，可采用浮式沉井，即把沉井底节做成空体结构，或采取其他办法使其在水中漂浮，用船只将其拖运到设计位置，再逐步用混凝土或水灌注，使其缓缓下沉直达河底。

1. 就地制作的沉井

制作沉井的岛面、平台面和开挖基坑施工的坑底高程，应比施工最高水位高出 0.5～0.7m，有流冰时再适当加高。沉井制作的工序如图 3-14 所示，现将其中主要环节介绍如下。

(1)铺设垫层

制作沉井的场地，应预先清理、平整和夯实，使沉井在制作过程中不致发生不均匀沉降、倾折或井壁开裂。当地基有足够强度（包括下卧层的强度）时，仅需对场地表面稍作平整，即可浇筑素混凝土垫层（一次浇筑厚度为 200～300mm 厚），在此垫层上制作沉井，可免除抽除承垫木工序。如果沉井下地基土很松软，则需铺设砂垫层，沉井的自重通过垫层传至下层较硬的土层上，使沉井保持制作过程中的稳定。

砂垫层的面积应确保其边缘至沉井外墙至少有1.5～2.0m的距离，以满足承垫木的铺设（如沉井不大，有时不用承垫木，仅用素混凝土垫层，则距离还可减小）。有时为减少砂垫层的工作量，仅在沉井的一圈外墙下铺设垫层，但需确保内隔墙下的地基是稳定的。砂垫层所用的砂以中粗砂为好，砾砂也可，粉砂或含黏土粒多的大细砂均不适宜。砂垫层铺设时，应分层进行，每层300～500mm，用平板振捣铁或小型拖拉机碾压振实，必要时可浇水。对中粗砂的质量控制，可按干重度值15.6～16.0kN/m^3来检查。

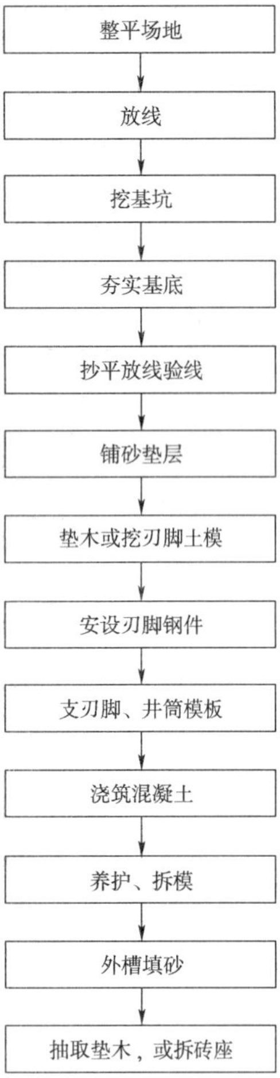

图3-14 沉井制作的工序

(2)承垫木的铺设

支垫布置应满足设计要求及抽垫方便的原则，承垫木数量应根据第一节沉井的质量(或抽除承垫木前的质量)及砂垫层的承载力来确定。承垫木间距一般为300～800mm。如根数很多，可将2～4根编成一组，每根承垫木相互紧靠，而各组之间可保持上述间距。铺设承垫木时应用水平仪找平，使承垫木顶面在同一水平面上。平面布置应均匀对称，每根垫木的长度中线与沉井刃脚踏面中线重合，定位垫木的布置要使沉井最后有对称的着力点。圆形沉井的定位点按互成90°的四个支点考虑；矩形沉井可设置在两长边上，每边各两点(图3-15)。当沉井长短边之比在1.5～2.0时，两定位支点间的距离为$0.7l$，当长短边之比大于2时，两定位支点间的距离为$0.6l$(l为长边边长)。

(3)模板与钢筋施工

通常沉井井筒的一次沉设高度不得大于12m，故井筒沉设一般是分节进行的。当在松软的土层和人工岛上施工时，井筒第一节的长度$L_1 \leqslant 0.8B$(B为沉井的等效宽度)。井筒模板为一般常用的现浇混凝土模板，应具有足够的强度、刚度与整体稳定性，并确保缝隙严密不漏浆。井壁直线部分较为规则，可采用组合式定型钢模板或木模板，但井壁形状不规则部分如刃脚的凹槽宜用木模。有时为加快施工进度，也可采用滑模施工。每节模板高度以1.5～2.0m较好，用对拉螺栓固定。当井壁有抗渗要求时，可在对拉螺栓中间设置止水片。

井筒前一节下沉结束时宜高出基坑砂垫层面1～2m，以防外模埋入砂垫层受损。内模支架不宜支承在地基土上，以防沉降过大时，内模和支架受损。通常内模支架支承选定在井格内钢梁上。

沉井钢筋一般较粗，往往在地面预先加工成钢筋网片，再在节点处点焊，以加强整体性。随后即可用吊机吊装就位。网片间的连接一般均用电焊，但要确保接头按设计或规范要求错开，不能都在同一断面。

(4)混凝土浇筑与养护

混凝土的浇筑方法有：用皮带传输机、手推车，通过串桶浇筑；用翻斗车直接浇筑；用翻斗车、吊斗，通过漏斗串桶浇筑；用混凝土泵浇筑等多种方法。无论哪种浇筑方法均要求均匀，浇筑后严格检测混凝土的质量，必须符合设计要求。为了杜绝浇筑混凝土过程中，由于进料速度差异造成的冷缝现象，为了减小地层软硬不匀造成的浇筑后出现的非均匀沉降，为了避免混凝土自重过大及捣实施工对模板形成过大侧压，致使模板走模，要求浇筑混凝土的施工必须做到均匀、对称及分层（层厚≤50cm，一般为30cm）进行。每层混凝土的浇筑应一次连续操作完成，待强度达到70%后，再进行下一层的浇筑。为提高井筒的抗渗性能，应把井筒上下节的接缝作成凸形水平缝，接缝处凿毛、冲洗后先浇一层（薄层）石子减半的混凝土，然后再续浇下节井筒。

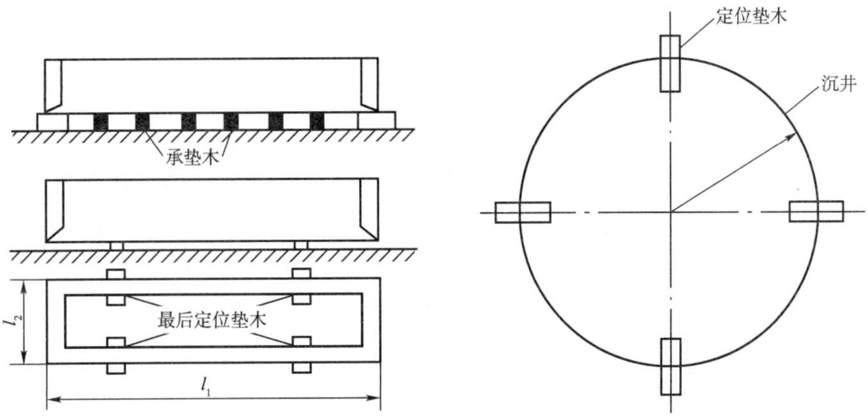

图3-15　沉井定位垫木布置

混凝土通常采用自然养护。但在炎热的夏季，应为养护创造一个湿润的环境（盖湿草包浇水等）；对严寒的冬季来说，混凝土中应掺加一些防冻剂或用蒸汽加热（在模板外侧悬挂一层帆布气罩），然后通蒸汽。

（5）抽垫

如沉井制作时，是用承垫木来扩散其质量的，在第一节沉井下沉前，必须先将承垫木抽除，抽除的条件是沉井的混凝土强度已达到设计要求。抽除时应分区、分组、依次、对称、同步进行。对于圆形沉井，先抽一般垫木，再抽定位垫木；对于矩形沉井，先抽内隔墙下的垫木，然后分组抽除两短边墙下的垫木，再抽除长边下的垫木，最后抽长边下的定位垫木。

抽除时，先将垫木下的土在一侧用铁铲挖去，然后用人工或机具将下落的垫木抽去，抽出一根后，立即用砂垫层中的砂将空隙填实。为确保填实质量，宜喷水用木夯夯实，回填越密实，以后的承垫木越易抽除，沉井下沉量也不大，垫木也不会被压断（指最后的几组垫木）。

2. 浮式沉井

根据河岸地形、设备条件，进行技术经济比较，确定沉井结构、制作场地及下水方案。浮式沉井一般为钢质，做成双壁形，以便于自浮。一些小型沉井也有用混凝土做成井体，在底部用木板封堵，犹如平底船；也可在井壁四周配置浮筒来保证起浮。对更小的沉井甚至可完全做成有空腔的木模，里边放入钢筋笼，并待浮运到桥址后再填充混凝土。

底节沉井除了大型浮运沉井在船厂船台上制作外，一般均在岸边进行制作。对混凝土或木模沉井与普通陆上作业别无两样。对钢质沉井，可利用码头吊机及吊船将工厂制就的部件或块体，在滑道上、干坞内或岸边场地上，组合为完整的沉井底节。如在驳船上拼装，可用2艘拼装铁驳由构架连成整体，并将构架顶面做成组装平台。支承用便于调整高低的木楔，先拴接、点焊中间井孔、支承，后拼外壁刃脚，全部测量尺寸适合，再焊成水密接缝。井壁钢材应有良好的可焊性，箱壁需经水密试验，一切符合要求后，便可由滑道下水，或干坞放水开始浮运，如在驳船上拼装的，此时可将拼装船与导向船临时联结，然后用拖轮导航到墩位。

二、沉井下沉

沉井下沉通常分为三种情况，即：一次制作一次下沉、多次制作一次下沉、多次制作多次下沉。当沉井高度不高，地基有一定的强度，或者经过地基加固后，可承受全部沉井自重时采用第一种方法；当沉井高度较高，而地基（天然的或经加固的）满足整个沉井浇筑阶段的稳定，不发生倾折或下沉过多、过快现象时，采用第二种方法；对于大型沉井，常用第三种方法。沉井下沉时，其混凝土必须达到一定强度，一般第一节沉井需达到100%强度，其上各节需达到70%以上的强度。

沉井下沉主要是通过从井孔除土，消除刃脚正面阻力及沉井内壁摩阻力后，依靠沉井自重下沉。井内挖土方法视土质情况而定，一般分为排水除土下沉和不排水除土下沉两种。在稳定性较好且渗水量不大的土层中（每 m^2 沉井面积渗水量小于 $1.0m^3/h$），抽水时不会发生翻砂现象，可采用排水除土下沉，否则应采用不排水除土下沉方法。不排水开挖下沉的挖土方法，可根据土质情况参考表3-12选用。一般宜采取抓泥、吸泥、射水交替或联合作业。必要时可辅以其他措施，诸如压重、高压射水、炮振、抽水，以及采用泥浆润滑套或空气幕等方法。

不排水除土下沉方法选用参考表 表3-12

土质	下沉除土方法	说　明
砂土	抓土、吸泥	若抓土宜用两瓣式挖斗抓土
卵石	吸泥、抓土	以直径大于卵石直径的吸泥机吸泥为好；若抓土宜用四瓣式挖斗抓土
黏性土	吸泥、抓土	一般需辅以高压射水，冲碎土层
风化岩	射水、放炮	碎块可用抓斗或吸泥机取出

下沉过程中，应随时掌握土层情况，做好下沉观测记录，分析和检验土的阻力与沉井重力的关系，选用最有利的下沉方法。正常下沉时，应自中间向刃脚处均匀对称除土。对于排水除土下沉的底节沉井，设计支承位置处的土，应在分层除土中最后同时挖除。由数个井室组成的沉井，为使下沉不发生倾斜，应控制各井室之间除土面的高差，并避免内隔墙底部在下沉时受到下面土层的顶托。下沉时应随时注意正位，保持竖直下沉，至少每下沉1m检查一次。沉井入土深度尚未超过其平面最小尺寸的1.5～2倍时，最易出现倾斜，应及时注意校正。但偏斜时的竖直校正，一般均会引起平面位置的移动。采用吸泥等方法在不稳定的土或砂土中下沉时，必须备有向井内补水的设施，保持井内外的水位相平或井内略高于井外水位，防止翻砂。吸泥器应均匀吸泥，防止局部吸泥过深，造成沉井下沉偏斜。下沉至设计高程以上2m左右时，应适当放慢下沉速度并控制井内除土量和除土位置，以使沉井平稳下沉，正确就位。

三、特殊下沉技术

沉井主要是靠克服周边的摩阻力及刃脚下的反力得以下沉。摩阻力与刃脚下的反力相比，摩阻力要大得多。有时沉井自重较轻或遇到硬土，周边的摩阻力特别大，此时沉井下沉就比较困难，工程中常用减少摩阻力的方法，使沉井保持不断下沉。减阻的措施比较多，常用的有泥浆润滑套法和空气幕法等，具体采用何种措施，应根据沉井规模及现场条件而定。

1. 泥浆润滑套法

泥浆润滑套是在沉井外壁周围与土层间设置泥浆隔离层，以减小土与井壁的摩擦力（泥浆对井壁的摩擦力为3～5kPa），从而可以减轻沉井自重，加大下沉深度，提高下沉效率。九江长江大桥用此法配合井内射水吸泥下沉，平均下沉速度为0.27m/h，取得了良好效果。

采用泥浆润滑套施工的沉井，其构造要求为：沉井刃脚踏面宽度不宜大于10cm，最好采用钢板包护无踏面的尖刃脚，以利于减小下沉时的正面阻力，并可防止漏浆。沉井外壁应做成单台阶形。为防止泥浆穿过沉井侧壁而渗漏到井内，并保持沉井下沉的稳定性，对直径不大于8m的圆形沉井，台阶位置多设在距刃脚底面2～3m处，对面积较大的沉井，台阶可设在底节与第二节接缝处。台阶的宽度就是泥浆润滑套的宽度，一般宜为10～20cm。

泥浆润滑套的构造，主要是射口挡板、地表围圈及压浆管。射口挡板为防止泥浆管射出的泥浆直冲土壁和土壁局部坍落堵塞出浆口，系用角钢弯制成一射口挡板，固定在井壁台阶上。地表围圈是埋设在沉井周围保护泥浆的围壁，确保下沉时润滑套的正确宽度，防止表土坍落，储存泥浆等；泥浆在围圈内可流动，用以调整各压浆管出浆量不均衡状况。地表围圈的宽度即沉井台阶的宽度，高度一般在1.5～2.5m，顶面高出地表约0.5m，上加顶盖，防止土石落入或流水冲蚀，可用木板或钢板做成。地表围圈外围用不透水的土回填夯实。压浆管的布置，厚壁沉井多采用内管法，把压浆管埋在井壁内，管径为ϕ38～ϕ50mm，间距3～4m，射口方向与井壁成45°角；薄壁沉井用外管法，布置在井壁内侧或外侧。

沉井挖土下沉时，应避免刃脚下土层掏空过多，吸泥取土时井内水位应不低于井外水位，以免翻砂冒水和泥浆流失。下沉中沉井偏倾不能过大，以免挤坏地表围圈。施工中要及时补浆，使泥浆面保持在地表围圈顶面下0.3～0.1m，即必须高出地表面。沉井下沉至设计高程后，应设法破坏泥浆套，或沿井壁内侧布置排浆管，排除泥浆，以恢复土对井壁的固结作用。

泥浆润滑套法的优点是下沉施工进度快，可以减轻自重；同时下沉倾斜小，容易纠偏，在旱地或浅滩上应用效果较好。存在的问题是当基底为一般土质时，因井壁摩阻力小，致使刃脚对地基压力过大，容易造成边清基边下沉的情况。在卵石、砾石层中应用效果较差。

2. 空气幕法

空气幕法的原理是从预先埋设在井壁四周的若干层气管中压入高压空气，此高压空气由设在井壁上的喷气孔喷出，并沿井壁外表面上升溢出地面，从而在井壁周围形成一层松动的含有气体与水的液化土层，此一含气土层围绕沉井如同幕帐一般，故称之为空气幕。其主要构件有如下几种。

(1)气龛

气龛是指在井壁的水平环形管喷气孔位置上预留模板做成棱锥形凹槽，拆模后在凹槽内钻直径为1mm的喷气孔即可。凹槽的作用是保护喷气孔，避免与土直接摩擦，便于气体扩散。气龛的数量以每个气龛分担或作用的有效面积计算求得，其布置应上下层交错排列。气龛的有效作用面积可用1.3m^2/个(下部)～2.6m^2/个(上部)这一经验数字作为设计依据。气龛示意图如图3-16所示。

(2)气管

为了安装与操作便利，常将井壁内的气管分成环形水平分配气管与垂直供气管两种。每层气龛宜设环形分配管一圈，每圈又宜分成2段或4段，以利高压空气直接通过气龛吹出井外。每根垂直供气管可连接两圈(层)环形分配管，将供气系统的压缩空气供给环形分配管。气管通常采用25～30mm的聚氯乙烯管或钢管。

(3)压缩空气供气系统

压缩空气机、贮风筒及送风管道等的布置与一般压缩空气站相似。压缩空气的压力可按1.6～2.5倍的气龛最大入土深度的静水压力计算。供气量则按每个气龛耗气量0.02～0.03m^3/min计算确定。

空气幕的作用方式与泥浆润滑套不同，它只在送气阶段才起作用，故只有当井内土挖空后沉井仍不下沉的情况下，才压气促使沉井下沉。送风的顺序是由上而下的逐层开启气阀送风；而停止送风的顺序则与此相反。空气幕法适用于地下水位较高的细、粉砂类土及黏性土层中。其优点是：施工设备简单，经济效果较好；下沉中要停要沉容易控制；可以在水下施工，不受水深限制；井壁摩阻力较泥浆润滑套法容易恢复，是一种先进的施工方法。

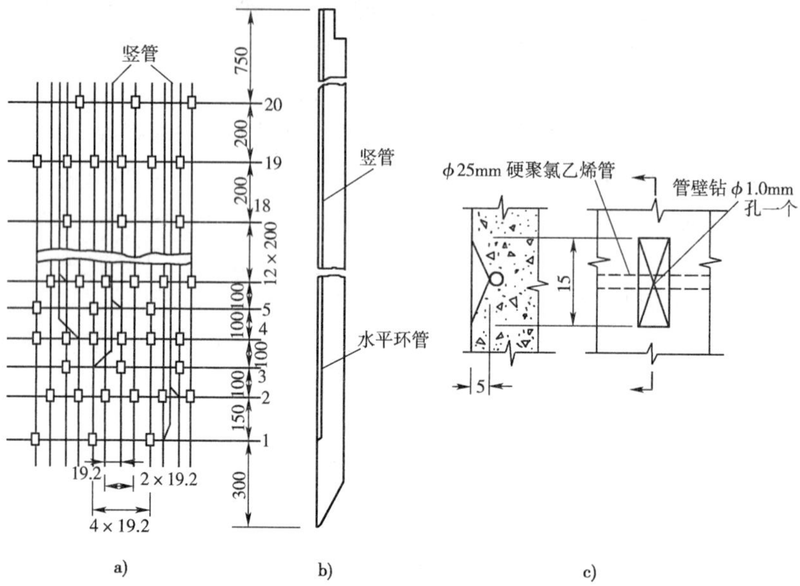

图 3-16　气龛构造示意图(尺寸单位：cm)

a)气龛布置展开图；b)井壁纵向剖面图(钢筋未示)；c)气龛构造

最近国外尚有用帷幕法下沉沉井的，其法是在沉井外壁预先埋设成卷的高分子强化薄膜，利用沉井的下沉力拉起展开薄膜，从而形成一贴紧井壁的帷幕。

四、浮式沉井施工

对多跨桥梁，其多数桥墩均位于水中或江水中的深度超过了 10m，用简易的围堰甚至钢板桩围堰来筑岛施工沉井难度很大，或经济上很不合理。如河道很宽、河面交通极其频繁，沉井制作时所用的模板、钢筋、混凝土等材料与机具设备，来回运输很不方便，此时采用浮式沉井则较为合理。

浮式沉井有：木沉井、带有临时性井底的浮运沉井、带钢气筒的浮运沉井、钢筋混凝土薄壁浮运沉井、钢丝网水泥薄壁沉井、装配式钢筋混凝土薄壁沉井、钢壳底节浮式沉井等。一般在特大河流上，多采用钢质的浮式沉井；在中小河流上，则采用钢丝网水泥薄壁沉井等。浮式沉井在施工技术上的难度比就地下沉沉井要大，只是在特殊条件下才被采用。

沉井底节制造及浮运就位一般有以下四种方法。

1. 干坞法

在岸边用围堰圈出一块浅水滩地，抽水、铺填、整平后形成工作面；利用陆上机具在其中制造底节并适当接高井身，使其能自浮；然后打开临水一边围堰，放进江水，用拖轮牵曳底节沉井到墩位处；继续接高下沉。当水深较大时，底节浮出后可先在岸边适当水深处锚泊，利用岸上的施工设备及水上吊船逐步接高井身，使之有足够入水深度及出水高度，再导航到墩位工点继续接高，直至下沉落底。

2. 滑移法

在岸边场地上先施工一滑道，该滑道要足以承受底节沉井的质量，并可以使沉井滑入水中后能自行浮起。当底节沉井制成并达强度后，利用绞车将底节沉井如同船舶躯体从滑道下水一样，慢慢滑向水中，直至起浮，随即就可进行舾装和浮运的准备工作，将其导航到墩位接高下沉。

3. 吊放法

底节在陆上制造后由龙门吊架吊起，在垂直于河岸上、下游方向两座平行栈桥上行走，到足够水深处在两栈桥间放落底节，使之自浮，然后导航到墩位接高下沉。

4. 装驳运输法

将沉井构件半成品用码头吊机在岸边拼装在铁驳上，组拼成底节，由拖轮导航浮运到墩位处，由浮吊起吊落水，再接高下沉。

浮式沉井施工的主要工序有：干坞及滑道施工(沉井如选用干坞及滑道法下水)→沉井底节制作→浮船组抛锚定位→底节沉井浮运并悬浮在墩位处水中→沉井在水中接高下沉→沉井落进河床→沉井下沉入土后的接高→井上围堰安设→水下清基→沉井封底、围堰内抽水→建造承台墩身、拆除井上围堰。

浮式沉井浮运或下水前，应掌握河床、水文、气象及航运等情况，并检查锚碇工作及有关施工设备(如定位船、导向船等)。沉井底节入水后的初步定位位置，应根据水深、流速、河床面高低及土质情况，沉井高度、大小及形状等因素，并考虑沉井在悬浮状态下接高和下沉中墩位处的河床面受冲淤的影响，综合分析确定，一般宜设在墩位上游适当位置。在施工中，尤其是在汛期，必须对锚碇设备，特别是导向船和沉井的边锚绳的受力状态进行检查，防止导向船左右摆动。沉井落河床后，应采取措施尽快下沉，使沉井保持稳定，并随时观测沉井的倾斜、位移及河床冲刷情况，必要时采取调整措施。

五、施工事故及应急措施

沉井施工不确定因素较多，尤其是对于地质条件复杂的大型沉井施工，过程中遇到事故在所难免，常见事故、原因及其应急措施如下。

1. 难沉

难沉系指下沉过于缓慢或沉不下去。一般由于井壁与地层间的摩阻力过大而出现，此情况可采用泥浆润滑套或空气幕、井壁外侧设置高压射水管、井壁外侧面涂润滑剂、井筒上顶外加压入荷载、利用地锚反力压入以及井壁外侧钻孔、破坏楔槽等；也可能由于刃脚下土层抗力过大，此时可在刃脚处设置高压喷水管，用此管射出的高压射水或高压水枪的射水冲挖刃脚正下方的土体；还可用钻机松动刃脚正下方的土体；刃脚正下方存在大的卵石时，应派潜水员下水钻孔、爆破清除；利用地锚压沉或改沉井工法为沉箱工法施工。若因上浮力过大而难沉，则及时排水或井筒上顶加外荷载。

2. 突沉

突沉，一般源于井壁与地层间的摩阻力小，应适当增加刃脚踏面的宽度；挖土要均匀、对称，且挖土深度不能太大；或向井壁外侧与地层间的空隙中填充砾石构成楔槽。

3. 偏沉

偏沉通常由两侧井壁与地层间的摩阻力不同引起，此时应在下沉少的一侧井壁外侧采用钻孔、冲水、压气等措施减小摩阻力。也可能因两侧刃脚踏面处土体支承反力不同而偏沉，可在下沉少的一侧的井内加快挖土，用高压水冲挖刃脚踏面下方土体，下沉多的一边停止挖土，或者在井筒内侧加支承架。若是井筒重量不对称，应局部加载。若是以上三种情况均同时存在，则使用千斤顶推托式倾斜修正装置纠偏，或利用地锚压沉，或在外壁与地层之间的上部设置圆卵石滑槽等等。

4. 超沉

超沉可因地层强度不够、过软或刃脚射水过量而引起。应用千斤顶上提，或控制射水量及射水时间不大于 5min。

5. 刃脚损伤

运输、安装过程中碰破刃脚时，用钢板、钢筋混凝土修复；遇到孤石、巨砾层等硬层时，应先把表层孤石、巨砾置换成细粒土砂再施工。

6. 基底隆起、喷水、喷砂

当隆起安全系数 $\eta<1$ 时，会出现这一类事故，应改用压气工法。

第六节　地下连续墙基础施工

地下连续墙是一种特殊的桥梁基础形式。它起源于 1950 年的意大利，后在欧洲推广使用。各国都是首先从水利水电基础中开始应用作挡土墙护壁、防水防渗用的临时结构，然后扩大到高层地下室、地下停车场、地下街道、地铁等地下建筑的外墙结构。20 世纪 70 年代，日本用“接头”的形式把地下连续墙在平面上连接成一个封闭的矩形、八角形、井字形或圆形等不同结构形式，应用作为特殊的桥梁基础形式。此类基础于 1975 年在日本首都高速公路 5 号线最早采用，以后又在东北新干线、阪神高速公路、东京湾跨海大桥等几十座桥梁基础中使用，典型应用实例见表 3-13。国内最早于 1958 年在密云水库白河主坝中，采用槽壁式素混凝土地下连续墙做防渗芯墙获得成功，其后相继推广到城建、工业与民用建筑与桥梁工程等项目。

地下连续墙在桥梁基础中典型应用实例　　表 3-13

序号	桥名	国家	桥型	跨径(m)	平面尺寸(m×m)	壁厚(m)	深度(m)	结构形式
1	青森大桥	日本	斜拉桥	240	20.5×30.0	—	42.0	单箱六室
2	白鸟大桥	日本	悬索桥	720	ϕ37.0	1.5	106.0	圆筒形
3	北浦港桥	日本	连续梁桥	120	10.0×9.0	1.5	58.5	单箱单室
4	润扬长江公路大桥	中国	悬索桥（南汊）	1490	69.0×50.0	1.2	56	单箱 20 室
5	明石海峡大桥	日本	悬索桥	1990	ϕ85.0	2.2	75.5	圆筒形
6	阳逻长江公路大桥	中国	悬索桥	1280	ϕ70.0	1.5	60	圆筒形

一、施工流程

地下连续墙基础，是在泥浆护壁条件下，采用专用的挖槽（孔）设备，顺序沿着基础结构物的周边，在地基中开挖出一个具有一定宽度与深度的槽孔，然后在槽孔内安放钢筋笼，浇筑混凝土，逐步形成的一道连续的地下钢筋混凝土墙。当混凝土硬化到一定强度后，即可作为基坑开挖时挡土、防渗，对邻近建筑物的支护以及直接成为承受垂直荷载的基础的一部分。

地下连续墙的分类有多种，按成墙方式分为：桩排式、槽壁式、组合式等；按墙体材料分为：钢筋混凝土、素混凝土、塑性混凝土、黏土等；按挖槽方式分为：抓斗式、冲击式、回转式等；按墙的用途分为：临时挡土墙、临时挡土墙兼主体结构局部、多边形基础兼墙体等。随着成槽机械的不断改进和提高，目前地下连续墙的深度已近150m，在基坑深度较浅的地方，已开始采用预制板的地下连续墙。

地下连续墙工程施工前，必须具备工程地质资料、区域内障碍物资料、必要的试验资料等；特别是地下土层变化，各种地下管线等情况障碍物的穿越及其复杂性和影响必须在施工前掌握，以便采取相应措施，妥善处理，保证正常施工进展。

桩排式地下连续墙的主要施工工艺和技术要求可参考本章第四节内容，本节着重介绍槽壁式地下连续墙的施工。现浇地下连续墙的施工工艺流程，如图3-17所示。其主要施工要点分述如下。

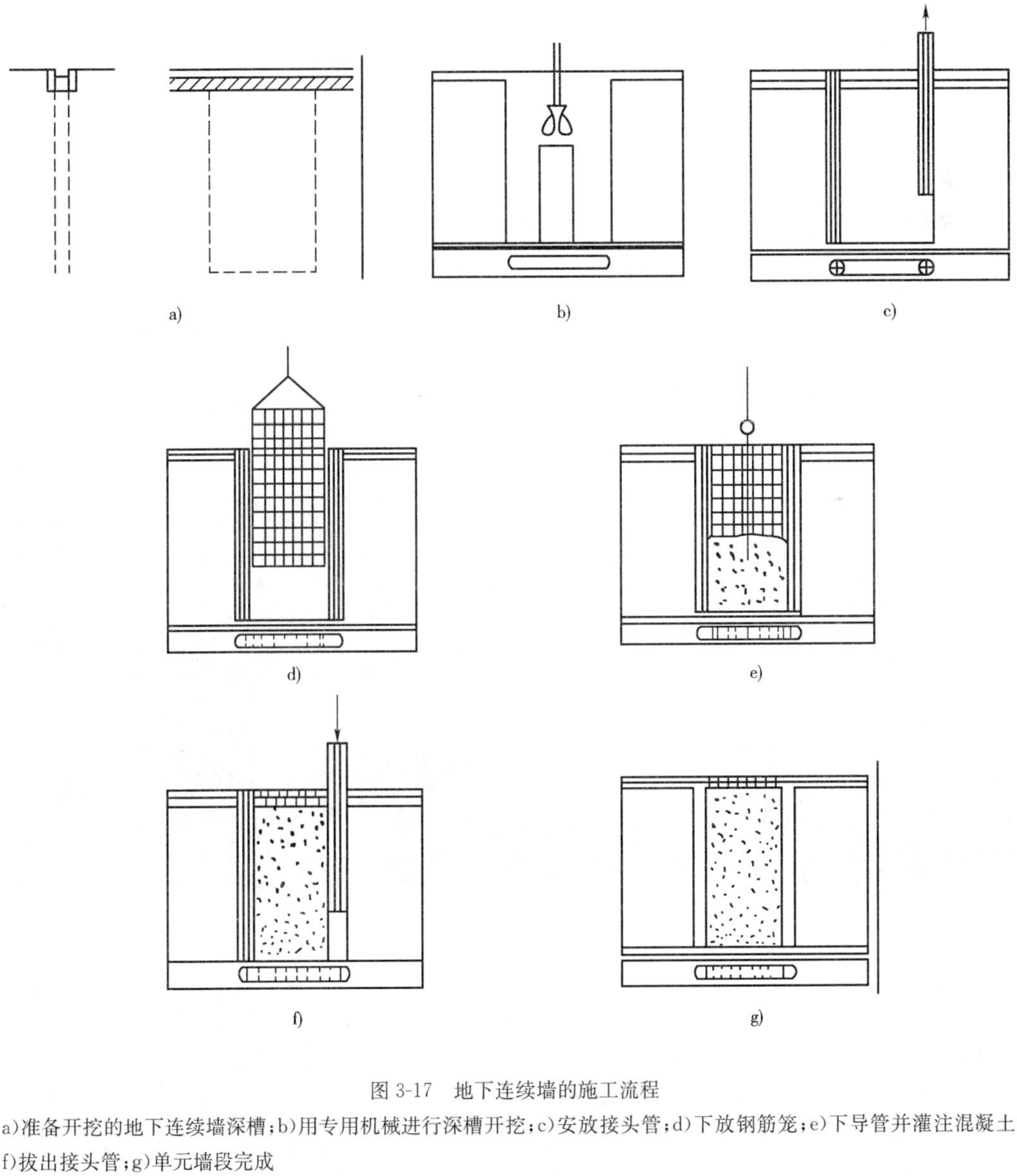

图3-17　地下连续墙的施工流程

a)准备开挖的地下连续墙深槽；b)用专用机械进行深槽开挖；c)安放接头管；d)下放钢筋笼；e)下导管并灌注混凝土；f)拔出接头管；g)单元墙段完成

二、导墙施工

槽孔施工前，为保证槽壁垂直，防止挖槽机械碰坏槽壁，必须沿着设计轴线开挖导墙，以起导向和防护作用，同时还可起到容蓄泥浆、吊放钢筋笼与混凝土导管等支承点的作用。导墙的厚度、深度和结构形式应根据现场的地质条件、施工荷载以及选用的挖槽方法确定。导墙一般的结构形式如图 3-18 所示，两导墙间，在适当距离上、下各加设一道支撑。导墙厚度一般为 200～500mm，深度一般为 2.0m 左右，其顶面应比施工地面适当高些，以防止地表水流入沟槽内，其底面应尽可能穿过填土层做在基土上。导墙通常采用含筋率较低的现浇钢筋混凝土，也有采用预制钢筋混凝土或钢制工具式导墙，以利周转使用。

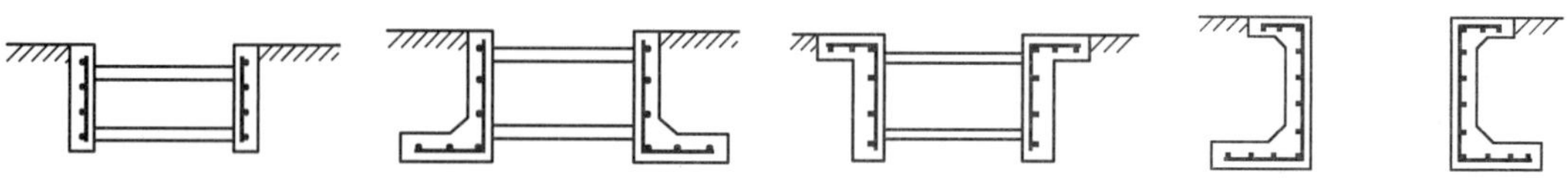

a)　　b)　　c)　　d)

图 3-18　导墙的断面形式

三、成槽施工

成槽是地下连续墙施工中的关键工序。它受地层等自然条件影响最大，是影响工期、工程成本，甚至是决定工程成败的主要因素。现浇地下连续墙的厚度一般为 0.80～1.50m，要高质量高效率进行槽段施工，选择合适的成槽机械是非常重要的。成槽机械常用的有：抓斗式（吊索、导板和导杆式）和钻头式（回转式、冲击式）两类，图 3-19 为目前我国大型桥梁基础使用的三种机械。

a)　　b)　　c)

图 3-19　大型桥梁地下连续墙基础施工机械

a）HS843HD 型钢丝绳抓斗；b）CZF-1500 型冲击反循环钻机；c）BC30 型液压铣槽机

旋转式挖槽机可分为独头钻及多头钻两种。采用多头钻机开槽时，需沿墙体的长度方向把地下墙划分成许多有一定长度的施工单元。在地质与水文条件、施工机具、土渣处理以及混凝土供应量可能的情况下，宜采用较大的单元槽段长度，这样不仅可减少接头数量，还可提高墙体连续性和防渗能力，以及提高施工效率。一般每段槽孔长度为 6～10m，采用抓斗或冲击钻机时,槽段长度可增大。

不同地层成槽方法有所不同,用旋转式钻机挖槽有"分层平挖"与"分层直挖"两种方法;用抓斗挖槽有"分条抓"与"分块抓"等方法;还有多种机械相结合的施工法,如:"两钻一抓"、"三钻两抓"、"钻铣法"、"钻凿抓(铣)法"等,后两种方法在润扬长江公路大桥南汊北锚碇基础施工中有成功的运用。

挖槽质量控制应包括:槽位、槽深、槽宽和倾斜度。在挖槽过程中应经常检查单元槽段的垂直度,其偏差一般不应超过 1/200;槽位允许偏差为±30mm,槽底高度不得高于墙底设计高度;槽宽在任一深度上应保证地下连续墙的设计厚度;相邻两槽段竖向中心线的偏差在任一深度上不得大于设计墙厚的 1/3。施工顺序规划的一般原则是:先内后外,新开挖的单元要尽可能远离刚完成的单元,要尽早灌注待完成接头的墙壁混凝土。

四、泥浆护壁

与钻孔灌注桩一样,地下连续墙在成槽过程中,槽壁保持稳定不坍塌的主要原因是由于槽内泥浆起到护壁作用,但地下连续墙挖槽施工对泥浆的要求比钻孔灌注桩高。地下连续墙挖槽时的护壁泥浆主要材料宜选用膨润土、外加剂,使用前应进行泥浆配合比试验。如采用其他黏质土时,应对其进行物理、化学分析和矿物鉴定。其黏粒含量应大于 50%,塑性指数大于 20,含砂量小于 5%,二氧化硅与三氧化二硅含量的比值宜为 3~4。泥浆的制备方法同钻孔灌注桩,其性能指标宜按表 3-14 控制,达不到表中规定的,应掺入外加剂改变性能。根据地质和水文情况,泥浆中除主要原料和水外,尚应按照需要添加分散剂、增黏剂、防漏剂和加重剂等外加剂。

护壁泥浆性能指标 表 3-14

地层情况	相对密度	黏度(s)	含砂量(%)	失水量(mL/30min)	泥皮厚(mm)	静切力(mg/cm^2)	稳定性(%)	pH
软土及易坍地层	1.15~1.5	19~21	<4	<10	1~2	10~20	100	8~9
一般地层	1.05~1.25	19~25	<4	<20	1~3	10~20	98	8~10

挖槽前,泥浆储备的数量宜按沟槽总体积、超挖数量和由于泥浆发生质变而废弃的损失数量等确定,据此经过试配后确定泥浆原料和外加剂数量。挖槽施工期间,槽内泥浆面必须高于地下水位 0.5m 以上,亦不宜低于导墙顶面 0.3m。如地下水中含有盐分或泥浆受到化学污染,应掺入分散剂,维护泥浆性能。在挖槽过程中每一节段内,静止泥浆每挖深 5m 时,应从槽内上、中、下三处抽取泥浆试样;循环泥浆应从沉淀池或浆、渣分离后的入槽处取泥浆试样,对相对密度、黏度、含砂率、失水量和泥皮厚度进行试验;必要时还应对稳定性、pH 值进行试验。泥浆循环回收后,应采用沉淀池、振动筛、旋流器等将土渣与泥浆分离,使泥浆净化再生处理后重复使用;无法回收使用的废泥浆不得随地淌流,应使用化学方法或机械方法进行泥、水分离处理。图 3-20 所示为 BE500 型泥浆净化系统,是 BC30 型液压铣槽机的配套设备。

五、槽段接头

地下连续墙施工接头一方面要满足结构受力和防渗的要求,另一方面要求施工简单、质量可靠,对下一槽段施工不会造成影响。地下连续墙施工技术发展至今,接头形式多种多样,主要有钻凿法连接、接头管法连接、接头箱法连接、隔板法连接、双反弧连接、铣削法连接以及在接缝中设置止水结构等。目前,国内使用最多的是用接头管连接的非刚性接头。在单元槽段内土体被挖去后，在槽段的两端先安放接头管，再吊入钢筋笼，浇筑混凝土后逐渐将接头管拔出，形成半圆形接头，图 3-21 所示即为接头管法的连接工艺图。

一般来说，对于受力和防渗要求较小的施工接头，宜采用接头管式接头。吊放接头管时，管底端应插入槽底以下 100～150mm，管长应略大于地下连续墙设计值。接头管可分节于管内用销子连接固定，管外平顺无突出物，外径宜比墙厚小 50mm。灌注水下混凝土时，应经常转动及小量提升接头管，待混凝土初凝后将接头管拔出，拔管时不得损坏接头处的混凝土。

图 3-20　BE500 型泥浆净化系统

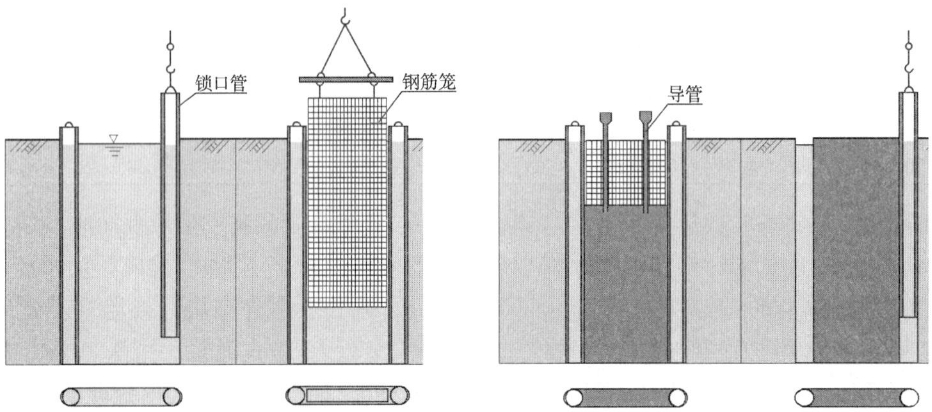

图 3-21　接头管法的连接工艺

a)下设两端接头管；b)下设钢筋笼；c)浇筑混凝土；d)起拔锁口管

对受力、防渗和整体性要求较大的接头装置宜采用接头箱式或隔板式接头。接头箱是其吊放的钢筋骨架一端带有堵头板，堵头钢板向外伸出的水平钢筋可插入接头箱管中，灌注混凝土时，由堵头板挡住，使混凝土不流入接头箱管内。混凝土初凝后，逐步吊出接头箱管，先灌节段骨架的外伸钢筋可灌入邻段混凝土内。

当地下连续墙设计与梁、承台或墩柱连接时，应于连接处设置结构接头。施工时，应在连接处按照设计文件埋设连接钢筋，待墙体混凝土灌注并凝固后，开挖墙体内侧土体，并凿去混凝土保护层，露出预埋钢筋，将其弯成所需形状，与后浇的梁、承台或墩柱的主钢筋连接。

六、钢筋、混凝土工程

地下连续墙钢筋骨架的制作和吊放，除可按照钻孔灌注桩的相关规定办理外，还应注意：钢筋骨架应根据设计图和单元节段的划分长度制作，并宜在工地的工作台上试装配成型，骨架中间应留出上下贯通的导管位置；吊放钢筋骨架时，必须使骨架中心对准单元节段中心，竖直不变形并准确地下放插入槽内，不得使骨架发生摆动(图 3-22)；全部钢筋骨架入槽后，应固定在导墙上，并应使骨架顶端高度符合设计要求；当钢筋骨架不能顺利插入槽内时，应重新吊起，查明原因，解决后重新放入，不得强行压入槽内。

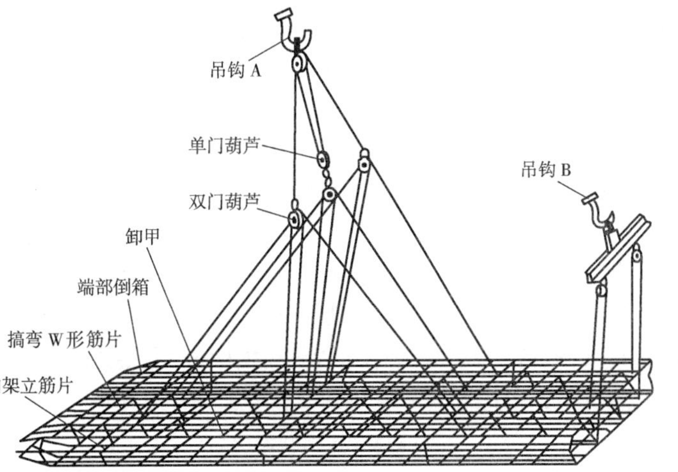

图 3-22　钢筋骨架吊装示意图

混凝土拌和物应采用导管法灌注。单元节段长度＜4m 时，可采用 1 根导管灌注；单元节段长度＞4m 时，宜采用 2 或 3 根导管同时灌注。采用多根导管灌注时，导管间净距不宜大于 3m，导管距节段端部不宜大于 1.5m。各导管灌注的混凝土拌和物表面高差不宜大于 0.3m，导管内径不宜小于 200mm。其他技术要求也可参照钻孔灌注桩相关规定。

七、质量标准

地下连续墙裸露墙面应平整，外轮廓线应平顺，无突变转折现象，施工质量应符合表 3-15 的规定。

地下连续墙施工质量标准　　表 3-15

项　　目	规定值或允许偏差	项　　目	规定值或允许偏差
混凝土强度(MPa)	在合格标准内	外形尺寸(mm)	＋30，－0
轴线位置(mm)	30	顶面高程(mm)	±10
倾斜度	墙身高度的 0.5%	槽底高程(mm)	不高于设计值
沉淀厚度(mm)	符合设计要求		

注：对作为永久基础的地下连续墙，其墙体混凝土宜进行超声波无损检测。

第七节　组合式基础施工

在水深流急，且有非常厚的覆盖层或地质条件很复杂的情况下，而施工能力又有限，无法将单一形式基础下沉达到预期的深度时，可以采用两种及两种以上不同形式的基础，以接力的方法来修筑桥梁深水基础，通常称这种形式的基础为组合式基础。所谓组合，仅指具有在外形结构上的组合，而不是指各种基础作用与性质上的组合。组合式基础在施工中，因先后要做不同形式的基础，如钢围堰、沉井、钻孔灌注桩、管柱等的施工，设备繁多、工艺复杂，而且要严格防止不同基础体系之间的沉降差与相对倾斜差，对施工水平和技术提出了很高的要求，同时也为桥梁建设事业开创了一条有着广泛应用前景之路。

组合式基础的形式很多，常用的有双壁钢围堰加钻孔桩基础、钢沉井加钻孔桩（管柱）基础、浮运承台与管柱、井柱、钻孔桩基础以及地下连续墙加箱形基础等等。可根据设计要求、桥址处的地质水文条件、现场施工机具设备情况、施工安全及通航要求等因素，通过综合技术经济分析，论证比较，根据具体工程特点而择优选用。

一、双壁钢围堰加钻孔灌注桩基础

大型双壁钢围堰加钻孔桩基础，是20世纪80年代开发的大型深水基础工程理想结构物，它不仅能起到深水基础工程的围水与施工平台作用，而且可以参与部分结构受力，并达到保护桩基承台防撞的作用，既增加了深水基础工程结构的整体性能，又提高了下部结构的防撞能力，方便施工，降低了工程造价。在水深流急的江河中，具有其他结构难以比拟的优越性。近年来，我国从技术和经济的角度出发，又发展了双壁钢吊箱围堰加钻孔桩高桩承台的基础形式，更加完善了此类基础的综合效益。表3-16列出了一些国内采用该组合式基础的桥梁实例。由表可见，国内近期的大型桥梁都采用了这种基础形式，充分表明其良好的优越性及发展前景。

国内桥梁基础形式（部分）　　表3-16

工程名称	桥型	基础形式	施工时最深水深(m)
苏通长江公路大桥	主跨1088m，连续钢箱梁双塔双索面斜拉桥	双壁钢吊箱围堰高桩承台钻孔灌注桩	50
南京长江第三大桥	(63+257+648+257+63)m连续钢箱梁双塔双索面斜拉桥	双壁钢吊箱围堰高桩承台钻孔灌注桩	45
武汉白沙洲大桥	(50+180+618+180+50)m钢一混凝土结合梁斜拉桥	双壁钢吊箱围堰高桩承台钻孔灌注桩（长江上首次采用）	20
武汉军山长江公路大桥	(48+204+460+48)m连续钢箱梁双塔双索面半漂浮体系斜拉桥	异形双壁钢围堰钻孔灌注桩基础	17.5
钱江五桥	(68+3×120+68)m五跨连续预应力混凝土箱梁桥	整体式双壁钢围堰钻孔灌注桩	8
瑞安飞云江三桥	主桥(240+170+60)m，三跨一联独塔双索面预应力混凝土边箱梁斜拉桥	单壁钢围堰钻孔灌注桩基础	7
黄石长江公路大桥	主跨245m，预应力混凝土连续钢构桥	双壁钢围堰钻孔灌注桩	25
铜陵长江大桥	主跨432m，预应力混凝土斜拉桥	双壁钢围堰钻孔灌注桩	50
重庆长江大桥	主跨174m，预应力混凝土T形钢构桥	浮式圆形钢围堰钻孔灌注桩	18

图3-23所示为苏通长江公路大桥南主塔墩（5号墩）基础构造布置图。5号墩基础设计为大直径深水超长高桩承台钻孔灌注桩基础。施工采用外包平面尺寸为120m×52m的巨型哑铃形双壁钢吊箱围堰加桩径2.5～2.8m、桩长114～120m的131根钻孔灌注桩基础，其基础规模为目前世界第一。钢吊箱围堰双壁部分厚度为1.8m，高度为14.4m，单壁防浪板高2.5m

(图 3-24)。基础选用先成桩后拼装下放钢吊箱围堰的施工方案,即先搭设 168.15m×56.90m 的钻孔施工平台,施工平台钻孔区的钢管桩基础也是钻孔桩的钢护筒,钻孔灌注桩施工完毕后,在钻孔施工平台上拼装底节双壁钢吊箱围堰,再拆除钻孔施工平台,在双壁中灌水下放底节钢吊箱围堰(整体下放质量达 5880t),并不断接高下沉直至设计位置。固定就位后,水下浇筑封底混凝土封堵钢吊箱围堰与钢护筒之间的缝隙,并形成承台垫层,抽干水进行高桩承台的大体积混凝土施工。

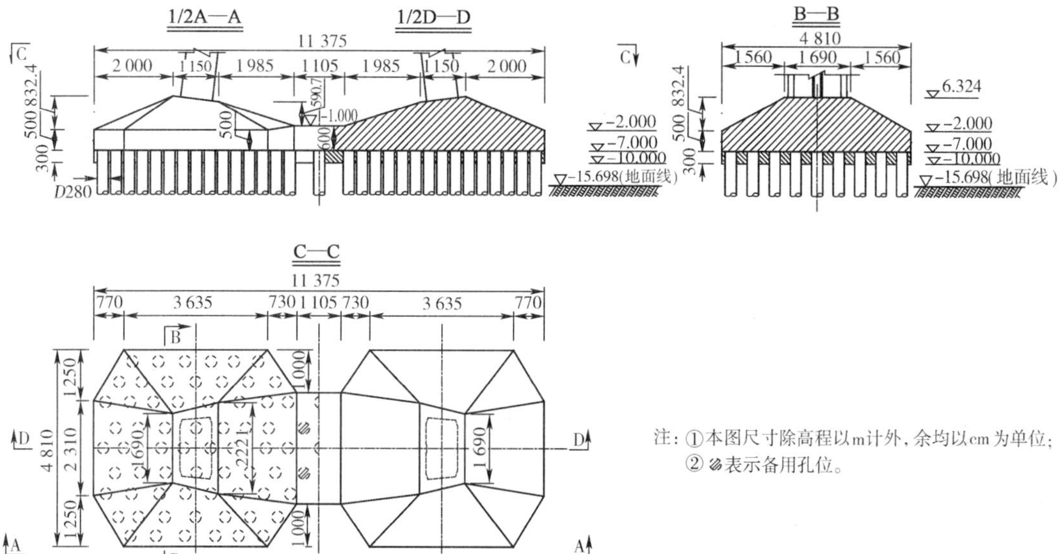

图 3-23　苏通长江公路大桥南主塔墩(5 号墩)基础构造布置图

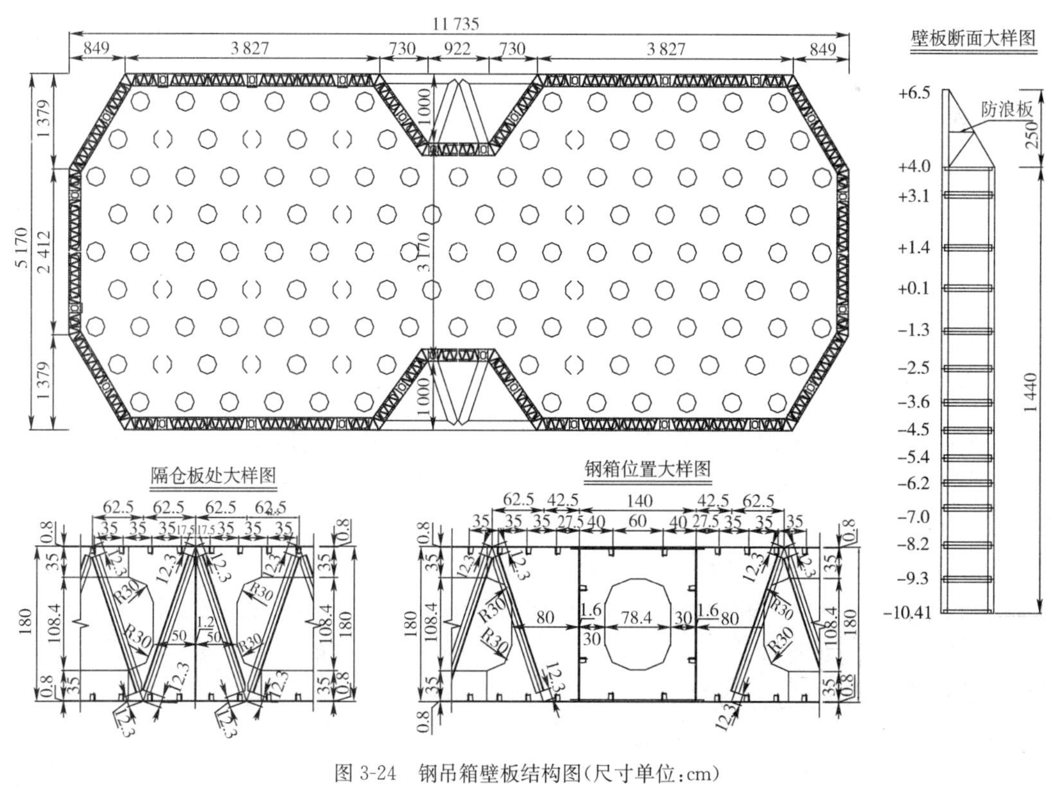

图 3-24　钢吊箱壁板结构图(尺寸单位:cm)

图 3-25 所示为钱江五桥主墩基础构造布置图。其主桥 6 个桥墩均采用群桩基础，桩基均为直径 1.8m 的钻孔灌注桩，桩尖嵌入微风化岩层 2m(摩擦嵌岩桩)。主墩、次边墩各墩单幅为 8 根(不含一根备用桩)3 排群桩，单幅承台平面尺寸为 12m×12m，厚度 3.0m，封底混凝土厚度为 3.0m。交界墩单幅为 4 根 2 排群桩，单幅承台平面尺寸为 8.0m×7.5m，厚度 3.0m，封底混凝土厚度为 3.0m。各墩承台顶高程为−1.00m。承台施工采用整体式双壁钢围堰，待所有基桩成孔后，利用钢管桩搭设钢围堰的拼装平台，进行钢围堰施工。钢围堰下沉就位后进行水底探模，基底整平处理，再进行承台混凝土封底工作，然后进行承台、墩身施工。

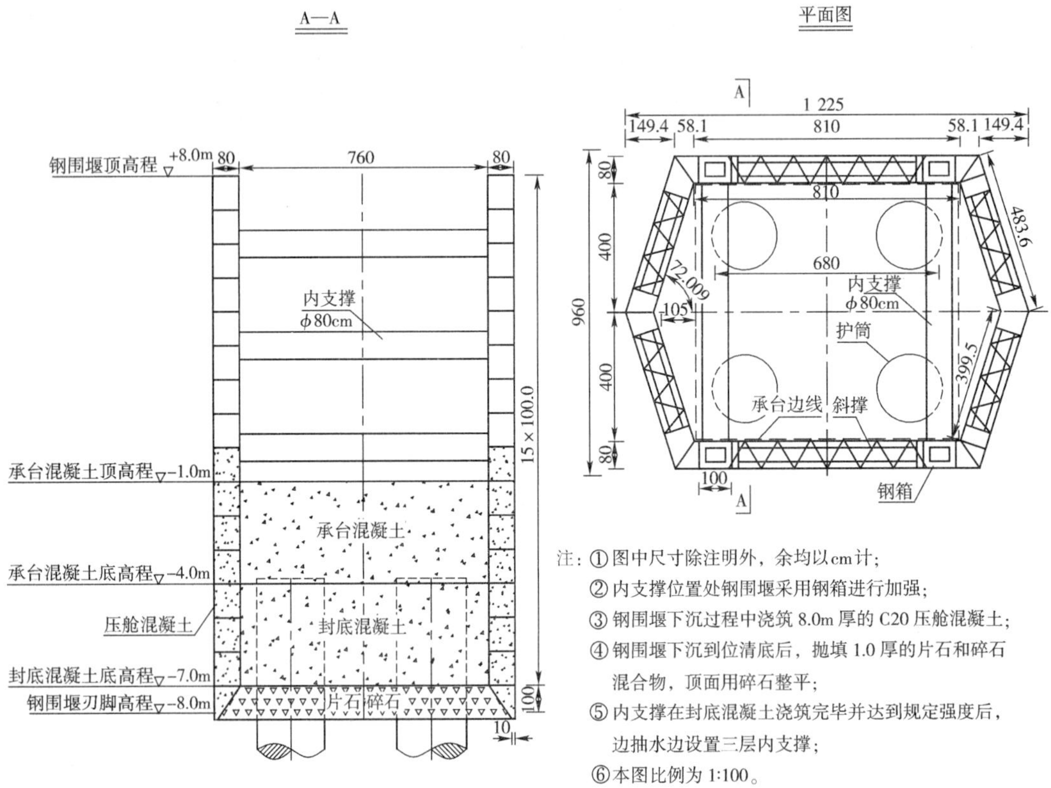

注：①图中尺寸除注明外，余均以cm计；

②内支撑位置处钢围堰采用钢箱进行加强；

③钢围堰下沉过程中浇筑 8.0m 厚的 C20 压舱混凝土；

④钢围堰下沉到位清底后，抛填 1.0 厚的片石和碎石混合物，顶面用碎石整平；

⑤内支撑在封底混凝土浇筑完毕并达到规定强度后，边抽水边设置三层内支撑；

⑥本图比例为 1:100。

图 3-25　钱江五桥主墩基础构造布置图

二、钢沉井加钻孔桩(管柱)基础

广东洛溪大桥(主桥为 65m+125m+180m+110m 四跨连续刚构，全长 1 916m)，主河床受潮汐影响，平均水深 7m 以上，覆盖层为中细砂、黏土和泥质砂岩风化土，平均厚度 20m。主墩基础采用钢沉井加钻孔桩基础(图 3-26)。双壁钢壳浮运沉井呈 Y 形，底部直径 23m，顶部直径 28m，沉井全高 20m。钢沉井分三节，岸上组拼好后，用 2 000kN 浮吊吊放入水，浮运就位，注水吹砂下沉，要求穿越河床 11m。沉井内布置 24 根直径 1.5m 钻孔桩，平均桩长分别为 47m 和 22m，平均嵌岩深度为 3m 和 5m。此方案的特点是双壁钢壳沉井(壁厚 1.5m)既是基础施工围堰挡水结构物，又是施工平台，建成后成为主墩的防撞岛。

日本横滨港湾大桥(三跨连续钢斜拉桥，主跨 460m)，位于横滨港国际航道上，水深约 12～14m，海底覆盖层厚度为 30～40m，主墩采用浮式承台加井柱组合式基础。浮式承台为预制的预应力混凝土空箱结构，平面尺寸为 56m×54m，高度为 12m；空箱内插入 9 根直径为 10m、长度达 47～75m 的钢筋混凝土沉井；沉井分数节，底节长 27m，重力达 27 000kN，用 30 000kN 浮吊吊运就位与安装。图 3-27 为横滨桥主墩构造示意图。该基础工程的主要特点首先是大型构件预制化，多功能预应力混凝土浮式承台与巨型沉井都是在岸边干船坞与专设预制厂制作，不仅施工质量有保障，而且可以加快施工进度，减少海上作业难度；其次，采用专门研制成功的大型摇臂式水中挖掘机，开挖水下深层泥岩，挖掘机工作面直径可扩大到 11m，保证井柱的嵌岩深度至 14m 左右；最后，施工中作业面较小，完全能保证国际航道的通行安全。该桥的顺利建成为海湾地区的桥梁工程快速建设提供了范例。

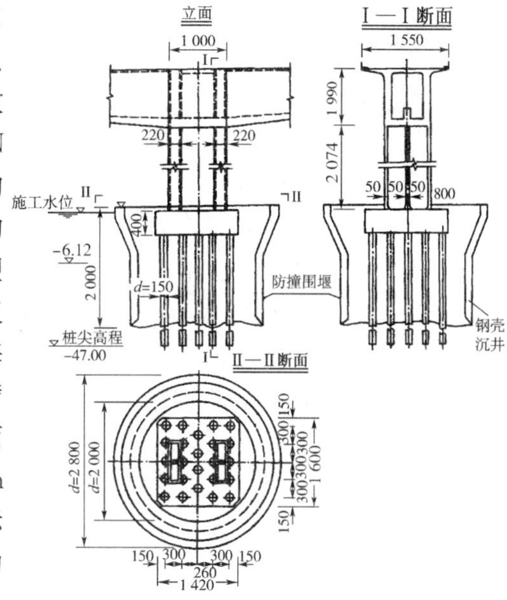

图 3-26　洛溪大桥主墩示意图(尺寸单位:cm)

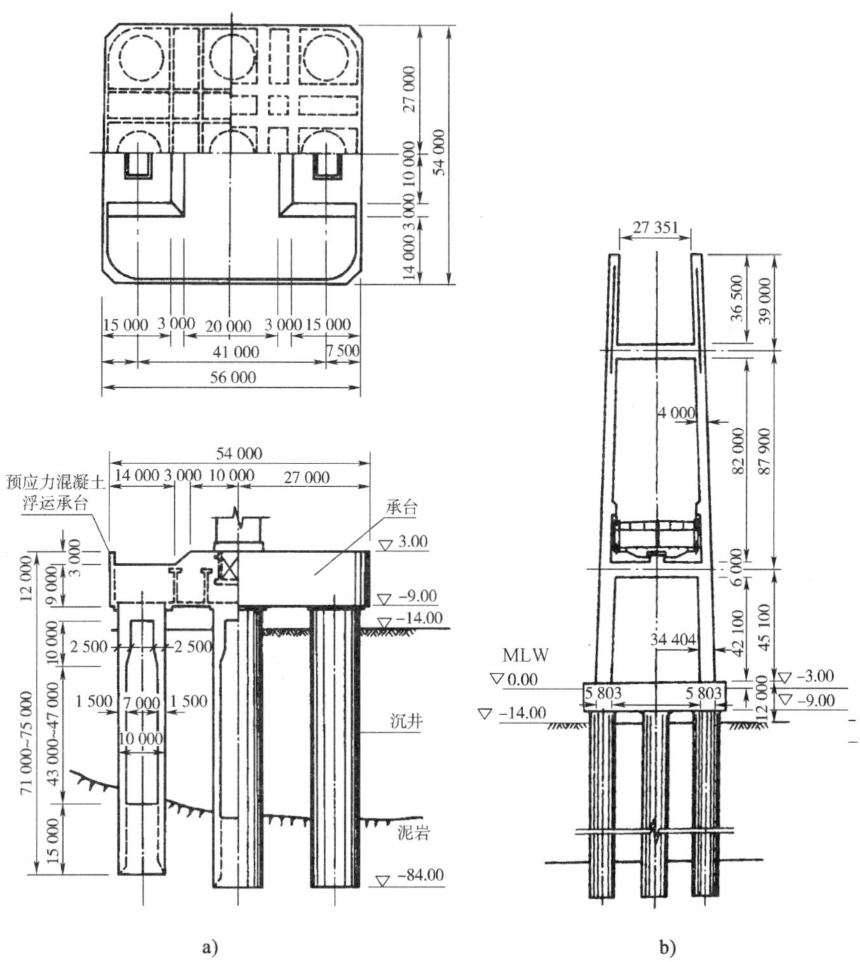

图 3-27　横滨港湾大桥主墩构造示意图(尺寸单位:mm;高程单位:m)

a)主塔基础;b)主塔断面图

思考题

1. 试述桥梁基础的分类及主要施工方法。
2. 水中浅基础基坑开挖和围护的施工方法有哪些？其与陆地基础施工有何区别？
3. 试述沉入桩基础的施工方法，各自适用范围及特点。
4. 简述单桩承载力静压试验的加载要点。
5. 试述钻孔灌注桩基础的施工方法与施工工艺。
6. 沉井基础施工中，有哪些助沉施工技术及实施原理？
7. 试述地下连续墙基础的施工流程及成槽方法。
8. 试述组合式基础的组成和施工工艺。

第四章　桥梁墩台施工

第一节　概　　述

桥梁墩台是桥梁的重要结构，不仅起到支承桥梁上部结构的荷载作用，并且将它传递给地基基础。另外，桥墩除承受上部结构的作用力以外，还要受到风力、流水压力以及可能发生的冰压力、船只和漂流物的撞击力作用。一般，桥台设置在桥梁的两端，起着支承上部结构和连接两岸道路的作用，同时，还挡住桥台背后的填土。

桥墩按其构造，可以分为实体桥墩、空心桥墩、柱式桥墩、排架式桥墩、框架式桥墩、弹性墩、拼装式桥墩、预应力桥墩 8 种类型；按照其截面形状，可分为矩形、圆形、圆端形、尖端形、矩形圆角、I 字形以及各种空心式桥墩。墩身侧面可做成垂直的，也可做成斜坡式或台阶式的。桥台按其构造类型，可分为重力式桥台、轻型桥台、框架式桥台、组合式桥台和承拉式桥台。

桥梁墩台的施工质量不仅关系到上部结构制作与安装的质量，而且其强度和稳定性还直接关系到桥梁的使用功能。因此，在施工时，必须保证正确设计桥梁墩台，严密组织施工工序，严格执行施工规范规定，确保施工质量。

桥梁墩台施工方法通常分为两大类：现场就地浇筑与砌筑和拼装预制的混凝土砌块、钢筋混凝土砌块或预应力混凝土构件。浇筑的墩台工序简便、机具较少、技术操作难度小，因而应用较多，但施工期限长，需消耗较多的劳力与物力。装配式墩台结构形式轻便、建桥速度快、预制构件质量有保证，主要用于山谷架桥、跨越平缓无漂流物的河沟、河滩等的桥梁，特别是在工地干扰多、施工场地狭窄、缺水与砂石供应困难地区，其效果更显著。

对于浇筑式墩台，墩台施工的一般工艺是：采取吊梁法支设墩台底模板，然后绑扎钢筋，支设侧模板，浇筑墩台下部厚 500～800mm 的混凝土；待其强度达到设计强度的 70％以上，足以承受上部拟浇筑的混凝土荷载及其他施工荷载时，再继续进行上部混凝土的施工。如此，直至完成整个墩台的浇筑。对于小型墩台，也可采取墩台下部 500～600mm 厚混凝土在陆上预制（预制时在桩位置上预留出桩位孔），用起重船起吊安装，使桩顶的外伸筋插入预制体的预留孔，再浇筑桩顶节点混凝土，然后继续进行上部混凝土施工的工艺。因此，浇筑式墩台有两种施工方法：全体现浇和底部预制安装。

桥梁墩台全体现浇优点是节省场地，无需起重船舶。其缺点是墩台底模板面积大，型钢、木材等规格型号多，数量大，特别是当基础桩的间距较大（超过 6m）时，底主梁使用一般的型钢已不能满足强度和刚度的要求，材料的一次投入量巨大，又很难周转使用；水上工作量大，作业受潮汐、风浪等因素的影响大，施工进度缓慢，难以保证工期；墩台底模板支设历时长，易被风浪打坏，不利于抗台防台。而底部预制安装方法支设底模板的施工用料大大减少，变水上作业为陆上作业，改善工人的作业条件，施工进度大大加快，利于保证工期，且底模板受风浪、潮汐影响小，利于抗台防台；但其缺点是需要解决预制体如何预留孔口，预制部分与桩如何连接等结构处理问题，需要预制场和起重船，且现场钢筋的焊接量增加。具体选用时，应根据实际工程特点和当地水文气象情况来比较分析，选用合适的施工方案，编制相应的施工组织设计。

桥墩施工的工艺流程，如图 4-1 所示。本章主要阐述墩台模板制作、安装与混凝土浇筑这两种主要工序。

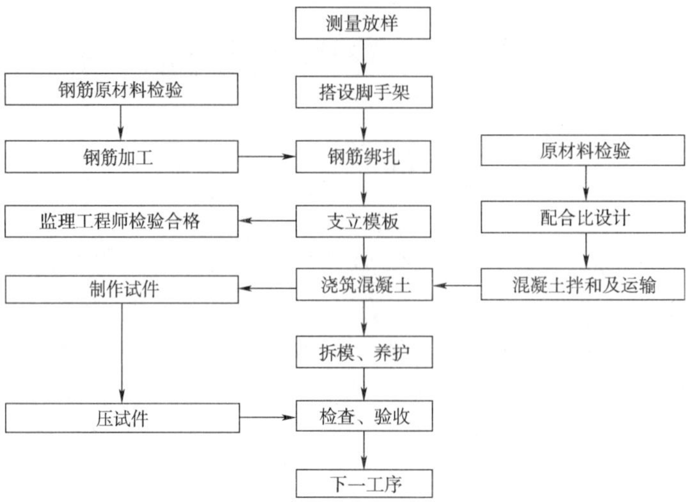

图 4-1　桥墩施工工艺流程

第二节　墩台模板的类型与构造

混凝土及钢筋混凝土墩台常用的模板，一般包括四种类型：固定式、拼装式、整体吊装式和组合定型式。

一、固定式模板

固定式模板一般用木材或竹材制作，其各部件均在现场加工制作和安装。固定式模板主要由立柱、肋木、壳板、撑木、拉杆、钢箍、枕梁与铁件等组成，其构造如图 4-2 所示。

固定式模板的优点：整体性好，模板接缝少，适应件强，能根据墩、台形状进行制作和组装，不需起重设备，运输安装方便。但其存在显著的缺点，就是重复使用率很低，材料消耗量大，装拆、清理费时费工，不经济。固定式模板一般只宜用于中小规模的墩、台。

根据墩、台外形的不同，模板可由竖直平面、斜平面、圆柱面和圆锥面等组成。立柱、肋木、拉杆和钢箍形成骨架。骨架的立柱安放在基础枕梁上，肋木固定在立柱上，木模壳板竖直布置在肋木上，立柱两端用钢拉杆连接，使模板有足够的刚度。

木模半圆形端头采用圆弧形肋板分段对接。双层交错叠合，形成紧密的半圆，两端与水平肋木用螺栓连接，肋木之间设置拉杆。若桥墩较高时，要加设斜撑或横撑式抗风拉索。

对于桥台而言，其模板多了背墙、耳墙等部位，比桥墩复杂，但其基本构造仍如上述，对于拉杆螺栓均应穿通到立柱。并且在拆模后，将表面的孔穴用砂浆填实。

二、拼装式模板

拼装式模板是由各种尺寸的标准模板利用销钉连接并与拉杆、加劲构件等组成墩台形状的模板，又称盾状模板。其优点是预制构件尺寸准确，拆装容易，运输方便，可周转使用。它适用于高大桥墩或在同类墩台较多时拼装模板可用钢材或木材加工制作。钢模板采用 2.5～4mm 厚的薄钢板并以型钢为骨架，可重复使用，装拆方便，节约材料，成本较低。但钢模板需机械加工，稍有不便。木模则耗用木材较多，周转使用次数少，只宜用于中、小桥梁。

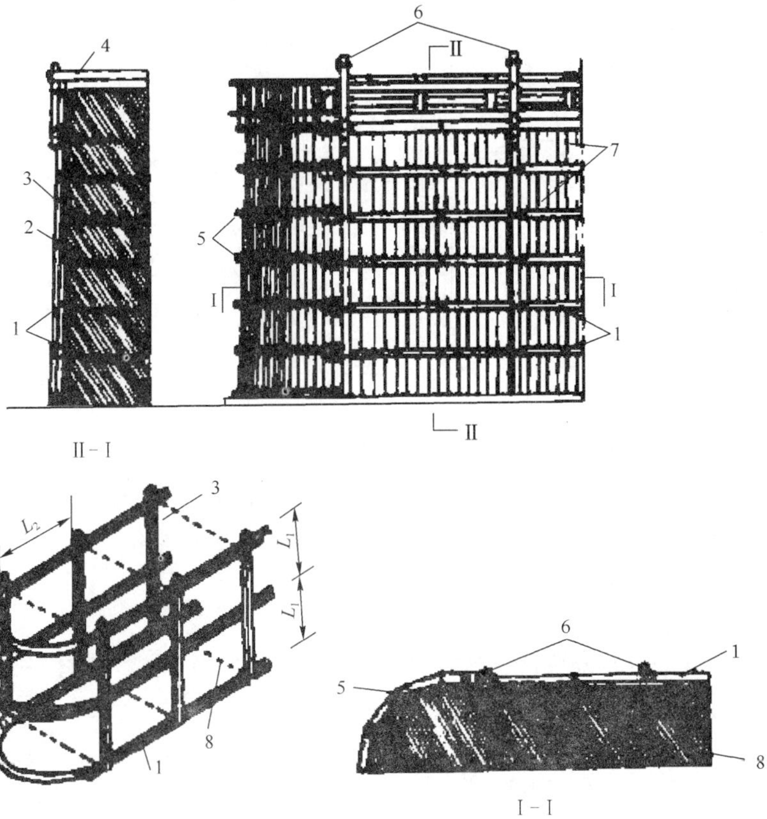

图 4-2　圆端形墩固定式模板

1-水平肋木；2-板；3-立柱；4-木拉条；5-拱肋；6-安装柱；7-板壳；8-拉杆

1. 标准模板

一般采用钢、木、胶合板等材料制作，边框多用角钢制作，面板宜采用薄钢板、胶合板等，亦可采用木面板。标准模板(图 4-3)的尺寸可根据构造物的形状和需要确定。标准模板尺寸列于表 4-1。标准模板宜用各种类型的销钉，如销扣与销钉、套环与销钉、回形销等连接。

标准模板尺寸表　　表 4-1

宽(mm)	300		200	150		100
长(mm)	1 800	1 500	1 200	900	750	600
肋高(mm)	55		55	55		55

2. 异形模板

对墩、台圆弧或拐角处，可按需要制作一定数量的异形模板，如角模或梯形模板。角模(图 4-4)用于墩台拐角处，分内角模和外角模。梯形模板与标准模板配合使用，组成墩台弧形模板，并能满足桥墩收坡要求。

3. 拉杆

拉杆保证了内外模板保持较精确的间距，并提高了模板承受混凝土的侧压力的能力，从而保证结构尺寸达到施工规范要求的精度。一般,拉杆采用圆钢制作,防止浇筑表面不平整,可用混凝土块作撑垫,再用螺母拧紧或锥形螺母与拉杆连接。

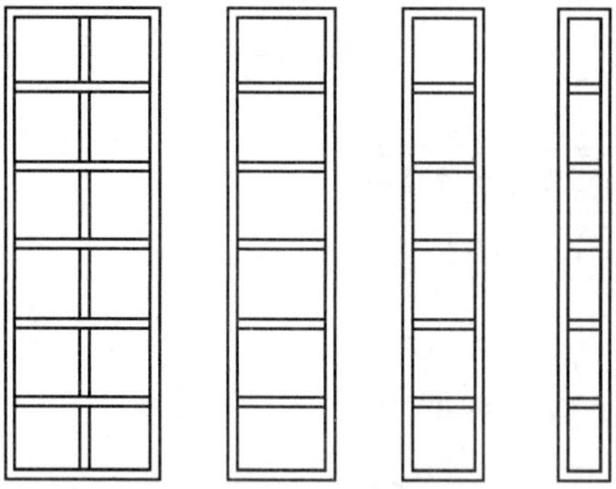

图 4-3　标准模板

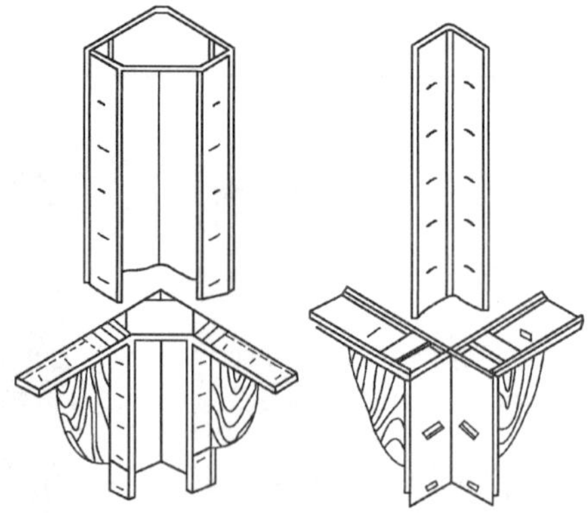

图 4-4　角模

4. 加劲构件

为了增加模板的强度、刚度和稳定性,在模板的外侧应安装横肋和立柱,其数量由计算确定。横肋宜用型钢(角钢、槽钢或木枋)制作。立柱常用的有单柱或桁架两种,单立柱宜用较大的型钢加工,如工字钢、槽钢或较大的木枋制作,桁架立柱宜用钢桁架。

三、整体吊装模板

整体吊装模板的组装方法:根据墩台高度分层支模和灌筑混凝土,每层的高度应视墩台尺寸和模板数量、灌筑混凝土的能力以及吊装能力而定,一般宜为 2～4m。用吊机吊起大块板扇,按分层高度安装好第一层模板,其组装方法与低墩、台组装模板的方法相同。模板安装完后在灌筑第一层混凝土时,应在墩、台身内预埋支承螺栓,以支承第二层模板和安装脚手架。整体吊装模板的组装方法如图 4-5 所示。

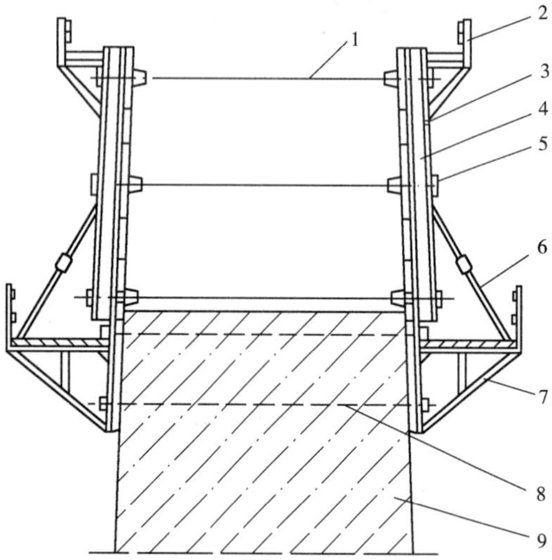

图 4-5　整体吊装模板组装方法

1-拉杆;2-上脚手;3-模板;4-立杆;5-横肋;6-可调斜撑;7-下脚手;8-预埋螺栓;9-已浇墩身

整体吊装模板的优点是:安装时间短,施工进度快,大大缩短工期,不留工作缝;将拆装模板的高空作业改为平地操作,施工安全;模板刚度大,可少设拉筋,节约钢材;可利用模板外框架作简易脚手架;结构简单,装拆方便,可重复使用。缺点是需要一套吊装设备,且起吊质量大。

对于圆形、方形柱式墩,可根据施工现场的吊装能力,分节组装成整体模板,以加快施工进度、减轻劳动强度和保证施工安全。为了保证整体模板具有足够的强度和刚度,吊装前应相应地验算。

四、组合钢模板

组合钢模板是因其轻型,装拆方便,成为运用较多的一种模板类型。它由钢模板和配件两大部分组成。钢模板包括平面模板、阴角模板、阳角模板、连接角模等通用模板和倒棱模板、柔性模板、搭接模板、可调模板及嵌补模板等专用模板。钢模板采用模数制设计，通用模板的宽度模数以 50mm 进级，长度模数以 150mm 进级(长度超过 900mm 时，以 300mm 进级)，模板的具体形式及规格见《组合钢模板技术规程》(GB 50214—2001)附录。配件的连接包括 U 形卡、L 形插销、钩头螺栓、紧固螺栓、对拉螺栓、扣件等，配件还有不同形式的支承件。

组合钢模板能节约大量木材，组装拆卸方便、通用性好，可多次周转使用，具有较好的经济效益。它是桥梁墩台施工中常用的模板之一，也是其他土木工程施工中常用的模板之一，因而在其他书目中均介绍较多，在此不再赘述。下面仅列出组合钢模板的拼配原则：

(1)尽量使用规格最大的钢模板，可使模板块数少，拼接少，节省连接和文承配件，减少装拆工作量，增强模板整体刚度。

(2)对于构造上无特殊要求的转角，可使用连接角模代替阳角模板。阴角模板宜用于长度较大的转角处。

(3)配板时应将钢模板的长度沿着墙、柱、墩台的高度方向和梁的长度方向排列，以利于用长度规格较大的钢模板和增大钢模板的支承跨度。

(4)钢模板的制作偏差和拼接安装误差，一般板长 4m 以内可不考虑，超过 4m，则每 4.5m 留 3～5mm 的富余，一船可在安装端头时统一处理。

(5)选择连接点和支撑点位置时，应尽量利用材料和地形，以便于安装操作与达到美观要求。

第三节　模 板 设 计

一、模板设计要求

1. 设计原则

根据现行《公路桥涵施工技术规范》(JTG/T F50—2011)的规定，模板的设计应注意以下事项：

(1)荷载的计算应准确，应将各种情况考虑周全，不能遗漏。

(2)对地基土的类别、承载能力等应探测清楚，并应明确是否应进行处理。

(3)所采用材料的性能是否满足模板、支架的受力要求。

(4)现场的施工设备是否能满足模板、支架在安装和拆除时的需要。

(5)应尽可能利用有定型设计的大型钢模板或定型钢支架作为模板或支架的材料，以提高施工效率。

由于，现在公路桥梁施工对桥梁的外观质量要求越来越高，因此提高模板的质量也日趋重要。但每当模板质量提高到一个较高水平，就会牵涉到许多问题，因此，在规范中并没有对模板质量要求过高。一般要求桥梁达到的清水混凝土标准，只能在设计中明确规定，施工时根据此规定提高要求，而无法依靠硬性规定来达到。同济大学结合南京长江三桥工程对清水混凝土施工技术及外观耐久性进行了详细研究，并制定了清水混凝土施工技术规程，相关成果可参见《南京长江第三大桥清水混凝土施工技术》一书，在此不再赘述。

2. 设计一般要求

(1)模板及支架的设计应根据墩台形式、施工组织设计、荷载大小及有关的设计、施工规范进行。

(2)绘制模板及支架总装图、细部构造图。

(3)制定模板及支架的安装、使用、拆卸和保养等有关技术安全措施和注意事项。

(4)编制模板及支架材料数量表。

(5)编制模板及支架设计说明书。

(6)验算模板刚度时,其变形值不得超过下列数值:

①结构表面外露的模板挠度为模板构件跨度的1/400;

②结构表面隐蔽的模板挠度为模板构件跨度的1/250;

③墩台盖梁的支架模板,其弹性挠度为相应自由跨度的1/400;

④钢模板的面积变形为1.5mm;

⑤钢模板的钢棱、柱箍变形为3.0。

二、设计荷载

1. 模板荷载

计算模板及支架时,应考虑下列荷载并进行荷载组合:

(1)模板及支架自重。

(2)新浇混凝土、钢筋混凝土的重力。

(3)施工人员和施工材料、机具等行走运输或堆放的荷载。

(4)振捣混凝土时产生的荷载。

(5)新浇混凝土对侧面模板的压力。

(6)倾倒混凝土时产生的水平荷载。

(7)其他可能产生的荷载,如雪荷载、冬期保温设施荷载等。

验算墩台侧模板的强度时,荷载组合取(5)和(6)组合,验算刚度时取(5)。验算墩台上的盖梁、顶板底模板的强度时,取(1)、(2)、(4)、(5)和(7)组合,验算刚度时取(1)、(2)和(7)组合。盖梁、顶板侧模板强度验算取(4)和(5)组合,刚度验算取(5)组合。

2. 荷载计算

(1)模板、支架的重度应按设计图纸计算确定。

(2)对于新浇混凝土,混凝土重度24kN/m³,钢筋混凝土重度可采用25kN/m³~26kN/m³(以体积计算的含筋量≤2%时采用25kN/m³,>2%时采用26kN/m³)。

(3)振捣混凝土时产生的荷载(作用范围在有效压头高度之内):对水平模板为2.0kPa,对垂直模板为4.0kPa。

(4)采用内部振捣器,当混凝土的浇筑速度在6m/h以下时,新浇筑的普通混凝土作用于模板的最大侧压力可按式(4-1)和式(4-2)计算,侧压力分布如图4-6所示。

$$p_{max}=0.22\gamma t_0 K_1 K_2 v^{1/2} \tag{4-1}$$

$$p_{max}=\gamma h \tag{4-2}$$

式中:p_{max}——新浇筑混凝土对模板的最大侧压力(kPa);

h——有效压头高度(m);

v——混凝土的浇筑速度(m/h);

t_0——新浇混凝土的初凝时间(h),可按实测确定;

γ——混凝土的重度(kN/m^3);

K_1——外加剂影响修正系数,不掺外加剂时取 1.0,掺缓凝作用的外加剂时取 1.2;

K_2——混凝土坍落度影响修正系数,当坍落度<30mm 时,取 0.85;坍落度介于 50~90mm 时,取 1.0;坍落度介于 110~150mm 时,取 1.15。

考虑到不同的混凝土投放方式,会对模板产生不同的受力,对于吊斗投放,应考虑投放混凝土时的冲击力。冲击力的大小随吊斗的高度而定,要定量的计算难度较大。鉴于以往施工中,投放混凝土造成模板拉杆被拉断跑模或模板变形,通过加大安全系数的办法解决这一难题。同时在浇筑过程中,应进行技术交底,严禁吊斗过高投放。

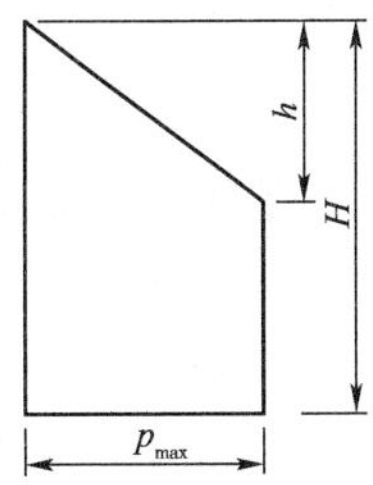

图 4-6 混凝土侧压力计算分布图

(5)采用泵送混凝土灌筑施工时,混凝土对模板侧压力的大小受诸多因素影响,其中灌筑速度、混凝土初凝时间、混凝土振捣带来的似液化作用是主要因素,通过对实测结果的回归分析,得到混凝土最大侧压力与灌筑速度的回归方程。当混凝土入模温度在 10℃以上时,模板的侧压力推荐采用下式计算:

$$p_{max}=4.6v^{1/4} \tag{4-3}$$

式中符号意义同前。

(6)采用外部振捣时,模板侧压力采用下列公式计算:

$$p_{max}=\gamma h \qquad (v<4.5m/h, H\leqslant 2R \text{ 时}) \tag{4-4}$$

$$p_{max}=\gamma(0.27v+0.78)K_3K_4 \qquad (v\geqslant 4.5m/h, H\leqslant 2R \text{ 时}) \tag{4-5}$$

式中:R——外部振捣器作用半径(m);

K_3——混凝土拌和物的稠度影响系数,坍落度<20mm 时,取 0.8;坍落度介于 40~60mm 时,取 1.0;坍落度介于 50~70mm 时,取 1.2;

K_4——混凝土拌和物的温度系数,温度 5~7℃时,取 1.15;温度 12~17℃时,取 1.0;温度 28~32℃时,取 0.85。

其余符号意义同前。

(7)倾倒混凝土时对模板产生的水平荷载,按表 4-2 采用。

倾倒混凝土时产生的水平荷载 表 4-2

向模板中供料方法	水平荷载(kPa)
用溜槽、串筒或导管输出	2.0
用容量 $0.2m^3$ 及<$0.2m^3$ 的运输器具倾倒	2.0
用容量 0.2~$0.8m^3$ 的运输器具倾倒	4.0
用容量>$0.8m^3$ 的运输器具倾倒	6.0

(8)风荷载的计算。在桥梁施工中,考虑侧向荷载—风荷载作用有以下几个情况:

①工程地点处于空旷等易受风力作用的地区,如水上、沟谷、郊野等;

②施工时期为多风季节;

③墩台高度高,即高墩施工。

对于模板上的风荷载作用按现行荷载规范进行计算,计算时可根据实际情况取用不同重现期的基本风压。

(9)其他可能产生的荷载：如冬季保温设施荷载等，按实际情况考虑。

三、模板体系计算简图规定

(1)模板面板的设计主要由刚度控制。当次楞间距 l 与面板厚度 t 之比 $l/t \leqslant 100$ 时，可按小挠度连续板计算，否则按照大挠度连续板计算。在小挠度连续板中，按照次楞的布置方式分为单向板和双向板。单向板计算时，取 1m 板宽作为计算单元，次楞作为支承，按连续梁计算，其强度和挠度均须满足要求；双向板面计算时，取一个区格作为计算单元，其四边支承情况取决于混凝土的浇筑情况，在满载情况下，可取三边固定、一边简支的不利情况进行计算。

(2)次楞的计算简图一般是以主楞为支承的连续梁，并且，同时可以考虑和面板的共同工作效应，按组合截面计算截面抵抗矩，以此验算强度和挠度。

(3)主楞以穿墙螺栓为固定支点，承受次楞传来的荷载，其计算简图是以穿墙螺栓为支点的连续梁，计算时亦可考虑面板、次楞和主楞共同工作，按组合截面进行验算。

四、墩台侧模设计

1. 墩台模板各构件间距确定

不论是计算内楞间距 l_1、外楞间距 l_1，还是对拉螺栓间距 l_3，都可以将相应的模板面板、内楞以及外楞看作受均布荷载的三跨连续梁，如图 4-7 所示。然后按照模板体系的强度、刚度要求确定其相应值。

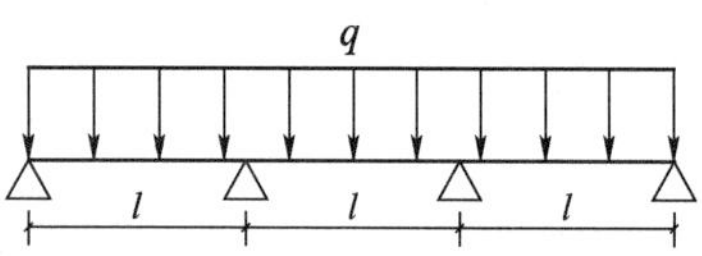

图 4-7　三跨梁计算简图

三跨连续梁的最大弯矩 $M_{\max}=\frac{1}{10}ql^2$，最大挠度 $u_{\max}=\frac{q'l^4}{150EI}$。($q'$ 为线荷载标准值)

按梁的抗弯承载力要求：

$$M_{\max} \leqslant M_{抵} \tag{4-6}$$

则

$$\frac{1}{10}ql^2 \leqslant fW_{抵}$$

即

$$l \leqslant 3.16\sqrt{\frac{fW_{抵}}{q}} \tag{4-7}$$

按梁的刚度必须满足式(4-8)要求：

$$u_{\max} \leqslant [u] \tag{4-8}$$

则

$$\frac{q'l^4}{150EI} \leqslant [u]$$

即

$$l \leqslant 3.49\sqrt[4]{\frac{EI[u]}{q}} \tag{4-9}$$

取式(4-7)和式(4-9)二者的较小值,即为所求梁的支座间距。

2. 选对拉螺栓规格

一个对拉螺栓承受混凝土的侧压力的等效面积如图 4-8 所示,则受拉螺栓的应力不应小于式(4-10):

$$\sigma=\frac{N}{A}\leqslant f_t^b \tag{4-10}$$

根据以上推导,对于竖向的墩台模板,在确定了模板材料和厚度以后,就可以根据式(4-7)和式(4-9)分别确定内楞间距 l_1、外楞间距 l_2 和对拉螺栓间距 l_3,并根据式(4-10)确定螺栓规格。

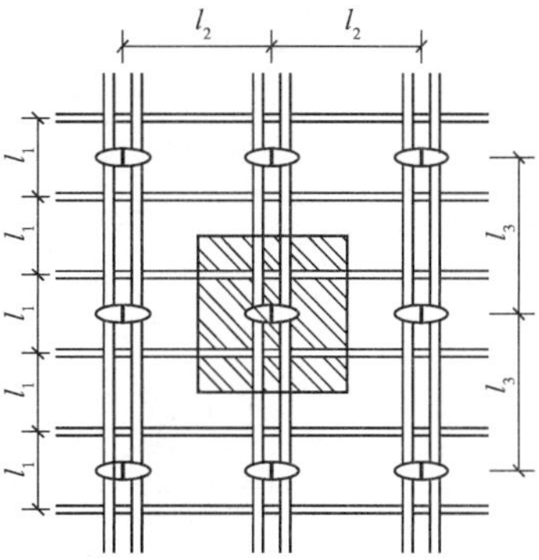

图 4-8 对拉螺栓受荷载面积

具体的计算公式,如表 4-3 所示。

墩台模板计算公式汇总 表 4-3

项 目	计 算 方 法 及 公 式	符 号 意 义
内木楞间距 l_1	新浇筑的混凝土侧压力均匀作用在模板面板上,单位宽度的面板可以视为三跨连续梁,内楞为梁的支点。梁的间距即为内楞间距 l_1。 ①按强度要求: $M=\frac{1}{10}q_1l_1^2\leqslant[f_m]\cdot\frac{1}{6}bh^2$ $l_1\leqslant147.1h\cdot\sqrt{\frac{1}{q_1}}$ ②按刚度要求: $\omega=\frac{q_1'l^4}{150EI}\leqslant[\omega]$,取$\frac{l_1}{400}$ $l_1\leqslant66.7h\cdot\sqrt[3]{\frac{1}{q_1'}}$ $l_1\leqslant124.1\sqrt[4]{\frac{h^3}{q_1'}}$	M——单位宽模板计算最大弯矩(N·mm); h——墩台模板的厚度(mm); $[f_m]$——木材抗弯强度设计值,取 13N/mm²; $[\omega]$——墩台模板容许挠度,取$\frac{l_1}{400}$与 2mm 二者的较小值; E——弹性模量,木材取 9.5×10^3N/mm²;钢材取 2.1×10^5N/mm²; I——墩台模板的截面惯性矩 $I=\frac{1}{12}bh^3$(mm⁴); b——侧模宽度,取 1 000mm; h——侧模高度; q_1——作用在侧模上的均布水平荷载设计值(N/mm); q_1'——作用在侧模上的均布水平荷载标准值(N/mm)
外木楞或钢楞间距 l_2	计算外楞间距时,将内楞仍然视为三跨连续梁。外楞即为内楞梁的支点,梁的跨度即为外楞间距 l_2,梁上作用均布侧压力荷载的受荷宽度即为内楞间距 l_1。 (1)当采用木内楞时 ①按强度要求: $M=\frac{1}{10}q_2l_2^2\leqslant[f_m]\cdot W$ $l_2\leqslant11.4\cdot\sqrt{\frac{W}{q_2}}$ ②按刚度要求: $\omega=\frac{q_2'l_2^4}{150EI}\leqslant[\omega]=\frac{l_2}{400}$ $l_2\leqslant15.3\cdot\sqrt[3]{\frac{I}{q_2'}}$	M——内楞计算最大弯矩(N·mm); q_2——作用在内楞上的均布水平荷载设计值(N/mm); q_2'——作用在内楞上的均布水平荷载标准值(N/mm); W——内楞的截面抵抗矩;

续上表

项　目	计算方法及公式	符号意义
外木楞或钢楞间距 l_2	(2)当采用钢内楞时 ①按强度要求： $M=\frac{1}{10}q_2l_2^2\leqslant[f]\cdot W$ $l_2\leqslant 46.4\cdot\sqrt{\frac{W}{q_2}}$ ②按刚度要求： $\omega=\frac{q'_2l_2^4}{150EI}\leqslant[\omega]=\frac{l_2}{400}$ $l_2\leqslant 42.9\cdot\sqrt[3]{\frac{I}{q'_2}}$	$[\omega]$——内楞容许挠度，取$\frac{l_2}{400}$； I——内楞的截面惯性矩； $[f]$——钢材抗拉强度设计值，采用Q235钢，取215N/mm^2
对拉螺栓间距 l_3 及规格	对拉螺栓设在内、外钢楞相交处，直接和承受外钢楞传来的集中荷载。对拉螺栓为外楞梁的支点，梁的跨度即为对拉螺栓间距 l_3。梁上作用均布侧压力荷载的受荷宽度即为内楞间距 l_2。l_3 的计算公式和计算 l_2 的公式相同。 一个对拉螺栓承受混凝土的侧压力的等效面积如图4-8所示，则受拉螺栓的应力应满足 $\sigma=\frac{N}{A}\leqslant f_t^b$	N——对拉螺栓的所收的拉力(N)； A——对拉螺栓的净截面面积(mm^2)； f_t^b——钢材的抗拉强度设计值

3. 计算实例

现设计高度为2.65m的墩模板，其施工条件为：混凝土的浇筑速度为1.5m/h，采用内部振捣器振捣。混凝土温度为15℃，坍落度为80mm，不掺外加剂。混凝土浇筑采用0.8m^{3}吊斗供料，水平荷载为4kN/m^2。

根据施工条件，混凝土的初凝时间为：

$$t_0=\frac{200}{T+15}=6.67\text{h}$$

由式(4-1)和式(4-2)，模板侧压力标准值取下面二者较小值：

$$F'=0.22\gamma t_0K_1K_2v^{\frac{1}{2}}=0.22\times24\times6.67\times1\times1.5^{\frac{1}{2}}=43.1\text{kN/m}^2$$

$$F'=r_ch=24\times2.65=63.6\text{kN/m}^2$$

故取模板侧压力设计值为：$F=43.1\times1.2=51.7\text{kN/m}^2$

模板采用18mm厚的木模板，内楞采用50mm×100mm木枋，外楞采用ϕ48×3.5双钢脚手管。

对墩台施工，倾倒混凝土时产生的水平荷载作用在有效压头高度之内，当采用0.8m^{3}的吊斗供料时，考虑荷载分项系数和折减系数可得：

$$F'=4\times1.4\times0.9=5.04\text{kN/m}^2$$

由于F'仅作用在有效压头高度1.94m范围内，可以忽略不计。

(1)内楞间距 l_1

新浇混凝土侧压力作用在面板上,梁宽取 1 000mm。作用在连续梁上的线荷载设计值 q_1 和标准值 q'_1 分别为:

$$q_1=46.55\times1.0=46.55\text{kN/m}$$
$$q'_1=43.1\times1.0=43.10\text{kN/m}$$

故

$$l_1\leqslant147.1h\cdot\sqrt{\frac{1}{q_1}}=388\text{mm}$$

$$l_1\leqslant66.7h\cdot\sqrt[3]{\frac{1}{q'_1}}=342\text{mm}$$

$$l_1\leqslant124.1\sqrt[4]{\frac{h^3}{q'_1}}=423\text{mm}$$

取 $l_1=330\text{mm}$。

(2)外楞间距 l_2

内楞的受荷宽度为 l_1,则作用在梁上的线荷载设计值和标准值分别为:

$$q_2=46.55\times0.33=15.36\text{kN/m}$$
$$q'_2=43.1\times0.33=14.22\text{kN/m}$$

故

$$l_2\leqslant11.4\cdot\sqrt{\frac{W}{q_2}}=840\text{mm}$$

$$l_2\leqslant15.3\sqrt[3]{\frac{I}{q'_2}}=1\,016\text{mm}$$

取 $l_2=800\text{mm}$。

(3)对拉螺栓间距 l_3

内楞的受荷宽度为 l_1,则作用在梁上的线荷载设计值和标准值分别为:

$$q_3=46.55\times0.8=37.24\text{kN/m}$$

$$q'_3=43.1\times0.8=34.48\text{kN/m}$$

故

$$l_3\leqslant11.4\cdot\sqrt{\frac{W}{q_3}}=1\,308\text{mm}$$

$$l_2\leqslant15.3\cdot\sqrt[3]{\frac{I}{q'_2}}=1\,582\text{mm}$$

取 $l_3=1\,000\text{mm}$。

(4)选对拉螺栓规格

对拉螺栓等效受拉力为:$N=0.8\times1.0\times46.55=37.24\text{kN}$,故选 M18 螺栓。

此例选用不同厚度的木模板时的各个计算参数,如表 4-4 所示。

木模板计算参数　　表 4-4

间　距	木模板厚度(mm)			
	16	18	20	22
l_1	300	330	360	360
l_2	800	800	800	800
l_3	1 000	1 000	1 000	1 000

第四节　墩台混凝土浇筑

一、混凝土的拌制和运输

1. 混凝土拌制

(1)混凝土搅拌的顺序宜按下列要求进行：

当无外加剂、混合料时，依次进入上料斗的顺序宜为粗集料→水泥→细集料。

当有掺混合料时，其顺序宜为粗集料→水泥→混合料→细集料。

当掺干粉状外加剂时，其顺序宜为粗集料→外加剂→水泥→细集料或粗集料→水泥→细集料→外加剂。

(2)为了保证混凝土拌和物的质量，对混凝土的拌制应根据不同的拌制方式和拌制设备采用相应的搅拌时间。

为保证混凝土拌和物搅拌均匀，对于拌和程序和时间，应通过拌和试验确定。一般而言，混凝土搅拌的最短时间，必须符合表 4-5 的规定。通常设置时间控制装置，以检查拌和时间。

(3)在每次应用搅拌机拌和第一罐混凝土之前，应先开动搅拌机空机运转，运转正常后，再加搅拌料。搅拌好的混凝土要做到基本卸尽，在全部混凝土卸出之前不得再投入拌和料，不得采用边出料边进料的办法。

混凝土的搅拌时间(单位：s)　　表 4-5

混凝土坍落度(mm)	搅拌机类型	搅拌机容积(L)		
		＜250	250～500	＞500
≤30	自落式	90	120	150
	强制式	60	90	120
＞30	自落式	90	90	120
	强制式	60	60	90

注：①搅拌细砂或掺有外加剂的混凝土时，搅拌时间应适当延长；

②搅拌时间也不宜过长，每一工作班至少抽查两次；

③当采用其他形式的搅拌设备时，搅拌的最短时间应按设备说明书的规定或经试验确定。

(4)冬期施工混凝土的搅拌。室外日平均气温连续 5d 稳定低于 5℃时，混凝土拌制应采取冬期施工措施，并应及时采取气温突然下降的防冻措施。

冬期拌制混凝土应优先采用加热水的方法。水泥不得直接加热，宜在使用前运入暖棚内存放。当集料不加热时，水可加热到100℃，但水泥不应与80℃以上的水直接接触。对于投料顺序与普通混凝土的投料顺序不同，先投入集料和已加热的水，然后再投入水泥。对于混凝土的拌制时间以及具体温度都有一定的限制，拌制时间应取常温的1.5倍；混凝土拌和物的出机温度不宜低于10℃，入模温度不低于5℃。

2. 混凝土运输

(1)运输方式和设备选择

混凝土从搅拌处至浇筑地点的运输过程中，应采取措施使混凝土保持均匀性和规定的坍落度，不出现漏浆、失水、离析等现象，保证在初凝前有充分的时间进行浇筑和捣实。否则需在浇筑前进行二次搅拌。根据运输量大小和运距远近，采用不同的运输设备，总的要求是运输能力应适应混凝土凝结速度和浇筑速度的需要，当混凝土拌和物运距较近时，可采用无搅拌器的运输工具运输；当运距较远时，宜用搅拌运输车、混凝土泵车等运输。对于运输工具，要求不吸水，不漏浆。

(2)采用搅拌运输车运输要求

①混凝土运输车装料前应将搅拌筒内、车斗内的积水排净。

②运输途中拌筒应保持3～5r/min的慢速转动。

③混凝土应以最少的装载次数和最短时间，从搅拌地点运到浇筑地点。混凝土的延续时间不宜超过表4-6的规定。

混凝土从搅拌机中卸出到浇筑完毕的延续时间(单位:min)　　表4-6

混凝土强度等级	气温(℃)	
	不高于25℃	高于25℃
不高于C30	210	180
高于C30	180	150

注:对掺外加剂或快硬水泥拌制的混凝土，其延续时间应按试验确定。

(3)用混凝土泵送混凝土要求

混凝土泵的选型、配管设计，应根据工程和施工场地特点、混凝土浇筑方案、要求的最大输送量及混凝土浇筑计划，参照《混凝土泵送施工技术规程》确定。对于混凝土的配合比，必须满足一定的规定。同时在采用混凝土泵时，应注意如下几点：

①输送管接头应严密，运送前应用水泥浆润滑内壁。

②混凝土运送作业宜连续进行，如有间歇应经常使混凝土泵转动，以防输送管堵塞，时间过长时，应将管内混凝土排出并冲洗干净。

③泵送时，应使料斗内经常保持约2/3的混凝土，以防管路吸入空气，导致堵塞。

④多台混凝土泵或泵车同时浇筑时，选定的位置要使其各自承担的浇筑量接近，最好能同时浇筑完毕，避免留置施工缝。

⑤混凝土输送管的固定，不得直接支承在钢筋、模板及预埋件上。

⑥应避免混凝土泵的油污染混凝土。

二、混凝土浇筑

1. 浇筑混凝土前的检查

浇筑混凝土前，应对支架、模板、钢筋和预埋件进行检查合格后，方可进行，并将基础顶面冲洗干净，凿除表面浮浆。倘若运至浇筑地的混凝土有离析现象或坍落度不符合要求，应重新搅拌均匀，直到满足坍落度要求方能入模。

在明挖基础上浇筑墩台第一层混凝土时，要防止水分被基底吸收或基底水分渗入混凝土而降低强度。对桥梁墩台基底的处理，除可按有关要求和规定外，还应注意做到以下几点：

(1)基底为非黏性土或干土时，应将其湿润。

(2)基底为岩石时，应加以湿润，并铺一层厚为 2～3cm 的水泥砂浆，然后在水泥砂浆凝结前浇筑第一层混凝土。

2. 墩台混凝土浇筑

(1)墩台混凝土浇筑速度

控制混凝土的浇筑速度，以满足浇筑质量。其公式如下：

$$v \geqslant Ah/t \tag{4-11}$$

式中：v——混凝土配制、输送及浇筑的容许最小速度(m^3/h)；

A——浇筑的面积(m^2)；

h——浇筑层的厚度(m)；

t——所用水泥的初凝时间(h)。

如混凝土的配制、输送及浇筑需要时间较长，则应符合：

$$v \geqslant Ah/(t-t_0) \tag{4-12}$$

式中：t_0——混凝土的配制、输送及浇筑所消耗的时间(h)。

(2)墩台分块浇筑

对于墩台及基础混凝土，由于其体积庞大，一般整个平截面范围水平分层进行浇筑。大体积墩台基础混凝土，当平截面过大，不能在前层混凝土初凝或能重塑前浇筑完成次层混凝土时，可分块进行浇筑。对于分块浇筑时须符合以下要求：

①分块合理布置，各分块面积不宜小于 $50m^2$。

②每块高度不宜超过 2m。

③块与块之间的竖向接缝应与基础平截面短边平行，与平截面长边垂直。

④上下邻层混凝土间竖向接缝应错开位置做成企口，并按施工缝处理：

a. 在施工缝处浇筑混凝土时，已浇筑的混凝土的抗压强度必须达到 1.2MPa 以上。在施工缝施工时，应在已硬化的混凝土表面上，清除水泥薄膜和松动的石子以及软弱的混凝土层，同时还应加以凿毛，用水冲洗干净并充分湿润，一般不宜少于 24h，残留在混凝土表面的积水应予清除。并在施工缝处铺一层水泥砂浆或与混凝土内成分相同的水泥砂浆。

b. 注意施工缝位置附近需弯钢筋时，要做到钢筋周围的混凝土不受松动和损坏。钢筋上的油污、水泥砂浆及浮锈等杂物也应清除。

c. 重要部位及有抗震要求的钢筋混凝土结构，应在施工缝处补插锚固钢筋；有抗渗要求的施工缝宜做成凹形、凸形或设置止水带。

d. 施工缝为斜面时，应浇筑成或凿成台阶状。

(3)混凝土分层浇筑

混凝土应按一定厚度、顺序和方向分层浇筑，应在下层混凝土初凝或能重塑前浇筑完成上层混凝土。上下层同时浇筑时，上层与下层前后浇筑距离应保持 1.5m 以上。在倾斜面上浇筑混凝土时，应从低处开始逐层扩展升高，保持水平分层。混凝土分层浇筑厚度不宜超过表 4-7 的规定。

混凝土分层浇筑厚度　　表 4-7

<table>
<tr><th colspan="2">捣 实 方 法</th><th>浇 筑 层 厚 度(mm)</th></tr>
<tr><td colspan="2">用插入式振动器</td><td>300</td></tr>
<tr><td colspan="2">用附着式振动器</td><td>300</td></tr>
<tr><td rowspan="2">用表面振动器</td><td>无筋或配筋稀疏时</td><td>250</td></tr>
<tr><td>配筋较密时</td><td>150</td></tr>
<tr><td rowspan="2">人工捣实</td><td>无筋或配筋稀疏时</td><td>200</td></tr>
<tr><td>配筋较密时</td><td>150</td></tr>
</table>

(4)混凝土振捣

在振捣成型之前,应根据施工对象及混凝土拌和物性质选择适当的振捣器,并确定振捣时间。一般,除少量塑性混凝土可用人工捣实外,宜采用振动器振实。用振动器捣实时应符合下列规定:

①使用插入式振动器时,移动间距不应超过振动器作用半径的 1.5 倍;与侧模应保持 50～100mm 的距离;插入下层混凝土 50～100mm;每一处振动完毕后应边振动边徐徐提出振动棒;应避免振动棒碰撞模板、钢筋及其他预埋件。

②表面振动器的移位间距,应以使振动器平板能覆盖已振实部分 100mm 左右为宜。

③附着式振动器的布置距离,应根据构造物形状及振动器性能等情况并通过试验确定。

④对每一振动部位,必须振动到该部位混凝土密实为止。密实的标志是混凝土停止下沉,不再冒出气泡,表面呈现平坦、泛浆。

(5)毛石混凝土的浇筑

浇筑大体积的混凝土墩台及其基础,可在混凝土中填充厚度不小于 15cm 的块石,其填充量不得超过混凝土体积的 20%,并且必须满足下列要求:

①块石必须经过挑选,无裂纹和夹层且未被烧,具有抗冻性能。

②块石的抗压强度不应低于 30MPa 及混凝土的强度。

③块石在使用前应清洗干净,使用时再用水润湿。

④块石应嵌在新浇筑的流态混凝土上,不应在初凝后混凝土上放置。块石应在捣实的混凝土中埋入一半左右,露出一半,与次层混凝土结合。

⑤块石应均匀分布,间距不小于 100mm,距结构侧面和顶面的净距不小于 150mm,块石不得接触钢筋和预埋件。

(6)大体积墩台混凝土温度应力控制措施

桥梁墩台结构体积一般都偏大,属于大体积混凝土工程。对桥台与墩身来说,因常年浸泡在泥、水中,除需满足结构强度外,还必须具备良好的耐久性和抗渗性,同时还应有较好的抗冲击、抗震及耐侵蚀性能。因此,严格控制大体积墩台混凝土温度应力,减少温度裂缝的产生,是保证桥梁工程质量的关键。

对于大体积混凝土而言,一般是降温收缩和自身收缩共同的作用。其主要是通过减少混凝土中的水化热,使其各部位的温差不超过 25℃,温度梯度不超过 10℃。在实际施工中,可采取如下措施:

①掌握混凝土浇筑时的外界温度和控制出机温度。由于混凝土内部散热慢,而表面散热速度快,这样就造成了混凝土内外部温度差加大。所以,掌握好外界温度来降低混凝土的浇筑温度,不仅可以直接降低混凝土浇筑的温度,减小温度应力,同时还可以利用使浇筑温度降低

到周围环境温度以下，形成负的初始温差。这种温差初期将在混凝土体内引起压应力，以抵消内外温差及温度梯度引起的表面拉力，有利于防止早期混凝土的表面裂缝。对混凝土的浇筑，在正确掌握好外界温度的同时还要控制好出机温度。出机温度一般是根据搅拌前混凝土原材料总的热能与搅拌后混凝土总热量相等的原理来得出。因此如碰到高温天气，尽可能采取降温措施（必要时要加冰屑），可利用晚上气温低时浇筑，对于一些粗细集料最好搭设遮阳篷防止日晒，或在使用前用冷水冲洗。

②控制混凝土水化热。桥梁墩台中混凝土强度一般较高，水泥的用量也较大，这样就造成浇筑完成的混凝土由于水泥的水化热引起内部温度急剧升高，体积膨胀也增大。对于这个问题，施工中尽量采用低水化热的水泥（如大坝水泥、矿渣水泥、粉煤灰水泥等）配制混凝土；或者在混凝土中掺入少量粉煤灰来取代部分水泥，不仅能改善混凝土的工作性和可泵送性，并且能明显地降低混凝土的水化热。

③埋入石块，降低水泥用量。如前所述，埋入相应要求的块石，能减少水泥用量。

④合理的分层浇筑。

⑤做好混凝土的养护及表面温度控制。为了降低温差，可采用蓄水养护。即在每层混凝土浇筑完毕待终凝后立即在上面作蓄水养护，蓄水深度应在30cm以上，以推迟混凝土表面温度的迅速散失，控制混凝土表面温度与内部中心温度或外界气温的差值，防止周围产生温度裂缝。除此以外，可采用塑料成膜养护法，即在混凝土外露部分全面均匀地喷洒一层塑料薄膜，进行面膜养护；外观无特殊要求时也可采用湿麻袋、草帘或湿砂遮盖，并经常洒水湿养。

⑥采用降温法人为控制结构内部温度。墩台施工时预埋一定数量的水平冷水管，利用流动冷水的冷却能有机地控制整个结构的内部温度，减少大体积混凝土内外温差。

⑦严格控制混凝土配合比。

三、混凝土养护

(1)在养护工序中，应控制混凝土处在有利于硬化及强度增长的温度和湿度环境中，使硬化后的混凝土具有必要的强度和耐久性。应在浇筑完毕后12h以内对混凝土加以覆盖并保湿养护。

(2)一般混凝土的养护时间为7d，但对有抗渗要求或表观质量要求比较高的混凝土时，混凝土浇水养护的时间宜为14d。

(3)应根据施工对象、环境、水泥品种、外加剂以及对混凝土性能的要求，提出具体的养护方案，并严格执行规定的养护制度。为了满足清水混凝土的表观质量要求，宜采用覆盖塑料薄膜的方法进行养护，保证混凝土在不失水的情况下得到充足的养护，同时保持薄膜布内有凝结水。

(4)自然养护混凝土时，应每天记录大气气温的最高和最低温度以及天气的变化情况，并记录养护方式和制度。采用薄膜养护时，应经常检查薄膜的完整情况和混凝土的保湿效果。

(5)冬期浇筑的混凝土，应养护到具有抗冻能力的临界强度后，方可拆除养护措施。对于采用硅酸盐水泥或普通硅酸盐水泥配制的清水混凝土，其临界强度应为设计要求的强度等级标准值的30%。

(6)冬期施工时，模板和保温层应在混凝土冷却到5℃后方可拆除。当混凝土与外界温度相差大于20℃时，拆模后的混凝土应临时覆盖，使其缓慢冷却。

四、特殊外形墩台混凝土施工

鉴于现代桥梁墩台形式的多变性，如 V 形、Y 形和 X 形桥墩结构特殊，其施工方法与桥梁结构体系有密切关系，下面以 V 形和 Y 形桥墩为例进行说明。

1. V 形墩台施工

通常对这类桥梁分为 V 形墩结构、锚跨结构和挂孔部分三个施工阶段。其中 V 形墩是全桥施工重点，它由两斜腿和其顶部主梁组成倒三角形结构。某大桥 V 形墩施工如图 4-9 所示。

(1)将斜腿内的高强钢丝束、锚具与高频焊管连成一体，并和第 1 节劲性骨架一起安装在墩座及斜腿位置处，浇筑墩座混凝土，如图 4-9a)所示。

(2)安装平衡架、角钢拉杆及第 2 节劲性骨架，如图 4-9b)所示。

(3)分两段对称浇筑斜腿混凝土，如图 4-9c)所示。

(4)张拉临时斜腿预应力拉杆，并拆除角钢拉杆及部分平衡架构件，如图 4-9d)所示。

(5)安装 V 形腿间墩旁膺架，浇筑主梁 0 号节段混凝土，张拉外腿及主梁钢丝束或粗钢筋，最后拆除临时预应力拉杆及墩旁膺架，使其形成 V 形结构，如图 4-9e)所示。

采用劲性骨架和临时预应力拉杆的作用：一是吊挂斜腿模板及承受其他施工荷载；二是在结构中替代部分主筋及箍筋；三是可减小施工时的斜腿截面内力。一般，为保证施工中结构自身的稳定性和刚度，将两侧劲性骨架用钢拉杆连接在平衡架上。两斜腿间主梁的施工，是在膺架上分三段浇筑，其大部分自重力由膺架承受并传至基础上。只有在 V 形墩顶主梁合龙时，合龙段有 1/3 自重力由斜腿承受。

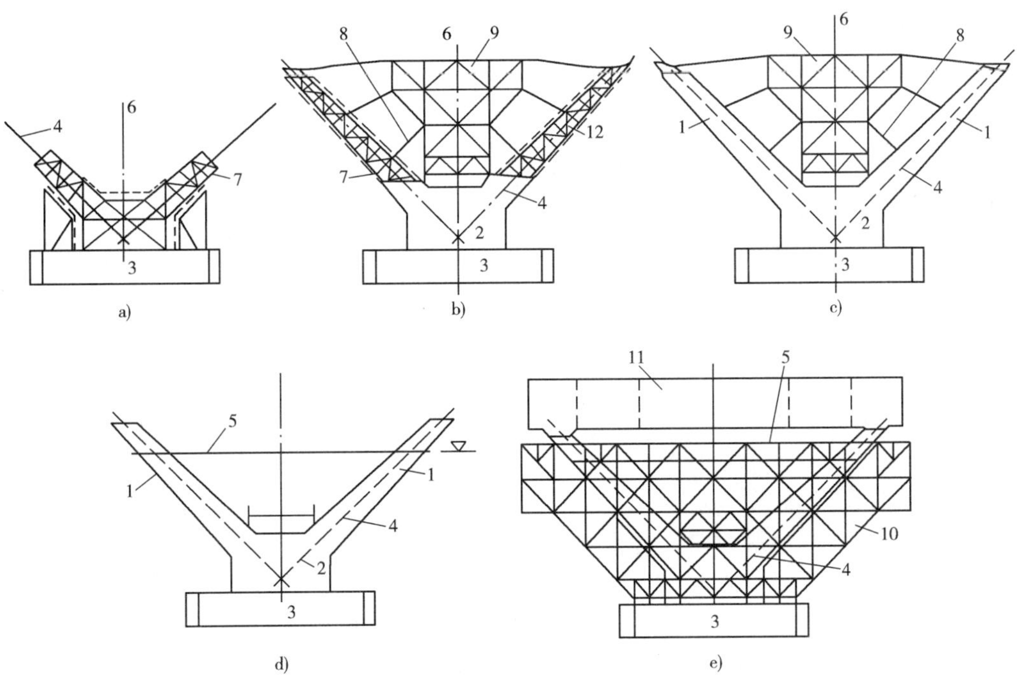

图 4-9　V 形墩施工步骤

1-斜腿；2-墩座；3-承台；4-高频焊管、钢丝束；5-预应力拉杆；6-墩中心线；7-劲性钢架(第 1 节)；8-角钢拉杆；9-平衡架；10-膺架；11-梁体；12-劲性钢架(第 2 节)

2. Y 形墩台施工

Y 形桥墩结构特殊，施工的难点主要有如下几点：

(1)模板的拼装和就位。

(2)必须保证混凝土浇捣的质量尤其是中横梁和上节柱的交接处混凝土的密实度。

(3)拆模时保证 Y 形柱根部不受自重力影响。

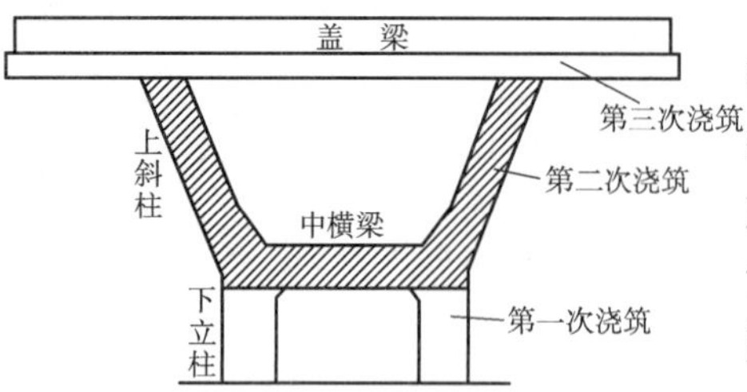

图 4-10 Y 形墩台混凝土分段浇筑示意图

Y 形墩台一般常规的施工顺序为：下节柱、中横梁、上节柱、盖梁。这样占用周转材料多，一次性投入大，施工周期长。对于工期要求比较紧的墩台施工不宜采用。如某 Y 形墩台施工，结合现场实际情况，将 Y 形墩台分三次浇捣成型，即下节柱、中横梁和上节柱、盖梁(图 4-10)。

根据此施工方案，针对三个施工难点分别制定下列相应的施工措施：

(1)Y 形墩模板拼装就位

定型钢模板先拼装好，然后用吊车套入绑扎好的斜柱钢筋，再进行斜率及垂直校正。斜柱模板的斜率及垂直度校正完毕，在同一跨的两个斜柱之间用排架联系杆加设钢管剪力撑，并加设缆风绳，以保证排架的刚度和模板稳定性，这样既不会损伤模板又加快了施工速度。模板施工流程为：

定位放线→下立柱施工→按照地面的定位线打设柱墩外侧排架支撑→横梁面定出斜率控制线及柱墩中心线→上节斜柱及中横梁钢筋施工及验收→上节斜柱模板吊装下滑及中横梁模板拼装→水平围檩固定→上节斜柱斜率及垂直校正→加设缆风绳→复核、校正→浇筑中横梁混凝土→上节斜柱底部浇筑并封门子板→上节斜柱继续浇筑。

(2)中横梁和 Y 形墩混凝土一次性浇筑施工

在斜柱的内侧底部开设一定大小的门子板，用于横梁及斜柱交叉的混凝土浇筑密实。具体方法是：先对斜柱的模板吊装调整，再开启钢模的门子板用手拉葫芦固定在空中。这样，在进行中横梁混凝土浇捣时，施工人员就可以从此开口处将振动棒伸入中横梁与 Y 形柱连接部位，进行混凝土振捣，以确保混凝土的质量；在中横梁混凝土浇捣到面层开始进行斜柱混凝土浇捣时，迅速将门子板封上，然后进行上节斜柱的混凝土浇筑施工。

(3)整个 Y 形墩没有全部形成前，采取换撑拆模的办法不让 Y 形墩受自重力的影响

在上节柱混凝土达到一定的强度后，用槽钢将顶上的两个 Y 形柱钢筋对拉形成约束后，拆除 Y 形柱最上部分的模板，保持根部至自重力点以上一段模板和排架不动，以承受柱自重力。同时在上部模板拆除后，立即将上部排架恢复，并利用对拔榫在柱混凝土和排架之间进行加固撑紧，以替代下部排架的受力，然后拆除 Y 形柱下部的模板。

第五节 高 墩 施 工

公路或铁路通过深沟宽谷或大型水库时，常采用高桥墩。高桥墩可分为实体墩、空心墩与钢架墩。高桥墩的施工设备与一般桥墩所用设备大体相同，但其模板却另有特色。一般有滑升模板、提升模板、滑升翻板、爬升模板、翻板钢模等几种，这些模板都是依附于已灌注的混凝土墩壁上，随着墩身的逐步加高而向上升高。

一、高墩施工模板

高墩施工所用模板与桥塔施工所用模板类似，因此，在此只作简单介绍。

1. 滑升模板

滑升模板是将模板悬挂在工作平台的围圈上，沿着所施工的混凝土结构截面的周界组拼装配，并随着混凝土的灌筑由千斤顶带动向上滑升。

滑模的优点是施工进度快、缩短工期、节省劳力，工作接缝少。但由于滑模是在混凝土强度还较低的情况下脱模的，故有可能使混凝土表面出现变形或环向沟缝，有时会因水平力的作用使得滑模产生旋转。滑模在动态下灌注混凝土，提升操作频繁，因而对中线的水平控制要求严格，施工中稍有不当就会发生中线水平偏差。由于滑模脱模快，对混凝土防冻十分不利，故一般不适宜于冬期施工。

(1)滑模构造

滑升模板的构造，由于桥墩类型、提升工具的类型不同，模板构造也稍有差异，但其主要部分与功能则大致相同，一般主要由模板、围圈、支承杆、操作平台、千斤顶和吊架等组成，如图 4-11 所示。

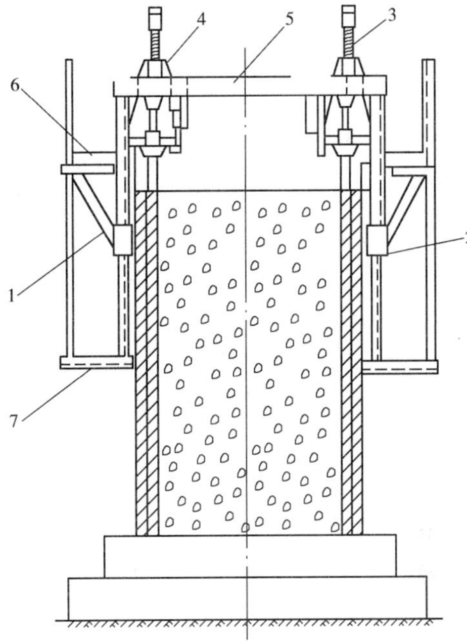

图 4-11 滑模构造示意图

1-模板；2-围圈；3-支承杆；4-千斤顶；5-顶架；6-操作平台；7-吊架

(2)滑模组装

①组装顺序：千斤顶架→围圈→绑扎结构钢筋→桁架、木檩→内模板→外挑三角架→外模板→平台铺板及栏杆→千斤顶→支承杆→标尺或水位计→液压操作台→液压管路→内外吊架。

②组装方法。千斤顶架底面高程以基础表面最高点为准，偏低处应用木垫块垫好后再立千斤顶架。围圈用螺栓安装在千斤顶架上，其顺序应先内后外，先上后下。模板挂在围圈上，对直坡式墩、台滑模，其模板安装时应设锥度，其锥度以模板高度的 0.5%～1.0%左右为宜。

在千斤顶空载试验后，插入第一批支承杆，并且按不同长度互相错开。安装支承杆时，为增加其稳定性，下端可焊 10mm 厚的钢板，如采用工具式，下端可套工具钢靴。插入支承杆时，必须保持垂直。支承杆弯曲不直、表面锈蚀者，不得使用。

内外吊架待模板滑升至一定高度时，及时安装。模板在安装前，表面需涂润滑剂，以减少滑升时的摩阻力。

滑模必须具备足够的强度、刚度和整体稳定性，并且结构布置合理，在组装后必须按设计要求及组装质量标准进行全面检查，并及时纠正偏差。

(3)滑模施工过程

滑模施工分为初滑、正常滑升、停滑和空滑四个阶段。

①初滑。开始滑升，时间由试验决定。要防止过早滑升造成混凝土垮塌；或过晚滑升摩阻力太大，使滑升困难。一般滑模内灌入的混凝土高度达 50cm 以上，混凝土已初凝，方可进行滑升。经初滑后，对混凝土凝固情况观察得出结论，并且同时对施工机具、滑模、油路、电路系统进行一次检查，保证后续的正常滑升正常进行。

②正常滑升。滑升时混凝土应均匀对称入模，其入模速度与季节、滑模提升能力等因素有关。

每浇筑一层混凝土时提升一次模板，一可以加快施工速度，二可以使新旧混凝土结合完整，保证新旧接缝看不出。在正常的气温下，一般时间间隔不少于1h。随着不断向上滑升，应将千斤顶支承杆不断接长。并利用混凝土自身的砂浆进行抹面，使桥墩光滑美观。

③停滑。按照墩身依次滑升浇筑混凝土，或一次滑升完成墩壁混凝土浇筑后再浇墩身横隔板混凝土的施工程序，混凝土浇至要求高程后，即停止滑升。停滑后，要防止混凝土黏模，故每隔1h需提动1次模板，一般经8h左右可不再提动模板。

④空滑。在依次滑升浇筑混凝土时，当滑模滑升至横隔板处需将滑模向上空滑1m，以便安置下节外侧模板，绑扎横隔板钢筋，浇横隔板混凝土。由于空滑时千斤顶支承杆自由长度大，为避免造成失稳，因此需进行加固。

(4)滑模施工中的安全措施及质量检查

滑模施工是高空作业，要对施工人员进行经常的安全教育，严格执行高空作业安全制度和规定。要经常检查并保障支承工作台及上、下吊架铁木结构的可靠性和周围栏杆的牢固性。

模板提升过程中，容易产生偏移和扭转，为了保证质量，在正常施工中，每天要用仪器测量墩中线和拱架水平度1～2次。每次提升后要用水平尺检查各个顶架本身的水平度和顶架横梁的水平度等，如发现偏移和扭转应及时纠正。

2. 提升模板

提升模板施工原理是利用墩身主钢筋格构化后，形成具有支承力的格构柱来悬挂提升工作平台。依靠工作平台从事钢筋安装、焊接、立模和混凝土浇筑，随着墩身钢筋骨架的接高，逐节提升工作平台，完成每次预定高度的墩身混凝土浇筑任务，如此反复循环至墩顶。

墩身钢筋格构化是将墩身内层和外层主钢筋用加强箍筋和斜向剪力筋焊成格构柱，即每隔一段距离（如60cm）设一道箍筋，在箍筋之间的主筋上焊接斜向剪力钢筋。但须按偏心受压验算格构柱的整体问题和局部稳定。

3. 爬升模板

爬升模板施工与滑升模板施工相似，不同的是支架通过千斤顶支承于预埋在墩壁中的预埋件上。待浇筑好的墩身混凝土达到一定强度后，将模板松开，千斤顶上顶，把支架连同模板升到新的位置，模板就位后，再继续浇筑墩身混凝土。如此往复循环，逐节爬升。每次升高约2m。优点是拆装方便，无须另外的吊装机具。

爬模主要适用于30～100m高的圆形、圆端形、矩形和方形空心高墩。

4. 翻升模板

翻板钢模模板块件小，构造合理，解决了高桥墩墩身变坡和随桥墩高度上升而引起的直径曲率变化带来的问题，适用于变截面空心桥墩的施工。这种模板质量轻、拆装方便，可用人工操作。

翻模法施工高墩柱，其垂直度的控制是比较关键的一环。首先在模板制作时，模板的几何尺寸要满足精度要求，否则由于模板制作不标准，误差的积累将会造成墩柱施工时的垂直度难以保证。其次，要保证模板的定位精度，在安装第一次模板前，用全站仪在承台或扩大基础顶墩柱外侧20cm处放出4个面的定位点，安装模板时用垂球吊线来初步调正模板的定位及垂直度。在安装好模板之后，均要用全站仪对模板进行垂直度校核。

图4-12所示的是桥梁高墩施工的专用液压自升式翻模，由工作平台、提升架（顶杆和导

管)、内外吊架、模板系统、液压提升设备、中线控制系统和附属设备组成。工作平台通过顶杆支撑在达到一定程度的墩身混凝土上,以液压千斤顶为动力提升工作平台到一定高度后悬挂吊架,工作人员在吊架上进行模板的拆卸、提升、安装以及绑扎钢筋等作业,混凝土灌注、捣固、中线控制等作业都在工作平台上进行。内外模板分 3 层,循环交替拆卸、提升、安装。第 3 层混凝土灌注完成后提升工作平台,拆卸第 1 层模板移装至第 3 层上方,安装核正后浇筑混凝土,循环往复,直至浇筑完整个墩身。

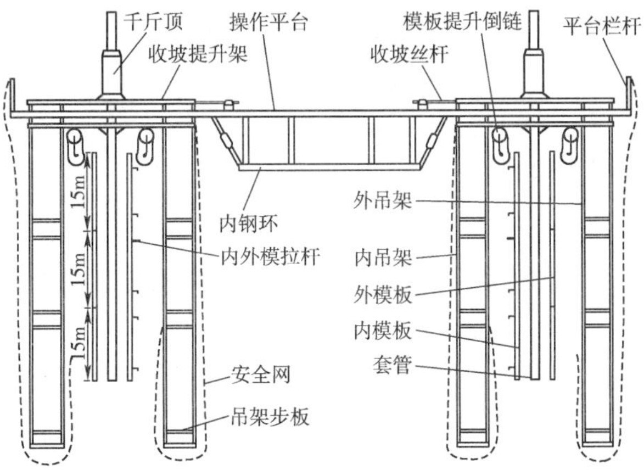

图 4-12 自升平台式翻模

翻模施工的工艺流程为:施工准备→组装翻模→绑扎钢筋→灌注混凝土→提升工作平台→模板翻升→施工到墩顶拆除模板→拆除平台。模板翻升、钢筋绑扎、混凝土灌注和平台提升等工序是循环进行的,直到墩顶。在这些过程中还要进行平台对中调平,接长顶杆、混凝土养护和埋设预埋等多项工作。

翻模施工有如下特点:

(1)平台与模板相互独立,消除了滑模施工中平台偏扭对模板的影响。

(2)施工组织相对简单,克服了滑模施工要求的连续性,混凝土表面光洁、边角顺直、外观质量明显提高。

(3)不需要普通翻模施工脚手架架立、拆除等高强度劳动,省工省时,施工速度快。

(4)机械化程度高,劳动强度低,安全系数大。

(5)施工技术容易掌握,短期培训后即可熟练操作,工人在护栏和安全网内工作,安全有保证。

在滑模和翻模结合的基础上,高墩施工中还出现了一种滑升翻模,即在一个大面模板的背面上设置竖向轨道,轨距 2m,作为竖向桁架的爬升轨道。竖向桁架滑升带动水平桁架摇头扒杆及作业平台整体上升。桁架由万能杆件组拼,竖向桁架作为起重扒杆的中心立柱,与摇头扒杆共同受力。翻模共三节,每节 2.5m,每块模板质量不超过 1.5t,以适应扒杆起重量。

二、高墩施工准备

1. 现场准备

根据施工现场平面布置图,清理平整场地;接通用水用电线路;保证临时道路畅通;布置好材料堆放场地和设备机具安装位置;测量设定好控制桥墩垂直度和高程的基准点。

2. 设备物资准备

根据高墩施工选用的模板体系准备相应的物资，为施工顺利开始作准备。以爬模为例，根据爬模设计图清点检查各零部件的规格数量是否齐全和质量是否符合组装要求，清点液压千斤顶的质量是否符合组装要求并进行试转试爬等工作，确保爬模施工过程中液压动力设备正常运转；备齐各种连接用螺栓、垫圈、螺母等标准件，并应有一定数量的备用；准备好液压油、润滑剂、脱模剂等专用消耗材料；备齐各种工具和电气焊设备。

3. 劳动力准备

根据爬模施工特点进度安排，成立爬模施工专业班组，施工前应对作业人员进行专业技术培训，以保证施工顺利进行，编制相应的劳动力组织表。

三、混凝土配制、浇筑与养护

1. 一般要求

墩台混凝土的配制与一般结构混凝土配制相同，其材料的质量和技术要求详见《公路桥涵施工技术规范》(JTG/T F50—2011)。

2. 高墩滑模施工要求

采用滑升模板浇筑高墩混凝土时，应符合下列规定：

(1)采用低流动或半干硬件混凝土。

(2)浇筑应分层、分段进行，各段应浇筑到距模板上口不小于10～15cm的位置为止，若为排架柱式墩、台，各立柱应保持进度一致。

(3)应采用插入式振动器。

(4)为了加快模板提升，可掺入一定数量的早强剂。

(5)应防止千斤顶或油管在混凝土或钢筋处漏油。

(6)每一整体结构应连续浇筑，若因故中途停工，应按施工缝处理。

(7)混凝土脱模时的强度宜为0.2～0.5MPa。

3. 高墩泵送混凝土施工

高墩采用泵送混凝土施工，既解决了混凝土的水平运输及垂直运输的难题，又避免了材料及混凝土的二次倒运；不但可以提高工效、缩短工期，而且还节省劳动力。

(1)高墩泵送混凝土施工要求

泵送混凝土属于大流态混凝土，与传统的混凝土相比，有坍落度大、砂率大、水泥用量多的特点。对混凝土的要求不仅要满足设计的强度、耐久性等，还要满足管道输送对混凝土拌和物的要求，即混凝土拌和物应具有良好的可泵性。所谓可泵性，是指混凝土拌和物应具有顺利通过管道、摩擦阻力小、不离析、不阻塞、塑性好等特点。鉴于这些特点，高墩泵送混凝土施工应满足以下几点要求：

①高墩泵送混凝土施工应严格按照混凝土泵送施工技术规程、规范进行。除满足设计强度、耐久性外，还要考虑泵送距离、具体的施工条件等因素，合理选定配合比，确定适宜的坍落度、适当砂率、水灰比、水泥用量。

②泵送混凝土的坍落度(8～12cm)较现场拌制的低塑性混凝土大，在混凝土浇筑后应及时压面和反复搓面，以改善混凝土表层结构，防止混凝土出现不均匀收缩，混凝土终凝前应及时密封，进行保湿和保温养护。这样可减少混凝土表面热扩散，减少内外温差，延缓散热时间，控制降温速率，有利于混凝土强度增长和应力松弛，避免产生贯穿裂缝。

③应均匀振捣，时间不宜过长(一般为10～30s)，避免漏振或过振，防止混凝土拌和物离析和出现沉降裂缝。

④为提高混凝土的可泵性，降低水化热，增加密实度，增加混凝土的和易性，在满足混凝土强度的前提下，严格按照比例掺入粉煤灰和减水剂。

(2)高墩泵送混凝土施工注意事项

①原材料及混凝土实行全时制检验方法，对混凝土浇筑进行全过程监控。

②保证混凝土的均质性，控制好坍落度，不能时稀时干，以免在输送过程中发生管路阻塞。

③输送管路的布设应符合"路线短、弯管少、接头紧密"的原则，各管路必须连接牢固，弯管处加设固定装置，水平管路铺设不应悬空，必须有牢固的支撑固定。垂直向上布管时，弯管要与脚手架牢固连接，尽量减少泵送过程中管路的颤动。

④施工完毕后应及时清理管路，确保管路的畅通。

四、高墩施工注意事项

(1)根据工程墩柱特点合理选用机械设备或支架的投入。例如，对于高度较高的墩柱，可以采用大吨位吊车与小吨位吊车搭配使用，墩柱较矮部分用小吨位吊车施工，较高部分用大吨位吊车，各尽其用，充分发挥不同吨位吊车的作用，以达到节约机械租赁费用的目的。如果机械设备无法施工的墩柱，可以采用支架法，但同时注意的是支架的稳定性及吊装设备的安全性。

(2)尽量保证1根墩柱施工的连续性，减少中间停顿时间，做好工序安排工作，加快进度。

(3)高墩墩身的垂直度要求较高，施工测量时采取相应的办法(如坐标法)控制墩身倾斜度和轴线偏位。

(4)根据墩柱高度及截面，设计合适的模板，在保证模板必要的强度和刚度的前提下，尽量减少模板的起吊、安装及对接次数，优先采用大钢模板，亦可采用表面特殊处理过的木模板以减小高空吊装、安装重量。

(5)在恶劣环境(如高原地区)下的高墩施工，应采取措施解决混凝土快速施工与养护之间的矛盾，保证高墩施工的流水作业。可采取的措施有负温泵送混凝土技术、蒸汽加热和暖棚保温的混凝土综合养护技术，及一些混凝土施工温度控制技术等。

(6)混凝土布料应沿模板周边均匀多点布料。墩身混凝土浇筑完毕后，必须将墩顶冒出的多余水分及时清理，并做二次振捣，以保证墩顶混凝土的施工质量。

(7)作业高度处风力达到6级及以上时，或遇有雷雨等天气时，须立即停止任何作业。

(8)搞好安全施工是高墩柱施工的关键环节之一，要经常对施工操作人员进行安全教育，强化安全意识，各工序应按安全操作规程办事。

思 考 题

1. 桥梁墩台施工采用的模板有哪些？各有何特点？

2. 一高度为3m的桥墩，采用大模板施工。其施工条件为：混凝土的浇筑速度为1.2m/h，采用外部振捣器振捣。混凝土温度为20℃，坍落度为80mm，不掺外加剂。混凝土浇筑采用溜槽供料。试设计此大模板。

3. 特殊外形的混凝土墩台施工应注意哪些技术问题？

4. 混凝土高墩施工的模板有哪些类型？各有何特点？

5. 高墩混凝土施工与普通墩混凝土施工有何差异？应注意什么问题？

第五章　混凝土简支梁的制造与架设

第一节　概　　述

简支梁桥是梁式桥中应用最早、使用最为广泛的一种桥型，由于其结构简单、受力明确、施工方便，成为我国量大面广的中小跨径桥梁的首选结构。一般认为，混凝土简支梁桥的合理跨径在50m以下，超出这范围，梁高急剧加大，从经济性来讲，是不合理的。由于新材料、新技术和新工艺的出现和发展，跨度有所增加。对于多跨简支梁桥来说，由于各跨构造和尺寸单一，从而简化了施工和管理工作，降低了工程造价。此外，简支梁桥属于静定结构，其内力不受地基变形产生的不均匀沉降的影响，因此，在地基较差处可考虑建造简支梁桥。

一、混凝土简支梁的制造方法

简支梁从制造工艺上可以分为就地灌注法和工厂预制法。

1. 就地灌注法

就地灌注法是一种古老的制梁方法，制梁时需在桥位处搭设支架和模板，然后在支架上浇筑混凝土，达到强度后拆除模板、支架，最终形成混凝土简支梁。其缺点是需用大量的模板和支架，一般仅在制作小跨径桥梁或在交通不便的边远地区制梁时采用。随着桥梁结构形式的发展以及近年来临时钢构件和万能杆件系统的大量应用，在其他方法不适用或经过比较施工方便、费用较低时，在一些中、大型桥梁中也采用就地灌注法来制造混凝土简支梁。例如，在城市立交桥、高架桥施工中，简支箱梁的制造大多采用就地灌注法。

就地灌注法的主要特点如下：

(1)占用场地少，直接在现场浇筑成型；

(2)无需大型起吊、运输设备；

(3)桥梁整体性好；

(4)工期长，施工质量不容易控制；

(5)施工中的支架、模板耗用量大，施工费用高；

(6)对预应力混凝土梁而言，由于混凝土的收缩、徐变引起的应力损失大；

(7)在施工过程中，搭设支架会影响到排洪、通航。

2. 预制安装法

预制安装法是指把提前做好的预制梁运输到施工现场，采用一定的架设方法进行安装、搭设。其施工过程包括简支梁的预制、运输和安装搭设三部分，其中搭设是关键部分。

预制安装施工法的主要特点如下：

(1)由于是工厂生产制作，构件质量好，有利于确保构件的质量和尺寸精度，并尽可能多地采用机械化施工；

(2)上下部结构可以平行作业，因而可缩短现场工期；

(3)能有效地利用劳动力,并由此而降低了工程造价;

(4)由于施工速度快,可适用于紧急施工工程;

(5)将构件预制后由于要存放一段时间,因此在安装时已有一定龄期,可减少混凝土收缩、徐变引起的变形。

二、混凝土简支梁制造工艺流程

预制安装法制造混凝土简支梁的工艺比较简单,混凝土简支梁的制造在工厂或者距建桥桥址不远的场地上完成。待梁体制造完成并达到规定强度要求时运往桥址处进行架设即可。

就地现浇法制造混凝土简支梁的工艺则复杂一些,具体的制梁工艺流程如图 5-1 所示。

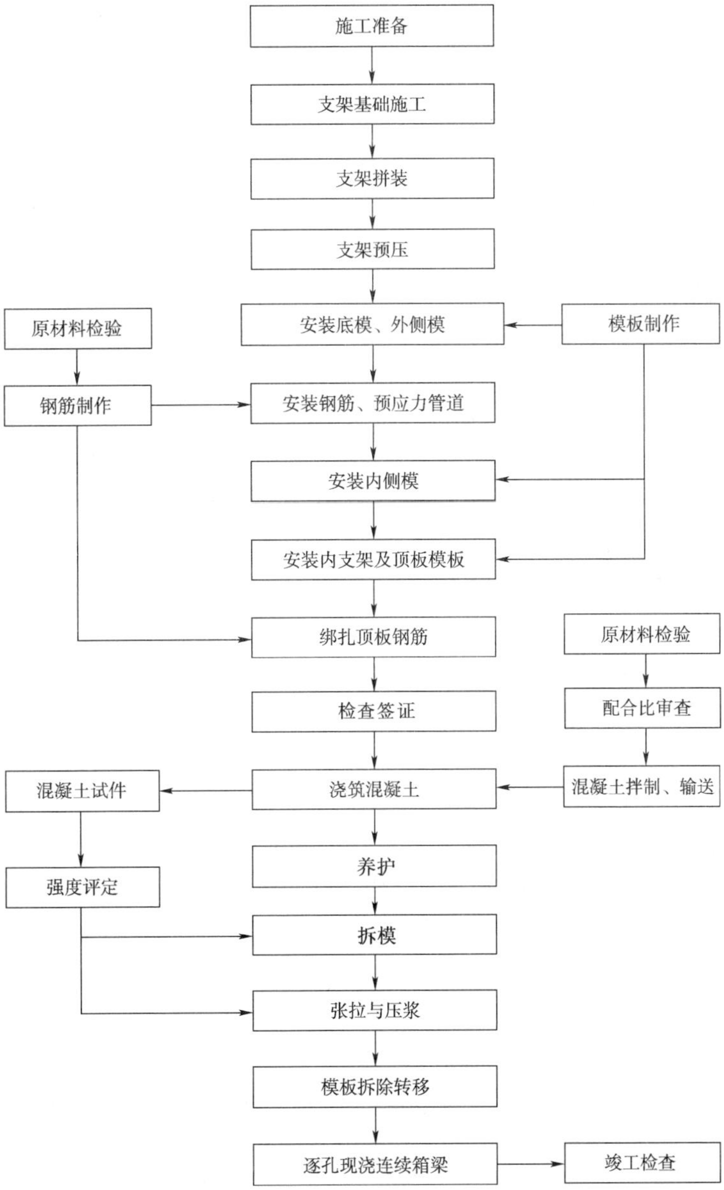

图 5-1 就地现浇法制梁工艺流程

第二节　支架、模板的构造与计算

一、支架、模板的类型与构造

1. 支架的类型与构造

支架按其构造分为立柱式、梁式和梁一柱式支架。按材料可以分为木支架、钢支架、钢木混合支架和由万能杆件支架拼装而成的支架等。工程应用上常见的分类主要是按构造来划分的。

(1)立柱式支架。立柱式支架构造简单，常用于陆地或不通航河道以及桥墩不高的小跨径桥梁施工。支架通常由排架和纵梁等构件组成。排架由枕木或桩、立柱和盖梁组成。一般排架间距 4m，桩的入土深度按施工要求设置，最小不得少于 3m。当水深＞3m 时，柱要用拉杆加强，一般需在纵梁下布置卸落设备。

立柱式支架也可采用 ϕ48mm、壁厚 3.5mm 的钢管搭设，水中支架需先设基础、排架桩，钢管支架在排架上设置。陆地现浇桥梁，可在整平的地基上铺设碎石层或砾石层，在其上浇筑混凝土作为支架的基础，钢管排架纵横向密排，下设槽钢支撑钢管，钢管间距依桥高及现浇梁自重、施工荷载的大小而定，通常为 0.4～0.8m。钢管由扣件接长或搭接，上端用可调节的槽形顶托固定纵、横木龙骨，形成立柱式支架。搭设钢管支架要设置纵横向水平杆加劲，桥较高时还需加剪刀撑，水平加劲与剪刀撑均需扣件与立柱钢管连成整体。排架顶高程应考虑设置预拱度。

(2)梁式支架。梁式支架由承重梁、立柱等组成。承重梁承受模板传来的荷载，承重梁将荷载传给立柱，最后传至基础。当跨径＜10m 时可采用工字钢梁，当跨径＞20m 时一般采用钢桁架。梁可支撑在墩旁支柱上，也可支撑在桥墩上预留的托架或桥墩处临时设置的横梁上。

(3)梁柱式支架。当梁式支架跨度比较大时，在跨的中间再设置几个立柱，它可在大跨径的桥上使用，梁支撑在多个立柱或临时墩上而形成多跨梁柱式支架。

2. 模板的类型与构造

在现今桥梁施工中，模板可以采用钢材、胶合板或其他适宜的材料制作。对于木模板而言，考虑到环境保护问题等，应尽量减少使用。对于钢模板而言，即可广泛使用。鉴于不同的桥梁结构，也有采用的是钢木结合模板、土模和钢筋混凝土模板等。模型类型的选择主要取决于同类桥跨结构的数量和模板材料的供应。

(1)木模。其优点是散装散拆模板，也有的加工成基本元件(拼板)，在现场进行拼装，拆除后亦可反复使用。钢筋混凝土肋式桥梁结构的木模主要由横向内框架、外框架和模板组成。框架由竖向的和水平的以及斜向的方木或木条用钉或螺栓结合而成。框架间距一般为 0.7～1m，模板厚度一般为 40～50mm。在梁肋的模板之间设置穿过混凝土撑块的螺栓，以减少模板及框架的变形，保证梁体的施工尺寸符合设计要求。

为保证模板形状的准确和尺寸的精度，采用机械化加工。模板制作尺寸与设计要求的偏差、表面局部不平整度、板间缝隙宽度和安装偏差均应满足相关规范的要求。

(2)钢模板。钢模板一般都做成大型组件，一般长约 3～8m，由钢板和劲性骨架焊接而成，钢板厚度为 4～8mm。骨架由水平肋和竖向肋组成，肋由钢板或角钢做成，肋距为0.5～0.8m。大型钢模板组件之间采用螺栓或销连接。在梁的下部，常由于密布受力钢筋或预应力钢筋，使得混凝土浇筑比较困难。因此，一般在钢模板上开设天窗，以便混凝土的浇筑和振捣。

(3)其他材料制作的模板。其他适宜材料，是指诸如高分子合成材料、硬塑料或玻璃钢等材料。这些材料轻质高强、与木模板相比具有一定的环保性，已有工程采用了这些新型材料制作的模板。

二、支架与模板计算

1. 模板和支架的一般要求

(1)模板和支架应具有足够的强度、刚度和稳定性，应能承受施工过程中所产生的各种荷载。

(2)模板、支架的构造应简单、合理，结构受力应明确，安装、拆除应方便

(3)模板应能与混凝土结构或构件的特征、施工条件和浇筑方法相适应，应能保证结构物各部位形状尺寸和相互位置的准确。

(4)模板的板面应平整，接缝处应严密且不漏浆；模板与混凝土的接触面应涂刷隔离剂，但不得采用废机油等油料，且不得污染钢筋及混凝土的施工缝。

(5)支架应稳定、坚固，应能抵抗在施工过程中可能发生的振动和偶然撞击。

2. 支架、模板上的荷载

荷载取法与第四章中相同，参见前面章节。

设置在水中的支架尚需考虑水压力、流冰压力或船只，漂流物的撞击力等荷载，验算倾覆的系数。

3. 模板支架的强度、刚度和稳定性要求

(1)强度及刚度要求

验算模板、支架的刚度时，其变形值不得超过规范规定，在第四章中已经详述，在此不重提。

(2)稳定性要求

①支架的立柱应保持稳定，并用撑拉杆固定。当验算模板、支架在自重和风荷载等作用下的抗倾覆稳定时，其抗倾覆稳定系数应小于1.3；

②支架受压构件纵向弯曲系数，可按现行《公路桥涵钢结构及木结构设计规范》(JTJ 025—86)进行计算；

③主要受压构件的长细比为150，次要受压构件的长细比为200。

4. 模板的计算

根据荷载组合算出作用在模板上的竖向压力和水平压力后，按模板构造进行布置即可计算模板的强度和刚度。

对于木模板，水平侧模可按两跨连续梁计算其弯矩和挠度。立柱则承受水平侧模左、右各半跨的压力，也可作两跨连续梁计算，支座为混凝土填块与螺栓处。底模的计算与上述情况相似。

钢模板的主要计算内容包括如下几点：

①模板强度验算。取侧模板中四周焊有加劲肋条的最大一块板作为计算单元，按四边嵌固的板进行强度验算。

四边嵌固板承受满布均匀荷载时，在长边中间支点处的负弯矩最大，可按下式计算：

$$M=-Aql_a^2l_b$$

式中：A——内力计算系数，它与$\frac{l_a}{l_b}$有关，可查阅公路设计手册中的有关表格；

l_a，l_b——板的短边与长边长度；

q——作用在模板上的侧向压力，包括在初凝前由湿混凝土对模板产生的侧向压力和施工设备等对模板产生的侧向压力之和。

当板的弯矩计算出后，即可按受弯构件进行强度验算。

②模板中心点的挠度计算。对四边嵌固的板单元，板中心点的挠度可按下式计算：

$$f=B\frac{ql_{a0}^4}{Eh^3}$$

式中：B——计算挠度的系数，它与$\frac{l_a}{l_b}$有关，可查表得到；

q——作用在模板上的侧向压力；

l_{a0}——板的净跨径；

E，h——分别是钢板的弹性模量及厚度。

③模板支架的验算。模板支架的验算包括水平加劲肋、竖向加劲肋及斜撑杆的强度验算、挠度验算。

作用在水平加劲肋角钢上的荷载取用上、下板各半跨的侧向压力，可简化为简支梁进行强度和挠度验算。竖向加劲肋的计算与之相同。斜撑杆根据两端的嵌固情况，按中心受压杆进行强度和挠度验算。

④拉杆计算。拉杆设置在梁的两侧模板之间，其中上拉杆设在梁顶部，下拉杆设在底模板处。拉杆固定于焊在侧模板的连接角钢上。拉杆在梁体混凝土浇筑时处于受拉状态，其所受拉边的大小与拉杆设置的间距有关，当拉杆受力确定后，即可按其直径进行强度验算。

另外，施工实践表明：拉杆除受拉外，还会对侧模板产生弯矩，固定拉杆的连接角钢可能被拉坏或使侧模板边缘变形，因此应予以加强。

⑤底模板的验算。底模板的验算可以偏于安全地按简支梁进行强度和挠度验算。

对于钢框覆木(竹)胶合板组合模板的整体抗弯强度及刚度验算，可以根据实测的胶合板弹性模量与钢材弹性模量之比，将胶合板折算为相应面积的钢板，然后按组合钢模板的计算方法验算。同时还要验算在钢边框作为支承边的情况下，组合板本身的抗弯强度与刚度。

5. 预拱度的设置

桥梁支架受荷后将产生弹性变形和非弹性变形，因此为了保证桥梁竣工后尺寸准确，进行桥梁施工所用的支架应设置合理的预拱度。

(1)预拱度的设置。对恒、活载设置预拱度，其值等于恒载和1/2活载所产生的竖向挠度。当恒载和活载产生的挠度不超过跨径的1/600时，可不设预拱度。

(2)支架承受施工荷载引起的弹性变形。

$$\delta_1=\sigma h/E$$

式中：σ——立柱内的压应力；

h——立柱的高度；

E——立柱材料的弹性模量。

(3)受载后由于杆件接头的挤压和卸落设备压缩而产生的非弹性变形δ_2。

$$\delta_2=\delta_{21}+\delta_{22}$$

式中，δ_{21}为杆件接头由于局部挤压而产生的变形(mm)，可按下式计算：

$$\delta_{21}=2k_1+3k_2+2k_3$$

式中：k_1——顺纹木料接头数；

k_2——横纹木料接头数；

k_3——木料与钢或木料与圬工接头数。

δ_{22}为卸架设备的压缩变形，一般20t压力砂筒为4mm，40t压力砂筒为6mm，未预先压实的为10mm。

(4)支架基础在受载后产生的非弹性压缩δ_3，其值可参考桥涵施工规范和手册的有关规定。

(5)由混凝土收缩徐变及温度变化而引起的拱度。

综合考虑以上几项变形计算的预拱度最大值，应设置在跨中，其他位置的预拱度，应以中点为最大值，以梁的两端为零，按直线或二次抛物线分布确定。

第三节 钢 筋 工 程

在桥梁工程施工中，钢筋工程主要包括钢筋进场检验、钢筋加工、钢筋连接以及钢筋工程质量检查等内容。本节将重点介绍钢筋加工以及常见的钢筋连接方法。

一、钢筋加工

桥梁工程中应用的钢筋分为普通钢筋和预应力钢筋两类，下面分别介绍两类不同用途钢筋的加工。

1. 普通钢筋加工

目前桥梁施工中使用的普通钢筋，主要有HPB235、HRB335、HRB400以及RRB400。

普通钢筋的加工，一般包括冷拉、冷拔、调直、剪切、弯曲、下料等。

(1)钢筋冷拉

钢筋冷拉是在常温下对热轧钢筋施加超过其屈服强度的拉应力，使其产生塑性变形，以达到调直钢筋、提高强度以及节约钢材的目的。冷拉钢筋一般不作受压钢筋使用，并且在受冲击荷载的构件中、负温度条件下或者非预应力的水工混凝土中，都不得使用冷拉钢筋。

冷拉时，应保证冷拉后的钢筋应仍然具有一定的塑性，防止结构出现脆性破坏。

冷拉控制方式有两个，分别为单控和双控。前者是冷拉时只用冷拉率或者冷拉应力控制，施工简单方便，缺点是对于材质不均匀的钢筋，不可能逐根试验(逐根试验，费工费料，不可能这样做，有的同一根钢筋冷拉率也不一样)，冷拉质量得不到保证。后者是指在冷拉时冷拉率和冷拉应力同时应用，称为双控，双控方法可以避免上述问题，预应力钢筋必须采用双控方法。冷拉时，对于控制应力已经达到，冷拉率没有超过允许值的，可以认为合格。但是，如果冷拉率已经达到，而冷拉应力还达不到控制应力，这种钢筋要降低强度使用。

冷拉后，应对钢筋质量作检查，是否在钢筋表面出现裂纹，或局部有颈缩现象。并且应针对其性能指标做拉力和冷弯试验。

(2)钢筋冷拔

①钢筋冷拔的概念。冷拔是用热轧钢筋(直径低于8mm以下)通过钨合金的拔丝模进行强力冷拔。与冷拉时受纯拉伸应力比，冷拔是同时受纵向拉伸和横向压缩作用，通过改变其物理力学性能以提高强度，可达40%～90%，但冷拔后塑性大大降低，应力应变的屈服阶段基本不再存在。

②冷拔基本工艺及影响因素。冷拔的工艺过程是：轧头(固定钢筋端部)——剥皮(清楚钢

筋表层硬渣壳）——润滑（减少拔丝过程摩阻力）——拔丝（将钢筋通过特制的钨合金拔丝模孔强力拉拔成小直径钢丝）。

冷拔质量的主要影响因素，是钢筋本身的质量和冷拔的总压缩率。本身质量应该保证同批材料的质量，不同钢号、直径要分堆堆放。总压缩率是指钢丝的横截面的缩减率，一般按下式计算：

$$\beta=(d_0^2-d^2)/d_0^2\times100\%$$

式中：d_0——原料钢筋直径（mm）；

d——成品钢丝直径（mm）。

β越大，抗拉强度提高越大，同时，塑性降低也越多。因此β不宜过大或过小，一般控制在60%～80%，所以直径5mm的钢丝由$\phi8$钢筋拔制；直径3.5～4mm的钢丝由$\phi6.5$的钢筋拔制。

③冷拔次数控制。由钢筋拔成钢丝一般要经过多次冷拔，冷拔次数对钢丝强度影响不大，但却影响生产率。因为，次数过少，一次压缩率大，对拔丝机具要求高（功率要大），对拔丝模具损耗严重，还容易断丝；次数过多，钢丝的塑性降低也多，并且拔成的钢丝脆性大，容易断，生产率就会降低。次数的控制是控制每一次拉拔前后的直径比，一般合适的直径比为1.15。

（3）钢筋调直

调直的方法分人工调直和机械调直。人工调直是指人工在钢板上用锤子敲打。机械调直是采用调直机。也可以采用冷拉的方法调直，HPB235级钢筋的冷拉率不宜大于2%；HRB335级、HRB400级钢筋的冷拉率不宜大于1%。

（4）钢筋除锈

一般，钢筋无需除锈，因为不严重的锈对连接性并无影响，锈在冷拉、调直等加工工序中，锈会自动脱落。但是，对于生锈严重仍需清理。除锈方法常用：钢丝刷擦刷，机动钢丝轮擦磨，机动钢丝刷磨刷，喷砂枪喷砂；生锈很严重且有特殊要求的，可在硫酸或者盐酸池中进行酸洗除锈。

（5）钢筋剪切

剪切是指钢筋的下料切断。根据不同的钢筋类型选择不同的剪切方法。常见的剪切机具有电动剪切机或液压剪切机（剪切40mm以下的）、手动剪切器（剪切12mm以下的）、氧炔焰切割、电弧切割（切割特粗钢筋）。

（6）钢筋弯曲成型

40mm以下的钢筋一般用专门的钢筋弯曲机弯曲成型，无弯曲机的也可以在工作台上手工弯制。不论采取什么方法，弯曲成型都应符合设计图纸的要求。

（7）钢筋下料

钢筋的计算长度和实际施工所需要的长度是不一样的。因此，在施工前，应先做好钢筋下料表。钢筋下料主要包括两项工作：一是按设计图纸计算好各种钢筋的下料长度；二是选择适当的代换钢筋。

①下料长度计算：

直钢筋下料长度＝外包线长度＋弯钩加长值；

弯起钢筋（包括箍筋）的下料长度＝外包线总长度－弯曲调整值＋弯钩加长值。

②钢筋的代换：

当施工中缺少设计图纸中所要求的钢筋的品种或者规格，以现有的钢筋品种或者规格代替设计所要求的钢筋的品种或者规格，以促使施工按计划进度进行。

在钢筋代换中，应根据不同的情况采用不同的代换方法，总而言之，应遵循以下原则：

a. 等强度代换：按钢筋承担的拉、压能力相等原则进行代换；

b. 等面积代换：按钢筋面积相等的原则进行代换；

c. 等弯矩代换：按抗弯能力相等的原则进行代换；

d. 进行抗裂验算：对构件裂缝开展宽度有控制要求的，需要验算其抗裂要求；

e. 满足构造要求：钢筋间距、最小直径、钢筋根数、锚固长度等。

2. 预应力钢筋加工

目前预应力钢筋主要有高强钢丝、钢绞线、冷拉Ⅳ、热处理钢筋、冷拔低碳钢丝以及精轧螺纹钢筋等几种。下面介绍几种常用预应力钢筋的加工方法。

(1)高强钢丝束的制备

钢丝束的制作包括下料和编束工作。高强碳素钢丝都是盘圆，若盘径小于1.5m，则下料前应先在钢丝调直机上调直。对于在厂内先经矫直回火处理且盘径为1.7m的高强钢丝，则一般不必调直就可下料。如发现局部存在波弯现象，可先在木制台座上用木锤调直后下料。下料前除要抽样试验钢丝的力学性能外，还要测量钢丝的圆度，对于直径为5mm的钢丝，其正负容许偏差为+0.8mm和−0.4mm。

①钢丝调直。将钢丝从盘架上引出，经过调直机，用绞车牵引前进。铜丝调直机开动旋转时，在其内通过的钢丝受到反复的超过其弹限的弯曲变形而被调直。调直后将钢丝成直线存放，如果须将钢丝盘起来存放时，其盘架的直径应不小于钢丝直径的400倍，否则钢丝将发生塑性变形而又弯曲。

②钢丝下料。钢丝的下料长度应为：

$$L=L_0+L_1$$

式中：L_0——构件混凝土预留孔道长度；

L_1——固定端和张拉端(或两个张拉端)所需要的钢丝工作长度。

当构件的两端均采用锥形锚具、双作用或三作用千斤顶张拉钢丝时，其工作长度一般可取140～160mm。当采用其他类型锚具及张拉设备时，应根据实际需要计算钢丝的工作长度。

对于采用锥形螺杆锚具和墩头锚具的钢丝束，应保证每根钢丝下料长度相等，这就要求钢丝在控制应力状态下切断下料，控制应力为300MPa。因此，直径为5mm的钢丝都在6.0kN拉力下切断。

③编束。将钢丝对齐后穿入特制的植丝板，边植理钢丝边每隔1～1.5m衬以长3～4m的螺旋衬圈或短钢管，并在设衬圈处用2号铁丝缠绕20～30道捆扎成束。这种制束工艺对钢丝防扭结、防锈、压浆有利，但操作较麻烦。

另一种编束方式是每隔1～1.5m先用18～20号铅丝将钢丝编成帘子状，然后每隔1.5m设置一个螺旋衬圈并将编好的帘子绕衬圈围成圆束。

绑扎好的钢丝束，应挂牌标出其长度和设计编号，并按编号分批堆放，以防错乱。

当采用环销锚锚具时，钢丝宜先绑扎成小束而后绑扎成大束。绑束完毕后，在钢丝束的两端按分丝的要求，将钢丝束分成内外两层，并分别用铅丝编结成帘状或做出明显的标志，以防两端内外层钢丝交错张拉。

(2)钢绞线的制备

钢绞线是用若干根钢丝围绕一根中心芯丝绞捻而成的。如7ϕ5.0钢绞线系由六根直径为

5mm 的钢丝围绕一根直径为 5.15～5.20mm 的钢丝扭结后，经低温回火处理而成。出厂时缠于侧盘上。使用时按需要长度下料(下料长度由孔道长度和工作长度决定)。

钢绞线的下料方法有氧气—乙炔切割法、电弧熔割法和机械切割法。此外，线轮是一种新的较为快速方便的方法，在国外的预应力体系中采用，国内也有采用。

钢绞线在编束前应进行预拉，或在梁上张拉前进行。钢绞线的成束也可采用与钢丝束编扎相同的方法，即用 18～20 号铅丝每隔 1～1.5m 绑扎一道。当采用专门穿束机时，钢绞线不需预拉和编束。

二、钢筋的连接

钢筋连接有三种常见的连接方法：绑扎连接、焊接连接和机械连接。

1. 绑扎连接

绑扎连接目前仍是钢筋连接的主要手段之一。钢筋绑扎时，钢筋交叉点用铁丝扎牢；板和墙的钢筋网，除外围两行钢筋的相交点全部扎牢外，中间部分交叉点可相隔交错扎牢，保证受力钢筋位置不产生偏移；梁和柱的箍筋应与受力钢筋垂直设置，弯钩叠合处应沿受力钢筋方向错开设置。受力钢筋的连接接头应设置在内力较小处，并应错开布置。对绑扎接头，两接头之间的距离应不小于 1.3 倍搭接长度。配置在接头长度区段内的受力钢筋，其接头的截面面积占总截面面积的百分率，应符合现行规范的要求。

2. 焊接连接

钢筋焊接有以下 6 种焊接方法。

(1)电阻点焊

电阻点焊是将两钢筋安放成交叉叠接形式，压紧于两电极之间，利用电阻热熔化母材金属，加压形成焊点的一种压焊方法。

钢筋混凝土结构中的钢筋焊接骨架和焊接网，宜采用电阻点焊制作。以电阻点焊代替绑扎，可以提高劳动生产率、骨架和网的刚度以及钢筋(钢丝)的设计计算强度，宜积极推广应用。

(2)闪光对焊

闪光对焊，又分加预热闪光对焊和不加预热的连续闪光对焊，是将两钢筋安放成对接形式，利用焊接电流通过两钢筋接触点产生塑性区及均匀的液体金属层，迅速施加顶锻力完成的一种压焊方法。

这种方法具有生产效益高、操作方便、节约能源、节约钢材、接头受力性能好、焊接质量高等很多优点，故钢筋的对接连接宜优先采用闪光对焊。钢筋对焊完毕，应对接头进行外观检查，并按批切取部分接头进行机械性能试验。

(3)电弧焊

将一根导线接在被焊钢筋上，另一根导线接在夹有焊条的焊钳上。将接触焊件接通电流，立即将焊条提起 2～3mm，产生电弧，电弧温度高达 4 000℃，将焊条和钢筋熔化并汇合成一条焊缝接头。

这种方法具有轻便、灵活的特点，可用于平、立、横、仰全位置焊接，适用于构件厂内，也适用于施工现场；可用于钢筋与钢筋，以及钢筋与钢板、型钢的焊接。焊接完后，需要对接头作外观检查和机械性能试验，以保证施工搭接质量。

(4)电渣压力焊

电渣压力焊是将两钢筋安放成竖向对接形式，利用焊接电流通过两钢筋端面间隙，在焊剂层下形成电弧过程和电渣过程，产生电弧热和电阻热，熔化钢筋、加压完成的一种焊接方法。这种方法操作方便、效率高，主要用于柱、墙、烟囱、水坝等现浇钢筋混凝土结构（建筑物、构筑物）中竖向受力钢筋的连接。焊接完后，需要对接头作外观检查和拉伸试验。

(5)气压焊

采用氧炔焰或氢氧焰将两钢筋对接处进行加热，使其达到一定温度，加压完成的方法称为气压焊。

这种方法设备轻便，可进行钢筋在水平位置、垂直位置、倾斜位置等全位置焊接。

(6)埋弧压力焊

埋弧压力焊是将钢筋与钢板安放成T形，利用焊接电流通过，在焊剂层下产生电弧，形成熔池，加压完成的一种压焊方法。该方法生产效率高，质量好，适用于各种预埋件T形接头钢筋与钢板的焊接，预制厂大批量生产时，经济效益尤为显著。

钢筋的焊接接头宜采用闪光对焊，或采用电弧焊、电渣压力焊或气压焊，但电渣压力焊仅可用于竖向钢筋的连接，不得用作水平钢筋和斜筋的连接。钢筋焊接的接头形式、焊接方法和焊接材料应符合现行行业标准《钢筋焊接及验收规程》(JGJ 18—2012)的规定。

每批钢筋焊接前，应先选定焊接工艺和焊接参数，按实际条件进行试焊，并检验接头外观质量及规定的力学性能，试焊质量经检验合格后方可正式施焊。焊接时，对施焊场地应有适当的防风、雨、雪、严寒的设施。

电弧焊宜采用双面焊缝，仅在双面焊无法施焊时，方可采用单面焊缝。采用搭接电弧焊时，两钢筋搭接端部应预先折向一侧，两接合钢筋的轴线应保持一致；采用帮条电弧焊时，帮条应采用与主筋相同的钢筋，其总截面面积不应小于被焊接钢筋的截面面积。电弧焊接头的焊缝长度，对双面焊缝不应小于$5d$，单面焊缝不应小于$10d$(d为钢筋直径)。电弧焊接与钢筋弯曲处的距离不应小于$10d$，且不宜位于构件的最大弯矩处。

3. 机械连接

目前，钢筋的机械连接方式主要有以下几种。

(1)套筒挤压连接

套筒挤压连接的连接方法是通过挤压力使钢套筒塑性变形，从而与带肋钢筋紧密咬合连接在一起。其主要有径向挤压连接和轴向挤压连接两种形式。对于轴向挤压连接，因为现场施工不方便以及接头质量不稳定，没有得到推广；而径向挤压连接技术，连接接头得到了大面积推广使用。现在工程中使用的套筒挤压连接接头，都是径向挤压连接。由于其优良的质量，套筒挤压连接接头在我国从20世纪90年代初至今被广泛应用于建筑工程中。

对于挤压接头，应提供有效的形式检验报告，并且做工艺检查，以及相关的质量检查与检验。

(2)直螺纹连接

等强度直螺纹连接方式质量稳定可靠，连接强度高，可与套筒挤压连接接头相媲美，而且又具有锥螺纹接头施工方便、速度快的特点，因此，直螺纹连接技术的出现给钢筋连接技术带来了质的飞跃。

目前我国直螺纹连接技术呈现出百花齐放的景象，出现了多种直螺纹连接形式。直螺纹连接接头主要有镦粗直螺纹连接接头和滚压直螺纹连接接头。这两种工艺采用不同的加工方式，增强钢筋端头螺纹的承载能力，达到接头与钢筋母材等强的目的。

镦粗直螺纹和滚轧直螺纹连接接头适用于直径大于或等于25mm的HRB335、HRB400

级热轧带肋钢筋;套筒挤压连接接头适用于直径16～40mm的HRB335、HRB400级热轧带肋钢筋。各类接头的性能均应符合现行行业标准《钢筋机械连接技术规程》(JGJ 107—2010)的规定。

钢筋机械连接接头的等级应选用Ⅰ级或Ⅱ级,接头的性能应符合规范要求。钢筋机械连接接头的材料、制作、安装施工及质量检验和验收,应符合现行行业标准《镦粗直螺纹钢筋接头》(JG 171—2005)、《滚轧直螺纹钢筋连接接头》(JG 163—2004)或《钢筋机械连接技术规程》(JGJ 107—2010)的规定。

钢筋机械连接件的最小混凝土保护层厚度,应符合设计受力主筋混凝土保护层厚度的规定,且不得小于20mm;连接件之间或连接件与钢筋之间的横向净距不宜小于25mm。连接套筒、锁母、丝头在运输和储存过程中应采取防护措施,防止雨淋、沾污和损伤。

第四节　混凝土工程

混凝土工程包括混凝土制备、运输、浇筑振捣和养护等施工过程,各个施工过程相互影响,任何一个施工过程处理不当都会影响到混凝土工程的质量。

一、混凝土的拌制

除零星、分散的少量混凝土可以用人工拌和外,一般都用混凝土搅拌机。混凝土搅拌机拌制混凝土有如下几种方式:

1. 自落式搅拌机

自落式搅拌机是一种利用旋转的拌和筒上的固定叶片,将配料带到筒顶,再自由跌落到筒的底部,从而实现拌和目的,一般用于搅拌塑性混凝土。它是按重力的机理拌和混凝土的。由于仅靠自落掺拌,搅拌作用不够强烈,多用来拌制具有一定坍落度的混凝土。自落式搅拌机应用较为广泛。根据构造不同,自落式搅拌机分以下两种:

(1)鼓筒式搅拌机

鼓筒式搅拌机的特点是搅拌作用弱,拌和时间长,生产效率低,塑性低的混凝土不容易拌和均匀。由于它构造简单,使用、维修方便,国内还在大量使用,在国外已接近淘汰。

(2)双锥式搅拌机

双锥式搅拌机因出料方式不同,分为反转出料式搅拌机和倾翻出料式搅拌机。前者可以搅拌塑性较低,但不易做成大容量的;后者搅拌效率高、可做成较大容量的,并且出料快,生产率高,因此,在大型工程施工中多被采用。

2. 强制式搅拌机

强制式搅拌机的特点是其搅拌作用比自落式搅拌机要强烈得多,拌和质量好。但因它的转速比自落式搅拌机高2～3倍,其动力消耗要大3～4倍,叶片磨损严重,加之构造复杂,维护费用较高,一般这种搅拌机用于拌制较小集料的干硬性、高强度、轻集料的混凝土。

3. 混凝土搅拌站

为了保持混凝土生产相对集中,方便管理,减少占地,工程中常根据生产规模和条件,将混凝土制备过程需要的各种设施组装成拌和站或者拌和楼。由于这种方式得到的混凝土质量稳定,生产效率高,因此,成为目前混凝土制备的主要手段。

混凝土的配料宜采用自动计量装置,各种衡器的精度应符合要求,计量应准确。计量器具应定期标定，迁移后应重新进行标定。外加剂宜以稀释溶液加入，其稀释用水和原液中的水量，应从拌和加水量中扣除。加入搅拌筒的外加剂溶液应充分溶解，并搅拌均匀。掺和料应采用与水泥相同的输送、计量方式加入。

混凝土应采用机械拌制，拌制时，自全部材料装入搅拌筒开始搅拌至开始出料的最短搅拌时间，应按照搅拌机产品说明书的要求并经试验确定。混凝土拌和物应搅拌均匀，颜色一致，不得有离析和泌水现象，对在施工现场集中拌制的混凝土，应监测其拌和物的均匀性。同时应检查混凝土拌和物的其他各项性能。

二、混凝土的运输

1. 混凝土运输的基本要求

混凝土运输是混凝土搅拌与浇筑的中间环节，在运输过程中要解决好水平运输、垂直运输与其他材料、设备运输的协调配合问题。在运输过程中混凝土不初凝，不分离，不漏浆，无严重泌水，无大的温度变化，以保证浇筑的质量。因此，装、运、卸的全过程不仅要合理组织安排，而且要求各个环节要符合工艺要求，保证质量。为避免混凝土的坍落度损失太大，要求运输过程转运次数一般不多于两次。夏季运输时间要更短，以保持混凝土的预冷效果，冬季运输时间也不宜太长，以保持混凝土的预热效果。

2. 混凝土运输机具

运输机具可根据运输量、运距、设备条件合理选用。水平运输可选用手推车、皮带机、机动翻斗车、自卸汽车、混凝土搅拌运输车、轻轨斗车、标准轨平台车等；垂直运输可选用快速提升斗（升高塔）、井架（钢架摇臂拨杆）、各类起重机、混凝土泵等。下面简要介绍几种常用的运输机具：

(1)混凝土搅拌运输车

混凝土运输车是在汽车的底盘上安装了一台斜仰的反转出料式锥形搅拌机形成的运输车，兼有载运和搅拌混凝土的双重功能。在运输途中搅拌机缓慢旋转继续搅拌混凝土，防止离析，到达浇筑地点以后，反转出料。虽然混凝土运输费用较高，但是总的经济效果较好。

(2)混凝土泵

混凝土泵是一种利用泵的压力以管道方式运输混凝土到浇筑地点，它可以一次性完成水平运输、垂直运输，并直接输送到浇筑地点。因此，它是一种短距离的、连续性的运输和浇筑工具，对于泵送混凝土要求是流态混凝土，并且具有可泵性。因此，在选择原料和设计配合比时需要考虑到这些方面。例如，坍落度在5～15cm，集料粒径不能太大，一般控制最大集料粒径小于管道内径的1/3，避免堵塞。粗集料宜采用卵砾石，以减少摩阻力。泵送混凝土的水泥用量较大，单价较高。在水利工程中混凝土泵多用活塞泵。输送混凝土的管道一般用无缝钢管、铝合金管、硬塑料管和橡胶、塑料制的软管等，其内径一般为75～200mm，每一节一般长0.3～3m，都配有快速接头。

另外，混凝土泵的输送能力必须满足施工速度，管道布置应尽量减少距离，管道接口保持不渗漏等，满足施工要求。

三、混凝土的浇筑

1. 混凝土的浇筑速度

为了保证浇筑混凝土的整体性，防止在浇筑上层混凝土时破坏下层，则增加浇筑层次需有一定的速度，使上层浇筑的混凝土能在先浇混凝土初凝之前完成，其最小增长速度可由下式计算：

$$h \geqslant \frac{S}{t}$$

式中：h——浇筑时混凝土面上升速度的最小允许值(m/s)；

S——浇筑混凝土的扰动深度，在无具体规定值时，可取 $S=0.25\sim0.5$m；

t——混凝土的实际初凝时间(s)。

2. 简支梁桥混凝土的浇筑顺序

主梁混凝土浇筑顺序主要有水平分层浇筑、斜层浇筑以及单元浇筑法，除了满足一般的浇筑要求外，在浇筑过程中，不应使模板和支架产生有害的下沉。

(1)水平分层浇筑。对于跨径不大的简支梁桥，可在一跨全长内分层浇筑，在跨中合龙。分层的厚度视振捣器的能力而定，一般选用 15～30cm。当采用人工振捣时，可选取 15～20cm。为避免支架不均匀沉陷的影响，浇筑速度应尽量快，以便在混凝土失去塑性之前完成。

(2)斜层浇筑。简支梁桥的混凝土浇筑应从主梁的两端用斜层浇筑法向跨中浇筑，在跨中合龙。当采用梁式支架，支点不设在跨中时，则应在支架下沉量大的位置先浇混凝土，使应该发生的支架变形及早完成。采用斜层浇筑时，混凝土的倾斜角与混凝土的稠度有关，一般可用 $20°\sim25°$。

当桥梁跨径较大时，可先浇筑纵横梁，待纵横梁完成浇筑后，再沿桥的全宽浇筑桥面混凝土，在桥面与纵横梁间应按设置工作缝处理。

(3)单元浇筑。当桥面较宽且混凝土数量较大时，可分成若干纵向单元分别浇筑。每个单元可沿其长度分层浇筑，在纵梁间的横梁上设置连接缝，并在纵横梁浇筑完成后填缝连接；之后桥面板可沿桥全宽一次浇筑完成，桥面与纵横梁间设置水平工作缝。

四、混凝土的冬季施工

冬季施工是指在室外平均气温连续五天低于 5℃的期间施工。对于冬季施工，混凝土在低温下，水化凝结作用大为减缓强度增长受到阻碍，混凝土的强度和耐久性大大受到影响。因此，冬季混凝土施工，需要在用料和施工工艺方面采取一定的措施，保证混凝土不受冻，确保混凝土工程质量满足规定的要求。

1. 混凝土冬季施工的常用措施

混凝土冬季施工的常用措施有如下几个方面：

(1)浇筑时间安排

一般安排在温度和湿度有利的条件下浇筑混凝土，争取在寒潮到达之前使混凝土的强度达到设计强度的 50%，并且强度值不低于 5～10MPa。

(2)创造强度快速增长条件

在冬季采用高热或者快凝水泥，减小水灰比，掺加速凝剂和塑化剂，加速混凝土的凝固，增加发热量，提高早期强度。一般当气温在－5～5℃之间时，可掺一定的氯化钙、硫酸钠、氯化钠等；但是氯化钠等氯盐因对钢筋有腐蚀作用，掺入量受限，不大于水泥质量的 1%。掺加氯盐的混凝土应振捣密实且不宜采用蒸汽养护。

(3)增加拌和时间

冬季混凝土拌和时间通常为常温拌和时间的 1.5 倍，并且对拌和机进行预热。要求拌和温度：大体积混凝土一般不大于 12℃，薄壁结构不大于 17～25℃。同时控制，在各种情况下拌和温度应保证使入仓浇筑温度不低于 5℃。

(4)控制热量损失

在混凝土拌和、运输、浇筑中,应采取措施减少热量损失。例如,尽量缩短运输时间,减少转运次数,装料设备口部加盖,侧壁保温。在配料、卸运、转运站和皮带机廊道等处,增加保温设施。此外,应使老混凝土面和模板在混凝土浇筑前加温到 5~10℃,一般混凝土加热深度要大于 10cm。

(5)对材料进行加热

对混凝土的组成材料进行加热也是常用措施,当气温在 3~5℃以下时,可以加热水,但是,水温不宜高于 60~80℃,否则会使混凝土产生假凝。如果水按以上要求加热后,所需热量仍然不够,再加热干沙和石子。加热后的温度:沙不能超过 60℃,石子不能超过 40℃。水泥只是使用前一两天置于暖房内预热,升温不宜过高。集料一般采用蒸汽加热,蒸汽所含的水量应从拌和加水量中扣除。

2. 冬季施工的混凝土养护方法

冬季作业混凝土的养护通常采用的方法,有蓄热法、暖棚法、外部加热法、电热法、蒸汽养护法、掺外加剂法等。

(1)蓄热法

该法不采取额外的加热措施,利用锯末、稻草、芦席和保温模板严密覆盖,使混凝土产生的热量不外溢。由于其简单施工,因此,在冬季施工中优先采用。

(2)暖棚法

对于体积不大,施工集中的部位,可以搭建暖棚,在棚内利用蒸汽管路或者暖气包加温,使棚内温度保持 15~20℃以上。搭建暖棚的费用较高,但是暖棚为混凝土的硬化创造了良好条件。暖棚法适用于地下结构工程或混凝土构件比较集中的工程。

(3)外部加热法

外部加热法涵盖了暖棚法、电热法、蒸汽法等,不仅使得混凝土的硬化不受气温的影响,而且其强度增长较快,有失必有得,正是这些优点导致所需设备复杂,耗能也多,热效率低,费用高,因此,仅适用于小范围的或者要求高的特殊结构的养护。

(4)掺外加剂法

在混凝土中掺入外加剂,使混凝土在负温条件下能够继续硬化,而不受冻害。由于其成效显著,无需另外的设备工具,简单施工,经济性合理,该法在近几年应用较多。

第五节　预应力工艺

简支梁桥采用的预应力混凝土简支梁可用先张法和后张法制作。先张法工艺主要用于制作组合箱梁,后张法工艺主要用于制作 T 形梁、工字形梁以及较大跨径的节段箱梁。

一、先张法施工工艺

先张法是在预制混凝土构件时,先在台座上张拉力筋,然后支模板浇筑混凝土,待混凝土达到一定的强度后,放松钢筋,一般适用于预制小型构件。先张法的基本工序主要有:张拉台座(台车)布置、力筋制作、力筋张拉、灌注混凝土等。其工艺流程如图 5-2 所示。

1. 预应力钢筋的张拉

先张法梁的预应力筋是台座(台车)上进行张拉的。进行张拉施工时通常采用一端张拉,另一端在张拉前要设置好固定装置或安放好预应力筋的放松装置，对于跨度较大的构件采用两端张拉。当分批张拉时，应注意要对称张拉，并且通过计算设计保持张拉后各预应力筋的应力一致。

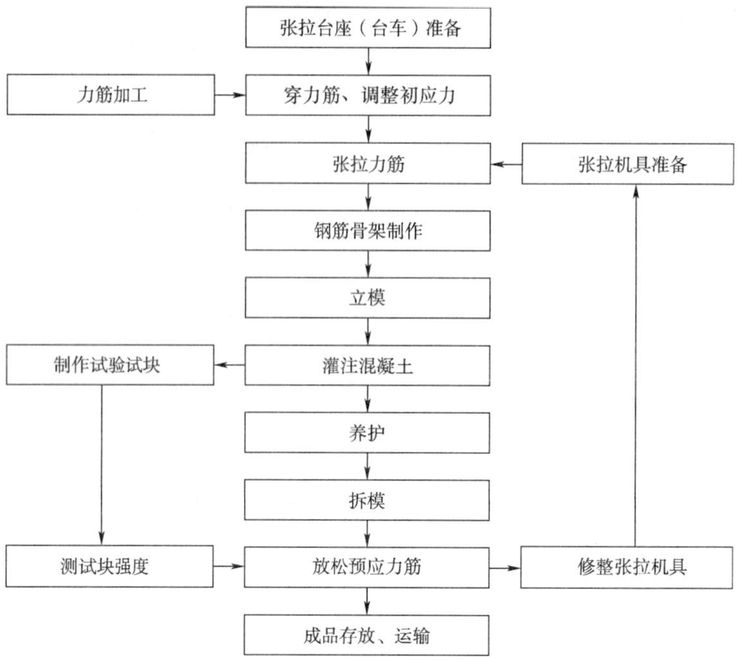

图 5-2　先张法施工工艺流程

先张法张拉力筋时，为弥补预应力损失，通常可以根据预应力筋的类型不同，采用不同的张拉程序，以确保施工后的力筋应力与设计值一致。

(1)粗钢筋：$0 \rightarrow$ 初应力$(10\%\sigma_k) \rightarrow 105\%\sigma_k \xrightarrow{\text{持荷 5min}} 90\%\sigma_k \rightarrow \sigma_k$

(2)高强钢丝或钢绞线：$0 \rightarrow$(初应力)$\rightarrow 105\%\sigma_k \xrightarrow{\text{持荷 5min}} 0 \rightarrow \sigma_k$

σ_k 为张拉控制应力(包括预应力损失值)，在张拉过程中应采用油压表应力值与预应力束(筋)的延伸量两个参数对预应力的大小进行双控。由于目前在预应力钢绞线中广泛采用 OVM 锚具，一旦张拉至 $105\%\sigma_k$ 后回油就自行锚固，所以施工中一般采用张拉至 $103\%\sigma_k$。

2. 预应力钢筋的放松

当混凝土强度达到设计规定的数值(设计未规定时，混凝土强度不应低于设计强度等级值的 80%，弹性模量不应低于混凝土 28d 弹性模量的 80%)后，才可以放松预应力钢筋。防止过早放松预应力钢筋，导致预应力损失增大。一般，预应力钢筋放松应根据配筋情况和数量，选用正确的方法和顺序，否则易引起构件的翘曲、开裂和断筋现象。

钢筋放松方法一般采用砂轮锯或切断机。对于配筋多的钢筋混凝土构件，要防止最后几根钢丝由于承受过大的拉力而突然断裂而使构件端部开裂，影响结构的使用性能。钢筋放松也可采用乙炔-氧气切割，但应采取措施防止烧坏钢筋端部。

对于采用温热养护的预应力混凝土构件，宜在温热时放松预应力筋，而不宜降温后再放松。

二、后张法施工工艺

后张法是指先灌注混凝土构件，在构件中预留孔道，待构件达到一定强度后，穿入力筋并用张拉设备张拉力筋、施加预应力。由于其不需要专门的台座，可直接在构件上张拉，因此广泛使用，其施工工艺如图 5-3 所示。下面主要介绍孔道的形成、预应力钢筋的张拉以及孔道压浆封锚等几个主要工序。

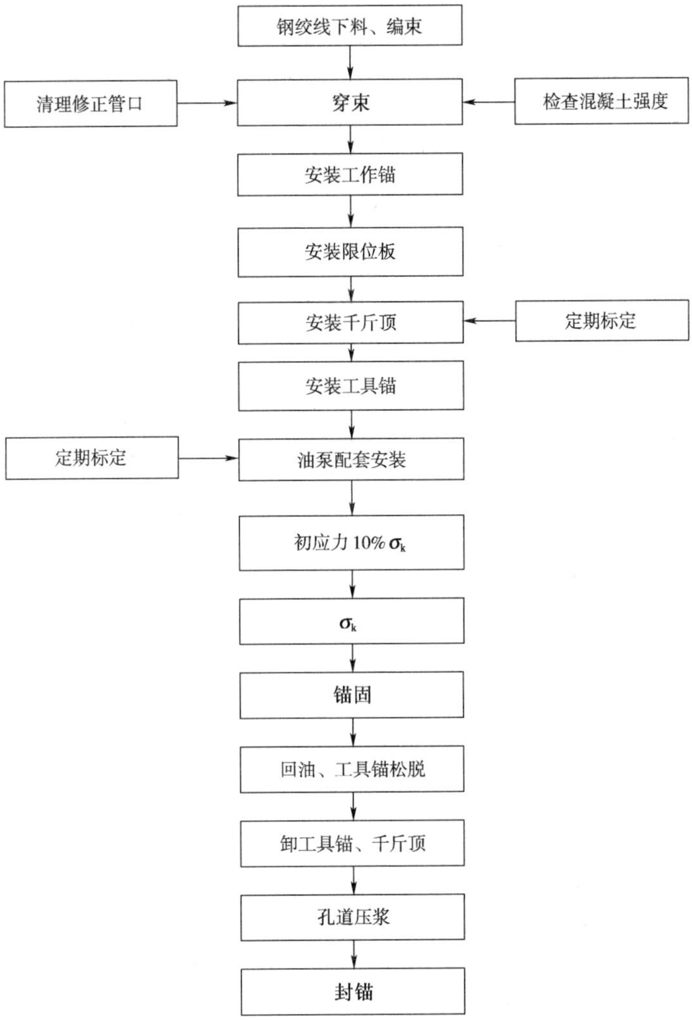

图 5-3　后张法预应力施工工艺流程

1. 孔道的形成

后张法施工的预应力梁，在梁体内应预留有钢丝束孔道。待梁体制作完成后，先将预应力钢丝束穿入孔道，然后再进行张拉与锚固。孔道成型是梁体施工中的一项重要工序。它的主要工作内容有：选择制孔器，安装制孔器，抽拔制孔器和孔道通孔检验等。

(1)制孔器的选择

制孔器的选择要根据管道的形状，力求达到节省材料、工艺简便、成孔质量好的要求。制孔器分别有预埋式制孔器和抽拔式制孔器，前者由铁皮制成，后者分为橡胶管制孔器和金属伸缩套管以及钢管制孔器。对于预应力混凝土 T 形梁内的曲线管道，采用橡胶管制孔器和金属伸缩套管制孔器最为适宜。

橡胶管制孔器一般由橡胶夹两层钢丝编织而成，一般结合钢筋芯棒一起使用，管内压力不宜太大。铁皮套管制孔器成孔均匀，摩阻力小，对曲线管道也能适应，但铁皮的卷制、接头、安装都比较困难，同时铁皮管不能回收重复使用，因而成本高与钢材耗用量大。钢管制孔器用于直线性孔道，且不能弯曲，所以在预应力混凝土T形梁中，一般不采用。

(2)制孔器的安装

制孔器应在钢筋骨架安装之后、侧模未立或至少一侧侧模未立之前进行安装。安装制孔器时，可先将外管(或穿好衬管的外管)沿梁体长度方向顺序穿越各定位钢筋的"井"字网眼，然后在梁中部安装好外管的接头，并固定外管，最后穿入钢筋芯棒。注意事项有：在安装前要认真检查与校正各个"井"字网眼的位置；外管接头都布置在跨中附近，但不宜处在同一个断面上，其相互交错位置应分布在长1m左右的范围内；采用铁皮管套接时，应将胶管慢慢地旋进套管内；胶管接头处在定位网眼之外的悬出段，应当用短钢筋支牢；制孔器安装后，检查胶管是否被钢筋压紧或挤偏变形，接头的密封是否完好，胶管是否有过大的垂度或弯折；对露在梁体外的制孔器胶管和芯棒，应按其孔道曲线的自然延伸位置支撑稳妥。

(3)制孔器的抽拔

制孔器的抽拔时间直接影响到成孔的质量，如果抽拔过早，则混凝土容易塌陷而堵塞孔道；如果抽拔过迟，则可能会拔断胶管。因此，合理的抽拔时间是在混凝土初凝之后与终凝之前，一般以混凝土抗压强度达到4～8MPa为宜。

制孔器的抽拔时间可按下式估计：

$$H=\frac{100}{T}$$

式中：H——指混凝土灌注完毕至抽拔制孔器的时间(h)；

T——预制梁体所处的环境温度，或蒸汽养护的平均温度。

在工程中，尚可以按照表5-1选择抽拔时间。

抽拔制孔器的时间 表5-1

环境温度(℃)	＞30	30～20	20～10	＜10
抽拔时间(h)	3	3～5	6～8	8～12

在抽拔前应先充分做好各项准备工作，以免中途发生障碍而延迟抽拔时间，造成抽拔的困难。抽拔顺序一般为：先抽芯棒，后拔胶管；先拔下层胶管，后拔上层胶管；先拔早灌注的半根梁，后拔晚灌注的半根梁。

制孔器的抽拔有两种方法：

①人工抽拔。即其分别在梁两端用人力拉芯棒和胶管，逐根抽拔。在抽拔前，须在梁的两端设可以调整高度的三角支架，并通过转向油轮来改变抽拔力的施加方向，使之与管道轴线相重合，以免胶管在出口处被擦伤。

②机械抽拔。即用电动卷扬机或手摇绞车抽拔。先用钢丝绳将芯捧一次抽出，再将一段木棒塞进胶管并在胶管上包裹麻袋片，然后系上钢丝绳，开动卷扬机将咬管慢慢地分批拔出。每批以相邻的5～6根为宜。

已拔出的芯棒和胶管，均应放置在指定地方并妥善保管。胶管可顺直存放或盘成直径大于2m的大盘存放。已拔出的胶管，如发现有破损老化等不良情况者，应予以更换。胶管堆放时，要注意防止高温、日晒、冰冻、挤压、刮伤、折叠及油酸侵蚀等情况。

(4)孔道的检查

制孔器拔出后要立即进行孔道的检查，清除孔道内的混凝土碎渣，为穿束创造有利条件。孔道的检查是利用通孔器来进行的，一般用两种直径不同的通孔器：一种是直径为16mm的，一种是直径为36mm的。

检查孔道时，先用大直径的通孔器试通，再用小直径的通孔器试通。如果还不行，则用芯棒检查堵孔位置，并做好标记。如果由于断胶管、水泥浆或铁皮接头堵塞了孔道，尝试将堵塞物勾出，或者直接用芯棒通捣。若还无效果，必须交给主管技术负责人处理，不得擅自从梁体侧面凿开来疏通孔道。

除了上面的传统成孔方法外，还有采用预制波纹管形成预应力孔道的方法，由于其无须拔出，施工简便，目前使用广泛。

2. 预应力筋的张拉

(1)张拉前的施工准备

预应力筋张拉施工是预应力混凝土结构施工的关键工序，张拉施工的质量直接关系到结构安全、人身安全。张拉施工前应精心组织、策划，做好各项施工准备工作，以保证张拉施工顺利进行。后张预应力混凝土结构张拉施工前应做好以下准备工作：

①材料、设备及配套工具的准备；

②结构构件的准备，外观、尺寸应符合质量标准，混凝土强度满足一定的设计规定；

③施工操作条件的准备；

④张拉施工技术准备；

⑤施工安全及技术交底。

(2)预应力筋的张拉顺序

预应力筋的张拉顺序应遵循同步、对称张拉的原则，并且尽量减少张拉设备的移动次数，确保构件不产生附加内力和变形，保证构件受力均匀、同步，偏心荷载小。

(3)预应力筋的张拉工艺

①分级张拉一次锚固。

a. 安装锚具和张拉设备。

b. 油泵供油给千斤顶张拉油缸，按五级加载过程依次上升油压，分级方式为20%、40%、60%、80%、100%，每级加载均应量测伸长值，并随时检查伸长值与计算值的偏差。

c. 张拉到规定油压后，持荷复验伸长值，合格后，实施锚固。对粗钢筋螺杆式锚具，通过专用工具拧紧螺母后，千斤顶卸载锚固；对钢丝束锥形锚具，持荷后实施顶压锚固工艺，然后卸载锚固；对钢丝束镦头锚具，通过专用工具拧紧螺母后，千斤顶卸载锚固；对钢绞线束夹片式群锚体系(如QM体系)，千斤顶卸载即可锚固，也可顶压后卸载锚固(如XM体系)。

d. 千斤顶回油，拆卸工具锚，换束重新安装锚具、设备。

②分级张拉、分级锚固。预应力筋张拉用液压千斤顶的张拉行程一般为150～200mm，对较长的预应力筋束(一般当预应力筋长度大于25m时)，其张拉伸长值会超过千斤顶的一次全行程，必须分级张拉、分级锚固。分级张拉、分级锚固应根据计算伸长值，将张拉过程分成若干次，每次均实施一轮张拉锚固工艺，每一轮的初始油压即为上一轮的最终油压，每一轮的拉力差值应取相同值，以便控制，一直到最终油压值锚固。

③一端张拉工艺。一端张拉工艺就是将张拉设备放置在预应力筋一端；另一端锚固的张拉形式，主要用于埋入式固定端、分段施工采用固定式连接器连接的预应力筋和张拉长度较小的预应力筋。一端张拉工艺过程可以是分级张拉、一次锚固，也可以是分级张拉、分级锚固。

④两端张拉工艺。两端张拉工艺是将张拉设备同时布置在预应力筋两端同步张拉的施工工艺，适用于较长的预应力筋束。原则上讲，两端张拉应同时同步进行，但当张拉设备数量不

足或由于张拉顺序安排关系，也可先在一端张拉完成后，再移至另一端补足张拉力后锚固。对一端张拉完成后，另一端损失值不大，再补张拉另一端时，出现张拉力达到要求而伸长值没有增加的情况时，应考虑采用两端同步张拉工艺。出现这种情况是因为夹片式锚具锚固楔紧后，若要重新打开夹片，必须同时克服夹片与锚环锥孔的楔紧摩擦力和预应力筋中的锚固力，方能重新打开夹片，此时预应力筋中张拉力才与油表显示值一致。

⑤其他张拉工艺。针对不同结构形式和不同的结构设计要求，预应力筋张拉工艺还可分为：分批张拉工艺、分段张拉工艺、分期张拉工艺、补偿张拉工艺等，这些工艺是为满足某一特定要求而设计的，此处不再细述。

(4)张拉安全注意事项

①为防止预应力筋被拉断或锚具与张拉千斤顶失效，在任何情况下作业人员不得站在预应力筋的两端，时刻注意安全。

②操作千斤顶和测量伸长值的人员，应站在千斤顶侧面操作，严格遵守操作规程。在油泵开动过程中，不得擅自离开岗位；如需离开，必须把油阀门全部松开或切断电路。

③张拉时应认真做到孔道、锚环与千斤顶三对中，以便张拉工作顺利进行，并不致增加孔道摩擦损失。

④采用锥锚式千斤顶张拉钢丝束时，先使千斤顶张拉缸进油，至压力表略有启动时暂停，检查每根钢丝的松紧并进行调整，然后再打紧楔块。

⑤钢丝束镦头锚固体系在张拉过程中应随时拧上螺母，以策安全；锚固时如遇钢丝束偏长或偏短，应增加螺母或用连接器解决。

⑥工具锚的夹片，应注意保持清洁和良好的润滑状态。新的工具锚夹片第一次使用前，应在夹片背面涂上润滑脂，以后每使用 5～10 次，应将工具锚上的挡板连同夹片一同卸下，向锚板的锥形孔中重新涂上一层润滑剂，以防夹片在退楔时卡住。润滑剂可采用石墨、二硫化钼、石蜡或专用退锚灵等。

⑦多根钢绞线束夹片锚固体系如遇到个别钢绞线滑移，可更换夹片，用小型千斤顶单根张拉。

⑧多根钢丝同时张拉时，构件截面中断丝和滑脱钢丝的数量不得大于钢丝总数的 3%，但一束钢丝只允许一根。

⑨每根构件张拉完毕后，应检查端部和其他部位是否有裂缝，并填写张拉记录表。

⑩预应力筋锚固后的外露长度，不宜小于 30mm，且不应小于 1.5 倍预应力筋直径，长期外露的锚具，可涂刷防锈油漆，或用混凝土封裹，以防腐蚀。

3. 孔道压浆和封锚

预应力筋张拉完成后，应利用灌浆泵将水泥浆压灌到预应力筋孔道中去，其作用如下：

(1)保护预应力筋，以免锈蚀。

(2)使预应力筋与构件混凝土有效的黏结，以控制超载时裂缝的间距与宽度，并减轻梁端锚具的负荷状况。因此，对孔道灌浆的质量应十分重视。

孔道灌浆的顺序应先下后上。曲线孔道灌浆宜由最低点注入水泥浆，至最高点排气孔排尽空气并溢出浓浆为止。

孔道灌浆的主要步骤如下：

①孔道准备。所有管道均应设压浆孔，在最高点设排气孔，如果有需要，也可以在最低点设排水孔，最小直径为 20mm。在灌浆前应用压力水冲洗孔道，一方面润湿管壁，保证水泥浆

流动正常，另一方面检查灌浆孔、排气孔是否正常。对于可能有的油污，可采用对预应力筋和管道无腐蚀作用的中性洗涤剂或皂液，用水稀释后冲洗，并且在冲洗后，适用不含油的压缩空气将孔道内的所有给水吹出。

②孔道灌浆。压浆时，应先压注下层孔道，应缓慢、均匀地进行，不得中断。在开动灌浆泵注入压力水泥浆，从近至远逐个检查出浆口，待出浓浆后逐一封闭，在关闭最后一个出浆口时，继续加压至 0.5～0.6MPa，并持续 2min，最后封闭进浆孔截门，待水泥浆凝固后，再拆卸连接接头，及时清理。压浆时应使用活塞式压浆泵，不得使用压缩空气。

③低温灌浆。在压浆过程中和压浆后 48h 内，温度不应小于 5℃，否则要采用保温措施，并按冬期施工的要求处理，浆液中可适量掺用引气剂，但不得掺用防冻剂，并且将梁体保温。梁体应选用木模做底模、侧模，待水泥浆强度上升后，再拆除模板。

对于压浆不实的孔口，应及时处理和纠正。

孔道压浆后，将梁端用水冲净，并将混凝土凿毛，设置钢筋网浇筑封锚混凝土。封锚混凝土的灌注程序如下：

(1)按设计要求绑扎端部钢筋网。为固定钢筋网的位置，可将部分箍筋点焊在支承垫板上。

(2)妥善固定封锚模板，以免在灌注混凝土时模板走动而影响梁长。立模后，校核梁体全长，其长度应符合允差标准规定。

(3)拌制封锚混凝土时，其配合比及强度要求应与梁体混凝土完全相同，不得降低。

(4)灌注封锚混凝土时，要仔细操作并认真插捣，务必使锚具处的混凝土密实。

(5)静置 1～2h 后，带模浇水养护。脱模后仍应继续浇水养护，常温下一般的养护时间为 7d。冬季气温低于 5℃时不得浇水，同时还应采取保温措施，以防冻害。

第六节　混凝土简支梁的架设

随着近年来大跨度简支梁桥的陆续建成，我国的简支梁桥施工技术也取得了很大成就。从较早的满堂支架浇筑到移动模架系统，无论在施工方法，还是在施工机具等方面都得到了极大发展。目前简支梁桥的施工方法大致分为支架现浇法、移动支架法和整孔架设法 3 类。

支架现浇法是指在梁下搭设支架来支撑模板、浇筑的钢筋混凝土以及其他施工荷载，最后落架成桥的施工方法。从起初的木材支架到现在随搭随拆的钢支架，展示了支架法的发展历史。目前，常用的有碗扣式钢管脚手架、万能杆件、贝雷梁、六四式军用梁、拆装式钢桁梁、八七式钢梁、六五墩及八三墩等，各种支架都有其不同的优缺点。总体而言，施工快捷、支架强度高、稳定性好，装拆方便，并具有较好的经济性能。支架现浇法的关键是组拼支架，为保证施工安全和质量，在搭设过程中应严格按照设计搭设，加强构造连接。

移动支架法，也称逐孔施工法，包括移动模架法和移动支架法两种。

移动模架法由可移动的钢支架（桁架或箱梁）和制梁机组（包括模板、灌注棚、张锚设备及有关机具）组成，长度约为桥跨的 1.5～2.5 倍。移动模架法最早由原联邦德国施特拉巴克公司用于公路桥梁施工，而在我国，首次应用于公路桥梁施工是福建厦门的高集海峡大桥（连续梁桥），随后在我国的桥梁建设中，得到广泛地运用。

移动模架法在模架前移时，将后支腿搁置在制成的梁上移动，中间及前支腿交替支承在前方桥墩上。其优点是机械化施工程度较高，浇制一孔 30～60m 的预应力混凝土梁只要 10～20d。但模架的体积庞大，价格昂贵，故仅适用于桥位较高、桥梁外形大致相同的连续多跨长桥或高架桥。

移动支架法所采用的支架用钢桁架制成，分上承式和下承式两种。上承式支架支承在桥墩上，长度大致等于桥梁的跨度。在支架上拼完一孔混凝土梁后，用起重机将支架吊出，架设到下一孔继续拼装。下承式支架较长，支承在前方桥墩及已完成的梁上，移动时可向前推进。此法的施工进度较快，并能控制拼装的质量。在施工中等跨度的混凝土梁桥时，可用移动式模架法逐孔现浇，或用移动支架法逐孔拼装。

整孔架设法是指将预制梁片运输到桥址，通过安装就位完成的方法。其施工快，因为梁体系在预制厂完成，其周期短。从架梁的施工工艺来看，整孔架设法又可分为陆地架设、浮吊架设和利用安装导梁或塔架、缆索的高空架设等。当桥下无水而又比较平坦时，对于小跨度梁可采用自行式吊车架梁；对于大跨度梁或梁体较重时可采用跨桥龙门吊架梁。当桥下交通不容干扰，或桥位于水中或深沟等现场条件不容许时，就需要采取高空架设方法架梁。而浮吊架设法仅适用于通航河道或水深河道。在桥梁施工中，应综合考虑现场地形地质条件、机具设备要求、施工能力和梁体本身重量，经过比较后，在确保安全施工的前提下，采用较为经济的架设方法。

由于目前整孔架设法在简支桥梁施工中应用较为广泛，以下主要介绍一下整孔架设法的几种施工工艺特点及适用范围。

一、陆地架设法

1. 自行式吊车架梁

在桥不高，场内又可设置行车便道的情况下，用自行式吊车（汽车吊车或履带吊车）架设中、小跨径的桥梁。优点是简单方便，机动性好，不需要动力设备，架梁速度快。根据吊装重量，可采用单吊（一台吊车）或双吊（两台吊车）。在我国，一般吊装能力为150～1 000kN，国外已经出现了4 100kN的轮式吊车。

2. 跨墩门式吊车架梁

跨墩门式吊车架梁适用于桥梁不太高，架梁孔数又多，沿桥墩两侧铺设轨道不困难。与此同时，还可以采用一台或两台跨墩门式吊车来架梁。在铺设吊车行走轨道和便道共同搬运梁体，并且安装到位。

对于水深不超过5m、水流平缓、不通航的中小河流，也可以搭设便桥并铺轨后用门式吊车架梁。

二、浮吊架设法

在海上和深水大河上修建桥梁时，用可回转的伸臂式浮吊架梁或钢制万能杆件和贝雷钢架拼装固定式的悬臂浮吊比较方便。其优点是高空作业少，施工比较安全，吊装能力也大，工效高；其缺点是需大型浮吊，费用高，周期长。

在采用浮吊架梁时，需在岸边设置临时码头来移运预制梁。架梁时，浮吊要认真锚固，对于流速不大时，则可用预先抛入河中的混凝土锚来作为锚固点。

三、高空架设法

1. 联合架桥机架梁

联合架桥机架梁的方法，适合于架设中、小跨径的多跨简支梁桥。其优点是不受水深和墩高的影响，并且在作业过程中不阻塞通航。

联合架桥机由一根两跨长的钢导梁、两套门式吊机和一个托架(又称蝴蝶架)三部分组成。导梁顶面铺设运梁平车和托架行走的轨道。门式吊车顶横梁上设有吊梁用的行走小车,为了不影响架梁的净空位置,其立柱底部还可做成在横向内倾斜的小斜腿,这样的吊车俗称拐脚龙门架。

2. 闸门式架桥机架梁

在桥高、水深的情况下,也可用闸门式架桥机(或称穿巷式吊机,见图 5-4)来架设多孔中、小跨径的装配式梁桥。

图 5-4 闸门式架桥机架梁

架桥机主要由两根分离布置的安装梁、两根起重横梁和可伸缩的钢支腿三部分组成。安装梁用四片钢桁架或贝雷桁架拼组而成,下设移梁平车,可沿铺在已架设梁顶面的轨道行走。两根型钢组成的起重横梁支承在能沿安装梁顶面轨道行走的平车上,横梁上设有不带复式滑车的起重小车。采用闸门式架桥机时的架梁步骤与用联合架桥机架梁时的操作步骤基本相同。架桥机架梁施工工艺流程,如图 5-5 所示。

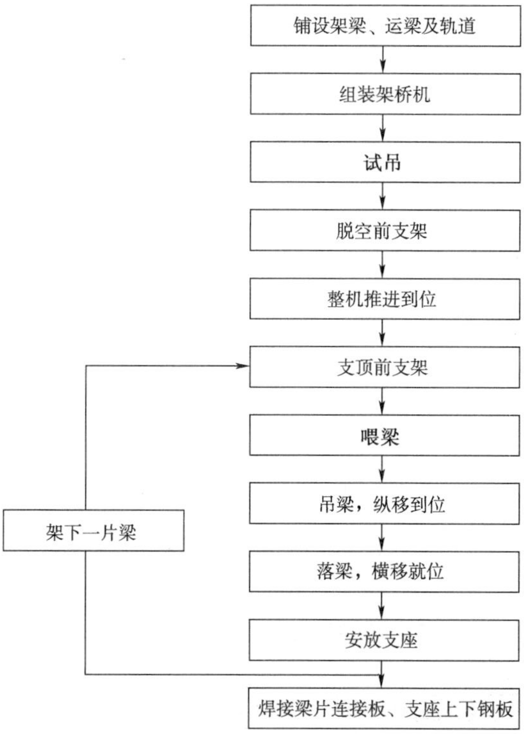

图 5-5 架桥机架梁施工工艺流程

用架桥机架梁适用于孔数多、桥较长、梁较长的桥梁。对于高空架梁法还可采用自行式吊车桥上架梁,吊车直接开到桥上吊梁就位,但此法必须核算吊车通行和架梁工作时已架桥孔主梁的承载能力。

思 考 题

1. 简支梁桥施工工艺有哪几种?它们各自有什么特点?

2. 钢筋连接主要有哪几类方式?目前常见的机械连接方法有哪几种?请说出各自的特点。

3. 冬季施工时应采取哪些措施保证混凝土工程施工质量?

4. 混凝土简支梁整孔架设有哪些施工方法?各自的适用范围是什么?

第六章　混凝土连续梁的施工

第一节　概　　述

在钢筋混凝土桥梁的时代，桥梁上部结构的施工方法主要是现场浇筑的施工方法。自20世纪70年代以来，随着桥梁类型与跨径幅度的进步和发展，已经形成了多种多样的施工方法，桥梁施工技术得到了迅速发展，并发生了重大的变革。特别是随着预应力混凝土技术的发展，过去用于钢桥的架设方法，也逐步应用到混凝土桥。混凝土连续梁的施工方法主要有如下几种：

(1)利用脚手架施工，其中有满堂支架和移动支架。

(2)预制架设法，其中有梁段整体施工和悬臂拼装法。

(3)逐孔施工法，即使用一套设备从桥梁的一端逐孔施工，直到对岸。

(4)悬臂法，也称分段施工法，是以桥墩为中心向两岸对称的、逐节悬臂接长的施工方法。其分为悬臂浇筑法和悬臂拼装法两种。

①悬臂拼装法。悬臂拼装法是利用移动式悬拼吊机将预制梁段起吊至桥位，然后采用环氧树脂胶及钢丝束预施应力连接成整体，采用逐段拼装，一个节段张拉锚固后，再拼装下一节段。悬臂拼装施工包括块件的预制、运输、拼装及合龙。

②悬臂浇筑法。悬臂浇筑采用移动式挂篮作为主要施工设备，以桥墩为中心，对称向两岸利用挂篮逐段浇筑梁段混凝土，待混凝土达到要求强度后，张拉预应力束，再移动挂篮，进行下一节段的施工。

(5)顶推法。顶推法施工是沿桥轴方向，在台后开辟预制场地，分节段预制梁身并用纵向预应力筋将各节段连成整体，然后通过水平液压千斤顶施力，借助滑动装置，将梁段向对岸推进。这样分段预制，逐段顶推，待全部顶推就位后，落梁、更换正式支座，完成桥梁施工。其适用于中等跨径、等截面的直线或曲线桥梁。顶推施工依照顶推的施工方法分类有单点顶推和多点顶推。

①单点顶推。顶推的装置集中在主梁预制场地附近的桥台或桥墩上，前方墩各支点上设置滑动支承。

②多点顶推。在每个墩台上设置一对小吨位的水平千斤顶，将集中的顶推力分散到各墩上。由于可利用水平千斤顶传给墩台的反力来平衡梁体滑移时在桥墩上产生的摩阻力，从而使桥墩在顶推过程中承受较小的水平力，因此可以在柔性墩上采用多点顶推法。同时多点顶推所需的顶推设备吨位小，容易获得。

本章将介绍混凝土连续梁的常用施工方法：逐孔施工法、悬臂浇筑施工法和顶推法架梁。

第二节　逐孔施工法

逐孔施工是中等跨径预应力混凝土连续梁中的一种施工方法，它使用一套设备从桥梁的一端逐孔施工，直到对岸。逐孔施工法有用临时支承组拼预制节段的逐孔施工法、移动支架逐孔现浇施工法，以及整孔吊装或分段节段施工法等。逐孔施工技术主要体现了省和快，它可使施工单一标准化、工作周期化，最大限度地减少工费的比例，降低造价。

一、逐孔施工法的主要特点

(1)不需要设置地面支架，不影响通航和桥下交通，施工安全、可靠。

(2)有良好的施工环境，保证施工质量，一套模架可多次周转使用，具有在预制场生产的优点。

(3)机械化、自动化程度高，节省劳力，降低劳动强度，上下部结构可以平行作业，缩短工期。

(4)通常每一施工梁段的长度取用一孔梁长，接头位置一般可选在桥梁受力较小的部位。

(5)移动模架设备投资大，施工准备和操作都较复杂。

(6)宜在桥梁跨径<50m 的多跨长桥上使用。

二、用临时支承组拼预制节段逐孔施工

对于多跨长桥，在缺乏起重能力较大的设备时，可将每跨梁分成若干段，在预制场进行分段生产；在架设时采用一套临时支承梁来承担组拼节段的自重，并在支承梁上张拉预应力筋，同时保证将安装跨的梁与施工完成的桥梁结构按照设计的要求连接，完成安装跨的架梁工作。随后移动临时支承梁，进行下一桥跨的施工。

1. 节段划分

采用节段组拼逐孔施工的桥梁，为了便于组拼，通常组拼的梁跨在桥墩处接头，即每次组拼长度为桥梁的跨径。

在组拼长度内，可根据起重能力沿桥梁纵向划分节段。对于桥宽在 10～12m，采用单箱截面的桥梁，分节段时在横向不再分隔。节段长一般取 4～6m，每跨内的节段通常可分两种类型。

(1)桥墩节段

由于桥墩节段要与前一跨连接，需要张拉钢索或钢索接长，为此对墩顶节段构造有一定要求。此外，在墩顶处桥梁的负弯矩较大，梁的截面还要符合受力要求。

(2)标准节段

除两端桥墩顶节段外，其余节段均可采用标准节段，以简化施工。节段的腹板设有齿键，顶板和底板设有企口缝，使接缝剪应力传递均匀，并便于拼装就位。前一跨墩顶节段与安装跨第一节段间可以设置就地浇筑混凝土封闭接缝，用以调整安装跨第一节段的准确程度，但也可不设。封闭接缝宽 15～20cm，拼装时由混凝土垫块调整。在施加初预应力后用混凝土封填，这样可调整节段拼装和节段预制的误差，但施工周期要长些。采用节段拼合可加快拼装速度，但对预制和组拼施工精度要求较高。

2. 支承梁的类型

(1)钢桁架导梁

导梁长按桥墩间跨长取用，支承在设置于桥墩上的横梁或横撑上，钢桁架导梁的支承处设有液压千斤顶用于调整高程。通过在导梁上设置不锈钢轨与放在节段下面的聚四氟乙烯板形成滑动面，方便节段在导梁上移动。为保证每跨箱梁节段全部组拼之后，钢导梁上弦符合桥梁纵断面高程要求，钢梁需设置预拱度。同时还需准备一些附加垫片，用于临时调整高程。

节段就位可从已完成的桥面上由轨道运送至安装孔，也可由驳船运至桥位用吊车安装。由于钢桁架导梁需要多次转移逐孔拼装，因此要求导梁要便于装拆和移运。

当节段组拼就位，封闭接缝混凝土达到一定强度后，张拉预应力筋与前一跨桥组拼成整体。

(2)下挂式高架钢桁架

采用一付高架桁架吊挂节段组拼时，为了加强桁架的刚度，可采用一对或数对斜缆索加劲。高架桁架长度大于两倍桥梁跨径，由三个支点支撑，支点分别设置在已完成孔和安装孔的桥墩上。高架桁架可独立设有行走系统，由支脚沿桥面轨道自行驱动。吊装时，支脚落下，用液压千斤顶锚固于桥墩处桥面上。预制节段由平板车沿已安装的桥孔或由驳船运至桥位后，借助架桥机前部斜缆悬臂梁吊装，并将第一跨梁的各节段分别悬吊在架桥机的吊杆上。当各节段位置调整准确后，完成该跨设计的预应力张拉工艺。并在张拉过程中，逐步顶高架桥机的后支腿，使梁底落在桥墩上的油压千斤顶上。千斤顶高出支座顶面100mm，在拆移千斤顶的前一天将支座周围加设模板并压注膨胀砂浆，凝固后，再卸千斤顶使支座受力。

在节段组拼过程中，架桥机前臂必然下挠，安装桥跨第一块中间节段的挠度倾角调整是该跨架设的关键，因此要求当一跨节段全部由架桥机空中吊起后，第一个中间节段与墩上节段的接触面应全部吻合。如在吊装中心出现节段横向偏移，而不相吻合的现象时，应在节段下方利用手拉葫芦调整；对于竖直上下方的调整，可借助架桥机下方的钢缆吊索油缸调整。

采用预制节段组拼逐孔架设的施工方法，施工速度快，安全、可靠，起吊能力可以控制在100t以内，所需机具设备和临时器件不多，但需有足够的预制场地。

三、用移动支架逐孔现浇施工(移动模架法)

与在支架上现场浇筑施工相比，逐孔现浇施工的不同点在于逐孔现浇施工仅在一跨梁上设置支架，当预应力筋张拉结束后移动支架，再进行下一跨逐孔施工，而在支架上现浇施工通常需在连续梁的一联桥跨上布设支架连续施工，因此在逐孔现浇施工过程中有结构的体系转换问题，混凝土徐变对结构产生次内力。

对中小跨径连续梁桥或建造在陆地上的桥跨结构，可以使用落地式或梁式移动支架。梁式支架的承重梁支承在锚固于桥墩的横梁上，也可支承在已施工完成的梁体上，现浇施工的接头最好设在弯矩较小的部位，常取离桥墩1/5跨度附近。逐孔就地浇筑施工需要一定数量的支架，但比起在支架上现场浇筑施工所需的支架数量要少得多，而且周转次数多，利用效率高。逐孔现浇的施工速度也比在支架上现浇快，但相对预制梁段组拼逐孔施工要长些，同时后支点位于桥梁的悬臂端处，现浇孔施工重量对已完成桥跨将产生较大的施工弯矩，特别是在已完成桥跨的混凝土龄期还很短的情况下。

采用落地式或轨道移动式支架逐孔施工，可用于预应力混凝土连续梁桥，也可在钢筋混凝土连续梁桥上使用，每跨梁施工周期约两周，支架的移动较方便，但在河中架设较为困难。

当桥墩较高、桥跨较长或桥下净空受到约束时，可以采用非落地支承的移动模架逐孔现浇施工，称为移动模架法。这种施工方法近年来发展较快，由于它的机械化、自动化程度较高，给施工带来较好的经济效益。

1. 移动悬吊模架施工

移动悬吊模架的形式很多，其基本结构包括三部分：承重梁、从承重梁上伸出的肋骨状的横梁、吊杆和承重梁的固定及活动支承。承重梁也称支承梁，通常采用钢梁，并依据桥宽来确定采用单梁或是双梁。承重梁的前段作为前移的导梁，总长度要大于桥梁跨径的两倍。承重梁是承受施工设备自重、模板和悬吊脚手架系统的重力和现浇混凝土重力的主要构件。承重梁的后段通过可移式支承落在已完成的梁段上，它将重力传给桥墩或直接应落在墩顶。承重梁的前端支承在前方墩上，导梁部分悬出，因此其工作状态呈单悬管梁。移动悬吊模架也称为上行式移动模架、吊杆式或挂模式移动模架。

承重梁除起承重作用外，在一孔梁施工完成后，作为导梁带动悬吊模架纵移至下一施工跨。承重梁的移位以及内部运输由数组千斤顶或起重机完成，并通过中心控制室操作。承重梁的设计挠度一般控制在 1/500～1/800 范围内。钢承重梁制作时要设置预拱度，并在施工中加强观测。

从承重梁两侧悬出的许多横梁覆盖桥梁全宽，横梁由承重梁上左右各 2～3 组钢束拉住，以增加其刚度。横梁的两端悬挂吊杆，下端吊住呈水平状态的模板，形成下端开口的框架并将主梁(待浇制的)包在内部。当模板支架处于浇混凝土的状态时，模板依靠下端的悬臂梁和锚固在横梁上的吊杆定位，并用千斤顶固定模板。当模板需要向前运送时，放松千斤顶和吊杆，模板固定在下端悬臂梁上，并转动该梁，使在运送时的模架可顺利地通过桥墩。

2. 支承式活动模架施工

支承式活动模架的构造形式较多，现列举其中一种，其构造形式是由承重梁、导梁、台车和桥墩托架等构件组成。在混凝土箱形梁的两侧各设置一根承重梁，支撑模板和承受施工重力。承重梁的长度要大于桥梁跨径，浇筑混凝土时承重梁支承在桥墩托架上。导梁主要用于运送承重梁和活动模架，因此需要有大于两倍桥梁跨径的长度。当一孔梁施工完成后进行脱模卸架，由前方台车(在导梁上移动)和后方台车(在已完成的梁上移动)沿桥纵向将承重梁和活动模架运送至下孔，承重梁就位后导梁再向前移动。支承式活动模架的另一种构造是采用两根长度大于两倍跨径的承重梁分设在箱梁截面的翼线板下方，兼有支承和移运模架的功能，因此不需要再设导梁。两根承重梁置于墩顶的临时横梁上，两根承重梁间用支承上部结构模板的钢螺栓框架连接起来，移动时为了跨越桥墩前进，需先解除连接杆件，承重梁逐根向前移动。

施工中的体系转换包括固定支座与活动支座的转换。如跨中为固定支座，但施工时为活动支座，施工完成后转为固定式。每个支座安装时所留的提前量按施工时的气温，混凝土的收缩、徐变，混凝土的水化热等因素仔细计算，并在施工中加强观测。

移动模架需要一整套机械动力设备、自动装置和大量钢材，一次投资相对较高。为了提高使用效率，必须解决装配化和科学管理的问题。装配化就是设备的主要构件能适用不同的桥梁跨径、不同的桥宽和不同形状的桥梁，扩大设备的使用面，降低施工成本。科学管理的目的在于充分发挥设备的使用能力，注意设备的配套和维修养护，如果备有专业队伍固定操作，并能持久地使用到它所适用的桥梁施工上，必将取得较好的效益。

四、整孔吊装或分段吊装逐孔施工

整孔吊装和分段吊装需要先在工厂或现场预制整孔梁或分段梁，再进行逐孔架设施工。由于预制梁或预制段较长，通常采用二次张拉法施加预应力，即在预制时先进行第一次预应力索的张拉，拼装就位后进行二次张拉。因此，在施工过程中需要进行体系转换。吊装的机具有格式吊、浮吊、龙门起重机、汽车吊等多种，可根据起吊物重力、桥梁所在的位置以及现有设备和掌握机具的熟练程度等因素决定。

整孔吊装和分段吊装施工与装配式桥的预制与安装大致相同，但逐孔吊装施工应注意以下几个问题。

(1)采用分段组装逐孔施工的接头位置可以设在桥墩处,也可以设在梁的 l/5 附近。前者多为由简支梁逐孔施工连接成连续梁桥;后者多为悬臂梁转换为连续梁。在接头位置处可设有 0.5～0.6m 现浇混凝土接缝,当混凝土达到足够强度后张拉预应力筋,完成连续梁桥的施工。

(2)桥的横向是否分隔,主要根据起重能力和截面形式确定。当桥梁较宽、起重能力有限的情况下,可以采用 T 梁或工字梁截面,分片架设之后再进行横向整体化。为了加强桥梁的横向刚度,常采用梁间翼线板有 0.5m 宽的现浇接头。采用大型浮吊横向整体吊装将会简化施工和加快安装速度。

(3)对于先简支后连续的施工方法,通常在简支梁架设时使用临时支座,待连接和张拉后期钢索完成连续时拆除临时支座,放置永久支座。为使临时支座便于卸落,可在橡胶支座与混凝土垫块之间设置一层硫磺砂浆。

(4)在梁的反弯点附近设置接头,在有可能的情况下,可在临时支架上进行接头。结构各截面的恒载内力根据各施工阶段进行内力叠加计算。

第三节　悬臂浇筑施工法

悬臂浇筑是采用移动式挂篮作为主要施工设备,以桥墩为中心,对称向两岸利用挂篮逐段浇筑梁段混凝土,待混凝土达到要求强度后,张拉预应力束,再移动挂篮,进行下一节段的施工。施工时应根据设备情况及工期,选择合适的节段长度。节段过长,将增加混凝土自重及挂篮结构重力,而且要增加平衡重及挂篮后锚设施;节段过短,影响施工进度。悬臂浇筑每个节段长度一般为 2～6m。

悬臂浇筑法施工是桥梁施工中难度较大的施工工艺,需要一定的施工设备及一支熟悉悬臂浇筑工艺的技术队伍。由于 80%左右的大跨径桥梁均采用悬臂浇筑法施工,通过大量实桥施工,使悬臂浇筑施工工艺日趋成熟。下面按悬臂施工程序、0 号块施工、梁墩临时固结、施工挂篮、浇筑梁段混凝土、结构体系转换、合龙段施工及施工控制几个方面进行较详细介绍。

一、悬臂浇筑法施工程序

连续梁桥采用悬臂浇筑施工时,根据施工程序的不同,分为以下三种基本方法,即逐跨连续悬臂施工法、T 构-单悬臂梁-连续梁施工法和 T 构-双悬臂梁-连续梁施工法。

1. 逐跨连续悬臂施工法(图 6-1)

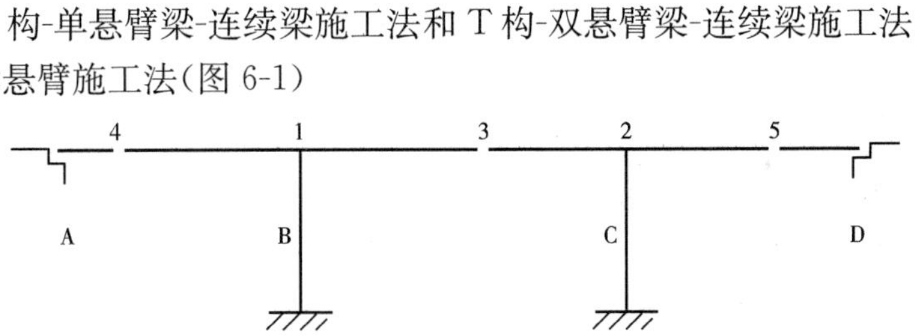

图 6-1　逐跨连续悬臂施工程序

(1)首先从 B 墩开始将梁墩临时固结,进行悬臂施工;

(2)岸跨边段合龙,B 墩临时固结释放后形成单悬臂梁;

(3)从 C 墩开始,梁端临时固结,进行悬臂浇筑施工;

(4)B、C跨中间合龙，释放C墩临时固结，形成带悬臂的两跨连续梁；

(5)从D墩开始，D墩进行梁墩固结进行悬臂施工；

(6)C、D跨中间合龙，释放D墩临时固结，形成带悬臂的三跨连续梁；

(7)按上述方法以此类推进行；

(8)最后岸跨边段合龙，完成多跨一联的连续梁施工。

上述逐跨连续悬臂法施工，从一端向另一端逐跨进行，逐跨经历了悬臂施工阶段，施工过程中进行了体系转换。逐跨连续悬臂法施工可以利用已建成的桥面上进行机具设备、材料、混凝土运输，方便了施工。该法每完成一个新的悬臂并在跨中合龙后，结构稳定性、刚度不断加强，所以逐跨连续悬臂法常在多跨连续梁及大跨长桥上采用。

2. T构-单悬臂梁-连续梁施工法(图6-2)

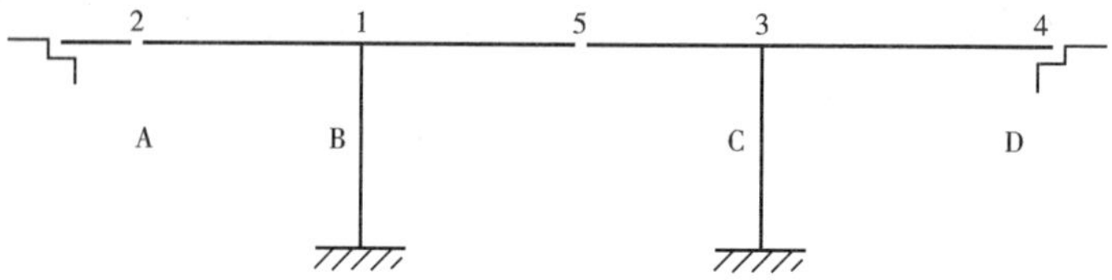

图6-2　T构-单悬臂梁-连续梁施工法程序

(1)首先从B墩开始，梁墩固结，进行悬臂施工；

(2)岸跨边段合龙，释放B墩临时固结，形成单悬臂梁；

(3)C墩进行施工，梁墩固结，进行悬臂施工；

(4)岸跨边段合龙，释放C墩临时固结，形成单悬臂梁；

(5)B、C跨中段合龙，形成三跨连续梁结构。

本法也可以通过多增设两套挂篮设备，实现B、C墩同时悬臂浇筑施工，再两岸跨边段合龙，释放B、C墩临时固结，最后中间合龙，成三跨连续梁，以加速施工进度，达到缩短工期的目的。多跨连续梁施工时可以采取几个合龙段同时施工，以加速施工进度；也可以逐个进行。本法在3～5跨连续梁施工中是常用的施工方法。

3. T构-双悬臂梁-连续梁施工法(图6-3)

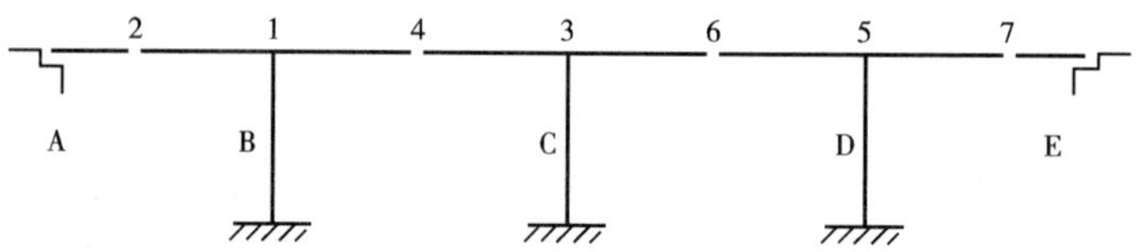

图6-3　T构-双悬臂梁-连续梁施工法程序

(1)首先从B墩开始，梁墩固结后，进行悬臂施工；

(2)再从C墩开始，梁墩固结后，进行悬臂施工；

(3)B、C跨中间合龙，释放B、C墩的临时固结，形成双悬臂梁；

(4)A端岸跨边段合龙；

(5)D端岸跨边段合龙，完成三跨连续梁施工。

本方法当结构呈双悬臂梁状态时，结构稳定性较差，所以一般遇大跨径或多跨连续梁时不采用上述方法。

上述连续梁采用的三种悬臂施工方法是悬臂施工的基本方法。遇到具体桥梁施工时，可选择合适的一种方法，也可综合各种方法优点选用合适的施工程序。

二、悬臂梁段 0 号块施工

采用悬臂浇筑法施工时，墩顶 0 号块梁段采用在托架上立模现浇，并在施工过程中设置临时梁墩锚固，使 0 号块梁段能承受两侧悬臂施工时产生的不平衡力矩。

施工托架有扇形、门式等形式，托架可采用万能杆件、贝雷梁、型钢等构件拼装，也可采用钢筋混凝土构件做临时支撑。托架总长度视拼装挂篮的需要而决定。横桥自托梁宽度要考虑箱梁外侧主模的要求。托架顶面应与箱梁底面纵向线形一致。

扇形施工托架与门式施工托架形式，如图 6-4 所示。

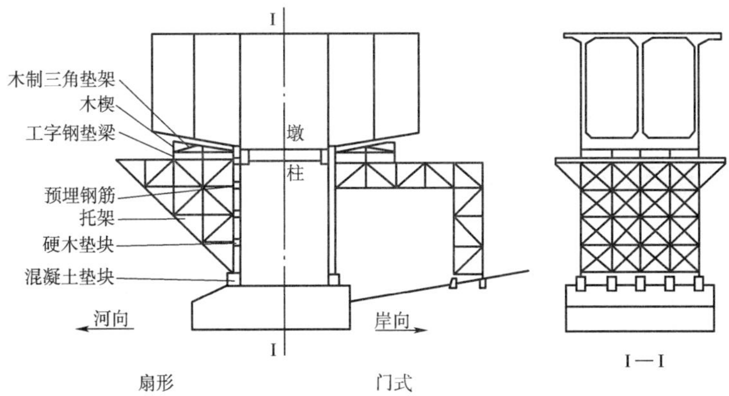

图 6-4　扇形托架与门式施工托架形式图

由于考虑到在托架上浇筑梁段 0 号块混凝土，托架变形对梁体质量影响很大。在作托架设计时，除考虑托架强度要求外，还应考虑托架的刚度和整体性；采用万能杆件、贝雷梁、板梁、型钢等做托架时，可采取预压、抛高或调整等措施，以减少托架变形。上梅吴凇大桥采用扇形钢筋混凝土立柱作托架支撑于承台上，并设置竖向预应力索作梁墩临时锚固用，减小了托架变形。

三、梁墩临时固结措施

大跨径预应力混凝土桥梁采用悬臂施工法施工，如结构采用 T 型钢构，则不存在梁墩临时固结问题，因墩身与梁本身采用刚性连接。悬臂梁桥及连续梁桥采用悬臂施工法，为保证施工过程中结构的稳定可靠，必须采取 0 号块梁段与桥墩间临时固结或支承措施。临时固结措施或支承措施有下列几种形式：

(1)将 0 号块梁段与桥墩钢筋或预应力筋临时固结，待需要解除固结时切断。

(2)在桥墩一侧或两侧加临时支承或支墩。

(3)将 0 号块梁段临时支承在扇形或门式托架的两侧。

(4)临时支承可用硫磺水泥砂浆块，砂浆或混凝土块等卸落设备，以使体系转换时，较方便地撤除临时支承。临时梁墩固结要考虑两侧对称。施工时有一个梁段超前的不平衡力矩，应演算其稳定性，稳定性系数不小于 1.5。

当采用硫磺水泥砂浆块做临时支承的卸落设备，要采取高温熔化撤除支承时，必须在支承块之间设置隔热措施，以免损坏支座部件。

四、施工挂篮

挂篮是一个能沿着轨道行走的活动脚手架，是悬臂浇筑施工的主要机具。挂篮悬挂在已经张拉锚固的箱梁梁段上，悬臂浇筑时箱梁梁段的模板安装、钢筋绑扎、管道安装、混凝土浇筑、预应力张拉、压浆等工作均在挂篮上进行。当一个梁段的施工程序完成后，解除挂篮后锚，并移向下一梁段施工。所以挂篮既是空间的施工设备，又是预应力筋未张拉前梁段的承重结构。

1. 挂篮形式

挂篮主要有梁式挂篮、斜拉式挂篮及组合斜拉式挂篮三种。

(1)梁式挂篮

梁式挂篮由底模板、悬吊系统、承重结构、行走系统、平衡重、锚固系统、工作平台等部分组成，形式如图 6-5 所示。

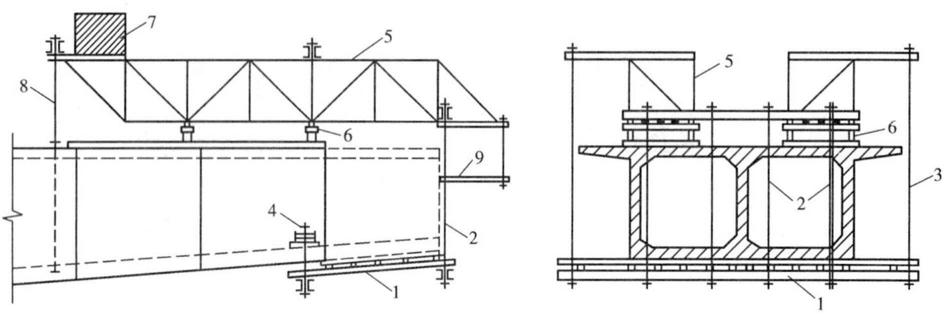

图 6-5　梁式挂篮结构简图

1-底模板；2、3、4-悬吊系统；5-承重系统；6-行走系统；7-平衡重；8-锚固系统；9-工作平台

①挂篮承重结构是挂篮主要受力构件，可以采用万能杆件或贝雷梁拼装的钢桁架，也可以采用钢板梁或大号型钢作为承重结构。

②悬吊系统可采用钻有销孔的扁钢或两端有螺纹的圆钢组成，其作用是将底模板、张拉工作平台的自重及其上面的荷重传递到承重结构上。

③设置锚固系统装置及平衡重的目的，是防止挂篮在行走状态及浇筑混凝土梁段时倾覆失稳；在挂篮行走状态时解除锚固系统，依靠平衡重作用防止行走时挂篮失稳。在进行检验时，稳定系数不应小于 1.5。

④挂篮整体纵移采用电动卷扬机牵引，挂篮上设上滑道，梁上锚设下滑道，中间可用滚轴、也可采用聚四氟乙烯板做滑道。目前现场常采用上滑道覆一层不锈钢薄板，下滑道采用槽钢，槽钢内放聚四氟乙烯板，行走方便、安全，稳定性较好。

⑤工作平台设于挂篮承重结构的前端，用于张拉预应力束、压浆等操作的脚手架。

⑥底模板用于立模板、绑扎钢筋、浇筑混凝土、养生等工序。

用梁式挂篮施工初始几对梁段时，由于墩顶位置限制，施工中常将两侧挂篮的承重结构临时连接在一起，待梁段浇筑到一定长度后，再将两侧承重结构分开。梁式挂篮可以充分利用施工单位备有的万能杆件或贝雷梁作为挂篮的承重结构，本身的投资较少，且受力明确，施工时装拆较方便，因此，在悬臂浇筑刚开始应用时采用较多。

(2)斜拉式挂篮

斜拉式挂篮也称为轻型挂篮。随着桥梁跨径越来越大，斜拉式挂篮应运而生，与梁式挂篮相比，其优点在于减轻了挂篮自重，从而达到减少施工阶段增加的临时钢丝束。

斜拉式挂篮承重结构由纵梁、立柱、前后斜拉杆组成，杆件少，结构简单，受力明确，承重结构轻巧。其他构造系统与梁式挂篮相似，如图 6-6 所示。

(3)组合斜拉式挂篮

组合斜拉式挂篮是在斜拉式挂篮的基础上经改进研制出的一种新的结构形式。挂篮自重更轻,其承重比不大于0.4,最大变形量不大于20mm,行走方便,箱梁段施工周期更短。组合斜拉式挂篮由承重体系、悬吊系统、模板系统以及限位与锚固系统组成,其构造如下:

①承重结构。承重结构包括主梁、主上横梁、前上横梁和后上横梁,共同承受和传递斜拉带及内、外滑梁的荷重。主梁后部有水平和竖向限位器,其功能除固定挂篮位置外,还起传递施工荷载的作用。挂篮行走时竖向限位器换成压轮,以控制挂篮行走时的稳定性。

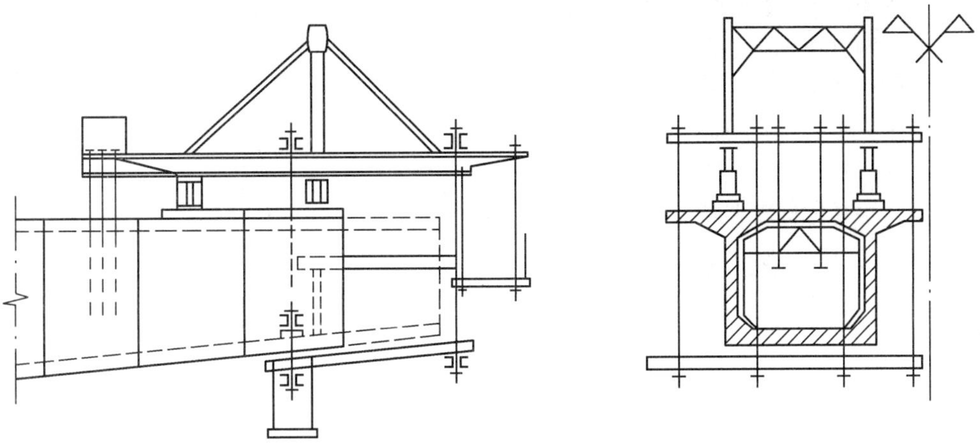

图6-6 斜拉式挂篮简图

主上横梁采用型钢制成的三角形垫块用螺栓与主梁连接,其功能是将斜拉带的拉力传给主梁。前上横梁采用螺栓与主梁连接,并通过吊杆带与内、外滑梁相连,用以支撑和固定模板,并将力传给主梁。后上横梁的功能,是在挂篮行走时通过两端钢丝绳与其底部的下后横梁部同步移动,从而使组合斜拉式挂篮一步到位。

②悬吊系统。悬吊系统包括斜拉带、下后锚带、内外滑梁吊带。

a.斜拉带由两横钢带组成,其长度和断面尺寸根据设计计算确定。斜拉带上设有销孔,用以调节长度。斜拉带是挂篮的主要受力构件之一,它将底篮及侧模上受的力传递给主梁。斜拉带也是控制挂篮高程的主要构件,即通过上端千斤顶进行微调,达到模板定位的目的。因此,斜拉带除应有足够的强度外,还要有足够的刚度。在较宽的箱梁上,为减小下横梁的变形,宜在腹板外侧再增加两根斜拉带。

b.下后锚带一般有两个,其材料和断面尺寸与斜拉带基本相同。下后锚带的功能是固定底篮并将后横梁受的力传递到已浇完混凝土的梁段上,通过锚带上的销孔来调节长度以适应底板厚度的变化,上端用千斤顶支承,以便保证新旧梁段平顺。

c.内、外滑梁吊带由带钢或精轧螺纹粗钢筋组成,并将所受的力传递给主梁。

③模板系统。模板系统由底篮和底模板、外侧模和内模组成。

a.底篮和底模板。底篮由前后下横梁和若干纵梁组成,在纵梁上直接铺底模板。下横梁和纵梁之锚用活动铰链相连,以保证其灵活性。前、后下横梁各有两个(或四个)挂耳,与斜拉带和下后锚带连接,将施工荷载传给已浇段。前下横梁另设两个挂耳,用钢丝绳与主梁前端连接;后下横梁两端各设一个挂耳,用钢丝绳与后上横梁相连,以保证移动挂篮及侧模与主梁同步移动。

b.外侧模和内模。外侧模用型钢杆件组成框架,内置模板。内模采用组拼式模板。当内滑梁和托架移位后，根据箱梁变截面高度再组拼新内模。

④限位与锚固系统。限位与锚固系统由水平与竖向两组限位锚固装置组成。

a.水平限位器又分设上、下限位锚固装置。上水平限位器系通过主梁尾端的4根(由计算确定)精轧螺纹粗钢筋与预埋锚板锚固，主要是限制主梁在斜拉带受力时前移。下水平限位器系通过已浇梁段底板预埋钢板与挂篮上限位板之间的锚固，从而有效防止底篮在斜拉带受力时向后移动。

b.竖向限位器是为防止主梁在承重和行走时失稳而设。在挂篮主梁后半部利用竖向预应力钢筋(或预埋件)设置2～3个垂直限位装置，施工时通过千斤顶压紧，行走时将千斤顶压板换成压轮，即可达到行走限位目的。下后吊带也是底篮的竖向限位器。

2. 挂篮的安装

(1)挂篮组拼后，应全面检查安装质量，并做载重试验，以确定其各部位的变形量，并设法消除其永久变形。

(2)在起步长度内梁段浇筑完成并获得要求的强度后，在墩顶拼装挂篮。有条件时，应在地面上先进行试拼装，以便在墩顶熟练有序地开展拼装挂篮工作。拼装时应对称进行。

(3)挂篮的操作平台下应设置安全网，防止物件坠落，以确保施工安全。挂篮应呈全封闭，四周设围护，上下应有专用扶梯，方便施工人员上下挂篮。

(4)挂篮行走时，须在挂篮尾部压平衡重，同时必须保证在浇筑混凝土梁段时，挂篮尾部与梁进行锚固，以防倾覆。

用于悬臂浇筑施工的挂篮，其结构除应满足强度、刚度和稳定性要求外，还应符合规范的其他要求：挂篮与悬浇梁段混凝土的质量比不宜大于0.5，且挂篮的总重应控制在设计规定的限重之内。挂篮的最大变形(包括吊带变形的总和)应不大于20mm。挂篮在浇筑混凝土状态和行走时的抗倾覆安全系数、自锚固系统的安全系数、斜拉水平限位系统的安全系数及水平限位的安全系数均不应小于2。挂篮的支承平台应有足够的平面尺寸，应能满足梁段现场施工作业的需要。挂篮模板的制作与安装应准确、牢固，安装误差应符合规范要求。后吊杆和下限位拉杆孔道应严格按设计尺寸准确预留。挂篮制作加工完成后应进行试拼装。挂篮在现场组拼后，应全面检查其安装质量，并应进行模拟荷载试验，符合挂篮设计要求后方可正式投入使用。

五、悬臂浇筑梁段混凝土

悬臂浇筑梁段的混凝土施工控制宜遵循变形和内力双控原则，且宜以变形控制为主。悬浇过程中梁体的中轴线允许偏差控制在5mm以内，高程允许偏差为±10mm。此外，悬臂浇筑梁段混凝土时还应注意以下几点：

(1)挂篮就位后，安装并校正模板吊架，此时应对浇筑预留梁段混凝土进行抛高，以使施工完成的桥梁符合设计高程。抛高值包括施工期结构挠度，因挂篮重力和临时支承释放时支座产生的压缩变形等。

(2)模板安装应核准中心位置及高程，模板与前一段混凝土面应平整密贴。如上一节段施工后出现中线或高程误差需要调整时，应在模板安装时予以调整。

(3)安装预应力预留管道时，应与前一段预留管道接头严密对准，并用胶布包贴，渗入管道。管道四周应布置足够的定位钢筋，确保预留管道位置正确，线形平顺。

(4)浇筑混凝土时，可以从前端开始，应尽量对称平衡浇筑。浇筑时应加强振捣，并注意对预应力预留管道的保护。

(5)在设计混凝土配合比时，一般加入早强剂或减水剂，以提高混凝土早期强度，从而加快施工速度。混凝土梁段浇筑一般5～7d为一个周期。为防止混凝土出现过大的收缩、徐变，应在配合比设计时按规范要求控制水泥用量。

(6)梁段拆模后，应对梁端的混凝土表面进行凿毛处理，以加强接头混凝土的连接。

(7)箱梁梁段混凝土浇筑，一般采用一次浇筑法，在箱梁顶板中部留一窗口，混凝土由窗口注入箱内，再分布到底模上。当箱梁断面尺寸较大时，考虑梁段混凝土数量较多，每个节段可分二次浇筑，先浇筑底板到肋板倒角以上，待底板混凝土达到一定强度后，再支内模，浇筑肋板上段和顶板。其接缝按施工缝要求进行处理。

(8)箱梁梁段分次浇筑混凝土时，为了防止挂篮因后浇混凝土的重力产生变形，导致先浇混凝土开裂，一般可采取下列措施：

①水箱法，即浇筑混凝土前先在水箱中注入相当于混凝土重量的水，在混凝土浇筑中逐渐放水，使挂篮负荷和挠度基本不变。

②浇筑混凝土时根据混凝土重量变化，随时调整吊带高度。

③将底模梁支承在千斤顶上，浇筑混凝土时，随混凝土重量的变化，随时调整底模梁下的千斤顶，抵消挠度变形。

当挂篮就位后，即可在上面进行梁段悬臂浇筑施工的各项作业。

六、结构体系的转换

悬臂梁桥及连续梁桥采用悬臂施工法时，一般边跨先合龙，释放梁墩锚固，结构由双悬臂状态变成单悬臂状态，最后跨中合龙，成连续梁受力状态，这样有利于保证施工阶段的稳定。此过程中就存在体系转换，施工时应注意以下几点：

(1)结构由双悬臂状态转换成单悬臂受力状态时，梁体某些部位的弯矩方向发生转换。所以在拆除梁墩锚固前，应按设计要求，张拉一部分或全部布置在梁体下部的正弯矩预应力束。对活动支座还需保证解除临时固结后的结构稳定，采取措施限制单悬臂梁发生过大纵向水平位移。

(2)梁墩临时锚固的放松，应对称进行，坚持均衡原则。在放松前应测量各梁段高程，在放松过程中，注意各梁段的高程变化，如有异常情况，应立即停止作业，找出其中原因，研究应对措施，以确保施工安全。

(3)对超静定结构，需考虑钢束张拉、支座变形、温度变化等因素引起的结构次内力。若按设计要求，需进行内力调整时，应以高程、反力等多因素控制，相互校核；如出入较大时，应分析原因。

(4)在结构体系转换中，临时固结解除后，将梁落于正式支座上，并按高程调整支座高度及反力。支座反力的调整，应以高程控制为主，反力作为校核。

七、合龙段施工

合龙段施工时通常由两个挂篮向一个挂篮过渡，所以需先拆除一个挂篮，将另一个挂篮跨过合龙段并移至另一端悬臂施工梁段上，形成合龙段施工支架；也可采用吊架的形式形成支架。

在合龙段施工过程中，工程的质量与昼夜温差、现浇混凝土的早期收缩和水化热、已完成梁段混凝土的收缩和徐变、结构体系的转换及施工荷载等因素有关。因此，为保证合龙段的质量，需采取必要措施：

(1)合龙段长度在满足施工操作要求的前提下，应尽量缩短，一般采用1.5～2.0m。

(2)一般宜选择在低温环境下合龙，遇夏季应在晚上合龙，并用草袋等覆盖，还要加强接头混凝土养护，使混凝土早期结硬过程中处于升温受压状态。

(3)合龙段混凝土中宜加入减水剂、早强剂，以便及早达到设计要求强度，及时张拉预应力束筋，防止合龙段混凝土出现裂缝。

(4)合龙段采用临时锁定措施，采用劲性型钢或预制的混凝土柱安装在合龙段上下部作支撑，然后张拉部分预应力束筋，待合龙段混凝土达到要求强度后，张拉其余预应力束筋，最后再拆除临时锁定装置。

为方便施工，也可将劲性骨架作预应力束筋的预留管道打入合龙混凝土内，将劲性钢管安装在截面顶板和底板管道位置，钢管长度可用螺纹套管调节，两端支承在梁段混凝土端面上，并在部分管道内张拉预应力筋，待合龙段混凝土达强度要求后，再张拉其余预应力束筋；也可在合龙段配置加强钢筋成劲性管架。

(5)为保证合龙段施工时混凝土始终处于稳定状态，在浇筑之前各悬臂端应附加与混凝土质量相等的配重(或称压重)，加配重量依桥轴线对称加载，按浇筑重量分级卸载。如采用多跨一次合龙的施工方案，也应先在边跨合龙，同时需经大量计算，进行工艺设计和设备系统的优化组合。

八、施工控制

悬臂浇筑施工控制是桥梁施工中的一个难点，若控制不好，两端悬臂浇筑至合龙时，梁底高程误差会大大超出允许范围(公路桥梁挠度允许误差为20mm，轴线允许偏差10mm)。这样对结构受力非常不利，另外，由于梁底曲线产生转折点会影响美观。国内一些单位对悬臂施工采用计算机程序逐段控制，已在大跨径桥梁施工中应用并取得令人满意的结果，达到国际水平。

悬臂浇筑大跨径桥梁施工过程中，由于受许多因素的影响，施工中的实际结构状态将偏离预定的目标，这种偏差严重的将影响结构的使用。为了使悬臂浇筑状态尽可能达到预定的目标，必须在施工过程中逐段进行跟踪控制和调整。采用计算机程序控制，可提高控制速度和精度。

应用计算机程序进行跟踪控制按以下步骤进行：

(1)将施工中实际结构状态信息如量测的高程、钢束张拉力、温度变化、截面应力，以及设计参数的实测值，如混凝土、钢材的容重和弹性模量，构件几何尺寸，施工荷载，混凝土的徐变系数等输入计算机程序。

(2)通过对各种量测信息的综合处理，得到结构的误差。

(3)对信息进行判断，决定是否要采取有效措施来纠正已偏离目标的结构状态。可采用调整浇筑梁段的高程，改变预应力束的张拉次序，改变张拉力等办法。通过上述每个节段反复循环的跟踪控制调整办法，使结构与预定目标始终控制在很小误差范围内，最后合龙时，可达到理想目标。

第四节　顶推法架梁

顶推施工是在沿桥纵轴方向的台后设置预制场地，分节段预制，并用纵向预应力筋将预制节段与施工完成的梁体连成整体，然后通过水平千斤顶施力，将梁体向前顶推出预制场地。之后继续在预制场地进行下一节段梁的预制，循环操作直至施工完成。

一、顶推法施工的过程

顶推法施工过程，如图 6-7 所示。梁在桥头台座上（预制场地上）分段预制，预制一段，纵向向前顶进一段，跨越各中间桥墩，直达对岸。为减少顶进过程中的梁体内力，前段加导梁；为了增大跨径，可以设置临时墩，也可以用拉索加固。

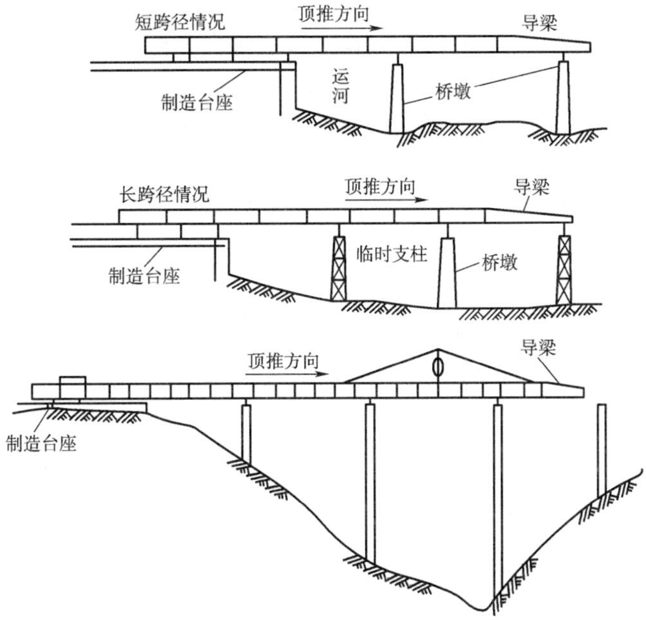

图 6-7　顶推法施工过程

在顶进过程中，梁上的每个截面都有通过墩顶承受负弯矩，处在跨中承受正弯矩的时刻，也就是说，梁上的每个截面的弯矩值处在不断变化之中，甚至几次正负交替。为了减小梁体前段的悬出长度和梁体前段的负弯矩，在梁前端安装导梁，导梁长度一般为 0.6 倍梁跨径。

二、顶推法施工的特点

(1)顶推法可以使用简单的设备建造长大桥梁，施工费用低，施工平稳无噪声，可在水深、山谷和高桥墩上采用，也可在曲率相同的弯桥和坡桥上采用。

(2)主梁分段预制，连续作业，结构整体性好；由于不需要大型起重设备，所以施工节段的长度一般可取用 10～20m。

(3)桥梁节段固定在一个场地预制，便于施工管理改善施工条件，避免高空作业。同时，模板、设备可多次周转使用，在正常情况下，节段的预制周期 7～10d。

(4)顶推法施工时，施工阶段的梁的受力状态与运营时期梁的受力状态差别较大，因此在梁截面设计和布索时要同时满足施工与运营的要求，由此而造成的用钢量较高；在施工时也可采取加设临时墩，设置前导梁和其他措施，用以减少施工内力。

(5)顶推法施工适用于等截面梁，当桥梁跨径较大时，选用等截面梁会造成材料用量的不经济，也增加施工难度，所以顶推法施工宜用于中等跨径的桥梁，一般以 500～600m 为宜。

三、预应力钢筋混凝土连续梁顶推安装

顶推法施工包括设置预制场地，预制块件确定，选择顶推方式，确定导梁和临时墩，梁段顶推、滑动和导向装置等内容。

1. 预制场地

预制场地应设在桥台桥轴线上的引道(或引桥)上，如重庆石门桥，在北岸桥头设置预制场地，顶制场地为箱梁预制处，其长度应考虑梁段悬出时反压段的长度、梁段底板与腹板预制长度、导梁拼装长度和机具设备材料进入预制作业线的长度。预制场地宽度，应满足梁段两侧施工作业的需要。

预制场地上空宜搭设固定或活动的作业棚，其长度宜大于2倍预制梁段长度，使梁段预制作业不受大气影响。

台座的轴线应与桥梁轴线延长线相吻合，台座的纵坡应与桥梁纵坡一致，其施工误差应满足规范要求。

2. 预制块件(顶推段)

梁段预制块件，可根据箱梁结构(单箱单室或单箱双室)及全截面顶进还是分段顶进来确定预制方案。若预制块在排架门制作，必须在制作前消除排架的非弹性变形值。预制块件尽可能采用机械化装拆模板，底模板宜采用升降式，侧模板宜采用旋转式，芯模板宜采用易于拆卸和移动的构造方式。

预制块件应尽量标准化。预制块件应保证其尺寸误差在规范容许范围内，预制顺序要先河内后岸边，按其顶进段先后次序定之。

3. 导梁和临时墩

(1)导梁

导梁设置在主梁的前端，为等截面或变截面的钢桁架或钢板梁，主梁前端装有预埋件与钢导梁栓连接。导梁在外形上，底缘与箱底应在同一平面上，前端底缘呈向上圆弧形，以便于顶推时顺利通过桥墩。

导梁是顶推法主要设施之一，应将导梁全部节间拼装后，再与预埋在梁前端的预埋件连接并正位后，再浇筑混凝土。

采用钢桁架导梁时，应注意导梁与梁段刚度的协调，不得采用刚度过小的导梁，并减小每个节点的非弹性变形，使其梁端挠度不大于设计要求。

(2)临时墩

为减小顶推时梁的内力，可设置临时墩。临时墩需有足够的刚度，来承受顶推时的水平推力，必要时打临时桩，其排架需安装剪刀撑满足其受力和稳定要求。

临时墩要考虑梁向前顶时，墩有前倾趋势，故宜将墩上支座放在墩中心线后面，使墩偏心受压产生后倾力矩，用以抵消一部分前倾力矩。

临时墩有不均匀沉降时，也可以用千斤顶予以调整直至沉降稳定，直至主梁达到设计高程。

临时墩待连续梁顶推作业结束并落到正式支座上之后拆除。

4. 顶推方式

顶推方式有两种：单点或多点水平-竖直千斤顶方式和单点或多点拉杆方式。

(1)采用单点或多点水平-竖直千斤顶方式

以桥台、墩为后坐力，预制梁座在桥台、墩顶垂直千斤顶上，垂直千斤顶与桥台放四氟板，顶推时，以垂直千斤顶移动来带动梁向前移动，如图 6-8 所示。

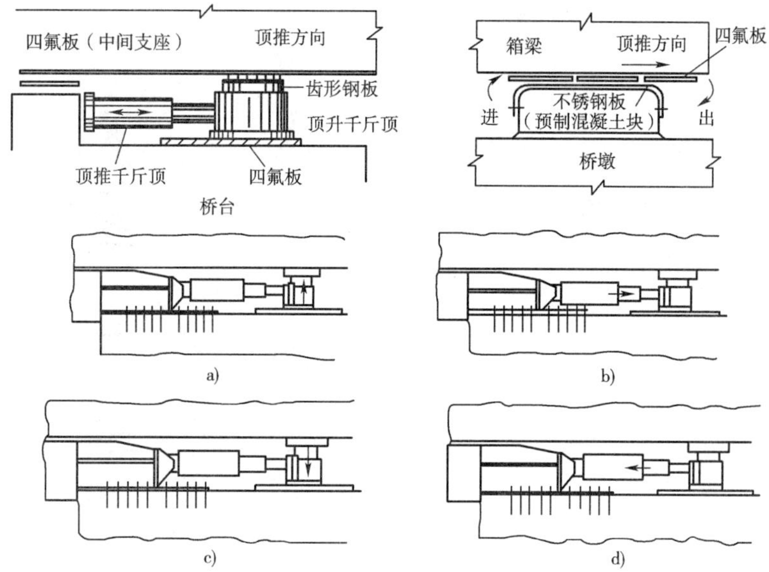

图 6-8　单点或多点水平-竖直千斤顶方式

a)顶梁;b)推移;c)落竖顶;d)收水平顶

单点或多点水平-竖直千斤顶方式顶进应符合下列要求：

①水平千斤顶的实际总顶推力不应小于计算顶推力的 2 倍。

②桥台、墩顶上水平千斤顶的台背必须坚固，应能抵抗顶推时的总反力；在顶推过程中，各桥墩的纵向位移值不超过设计规定值。

③主梁在各墩(包括临时墩)支承处，应按要求设置滑动装置。

④单点或多点水平千斤顶顶推时，左右两条顶推线应横向同步运行；多点顶推时，各墩台的水平千斤顶均应沿纵向同步运行，以保证主梁的纵间轴线在设计容许偏差范围内。

⑤水平千斤顶顶进一个行程，用竖直千斤顶将梁顶高，以便拉回滑块时，其最大顶升高度不得超过设计规定。

⑥采用中点水平-竖直千斤顶方式，在开始时，如因导梁杆，设置顶推装置处的反力不大，滑块与梁底打滑，不能使梁被顶进时，应采取措施(如用卷扬机拉拽)使梁前进一定距离，待顶推装置的墩、台反力具有一定数值后，再换用水平-竖直千斤顶的顶推装置。

(2)采用单点或多点拉杆方式

水平千斤顶顶墩、台之前的钢拉杆，拉杆与梁临时连接，逐步将梁向前拉出，着力点在梁后端。

①带拉杆的水平千斤顶装置。如图 6-9 所示，此类装置水平液压千斤顶布置在桥台前端，底台紧靠桥台，让千斤顶发挥牵引作用，并用拉杆与千斤顶连接。拉杆用楔形夹具固定在底梁板或桥侧壁的锚头设备中，锚头借助专门的液压设备固定在被顶推的桥跨结构板上。千斤顶回程时，固定在油缸上的刚性拉杆便在楔形夹具上松开，在锚头不滑动，随后重复下一个循环。

②固定在桥台上的顶推装置。该装置可布置和固定在桥墩台上，或当路基高于 10～12m 时，直接安置在路基上，如图 6-10 所示。

③利用张拉钢筋的千斤顶顶推装置。该种装置的液压千斤顶支承在梁端部的顶推范围内，沿着固定在桥墩、台上的钢束或钢丝绳运动，为了减少因弹性伸长而造成活塞的有效行程损失，常采用最大截面尺寸的高强钢筋。在转移千斤顶时，要预先把它固定在锥形锚具上，如图 6-11 所示。

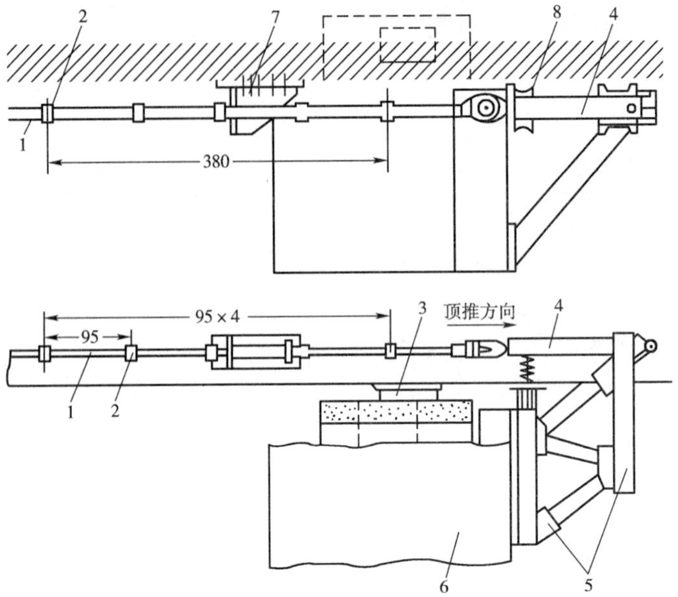

图 6-9　带拉杆的水平千斤顶装置(尺寸单位：cm)

1-拉杆；2-离合器；3-小滑块；4-千斤顶；5-千斤顶支撑；6-桥台；7-压紧支撑；8-钢圈

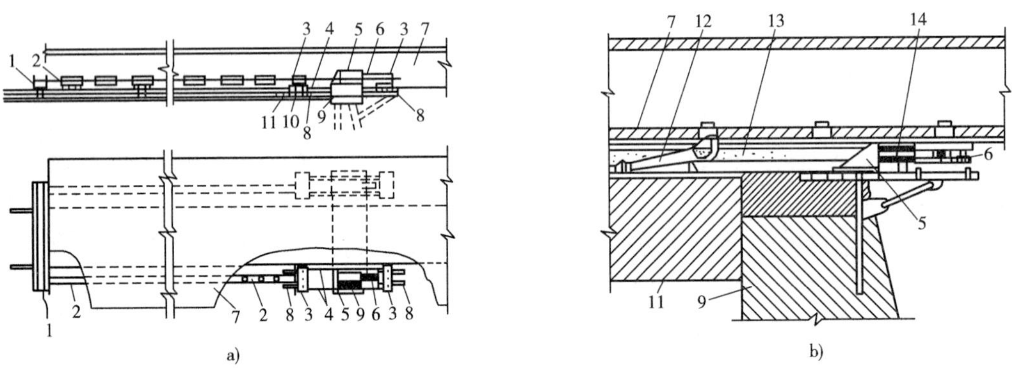

图 6-10　固定在桥台上的顶推装置

1-支承梁；2-拉杆、链环；3-横梁构件；4-拉杆；5-支承；6-千斤顶；7-梁体；8-滑道；9-桥台；10-滑道；11-滑道基础；12-牵引小车；13-带孔眼的刚性拉杆；14-液压千斤顶的活塞杆

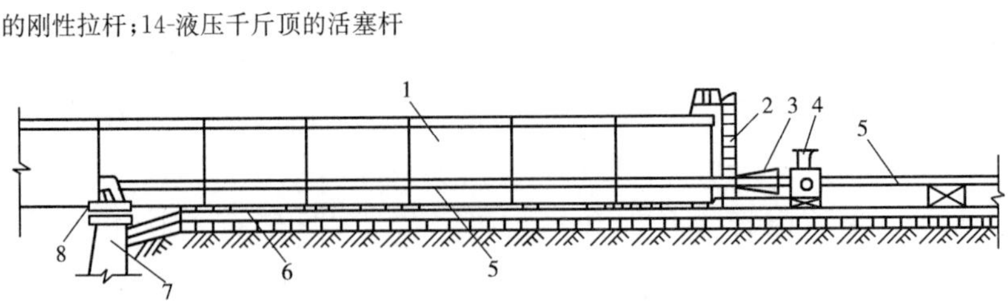

图 6-11　利用张拉钢筋的千斤顶顶推装置

1-顶推的桥跨结构；2-横梁；3-千斤顶；4-油泵站；5-力筋束；6-拼装台座；7-桥台；8-锚碇设备

采用单点或多点拉杆方式，要符合下列要求：

设拉杆千斤顶的墩顶应设置反力台，反力台应牢固，满足顶推时反力要求。主梁底部或侧面应按一定距离设置拉锚器，拉锚器的锚固、放松应方便、快速，拉杆的截面积和根数应满足顶推力要求。

5. 滑动装置和导向装置

(1)滑动装置

①水平-竖向千斤顶顶推方式的滑动装置，一般由摩擦垫、滑块(支承块)、滑板和滑道组成。

摩擦垫用氯丁橡胶与钢板夹层制成后，黏附在滑块顶面。其尺寸大小应根据墩顶反力和橡胶板容许承载力计算决定。

滑动块可用铸铁或高强度等级混凝土制成，其高度不宜小于正式支座高度，其尺寸亦不宜小于摩擦垫和下面滑板的尺寸。

滑板有多种构造，一般宜用硬木板、钢板夹、橡胶板等黏聚四氟乙烯板组成。四氟乙烯板面积由最大反力计算确定，对无侧限的容许应力可按 5MPa 计算，对有侧限的容许应力可按 15MPa 计算。

滑道一般可用不锈钢或镀铬钢带包卷在铸钢底层上，铸钢底层应用螺栓固定在支座垫板上。滑道顺桥向长度应大于水平千斤顶行程加滑块顺桥向长度；其宽度应为滑板宽度的 1.2～1.5倍。相邻墩(包括主墩与临时墩)滑道顶面高程的容许偏差为±2mm，同墩两滑道高程的容许偏差为±1mm。

②拉杆顶推方式的滑动装置由滑板与滑道组成。其构造、技术要求及滑道的宽度，应按水平-竖向千斤顶的规定实施，但滑道长度应大于三块滑板的长度。

③滑动装置的摩擦系数宜由滑板和滑道的材料进行试验确定。一般在选用水平千斤顶顶力时，对四氟滑板与不锈钢或镀铬钢滑道面，启动摩擦系数(静摩擦系数)可按 0.07～0.08、动摩擦系数可按 0.04～0.05 考虑。

④当主梁底部与滑板接触时，随着梁段的顶推前进，滑道上的滑板从前面滑出后，应立即自后面插入补充，补充的滑块应涂以润滑剂，并端正插入。在任何情况下，都要保证每条顶推线各墩顶滑道上的滑块不得少于两块。滑板的磨损较大，应有足够的备用滑板。

(2)导向装置

梁段顶进时，为纠正梁体偏移，应按具体情况取下列导向装置：

①楔形导向滑板，其构造与滑板基本相同，但导向板系楔形，横向设在梁段两侧的反力架间。梁段通过时，利用楔形板的横向分力来纠偏。

②千斤顶方式适用于梁体偏移较大时，横向装置于桥墩两侧的钢支架上，当需要纠偏时，开动一侧的千斤顶使梁横移。

6. 梁体顶进

(1)梁体顶进的步骤

①顶进准备，检查主控柜，分控柜，电路液压装置、通信及观测系统，进行调试后开机。

②主控柜指挥系统控制水平千斤顶同步顶进，同时控制水平千斤顶顶推力。

③当水平千斤顶走完一个顶程后，全桥水平千斤顶禁止油泵回油。

④回油完毕进行第二次顶进。

⑤顶进中同时进行测量及横向纠偏工作。

(2)顶进过程中应注意的问题

①顶推时，如出现导梁杆件有变形，螺钉松动、导梁与主梁连接处有变形，或混凝土开裂等情况，应禁止顶推，进行处理。

②梁段中未压浆的各预应力钢材的锚具如有转动，应禁止顶进，并将转动的锚具重新张拉、锚固。

③采用拉杆方式顶推时，如出现拉杆有变形、锚碇连接螺钉有松动等情况，应及时处理。

④顶推时，至少应在两个墩上设置保险千斤顶，如遇到滑移故障用千斤顶处理时，起顶的反力值不得大于计算反力的 1.1 倍，起顶高度不得超过设计规定且不得大于 10mm。

(3)顶进过程中的施工观测项目

①墩台和临时墩承受竖向荷载和水平推力所产生的竖直、水平位移，需要时，观测其应力变化。

②顶推过程中主梁和导梁的控制截面的挠度，需要时，观测其应力变化。

③观测滑动装置的静摩擦系数和动摩擦系数。

④观测应随时记录、整理，如超过设计规定限值，应分析原因，采取措施纠正。

7. 落梁

(1)按照设计规定的张拉顺序，对补充的预应力钢材进行张拉、锚固、压浆，将临时预应力钢材，按设计规定顺序拆除。

(2)落梁前，应拆除墩、台上的滑动装置。拆除时，各支点均匀顶起，千斤顶施加的顶力按设计支点反力值控制，相邻墩各顶点的高差不得大于 5mm；同墩两侧梁底顶起高差不得大于 1mm。

思 考 题

1. 简述混凝土连续梁的主要施工方法。
2. 试述逐孔施工法的主要特点及使用范围。
3. 简述移动模架法的施工要点。
4. 依据施工程序，列举悬臂浇筑的基本方法及各自特点。
5. 简述预应力钢筋混凝土连续梁顶推法施工的关键技术。

第七章　钢梁制造及架设

第一节　概　　述

钢桥是各种桥梁体系特别是大跨度桥梁常用的一种形式。近年来，钢桥已逐渐向大跨度领域发展，并且在结构形式、材料及加工制造、施工架设方面不断有所开拓和创新。

钢材是一种性能优越的弹塑性材料，随着材质(主要是高强度钢材和各种耐候钢)的进展以及焊接工艺和高强度螺栓连接的不断完善，钢桥制造和施工对于提高劳动生产率和降低生产成本具有重要意义。各种受力性能优越，制造架设容易的箱形截面也得到大力发展。

在桥梁施工装备方面，伸臂拼装所使用的行走于桥上的吊机起重能力和大型浮吊的起重能力的提高，以及千斤顶性能的改善，促使传统的钢桥施工和架设法得到更新。与以往基本上以悬臂拼装架设为主的大跨度钢桥施工相比，现在除了悬臂安装之外，还常常采用整孔吊装和顶推施工方法，在条件许可的情况下，还可采用浮运法辅助安装，以提高施工速度。

在选择确定钢桥的施工方法时，需要充分考虑桥位的地形、环境、安装方法的安全性、经济性、施工速度等因素。因此，在桥梁设计时就要对桥位条件进行详细的调查，调查包括现场的地理环境、地质条件及气象条件等。施工场地在市区内、平原、山区、跨河道、海湾等处，其各方面的条件差别很大，运输条件和环境约束也不相同。这些条件除作为选择施工方法的依据外，同时也涉及设计方案的考虑、桥跨及结构形式的选定。

在选择施工方法时，除了考虑以上因素外，桥梁的类型、跨径、施工的技术水平、机具设备条件也是相当重要的考虑因素。虽然桥梁的施工方法很多，但对于不同的桥梁类型，需根据情况选择合适的施工方法。

本节主要讲述最常见的三种架梁工艺：膺架拼装法、悬臂拼装法和拖拉架设法。

第二节　构件的制作

钢梁制造所使用钢材，不应有影响号料及切割质量的锈、油污等，否则需矫正、清理。

钢构件的预制加工包括下列工艺流程：作样、号料、切割、矫正、号孔、钻孔、焊接、结构试拼装、除锈和油漆等。

一、作样

样板、样杆和样条，可以用厚度不大的钢条、铁片、小角铜以及聚乙烯板制造；样板、样杆和样条之间的区别，仅在于尺寸方面的宽窄或厚薄。

作样，一般就是按照施工图所示尺寸及孔眼位置来制造样板、样杆和样条，并在其上标注产品名称、杆号、材料号、规格、数量(注明正、反)、孔眼直径、起线、边缘加工，是否已留加工量(一般可不留，但应注明“外留刨量”字样)及焊接收缩量等。

机器样板是在厚12～20mm的钢板上，按照孔眼的设计位置，精确地嵌入经过渗碳淬火处理的钢质钻孔套。钻孔套是旋制的，硬度比钻头大2°～3°洛氏硬度级。钻孔套直径公差只有±0.05mm，孔心距公差为±0.25mm。钻孔时将机器样板覆盖在要加工的部件上用卡具夹紧，钻头即通过钻孔套钻制加工部件上的安装孔。用样板钻出的孔，精度高而规则统一，并可省去号孔工作。

二、号料

凭借样板、样杆、样条，在料件上将零件切割线标记清楚，称为号料。一般是照着样板、样杆、样条先用划针在料件上划线；又因划线难以保持清晰，继而应当用样冲沿着所划的线冲打若干小坑(冲点)，以利辨认。号料使用样板、样条而不直接使用钢尺，这是为了避免出现不同的尺寸误差而使钉孔错孔。号料应严格按配料单指定的钢料材质、规格进行；当钢材不平直或有锈蚀、油漆等污物时，应矫正清理后再号料。号料外形尺寸允许偏差应为±1mm。

钢料毛边不应在号料范围内。采用套料法号料以提高钢材利用率。凡对称零件一律对称号料，号料划线的线条应清晰、连续。根据号料图纸、样板及号料精度要求正确号料，同时按统一的号料工艺符号，清晰地写明该零件的产品号、分段号、零件号等。

三、切割

钢料的切割方法有剪切、焰切和锯切三种。

1. 剪切

剪切是使用剪切机进行的。钢板需要用龙门剪床，角钢需用角钢剪床(联合剪冲)。对于零星小件，可以用冲剪两用机床。为使剪切省力，活动刀片对钢材的剪切总是从其一边或一点开始，迅速扩大到全截面。

采用剪切工艺时，钢板厚度不宜大于12mm，剪切边缘应平整，无毛刺、反口、缺肉等缺陷。剪切的尺寸允许偏差应为±2mm，边缘缺棱应不大于1mm，型钢端部垂直度应不大于2mm。采用手工气割时，其尺寸的允许偏差应为±2mm。

2. 焰切

焰切的适用范围很广，对于一般剪切机不能剪切的厚钢板，或因形状关系不能使用剪切的板材都能采用焰切。焰切分手工切割、半自动切割和自动切割机切割。进行半自动焰切时，可以让烧切器在导轨上行驶。切割时，先将氧和乙炔混合气体通过几个小孔燃烧，形成预热焰，用预热焰将切割线前端的钢材烧至红热，随即开动烧切器的中间射氧孔，借助氧对高温状态的钢的氧化而实现其切割作用。

焰割前，对设备、工具应进行检查并确认完好、可靠。气割不得中断，割矩的移动保持匀速。切割后割缝溶渣、氧化皮应清除干净并保证尺寸偏差、坡口角度、割缝粗糙度等满足要求。

焰割时须考虑切割余量，板厚25 mm以下的零件之间留切口量2mn，在板厚25 mm以上的零(部)件之间留切口量3 mm。

3. 锯切

锯切主要用于对槽钢、工字钢、管材及大型角钢的切割，锯切的工具为圆锯机。

四、料件矫正

由于钢材在轧制、运输、切割等过程中可能会产生变形，因此需要进行矫正。矫正前气割的挂渣要铲净，矫正后应无明显凹痕。

1. 板钢矫正

对于钢板常采用辊式整平机（图 7-1）。七辊板钢整平机，适用范围是板钢宽度不大于 3.2m，厚度不大于 32mm。

2. 角钢矫正

若角钢肢不够垂直，或角肢不够平整，均可以用型钢矫正机矫正。九辊型钢矫正机，对于其尺寸不大于 200mm×200mm×24mm 的角钢适用。

3. 对于局部不平和硬弯的矫正

对于局部不平和硬弯，可以用千斤顶（螺旋式或油压式）来扳正。个别情况也会使用锤击（可以用落锤），但应该在料件上放置垫板，使钢料表面没有锤痕。

4. 马刀弯的矫正

对于切割后呈马刀形弯曲的料件，当宽度不大时，可以在顶弯机上矫正。

对于宽厚钢板的马刀形弯曲，需用“三角加热法”进行热矫正，如图 7-2 所示。其方法是：在马刀形弯的凸边，在板宽的 1/3 或 1/4 范围内，作若干个正三角形（三角形的底边贴着板的凸边），将这些正三角形内的钢材加热 600～800℃（用测温笔测定），再让它们自然冷却。由于这种局部加热所引起的钢材体积性膨胀在钢材平面内受约束，钢材厚度实际上在加热时局部增加了；在冷却中，钢材发生体积性收缩，这一收缩很难使钢材局部已增厚处变薄，但却容易使板钢凸边长度缩短。这样，就可实现马刀弯的矫正。

值得注意的是，应当避免料件的同一位重复加热次数太多。对于低碳钢同一部位的重复加热不得超过 5 次，对于低合金钢的重复加热次数不宜超过 3 次。

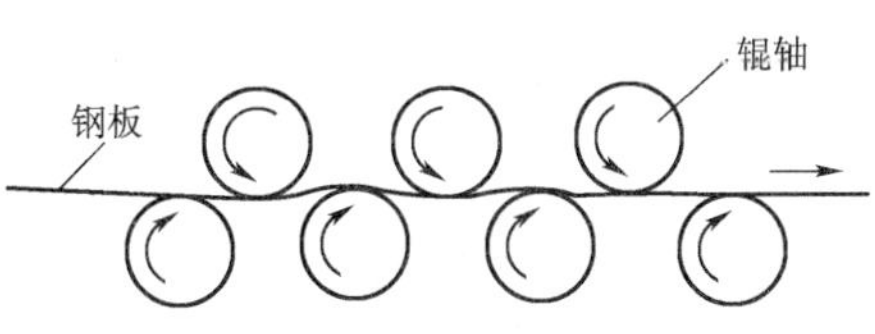

图 7-1　辊式整平机矫正钢板示意

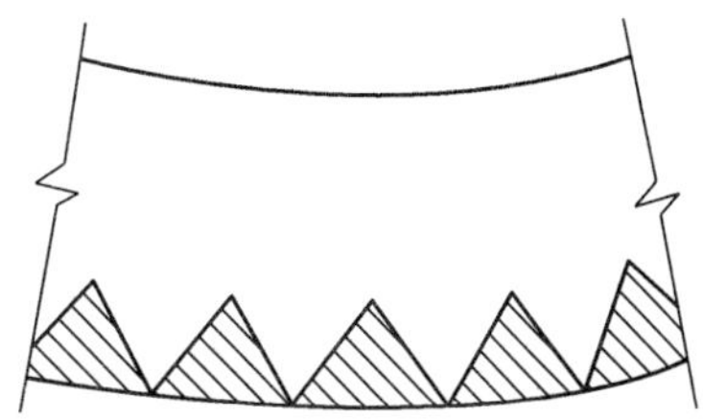

图 7-2　三角加热法

五、号孔、钻孔

号孔是利用样板或样条，用样冲在钢料上打上冲点，以表示钉孔的位置。如果采用机器样板则不必进行号孔。

号孔时，将样板卡固在料件上，用样冲依据样板的孔眼中心在料件上打出冲坑（冲点）。在打完冲坑后，还要用圈冲就各孔眼再打一遍，这样所留在料件上的圈印略大于孔眼设计直径，这就可以用它来核对在制成之后的孔眼位置。对于采用工厂铆接的杆件，一般只需要对于杆件外层的料件进行号孔。再对所有料件钻制少量小眼（比设计直径至少小 3mm）。凭借外层料件所号出的孔眼中心位置，用钻床将处在组装状态的杆件所需的工厂钉眼一次钻透钻足（对小眼则需在拆卸组装螺栓之后扩钻至设计直径）。

钻孔的发展过程为：划线钻孔—扩孔套钻—机器样板钻孔—数控程序钻床钻孔。

使用机器样板钻孔可以使杆件达到互换使用，但对于不同规格的单构件则不能使用同一样板来钻孔（如钉孔排列不同或钉孔的间距不同），因此设计者应尽量使结构物的设计标准化、模数化，以减少机器样板的数量，提高机器样板的利用率。用数控坐标式钻床钻孔可达到很高的精度，也可以使工字形杆件的工地栓孔一次钻成。

除钻孔之外，还可以通过冲孔来完成制孔工作。冲孔的优点是其工作进度快(尤其是采用多头冲床情况)，缺点则是钢材因冲孔而使孔眼壁附近硬化(甚至发生微细裂纹)，使钢桥的抗脆断性能明显下降。因此，对于铁路钢桥这样重要的结构，如若要采用冲孔，只允许其按较小直径冲制，以便在这些孔眼的扩钻时，将孔壁周边的硬化部分钻掉。

六、边缘加工

机械剪切的边缘、焰切的边缘，都不够平整，且含有细微裂纹。在使用铆接板梁和铆接工形杆时，要求对这些杆件的翼缘盖板进行刨边（大约 3mm）。桥梁工厂所用的刨边机，操作时，可以将几块盖板叠在一起，让刨刀从其一端加工到另一端。刨边的光洁度，在很大程度上取决于进刀量的深浅。

边缘加工时，按零件预留加工量及平直度要求，两边均匀加工已有孔(或锁口)的零件按孔(或锁口)中心线找正刨边。刨(铣)边时避免油污污染钢料，加工深度不应小于 3mm，加工的表面粗糙度 R_a 不得低于 25，顶紧加工面与板面垂直度偏差应小于 $0.01t$(t 为板厚)且不得大于 0.3mm。边缘加工后，将边缘刺屑清除干净，磨去飞刺、挂渣及波纹，并磨修崩坑等缺陷部位。

七、组拼

1. 栓焊钢梁的组拼

(1)准备工作

栓焊钢梁杆件的组拼是在胎形上进行的，为便于进行定位焊，组装胎形最好是转动式。为了保证组拼质量，对组成杆件的各零件的相对位置、相互间的密贴程度以及整个杆件的外廓形状和尺寸，在组拼过程中均要进行检查。在零件正确顶紧就位后，即可进行定位焊。定位焊的焊缝长度每段为 50～70mm，各段之间的距离大的可以＞600mm。

钢箱梁的组拼，主要部件采取在平台或胎架上，以其纵横线为基准进行组装，并组成片。拼装前应检查零件边缘休整及形状尺寸是否符合施工图的要求以及公差限度，用风砂轮或喷砂器等清除零件上焊口附近 50mm 范围内的锈蚀、氧化铁皮及污物。用汽油清除油斑，在焊缝处须保持清洁，不得有水分，以保证焊缝不发生气孔、夹渣等缺陷。

(2)焊接

焊接可以采用埋弧自动焊、半自动焊和手工电弧(包括单面焊双面成型工艺)三种工艺。

对埋弧自动焊、CO_2 气体保护焊及使用低氢型焊条焊的部位，组装前须彻底除铁锈、氧化皮及油污等。装焊产品试板进行拉伸试验、焊缝及热影响区温冲击试验，按焊缝工艺标准进行评定(试样在超声波探伤合格后制取)。

(3)高强螺栓连接

常用的摩擦型高强螺栓连接，钢材表面的摩擦力能否得到保证，与钢板的表面处理有非常密切的联系。通常按以下方法进行表面处理：首先对钢板进行除锈打毛，然后在钢板上喷涂保护层，以防钢板在安装连接前或使用中生锈。

高强螺栓的施拧方法有很多，我国常用的有扭矩法和扭角法。为了防止受力不均匀现象，应选择合理的施拧次序。应由于节点边部螺栓受力较大，一般应先拧节点中心附近的螺栓，使之承担部分荷载，然后再拧边部螺栓；对大面积节点板，应由中央向四周辐射扩展拧紧，使受力均匀。

高强螺栓施拧后，应进行以下质量检查：

①连接板束之间不得<0.3mm。

②用小锤轻轻敲击螺栓，由声音判断漏拧螺栓。

③检查螺母的转动角度是否达到要求。

④用扭力扳手抽样检查5%的螺栓。

2. 铆接钢梁的组拼

铆接钢梁杆件的组拼，不是采用焊接而是采用铆接。

(1)H形主桁杆件的拼装

H形主桁杆件在拼装前，将竖直板上的缝合钉孔(即工厂铆钉孔)钻至设计直径，并清除钻孔所产生的飞刺以及钢料上的锈蚀和污垢。同时，还要对竖直板、水平板和角钢等零件的平直程度及有关尺寸做仔细检查。要划出竖直板的中心线与单层水平板端面的中心线，在拼装时，必须使这两条中心线互相对齐，以正确地固定竖直板与水平板的位置。

在拼装中使用冲钉是为了使各零件上的钉孔正确地相互对准。每组钉孔应打入10%的冲钉，并不得少于两个。拼装中使用的螺栓是为了使各零件相互密贴，并防止发生搓动现象。拼装螺栓的数目不得少于钉孔总数的30%，一般规定每隔320mm至少有一个螺栓。

(2)铆合

工厂铆合的方法有枪铆和机铆(又名卡铆)。枪铆的工具为气压铆钉锤(铆钉枪)；机铆的工具为马蹄形铆钉机。

铆钉枪铆合时，将加热到1 050～1 150℃的铆钉敲入钉孔内，再用气顶把铆钉半圆钉头的一端顶住。气顶的构造包括窝头、活塞和顶尖三个部分。窝头顶住半圆钉头，顶尖则紧靠在其他固定点上。当通入压缩空气时，活塞即将窝头紧紧顶住钉头；当空间无法使用气顶时，可用手顶把铆钉的另一端利用铆钉锤进行铆合。

八、除锈和油漆

钢梁必须涂漆，使钢材表面与大气隔绝，以防锈蚀。在涂漆之前用酸洗、喷铁丸(直径在0.2～1mm之间)或打砂等方法，除去表面的氧化铁皮、铁锈、水分及油脂等；然后用红丹酚醛防锈底漆漆两遍，使钢材表面与空气隔绝以防再锈蚀。在栓焊梁杆件的工地安装螺栓孔部位、节点板和拼接板，应涂以能保证摩擦系数的防锈涂料；待防锈涂料干透后，再涂氯化镁水溶液固化剂一道。钢梁在工地安装完毕后，还需再涂面层油漆两道。

第三节 膺架架梁

一、施工特点

膺架法是指利用钢木结构作为支撑制作膺架平台而在其上施工操作的一种施工方法。膺架法施工方法简单，成本较低、质量易保证，因此在钢桁梁架设施工中得到广泛应用。

膺架法架设钢梁时，在满布支架上拼组钢梁与在场地上拼组钢梁的技术要求基本一致。其工序可分为杆件预拼、场地及支架布置、钢梁拼装、钢梁铆合和栓合等几部分。

二、施工工艺

1. 杆件预拼

杆件预拼，就是将工厂发送到工地的钢梁的单根杆件和有关的拼装件在拼装场进行预拼，组成吊装单元。

2. 膺架搭设和拼装场地布置

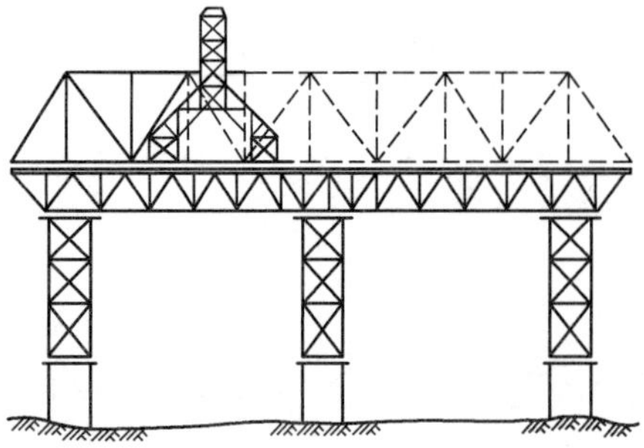

图 7-3 万能杆件组拼膺架及龙门吊机

膺架材料分为支墩材料和主梁材料。支墩材料一般有万能杆件、军用墩、圆木等。主梁材料一般有军用梁、大型工字钢等。膺架主梁布置应该在钢桁梁弦杆的正下方，并且要具备一定的强度和刚度，以保证能承受钢梁等荷载，特别是拱度调整时能承受千斤顶的反力。

在膺架上拼装钢梁前须搭设台座，台座位于膺架上，最好用万能杆件拼装，如图 7-3 所示。支架基础可用木桩基础。在较密实的地层上施工过程中，不受水淹时，可整平夯实后密铺方木或木枕，在方木或木枕上固定支架支承梁。

支架顶面铺木板，板面高程应低于支承垫石面，以便支架落到支座上。根据钢梁设计位置，在每个钢梁节点处设木垛。木垛间留有千斤顶的位置，以供设置千斤顶调整节点的高程。木垛的最上一层用木楔，以便调整钢梁节点高程。

3. 钢梁拼装

钢梁拼装用的吊机类型很多，在支架上和场地上拼装钢梁可用万能杆件组成的龙门吊机，也可用轨道吊机。

钢梁常用的拼装顺序有两种：一种是从梁的一端逐节向另一端拼装；另一种是先从一端拼装下弦桥面系和下平纵联到另一端，然后再从一端拼装桁架的腹杆、上弦杆、上平联及横联到另一端。

4. 钢梁栓合

钢梁拼装完毕后，应根据精度的要求，经过复测检查调整后才能进行栓合。

钢梁在支架上拼装组合完毕后，可落梁到支座上。落梁方法可用千斤顶在端横梁下将梁顶起，逐渐拆除节点下木垛，然后落梁到支座上。当落梁高度很小时，也可逐步将节点下木楔放松，使钢梁徐徐下落。

支座位置应十分正确，活动支座的辊轴位置应按安装支座时的温度通过计算确定。对连续梁的支座，应以带压力表的液压顶测量钢梁自重下的反力值与设计值相符合才能安装，必要时应调整支座高度。

三、施工关键及措施

钢梁的膺架拼装工艺，需注意以下几点：

1. 捆吊

栓孔前应校对由预拼场发来的杆件是否符合拼装顺序，同时检查接头处有无泥垢、冰块等杂物，栓捆时必须注意杆件上标示的重量及重心位置。起吊前应严格核实杆件重量是否在相应吊距的额定起重量以内，经试吊无意外情况后再提升。

2. 对孔

杆件起吊就位后对孔时应在钉孔基本重合的瞬间，将小撬棍尖端插入孔内将孔拨正，然后微微起落吊钩，使杆件转动对合其他孔眼。弦杆先对近端孔眼，竖杆先对下端孔眼，斜杆易成较陡状态，待下端对合后再徐徐降低吊钩对合上端。冲顶只能用小锤轻轻敲入钉孔内。禁止用强迫过孔的方法对孔，以免孔边变形。

3. 穿钉栓

对孔后，应先在钉栓群四周打入定位冲钉，随即安装螺栓。确认板缝间未留任何杂物后拧紧螺栓，同时安装其余钉孔的冲钉和螺栓。钉栓必须按"钉栓布置图"安装，最好事先在节点上用油漆做出明显标志，以免装错。每个节点使用冲钉数量为：两者之和不少于钉孔总数的1/3，其中冲钉占 2/3，螺栓占 1/3，均匀布置。孔眼较少的部位，栓钉总数不少于 6 个或全部上足。

4. 调整平面和立面位置及拱度

拼装工作开始后，须随时观测钢梁平面位置，并及时进行调整。拱度调整分为两次：底盘拼完后用小千斤顶按设计拱度酌加一定沉落量起落已拼好的节点，钢梁全部拼完后，再用较大千斤顶调整一次。若遇到某一节点多次难于调至设计拱度时，可将前后节点拼装螺栓略为拧松后再调整。拱度调整过程中尚可能发生变化，所以在终拧前须再度复测校核，以确保准备定位。

5. 紧螺栓

主桁节点螺栓终拧前，需将冲钉全部换为螺栓并达到初拧程度。弦杆从节点中央开始逐步向外圈扩展，斜杆、竖杆等从杆件端部开始逐渐向节点板边缘方向进行，以便在施拧过程中将节点板擀平。

6. 顶落梁

千斤顶的计算顶力和顶高，一般取最大顶力和顶高的 60%～70%。如一台千斤顶不足，可以使用多台，但每台的计算顶力，只能按其额定起顶能力的 50%控制使用。

钢梁受顶位置必须是设计指定的。在指定地方外顶梁，须经过验算加固，保证其有充分的强度和刚度，以免产生超应力或残余变形。顶梁时两片主桁必须均匀受力，避免产生扭矩。支在同一节点上的千斤顶，其合力作用线应通过节点，使节点不致承受弯矩。

同一联钢梁在同一时间内只允许在一个节点上顶梁。顶梁时只应有一个固定支座，其余均应是可以让钢梁伸缩的活动支座。

顶落梁时，随时观测钢梁纵向和横向是否倾斜。每起落 5cm 高度要停止一下，测量两高差不大于 3cm 时，才能进行下一次顶落。保险支垛应随梁的起落及时加高或降低，并用钢板等调整到与钢梁底面的最大间隙不超过 2cm。钢梁暂时停止顶落时，须支在保险支垛上，同时让周围的千斤顶稍微受力。

第四节　悬臂拼装架梁

悬臂拼装法架设钢梁是在桥位上不用膺架支撑，而是将杆件依次拼装悬拼至另一墩(台)上。悬拼出去的钢梁由于自重会产生一定的挠度，为了平衡此重量，必须在悬拼第一孔前拼装一段平衡梁(往往在满布脚手架上进行)。悬拼一孔中未设临时支墩的叫全悬臂拼装，若在桥孔中设置一个或一个以上的临时支墩的叫半悬臂拼装。对于多孔钢梁的悬臂拼装，第一孔钢梁多采用半悬臂拼装。

一、悬臂拼装架梁适用范围

在钢梁施工中，悬臂法架设钢梁适用于以下情况：

(1)跨径大、桥高，通航河流水深流急，有流冰或有较多水排的河流，当不宜浮运或采用其他架设方法架设钢梁时，可采用悬臂法架设。

(2)钢梁的结构形式有利于悬臂架设的，比如连续桁梁、悬臂桁梁以及多孔简支桁梁等可采用悬臂法架设。

(3)对于单孔大跨径简支梁，能借用其他钢梁作平衡梁的，亦可采用。

二、施工工艺

1. 杆件预拼

由桥梁工厂按材料发送表发往工地的都是单根杆件和一些拼装件，为了减少拼装钢梁时桥上的高空作业，减少吊装次数，从而加快施工进度、节约工期，通常将各个杆件预先拼装成吊装单元，把能在桥下进行的工作尽量在桥下预拼场内进行。

2. 钢梁杆件拼装

由预拼场预拼好的钢梁杆件经检查合格后，即可按拼装顺序先后运至提升站，由提升站吊机把杆件提运至在钢梁下弦平面运行的平板车上，由牵引车运至拼梁吊机下拼装就位。拼梁吊机通常安放在上弦，遇到上弦为曲弦时，也可安放在下弦平面。

钢梁拼装必须按一定的拼装顺序进行。在确定拼装顺序时应坚持以下原则：

(1)充分考虑拼梁吊机的性能，如运用方法、起吊能力、最大吊距等。

(2)先装的杆件，不应妨碍后续杆件的安装与吊机的运行。

(3)拼装时，应尽快将主桁架杆件拼成闭合的三角形，形成稳定的几何体系并尽快安装纵横联结系，保证钢梁结构的空间稳定。

(4)主桁架杆件拼装，应两侧对称进行，防止受偏载的不利影响。

伸臂拼装第一孔钢梁时，根据悬臂长度大小，需要一定长度的平衡梁，并应保证倾覆稳定系数不小于1.3(倾覆稳定系数为稳定力矩与倾覆力矩之比值)。平衡梁通常是在路堤上(无引桥的情况)或引桥上(通常是预应力钢筋混凝土梁或钢板梁)或满布膺架上进行拼装。

3. 高强度螺栓施工

在高强度螺栓施工中，目前常用的控制螺栓预拉力的方法有扭角法和扭矩系数法。安装高强螺栓时应设法保证各螺栓中的预拉力达到其设计值，避免超拉和欠拉。

4. 安装时临时支承布置

临时支承主要类型有：临时活动支座、临时固定支座、永久活动支座、永久固定支座。这些支座随拼梁阶段变化与作业程序的变化将互相更换交替使用。

5. 钢梁纵移

钢梁在悬臂拼装过程中，由于梁的自重、温度变化、制造误差、临时支座的摩阻力等因素对钢梁变形的影响，导致钢梁纵向长度几何尺寸的偏差，致使钢梁各支点不能按设计位置落在各桥墩上，使桥墩偏载。为了调整这一误差至允许值范围内，需要对钢梁进行纵移。

常用的纵移方法有以下两种：

(1)温差法

温差法，即利用一天的气温差倒换支座的性质到达纵移的目的。

(2)顶落梁法

在连续梁中，利用钢梁中间某一个支点的顶落及两旁支点的支座变“固”或变“活”的相互转换，使钢梁向着预定的方向蠕动。

6. 钢梁的横移

钢梁在伸臂安装过程中，由于受日光偏照和偏载的影响，加之杆件本身的制造误差(如梁中线位置会随时改变，有时偏向上游侧，有时偏向下游侧)，以致到达墩顶后，钢梁不能准确地落在设计位置上，造成对桥墩偏载。为此必须进行钢梁横移，使偏心值控制在允许设计范围之内。横移可用专用的横移设备，如图 7-4 所示，也可以根据情况临时采取措施。

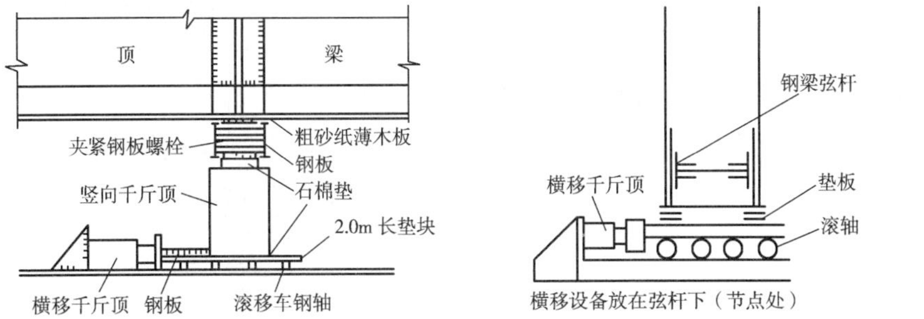

图 7-4　钢梁横移设备

三、施工关键问题及措施

钢梁在悬臂架设中，随着悬臂长度的增大，伸臂端的下挠度和悬臂支承处附近的杆件应力达到最大值，甚至超过允许设计值。因此，降低钢梁架设应力和伸臂挠度，保证钢梁架设时的稳定性，是悬臂架设方法中的关键问题。

通常采用以下几种措施来降低钢梁架设应力和减少伸臂端挠度：增强梁的刚度，减少悬臂长度，设斜拉索减少悬臂应力和挠度，减小施工荷载等方法。下面介绍的是几种常规的方法。

1. 悬臂架设应力最大区域采取的加强措施

(1)把这部分杆件换用大截面的杆件，或者把压杆中间加支承以减少压杆的自由长度，从而提高杆件的承载力。这种方法的效果非常显著，但换用的杆件一般不再拆换。对于多孔悬臂架设的钢梁，需加强的杆件较多，所需钢材用量加大，应作经济比较。

(2)在局部区段上增加一段加劲梁(叠加一段桁梁)，使加劲梁与主桁梁结合成一整体，共同受力，从而增加该段梁的刚度和强度，降低该段架设应力和伸臂端的挠度。这种方法可借用暂不架设的钢梁杆件，当该孔钢梁架设完后，可把加劲梁拆除移至另一孔使用。这种方法效果较好，但架设钢梁的施工量有所增加。

2. 墩旁设托架减少伸臂长度

为了避免钢梁超过架设应力或使用过多的加强杆件，悬臂架设钢梁时，可在前方墩台一侧安装一定长度的临时钢托架，以减少悬臂长度、降低悬臂架设应力和伸臂端挠度。图 7-5 为使用墩旁托架进行悬臂架梁的实例。托梁通常是用拆装式杆件(万能杆件)拼成，其长度根据施工计算来确定。

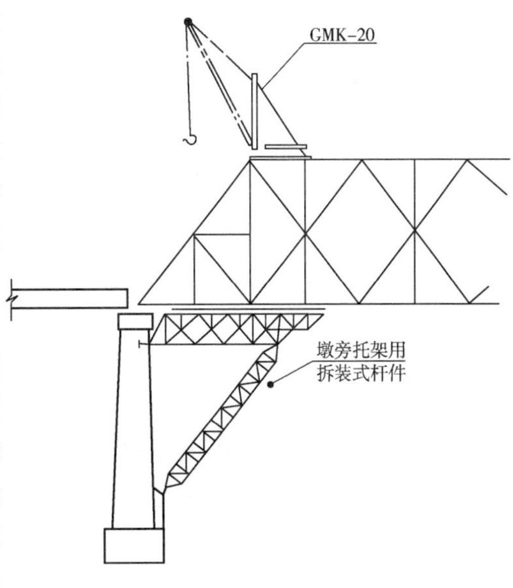

图 7-5　采用墩旁托架进行悬臂架梁

3. 半悬臂架设法

半悬臂架设法，即在桥孔中设几个临时墩，来减小悬臂长度。临时墩多采用万能杆件拼成，当临时墩高度不够时，可采用枕木束、钢轨束、型钢束等垒成。临时墩的基础必须坚实可靠，以防沉陷引起钢梁增加附加应力。

4. 中间合龙法

为了减小悬臂长度，还可采用中间合龙法。即由桥跨两边墩台同时向跨中拼装钢梁，在跨中进行合龙。中间合龙法可将钢梁的悬臂长度减小一半，使钢梁杆件内力和悬臂端挠度大大减少。这种施工方法的关键是保证两钢梁架设到跨中时，两端杆件无相对偏差，并且两端钢梁的端截面保持垂直于水平面。为达到这样的要求，可调整锚固梁前后支座的相对高度，并使合龙处的截面弯矩和剪力均为零，使合龙处节点在不受力的情况下架设，合龙后再进行应力调整。

第五节　拖拉法架梁

拖拉法架梁就是将钢梁在路堤上、脚手架上或已经拼装好的钢梁上进行拼装，并在钢梁下设上滑道，在路堤、脚手架上或已经拼装好的钢梁上和墩台顶面布置下滑道。上、下滑道之间根据设计需要放置一定数量的滚轴，通过滑车组、绞车等牵引设备，沿桥轴纵向拖拉钢梁至预定桥孔，最后拆除附属设备，落梁就位。

一、适用范围及特点

纵向拖拉法架设钢梁多用于多孔连续梁施工。在一定条件下较经济，如桥梁抢修或不中断交通线路上的更换钢梁，采用此法可以保证较快速度通车。其缺点是需要在建桥现场的桥头有预拼场地，且需要提供拖拉牵引设备，同时还需布置一定数量的滑道以及临时支架等。

钢梁的拼装工作大部分是在岸边路基或工作平台上进行的。与悬臂架梁法相比，工作条件好，易于控制施工质量；减少高空作业，比较安全；另外，钢梁的拼装工作可以和墩台基础施工同时进行，大大缩短工期。

二、施工工艺

拖拉法架梁主要有半悬臂的纵向拖拉、全悬臂的纵向拖拉和主要用于更换旧梁的横向拖拉3种施工工艺。

1. 半悬臂的纵向拖拉

根据被拖拉拼跨结构杆件的受力情况和结构本身稳定的要求，在拖拉过程中有时需要在永久性的墩、台之间设置临时性的中间墩架，以承托被拖拉的桥跨结构。如图7-6所示，用拆装式杆件拼组成中间临时墩架的纵向拖拉。

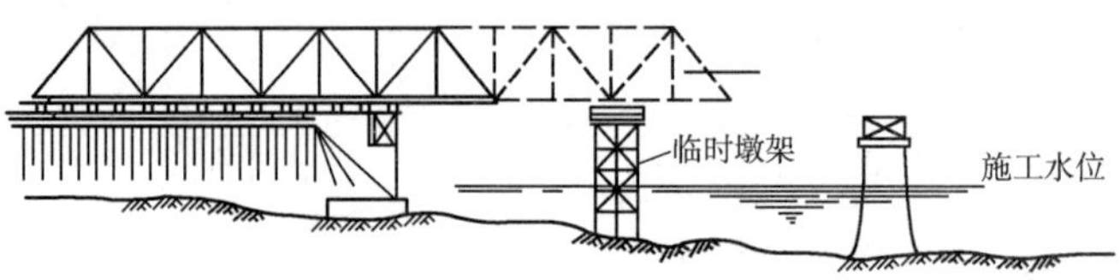

图7-6　中间临时墩架的纵向拖拉

图 7-7 为公路桥桥梁施工跨跨线时所设置的临时墩架的构造示例。

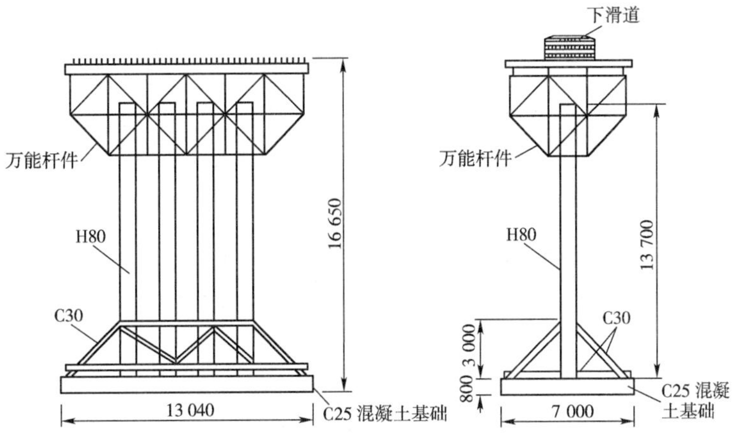

图 7-7　临时墩架的构造示例(尺寸单位:mm)

当河水较深,不便搭设中间支承且水位稳定时,可考虑采用中间浮运支承的纵向拖拉,如图 7-8 所示。

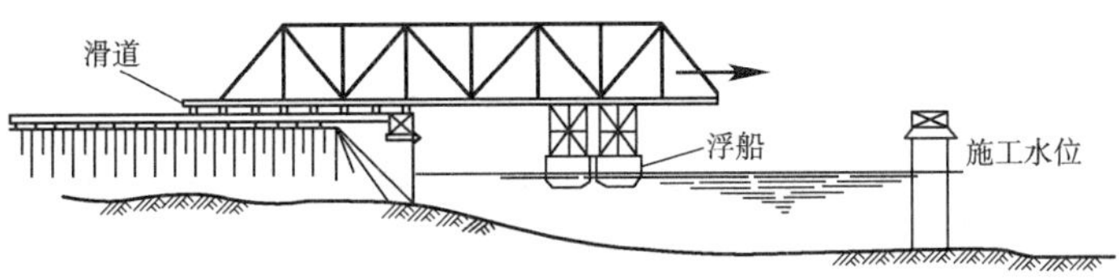

图 7-8　中间浮运支承的纵向拖拉

2. 全悬臂的纵向拖拉

当河床条件复杂不允许设置临时墩架,且河水水流湍急不能采用中间浮运支承的半悬臂拖拉施工时,就只能考虑采用全悬臂的纵向拖拉。

全悬臂的纵向拖拉,是指在两个永久性墩、台之间不设置任何临时中间支承的情况下的纵向拖拉架梁的方法。如图 7-9 所示为用拆装式杆件组成导梁的全悬臂纵向拖拉。

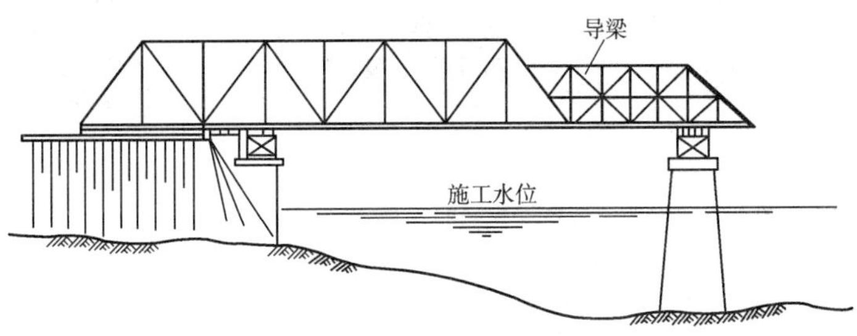

图 7-9　全悬臂的纵向拖拉

拖拉钢横梁的滑道,对于钢箱梁,可以直接利用钢梁下缘作为上滑道(图 7-10)。对于桁架梁,可以布置在主桁下(图 7-11)。

下滑道设置于墩顶上时,可采用 LD 型履带式滑板式连续滑道。滑道底座锚固在帽梁上,垫石厚度应满足落梁时安放竖向千斤顶的净空要求。连续的滑块在前后承托轮的承托下,随着梁体的向前移动,周而复始地沿滑道顶面的不锈钢板和腹腔内的导向板运行。由于它具有自动导向板,每当从进口滑进滑道开始承受梁体压力时,滑块都能自动地处于正确位置,而当滑块滑出后,解除工作状态的滑块又能相对发生一定量的位移。施工实践证明,这样做能使滑块每次偏移量控制在允许的范围内,而重新进入工作状态的滑块总能处于正确位置。连续滑块由一定长度的普通四氟橡胶板滑块和连接件构成“履带”状。滑道由不锈钢板、铸钢承压板、腹板、底板、前后承托轮及自动导向装置等构成。

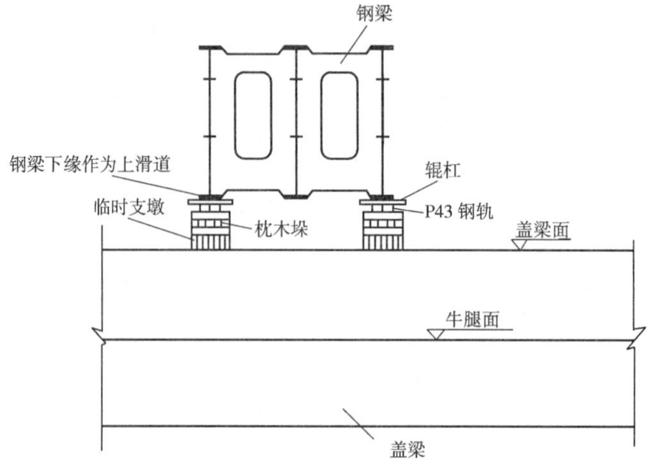

图 7-10　滑道布置在纵梁下构造

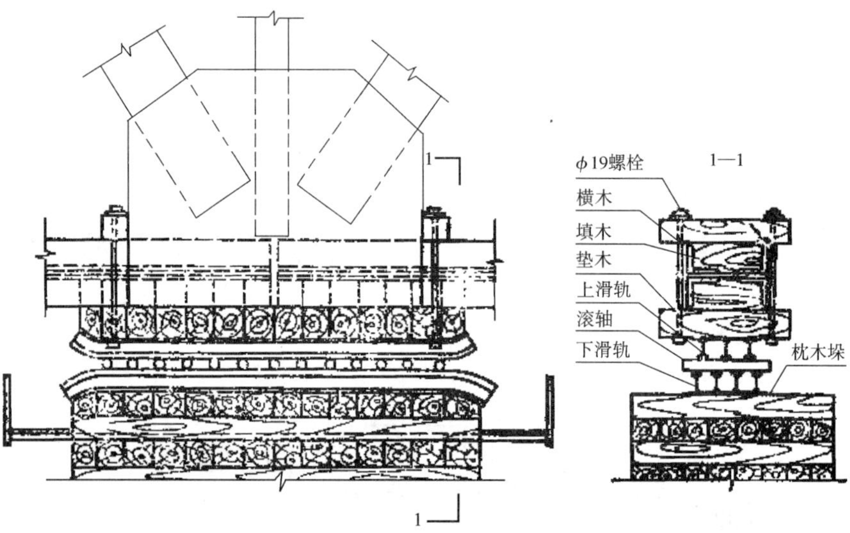

图 7-11　滑道布置在主桁下构造

根据计算牵引力设置钢梁拖拉的牵引滑轮组。多组牵引组应选用同样设备，以便控制梁两侧牵引前进速度一致。

当梁拖到设计位置后，拆除临时连接杆件及导梁、牵引设备等。拆除时应先将导梁或梁的前端适当顶高或落低，使连接杆件处于不受力状态，然后拆除连接栓钉。

拆除完临时连接杆件和导梁等后便可落梁。落梁时钢梁每端至少用两台千斤顶顶梁，以便交替拆除两侧枕木垛。

3. 钢梁的横移

钢梁的横向拖拉主要用在通车的线路上更换钢梁。新钢梁在原有桥跨边的脚手架上拼装后，将桥暂时封闭，当新梁替换旧梁后，即可恢复通车。

横移法施工的要点是在横移脚手架上设辊轴滑道，辊轴滑道上放置用方木制成的大平车。大平车一端用砂袋支垫新梁，其高度使新梁稍高于支承垫石，便于新梁就位。另一端搭枕木垛，枕木垛位置正在旧梁下面。枕木垛上设置千斤顶，以备换梁的时候起顶旧梁之用。

新梁的拼面事先须完全做好，此外在滑道上做好移梁到位的标记，并在大平车上安放指针。当指针正对准滑道上的标记时，表示新梁已正确就位。当一切准备就绪后，可封锁交通，起顶旧梁，用绞车牵引大平车到位，然后割破砂袋，新梁落到支座上，就可开放通车。

横移法的缺点是辅助结构工程较大，当孔数较多或桥高水深时，尤为突出。

三、施工关键及措施

1. 纵梁中轴线控制

在每段钢梁的中线做好标记点。拖拉时，设置观测塔，架设经纬仪对梁体中轴线进行观测和精确的纠偏，使钢梁首尾中线偏差控制在允许值范围，最后就位时箱梁首尾中线偏差控制在允许值以内。阶段拖拉就位前，在钢梁的顶板及模板上做明显的标志，并设专人观察，控制箱梁中线的偏差情况，控制箱梁纵向准确就位。

2. 拖拉控制系统及设备要求

自动控制系统及拖拉设备使用前应进行校验，确保精度。所有的千斤顶、油泵、油表等机具均须按施工规范要求定期标定、保养，以保证始终处于良好状态。水平千斤顶的底座锚固螺栓应有足够的抗剪和抗拔性能。

3. 滑道施工要求

应始终保持滑道顶面清洁，使用前做超载试验。严格控制滑道高程，箱梁底面尤其是与滑道相关的部分，必须平整，误差应在规定范围内。滑块的连接销钉应做抗剪和抗弯试验，使其既保证相邻滑块的连接强度，又应允许相邻滑块有一定的横移量，只有这样才能使滑块协调运行并便于纠偏。

施工前，滑道应进行预压试验，其预压力应是设计反力值的 2 倍。采用履带滑板时，滑板之间的连接应符合设计要求，出厂前应抽样做拉力试验。相邻滑板之间的自由横移量不小于 2cm。滑道、滑块之间的动摩擦系数应小于 0.05，静摩擦系数应小于 0.10。

4. 落梁控制

落梁时，必须通过计算桥墩反力和竖向千斤顶在墩顶所占的位置和最小高度，来确定落梁竖直千斤顶的位置和最小高度。当千斤顶位置不够时可分段分批落梁。

顶梁时，墩顶用于顶升的各千斤顶应按设计要求统一指挥，均匀施力。由于施工荷载的影响，当各墩千斤顶达到设计反力而梁尚未顶起时，各墩油泵应稳压 3min，并将稳压数值向总指挥报告，然后决定最后加载，直至梁体脱空 3～5cm 即稳压。

确认箱梁已脱离各个滑道后，可拆除所有滑块、滑道和附属物，并安装永久盆式橡胶支座。由于落梁时箱梁变形有滞后现象，故应控制千斤顶速度，保证千斤顶匀速下降，不可操之过急。当箱梁整体落座在支座后，复核梁底高程，确认无误，整个落梁工作完成。

思考题

1. 钢桥架梁选择施工方法时，应该考虑哪些因素？
2. 在悬臂拼装架梁时，如何减小钢梁架设应力和伸臂挠度，保证钢梁架设时的稳定性？
3. 钢构件的制作包括哪些过程？
4. 悬臂拼装架梁包括哪几种工艺？
5. 拖拉法架梁时，如何设置滑道？
6. 膺架法架梁有什么特点？如何进行落梁？

第八章　拱桥施工

第一节　概　　述

拱桥是以承受轴向压力为主的拱圈或拱肋作为主要承重构件的桥梁，主要由拱圈（拱肋）及其支座组成，在我国应用的历史悠久，也是目前公路上使用广泛的一种桥梁体系。拱桥可用砖、石、混凝土等抗压性能良好的材料建造，大跨度拱桥则用钢筋混凝土或钢材建造。

拱桥能得到如此广泛的应用，主要因为拱式体系的受力合理。拱桥与梁桥在受力性能上有较大的差别。拱式结构在竖向荷载作用下，支承处除产生竖向反力外，还产生水平反力。由于存在水平推力，使拱的弯矩比相同跨径梁的弯矩小很多，而拱圈内主要承受压力。特别对于大跨径桥梁，静载占全部荷载的绝大部分，因此合理选择拱的轴线，使拱圈在静载作用下主要受压，就可以充分利用抗压性能较好的石料和混凝土材料。

新中国成立后，我国的拱桥施工技术开始快速发展。新中国成立初期，为了控制用钢量，主要建造石拱桥，相应的施工方法主要是就地浇筑法，即先搭设木支架，然后在其上直接砌筑石拱圈或浇筑混凝土拱圈。为了支撑拱圈的重量，木支架要求有足够的刚度和稳定性，故而该类施工方法的木材消耗大、施工周期长；20 世纪 60～70 年代后双曲拱桥、桁架拱桥和刚架拱桥成为主要的拱桥结构形式，使拱桥施工实现了装配化，并大大减轻了重量。同期又推出断面刚度大、挖空串高的箱形拱桥，至今仍被广泛应用；1990 年，我国第一座采用跨径 110m 的下承式预应力钢管混凝土系杆拱桥——四川旺苍东河大桥建成，该类拱桥钢管拱肋吊装重量轻，可以省去拱桥的施工支架，钢管油漆后非常美观，是一种很有发展前途的桥型，近几年在国内发展很快。

一、我国古代拱桥的发展

1. 石拱桥

我国是拱桥应用技术最为悠久的国家，历代兴建的拱桥不计其数，中国石拱桥因南北河道性质及陆上运输工具不同，所以构造不同。北方大多为平桥或平坡桥，实腹厚墩厚拱；南方水网地区则为驼峰式薄墩薄拱。下面分别进行简要介绍。

北方地区的石拱桥以赵州桥和卢沟桥最为典型。我国石拱桥的经典之作——赵州桥，建于隋炀帝大业年间（公元 595—605 年），至今已有 1400 年的历史，是今天世界上最古老的石拱桥。赵州桥为敞肩圆弧石拱，拱圈并列 28 道，净跨 37.02m，矢高 7.23m，上狭下宽总宽 9m。主拱圈等厚 1.03m，主拱圈上有护拱石。在主拱圈两侧，各开两个净跨分别为 3.8m 和 2.85m 的小拱，主要起泄洪作用同时减轻桥的自重。赵州桥制作精良，结构独创，造型匀称美丽，雕刻细致生动，历代都予重视和保护，1991 年列为世界文化遗产，如图 8-1 所示。

卢沟桥位于北京广安门外 15km，跨永定河。完工于金代明昌三年（公元 1192 年）。桥拱圈接近半圆形，全长 212.2m，共 11 孔；净跨 11.4～13.45m 不等；桥宽 9.3m，墩宽 6.5～7.9m 不等。

桥面上石栏杆共269间，各望柱头上，雕刻有石狮，石狮形态各异，且有诸多小狮，怀抱背负，趣味横生。桥上及华表柱上的石狮子，已成为鉴赏重点，其也是统一变化的美学原则的具体应用，如图8-2所示。

图8-1　赵州桥

图8-2　卢沟桥

南方江浙一带水网地区，以舟行为主。潮汐河流，软土地基，因此即使是石拱桥亦尽量减轻重量建造为薄墩薄拱。桥孔最多的为江苏吴江垂虹桥，达85孔，目前尚存残孔8孔。薄拱的拱厚最小仅为拱跨的1/66.7，而一般拱厚则为1/20左右。典型的如浙江杭州拱宸桥，中孔净跨15.8m，两边孔各为11.9m。拱圈石厚30cm，中墩厚约1m，合大孔的1/15.8，如图8-3所示。

现存最长的多孔薄拱薄墩连拱桥为江苏苏州宝带桥。桥始建于唐，历代多次重修，现存桥共计53孔，全长316.8m，中间有3孔隆起以通船只，桥宽4.1m。桥头建有石狮、石亭、石塔，如图8-4所示。

图8-3　杭州拱宸桥

图8-4　苏州宝带桥

2. 木拱桥

中国的木拱桥始建于宋。宋代张择端的《清明上河图》，在画面高峰处有都城汴京跨汴水的一座木拱桥，名为虹桥，为了漕运，水中无桥墩。虹桥等木拱结构为中国所独创，尚有其他别致的结构形式的竹木拱桥，亦与世界同类桥梁有异，如图8-5所示。

图8-5　古代木拱桥

二、拱桥分类

拱桥的桥型较多，可按不同的形式进行分类。按是否有推力可以分为有推力拱桥和无推力拱桥；按其拱圈位置可分为上承式拱桥、下承式拱桥和中承式拱桥；按桥面截面形式可分为板拱桥、肋拱桥、双曲拱桥、箱形拱桥等；按照拱上建筑的形式可以分为实腹式拱桥及空腹式拱桥、组合体系式拱桥；按拱轴线的形式可以分为抛物线拱桥、圆弧拱桥、悬链线拱桥等。

1. 按照是否有推力分类

(1)有推力拱桥

该类桥型在竖向荷载作用下拱脚对墩台有水平推力作用，水平推力存在可减小拱圈的跨中弯矩，可以较好地适应大跨度的桥梁，并且造型美观，城市桥梁一般优先选用。但是该桥型对桥位处的地基土要求很高，为防止墩台移动或转动，墩台须设计很大，难以用在软土地区。

(2)无推力拱桥

该类桥型在竖向荷载作用下拱脚对墩台无水平推力作用，其推力可以由设置在桥面内部的系杆承受，可以较好地适用于地质不良的软土地区桥位，无推力拱桥只能做成下承式桥，桥面高程比有推力拱桥大大降低，从而降低纵坡和引桥长度。

2. 按照建筑材料分类

按照建筑材料可分为石拱桥、混凝土拱桥、钢筋混凝土拱桥、钢管混凝土拱桥以及钢拱桥。

3. 按桥面截面形式分类

(1)板拱桥

板拱桥面截面如图 8-6 所示。

(2)肋拱桥

肋拱桥面截面如图 8-7 所示。

图 8-6 板拱桥面截面

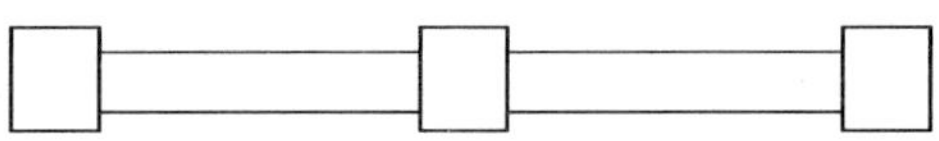

图 8-7 肋拱桥面截面

(3)双曲拱桥

双曲拱桥面截面如图 8-8 所示。

(4)箱形拱桥

箱形拱桥面截面如图 8-9 所示。

图 8-8 双曲拱桥面截面

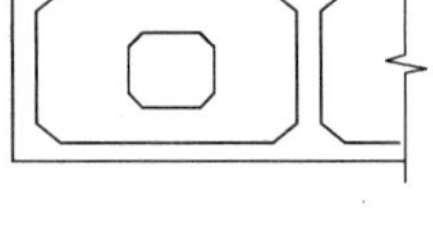

图 8-9 箱形拱桥面截面

4. 按拱轴线的形式分类

(1)圆弧拱桥

该类桥型拱圈轴线为弧线。优点是构造简单，石料规格最少，施工简便，一般适用于跨度$<$20m 的石拱桥。

(2)抛物线拱桥

该类桥型拱圈轴线为抛物线，是悬链线拱桥的一种特例。

(3)悬链线拱桥

该类桥型拱圈轴线为悬链线，受力均匀，弯矩较小，一般适用于实腹拱桥，也可用于大跨度的空腹拱桥。

5. 按拱圈位置分类

(1)上承式拱桥

拱桥的传力部分和通道位于拱圈之上部称为上承式拱桥，上承式拱桥均为推力式拱桥。上承式拱桥的优点是桥面构造简单，拱圈与墩台的宽度较小，桥上视野开阔，施工方便；缺点是桥梁的建筑高度大，纵坡大和引桥长。一般用在跨度较大的桥梁，如图 8-10 所示。

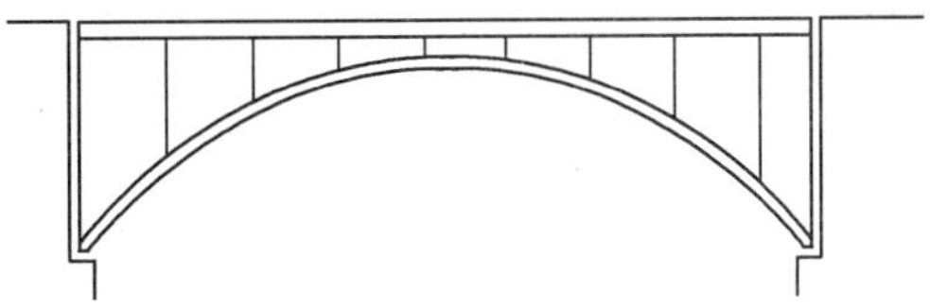

图 8-10　上承式拱桥

拱上建筑主要有实腹式或空腹式两种，实腹拱桥构造简单、自重大，适用于中、小跨度；空腹拱桥结构合理、自重较小、利于泄洪，是大、中跨拱桥常用的形式，如图 8-11 所示。

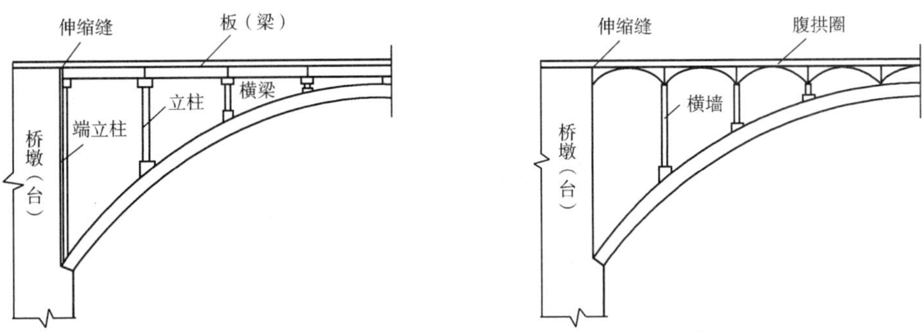

图 8-11　空腹式拱上建筑

(2)下承式拱桥

拱桥的传力部分和通道位于拱圈之下部称为下承式拱桥，下承式拱桥拱上建筑由吊杆、横梁和桥面结构构成。其优点是桥梁建筑高度很小，纵坡小，可节省引道长度；缺点是构造复杂，拱肋施工麻烦。有的桥还在桥面结构中设置系杆，系杆的作用抵消了拱的推力的拱桥称为无推力拱桥，可以应用在地基差的桥位上，如图 8-12 和图 8-13 所示。

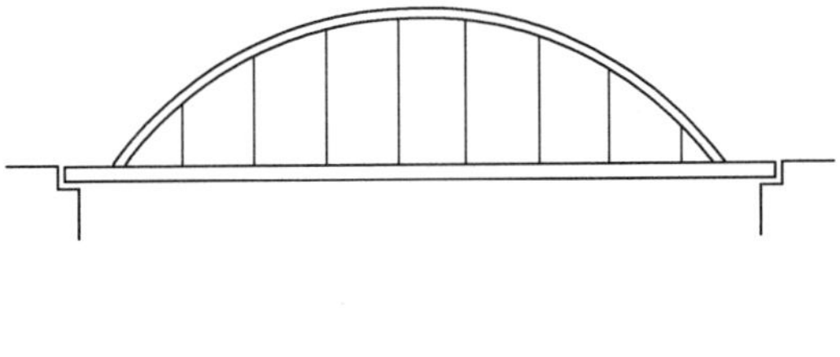

图 8-12　下承式拱桥

图 8-13　天津彩虹大桥(下承式)

(3)中承式拱桥

中承式拱桥，是桥面系设置在拱肋中部的拱桥。其优点是建筑高度较小，引道较短，且建筑造型极佳；缺点是桥梁宽度大，构造较复杂，施工也较麻烦，如图 8-14 所示。

中承式拱桥的代表性工程为卢浦大桥。该桥主桥为全钢结构，全长 750m 并用一跨过江，主跨为 550m 中承系杆拱，边跨为 100m 的上承式拱梁结构。主桥按六车道设计，桥面宽 28.75m；引桥按六车道、四车道设计，分别为 25.5m、18m。设计荷载为汽车—20 级、挂车—120。设计航道净空为 46m，航道净宽为 340m，如图 8-15 所示。

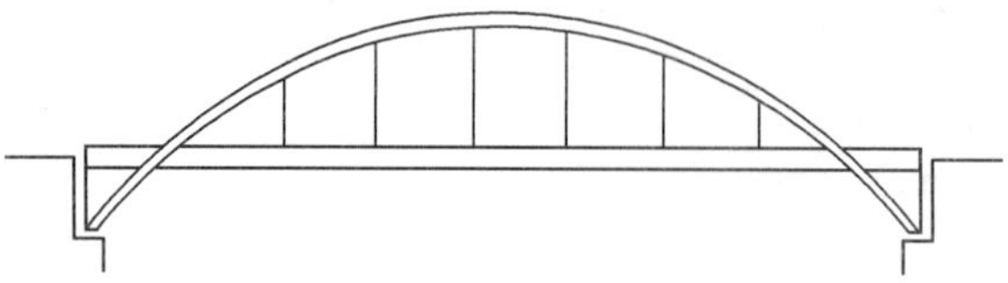

图 8-14　中承式拱桥

桥面形式并不是只能单纯采用上承式、下承式或中承式，有的桥梁同时也采用多种形式组合的方式，具有代表性的是钱江四桥，其桥型方案为双层双主拱的钢管混凝土组合系杆拱桥。主桥跨径布置按计算跨径为 2×85m＋190m＋5×85m＋190m＋2×85m，其中 85m 为下承式系杆拱桥和上承式拱桥的组合，190m 跨为下承式系杆拱桥和中承式拱桥的组合。钱江四桥建设创造了多项国内之最：主桥全长超过千米，大小拱共 11 跨，为目前国内最长双层桥面组合系杆拱桥；大跨 190m 跨径，为国内钢拱钢梁简支体系中的最大跨径；85m 的小跨，用 1.7m 直径的单根钢管制成，这在过去还没有尝试过；缆索吊装可吊 130t 单件拱肋构件，在国内也是创纪录的；从拱桥的支承体系上说，在同一桥上集所有拱桥桥型于一身，包括了上承式、中承式、下承式，开创了国内的先河。钱江四桥如图 8-16 所示。

图 8-15　卢浦大桥

图 8-16　钱江四桥

三、拱桥施工技术发展

1. 就地浇筑法

就地浇筑法是在桥位处搭设支架，在支架上浇筑桥体混凝土，达到强度后拆除模板、支架。就地浇筑施工优点是无需预制场地和大型起吊运输设备，整体性好。其主要缺点有工期长，施工质量不容易控制；混凝土的收缩、徐变引起的预应力损失对预应力桥梁影响很大；施工中的支架、模板耗用量大，施工费用高。

2. 预制安装法

预制安装法指在预制工厂或在运输方便的桥址附近设置预制场进行梁的预制工作，然后采用一定的架设方法进行安装。预制安装法施工一般是指钢筋混凝土或预应力混凝土简支梁的预制安装。预制构件安装的方法很多，各需不同的安装设备，可根据施工的实际情况合理选择。

预制安装法施工具有以下主要特点：有利于确保构件的质量和尺寸精度，并尽可能多地采用机械化施工；上下部结构可以平行作业，因而可缩短现场工期；能有效利用劳动力，并由此而降低了工程造价；施工速度快，可适用于紧急施工工程。

3. 悬臂施工法

悬臂施工法是从桥墩开始，两侧对称进行现浇梁段或将预制节段进行对称拼装。悬臂施工主要分为悬臂浇筑施工和悬臂拼装施工。

悬臂施工过程中，桥梁在施工过程中产生负弯矩，桥墩也要承受由施工而产生的弯矩，因此悬臂施工宜在营运状态的结构受力与施工阶段的受力状态比较接近的桥梁中选用，如预应力混凝土 T 形刚构桥、变截面连续梁桥和斜拉桥等。

悬臂施工的机具设备种类很多，就挂篮而言，也有桁架式、斜拉式等多种形式，可根据实际情况选用。

4. 转体施工法

转体施工法是将桥梁结构本身作为施工设施，利用摩擦系数很小的滑道及合理的转盘结构，以简单的设备，将两岸预制拼装的桥梁结构，绕着转盘做整体旋转后就位合龙的方法。该法在钢管混凝土拱桥施工中有广泛的应用。

转体施工的方法可以采用平面转体、竖向转体或平竖结合转体。

第二节　就地砌筑与浇筑施工

就地砌筑施工是拱桥施工中最为古老的一种方法。在支架上砌筑施工一般用于石拱桥的施工，需要在桥位处搭建拱架，所以施工周期很长，劳动力需求大，一般用于小跨度的拱桥和盛产石料的地区。

就地浇筑施工同样也需要大量的模板和支架，受其限制，以往一般应用于小跨度的拱桥，近年来随着临时钢构件的大量应用，就地浇筑施工法也被应用到大、中型拱桥的施工中，如市区的高架桥施工，采用就地浇筑法具有明显的优势。

一、拱架

拱架按结构分为满布式拱架和拱式拱架，其中满布式拱架又可分为支柱式、撑架式、扇形和组合式拱架等；拱架按材料分有木拱架、竹拱架和钢拱架。

木拱架的加工、制作简单，架设方便，但耗材较多，当前已经不常见。目前多采取钢、木混合拱架，以减少木材用量。钢拱架多用常备构件拼装，虽一次投资大，但可多次周转使用，适合在多跨拱桥中选用。图 8-17～图 8-21 中给出了常见的拱架结构形式。

图 8-17　立柱式木拱架

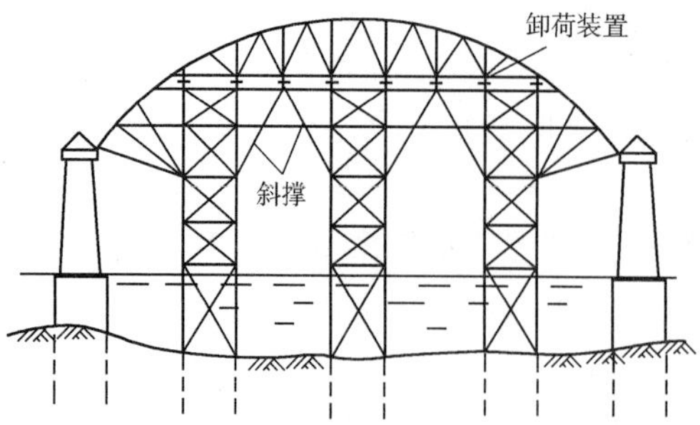

图 8-18　撑架式木拱架

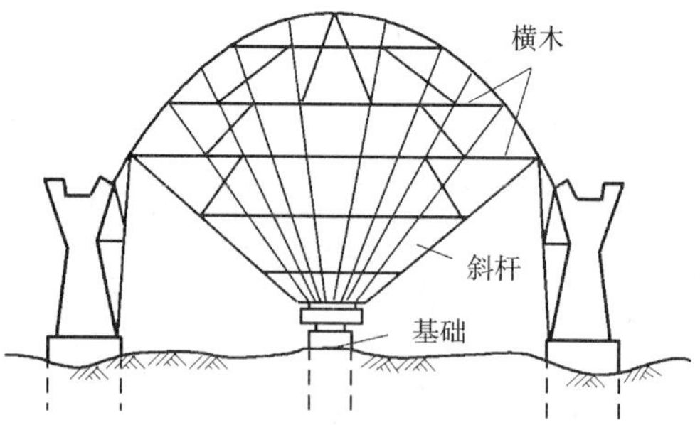

图 8-19　扇形木拱架

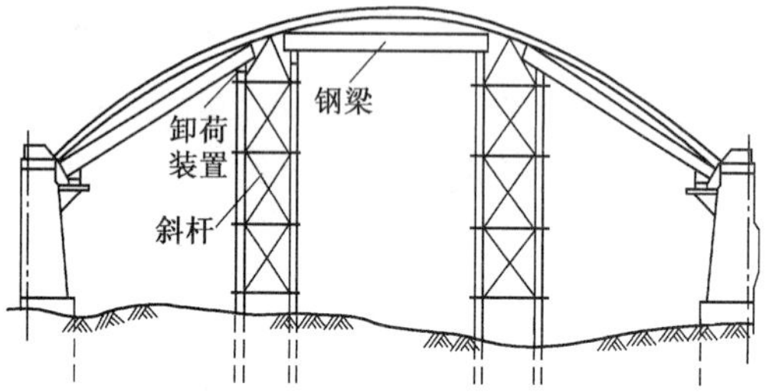

图 8-20　钢木拱架

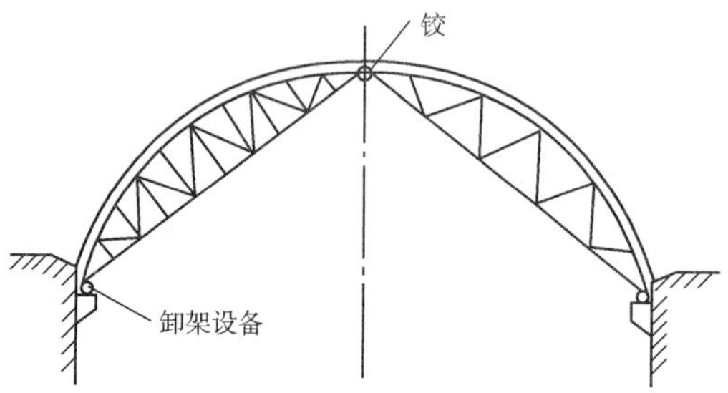

图 8-21　拱式拱架

二、拱桥的就地砌筑施工

该类施工方法主要应用于石拱桥(混凝土预制块拱桥),其主要施工步骤为:拱圈的放样、拱圈的砌筑、拱上建筑的施工和卸拱架。

1. 拱圈的放样

石拱桥的拱石要按照设计图纸尺寸进行加工,为了能合理划分拱石,保证结构尺寸和位置准确,通常需要在样台上将拱圈按 1∶1 的比例放出大样;然后用木板或锌铁皮在样台上按分块大小制成样板,进行编号,以利加工。

拱石分块的大小根据加工能力和运输条件而定。对拱石加工的尺寸规格与误差要求以及砂浆、小石子混凝土配比和使用的规定,可按有关设计、施工规范办理。

2. 拱圈的砌筑

(1)连续砌筑

当跨径<16m 时,若采用满布式拱架,可以从两拱脚同时向拱顶一次顺序砌筑,在拱顶合龙;跨径<10m 时,若采用拱式拱架,应在砌筑拱脚的同时,预压拱顶以及拱跨 1/4 部位。

(2)分段砌筑

当跨径为 16～25m 时,若采用满布式拱架,可采用半跨分成三段的分段对称砌筑方法;当跨径为 10～25m 时,若采用拱式拱架,也可采用半跨分成三段的分段对称砌筑方法。

(3)分环分段砌筑

对于大跨径的拱桥,其拱圈厚度较大,一般由三层以上拱石组成,施工时可将拱圈分成若干环砌筑,砌一环合龙一环。当下环砌筑完并养护数日后,砌缝砂浆达到一定强度时,再砌筑上环。上下环间拱石应犬牙交错,每环可分段砌筑,当跨径>25m 时,每段长度一般不超过 8m,段间可设置空缝或闭合楔。

(4)拱圈合龙

拱圈合龙一般有以下三种方式:

①安砌拱顶石合龙。砌筑拱圈时，常在拱顶预留一龙口，在各拱段砌筑完成后砌拱顶石完成合龙。分段较多的拱圈以及分环砌筑的拱圈，为使拱架受力对称、均匀，可在拱跨的两个 $L/4$ 处或在几处同时完成拱圈合龙。

为防止拱圈因温度变化产生过大的附加应力，拱圈合龙应按设计规定的温度和时间进行。如设计无规定，则拱圈合龙宜选择在接近当地年平均气温时或昼夜平均温度时进行。

②对应小跨径拱圈，为提高拱圈应力和有利于拱架的卸落，可采用刹尖封顶完成拱圈合龙。此法是在砌筑拱顶石前，先在拱顶缺口中打入若干组木楔，使拱圈挤紧、拱起，然后嵌入拱顶石合龙。

③预施压力封顶。用千斤顶施加压力来调整拱圈应力，然后进行拱圈合龙。注意应严格按照设计规定进行。如设计文件中无此要求，不得采用预施压力封顶来完成拱圈合龙。

(5)连拱的砌筑

多跨连拱的拱圈砌筑时，应考虑与邻孔施工的对称均匀，以免桥墩承受过大的单向推力。因此，当采用拱式拱架时，应适当安排各孔的砌筑程序；采用满布式支架时，应适当安排各孔拱架的卸荷顺序。

3. 拱上建筑的施工

对于跨径＜20m 的石拱桥，应在拱圈合龙后至少 3d 才能开始施工；对于跨径≥20m 的石拱桥，应在拱圈合龙后 7d 才能施工；当气温较低时应适当延长施工时间。拱上砌体必须在拱圈砌筑合龙后，拱圈达到设计强度 30%以后进行。拱上建筑的施工，应对称均衡地进行，避免使主拱圈产生过大的不均匀变形。

拱上建筑的施工应自拱脚向跨中对称进行。其施工顺序是：先施工拱脚处侧墙；然后施工拱顶中部侧墙；最后施工台背回填、桥面、人行道、栏杆等。

4. 卸拱架

为使拱架承受的荷载逐渐、平稳地转移给拱圈，卸架应严格按照规定的工序进行。

(1)卸架常用设备有简易木楔、木马、组合木楔、砂筒等。砂筒由顶心木和金属筒组成，卸架时将泄砂孔的塞子拔出，将筒中沙子逐步掏出，顶心木缓缓下降，拱架随之卸下。砂筒是一种应用较广、安全可靠的设备，其构造如图 8-22 所示。

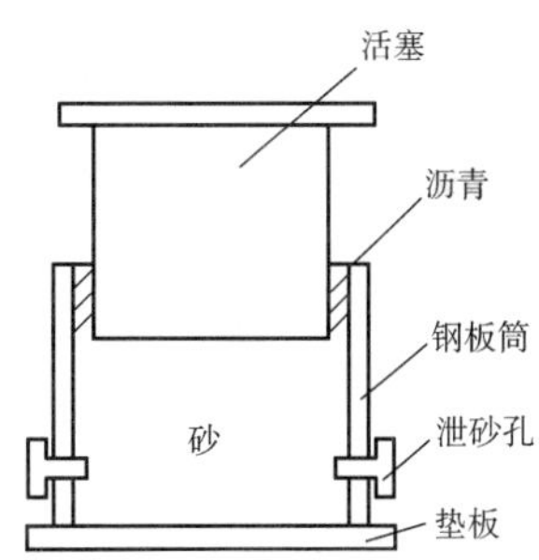

图 8-22　砂筒构造

(2)卸架的技术要求如下：

①卸架时间。对于跨径为 20m 及以下的拱桥应自拱顶合龙后 15～20d 进行；对于跨径＞20m 的拱桥应自合龙后 30d 进行；当温度低于 15℃时应适当延长。

②多孔拱桥卸架应考虑相邻孔推力的影响，应在相邻孔拱圈合龙，并达到上述时间后才能进行卸架。

③卸架不能在裸拱情况下进行，实腹式拱桥应在侧墙完工或护拱，砌筑完毕后方可卸架。

④卸架应分步进行、逐渐均匀降落，每次下降均由拱顶向拱脚对称进行、逐排完成，第一次完成后再从拱顶开始进行第二次下降，直至拱架与拱圈完全脱离为止。

三、拱桥的就地浇筑施工

大跨度拱桥的就地浇筑施工一般是采用钢桁架拱架；然后在拱架上进行拱圈的浇筑；最后进行卸拱架施工。施工步骤为：拱架安装→拱圈浇筑→卸拱架。

1. 拱架安装

大跨度拱桥一般采用钢桁架拱架，其结构类型为常备拼装式桁架型拱架，由标准节、拱顶节、拱脚节及联结杆等组成。首先通过钢销连接，再通过纵横向连接系将几片拱架连成一体，这就可以作为浇筑拱圈或拱肋的支架，拱轴曲线的曲度采用变换联结杆长度的方法得到。

拱架安装布置，如图 8-23 所示。安装前拱架需先按框架形式组成安装单元，其长度可包括 2～3 节拱架。安装时由拱脚至拱顶，两岸对称进行，用门式索塔安装。

2. 拱圈浇筑

大跨径拱桥的拱圈，应采取分段浇筑的方法以减小混凝土的收缩应力和拱架变形而产生裂缝。分段长度一般为 6～15m，具体划分拱段时，必须使拱顶两侧能保持对称。

箱形截面拱圈一般采取分环分段的浇筑方法，施工中一般分为三环即底板、肋墙和顶板，如图 8-24 所示。先分段浇筑底板，然后分段浇筑肋墙，最后分段浇筑顶板。分环分段浇筑时，可采取分环填充间隔缝合龙，此时，已合龙的环层可产生拱架作用，在浇筑上面环层时可减轻拱架负荷。

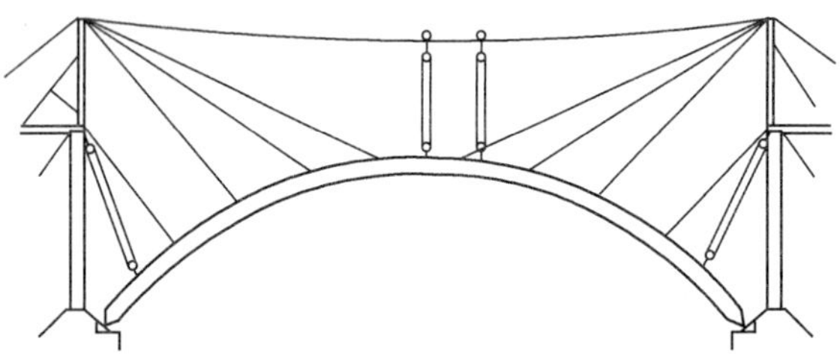

图 8-23　拱架安装

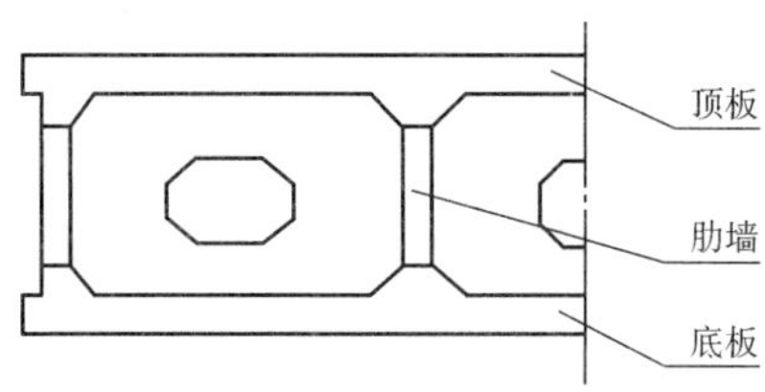

图 8-24　拱圈分环方法

3. 卸拱架

大跨径拱桥采用就地浇筑施工，卸拱架是其中最为关键的工序。拱架应待拱圈混凝土达到 85%设计强度后方可拆除。为了能使拱架所支承的荷载能逐渐转给拱圈自身来承受，拱架不能突然卸除，应按提前拟定的卸落程序进行，且分步卸落；在纵向应对称均衡卸落，在横向应同时一起卸落。为保证拱架能按设计要求均匀下落，必须采用专门的设备。施工中最常用的有砂筒和千斤顶，如前文所述。

四、工程实例

某四肋空腹式钢筋混凝土拱桥，全桥由三个连续等跨拱组成，全长 159.6m，宽 13.2m。拱肋设计净跨径 40m，净矢高 8m，矢跨比 1/5，拱肋主体为 0.75m×0.95m，拱脚处高 1.1m。在 3m 范围内平滑过渡到标准截面，拱轴系数 2.24，拱肋间由 9 条 0.45m×0.60m 横系梁连接。该桥施工的关键工序为拱肋施工中的拱架施工和拱肋现浇，本书简要介绍其方案比选过程。

1. 拱架形式的选择

根据施工现场和项目部实际情况，初步选定支柱式木拱架、三铰钢桁架式拱架和撑架式拱架的三种形式，其优(缺)点如表 8-1 所示。

本工程的实际情况为：

(1)第一、第二跨净空较高(最高达 30m)，桥下主要为淤泥和耕植土，且在第二跨有一水库泄洪河道，水流流量、水位不稳定。

(2)第三跨桥下净空较低，桥下为亚黏土土质，偶见石块，稳定性较好。

(3)桥墩、台均为扩大基础，抗水平荷载能力较强。

(4)工程较小，施工周期短，且工期要求高，租用设备时间也较短。

(5)附近有常备式钢桁架出租，运输费用低。

拱架形式选择表 表 8-1

拱架形式	优 点	缺 点
支柱式木拱架	①安装、拆卸方便； ②无需大型起吊设备； ③施工精度易控制； ④结构简单、稳定性好； ⑤对桥墩(台)水平分力小	①净空越高时，木材需要量越大，且木材回收率低； ②只适应于河滩和流速小、不受洪水威胁、不通航的河道； ③节点多，制作安装用工多，引起拱架变形因素多
三铰钢桁架式拱架	①拱架脚受力于桥墩(台)，不受净空、桥下基础状况及水流限制； ②拱架桁架片为标准型，根据现场情况拼装，可周转使用； ③承受荷载能力大，受力结构简单	①需缆索吊装设备安装，存在一定的吊装难度； ②拱架材料一次性投入高，若租用，租金较贵； ③纵向静定结构，横向抗倾覆能力较差； ④对桥墩(台)的水平分力较大
撑架式拱架	①对桥墩(台)水平分力小； ②净空越高，较满布式拱架越省材料； ③对桥下水流、通航限制条件较小	①需进行撑架基础处理，费用较高； ②稳定性较差； ③材料需要量较高，搭设所需时间较长

综合考虑，最终决定在第一、第二跨采用三铰钢桁架式拱架，第三跨采用支柱式木拱架。

2. 拱架施工措施

选定拱架形式后，对两种拱架在施工过程中，分别采取以下措施：

(1)三铰钢桁架式拱架：在墩身预设钢筋混凝土牛腿，作为拱架的支撑点，每榀拱架安设两个ϕ30 砂筒，用以卸载、调节高度；拱架安装采用缆索吊装，两侧桥台的主索塔用两榀贝雷梁拼装，高 18m，按从拱脚到拱顶的顺序安装，拱顶合龙；为加强横向稳定性，将各个拱肋的拱架横向联成整体，每隔 2m 加设十字撑，拱架两侧各拉两根缆风绳；为调节拱轴系数与设计吻合和方便底模铺设，在钢拱架上架设木拱盔，拱盔与钢拱架间夹板用螺栓连接；为减少水平分力对桥墩的不利影响，进行加载顺序设计，使同一桥墩两侧的相应拱肋对称施工，同一跨上下游的拱肋对称施工。

(2)支柱式木拱架：拱架材料选用优质硬杂木，统一下料，分类按顺序安装；结点间以抓钉配合夹板螺栓连接，结点处杆件端面、角度吻合良好；在靠近桥墩处有一陡坡，净空较高，采用八字撑形式，跨过高净空处，以节省材料；整个拱架分为上部拱盔和下部排架两部分，中间安装楔形木块调节高度及卸载。

3. 拱肋现浇施工工艺选择

对于钢筋混凝土肋拱桥施工，拱肋现浇施工工艺分为分段现浇和整体现浇两种，其工艺分别为：

(1)拱肋分段现浇：拱肋分段现浇是指将拱肋对称地分成若干段(分段长度及数量视拱架、拱肋具体情况而定)，段间预留间隔槽，首先浇筑拱肋主体，最后浇筑间隔槽封拱合龙。

(2)拱肋整体现浇：拱肋整体现浇是指通过对拱肋施工的各个阶段进行计算，找出自拱脚开始，拱肋混凝土浇筑各阶段和拱顶压、卸载的对应关系，在拱顶下吊反压平台或水箱，先压载，后卸载，来控制拱架变形对拱肋混凝土的不利影响，使整条拱肋一次成型的施工工艺。

两种施工工艺的比较列于表 8-2 中，经过综合考虑，决定采用拱肋分段现浇施工工艺。

4. 拱肋施工措施

在拱肋分段现浇施工过程中，为加强质量控制，通常采取以下措施：

(1)精心设计分段加载方案。在拱肋现浇前，根据分段荷载情况和加载顺序，进行拱架试压；根据试压的拱架变形情况来决定分段、加载的合理性和可行性，决定是否需进行调整。

(2)间隔槽位置拱肋两侧各加设 5 根 $\phi22$ 钢筋，并严格进行施工缝凿毛处理。间隔槽浇筑前，应在原混凝土面刷 1∶1 水泥净浆，以加强施工缝处的连接。

(3)拱肋现浇过程中，全程观测拱架情况。

(4)拱顶主筋的焊接质量加强，且选择在混凝土达到一定强度后的低温主筋连接、混凝土浇筑封拱合龙。

(5)合理组织，流水作业，尽量缩短单个拱肋的生产周期，提高拱上搭架的周转率。

拱肋施工方案比选 表 8-2

施工工艺	优　　点	缺　　点
拱肋分段现浇	①工艺较常规，风险小； ②在拱肋合龙前，拱架加载及变形已基本完成，混凝土开裂可能性小； ③无需起吊设备，拱肋间工序转换快	①拱肋存在施工缝； ②间隔槽处理工作量大； ③单个拱肋的生产周期长，拱上搭架工作量大，周转率低
拱肋整体现浇	①拱肋一次成型，无施工缝； ②单个拱肋的生产周期短，拱上搭架工作量小，周转率高	①拱肋荷载反压设计需专业电算。混凝土浇筑过程控制难度较高、风险较大，尤其是对混凝土缓凝时间和浇筑速度要求高，必须在先浇混凝土初凝前完成拱肋合龙； ②反压施工准备工作量大，拱肋间工序转换慢

第三节　悬臂法施工

德国工程师最早采用悬臂施工法修建预应力混凝土连续梁桥，后来被推广用于 T 形刚构桥、预应力混凝土悬臂梁桥、连续梁桥、斜腿刚构桥、桁架桥以及拱桥等。拱桥悬臂施工法的出现，大大提高了施工速度。其主要工艺是将拱圈、立柱、临时斜拉杆等组成桁架，用缆索锚固于后台上，再向河中悬臂逐节地施工，最后在拱顶合龙。其主要方法有塔架斜拉索法和斜吊式悬浇法；根据拱圈构件的制作方式，又可以分为悬臂浇筑法和悬臂拼装法。

一、塔架斜拉索法

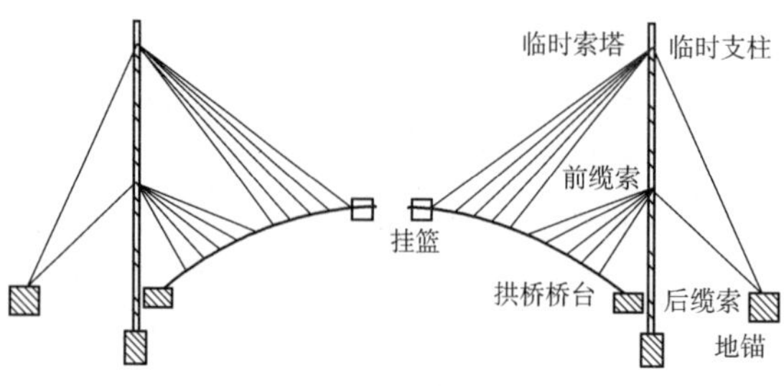

图 8-25　拱桥悬臂浇筑施工

塔架斜拉索法是国外最早采用的大跨度钢筋混凝土拱桥无支架施工方法，一般采用悬臂浇筑施工和悬臂拼装施工。悬浇施工如图 8-25 所示，在拱脚墩台处安装由万能杆件拼成的临时塔架，用斜拉索一端扣住拱圈节段，另一端锚固在台后的锚碇上；用设在已浇筑好的拱段上的悬臂挂篮逐段悬臂浇筑拱圈混凝土，整个拱圈混凝土的浇筑应从两拱脚开始对称地进行，逐节向河中悬臂推进，直至拱顶合龙；在拱圈混凝土全部灌注完毕以后，在拱圈顶面安装可调整内力的液压千斤顶，最后放松拉索。

悬臂拼装法应用不多，代表性的工程如南斯拉夫 Dubrovnik 桥，其拱脚位置拱圈采用钢支架上现浇，其余部分采用悬拼施工。拱桥悬臂拼装施工如图 8-26 所示。

二、斜吊式悬浇法

斜吊式悬浇法首先在日本得到应用，此法借助于专用的挂篮，结合使用斜吊钢筋进行悬臂施工。架设过程中作用于斜吊杆的力是通过布置在桥面板上的临时拉杆传至岸边的地锚上，在具体施工时，应特别注意斜吊钢筋的拉力控制和地锚反力的控制，如图 8-27 所示。

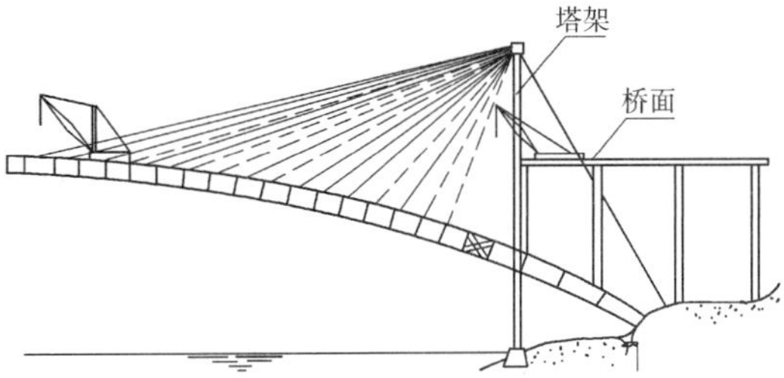

图 8-26　拱桥悬臂拼装施工

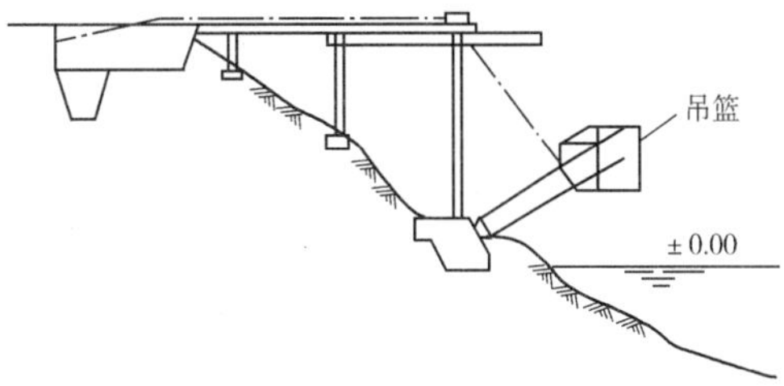

图 8-27　拱桥斜吊式悬浇施工

第四节　转体施工法

转体施工法是将桥梁结构本身作为施工设施，利用摩擦系数很小的滑道及合理的转盘结构，以简单的设备，将两岸预制拼装的桥梁结构，绕着转盘做整体旋转后就位合龙的方法。该类施工方法节约用材、减少施工设备、施工快速安全，且不影响通航、不中断通车，具有良好的经济效益和社会效益。

一、概述

转体施工一般适用于各类单孔拱桥的施工，其基本原理是：将拱圈或整个上部结构分为两个半跨，分别在河流两岸利用地形或简单支架现浇或者预制装配半拱，然后利用动力装置将其两半拱体转动至桥轴线位置合龙成拱。转体的方法分为平面转体、竖向转体或平竖结合转体。

(1)平面转体：按照拱桥设计高程先在两边预制半拱，当结构混凝土达到设计强度后，借助设置于桥台底部的转动设备和动力装置在水平面内将其转动至桥位中线处合龙成拱。

(2)竖向转体：在桥台处先竖向或者在桥台前俯卧预制半拱，然后在桥位垂直平面内绕拱脚将其合龙成拱。根据河道情况可以先竖直向上预制半拱，然后向下转动成拱。其特点是施工占地少，预制可采用滑模施工，工期短，造价低；在桥面以下俯卧预制半拱，然后向上转动成拱，适于河内无水条件下使用。

(3)平竖结合转体：受河岸地形条件限制、前述两种方法均难以实施时，只能在适当位置预制半拱后，采用平转与竖转相结合的方式，实现两个半拱桥位合龙。

二、拱桥平面转体施工

平面转体施工法是我国首创的施工方法。1977 年在四川省遂宁市首次采用四氟板平面转体施工方法建成1孔70m肋拱桥,随后该法得到迅速推广。

平面转体施工具体可分为有平衡重转体和无平衡重转体。除去以上两种平面转体类型外,在实际工程中,还经常将转动体系的重心与下盘磨心设计为有较大的偏心,即偏心转体施工方法。平面转体施工,如图8-28和图8-29所示。

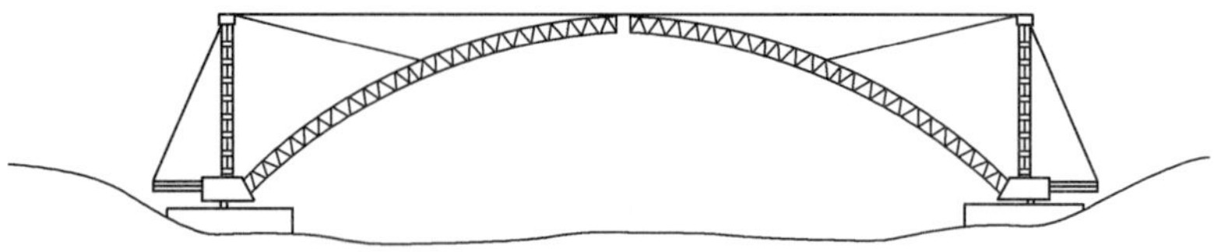

图8-28　拱桥平面转体法施工示意图

1. 有平衡重的平面转体施工

有平衡重的平面转体施工法的施工原理,是从跨中将拱圈分为两半,分别在两岸利用地形搭设简单支架预制或拼装主拱肋,利用结构本身及结构用钢组成扣锚体系,张拉扣索使主拱肋脱架,拱肋、平衡重、转盘上板及扣索组成转动体系,借助与预先设置的具有摩阻系数很小的环形滑道,通过卷扬机或千斤顶牵引,将拱肋转至河心桥轴线就位合龙。

平衡转动体系又分为以下两种类型:

(1)专门配置平衡重的转体施工

此类型适用于深山峡谷的山区的单孔拱桥。这种方法一般将增加的平衡重设计成桥梁永久荷载的一部分,如加大桥台厚度、背墙体积等。调整转动体系的重心,使体系的重心基本落在下转盘的磨心球铰上,所以设计施工相对简易,受力明确。

图8-29　某拱桥平面转体施工

(2)在对称轴上设置转动磨心的转体施工

利用桥梁结构本身的对称性,在对称轴上设置转动磨心实现转体。不需额外增加平衡重,结构显得更轻便,材料的使用也更合理,因此近年来这种方法用得比较多,一般适用两岸地形比较开阔,而且两岸地形有可能按照转体要求来布置桥梁岸边引孔的三孔桥位。

2. 无平衡重的平面转体施工

为解决大跨径拱桥采用平衡重转体施工时施工工序陡增的问题,研究出了"拱桥无平衡重转体施工法"。无平衡重转体施工是把有平衡重转体施工中的拱圈扣索拉力锚在两岸岩体中,从而节省了庞大的平衡重,锚碇拉力由尾索预加应力传给引桥桥面板,以压力形式储备。

无平衡重转体施工与有平衡转体施工在施工工序、施工机具上并无大的差别,对此不再赘述,下面对体现其自身特点的三大体系(锚固体系、转动体系和位控体系)分别进行详细叙述:

(1)锚固体系

锚固体系由锚碇、锚索、平撑、锚梁(或锚块)及立柱组成。锚碇设置在引道及边坡岩层中,锚梁支撑于立柱上,两个方向的平撑及锚索形成三角形稳定结构,使锚块和上转轴为一确定的固定点。拱箱转至任意角度,由锚固体系平衡拱箱和扣索力,从而节省了大量的圬工数量。

设计时应对锚碇处岩体的抗剪抗滑分别进行计算,计算值应大于使用值。条件允许时还应对实际锚碇处的岩层情况进行详细的地质测绘，做简易的岩层抗滑试验，对锚碇的承载能力进行充分验证。

尾索一般用精轧螺纹钢筋，一端浇于锚碇锚旋中，穿过锚块(或锚梁)，在锚块外侧张拉预应力，使两个方向的平撑和锚块形成三角稳定结构，以固定转轴位置。当张拉拱肋扣索时，混凝土平撑与尾索随着拱肋转出的角度，扣索力方向的变化，自动调节各自的内力，使整个力系在任意转角均达到平衡状态，设计中平撑及尾索预加应力的大小及锚块位移大小的确定是极为关键的问题，设计原则是应满足上转轴交点的内力平衡与平撑的变形协调条件。

(2)转动体系

转动体系的组成包括上转轴、下转盘、拱箱及扣索。上转轴由埋于锚梁(或锚块)中的轴套、转轴和环套组成。扣索一端与环套相连，另一端与拱箱顶端连接。转轴在轴套与环套间均可转动。下转盘为一个马蹄形钢环。马蹄形两端各有一个走板，两个走板在固定的环道上滑动。马蹄形转盘卡于下转轴外。下转盘与滑道、下转轴间，均有摩阻系数很小的滑道材料，从而可以滑动。拱箱为钢筋混凝土薄壁组合箱。为减轻重量，顶板采用钢筋网架板。扣索采用精轧螺纹钢筋，扣索将拱箱顶部与上转轴环套连接，从而构成转动体系。

(3)位控体系

位控体系由系在拱箱顶端扣点的缆风索与无级调速自控卷扬机、光电测角装置、控制台组成，用以控制在转动过程中转动体的转动速度和位置。

三、拱桥竖向转体施工

竖向转体施工法一般是将拱圈从跨中分为两半，在桥轴线上利用地形搭设简单支架，在支架上组拼或现浇拱肋。在拱脚安装转动铰，利用扣索的牵引将结构竖向转至设计高程，跨中合龙完成结构的安装。20 世纪 50 年代意大利曾用此法修建了跨径 70m 的多姆斯河桥，此后欧美的一些国家及日本相继运用此法修建了一些桥梁，并在此基础上形成了一套系统的施工理论。

近年来随着我国钢管混凝土拱桥的快速发展，转体施工方法在拱桥施工中的应用越来越多。如 1994 年建成的浙江省新安江大桥，采用竖向转体施工；1996 年建成的三峡对外公路上的莲沱大桥，采用竖向转体施工。此外，我国也应用此种施工工艺修建了多座大跨度钢管混凝土拱桥，如鸳鸯江大桥(主跨 175m)和京杭运河桥(主跨 235m)。

1. 竖向转体施工分类

竖向转体施工根据转动方向又可分为两种类型：

(1)由下向上竖转：当桥位处地形较缓、河谷不深、水深较浅、搭设支架不困难时，可以将拱肋在桥位进行拼装成半跨，然后用扒杆起吊安装；当桥位处水较深或在通航河流施工时，可以在桥位附近进行拼装成半跨，浮运至桥轴线位置，再用扒杆起吊安装。浙江新安江大桥就是采用船舶浮运至拱轴线位置起吊安装的。

(2)由上向下竖转：当桥位处地形陡峭、搭设支架困难时，常利用桥台结构竖向搭设组拼拱肋的脚手架，拱肋由上向下竖转至设计高程。

在我国，目前拱桥的竖向转体法施工大都是采用由下向上竖转，如图 8-30 所示。

2. 竖向转体法施工体系

竖向转体法施工体系主要由拱肋、拱脚旋转装置、索塔、扣索、锚碇和缆风绳组成。

(1)拱肋：在竖转过程中，拱肋内力随竖转角度不断变化，因而要求拱肋在不同竖转状态应具有足够的强度、刚度和稳定性。考虑到竖向转体施工的技术难度，拱肋应尽可能地轻型化以减小安装重量。

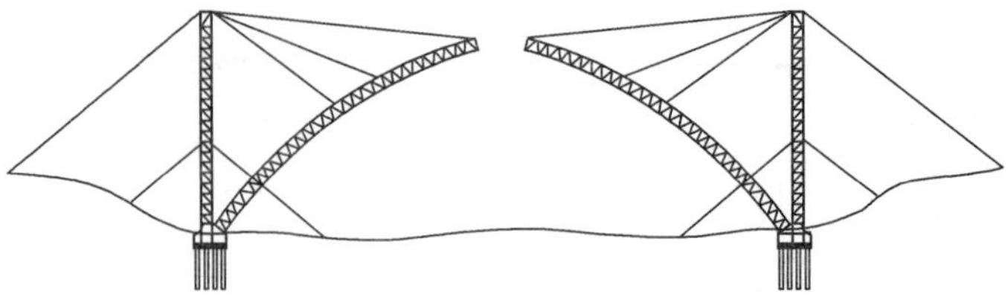

图 8-30　拱桥竖转施工简图

(2)拱脚旋转装置：拱肋在竖转吊装过程中，拱肋需绕拱脚旋转，转动装置如图 8-31 所示。要求转动装置灵活可靠且转动铰的接触面满足局部承压。常用的拱脚旋转装置有弧形钢板铰、钢管混凝土铰、插入式球铰等。

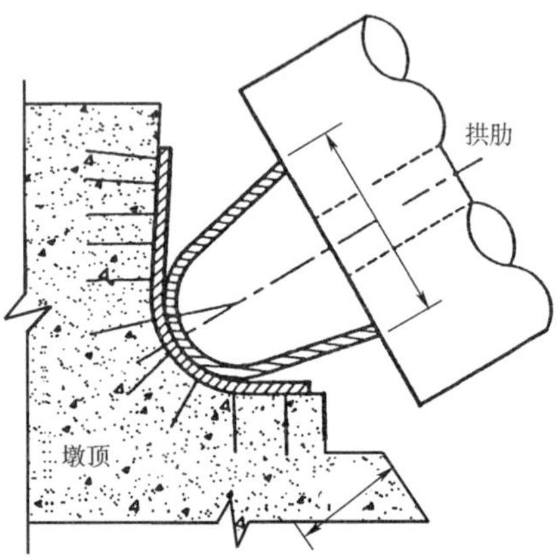

图 8-31　弧形钢板拱脚旋转装置

(3)索塔：索塔高度直接关系到拱肋在竖转过程中的受力状况，所以应综合考虑索塔施工难度及材料用量，因地制宜地选用各组拼构件拼装索塔。一般索塔的立柱采用钢管制作，顶部附加钢板箱梁并与立柱焊接。由于索塔属于偏心受压构件，为了保证其整体稳定，在索塔内还需要布设横撑和剪力撑。

(4)扣索：根据竖转重量及牵引设备，选用钢丝绳或钢绞线。扣索数量的配置应充分考虑结构冲击、自然环境，以及扣索在转向处的弯折影响。

(5)锚锭：施工中可通过引桥及引桥桥墩设置扣索锚锭，扣索的水平分力由引桥拱肋承受，扣索竖直分力由边孔重量承受。此外还可以通过在地面下设置 L 形钢筋混凝土地锚来平衡扣索地拉力。

3. 竖转施工的主要施工流程

(1)进行主拱基础、承台、拱座的施工，同时预埋施工所用的活动铰和索塔预埋件。

(2)索塔安装，索塔在施工中一般采用分段接长，立柱钢管两节之间用法兰连接。同时，在大桥设计桥位投影下方搭建支架及拼装工作平台，并修建安全防护设施，之后利用吊运或浮运设备，进行两个半跨的就位拼装和活动铰安装定位。

(3)完成主拱肋拼装后，安装扣索和主拱肋锚固点，张拉扣索，竖转主拱肋到设计高程。竖转施工时应启动竖转施工观测系统，竖转速度控制在 6～8m/h，半拱到位后进行临时锁定。

(4)另一半拱转体完成后，调整高程，并安装合龙段的吊装或现浇施工设备。

(5)调整拱肋线形并完成瞬时合龙。

(6)焊接合龙段，完成全桥合龙。

4. 竖转施工的优点

(1)塔架、拱肋同时施工，大大提高了施工速度。

(2)竖向转体施工不需大量的施工场地，对河流的通航影响不大；对于钢管拱，由于拱肋主要在工厂内焊接，焊接质量得到保证，较好地解决了钢管拱的安装线形。

(3)在施工过程可以采用计算机控制的液压同步提升装置，施工设备自动化程度高，操作方便灵活，无高空作业，安全性好。

四、竖转与平转相组合的施工方法

竖转与平转相结合的施工方法是在前述两种转体施工方法的基础上产生的，它有效地利用了地形，既通过竖转将组拼拱肋的高空作业变为在低矮支架上拼装拱肋的低空作业，又通过平转完成障碍物的跨越。

此法的成功应用，拓宽了转体施工工艺的应用范围，标志着转体施工工艺的成熟。它和支架施工法、缆索吊装法一起成为桥梁施工的常用方法。竖转与平转相结合的施工方法适合于跨越宽阔河流和桥位较平坦的大跨径桥梁。

第五节　钢管混凝土拱桥施工

钢管混凝土结构在我国的研究和应用已经有了四十多年的历史，尤其是最近十余年，钢管混凝土结构方面的研究发展势头更为迅猛。

近些年来，我国的钢管混凝土应用主要集中在钢管中灌注素混凝土的内填型钢管混凝土结构，并且以圆钢管混凝土结构居多。在这方面最早开展研究工作的是原中国科学院哈尔滨土建研究所。20 世纪 70 年代末 80 年代初，采用压溃理论确定了轴心受压构件和偏心受压构件的稳定承载力，建立了适应这种组合材料性能的理论计算体系。进入 20 世纪80～90 年代后，钢管混凝土结构开始在我国得到快速发展，主要应用在多、高层建筑和桥梁等的建设中，如采用钢管混凝土柱的 88 层的深圳地王大厦、68 层的深圳赛格广场和大跨度拱桥等。

在多年的理论研究和实践经验的基础上，一系列钢管混凝土结构的设计规程相继在实施，其中包括国家建筑材料工业局于 1989 年颁布的《钢管混凝土结构设计和施工规程》，中国工程建设标准化协会于 1990 年颁布的《钢管混凝土结构设计和施工规程》，能源部电力规划管理局于 1991 年颁布的《火力发电厂厂房钢-混凝土组合结构设计暂行规定》等，对于钢管混凝土结构在我国的推广应用起到了重要的指导作用。

一、钢管混凝土结构特点

钢管混凝土是指将普通混凝土填入薄壁圆形或方形钢管内而形成的组合结构。钢管内的混凝土由于受到外围钢管约束，产生套箍作用，从而提高了强度。在实际工程中，还有其他几种形式的套箍混凝土，如图 8-32 所示。

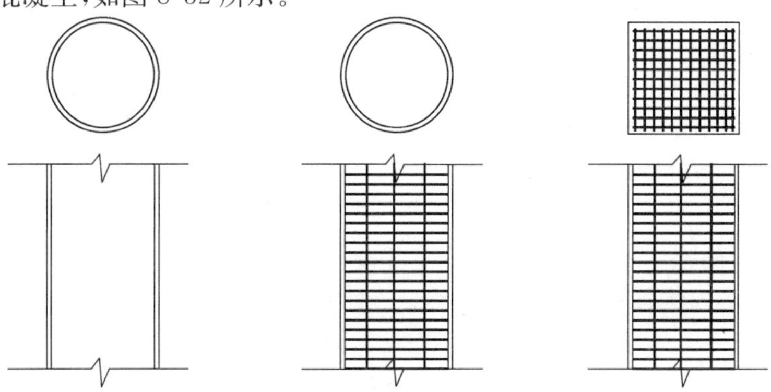

图 8-32　套箍混凝土种类

a)钢管；b)螺旋箍筋；c)横向方格钢筋网

从设计和施工角度来说，钢管混凝土有以下几个突出优点：

(1)承载力高、延性好，抗震性能优越

钢管混凝土柱中，内部混凝土由于钢管的约束作用而处于三向受压状态，大大提高了混凝土的抗压强度；钢管内部的混凝土又可以有效地防止钢管发生局部屈曲。研究表明，钢管混凝土柱的承载力高于相应的钢管柱承载力和混凝土柱承载力之和。钢管和混凝土之间的相互作用使钢管内部混凝土的破坏由脆性破坏转变为塑性破坏，构件的延性性能明显改善，耗能能力大大提高，具有优越的抗震性能。

(2)施工方便，大大缩短工期

钢管混凝土结构施工时，钢管可以作为劲性骨架承担施工阶段的施工荷载和结构重量，施工不受混凝土养护时间的影响；由于钢管混凝土内部没有钢筋，便于混凝土的浇筑和捣实；钢管混凝土结构施工时，不需要模板，既节省了支模、拆模的材料和人工费用，也节省了时间。

(3)有利于钢管的抗火和防火

钢管内混凝土能吸收大量的热能，因此遭受火灾时管柱截面温度场的分布很不均匀，增加了柱子的耐火能力，减慢钢柱的升温速度，并且一旦钢柱屈服，混凝土仍能承受大部分的轴向荷载，防止结构倒塌。组合梁的耐火能力也会提高，因为钢梁的温度会从顶部翼缘把热量传递给混凝土而降低。经实验统计数据表明：达到一级耐火 3h 要求和钢柱相比可节约防火涂料 1/3～2/3 甚至更多。

(4)耐腐蚀性能

钢管内的混凝土使钢管的外露面积减少，受外界气体腐蚀面积比钢结构少得多，抗腐和防腐所需费用也比钢结构节省。钢管混凝土构件的截面形式对钢管混凝土结构的受力性能、施工难易程度、施工工期和工程造价都有很大的影响。圆钢管混凝土受压构件借助于圆钢管对其内部混凝土有效的约束作用，使钢管内部的混凝土处于三向受压状态，使混凝土具有更高的抗压强度。但是圆钢管混凝土结构的施工难度大，施工成本较高。相比之下，方钢管混凝土结构的施工较为方便，但钢管混凝土受到的约束作用较小，结构的承载力较低。

二、钢管混凝土结构在拱桥中的应用

钢管混凝土结构可以借助内填混凝土提高钢管壁受压时的稳定性，提高钢管的抗腐蚀性和耐久性，同时钢管管壁对混凝土的套箍作用又大大提高了混凝土的抗压强度和延性。在施工上，钢管混凝土可利用空心钢管作为劲性骨架甚至模板，施工吊装重量轻，施工用钢量省。

由于在材料力学性能和施工方法上的优越性，钢管混凝土用于大跨度拱桥中的受压构件是非常合理的。在 20 世纪 30 年代，原苏联就成功地建造了跨越列宁格勒涅瓦河的钢管混凝土拱桥组合体系。在我国，钢管混凝土拱桥也有大量应用，1990 年，我国第一座采用跨径 110m 的下承式预应力钢管混凝土系杆拱桥——四川旺苍东河大桥建成，开创了钢管混凝土拱桥在我国的先河。在此之后的几年中，各地虽然兴建了不少钢管混凝土拱桥，但跨径始终在 200m 以下徘徊，直到 1998 年，广西壮族自治区建成了三岸邕江大桥，一举将此类桥梁的跨径提高到 270m；1999 年又建成了跨径 220m 的六景大桥。此后，在湖北、浙江和贵州等省，跨径在 250m 左右的钢管混凝土公路、铁路拱桥开始增多。

2000年广东省广州市内建成了当时世界最大跨径的中承式钢管混凝土拱桥——丫髻沙大桥，全长1 084m，主桥采用三跨连续中承式钢管混凝土系杆拱桥，跨越珠江主辅航道、丫髻沙岛，主拱的施工采用由两岸地面拼装、垂直提升、水平转动、对接合龙的新工艺，平转转体每侧重量达13 680t，是世界同类型第一座万吨转体桥梁；竖转加平转相结合的施工工艺世界领先，两拱对接偏差仅2mm，如图8-33所示。

图8-33 丫髻沙大桥

2003年建设完成的巫山巫峡长江公路大桥是主跨460m中承式钢管桁架拱桥，是同类桥型中世界最大跨度。其他代表性的工程还有广东南海三山西大桥、四川高谷乌江大桥等。其中，采用钢管混凝土劲性骨架的重庆巫山巫峡长江大桥为世界上跨径最大的钢筋混凝土拱桥，主跨为460m。

a) b)

图8-34 钢管与混凝土的组合关系

a)内填型；b)内填外包型

在具体的应用中，根据钢管和混凝土之间的组合关系，钢管混凝土结构可以分为内填型和内填外包型，如图8-34所示。

(1)内填型钢管混凝土。此类钢管混凝土结构的钢管外露，含钢率较高，主要用于以受压为主的结构，如高层建筑物的柱子和拱桥。钢管与核心混凝土共同作为结构的主要承重部分，同时也作为施工时的劲性骨架，设计时以前者控制。这种结构可以充分利用钢管混凝土的材料性能，如抗压强度高、抗冲击能力强等等。

内填型钢管混凝土根据钢管断面的形状，可分为圆管、方管、多边形管和圆端形管等，如图8-35所示。其中圆形钢管平面形状为轴对称，压力作用下钢管环向应力均匀，施加于内填混凝土的紧箍力也均匀，因而受力性能良好，应用最为广泛。用于拱桥时主要有单管和哑铃形肋拱、桁拱以及桁架拱，由于含钢率较高，跨径可以从几十米到200m。

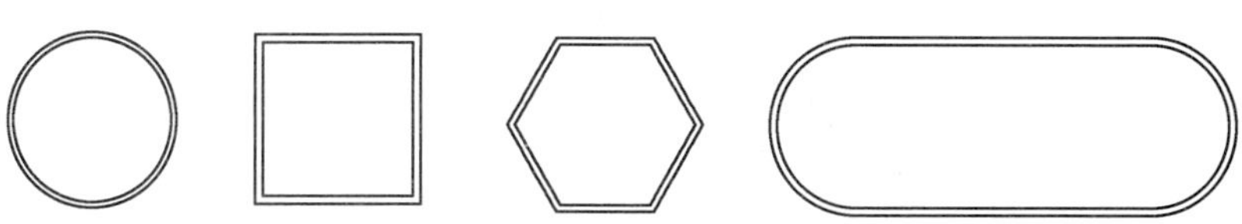

a) b) c) d)

图8-35 钢管断面

a)圆管；b)方管；c)多边形管；d)圆端形管

(2)内填外包型钢管混凝土。此类钢管混凝土结构的钢管不外露，钢管主要作为施工的劲性骨架，钢管材料可以参与建成后的受力，但设计时主要考虑施工荷载控制而不是使用荷载控制。这类桥梁有板拱、箱拱、工字形肋拱、箱肋拱和刚架拱。除板拱外，其跨越能力较强，如我国的四川万县长江大桥，主跨达420m。

内填外包型钢管混凝土结构可以很好地解决大跨度拱桥施工中的“自架设”问题：首先架设自重轻、强度和刚度较大的钢管骨架，然后在空钢管内灌注混凝土，形成钢管混凝土；接着在钢管混凝土骨架外挂模板浇筑外包混凝土，形成完整的钢管混凝土结构。钢管混凝土主要起施工过程中的劲性骨架作用，并且断面一般配有较多的普通钢筋。

对于大跨度钢管混凝土拱桥，钢管混凝土主要用于受压构件，因而其稳定性问题比较突出。构件的长细比对稳定性影响很大，一般说来，通过加大管径来满足稳定性要求很难同时满足经济性的要求，所以对于大跨度钢管混凝土拱桥通常采用多肢结构来解决稳定性要求。大跨度钢管混凝土拱桥常用的多肢结构，如图8-36所示。

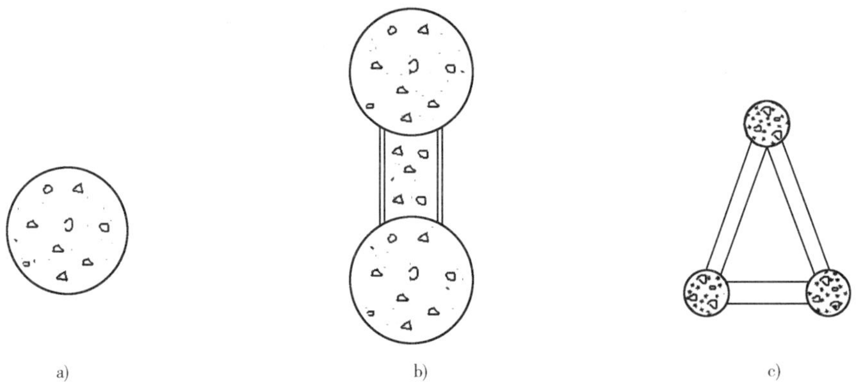

图8-36　钢管混凝土拱桥常用多肢结构

a)圆形截面；b)哑铃形截面；c)二肢桁式

三、钢管混凝土拱桥施工技术

确定桥梁的施工方法，不仅要考虑施工技术设备和现场环境条件等因素，还要密切联系桥梁结构的特点。不同的施工方法，在各阶段施工过程中的内力是不同的，有时结构设计往往由施工内力所控制，所以施工方法、施工内力与变形的研究应当成为桥梁建设所关注的焦点，在大桥建设过程中要给以充分的重视。

钢管混凝土应用于拱桥有两大类型：一种是钢管外露的，钢管以参与结构受力为主，同时也是施工过程的支架和浇筑管内混凝土的模板，成桥过程先合龙钢管骨架，再浇筑管内混凝土形成主拱圈；另一种是钢管以施工受力为主，同时也参与成桥的受力，成桥过程先合龙钢管骨架，然后再浇筑管内混凝土形成钢管混凝土劲性骨架，再将钢管混凝土劲性骨架作为埋置式浇筑外包混凝土，形成主拱圈。显然利用钢管骨架或随之形成的钢管混凝土作为劲性骨架，较之传统的型钢骨架，大大地减少了用钢量，减轻了骨架的重量。

1. 钢管制作要求

钢管混凝土拱桥中的钢管可采用直缝焊接管、螺旋焊接管和无缝钢管。螺旋焊接管和无缝钢管均由专业生产厂家生产，除非用量很大或特殊工程，一般要根据厂家的生产规格选用。无缝钢管的管径较小，单价也较高，通常仅用在用量不大的小管径构件上，如拱肋的腹杆。螺旋焊接管出厂单价较低，通常情况下不高于直缝焊接管。当工地距螺旋焊接管专业厂家较近或运输较方便时，螺旋焊接管具有良好的经济性指标。

焊接工作宜在室内进行，温度不宜高于80℃。焊接环境温度，16Mn钢不应低于50℃，A3钢不得低于0℃。在结构表面潮湿或刮大风、阵雨天气下，又无适当保护措施时，不得进行焊接。主要杆件应在组装后24h内焊接。钢管混凝土拱桥钢结构的焊缝等级按设计图纸要求，一般要求达到GB 11345的二级，相应于GB 50205的一级焊缝要求；各部位的焊缝应在焊接24h后进行无损检验。它的焊缝无破损探伤检测采用超声波探伤和射线探伤方法进行。超声波探伤比例为焊缝长度的100%，X射线探伤检查比例为焊缝长度的10%。焊缝探伤方法和报告应符合国家有关规定。

钢管混凝土拱桥建成后，应高度重视钢管外侧的防护工作；钢管混凝土拱肋的内表面和作为劲性骨架的钢管混凝土结构的防护，则主要考虑施工期间的防腐问题，其要求要比钢管混凝土拱肋外表面的防腐要求稍低。

钢材的腐蚀按反应机理可分为化学腐蚀和电化学腐蚀。化学腐蚀过程不伴随电流的流动。钢材在高温工作条件下受到氧气、二氧化硫、硫化氢等气体的腐蚀，就是化学腐蚀的例子。钢材在腐蚀过程中伴随有电流流动的叫做电化学腐蚀。钢材在潮湿空气中或在电解质溶液中的腐蚀，就是电化学腐蚀的例子。钢材按自然环境引起的腐蚀又可分为大气腐蚀、土壤腐蚀、海水腐蚀、淡水腐蚀和生物腐蚀等。钢管混凝土拱桥所处的自然环境引起的腐蚀主要为大气腐蚀，对拱脚部分则还可能有其他的环境腐蚀，如海水腐蚀、淡水腐蚀、土壤腐蚀等。

通常采取以下措施来防止钢材腐蚀：选择适当的钢材、合理设计构件、改变环境、电化学防腐和涂层保护等。

2. 架设方法

根据拱桥的跨径、结构形式及施工设备、现场环境条件，选择适当的施工方法，同时可以借鉴其他桥型的施工方法。目前常用的钢管混凝土拱桥的施工方法可分为：

(1)支架法

钢管混凝土拱桥的结构设计往往由施工内力所控制，早期的钢管混凝土拱桥主要采用支架施工法，即在桥跨位置架设支架，在支架上进行主拱肋的拼装和管内混凝土的浇筑，整个施工过程钢管混凝土结构处于无应力状态。支架法施工的施工机械较少，施工工艺简单。

支架法不适用于那些跨越大江、大河和深谷的钢管混凝土桥梁，因为此时施工所需要的施工设备和临时设施的费用将急剧上升，无论从技术的角度还是从经济的角度，都是不可取的。

(2)缆索吊装法

在钢管混凝土拱桥的自架设施工方法的探索过程中，由于缆索吊装法的成功运用，开辟了钢管混凝土拱桥施工方法新的技术领域，并形成了“大跨径钢管混凝土拱桥缆索吊装斜拉扣挂施工技术”这样一个完善的体系。该方法属于典型的自架设施工法，对于大跨径钢管混凝土拱桥的施工极具优越性。

(3)转体施工法

伴随着转体施工法在钢管混凝土拱桥的推广应用，钢管混凝土拱桥得到的飞速发展，相应地也促进了转体施工法在施工工艺、施工方法等方面的完善和突破。

转体施工法是将拱桥主拱圈大致分为两个对称的半跨，分别在桥梁施工现场两侧利用实际地形先做好简单支架或拱胎模架，在支架或模架上按照设计拱轴线形完成组拼拱肋桁架节段和横向连接构件的工作，并用扣索将组拼成形的半跨拱肋与转体系统动力设备连成一体，然后操作动力系统使拱肋旋转一定空间角度实现主拱肋的合龙。转体施工根据主拱圈绕拱座的转动方向可分为三种，分别为竖向转体施工法、平面转体施工法、竖转和平转组合法，如图8-37所示。具体的施工工艺见本章第四节。

图8-37　钢管混凝土拱桥转体施工

思考题

1. 简述拱桥施工技术的发展和应用范围。
2. 简述拱桥的分类方法。
3. 简述拱桥就地砌筑施工时，主要的拱架结构种类。
4. 简述转体施工方法在钢管混凝土拱桥中的应用。
5. 常见的钢管混凝土拱桥施工方法有哪些？
6. 简述钢管混凝土结构特点。

第九章　桥塔施工

第一节　概　　述

一、桥塔的发展

在20世纪60年代以前，较大跨度的桥塔几乎都是用钢材制作的，现今，由于高耸结构物的混凝土浇筑技术的发展，混凝土桥塔得到了广泛的推广，图9-1～图9-7为混凝土在塔桥世界各国的典型应用。

桥梁是突出周围环境的巨型工程建筑物，其整体的美观至关重要，刚劲挺拔的主塔、流畅起伏的主缆和凌空飞渡的加劲梁构成了桥梁的整体优美形态。其中，桥塔的高耸挺拔起了画龙点睛的作用，使得桥梁整体雄伟开阔。特别是混凝土桥塔，更加雄姿勃发。

图9-1　中国江阴大桥的主塔

图9-2　日本的明石海峡大桥

图9-3　美国的乔治·华盛顿桥

图 9-4　日本的多多罗桥

图 9-5　德国沃克斯西桥

图 9-6　上海南浦大桥

图 9-7　苏通大桥

二、桥塔的分类

根据桥梁的类型,桥塔一般运用在悬索桥和斜拉桥中,下面将分别从构造、作用、截面形式等介绍两者的桥塔。

1. 悬索桥桥塔

悬索桥中的布置形式如图 9-8 所示。一般来说,同等跨度桥梁的桥塔,悬索桥要比斜拉桥的简单些。悬索桥是以悬挂在两边塔架上的强大缆索作为主要承重结构,其中,桥塔是支撑主缆的重要构件,也称为主塔。悬索桥的活载和恒载通过主塔传递到下部的塔墩和基础。对于不能在边跨端部设置锚固体,一般常设置副塔,即使主缆先通过副塔顶部,然后延伸一定的长度后锚入锚固体。

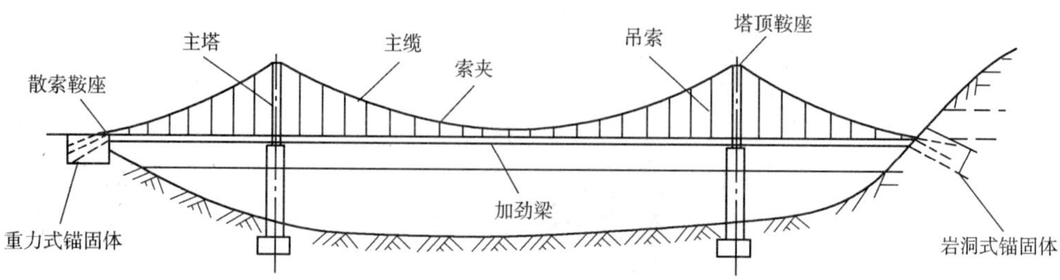

图 9-8　悬索桥的构造示例

(1)桥塔类型

悬索桥的桥塔高度(以桥面以上的桥塔高度为准)为(1/9～1/11)L(L 为桥梁的主孔跨度)。按桥塔的横向结构分,其形式比较简单,多数为单层或多层门式构架。在钢桥塔中,也有交叉布置在两根塔柱之间具有交叉的桁式,参见图 9-9,一般认为混凝土钢构式桥塔是最佳选择。在构造上,悬索桥的桥塔只需要考虑在塔顶上布置主缆的鞍座。

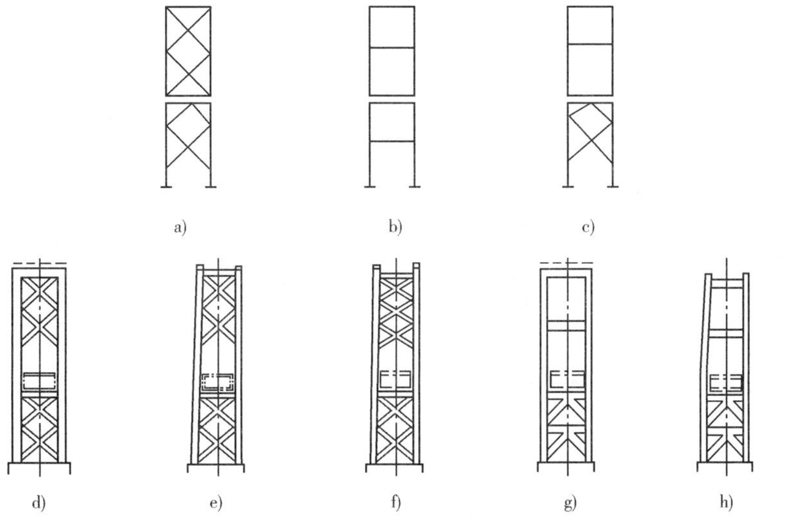

图 9-9　悬索桥的构架形式

a)桁架式;b)钢构式;c)混合式;d)斜杆直塔;e)斜塔斜杆;f)三层斜杆斜塔;g)钢架直塔;h)钢架折塔

按桥梁的纵向结构形式分有三种:刚性塔、柔性塔、摇柱塔。刚性塔是指塔顶水平变位量相对较小的桥塔,一般有单柱、A 字形状,多用于多塔的中间桥塔。柔性塔是指塔顶水平变位量相对较大的桥塔,用于双塔以及三塔的大跨度悬索桥中,一般是塔柱下端做成固接的单柱形式。摇柱塔为下端做成铰接的单柱形式,用于跨度较小的悬索桥中。

(2)截面

混凝土桥塔的塔柱一般作为单室或双室空心截面,截面形式一般为矩形。常见的有 D 形截面或削角的矩形截面。

下面是几座长大索桥桥塔塔柱的断面图(麦基诺水道桥和南备赞濑户大桥),如图 9-10 所示。

(3)横向构件

横向构件即横梁,混凝土塔的横梁都是预应力混凝土空箱结构。一般来说,有两种施工方法,一为现浇,二为预制吊装架设。前者要控制温度变化的幅度,以减少混凝土收缩的影响;后者则需要满足一定的吊装机具要求。在预制横梁与塔柱之间,常采用湿接缝并施加预应力来满足连接要求。

(4)桥塔与塔墩的连接

在混凝土桥塔与塔墩顶部常采用锚固螺栓固接。有时也采用锚固钢构架,其下部在完成塔墩混凝土的浇筑时就预先埋设其中,而其上部则被浇筑在桥塔底部。

2. 斜拉桥桥塔

斜拉桥主塔的布置形式如图 9-11 所示,其用于固定索,并承受一定的水平荷载和垂直荷载。其结构形式、高度、界面尺寸、塔底支承形式,应根据其地质条件、环境条件、斜拉桥跨径、桥面宽度、拉索布置以及建筑造型等确定。

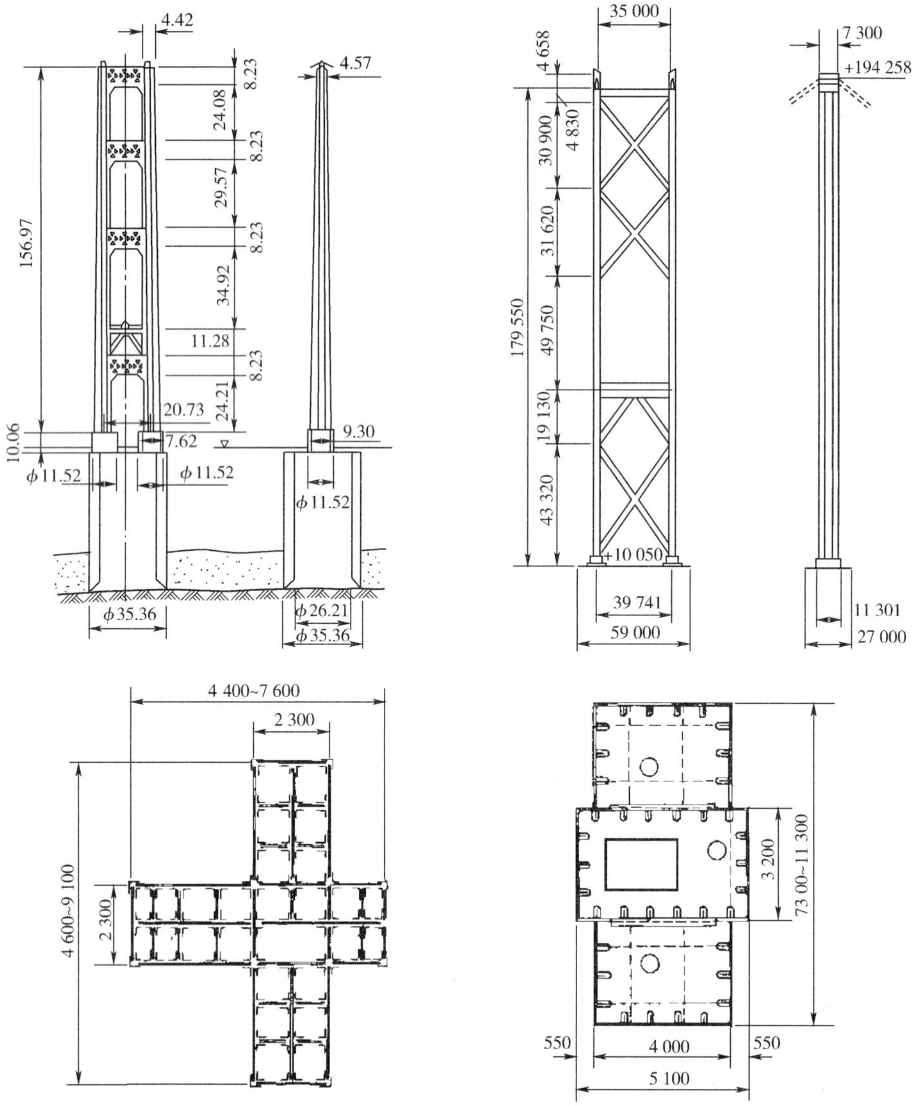

图 9-10 索桥桥塔塔柱结构的断面图(尺寸单位:mm)

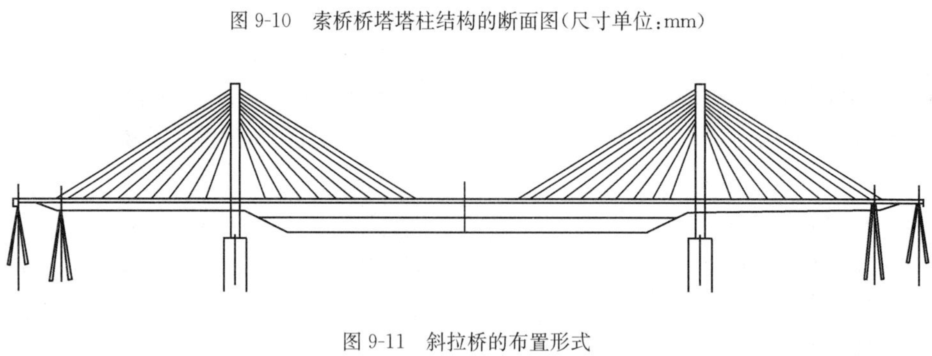

图 9-11 斜拉桥的布置形式

(1)桥塔类型

斜拉桥的桥塔高度为(1/4～1/5)L,是悬索桥主塔的两倍。斜拉桥由于有单索面与双索面、平面索和立体索等,从斜拉桥的横向上看有简单的独柱式、双柱式、单层或多层门式构架,以及较为复杂的H形、A形、菱形以及倒Y形等塔架，见图9-12。从斜拉桥的纵向上看，有单柱式、倒Y形和A字形，见图9-13。在构造上面，斜拉桥必须考虑在塔柱上设有量多而细节复杂的斜拉索的锚固构造。

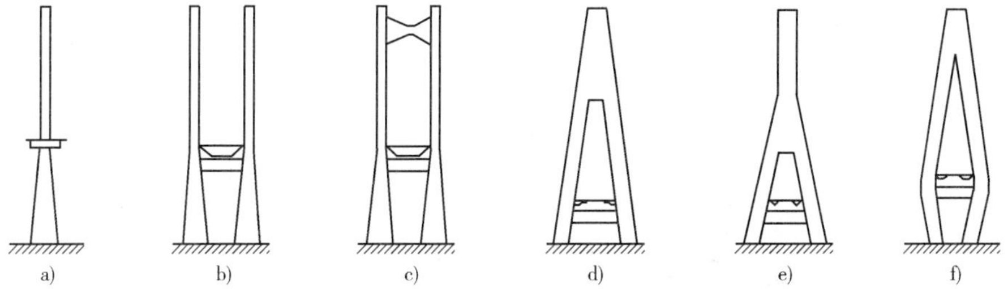

图9-12 索塔横向基本形式

a)柱式；b)、c)门式；d)A形；e)倒Y形；f)菱形

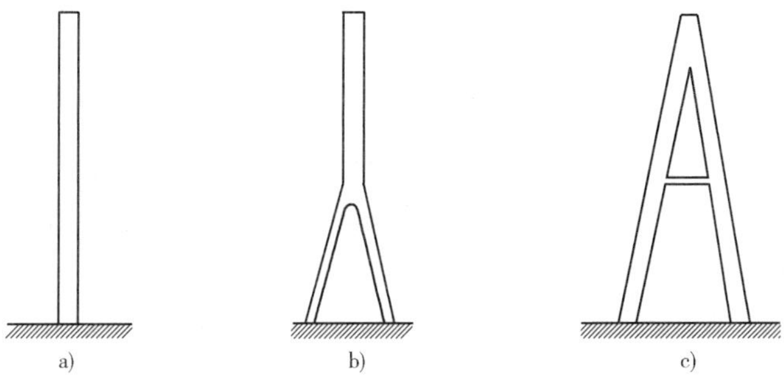

图9-13 索塔纵向基本形式

a)单柱式；b)倒Y形；c)A字形

(2)索塔的截面形式

斜拉桥索塔的混凝土塔柱有实心柱图9-14a)与空心柱图9-14b)、c)三种，一般均采用矩形截面，长边与桥轴线平行，短边与塔轴线平行，如图9-14所示。

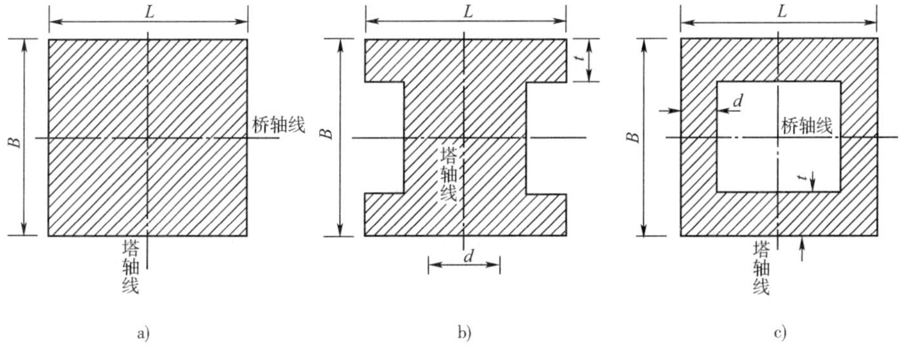

图9-14 混凝土索塔截面

a)实心柱截面；b)、c)空心柱截面

斜拉桥的钢索塔，在日本运用比较多。由于其总体造价比混凝土贵得多，在我国多数采用混凝土索塔。

(3)索塔的构件

索塔的组成部分有塔柱、塔柱之间的横梁、其他连接构件。横梁分为有承重横梁与非承重横梁两种。其中，承重横梁为设置主梁支座的受弯横梁，以及塔柱转折处的压杆横梁或拉杆横梁；而非承重横梁为塔顶横梁和塔柱无转折的中间横梁。

(4)索塔与拉索之间的锚固

索塔与拉索之间的锚固是非常重要的。布置的同时必须注意要将一个拉索的局部集中力安全、均匀地传递到塔柱。根据拉索的布置方式的不同，其布置形式主要有以下几种，如图9-15所示。

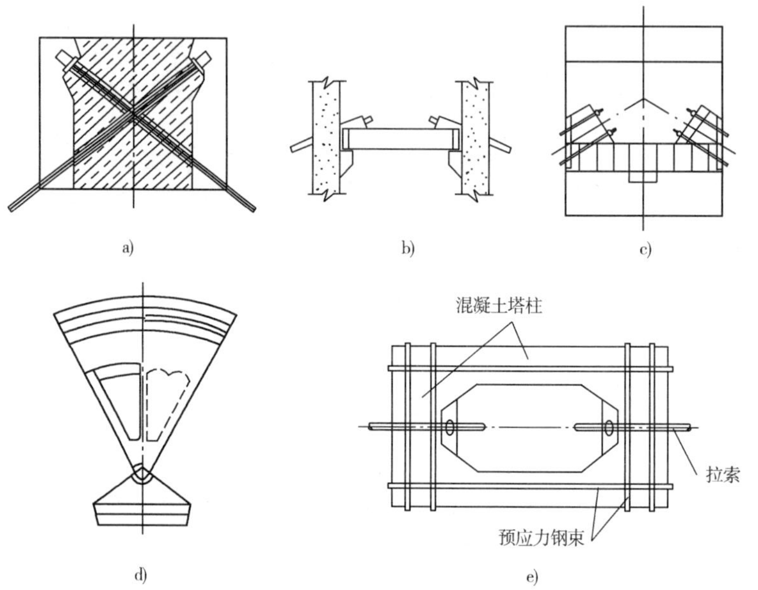

图9-15 混凝土塔与拉索之间的锚固形式

a) 拉索交叉锚固形式；b)拉索锚固梁形式；c)固定锚固形式；d)铰接鞍座；e)平面预应力钢束布置锚固形式

三、桥塔的施工要点

早期桥塔多采用钢结构，近年来，已越来越多地采用混凝土塔结构。本章主要讲述混凝土桥塔的施工技术。由于预制构件在形状的把握、尺寸的精确，以及构件吊装方面均处于不利状态，所以，混凝土主塔构件均采用现浇结构。

对于悬索桥和斜拉桥的桥塔，其施工方法近似，在此不加以区别。

桥塔施工方法根据其规模、形状、施工地点的地形条件，以及其经济性，可以采取如下几种方法：浮式吊机施工法、塔式吊机施工法、爬升式吊机施工法。

(1)浮式吊机施工法：将施工的部件或桥塔节段由水上浮吊架设施工。其优点是可以大大缩短施工工期，根据浮吊的起吊能力和起吊高度，适用于塔高80m以下的中等跨度桥。

(2)塔式吊机施工法：在桥塔侧旁预先安装塔式吊机，以吊装桥塔节段。其优点是施工的垂直度易得到控制。

(3)爬升式吊机施工法：在塔柱上安装爬升导轨，爬升式吊机沿此导轨，随着桥塔的施工高度增高而向上爬升。这种方法的注意点是在施工过程中，必须严格控制塔柱的垂直度。

图9-16为桥塔的一般施工步骤。后面三节将分别从桥塔的模板工程、钢筋工程以及混凝土工程来讲述桥梁的施工技术。

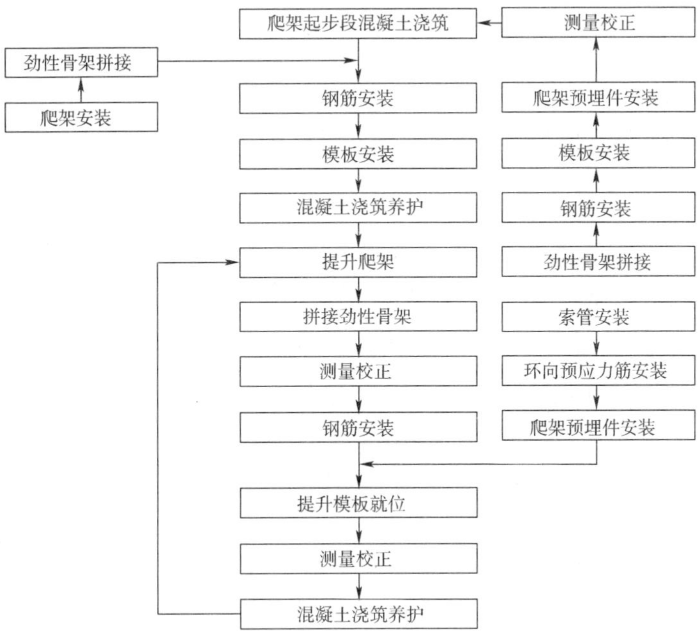

图 9-16 桥塔的一般施工步骤

第二节 桥塔模板工程施工

一般而言，桥塔模板有提升模和滑模两种，实现了无支架现浇的施工方法。提升模按其吊点不同可分为依靠外部吊点的单节整体模板逐段提升、多节模板交替提升（翻转模板）及本身带爬架的爬升模板。整体模板逐段提升法在设备能力满足要求的情况下，与爬模提升法一样适用于各种塔形。翻模法因成本高，高空作业安全度低，接缝不易处理等，应用较少。滑模只适用于等截面的垂直塔柱，有较大的局限性。

本节将分别介绍这几个常见的桥塔模板，及其优缺点以及一般的施工步骤。

一、单面整体提升模板

单面整体提升模板先分件、分组制作与拼装，完成后进行混凝土全模板高度浇筑，等混凝土达到设计强度后，拆除模板后，提升并组装，以此步骤重复直至完成浇筑工程。在组装时为防止漏浆，必须保持与已浇段接头处的混凝土夹紧。模板一次浇筑分节高度一般在 3～6m。由于其施工特点，一般用于界面尺寸相同，对于外观质量要求不高的混凝土桥塔施工。

单面整体提升模板的特点是施工简单，不需大型吊装设备，但限于现代的索塔截面尺寸变化较大、混凝土接缝质量要求较高，特别是现代桥梁造型的多样化，因此，施工工艺中很少采用此法。单面整体提升模板示意图，如图 9-17 所示。

二、翻转模板

翻转模板由内外模、对拉螺杆、护栏及内工作平台等组成，不必另设内外脚手架。根据起重设备吊装能力和塔柱构造要求确定模板分节高度及分块大小。一般，每套模板沿高度方向分为三节，每节高度 1～3m。

施工工艺流程如下：

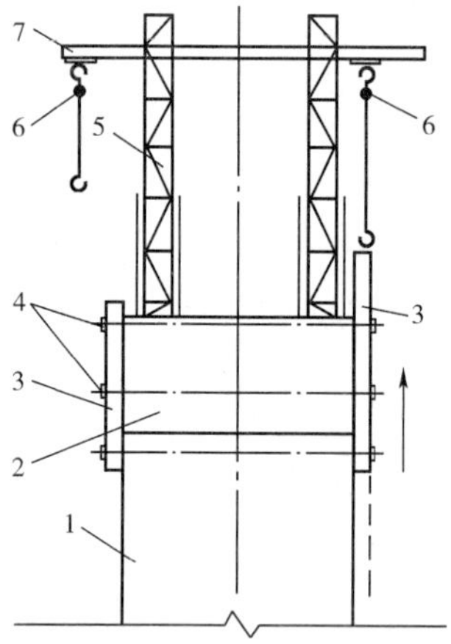

图 9-17　单面整体提升模板示意图

1-已浇索塔；2-待浇节段；3-模板；4-对拉螺栓；5-劲性骨架；6-手拉葫芦；7-横梁

第一层模板，浇筑混凝土→完成一个基本节段的施工→拆除已浇节段下两节模板，顶节不拆，向上提升并接于顶节之上→安装对拉螺栓和内撑→第二层模板安装→由下至上依次上升。

翻转模板系统的特点是依靠混凝土对模板的黏着力自成体系，制造简单，构件种类少，模板的大小可根据施工能力大小灵活选用，施工速度快。因此，目前被大量使用。但此类模板依靠塔吊等起重设备提升，对起重设备要求较高。典型的翻转模板如图 9-18 所示。

三、爬模

爬模有无爬架爬模法和有爬架爬模法两种。其中，有爬架爬模法按提升设备分为三类：液压爬模、电动爬模和倒链手动爬模。

爬模系统一般由模板、爬架及提升系统三大部分组成，所配模板一般采用钢模，且沿竖向将模扳分为 3～4 节，模板分节高度根据塔柱构造特点、混凝土浇筑压力、爬架本身提升能力等因素确定，一般分节高度为 1.5～4.5m。

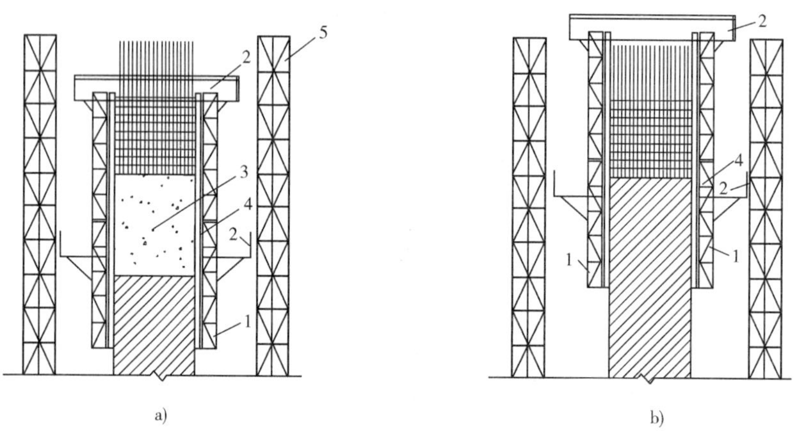

图 9-18　翻转模板布置示意图

a）浇筑混凝土，绑扎钢筋；b）模板交替上升

1-模板桁架；2-工作平台；3-已浇墩身；4-外模板；5-脚手架

爬模施工前须先施工一段爬模安装锚固段，俗称爬模起始段。待起始段施工完成后拼装爬模系统，依次循环进行桥塔的爬模施工。

爬模施工速度快、安全可靠、对起重设备要求不高，并且经济。但对折线形桥塔适应性较差，故一般在直线形桥塔施工中应用较为广泛。

1. 无爬架爬模法施工工艺

无爬架爬模法施工需用塔吊等起重设备进行提升，仅靠模板系统自身不能完成提升作业，因此对于吊装机具要求高，见图 9-19。由于施工缝易于处理，外表美观，施工速度快，在现阶段各特大斜拉桥施工中广泛使用。

施工工艺流程如下：

接长钢筋并绑扎箍筋→拆开底节(第一节)→用塔吊分块吊至原第三节顶上位置并临时固定→拆除原第二节，吊至已安装的第一节顶上→安装节间连接螺栓和块间连接螺栓→测量、调整模板几何尺寸并固定→浇筑桥塔混凝土→重复以上步骤，逐层浇筑，直至顶端。

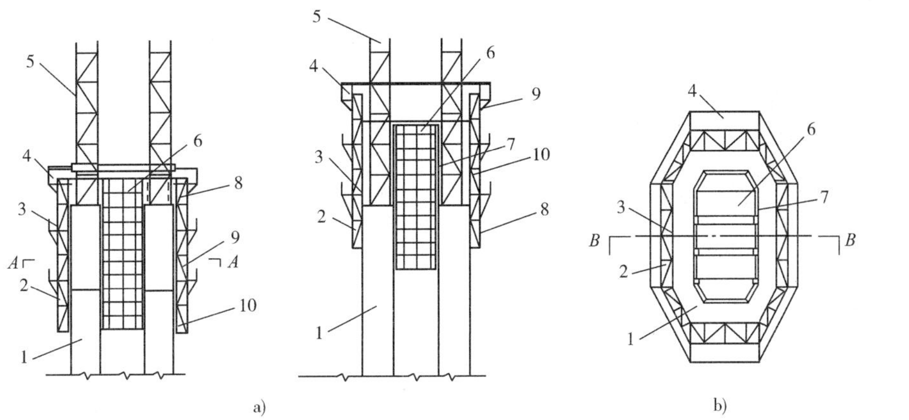

图 9-19　多节模板交替提升示意图

a)浇筑混凝土，安装钢筋；b)模板交替提升

1-已浇桥塔；2-模板桁架；3-外模板；4-工作平台；5-劲性骨架；6-内模平台；7-内模板；8-第三节模板；9-第二节模板；10-第一节模板

2. 有爬架爬模施工工艺

(1)单面爬架倒链手动爬模及其施工工艺

倒链手动爬模是根据模板的大小及桥塔斜率的大小，选择爬架形式和模板的构造。爬架由爬升轨道、提升桁架、脚手架平台组成；模板主要由背模、前模及左右侧模组成。其背模需多留一节，以承担支承提升架的重力，如图 9-20 所示。

施工工艺流程如下：

接长钢筋，待已浇混凝土达到规定强度→安装保险装置→松开爬升桁架夹头和固定螺栓→用倒链将爬升桁架沿背模轨道向上提升→达到最上节模板时安装钢夹头和固定螺栓→再拆除最下一节模板，将其安装在最后一节模板的上面→测量调整就位→拧紧连接螺栓→浇筑混凝土并养生→逐层施工至塔柱施工完成。

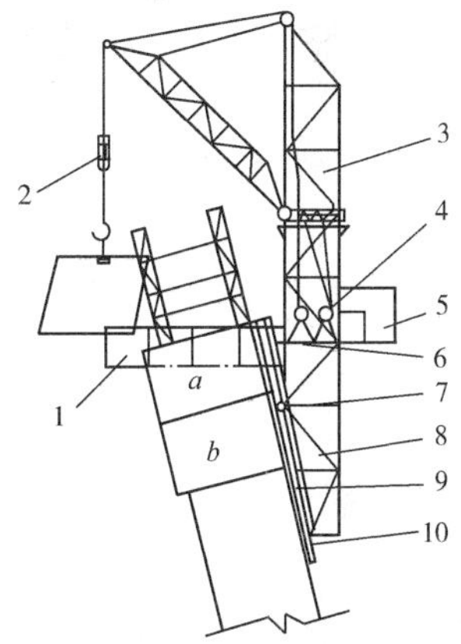

图 9-20　单面爬架倒链手动爬模

1-工作平台；2-手动葫芦；3-提升桁架；4-卷扬机；5-操作室；6-爬架爬升倒链葫芦；7-导向轮；8-爬升架；9-模板；10-爬升轨道

(2)四面爬架倒链提升模及其施工工艺

四面爬架倒链提升模主要由模板、爬升架、爬升轨道、倒链等组成。不同之处在于在每一个塔柱四面各布置了一个爬升架体，架体均由附墙段、工作段、导向机架、接长架等几部分组成，如图 9-21 所示。

其工艺流程如下：

接、绑钢筋→用倒链拉紧爬架与模板上的吊环→拆除爬架固定螺栓→推进伸缩脚轮，使架体离开桥塔表面→拉动葫芦，提升爬架→到位后，退回脚轮，使下部架体贴紧塔表面→调整爬架位置，安装固定螺栓→松开模板，并用倒链一端固定在接长架上，另一端固定在模板上→拉紧倒链，分块提升→初步定位，拉保险绳→所有模板均提升到位，连接块间螺栓→测量，调整模板位置符合要求后固定→浇筑混凝土→重复直至塔柱顶端完工。

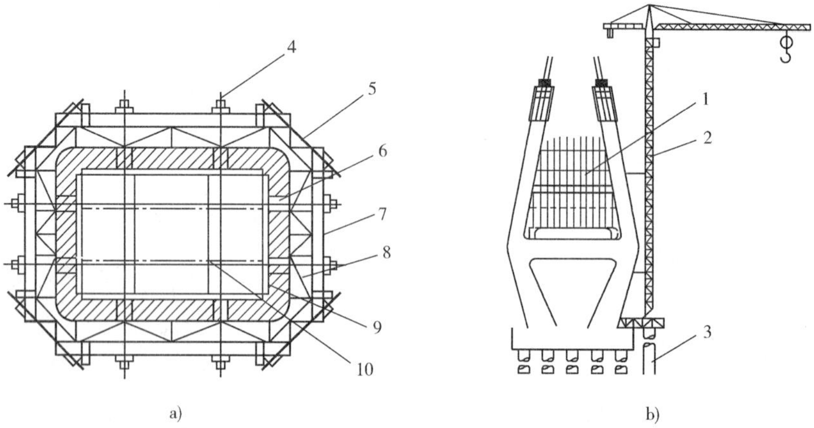

图 9-21　四面爬架倒链提升模施工示意图

1-钢筋；2-已浇混凝土桥塔；3-定位螺栓；4-对拉螺栓；5-导向轮；6-爬升架工作段；7-轨道；8-接长架；9-倒链；10-劲性骨架

四面爬架倒链提升模的特点是稳定性好，便于调整和定位，对于斜塔，有利于模板的定位，操作简单，安全可靠；操作人员可以在附带的工作平台上面进行作业；模板易就位，塔柱外表美观。

(3)电动爬架爬模及其施工工艺

电动爬架爬模有模架、模板、电动提升系统和支承系统四部分。采用整体钢模，在竖向分为四层，每层高 1.5m，每次拆翻安装 4.5m，一般在两边模板上安装爬升滑轨。

爬升架内由 4 个立柱、顶梁、导轮和压轮组成，立柱与顶梁可用万能杆件组拼，也可用型钢加工。为方便施工，在模架上设置 3 层外工作平台，分别起着不同的作用，下平台一般用作脱模和提升模板，中层平台可以钢筋绑扎和模板安装，起重设备安装于上平台，也用作钢筋定位和测量控制平台。

提升系统有爬架爬升设备和模板爬升设备。爬架的爬升可用 4 台同步电动卷扬机同步操作，也可单机起动或手动调整升差，为保证精确度，由一个操作平台集中控制。后者是采用电动葫芦为模板拆翻安装的提升设备。

支承系统：模板直接支承在塔柱混凝土表面，通过对拉螺栓和模板与混凝土的摩阻力及黏结力传递模板荷载。

施工工艺：利用模板导向、支承和爬升模架，再利用模架上的吊装设备提升、安装模板，进行塔杆施工。

电动爬架爬模的优点：施工安全方便，作业机械化程度高。模板与模架相互依赖，相互制约，整个系统便于提升和定位。

(4)液压自动爬模及其施工工艺

液压自动爬模系统主要由模板、爬架、液压提升系统、预埋件、爬升导轨等组成，如图 9-22 所示。

液压自动爬模在国外应用广泛，国内也有应用。该模板系统一般配置单节木模板(芬兰板)，轻巧、操作简便，利用附墙段的液压爬杆。浇筑的混凝土表面外观较好，但要注意接缝的施工操作。

模板一般采用大块木模板，便于提高施工速度，保证混凝土的外观质量。

工作平台分三层，见图 9-23。第一层包括 0 号、－1 号、－2 号平台，组成了工作平台，为使其质量轻，承载力强，一般采用空间网格式结构。－1 号平台安放控制和配电设备，－1 号、－2 号连接在网架平台四周，下部附着在已完成的塔壁上，增加爬模的稳定性。第二层是＋1平台是安装固定螺栓和模板对位螺杆的工作平台；第三层＋2 号是浇筑混凝土和堆放施工设备的平台，需有一定的强度和稳定性。

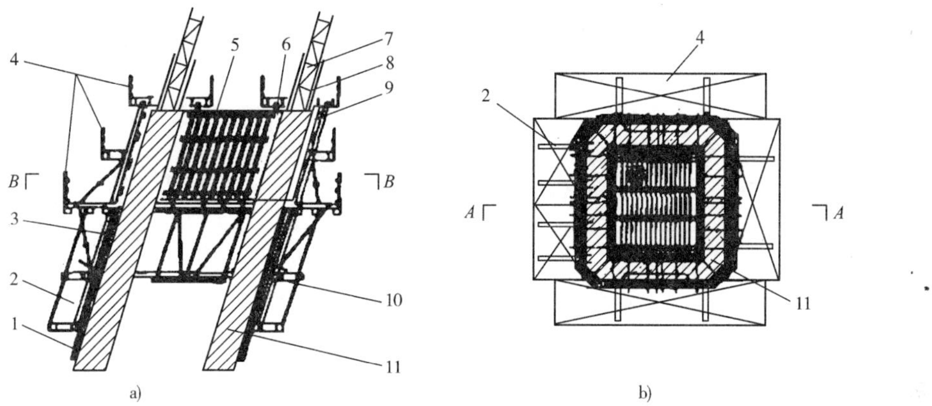

图 9-22　液压自动爬模示意图

1-附墙杆轨道；2-外爬架；3-液压千斤顶；4-工作平台；5-内模支撑；6-内模；7-劲性骨架；8-钢筋；9-外模；10-内爬架；11-塔体

液压提升系统随爬架的上升而上升，依靠爬架与导轨的交替上升实现模板的提升。整个系统的动力设备采用双油缸液压杆。这种设备体积小，质量轻，结构紧凑，起降平稳。在提升过程中要注意时刻测量并进行调整。

四、滑模法施工

滑模由两个部分组成：模板以及液压提升系统。滑模一般被使用于桥塔没有截面形式变化的桥塔中。

滑模的工序为：钢筋绑扎→浇筑混凝土→提升模板→不断重复上述步骤，直到顶端。在滑模的过程中，必须掌握好滑升速度和混凝土的凝结时间之间的关系，太早则混凝土还未干透，容易黏在模板上，外表不美观，而且会影响后续的模板施工；太迟的话，强度已经达到，模板在混凝土面上滑不动。一般而言，出模的混凝土应表面湿润，手摸有硬感，混凝土强度达到 5MPa 左右时最好。

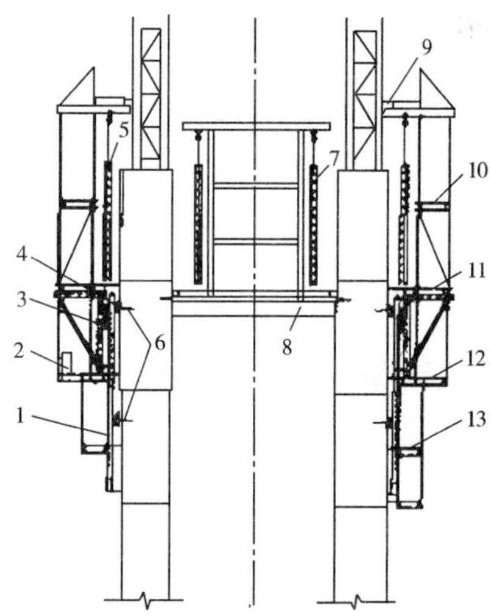

图 9-23　液压自动爬模结构示意图

1-爬升导轨；2-控制柜；3-顶升油缸；4-爬升悬挂件；5-外模；6-爬架附墙埋件；7-内模；8-内模操作平台；9-＋2 号平台；10-＋1 号平台；11-0 号主平台；12-－1 号平台；13-－2 号平台

滑模施工具有节省时间和劳力，以及节省材料等优点。但同时有以下不足之处：施工缝不易处理好；滑模时，混凝土强度不高，易碰坏，易造成外观缺陷；由于模板下端与现浇混凝土接头处没有嵌固段的连接，易造成漏浆和错台等，影响索塔的外观质量。

在现阶段的桥梁施工中，由于对桥梁截面变化的要求，已经很少采用滑模法施工工艺。

第三节　桥塔钢筋工程施工

塔柱钢筋采用加工场预制成型、现场安装的办法。钢筋常见的连接方法有绑扎搭接、焊接、冷挤压连接及直螺纹连接等。一般情况下，多采用焊接、冷挤压连接和直螺纹连接。

施工时，首先对钢筋端部弯折、扭曲进行矫正或切割处理，清理其表面杂物，每根钢筋先在车间挤压一端，另一端运至塔上现场压接。挤压时，压模应对准套筒及压痕标记，从套筒中央逐道向端头压接。

塔柱钢筋安装完成后，才可进行混凝土的浇筑。塔柱混凝土浇筑一般采用现场机械拌制、搅拌运输车拌制或在条件允许时采用泵送方式输送；采用吊斗或其他方式运输时，运距不宜超过100m。

一、钢筋的辅助工作

1. 钢筋的检查和保管

钢筋应具有出厂质量证明书和试验报告单，进场时除应检查其外观和标志外，尚应按不同的钢种、等级、牌号、规格及生产厂家分批抽取试样进行力学性能试验，检验试验方法应符合现行国家标准的规定。钢筋经进场检验合格后方可使用。另需注意：

(1)不论大、中、小桥，使用的钢筋均应具有出厂说明书；对无出厂说明书的钢筋，不得使用。

(2)钢筋在进场检验时，尚应对其可焊性进行试验。可焊性试验方法很多，可参考有关焊接技术资料，一般可按照现行国家标准的有关规定进行。另外，钢筋焊接前还需试焊，这是为了考核焊工的技术水平，看其能否保证焊件的力学性能和质量。

(3)钢筋分批检验时，可由同一牌号、同一炉罐号、同一尺寸的钢筋进行组批，每批的质量不宜大于60t；超过60t的部分，每增加40t(或不足40t的余数)应增加一个拉伸和一个弯曲试验试样。钢筋的进场检验亦可由同一牌号、同一冶炼方法、同一浇注方法的不同炉罐号组成混合批进行，但各炉罐号的含碳量之差应不大于0.02%，含锰量之差应不大于0.15%。

(4)钢筋在运输过程中，应避免锈蚀、污染或被压弯；在工地存放时，应按不同品种、规格，分批分别堆置整齐，不得混杂，并应设立识别标志，存放的时间不宜超过6个月。存放地应有防、排水设施，且钢筋不得直接置于地面，应垫高或堆置在台座上，顶部应采用合适的材料予以覆盖，防止水浸和雨淋。

(5)在工程施工过程中，应采用适当的措施，防止钢筋产生锈蚀。对设置在结构或构件中的预留钢筋的外露部分，当外露时间较长且环境湿度较大时，宜采取包裹、涂刷防锈材料或其他有效方式，进行临时性防护。

2. 钢筋的调直与切断

钢筋应平直、无局部弯折，成盘的钢筋和弯曲的钢筋均应在运到工地后先调直。

盘圆钢筋应先放开，把它截成30～40m的长度，然后用人力或电动绞车拉直，也可用钢筋调直机调直。图9-24为人工绞磨拉直钢筋。采用冷拉钢筋调直时，对拉力进行控制，HPB235级钢筋的冷拉率不宜超过2%；HRB335级、HRB400级钢筋的冷拉率不宜超过1%。

粗钢筋可放在工作台用手链敲直，也可用手工板子或自动机床矫直。整直后的钢筋，其表面应无削弱钢筋截面的伤痕。

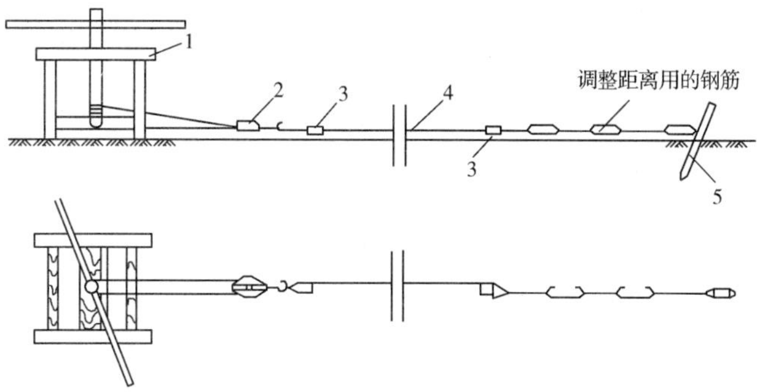

图 9-24　人工绞磨拉直钢筋

1-绞架；2-滑轮；3-夹具；4-钢筋；5-固定桩

钢筋切断可依其直径的大小，用人工或机械方法进行。机械切断可用电动剪切机，人工可采用钢锯或剪刀剪断。

3. 钢筋的除锈去污

钢筋表面应洁净、无损伤，使钢筋和混凝土间的黏结力得以充分发挥。油渍、漆皮、鳞锈等，应在使用前清除干净。带有颗粒状或片状老锈的钢筋不得使用；当除锈后钢筋表面有严重的麻坑、斑点，已伤蚀截面时，应降级使用或剔除不用。除锈的方法可采用钢丝刷、砂盘等工具进行清除。

4. 钢筋的划线配料

在设计图纸中，钢筋的尺寸一般以外包尺寸标注，即钢筋的外轮廓。其钢筋的弯制和末端的弯钩应符合《公路桥涵施工技术规范》(JTG/T F50—2011)的要求。

为了合理地利用钢材，提高工作效率，加工前应进行用料的设计工作——配料。配料工作应以施工图纸和库存料规格及每一根钢筋的下料长度为依据，将不同直径和不同长度的各号钢筋顺序填写配料单(表 9-1)，按表列各种长度及数量进行配料，然后按型号规格分别切断弯制。

钢 筋 配 料 单

工程名称__________　　　　表 9-1

构件号	图号	钢号	钢筋编号	直径	形状	下料长度	根数	总重	备注

下料长度的计算，主要包括弯钩、弯曲长度、下料长度等。

(1)钢筋增加长度

①弯钩的增加长度，如图 9-25 所示。

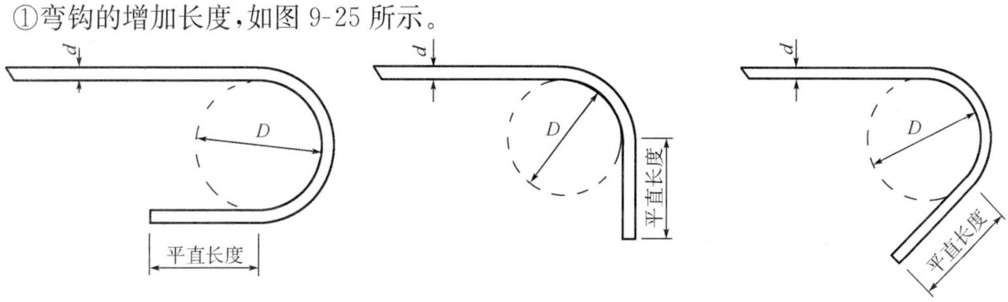

图 9-25　弯钩增加长度计算简图

钢筋端部 180°弯钩增加长度　　$l_z=1.071D+0.571d+l_p$

钢筋端部 90°弯钩增加长度　　$l_z=0.285D-0.215d+l_p$

钢筋端部 135°弯钩增加长度　　$l_z=0.678D+0.178d+l_p$

式中：l_z——弯钩增加长度；

l_p——弯钩的平直部分长度；

D——圆弧弯曲直径；

d——钢筋直径。

②弯起钢筋的增加长度。

弯起钢筋一般用于梁板内配筋，锚固好，节省钢筋，但施工复杂。弯起钢筋的弯起角度有 30°、45°、60°，如图 9-26 所示。

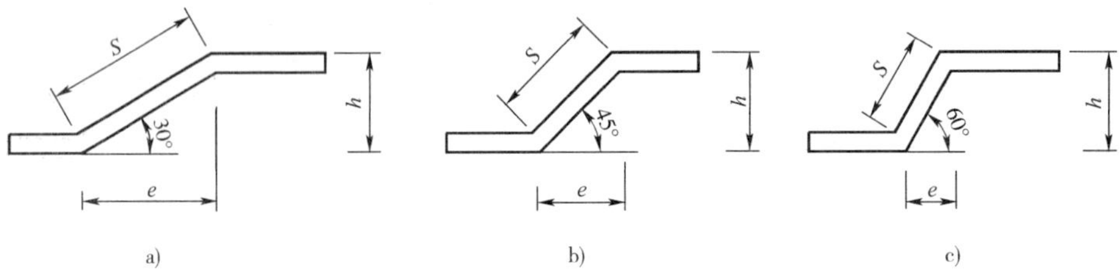

图 9-26　弯起钢筋斜长计算简图

a)弯起 30°角；b)弯起 45°角；c)弯起 60°角

弯起钢筋斜长增加的长度 l_s：

弯起 30°角　　$s=2.0h, l=1.732h$　　$l_s=s-l=0.268h$

弯起 45°角　　$s=1.414h, l=h$　　$l_s=s-l=0.414h$

弯起 60°角　　$s=1.155h, l=0.577h$　　$l_s=s-l=0.578h$

(2)弯曲调整值

①弯折钢筋的弯曲调整值，如图 9-27 所示。

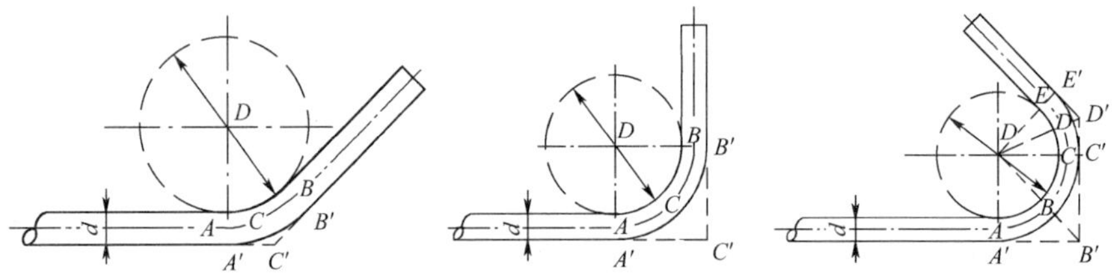

图 9-27　钢筋弯曲尺寸图

弯折 30°时的弯曲调整值　　$\Delta=0.006D+0.274d$

弯折 45°时的弯曲调整值　　$\Delta=0.022D+0.436d$

弯折 60°时的弯曲调整值　　$\Delta=0.053D+0.631d$

弯折 90°时的弯曲调整值　　$\Delta=0.215D+1.215d$

弯折 135°时的弯曲调整值　　$\Delta=0.236D+1.65d$

②弯起钢筋的弯曲调整值。

弯起钢筋的弯曲调整值参见表 9-2。

弯起钢筋的弯曲调整值 表 9-2

标　号	弯折角度	弯曲调整值	
		计算式	按 $D=5d$
1	30°	$\Delta=0.012D+0.28d$	$0.34d$
2	45°	$\Delta=0.043D+0.457d$	$0.67d$
3	60°	$\Delta=0.108D+0.685d$	$1.23d$

③弯曲调整值的经验值。

一般钢筋加工实际操作很难按照规定的最小 D 值取用，有时偏大，有时偏小；有时成型机心轴规格不全，不能完全满足加工要求，因此除按公式计算弯曲调整值外，还可以根据工地经验确定。表 9-3 是根据经验提出的弯曲调整值表，供现场施工下料人员作参考。

弯曲调整值 表 9-3

序号	图　示	弯曲调整值	序号	图　示	弯曲调整值
1	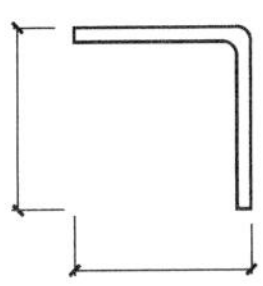	$2d$	7	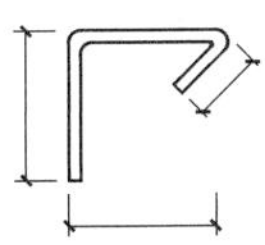	$2.5d$
2	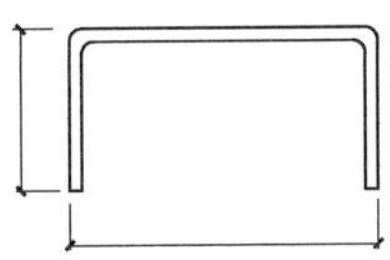	$4d$	8	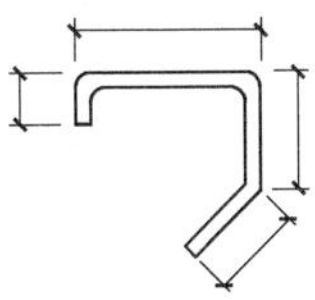	$4.5d$
3	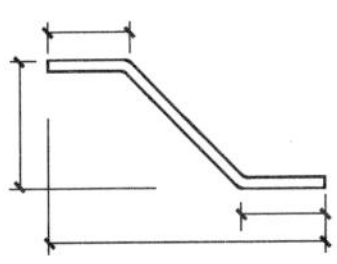	$0.5d$	9	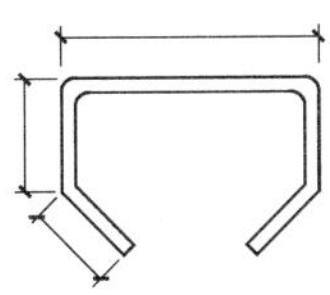	$5d$
4	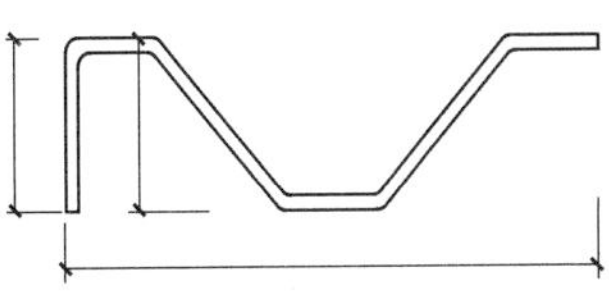	$3d$	10	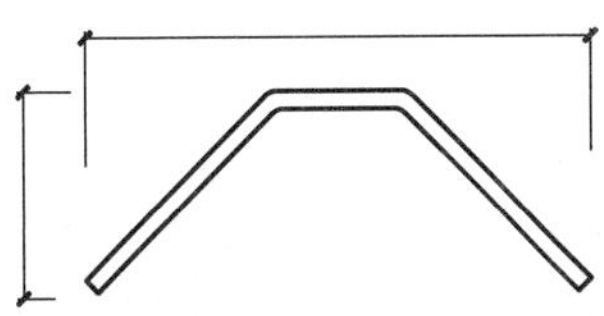	$0.5d$
5	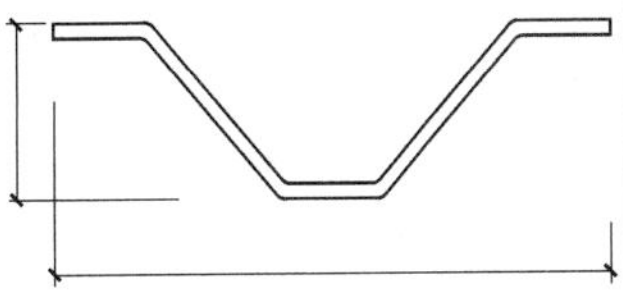	d	11	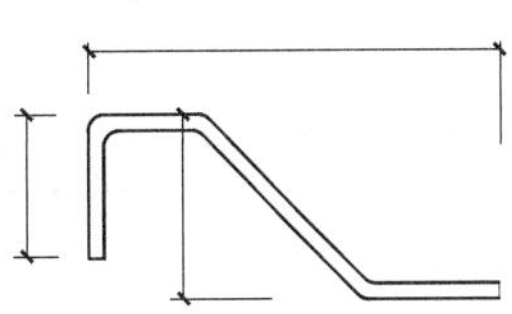	$2.5d$
6	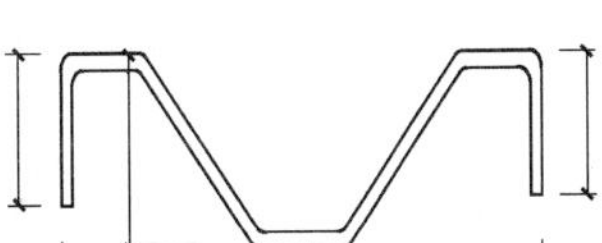	$5d$	12	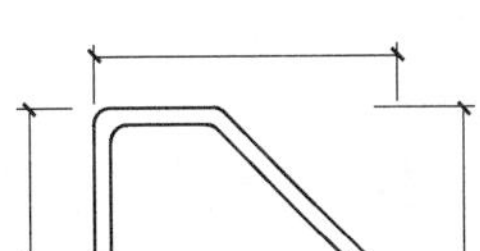	$2.5d$

续上表

序号	图　示	弯曲调整值	序号	图　示	弯曲调整值
13	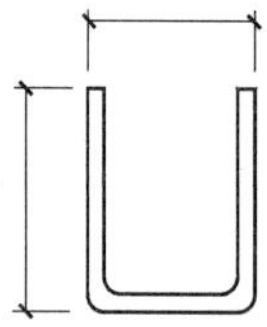	0	17	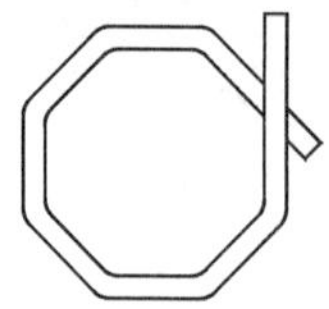	（内皮） 0
14	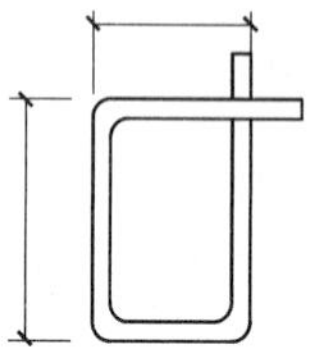	0	18	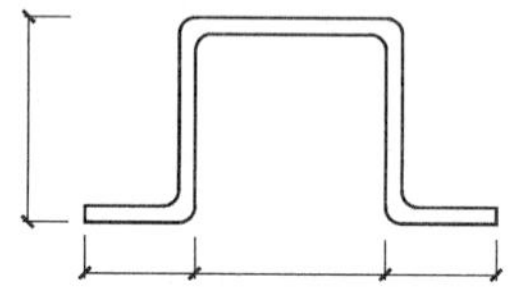	$4d$
15	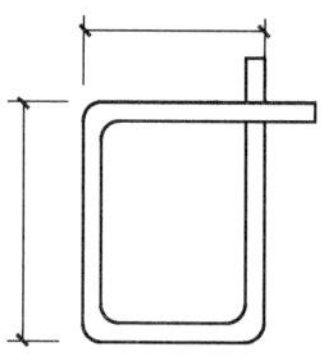	$8d$	19	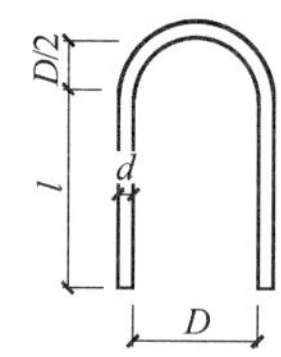	$\frac{\pi}{2}(D+d)2l$
16	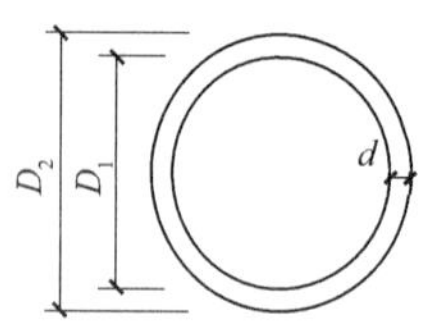	下料： $\pi(D_1+d)$或 $\pi(D_2-d)$	20	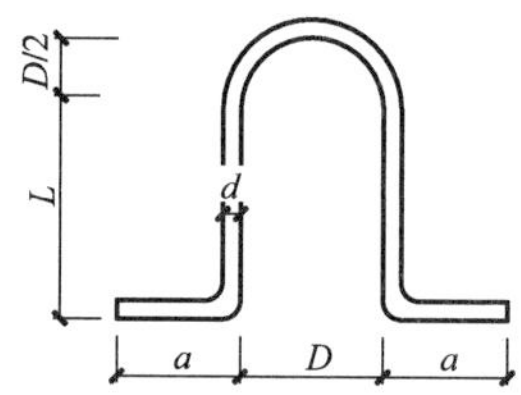	下料： $\frac{\pi}{2}(D+d)+2(l+a)-4d$

(3)下料长度计算

一般构件的钢筋下料长度按下式计算：

直钢筋下料长度＝构件长度－保护层厚度＋弯钩增加长度

弯起钢筋下料长度＝直段长度＋斜段长度＋弯钩增加长度－弯曲调整值

对于钢筋的配料计算应分别参照上述计算公式和表格进行；其弯折长度等均应满足规范要求。

(4)配料注意事项

对于有接头的钢筋，受力钢筋的连接接头应设置在内力较小处，并应错开布置，且须符合下列规定：

①当采用对焊时，受拉钢筋焊接接头的截面积，在同一界面内不得超过钢筋总截面积的50％；当采用搭接焊时，接头也应尽量错开。上述同一截面是指钢筋长度方向为 $35d$ 长度范围内，但不得小于 50cm。

②受拉钢筋的绑扎搭接接头，其截面积在同一截面内不能超过钢筋总截面的 25％。上述同一截面是指 1.3 倍钢筋搭接长度范围内。

③所有接头与钢筋弯曲处相距不得小于 $10d$，也不宜位于最大弯矩处。

(5)钢筋的代换计算

当施工图中采用的钢筋品种或规格与库存材料不一致时，可参照等强度代换或者等面积代换原则进行代换。

①等强度代换。结构构件系强度控制，钢筋按强度相等原则进行代换。

②等面积代换。结构构件系最小含筋率控制，钢筋按面积相等原则进行代换。

结构构件系受裂缝控制时，钢筋代换需进行裂缝验算。

二、钢筋加工

1. 钢筋接长

钢筋接长的方式有闪光接触对焊、电弧焊和铁丝绑扎搭接三种。闪光接触对焊接长钢筋，其优点是钢筋传力性能好，省钢料，能电焊各种钢筋，避免了钢筋的拥挤，故一般电焊均以采用闪光焊为宜。对于轴心受拉和小偏心受拉杆件中的钢筋接头，不应采用绑扎。由于其接头质量差，费钢料，只有在钢筋构造复杂、施工困难、没有焊接条件的情况下，才可以采用绑扎。

(1)闪光接触对焊

闪光接触对焊，可分不加预热的连续闪光(闪光对焊)和加预热的闪光(电阻对焊)两种方法。一般常用不加预热的连续闪光焊，若对焊机功率不足，不能用连续闪光焊时，对直径较粗的钢筋，可采用加预热的闪光焊。

①采用不加预热的连续闪光焊接时，将夹紧于对焊机钳口的钢筋，在接通电流时，以不大的压力移近钢筋两头，使不断轻微接触，在钢筋端空隙向四面喷射火花，并逐渐发生熔化。缓慢地移拢钢筋端部，以保持连续闪光。在钢筋熔融到既定的长度值后，对钢筋进行快速的顶锻，至此焊接操作即告完成。

②采用预热闪光焊接时，将两根钢筋端头靠近后通电，使接触区产生高温，待到焊接温度后给接长处加压形成接头。常用于强度大、直径粗的钢筋和电焊机功率较大时。

③钢筋对焊完毕，应对接头进行外观检查，并按批切取部分接头进行机械性能试验。

外观检查应满足下列要求：

a. 接头应有适当的镦粗和均匀的金属毛刺，不得有横向裂纹；

b. 与电极接触处的钢筋表面无明显的烧伤；

c. 接头如有弯折，其角度不得大于 3°；

d. 两根钢筋主轴线在接头处的偏移不得大于钢筋直径的 0.1 倍，亦不得大于 2mm。

机械性能试验，其质量应符合下列要求：

a. 3 个热轧钢筋接头试件，其抗拉强度不能小于该牌号钢筋规定的抗拉强度；RRB400 钢筋接头试件的抗拉强度均不得小于 570MPa，至少两个试件断于焊缝外，并呈延性断裂；

b. 绕一定弯心直径做 90°冷弯试验时，试件外侧(含焊缝和热影响区)未出现破裂。

图 9-28 为接触对焊示意图。

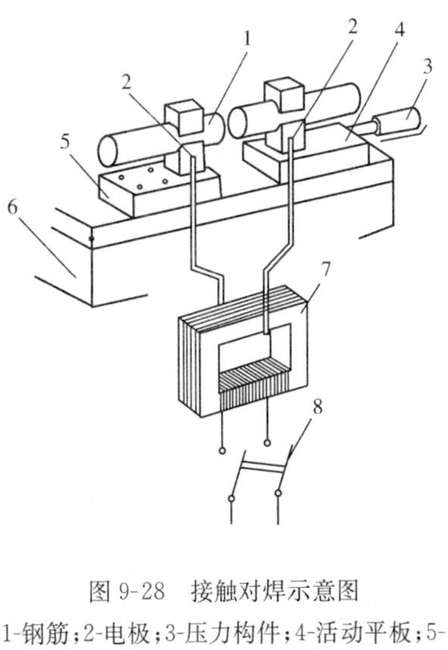

图 9-28 接触对焊示意图

1-钢筋；2-电极；3-压力构件；4-活动平板；5-固定平板；6-机身；7-变压器；8-闸刀

(2)电弧焊

采用电弧焊时，将一根导线接在被焊钢筋上，另一根导线接在夹有焊条的焊钳上。将接触焊件接通电流，立即将焊条提起 2～3mm，产生电弧，电弧温度高达4 000℃，将焊条和钢筋熔化并汇合成一条焊缝接头。电弧焊接如图 9-29 所示。

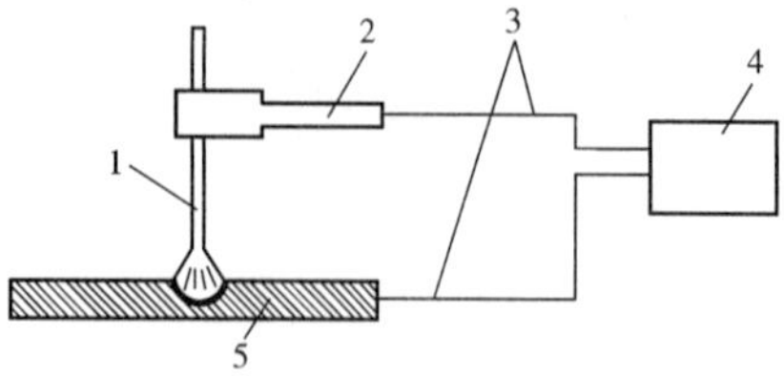

图 9-29　电弧焊接示意图
1-焊条；2-焊钳；3-导线；4-电源；5-被焊金属

钢筋焊接完毕，同样应对接头进行外观检查，并进行机械性能试验。用小锤敲击接头时，钢筋应发出与敲击非接头处同样的清脆声，并且外观检查应满足表 9-4 的要求。机械性能试验其抗拉极限强度不能小于该种钢筋的抗拉极限强度。

采用帮条焊的电弧焊焊接钢筋接头的缺陷和尺寸允许偏差　　表 9-4

项　　目		允许偏差值
帮条对焊焊接接头中心的纵向偏差		$0.3d$
钢筋、铜模对焊焊接接头中心的纵向偏移		$0.1d$
接头处钢筋轴线的接头处弯折角		3°
接头处钢筋轴线的位移		$0.1d$
焊缝厚度		$^{+0.05d}_{-0}$
焊缝宽度		$^{+0.1d}_{-0}$
焊缝长度		$-0.3d$
横向咬边长度		0.5mm
在长 $2d$ 焊缝表面上气孔和夹渣	数量不得多于	2 个
	面积不得大于	$6mm^2$

注：表中 d 为钢筋直径。

在搭接焊中，采用单面焊缝或双面焊缝，应视施工情况而定。在预制钢筋骨架中多采用双面焊缝；在模板内焊合的钢筋，多采用单面焊缝。

电弧焊接头的种类，参见表 9-5。热轧钢筋的接头采用搭接，帮条电弧焊接时，焊缝长度、宽度、厚度由施工对象决定，焊缝的高度、宽度要求满足图 9-30 的规定。焊缝有单面和双面之分。

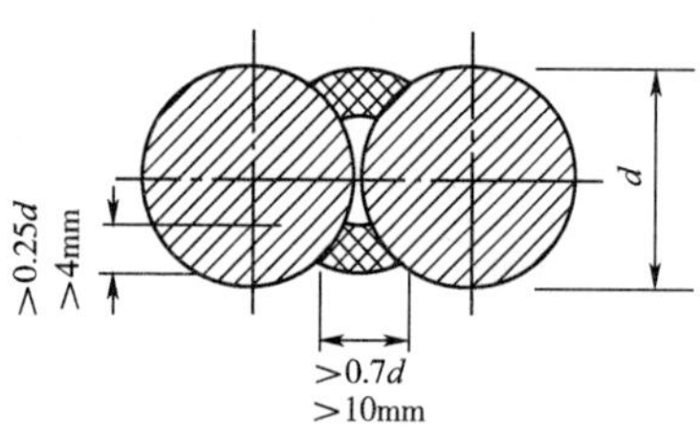

图 9-30　帮条的宽高限制图

(3)钢筋机械连接

钢筋的机械连接宜采用镦粗直螺纹、滚轧直螺纹或套筒挤压连接接头。镦粗直螺纹和滚轧直螺纹连接接头适用于直径大于或等于 25mm 的 HRB335、HRB400 级热轧带肋钢筋；套筒挤压连接接头适用于直径 16～40mm 的 HRB335、HRB400 级热轧带肋钢筋。各类接头的性能均应符合现行行业标准《钢筋机械连接技术规程》(JGJ 107—2010)的规定，并应符合下列规定：

①钢筋机械连接接头的等级应采用Ⅰ级或Ⅱ级，接头的性能指标应符合《公路桥涵施工技术规范》(JTG/T F50—2011)的规定。

②钢筋机械连接的材料、制作、安装施工及质量检验和验收，应符合现行行业标准《镦粗直螺纹钢筋接头》(JG 171—2005)、《滚轧直螺纹钢筋连接接头》(JG 163—2004)或《钢筋机械连接技术规程》(JGJ 107—2010)的规定。

③钢筋机械连接件的最小混凝土保护层厚度，应符合设计受力主筋混凝土保护层厚度的规定，且不得小于 20mm；连接件之间或连接件与钢筋的横向净距不宜小于 25mm。

电弧焊接头类型 表 9-5

项次	项 目	接 头 种 类	钢筋级别	钢筋直径
1	四条焊缝的帮条电弧焊	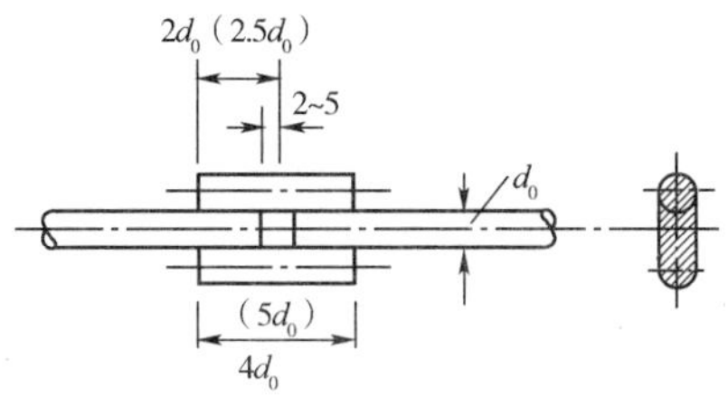	Ⅰ～Ⅲ级	ϕ10～ϕ40
2	两条焊缝的帮条电弧焊	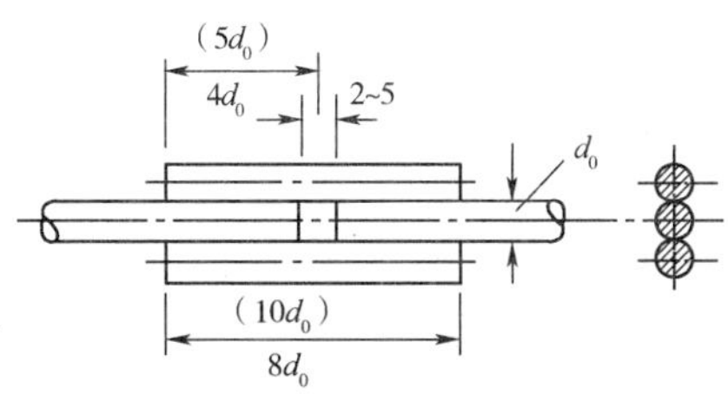	Ⅰ～Ⅲ级	ϕ10～ϕ40
3	两条焊缝的搭接电弧焊	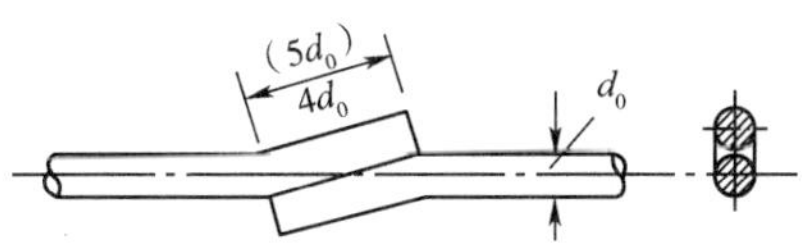	Ⅰ～Ⅱ级	ϕ10～ϕ40
4	一条焊缝的搭接电弧焊	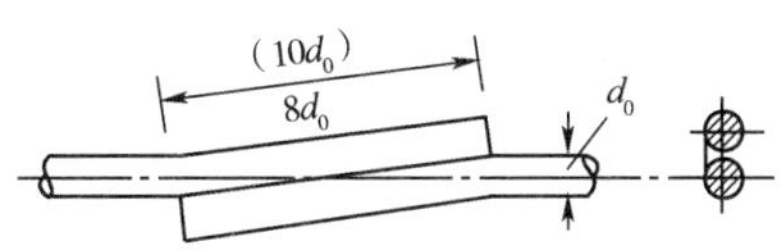	Ⅰ～Ⅱ级	ϕ10～ϕ40
5	钢筋与钢板的对接接头埋弧压力焊	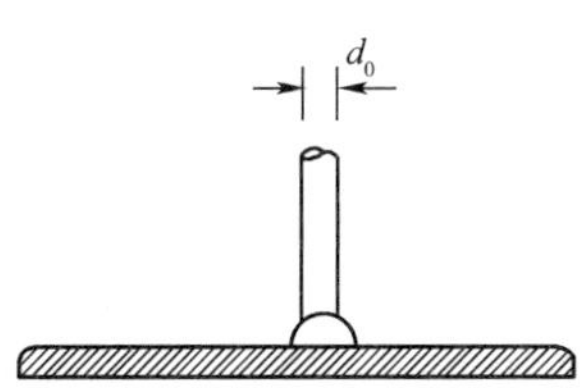	Ⅰ～Ⅱ级	ϕ10～ϕ20
6	钢筋与钢板用两条焊缝的电弧焊	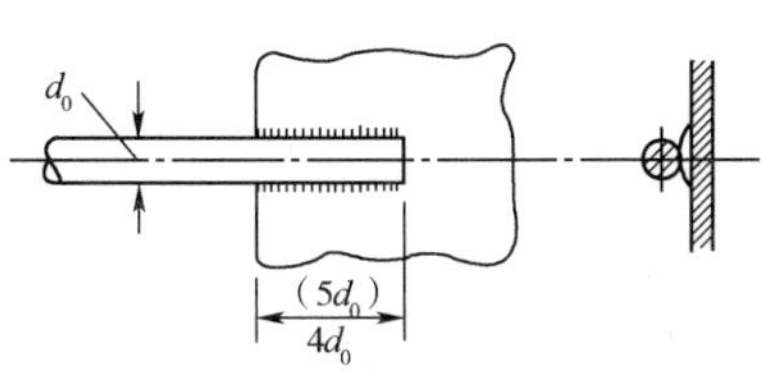	Ⅰ～Ⅱ级	ϕ8～ϕ40

④对受力钢筋的机械连接接头的位置要求，应符合《公路桥涵施工技术规范》(JTG/T F50—2011)中有关焊接接头的规定。

⑤连接套筒、锁母、丝头在运输和储存过程中应采取防护措施，防止雨淋、沾污和损伤。

⑥对镦粗直螺纹连接接头，套筒每端不宜有一扣以上的完整螺纹外露，加长丝头型、扩口型及加锁母型接头的外露螺纹不受此限制，但应有明显标记。

⑦对滚轧直螺纹连接接头，标准型接头连接套筒外应有有效螺纹外露，正反丝扣型接头套筒单边外露有效螺纹不得超过两倍螺距，其他连接形式应符合产品设计要求。

⑧对套筒挤压接头，挤压后套筒长度应为原套筒长度的1.10～1.15倍，压痕道数应符合型式检验确定的道数。

(4)铁丝绑扎搭接

当没有条件焊接时，接头可用铁丝绑扎搭接，但钢筋直径不应超过25mm。同时，受拉钢筋的搭接长度应满足表9-6的要求；受压钢筋绑扎接头的搭接长度，应取受拉钢筋绑扎接头搭接长度的0.7倍。

受拉钢筋绑扎接头的搭接长度 表9-6

钢筋类型	混凝土强度等级		
	C20	C25	高于C25
HPB235	35*d*	30*d*	25*d*
HRB335	45*d*	40*d*	35*d*
HRB400、RRB400	—	50*d*	45*d*

注：①当带肋钢筋直径*d*大于25mm时，其受拉钢筋的搭接长度应按表中值增加5*d*采用；当带肋钢筋直径*d*小于或等于25mm时，其受拉钢筋的搭接长度按表中值减少5*d*采用；

②当混凝土在凝固过程中受力钢筋易受扰动时，其搭接长度应增加5*d*；

③在任何情况下，纵向受拉钢筋的搭接长度不应小于300mm；受压钢筋的搭接长度不应小于200mm；

④环氧树脂涂层钢筋的绑扎搭接长度，受拉钢筋按表中值的1.5倍采用；

⑤两根不同直径的钢筋的搭接长度，应以较细的钢筋直径计算。

2. 钢筋的弯制

钢筋的弯制包括人工弯制和机械弯制。对于直径在12mm以下的钢筋可以采用人工弯制；当需要弯起粗钢筋和大批量钢筋时，可采用弯制机，如图9-31和图9-32所示。

钢筋必须控制在一定的误差范围内：受力钢筋顺长度方向全长的净尺寸控制在－10～＋10mm之间；弯起钢筋位置的偏差范围为－20～＋20mm；箍筋、螺旋筋各部分尺寸偏差为－5～＋5mm。

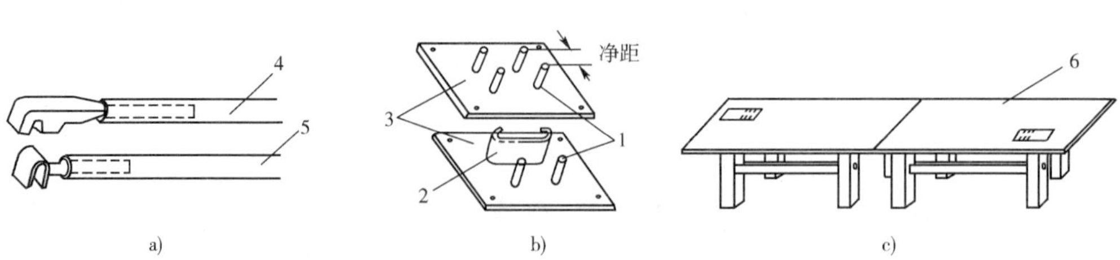

图9-31 人工弯筋设备及成型台

1-板柱；2-钢套；3-底盘；4-横口扳子；5-深口横口扳子；6-成型台

三、钢筋安装

在模板内安装钢筋之前，应详细检查模板各部分尺寸、并检查模板有无歪斜、裂缝及变形等。所有变形和尺寸不符之处在安装钢筋之前应予以修正。

安装钢筋时，应检查每根接头是否符合要求，并使其位置准确。在浇筑混凝土之前预先垫以制作好的混凝土块，并用铁丝绑扎在钢筋上，以免浇筑混凝土时发生移动。

钢筋安装要求，可参见《公路桥涵施工技术规范》(JTG/T F50—2011)，满足规范基本要求。

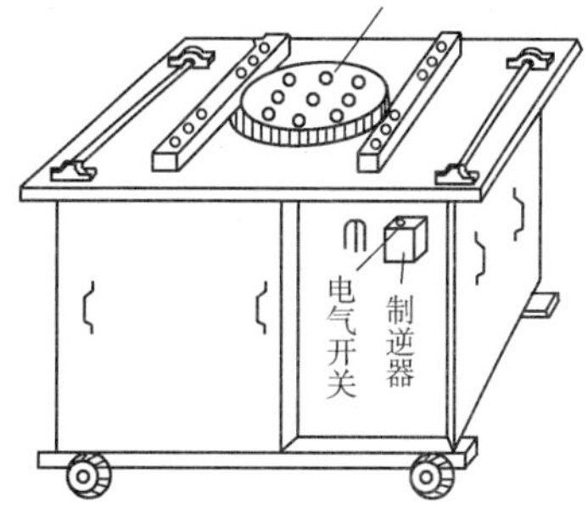

图 9-32 电动弯筋机

第四节 桥塔混凝土工程施工

桥塔混凝土一般采用水上拌和站现场搅拌，或用混凝土输送泵输送到浇筑位置，其施工过程应按国家有关规定进行。

一、施工的准备工作

在混凝土浇筑前，应做好施工的准备工作：备料充足，确定配合比，配料，确定灌注程序和速度、运输方式、时间、振捣顺序，选择机械等等，为混凝土施工做好充足准备。

1. 原材料的选择

(1)水泥

选用水泥，应注意其特性对混凝土的强度、耐久性和工作性能是否不利，在桥梁工程中，主要采用硅酸盐水泥。水泥进场时，应附有生产厂的品质试验检验报告等合格证明文件，并应按批次对同一生产厂、同一品种、同一强度等级及同一出厂日期的水泥进行强度、细度、安定性和凝结时间等性能的检验，散装水泥应以每 500t 为一批，袋装水泥应以 200t 为一批，不足 500t 或 200t 时，亦按一批计。当对水泥质量有怀疑或受潮或存放时间超过 3 个月时，应重新取样复验，并应按其复验结果使用。水泥的检验试验方法应符合现行行业标准《公路工程水泥及水泥混凝土试验规程》(JTG E30—2005)的规定。水泥的选用可参照表 9-7 的有关要求。

(2)细集料

混凝土用的细集料，宜采用级配良好、质地坚硬、颗粒洁净且粒径小于 5mm 的河砂，当河砂不易得到时，可采用符合规定的其他天然砂或人工砂；细集料不宜使用海砂，不得不使用时，应经冲洗处理，砂中有害杂质含量不得超过规范规定。拌制混凝土用砂应按质按量分批验收、分处堆放、妥善保管；如果含泥量或杂质含量超过规定时，拌制前应用水清洗或用筛筛除。

(3)粗集料

混凝土用的粗集料，宜采用碎石和卵石，要求质地坚硬、具有足够的强度、表面洁净，级配合理、粒形良好、吸水率小，针状、片状颗粒以及泥土、杂质等含量不得超过规范规定。

(4)水

混凝土用水包括拌制水和养护用水，不得含有影响水泥正常凝结的有害杂质或油脂、糖类和游离酸等；污水、pH 值小于 5 的酸性水及含硫酸盐量按 SO_4^{2-} 计，超过水的密度 2.7mg/cm^3 的水不得使用；不得用未经处理的海水拌制混凝土；饮用水一般能够满足要求，可不经过试验直接使用。

常用水泥的选用参考表　　表 9-7

项次	混凝土结构环境条件或特殊要求	优先使用	可以使用	不得使用
1	地面以上不接触水的普通环境中	硅酸盐水泥、普通水泥	矿渣水泥、火山灰水泥、粉煤灰水泥	
2	干燥环境中	硅酸盐水泥、普通水泥	矿渣水泥	火山灰水泥、粉煤灰水泥
3	受水流冲刷或冰冻	硅酸盐水泥、普通水泥	矿渣水泥	火山灰水泥、粉煤灰水泥
4	处于河床最低冲刷线以下	矿渣水泥、火山灰水泥、粉煤灰水泥	硅酸盐水泥、普通水泥	钻孔灌注桩慎用矿渣水泥
5	严寒地区露天或寒冷地区水位升降范围内	硅酸盐水泥、普通水泥	矿渣水泥	火山灰水泥、粉煤灰水泥
6	严寒地区水位升降范围内	硅酸盐水泥、普通水泥		矿渣水泥、火山灰水泥、粉煤灰水泥
7	厚大体积结构物施工时要求水化热低	矿渣水泥、粉煤灰水泥	普通水泥、火山灰水泥	硅酸盐水泥
8	要求快速脱模	硅酸盐水泥、快硬水泥	普通水泥	
9	低温环境施工要求早强	硅酸盐水泥、快硬水泥	普通水泥	
10	蒸汽养护	矿渣水泥、火山灰水泥、粉煤灰水泥	硅酸盐水泥、普通水泥	
11	要求抗渗	普通硅酸盐水泥	火山灰水泥、粉煤灰水泥	不宜使用矿渣水泥
12	要求耐磨	硅酸盐水泥、普通水泥	矿渣水泥、快硬水泥	火山灰水泥、粉煤灰水泥
13	接触其他侵蚀性物质	根据侵蚀介质种类、浓度等具体条件,按有关规定或通过试验选用		

(5)外加剂

公路桥涵工程使用的外加剂,与水泥、矿物掺和料之间应具有良好的相容性。所选用的外加剂,应是经过具备相关资质的检测机构检验并附有检验合格证明的产品,且其质量应符合现行国家标准《混凝土外加剂》(GB 8076—2008)的规定。外加剂品种主要有:高性能减水剂、高效减水剂、普通减水剂、引气减水剂、泵送剂、早强剂、缓凝剂和引气剂。外加剂使用前应进行复验,复验结果满足要求后方可用于工程中。外加剂的品种和掺量应根据使用要求、施工条件、混凝土原材料的变化等通过试验确定。

2006 年交通部以交公便字[2006]02 号文颁布了《公路工程水泥混凝土外加剂与掺和料应用技术指南》,该指南对公路混凝土工程中最常用的 10 类 19 种外加剂和 4 类掺和料,从主要品种、使用范围、性能指标、施工注意事项、检验要求和质量监控等各个环节均有较详细的规定,在公路桥涵的混凝土工程中,可参照该指南的规定执行。

使用外加剂时应注意下列事项:

①应根据工程特点选用合适的外加剂；

②注意外加剂的质量；

③注意水泥品种的选择；

④使用前应进行试验；

⑤注意掌握掺量；

⑥采用适宜的掺加方法；

⑦注意调整混凝土的配合比。

对于膨胀剂，其性能应符合现行国家标准《混凝土膨胀剂》（GB 23439—2009）的规定。膨胀剂的品种和掺量应通过试验确定。掺入膨胀剂的混凝土宜采取有效的持续保湿养护措施，且宜按不同结构和温度适当延长养护时间。

（6）掺和料

掺和料应保证其产品品种稳定，来料均匀；掺和料应由生产单位专门加工，进行产品检验并出具产品合格证书。掺和料的技术要求见《公路桥涵施工技术规范》（JTG/T F50—2011）附录 B1 的相关内容。

常用的掺和料有粉煤灰、矿渣粉，此外还有沸石粉、硅粉等。

活性掺和料在混凝土中的主要作用是：

①增加混凝土密实度，提高抗冻、抗渗性能；

②增加混凝土的含灰量，提高流动性，可作泵送混凝土；

③用于配制高强度、高性能混凝土。

2. 检查工作

（1）检查混凝土配合比

设计配合比时，必须满足强度、和易性、耐久性和经济性的要求。根据设计的配合比及施工所采用的原材料，在与施工条件相同的情况下，拌和少量混凝土进行试块试验，验证混凝土的强度及和易性。如不合适，则应调整配合比，直到满意为止。

（2）检查模板

检查模板的尺寸和形状是否正确，接缝是否紧密，支架连接是否牢固；清除模板内的灰屑垃圾，用水冲洗干净，并应在模板内侧涂刷隔离剂，对于木模应洒水润湿。

（3）检查钢筋

检查钢筋的数量、尺寸、间距及保护层厚度是否符合设计要求；预埋件和预留孔是否齐全，位置是否正确。

二、混凝土的施工

1. 混凝土的拌制

混凝土通常应用机械拌制，对少量的混凝土可采用人工拌制。

机械拌制有自落式和强制式两种。前者适用于拌制塑性混凝土，后者用于拌制干硬性混凝土。给搅拌机喂料应采用误差最小的计算方法，按重量计的允许偏差计量为：水泥、外掺和料±2%；粗集料±3%；水、外加剂溶液±2%。喂料顺序与机器类型、集料种类各有不同。以强制式搅拌机喂料过程为例，喂料顺序如下：先把砂加入搅拌机料斗，再加水泥，最后加石料；上料后提起料斗，把全部原料倒入搅拌筒内拌和；同时打开水闸让一定量的水均匀洒在拌和物上，让搅拌机拌和至各材料混合均匀、颜色一致才出料。搅拌机的出料时间，如表 9-8 所示。

混凝土最短搅拌时间 表 9-8

搅拌机类型	搅拌机容量(L)	混凝土坍落度(mm)		
		<30	30~70	>70
		混凝土最短搅拌时间(min)		
自落式	≤400	2.0	1.5	1.0
	≤800	2.5	2.0	1.5
	≤1 500	—	2.5	1.5
强制式	≤400	1.5	1.0	1.0
	≤1 500	2.5	1.5	1.5

注:①搅拌细砂混凝土或掺有外加剂的混凝土时,搅拌时间应适当延长 1~2min;

②外加剂应先调成适当浓度的溶液再渗入;

③搅拌机装料数量(装入粗集料、细集料、水泥等松体积的总数)不应大于搅拌机标定容量的 110%;

④搅拌时间不宜过长,每一工作班至少应抽查两次;

⑤表列时间为从搅拌加水算起;

⑥当采用其他形式的搅拌设备时,搅拌的最短时间应按设备说明书的规定或经试验确定。

对于在施工现场集中搅拌的混凝土,应检查混凝土拌和物的均匀性。混凝土的拌和物应拌和均匀,颜色一致,不得有离析和泌水现象;混凝土拌和物均匀性的检测方法应按照现行国家标准《混凝土搅拌机技术条件》(GB 9142)的规定进行;检查混凝土拌和物均匀性时,应在搅拌机的卸料过程中,从卸料流的 1/4 至 3/4 时间部位,采取试样,进行试验。其检测结果应符合下列规定:混凝土中砂浆密度两次测值的相对误差不应大于 0.8%,单位体积混凝土中粗集料含量两次测值的相对误差不应大于 5%。

2. 混凝土的运输

混凝土的运输能力应保持均匀性和规定的坍落度,因此对于混凝土的运输时间有限制。当混凝土拌和物运距较近时,可采用无搅拌器的运输工具运输;当运距较远时,宜采用搅拌运输车运输。运输时间不宜超过表 9-9 的有关规定。

混凝土拌和物运输时间限制 表 9-9

气温(℃)	无搅拌设施运输(min)	有搅拌设施运输(min)
20~30	30	60
10~19	45	75
5~9	60	90

注:①当运距比较远时,可用搅拌运输车运干拌料到浇筑地点后再加水搅拌;

②掺用外加剂或采用快硬水泥拌制混凝土时,应通过试验查明所配制混凝土的凝结时间后,确定运输时间限制;

③表列时间是指加水搅拌至入模时间。

当塔柱较高时,采用吊斗提送混凝土的浇筑速度往往难以满足设计及施工要求,而泵送混凝土能很好地满足这一要求。采用泵送混凝土工艺,可以一次泵送 200m 以上的高度,浇筑速度可达 $20m^3/h$ 以上,完全满足要求,并且具有施工速度快、机械化程度高、造价省等特点。

为保证混凝土在泵送时不堵管,多级泵送不离析,应严格保证混凝土的施工配合比及搅拌时间，施工时严格控制混凝土坍落度。在泵车位置、泵管选用、水平管长度、垂直管长度、弯管的使用等方面均应进行详细的施工组织设计，以保证施工顺利进行。

泵送混凝土的施工工艺特点及主要要求：采用高集料、低水灰比、低水泥用量混凝土，来改善混凝土的可泵性、提高混凝土的弹性模量以及减少混凝土的收缩，并且通过掺加适量粉煤灰、泵送剂等外加剂来满足混凝土泵送要求，即缓凝、早强、高强。在满足设计提出的混凝土基本性能要求的前提下，泵送混凝土工艺应根据桥梁施工的不同季节、不同的缓凝时间、不同的施工高度、不同的设备能力以及每次浇筑混凝土的工程量等因素综合确定。当一次泵送高度不满足要求时，可采用两次、多次接力泵。

对于运至浇筑地点后发生离析、严重泌水或坍落度不符合要求的混凝土，应进行第二次搅拌。二次搅拌时不得任意加水，确有必要时，可同时加水、相应的胶凝材料和外加剂并保持水灰比不变。如果仍不符合要求，则不得使用。

3. 混凝土的浇筑

(1)检查工作

浇筑混凝土前，应对支架、模板、钢筋和预埋件进行检查，符合设计要求后方可浇筑。模板内的杂物、积水和钢筋上的污垢应清理干净。如果有缝隙的话，应填塞严密；模板内面应涂刷脱模剂；浇筑前，应检查混凝土的均匀性和坍落度。

(2)浇筑方法

自高处直接倾卸时，其向模板内倾卸混凝土时，应注意其自由倾落高度不宜超过 2m。当超过 2m 时，应通过串筒、溜管或振动溜管等设施下落；对高墩台、索塔或挖孔灌注桩等倾落高度超过 10m 时，应在串筒内设置各个方向不同的斜挡板，以降低混凝土的下落速度。串筒料口下面的混凝土，应随落随即转运到各模板内，如堆积高度超过 1m，则后落的混凝土拌和物中粗集料会向远方滚去，造成严重离析。如采用振动器分混凝土则会造成混凝土的分离，砂浆向远处流，造成边缘缺少粗集料而影响混凝土的质量。

混凝土浇筑应按一定厚度、顺序和方向分层浇筑。在下层混凝土初凝或能重塑前浇筑完成上层混凝土；上下同时浇筑时，应保持 1.5m 以上的浇筑距离。在倾斜面上浇筑混凝土时，应从低处开始逐层扩展升高。并且保持混凝土分层厚度满足一定的规定。

在浇筑混凝土时，除少量的塑性混凝土采用人工捣实外，其他宜采用振动器捣实，使得混凝土停止下沉，不再冒出气泡，表面呈平坦、泛浆。

混凝土的浇筑宜连续进行，如因故必须间断时，其间断时间应小于前层混凝土的初凝时间或能重塑的时间，当混凝土强度等级≤C30、气温≤25℃时，混凝土的运输、浇筑及间歇的全部时间不超过 210min；气温>25℃，不得超过 180min。当混凝土强度等级>C30，气温≤25℃时，混凝土的运输、浇筑及间歇的全部时间不超过 180min；气温>25℃，不得超过 150min。当混凝土中掺有促凝、缓凝剂时，允许时间需经过试验确定。如果有必要时，应采用施工缝。

4. 混凝土的养护

混凝土的养护有覆盖洒水养护和蒸汽养护，一般采用洒水养护。当混凝土面有模板覆盖时，应在养护期间经常使模板保持湿润。气温低于 5℃时，不得洒水，养护用水应与拌和水相同，每天保证洒水次数，养护时间不应少于 7d。

除养护外，为了保证混凝土的耐久性，应采取保护措施。一般来说，采用表面涂漆来防止混凝土表面的碳化。

思 考 题

1. 桥塔施工中需要注意哪些方面?

2. 请说说桥塔施工的过程。

3. 简述桥塔施工中常见的模板类型,以及它们的适用性及其施工步骤。

4. 简述桥塔施工中对于钢筋连接处理的一般步骤。

5. 简述桥塔中混凝土施工的注意事项。

6. 了解一般的桥塔施工步骤,并结合一个实际例子,理论结合实际设计其模板、钢筋、混凝土等施工工艺。

第十章　索的施工

第一节　概　　述

索——是桥梁工程中必不可少的一类构件，它以不同形式和作用贯穿于各种桥梁类型之中。其中，预应力混凝土梁中索的施工、悬索桥中索结构的施工和斜拉桥中拉索的施工是索施工的主要内容。

梁是各类桥的直接受力构件，为了增加梁体在荷载作用下的混凝土强度和防止混凝土开裂，必须采用预应力混凝土，实施梁的预应力施工技术。其目的是预先在钢筋混凝土梁中施加压应力，让其工作时抵消荷载作用产生的拉应力和防止混凝土裂缝的形成。预应力混凝土的预施应力是靠张拉(或其他形式)钢筋混凝土中的高强度钢筋、钢丝束或钢绞线束实现的。预应力混凝土主要应用在梁式桥、系杆拱桥和斜拉桥中。卢浦大桥系杆部分、泖港斜拉桥简支单悬臂梁、济南黄河斜拉桥连续梁等都是其典型的应用实例。在预应力混凝土梁施工中，索的张拉技术是核心内容。

桥面支承在通常称大缆或主缆上的桥称为悬索桥，也有称作“吊桥”的。为了保持桥面具有一定的平直度，将桥面用吊索挂在悬索上；“吊桥”的悬挂系统大部分情况下用“索”做成，故称“悬索桥”。但在个别情况下，“索”也有用刚性杆或链杆做成的，这不包括在本章的讨论范围内。悬索桥施工主要有：锚碇、塔、主缆和加劲梁的制作和安装。其中尤以主缆等索结构及其附件的制造安装最具特色。

斜拉桥用若干高强的拉索将主梁斜拉在塔柱上，斜拉索使主梁受到一个压力和一个向上的弹性支承的反力，这就使得桥梁的跨越能力大大增强。斜拉索对斜拉桥的工作状态影响很大，而且造价约占全桥的25%～30%，因此，对其构造和施工要予以高度重视。斜拉桥的施工，一般可分为基础、墩塔、梁、索等四部分，前三部分的施工可在本书其他各章找到适当的方法，只有索的施工，包括索的制造、架设和张拉具有其特殊性。

综上所述，不同类型的索结构均有各自独立的特点，因此，本章将着重对各种索的施工技术进行分类介绍。

第二节　索的张拉技术

本节主要介绍预应力混凝土梁中预应力索的施工技术。其包括预应力材料及加工，预应力索施工工艺、质量检验及质量标准等内容。

一、预应力索材料及加工

1. 钢丝、钢绞线和螺纹钢筋

预应力混凝土结构所采用的钢丝、钢绞线和螺纹钢筋等的质量，应符合现行国家标准的规定。钢丝应符合《预应力混凝土用钢丝》(GB/T 5223—2002/XG2—2008)的要求;钢绞线应符合《预应力混凝土用钢绞线》(GB/T 5224—2003/XG1—2008)的要求;螺纹钢筋应符合《预应力混凝土用螺纹钢筋》(GB/T 20065—2006)的要求。新产品及进口材料的质量,应符合相应现行国家标准的规定。

(1)力学性能

钢丝、钢绞线和螺纹钢筋的力学性能见表 10-1~表 10-4。

消除应力钢丝力学性能(GB/T 5223—2002)　　表 10-1

公称直径(mm)	抗拉强度 σ_b(MPa),不小于	规定非比例伸长应力 $\sigma_{p0.2}$(MPa),不小于		伸长率(L_0=200mm)(%),不小于	弯曲次数		松弛		
					次数/180°,不小于	弯曲半径(mm)	初始应力相当于公称抗拉强度的百分率(%)	1 000h 应力损失(%),不大于	
		WLR	WNR					WNR	WLR
4.0	1470	1290	1250		3	10			
	1570	1380	1330						
4.8	1670	1470	1410				60	4.5	1.0
	1770	1560	1500			15			
5.0	1860	1640	1580						
6.0	1470	1290	1250						
6.25	1570	1380	1330	3.5			70	8	2.5
	1670	1470	1410		4	20			
7.0	1770	1560	1500						
8.0	1470	1290	1250			20	80	12	4.5
9.0	1570	1380	1330			25			
10.00	1470	1290	1250			25			
12.00						30			

注:①非比例伸长应力 $\sigma_{p0.2}$ 值对低松弛钢丝应不小于公称抗拉强度的 88%,对普通松弛钢丝应不小于公称抗拉强度的 85%;

②除非生产厂家另有规定,弹性模量取为(205±10)GPa,但不作为交货条件;

③每一交货批钢丝的实际强度不应高于其公称强度级 200MPa。

刻痕钢丝力学性能(GB/T 5223—2002)　　表 10-2

公称直径(mm)	抗拉强度 σ_b(MPa),不小于	规定非比例伸长应力 $\sigma_{p0.2}$(MPa),不小于	伸长率(L_0=200mm)(%),不小于	弯曲次数		松弛		
				次数/180°,不小于	弯曲半径(mm)	初始应力相当于公称抗拉强度的百分率(%)	1 000h 应力损失(%),不大于	
							Ⅰ级松弛	Ⅱ级松弛
≤5.0	1470	1250	3.5	3	15	70	8	2.5
	1570	1330						
>5.0	1470	1250	3.5	3	20			
	1570	1330						

注:规定非比例伸长应力值不小于公称抗拉强度的 85%。

预应力钢绞线力学性能(GB/T 5224—1995)　　表 10-3

<table>
<tr><th rowspan="4">钢绞线结构</th><th rowspan="4" colspan="2">钢绞线公称直径(mm)</th><th rowspan="4">强度级别(MPa)</th><th rowspan="3">整根钢绞线的最大负荷(kN)</th><th rowspan="3">屈服负荷(kN)</th><th rowspan="3">伸长率(%)</th><th colspan="4">1 000h 松弛率(%),不大于</th></tr>
<tr><th colspan="2">Ⅰ级松弛</th><th colspan="2">Ⅱ级松弛</th></tr>
<tr><th colspan="4">初始负荷</th></tr>
<tr><th colspan="3">不小于</th><th>70%公称最大负荷</th><th>80%公称最大负荷</th><th>70%公称最大负荷</th><th>80%公称最大负荷</th></tr>
<tr><td rowspan="2">1×2</td><td colspan="2">10.00</td><td rowspan="4">1720</td><td>67.9</td><td>57.7</td><td rowspan="11">3.5</td><td rowspan="11">8.0</td><td rowspan="11">12</td><td rowspan="11">2.5</td><td rowspan="11">4.5</td></tr>
<tr><td colspan="2">12.00</td><td>97.9</td><td>83.2</td></tr>
<tr><td rowspan="2">1×3</td><td colspan="2">10.80</td><td>102</td><td>86.7</td></tr>
<tr><td colspan="2">12.90</td><td>147</td><td>125</td></tr>
<tr><td rowspan="7">1×7</td><td rowspan="5">标准型</td><td>9.50</td><td>1 860</td><td>102</td><td>86.6</td></tr>
<tr><td>11.10</td><td>1 860</td><td>138</td><td>117</td></tr>
<tr><td>12.70</td><td>1 860</td><td>184</td><td>156</td></tr>
<tr><td rowspan="2">15.20</td><td>1 720</td><td>239</td><td>203</td></tr>
<tr><td>1 860</td><td>259</td><td>220</td></tr>
<tr><td rowspan="2">模拔型</td><td>12.70</td><td>1 860</td><td>209</td><td>178</td></tr>
<tr><td>15.20</td><td>1 820</td><td>300</td><td>255</td></tr>
</table>

注:①Ⅰ级松弛即普通松弛级、Ⅱ级松弛即低松弛级,它们分别适用所有钢绞线;

②屈服负荷不小于整根钢绞线公称最大负荷的 85%;

③除非生产厂家另有规定,弹性模量取为(195±10)GPa,但不作为交货条件。

螺纹钢筋力学性能(GB/T 20065—2006)　　表 10-4

<table>
<tr><th rowspan="3">级　别</th><th>屈服强度 R_{eL}(MPa)</th><th>抗拉强度 R_m(MPa)</th><th>断后伸长率 A(%)</th><th>最大力下伸长率 A_{gt}(%)</th><th colspan="2">应力松弛性能</th></tr>
<tr><th colspan="4" rowspan="2">不小于</th><th rowspan="2">初始应力</th><th rowspan="2">1000h 后应力松弛率 V_r(%)</th></tr>
<tr></tr>
<tr><td>PSB785</td><td>785</td><td>980</td><td>7</td><td rowspan="4">3.5</td><td rowspan="4">0.8R_{eL}</td><td rowspan="4">≤3</td></tr>
<tr><td>PSB830</td><td>830</td><td>1030</td><td>6</td></tr>
<tr><td>PSB930</td><td>930</td><td>1080</td><td>6</td></tr>
<tr><td>PSB1080</td><td>1080</td><td>1230</td><td>6</td></tr>
</table>

注:无明显屈服时,用规定非比例延伸强度($R_{p0.2}$)代替。

(2)表面质量

钢丝表面不得有裂纹、小刺、机械损伤、氧化铁皮及油污;回火成品表面允许有回火颜色。除非另有协议,表面允许有浮锈,但不得锈蚀成肉眼可见的麻坑。

钢绞线表面不得带有降低钢绞线与混凝土黏结的润滑剂、油渍等物质,允许有轻微的浮锈,但不得锈蚀成肉眼可见的麻坑。

螺纹钢筋表面不得有横向裂纹、结疤、折叠;允许有凸块,但不得有超过横肋高度的凸块;表面允许有不影响使用的缺陷,但不得沾有油污。

预应力钢材进场后应分批验收。验收时,应检验其质量证明书、包装方法、标志和规格是否齐全、正确;钢材表面质量及规格是否符合要求,经运输、存放后有无损伤、锈蚀或影响与水泥黏结的油污。对其力学性能,施工单位应根据出厂检验、供货状况、使用经历以及应用此项材料的工程结构之类别等,确定是否复验和复验项目、数量。如质量证明书不齐全、不正确或质量有疑点，应按该项材料国家标准的要求进行检验。

2. 精轧螺纹钢筋

用于预应力混凝土结构中的高强精轧螺纹钢筋，其力学性能和表面质量应符合现行国家标准的规定。进场时应分批进行检验，每批重量不大于100t，对表面质量应逐根目视检查，外观检查合格后在每批中任选两根钢筋截取试件进行拉伸试验。试验结果如有一项不符合国家标准的要求时，则另取双倍数量的试件重做全部各项试验；如仍有一根试件不合格，则该批钢筋为不合格。拉伸试验的试件，不允许进行任何形式的加工。

3. 预应力钢材加工

(1)预应力钢材下料

①预应力钢材的下料长度应通过计算确定。计算时应考虑构件长度、台座长度、锚夹具厚度、千斤顶长度、焊接接头和镦头预留量、冷拉伸长值、弹性回缩量、张拉伸长值和外露长度等因素。采用钢丝束镦头锚具时，同束钢丝下料长度的相对差值，当钢丝长度≥20m时，不宜>1/3 000；当钢丝束长度<20m时，不宜>1/5 000，且≤5mm。长度为6m或<6m先张构件的钢丝成组张拉时，下料长度的相对差值不得≤2mm。

②钢丝、钢绞线、精轧螺纹钢筋的切断，宜采用切断机或砂轮锯，不得采用电弧切割。

(2)预应力钢材接头

预应力钢材有对焊接头时，除非设计另有规定，宜将接头设置在受力较小处，在结构受拉区及在相当于预应力钢材直径30倍长度的区段(不小于500mm)范围内，对焊接头的预应力钢材截面面积不得超过该区段预应力筋总截面面积的25%。

(3)预应力钢材镦粗头

预应力钢材镦头锚固时，对于高强钢丝，宜采用液压冷镦，钢丝镦头的强度不得低于钢丝强度标准值的98%；对于钢筋，宜采用电热镦粗，但精轧螺纹钢筋镦粗后应进行电热处理。

二、预应力索施工机具

预应力索的张拉主要有先张法和后张法两种。关于各方法的施工机具(包括锚具、夹具及张拉设备等)在第二章第五节中有详细介绍，本节不予重复。

三、梁的预应力索施工工艺

以后张法为例，介绍梁的预应力索的施工工艺。梁预应力施工工艺为：下料→编束→穿束→张拉→压浆、封锚。

1. 下料

在“预应力材料及加工”的内容中已说明，此处不再重复。

2. 编束

钢丝经下料后，放在工作平台上成束。成束时先用梳丝板将其理顺，然后每隔1～1.5m以弹簧衬圈将钢丝沿衬管均匀排列，并在每衬管处用22号铁丝缠绕绑扎成束。在露出梁端管道外的钢丝束两端内，都各加一个临时衬管，以便在安装千斤顶时，保持各根钢丝正确就位，不致彼此交错，待千斤顶对位后，即将临时衬管拆除。

预应力钢材由多根钢丝或钢绞线组成时，同束内应采用强度相等的预应力钢材。编束时，应梳理顺直、绑扎牢固，防止互相缠绕，扎成的钢丝束不能有错位交叉、麻花扭转或波浪形。

钢绞线在使用前，宜进行预拉。预拉应力值可采用整根钢绞线破断负荷的80%，持荷时间不少于 5min。但对质量可靠的低松弛钢绞线可不进行预拉。

预应力钢材(钢筋、钢丝束、钢绞线束)编好后,应妥善保管,防止在堆放、运输和安装过程中损伤、变形或发生有害锈蚀。

3. 穿束

(1)预应力钢材孔道,在浇筑混凝土前应进行检查,即对选用的薄铁皮管、波纹管、胶管抽芯、钢管抽芯等方法预埋管强度、变形、位置误差、连接点平顺、锚固端质量等内容进行检查。对预留孔道,还应根据需要设置压浆孔及排气孔。

(2)穿束前应用通孔器或压气、压水等方法进行检查,如发现孔道堵塞或有残留物应及时处理。

(3)对于较多孔道,可用中性肥皂清洗、润滑。

(4)穿束可采用人工方法或卷扬机方法进行,穿束一结束即可进行张拉。

4. 张拉

以千斤顶体系张拉方法为例进行介绍。

(1)施加预应力前,应对混凝土构件进行检验,外观和尺寸应符合质量标准要求;张拉时强度不低于设计规定,设计未规定时,不应低于设计强度的 80%,弹性模量不应低于混凝土 28d 弹性模量的 80%。

(2)预应力可分批、分段对称张拉,其张拉顺序应符合设计规定。

(3)曲线或长度>25m 的直线,宜在两端张拉。

(4)后张法预应力张拉程序,如表 10-5 所示。

(5)预应力钢材的张拉方法和控制应力值应符合设计要求。如需超张拉,在任何情况下其最大超张拉应力,当为精轧螺纹钢筋时,为其屈服点(标准强度 R_p^b)的 95%;当为矫直回火钢丝、钢绞线时,为其抗拉强度(标准强度 R_p^b)的 80%。

后张法预应力张拉程序 表 10-5

锚具和预应力筋类别		张拉程序
夹片式等具有自锚性能的锚具	钢绞线束、钢丝束	普通松弛预应力筋:0→初应力→1.03σ_{con}(锚固)
		低松弛预应力筋:0→初应力→σ_{con}(持荷 5min 锚固)
其他锚具	钢绞线束	0→初应力→1.05σ_{con}(持荷 5min)→σ_{con}(锚固)
	钢丝束	0→初应力→1.05σ_{con}(持荷 5min)→0→σ_{con}(锚固)
螺母锚固锚具	螺纹钢筋	0→初应力→σ_{con}(持荷 5min)→0→σ_{con}(锚固)

注:①表中 σ_{con} 为张拉时的控制应力,包括预应力损失值;

②两端同时张拉时,两端千斤顶升降压、画线、测伸长等工作应基本一致;

③超张拉数值超过《公路桥涵施工技术规范》(JTG/T F50—2011)第 7.6.3 条规定的最大超张拉应力限值时,应按该条规定的限值进行张拉。

(6)预应力张拉用应力控制方法时,应以伸长值进行校核,设计未规定时,实际伸长值与理论伸长值应控制在±6%以内,否则应暂停张拉,待查明原因并采取措施后方可继续张拉。

(7)预应力筋的理论伸长值 ΔL(cm)见式(10-1):

$$\Delta L=\frac{P_p L}{A_p \cdot E_p} \tag{10-1}$$

式中:P_p——预应力筋的平均张拉力(N),直线筋取张拉端的拉力,两端张拉的曲线筋,计算方法见《公路桥涵施工技术规范》(JTG/T F50—2011)附录 C1;

L——预应力筋的长度(mm)；

A_p——预应力筋的截面面积(mm^2)；

E_p——预应力筋的弹性模量(N/mm^2)。

(8)预应力张拉前，应先调整到初应力 σ_0(一般可取张拉控制应力的10%～25%左右)，再开始张拉和量测伸长值。实际伸长值除量测的伸长值外，应加上初应力时的推算伸长值。预应力筋的锚固，应在张拉控制应力处于稳定状态下进行。锚固阶段张拉端锚具变形、预应力筋的内缩量和接缝压缩值，应不大于设计规定或表10-6所列容许值。

锚具变形、预应力筋回缩和接缝压缩容许值 表10-6

锚具、接缝类型		变形形式	容许值 ΔL_R(mm)
钢制锥形锚具		预应力筋回缩、锚具变形	6
夹片式锚具	有顶压时	预应力筋回缩、锚具变形	4
	无顶压时		6
镦头锚具		缝隙压密	1
粗钢筋锚具(用于螺纹钢筋)		预应力筋回缩、锚具变形	1
每块后加垫板的缝隙		缝隙压密	1
水泥砂浆接缝		缝隙压密	1
环氧树脂砂浆接缝		缝隙压密	1

(9)必要时，应对锚圈口及孔道摩阻损失进行测定，张拉时可比设计规定提高5%，但在任何情况下均不得超过设计规定的最大张拉控制应力。

(10)张拉时，应使千斤顶与预应力钢材、锚具的中心线位于同一轴线。

5. 压紧、封锚

钢束管道压浆的目的是保护钢束免于锈蚀，并使钢束与混凝土梁黏结成整体，提高梁的承载能力和防止在荷载作用下裂缝的产生和增强预应力混凝土的耐久性。

(1)预应力张拉锚固后，孔道应尽早压浆，且应在48h内完成，否则应采取避免预应力筋锈蚀的措施。

(2)孔道压浆一般宜采用专用压浆料或专用压浆剂配制的浆液进行压浆。浆液各项性能指标应满足《公路桥涵施工技术规范》(JTG/T F50—2011)的要求，强度不应低于设计规定。

(3)浆液自拌制完成至压入孔道的延续时间不宜超过40min，且在使用前和压注过程中应连续搅拌，对因延迟使用所致流动度降低的水泥浆，不得通过额外加水增加其流动度。

(4)压浆前，应对孔道进行清洁处理。对抽芯成型的孔道应冲洗干净并应使孔壁完全湿润；金属和塑料管道在必要时亦应冲洗清除附着于孔道内壁的有害材料。对孔道内可能存在的油污等，可采用已知对预应力筋和管道无腐蚀作用的中性洗涤剂或皂液，用水稀释后进行冲洗；冲洗后，应使用不含油的压缩空气将孔道内的所有积水吹出。

(5)压浆时，对曲线孔道和竖向孔道应由最低点的压浆孔压入，对结构或构件中以上下分层设置的孔道，应按先下层后上层的顺序进行压浆。同一管道的压浆应连续进行，一次完成。压浆应缓慢、均匀地进行，不得中断，并应将所有最高点的排气孔依次一一打开和关闭，使孔道内排气通畅。

(6)压浆应缓慢均匀地进行，比较集中和邻近的孔道，宜尽先连续压浆完成，以免串到邻近孔的水泥浆凝固、堵塞孔道。不能连续压浆时，后压浆的孔道应在压浆前用压力水冲洗通畅。

(7)对水平或曲线孔道，压浆的压力宜为0.5～0.7MPa；对超长孔道，最大压力不宜超过1.0MPa；对竖向孔道，压浆的压力宜为0.3～0.4MPa。压浆的充盈度应达到孔道另一端饱满且排气孔排出与规定流动度相同的水泥浆为止，关闭出浆口后，宜保持一个不小于0.5MPa的稳压期，该稳压期的保持时间宜为3～5min。

(8)压浆后应从检查孔抽查压浆的密实情况如有不实，应及时进行补压浆处理。

(9)压浆时，每一工作班应制作留取不少于3组尺寸为40mm×40mm×160mm的立方体试件，按《水泥胶砂强度检测方法》(GB/T 17671—1999)标准养护28d。

(10)压浆过程中及压浆后48h内，结构或构件混凝土温度及环境温度不得低于5℃，否则需采取保温措施，并按冬期施工的要求处理，浆液中可掺适量引气剂，但不得掺防冻剂。

(11)对埋置在梁体的锚具，压浆后应先将其冲洗干净，并作凿毛处理，然后设置钢筋网和浇筑封锚混凝土。封锚混凝土的强度应符合设计规定，一般不宜低于构件混凝土强度的80%，亦不低于C30级。封锚混凝土必须严格控制梁体长度。长期外露的锚具，应采取防锈措施。

(12)预制构件在孔道水泥浆强度达到设计规定后方可进行移动和吊装。设计未规定时，不应低于梁身混凝土设计强度的55%，且不低于20MPa。

四、质量检验及质量标准

对工程质量的检验，除一般混凝土、钢筋混凝土工程的应有检验项目外，尚应进行预应力钢材编束、孔道预留、施加预应力、孔道压浆等项目的施工检验，以及预应力筋、张拉机具、锚夹具的质量检验。

预应力筋制作安装的允许偏差列于表10-7及表10-8。

先张预应力筋制作安装允许偏差 表10-7

项目		允许偏差(mm)
镦头钢丝同束长度相对差	束长>20m	L/5 000及5
	束长6～20m	L/3 000
	束长<6m	2
冷拉钢筋接头在同一平面的轴线偏位		2及1/10直径
力筋张拉后的位置与设计位置之间偏位		4%构件最短边长及5

后张预应力筋制作安装允许偏差 表10-8

项目		允许偏差(mm)
管道坐标	梁长方向	30
	梁高方向	10
管道间距	同排	10
	上下层	10

对于梁体质量，其混凝土强度应满足设计要求；且混凝土表面应平整、密实，预应力部位不得有蜂窝、露筋现象。

第三节　悬索桥索施工

悬索桥由主缆、加劲梁、塔柱和锚碇构成(图10-1)。与拱桥作为承重结构的拱肋相同，悬索桥的承重结构——主缆也是曲线状；但拱肋以受压为主、是刚性的，而悬索则只受拉、且是柔性的。同其他桥式相比，跨度越大，悬索桥的优势越明显。

在材料用量和截面设计方面，其他各种桥型的主要承重构件的截面积，总是随着跨度的增加而增加，致使材料用量增加很快。但大跨度悬索桥的加劲梁(就工程数量讲，加劲梁在悬索桥中要占相当大的比例)却不是主要承重构件，其截面积并不需要随着跨度而增加。

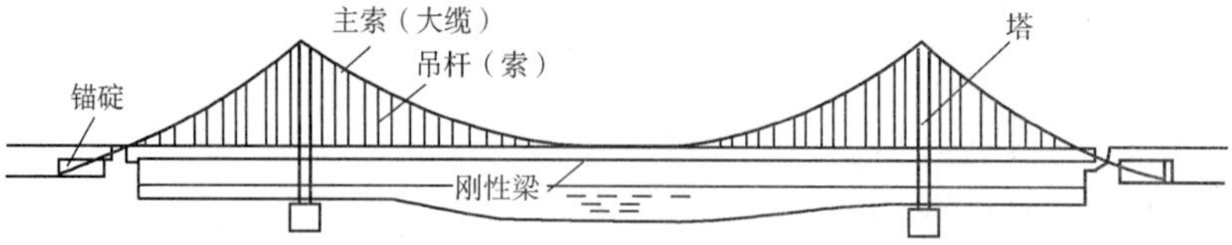

图 10-1　悬索桥结构示意图

在构件设计方面，许多构件截面积的增大是容易受到客观制约的，如梁的高度、杆件的外廓尺寸等，但悬索桥的主缆、锚碇和塔这三项主要承重构件在扩充其截面积或承重能力方面所遇到的困难则较小。

在受力形式方面，作为主要承重构件的主缆具有非常合理的受力形式。由于主缆受拉，且其截面设计较容易，因此悬索桥的跨越能力是目前所有桥型中最大的。

在施工方面，悬索桥的施工总是先将主缆架好，这样，主缆就是一个现成的悬吊式脚手架。在架梁过程中，梁段可以挂在主缆之下，虽然也必须采取一定的措施防御大风的袭击，但同其他桥所用的悬臂施工方法相比，风险较小。

悬索桥由于跨越能力大，常可因地制宜地选择一跨跨过江河或海峡主航道的布置方案，以避免深水桥墩的修建，满足通航要求。由于跨度大，相对来讲，悬索桥的构件就显得特别柔细，外形美观，因此，大跨度悬索桥的所在地几乎都成为重要的旅游景点。

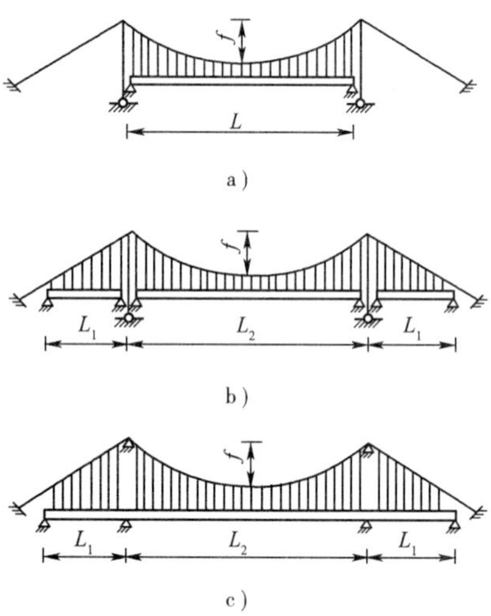

图 10-2　悬索桥的构造形式

a)单跨；b)三跨简支；c)三跨连续

悬索桥也有一些缺点：由于悬索是柔性结构，刚度较小，当活载作用时，悬索会改变几何形状，引起桥跨结构产生较大的挠曲变形；在风荷载、车辆冲击荷载等动荷载作用下容易产生振动。

悬索桥的结构体系根据加劲梁的构造可分为单跨、三跨简支加劲梁和三跨连续加劲梁三种，如图 10-2 所示。

一、主缆施工

缆、索、链、绳都是柔性大的构件。独立的、直径较大的，称为缆。其特点是抗弯刚度很小，而抗拉刚度可以很大，故只适合于受拉。悬索桥的主缆形式一般是全桥设有两根，平行布置。主缆一般在跨度范围内通过吊索与加劲梁相连。但有的悬索桥(如丹麦大贝尔特桥)为减小竖向变位和增大扭转刚度，在跨中将主缆与加劲梁直接连在一起，形成缆结，使主缆对跨中一点相当于斜拉索作用。对于悬索桥的主缆一般有以下基本要求：单位有效截面积的拉力强度大；截面密度大；结构延伸率小；弹性模量大；疲劳强度大，徐变小；容易运输，易于架设；锚固和防腐容易；价格便宜。在设计悬索桥主缆时要全面综合考虑以上几点。

为使主缆的构造同其锚固相适应，缆内钢丝应分成若干根丝股(索股)。用预制索股法架缆，每股一般不超过 127 丝。用空中送丝法架缆则无此限制，例如美国金门桥每股 452 丝(每缆 61 股),日本下津井桥每股 552 丝(每缆 44 股)。为使主缆截面最终被压紧成圆形,一般是将丝股先排成正六边形,则每一缆内的丝股数目只能是 19、37、61、91、127、169、217 股等。但施工实践表明,即使不排成正六边形也不难挤压成圆形,例如英国博斯普鲁斯第二桥丝股共 32 根,其排列如图 10-3c)所示。

图 10-3 表示几种丝股排列方式,a)方式是将两平边放在水平位置,这种摆法当丝股根数不多时,用主缆成形器来保持其相对位置比较方便。b)方式是将两平边放在竖直位置,其优点是丝股分成几竖列,可以在各竖列之间插入分隔片,有助于丝股间的通风,使各丝股温度容易一致,有利于保证丝股长度调整的精度。c)方式是竖向和水平向都可插入分隔片,其四角各缺一根,紧缆时,只需在紧缆机前方用大木锤敲松丝股排列,则挤成圆形并无困难。

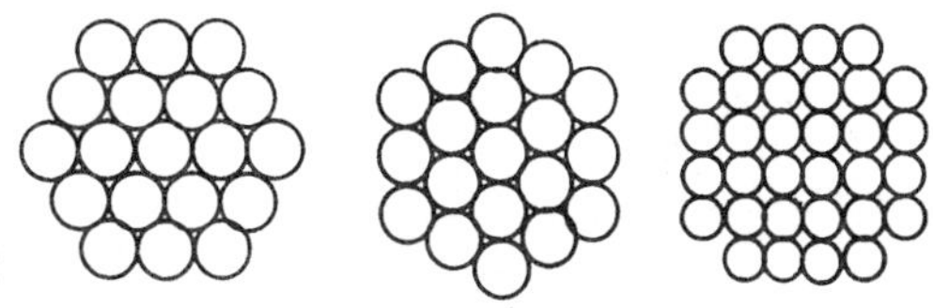

a) b) c)

图 10-3 丝股排列方式

主缆施工的要点主要包括:钢丝接头、调整长度、挤紧、防护及架设等内容。

1. 钢丝接头

空中纺线法用的镀锌钢丝是成盘供应的,一盘的质量 200~400kg,必须在工地上接长。图 10-4 表示一种钢丝连接器的构造,它是长 50.8mm 的套管,内有丝扣。将钢丝的端头分别按左手螺旋及右手螺旋压制丝扣,并将丝头斜着切断。连接时,将两钢丝端头穿进套管两头,旋转套管,使被接长的钢丝拉到一起抵紧。这样,在钢丝受拉时,两钢丝的斜切面就彼此卡住,不会因旋转而脱离。施工规范中常见的要求是:取接头构造数的 2%作为试件进行检验,测得的强度不得低于原钢丝强度的 95%。

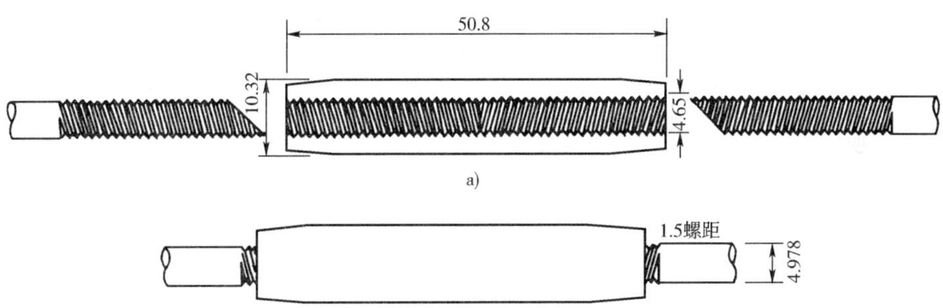

图 10-4 钢丝连接器(尺寸单位:mm)

a)拼接前的套管及钢丝;b)已完成的钢丝拼接接头

2. 调整长度

无论是空中纺线法或预制索股法,都必须有调整长度的措施,称为调丝或调索股。

主缆在自由悬挂状态下的长度可以根据施工时的温度、边界条件、水平距离等因素计算出来。需注意的是:主缆内各钢丝由于位置高度不同,其长度是不一样的。按上述长度设置一根基准丝,它在自由悬挂状态下的垂度是可以计算出来的。理论上,实测值应符合计算值,但实际上由于温度、水平距离、边界条件等因素的偏离,计算值和实测值都要精密计算并进行校正。

空中纺线法基准丝的数目和位置,应以能适应钢丝的垂度校核为原则。对于每一丝股在安装时的第一根丝(或头几根丝)应该取为基准丝,随后安装的丝就可以用先前安装的基准丝来校核。校核的原则就是让钢丝处于自由悬挂状态,要求其垂度同基准丝(或业经用基准丝校正的先前安装的丝)一样。

预制索股法各丝股的长度也是不同的，在每一丝股中，其转角处应设一根基准丝，如图10-5所示，其他各丝乃至整股的长度都是以它为基准丝来制造的。其左上角是带色丝，用来检查安装在主缆中的丝股是否扭曲。各主缆架设的第一根丝股称为基准股，它是以后各丝股垂度调整的基准，必须精确测量其垂度。垂度偏差有一定的允许值，若偏差超过允许值，就应在一端锚碇处放松或收紧丝股来调整。测量时应用千斤顶在塔顶鞍座处将丝股顶高少许，使之处在自由悬挂状态。

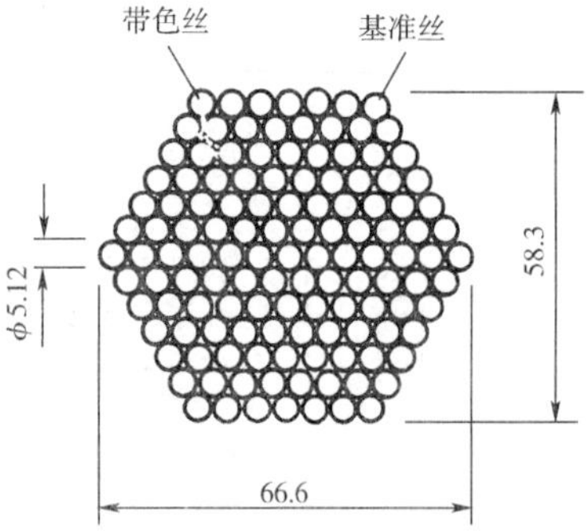

图10-5 平行丝股的基准丝和着色丝（尺寸单位：mm）

基准股以外的其他各股称为一般股。一般股采用相对垂度调整法，即测出待调整股与基准股的垂度差，将实测垂度差与理论垂度差比较，得出相对垂度差 Δf，然后根据悬链线弦长与垂度的关系由 Δf 求得相应的放松（或收紧）量 Δs。丝股调整好以后必须在鞍座内及时锁定，它和相邻丝股的关系是似靠非靠，若即若离。

3. 主缆紧缆

（1）主缆预紧缆

主缆预紧缆的目的是为了下一步紧缆做准备，预紧缆在气温稳定的夜间进行。首先在主跨1/4、1/2、3/4和边跨1/2处确定钢丝束排列有无差异、钢丝是否平行，若有则及时调整。然后用 ϕ10mm小钢丝绕两圈，两端用倒链滑车连于猫道横梁上，边收紧倒链边用木槌敲打。预紧缆作业宜采用先疏后密的方法进行，预紧固的时间间隔和移动顺序宜视其完成的主缆形状而定，且应每隔5m左右紧固一次，以保证主缆达到26%～28%的目标空隙率。

预紧缆作业完成后，使用紧缆机将主缆截面紧固为圆形，并达到设定的空隙率，索夹处18%，索夹间20%。

（2）主缆正式紧锚

主缆紧缆机包含一个安装在主缆外面的环状刚性钢架，内有6个（或8个，乃至12个）置于径向的千斤顶上，千斤顶可以是液压式或螺旋式，在各千斤顶的活塞顶端装有按主缆最终直径制造的圆弧状靴块，千斤顶的另一端则是抵紧在上述环状钢架上，如图10-6所示。一般需要配备4台紧缆机，首先从两主塔向中跨跨中挤紧，然后再从主塔分别向两边跨挤紧，挤紧间距宜为1m。挤紧后在挤紧压块前后各用钢带捆扎一道，间距约0.5m。挤紧前应拆除丝股的定型包扎带和预紧缆的捆扎带。开机后应控制千斤顶的顶压力，每一千斤顶的顶压力一般是700～1 000kN。紧缆机能够沿着主缆移动，在紧缆机离开5m之后测量主缆的竖向及横向直径，算出空隙率。

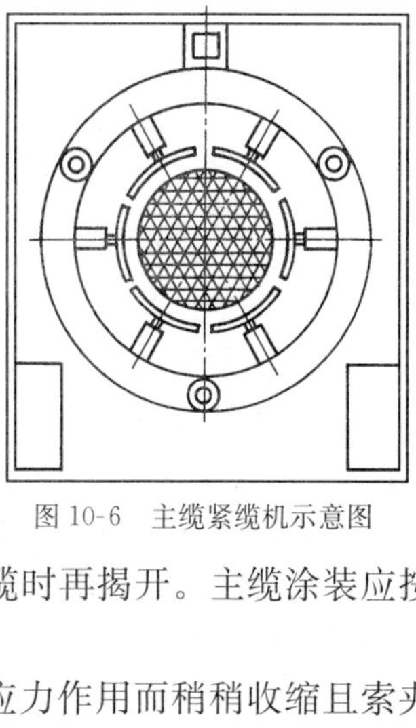
图10-6 主缆紧缆机示意图

4. 主缆防护

主缆防护应在桥面铺装完成后进行。防护前必须清除主缆表面灰尘、油污和水分等污物，临时覆盖，待对该处进行涂装及缠缆时再揭开。主缆涂装应按涂装设计进行。

缠缆工作应在大部分恒载作用之后进行，此时主缆截面因拉应力作用而稍稍收缩且索夹均已安装到位，故缠丝机应有越过索夹的功能。缠丝机主要部件包含一个可以开闭的钢环，钢环隔着圆弧形衬板骑在主缆之上。缠在环上的软钢丝被一迅速旋转的飞轮抽出，紧紧缠在主缆之外，图 10-7 所示是国产 LSC550 型主缆缠丝机，系由主机，前后夹持架和导梁组成。它能在主缆上自行，并具备自动跨越索夹之功能；缠丝动作与行走速度二者匹配，故能密匝缠丝；它的缠丝张力可调并能显示，故缠丝非常紧密；它可缠丝达每个节间全程，不留死角。该机已在汕头海湾大桥、西陵长江大桥、厦门海沧大桥等悬索桥建造中成功使用。

图 10-7 LSC550 型主缆缠丝机

缠丝材料以选用软质镀锌钢丝为宜。缠丝总体方向宜由高处向低处进行，而两个索夹之间则应从低到高，以保证缠丝的密实程度。缠丝之前要在主缆钢丝表面涂以铅丹膏，在缠丝过程中，铅丹膏当被挤出，应随时将挤出的铅丹膏刮去，不让铅丹膏结硬在缠丝表面，随后再在缠丝之外进行油漆。缠丝机只能在索夹之间工作，缠丝的头要固结焊于索夹边缘。节间内钢丝需要焊接时，宜用闪光对接焊。对于缠丝和索夹之间的缝隙，需要用铅毛（极细的小段铅丝）嵌塞。但位于主缆下面的缝隙都不必嵌塞，以使侵入主缆内部的水分可以从这里泄出。钢丝缠绕中须保持设计张力，缠绕应紧密均匀，电源应稳定。

主缆缠丝涂装实际上是对主缆进行防护的一种方法，随着科学技术的发展，也许有一些更先进、更简单的方法出现。对缠丝的主要要求是达到紧固主缆、丝与丝之间密贴和保持一定的张力。

5. 主缆架设

悬索桥的钢缆有钢丝绳钢缆和平行线钢缆。前者一般用于中、小跨度的悬索桥，后者主要用于主跨为 500m 以上的大跨度悬索桥。平行线钢缆根据架设方法分为空中纺线法（AS 法）及预制索股法（PWS 法）。

（1）空中纺线法

发明于 19 世纪中叶美国的空中纺线法架设主缆，自 1855 年用于尼亚瓜拉瀑布桥以来，广泛应用于悬索桥架设主缆。在桥两岸的塔和锚碇等都已安装就绪后，沿主缆设计位置，在两岸锚碇之间布置一无端牵引绳，也就是将牵引绳的端头连接起来，形成从此岸到彼岸的长绳圈。将送丝轮扣牢在这牵引绳上某处，且将缠满钢丝的卷筒放在一岸的锚碇旁，从卷筒中抽出钢丝头，暂时固定在某靴跟（可编号为 A）处，称这一钢丝头为“死头”。继续将钢丝向外抽，由死头、送丝轮和卷筒将正在输送的丝形成一个钢丝套圈，用动力机驱动牵引绳，于是送丝轮就带着钢丝送向对岸。在钢丝套圈送到对岸时，用人工将套圈从送丝轮上取下，套到其对应的靴跟（可编号为 A′）上。图 10-8 为送丝工艺示意图。随着牵引绳的驱动，送丝轮又被带回此岸，取下套圈套在靴跟 A 上，然后又送向对岸。这样进行上百次，当其套在两岸对应靴跟（例如 A 及 A′）上的丝数达到一丝股钢丝的设计数目时，将钢丝“活头”剪断，并将该“活头”同上述暂时固定的“死头”用钢丝连接器连起来。这样，一根丝股的空中编制就完成了。

根据上述原理，实际施工可以采取多种提高工效的措施。

①如果对岸也有卷筒钢丝，可以利用刚才所说的送丝轮在其返程中另带一钢丝套圈到此岸来，从而在另一对编号为 B、B′的靴跟之间进行编股。

②沿无端牵引绳可以设置两个送丝轮，两轮的间距为：当甲轮从此岸驶向彼岸时，乙轮正好从彼岸驶向此岸，而且两岸都有卷筒钢丝，于是就可以同时在 C、C′和 D、D′靴跟之间编制另

两丝股。这就是“以四根丝股为一批”的安排。

③对于送丝轮扣牢在牵引绳上的两个点而言，每点可以不只设一轮，而且每个送丝轮上的缠丝槽路也可以不只一条。

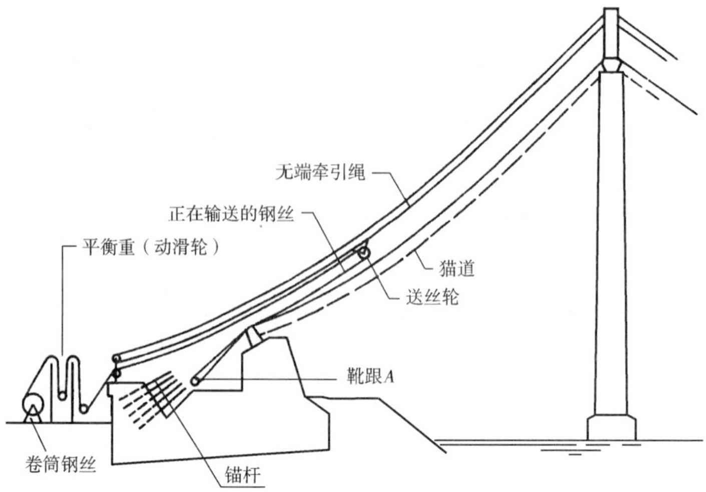

图 10-8 送丝工艺示意图

空中纺线法的主缆每一丝股内的钢丝根数约为 300～600 根，再将这种丝股配置成六角形或矩形并挤紧而成为圆形。它的施工必须设置脚手架(猫道)、配备送丝设备，还需有稳定送丝的配套措施。

(2)预制索股法

用预制索股法架设主缆是 1965 年间在美国发展起来的，其目的是使空中架线工作简化。自用于 1969 年建成的纽波特桥以后使用逐渐广泛，我国的汕头海湾大桥、虎门大桥、西陵大桥、江阴长江大桥都是采用这个方法。

预制索股每束 61 丝、91 丝或 127 丝。两端嵌固热铸锚头，在工厂预制，先配置成六角形，然后挤紧成圆形。架设的过程同空中送线法一样，但在猫道之上要设置导向滚轮以支持绳股。在猫道上设置若干个猫道门架安装门架导轮组，牵引索通过这些导轮组，牵引索上固接有拽拉器，通过主(副)牵引卷扬机的收(放)索或放(收)索，使牵引索带动拽拉器穿过导轮组作往复运动。索股前端与拽拉器相连，使得索股前段约 30m 长悬在空中运行，而索股后段则支承在导向滚轮上运行。此方式也可用于空中纺线法。

二、索鞍施工

索鞍是设在塔顶及桥台上直接支承主缆并将主缆荷载传递给塔及桥台的装置。设在塔顶的索鞍叫主索鞍，用作主缆跨过塔顶的支承，承受主缆产生的巨大压力并传递给桥塔。若边跨较大，致使主缆在边跨靠岸端的坡度平缓，为了使主缆对水平线的倾角变陡，以便进入锚碇，可以在边跨靠岸端的墩或钢排架顶上设置一索鞍，称为副鞍。副鞍的主要作用是可改变主缆在竖直面内的方向，因此仅在需要改变主缆方向的桥上才设置副鞍。在锚碇前墙处(或在锚碇之内支架处)主缆需要散开成丝股。主缆在散开的同时有一个向下的转折角时，就需要在这里设置展索鞍(或散索鞍)，其功能一是改变缆索的方向，二是把主缆的丝股在水平和竖直方向分散开，然后将丝股引入各自的锚固位置。若主缆散索中不改变其方向，则只需设散索套。在采用空中纺线法制成的主缆中，位于丝股和锚杆之间的中介环节，称为鞍跟。

1. 主索鞍

为便于加工、运输和现场吊装，一般将主索鞍分成基本对称的两半体制造后栓合。索鞍毛坯依其制造方法可分为整体铸造式、分体铸造拼接式和铸焊式三种。

整铸式索鞍是其整体或半体采用普通铸造方法(铸钢)浇铸而成，它能较为简便地解决索鞍外形复杂、自重较大的问题。特别是索鞍槽道为系列同心阶梯圆弧曲面，一般需铸造成型后再进行精加工。

拼装式索鞍各部分分体铸造，经机械加工后，采用螺栓连接成整体。当采用铸焊式结构的技术条件不甚具备时，此法不失为一种简便的处理方法，且无焊接变形及焊后热处理问题。但此法对其分体各部分之结合面的加工精度和装配质量要求较高，整体性能对此较为敏感，其自重较同规格整铸式索鞍为重。典型的拼装式索鞍如图 10-9 所示，a)为索鞍整体或半体以侧壁某一位置分成上下两部分分别铸造，机加工其结合面后栓接；b)为单独铸出槽道镶块，镶入槽底。

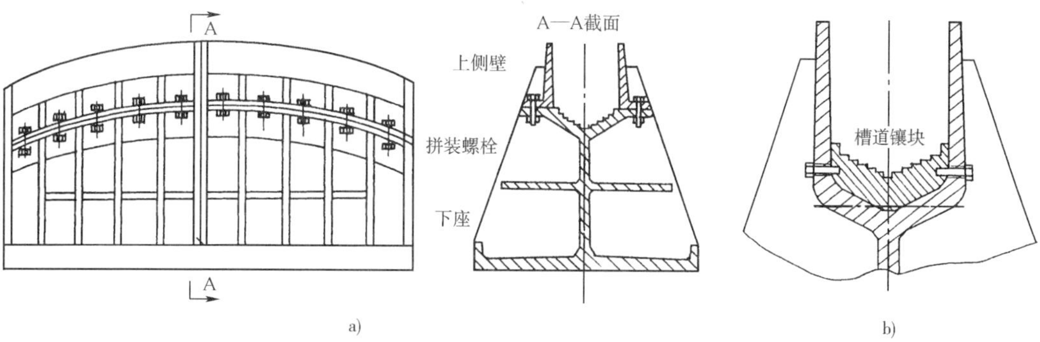

图 10-9　拼装式索鞍示意图

铸焊式索鞍是槽道部分铸造而成，下底板及结构加强肋则用厚钢板制造，彼此对位后焊接。这种索鞍由于采用了分体铸造方法，使铸造工作相对简单，铸造缺陷有所减少且较易发现和处理，其主要技术问题是厚板焊接技术及焊后无损检测问题。许多迹象表明，由于焊接工艺及设备的不断发展，对于如索鞍这类大型单件结构采用铸焊结构将会越来越经济，其发展潜力很大。

在悬索桥架梁过程中，随着缆力增长，主缆要带着主索鞍向河侧移动，为使塔身所受到的施工应力较小，并使主索鞍两边的主缆水平分力接近于相等，就需要让主索鞍在施工过程中能有控制地作相对于塔顶的纵向移动。为此，需在索鞍下放置辊轴，或在索鞍底面涂抹石蜡。

2. 副鞍

主缆在副鞍处的转角一般不大，其施于副鞍的压力也较小，使副鞍的制造比较容易。从副鞍到锚块混凝土前锚面还有相当大的距离，随着缆力的增加，副鞍也将发生向河侧的纵移，故副鞍应设置在摇轴或摆柱或辊轴上，在施工过程中也应先使副鞍向岸侧有一个预偏量。美国旧金山市海湾桥、纽波特桥、英国福斯桥均设有副鞍。

3. 散索鞍及散索套

与副鞍原理相同，散索鞍下面也应设摇轴、摆柱或辊轴。如汕头海湾大桥是在散索鞍下面设置盆式橡胶支座，两侧有卡板、螺栓，以防止其侧向移动；其槽道呈漏斗状，主缆从小口进入，在大口处散开，形状为系列阶梯形空间曲面。

如果主缆在散开的同时不改变其总方向，那就不用散索鞍而用散索套。散索套的槽道与散索鞍基本相同。在散索套安装就位后，由于侧向力的作用，仍有可能向着主缆未散开的那个方向滑移，为此，应在散索套小口之外设置“挡圈”。挡圈的构造同索夹相似，即凭借高强螺栓使挡圈抱紧主缆，由此而产生摩擦力以阻挡散索套的移动。

4. 靴跟及锚杆

在采用空中纺线法制成的主缆中，位于丝股和锚杆之间的连接构件是靴跟及其附件。靴跟的功能有二：一是传力，丝股套在靴跟的槽道上，而锚杆则连接在靴跟的销钉上；二是调节长度，丝股的实际长度将因施工误差等因素而有出入，靴跟中有调节长度的附件，可以纠正施工误差，使丝股的长度符合设计要求。

在采用预制索股法制成的主缆中，当钢丝束（预制索股）拽拉至锚碇时，先将两端的锚头临时锚固，然后调整线形，精确测量其长度。目前预制绳股的锚杆多采用高强螺杆，在钢丝束的锚头底部配以穿心式千斤顶穿在高强螺杆上，调整长度时，钢丝束的收紧或放松通过千斤顶的拽拉及调整锚头下的垫片来实现。

三、索夹及吊索施工

作用于悬索桥加劲梁上的恒载及活载通过吊索传给主缆，为保证传力途径的安全可靠，需在主缆上安装索夹。索夹由铸钢制作，分成左、右两半或上、下两半，安装之后，用高强螺栓将两半拉紧，使索夹内壁对主缆产生压力，防止索夹沿主缆向低处滑动。

图 10-10　索夹构造形式示意图

吊索可用钢丝绳、平行钢丝束或钢绞线等材料制作。吊索的下端与加劲梁连接，上端连接有两种方式：一种方式是采用销钉连接，在索夹（此时为上、下两半）下半的下垂板（又称吊耳）上设置钉孔眼，吊索上端设开口套筒，两者通过销钉相连，这类吊索可采用钢丝绳或平行钢丝束。另一种方式是让吊索绕过索夹（此时为左右两半），让吊索骑挂在索夹上，这类吊索常用钢丝绳制作，为避免过大直径钢丝绳绕过索夹时钢丝绳破断力降低太多，在每一索夹处常用两对直径较小的吊索。目前销钉连接方式用得较多，索夹形式构造如图 10-10 所示。

设吊索总力为 P，吊点处主缆切线同水平线的夹角为 α，则其沿主缆切线的分力为 $P\sin\alpha$，此即使索夹沿主缆滑动的力。由此可以求得全部高强螺杆必需的预拉力为：

$$\sum N = P\sin\alpha / f$$

式中，f 为摩擦系数，其经验值可达 0.6。这是因为当螺杆预拉力相当大时，主缆直径在索夹处局部缩小，使索夹滑动受到较大的阻力。

在施工及营运中，螺栓预拉力的损失显著，这主要是因为螺杆钢材的松弛、主缆钢丝相互位置在重复加载中自行调整及镀锌层的受挤变形等。为此，在施工时需要重复拧紧螺栓。

四、猫道施工

猫道是指位于主缆之下（大约 1.3～1.5m），沿着主缆设置，让进行主缆作业的工人有个立足的脚手架。它是由猫道主索上铺设钢丝网面层、扶手绳等所组成。猫道宽度不大，为防止被风吹翻，同时也为使上、下游猫道之间能互相交通，一般要在两猫道之间设置横向天桥，中跨可设3～5道，边跨1道。在猫道下方一般需设抗风索。在立面上，抗风索呈向上凸出的曲线形，其两端则扣在塔和锚碇的下方。在猫道主索和抗风索之间设若干根竖向(或斜向成V形的)细绳，互相绷紧，就形成一空间抗风体系。这样设置的抗风索势必侵入航运净空，故必须得到航运部门同意。沿抗风索还须按规定悬挂信号灯，以防船舶将它撞坏。

以虎门大桥中跨猫道主索架设为例进行介绍。虎门大桥每条猫道分三跨，各自独立，每跨均由8根 $\phi48$ 钢丝绳(猫道主索)支承，上面设有钢丝网面层、扶手绳、猫道门架以及门架支承索等。上、下游猫道之间设五道横向天桥。中跨猫道主索的架设是猫道架设的关键，先利用牵引系统牵引托架支承绳，然后在架设好的托架上牵引猫道主索过江，通航净空由托架保证，如图10-11所示。此法的优点是所需主(前端牵引)、副(后端施加反拉力)卷扬机功率较小。猫道主索架设完成后再依次铺设猫道面层、安装扶手架、架设抗风索等。

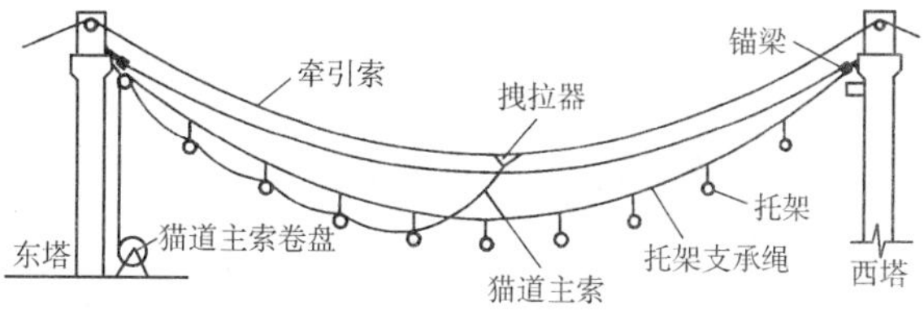

图10-11　虎门大桥中跨猫道主索架设

第四节　斜拉桥索施工

斜拉桥是由斜拉索、索塔和主梁组成的，根据三者之间的关系可以组成多种结构体系，如悬浮体系、支承体系、塔梁固结体系和刚构体系。图10-12为两座典型的斜拉桥。

a)

b)

图10-12　典型斜拉桥图片

a)卢浦大桥；b)苏通长江公路大桥

斜拉桥的优点是：梁体尺寸较小，桥梁的跨越能力较大；受桥下净空和桥面高程的限制少；抗风稳定性比悬索桥好；不需悬索桥那样的集中锚碇构造；便于采用悬臂施工等。不足之处是：它是多次超静定结构，设计计算复杂；索与梁或塔的连接构造比较复杂；施工中高空作业较多，且施工控制等技术要求严格。

斜拉索按其所组成的平面，通常分为单索面和双索面，而双索面又可分为双平行索面和双斜索面。索面布置形式如图10-13所示。

根据斜索在索平面内的布置，它又可以分为图10-14所示的三种形式，即平行形、辐射形和扇形(半扇形)。斜拉索的倾角一般为25°～65°。另外，还有星形(索在梁上汇集于一点)、混合形(边跨为平行形、中跨为扇形)等。根据斜索在主梁上的间距，有稀索(对于钢梁，间距大约为30～60m，对于混凝土梁，约为15～30m)与密索(约6～8m)之分。

一、斜索的组成与防护

斜拉索由两端的锚具、中间的拉索传力件及防护材料三部分组成，称为拉索组装件。拉索的材料有高强钢丝、钢绞线等。

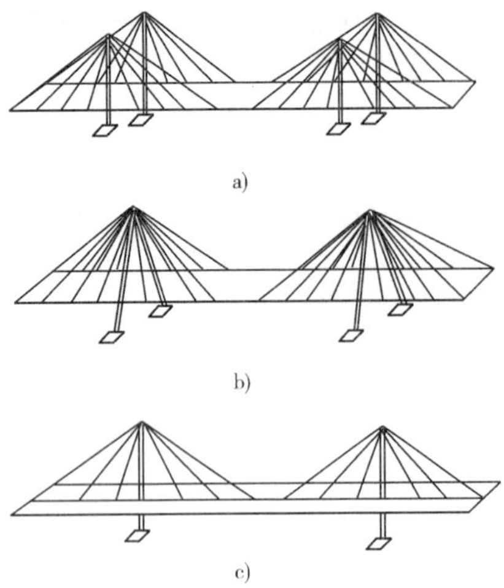

图 10-13　索面布置形式

a）平行双索面；b）双斜索面；c）单索面

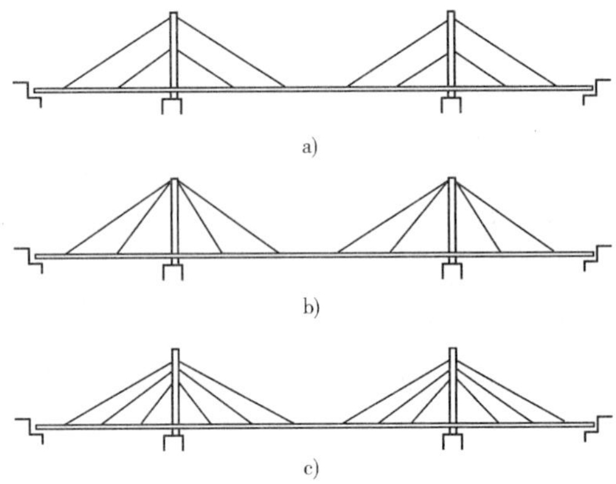

图 10-14　索面形状

a）平行形；b）辐射形；c）扇形（半扇形）

拉索技术研究着重于三个方面的目标：其一，如何使拉索与锚具的组装件能在斜拉桥整个使用年限内经受得起高幅度的应力变化，亦即锚具应具备优良的抗疲劳性能。其二，如何保证拉索组装件具备绝对可靠的、永久性的防护。其三，在保证拉索组装件可靠、耐久的前提下，力争施工方便、造价低廉。以下按照时间线索介绍斜索的组成与防护。

1. 平行钢丝拉索（PWS）

平行钢丝拉索通常采用的高强钢丝直径为 5mm 或 7mm。这种钢丝的优点是强度高（1 570～1 860MPa），弹性模量高（2.0×10^{5}MPa），可以做成较长的索而无需中间接头，吨位可大可小，配用冷铸锚可以有较好的耐疲劳性能；缺点是对防锈的要求较高。我国近 20 年来制作平行钢丝束的工艺不断改进、发展，在斜拉桥中被广泛采用。

20 世纪 70 年代末我国首批超过 200m 跨度的上海泖港桥（1982 年建成，中孔 200m）和济南黄河桥（1982 年建成，中孔 220m）都采用了平行钢丝拉索。前者用 ϕ5mm 钢丝机械除锈后，外涂快干的氯化橡胶防锈漆；组索时，钢丝间隙填满防锈油脂，拉索张拉后，高空缠包环氧树脂玻璃钢。后者采用镀锌 ϕ5mm 高强钢丝，拉索张拉后，外部安装铝管并注入水泥浆，两年后，铝管换成镀锌铁皮管。二者均用冷铸锚具。

20 世纪 80 年代后期建成的广东西樵大桥（1981 年，125m＋110m）、天津永和桥（1987 年，中孔 260m）、上海恒丰路桥（1987 年，76.65m＋22.8m）和广东海印桥（1988 年，中孔 175m）都采用带 PE 套管的平行钢丝索，管内压注水泥浆。若使拉索全长所有空隙都能充满水泥浆，并与 PE 管内壁黏着紧密，则此种拉索的防护效果是令人满意的。但若水泥浆配合比控制不严，压浆不慎，管顶浆体未满，又长期处在高应力、高温、潮湿状态下，则无需几年，钢丝会逐渐锈蚀，直至断裂，国内已有此例。另外，这种钢丝束以半成品运至工地，在工地上的制作需有巨大的制索场和整套专用设备，难度较大。

20 世纪 90 年代初，我国结合冷铸锚、电缆制造技术以及以往斜拉桥施工经验研制成新一代的平行钢丝拉索，即“成品索”。这种索的技术名称为“挤包护层扭绞型拉索”，采用 ϕ5mm 或 ϕ7mm 低松弛镀锌高强钢丝作为索材，两端用冷铸锚具，定长下料。索体由若干根高强度钢丝并拢经大节距扭绞，缠包高强复合带，然后挤包单护层或双护层而形成。单护层为黑色高密度聚乙烯，简称 PE；双层内为黑色高密度聚乙烯，外为聚氨酯，简称 PE+PU。其工艺流程大致为：

下料→排丝→扭绞成束（左旋）→缠包高强复合带（右旋）→挤塑护套→精下料→冷铸锚制作→超张拉→上盘→进库。

这种索经工厂化生产，质量可靠，在运输方面比上述半成品平行钢丝索方便很多，运输到工地后不再有工地制作要求，因此越来越多地取代套管压浆的平行钢丝索。上海南浦大桥、杨浦大桥、徐浦大桥、武汉长江二桥、重庆二桥、铜陵大桥等十来座大桥都采购或自制这种“成品索”。它的缺点是 PE 护套硬度较低，在放索及安装过程中被刮坏划破的事屡见不鲜，轻者 1～2mm，重者可见钢丝，故挂索后还需用小缆车检查、修补，若有遗漏，则是一大隐患。

2. 平行钢绞线

尽管工厂化生产的平行钢丝热挤 PE 索套防护的拉索，其可靠性、耐久性都得到了充分的保障，但随着斜拉桥建造跨度和索力的不断增大，拉索越来越长，自重越来越大（如杨浦大桥的拉索已长达 324m，重 33t；钱江三桥则因索力已逾千吨，索重大增），新的矛盾又相继发生，如绕盘盘径已超陆上运输允许的界限，拉索的转场、起吊、安装、牵引、张拉都需要大型设备。施工风险、技术难度随之增大。拉索造价则因厂房的扩建、预张拉台座的增长、大型设备的投入和施工难度的增大而大幅度提高。

钢绞线拉索的成功使用，解决了上述困难。绞线拉索是几乎与上述热挤 PE 平行钢丝拉索同时期开展研究的，是 20 世纪 80 年代拉索技术发展的另一途径，其技术基础是夹片群锚技术的完全成熟。

拉索的基本技术描述如下：钢绞线逐根穿挂、逐根张拉，以夹片固锁，组合成束后再整体小行程张拉、调整索力，以螺母锚固。夹片的锚固性能必须是优良的，并能在上限为 0.45 倍绞线破断力、应力变化幅度 200MPa 条件下经受 200 万次循环试验。为使拉索组装件的抗疲劳性能得到更可靠的保证，在夹片群锚后端再连接一段适量长度的钢套管，张拉锚固后，在钢套管内压注砂浆或环氧砂浆；使锚具得到可靠防护，并借用砂浆与绞线的黏结力减轻夹片直接承受高幅度应力变化的作用。出于对夹片锚固性能的绝对信任，近年来新建的斜拉桥也有在锚具后端接以较短的钢套管，在其内灌注石蜡的；石蜡只封闭绞线端头剥除 PE 套部分，起防护作用，全部动荷载仍直接由夹片承受，其施工更为方便。

拉索的防护有两个方案：其一是在单根绞线上逐根外包 PE 护套，然后挂线、张拉，成索后或再外包环氧织物，或不再外包。其二是 PE 管压注水泥浆。防护方案一，绞线应涂防锈漆或其他防锈涂层，挤包 PE 可用小型挤塑机在现场进行，工艺简单。而防护方案二，增加了压浆工序，但绞线内涂层则不再需要，造价相差无几。

这种拉索的优点是：拉索制作、穿挂、牵引、张拉全过程均“化整为零”，取消了拉索工厂制造的全部繁杂工艺；避免了大型成品索的起重、运输、吊装、穿挂、牵引方面的困难；无需大型施工设备，施工便捷，大幅度降低了拉索造价。

由于优点明显，在欧美各大公司绞线群锚技术成熟以后，各国都竞相研究并付诸实施。国际上著名的瑞士 Losenger 公司（VSL）、德国 Dyckerhoff&Windmann 公司（Dywidag 体系）、法国 Freyssinet 公司（Freyssinet 体系）等均已研制成功采用各种群锚夹片、各具特征的钢绞线拉索体系，最大单索索力已超千吨，建成了许多著名的斜拉桥，如瑞士的利勃罗地桥（1978

年)、意大利第伯河桥(1979 年)、西班牙卢那桥(1984 年)、美国的阳光大道桥(1986 年)、昆赛桥(1988 年)、澳门的新澳函桥等。

我国使用这种拉索技术建成的斜拉桥已有多座。第一个采用这种技术的是广西柳江四桥,其主桥为 2×125m,独塔双索面预应力混凝土斜拉桥,宽 32m,桥面为梁板结构。26 对拉索呈扇形布置,全桥拉索共 104 根,用我国自行研制的 OVM—200 型平行钢绞线索,每根拉索由19~37 根 ϕ15mm、1 860MPa 低松弛钢绞线构成。采用单根穿索张拉锚固工艺,每根拉索挤包了两层 PE 护套。索距长 4.2m,用挂篮悬浇。

二、索与塔、梁的连接

索与塔、梁连接结构的功能是将斜拉索力可靠地传递给桥塔及主梁。其结构形式根据斜拉索布置、根数、桥塔及主梁的结构等情况确定。

1. 索与塔的连接

拉索在桥塔上的连接有两种方式:一种是直接锚固;另一种是通过塔顶索鞍而延伸到桥塔另一侧主梁上锚固。第一种连接方式构造简单,不需要索鞍与索座;架设容易,便于保养、检查以及逐根更换拉索,特别适合于拉索小、索数多的情况。但由于索塔两侧的斜索拉力不相等,致使索塔和桥墩的设计经常受到弯矩的控制。第二种连接方式,索塔主要承受压力,结构受力简单;但索鞍构造复杂,造价昂贵。由于拉索容许弯曲半径限制,索塔顶部桥轴方向宽度增大,特别是辐射形,内索倾角太大,索鞍设计难以处理。

图 10-15 表示一种典型的索鞍构造。索鞍设在每一对索的连接处,为了阻止由于中孔和边孔的索力不相等而产生的滑动,使用螺栓对盖在索上的压板施加夹紧力,使索在索鞍上无法滑动,达到锚固的目的。

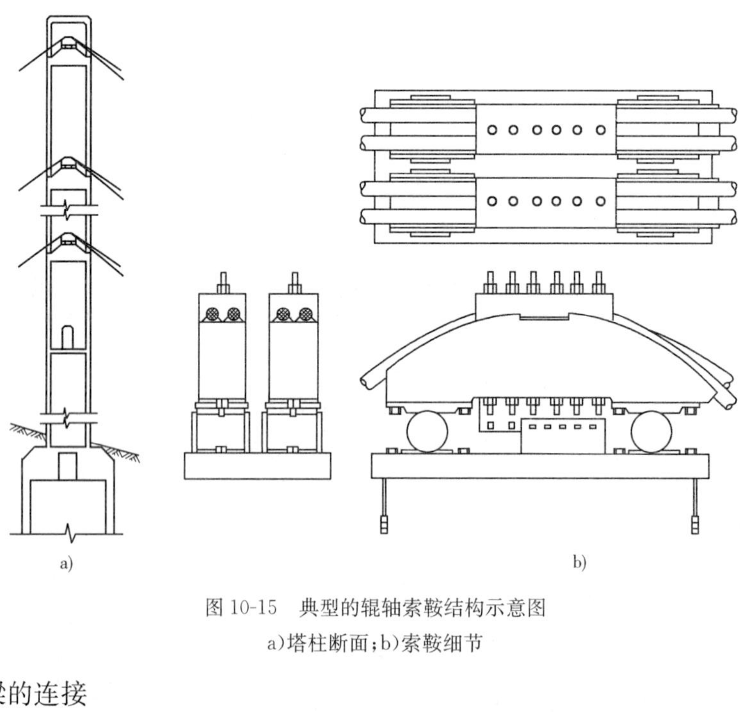

图 10-15 典型的辊轴索鞍结构示意图

a)塔柱断面;b)索鞍细节

2. 索与梁的连接

(1)钢梁

拉索在钢梁上的锚固大多数是通过锚箱来实现。图 10-16 表示拉索锚固在钢桁梁上弦杆的锚箱构造。在箱形截面上弦杆腹板之间设置一对锚梁，锚梁下部有支承板，锚头即顶在支承板上。由于箱形截面上弦杆内工作面狭窄，这种构造的斜拉索张拉一般都在塔内。

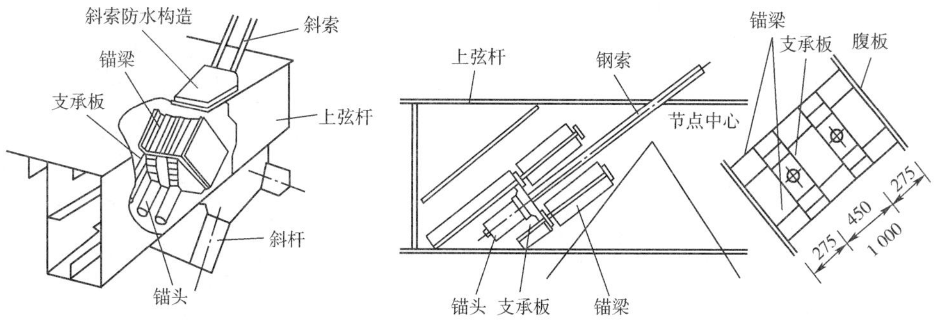

图 10-16　斜拉索锚固在钢桁梁上弦杆的锚箱构造（尺寸单位：mm）

(2)混凝土梁

拉索在混凝土梁上的锚固可以通过预埋套管穿过梁身锚于梁底或特制的锚块上，也可以通过套筒锚借锚固螺栓锚在箱梁内部，如图 10-17 所示。锚固螺栓则借助于横向锚梁及垫板预设在箱梁内，液压千斤顶通过托座顶在拉索套筒锚上，张拉到位后旋紧螺母，将拉力传给锚固螺栓。

三、索的安装

斜拉索安装大致分为两步：引架作业和张拉作业。

1. 引架作业

斜拉索的引架作业是将斜拉索引架到桥塔锚固点和主梁锚固点之间的位置上，其一般作业方法如下：

(1)在工作索道上引架

在工作索道上引架的方法，是先在斜拉索的位置下安装一条工作索道，斜拉索沿着工作索道引架就位。国外早期的斜拉桥较多采用这种方法，如 1959 年建成的前联邦德国科隆塞弗林桥，1962 年建成的委内瑞拉马拉开波湖桥，1969 年建成的前联邦德国莱茵河上的克尼桥等。现今，这个方法已很少采用。

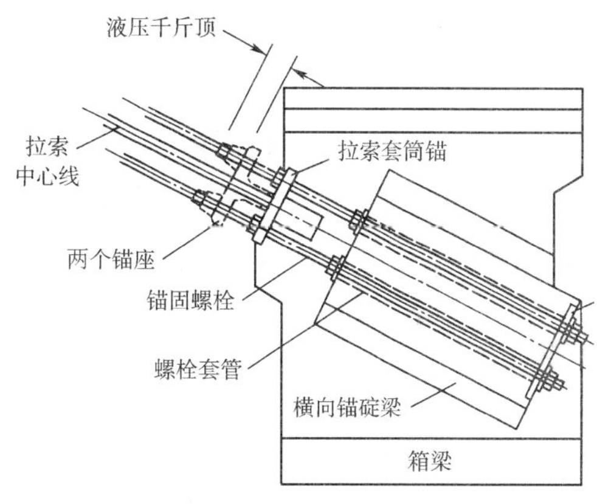

图 10-17　斜拉索锚固在混凝土箱梁内

(2)由临时钢索及滑轮吊索引架

由临时钢索及滑轮吊索引架的方法，是在待引架的斜拉索之上先安装一根临时钢索，称为导向索，斜拉索拉在沿导向索滑动并与牵引索相连接的滑动吊钩上，用绞车引架就位。如 1978 年建成的美国帕斯科—肯尼维克桥就是采用这个方法。

(3)利用吊装天线引架

利用吊装天线引架的方法，例如我国 1981 年建成的广西红水河铁路斜拉桥就是采用这种方法。

(4)利用卷扬机或吊机直接引架

利用卷扬机或吊机直接引架，这个方法最为简捷，也特别适合于密索体系悬臂施工。当索塔很高时，吊机没有那么高，则可以在浇筑桥塔时，先在塔顶预埋扣件，挂上滑轮组，利用桥面上的卷扬机和牵引绳通过转向滑轮和塔顶滑轮将斜拉索起吊，一端塞进箱梁，一端塞进桥塔。这种方法在吊装过程中可能损伤索外防护材料，但只要小心施工，这个问题不难克服。我国20世纪80年代以后建造的斜拉桥大都采用这个方法。

(5)单根钢绞线安装

1995年建成的澳大利亚悉尼格莱贝岛桥跨度140m＋345m＋140m，按照傅雷西奈专利的预应力法即所谓“等拉力法”，用轻型的张拉设备每次提升一根钢绞线（$7\phi5$），其承载力225kN。一根斜拉索中有25～74根这样的钢绞线，这样一根根地提升、张拉、锚固，直至一根斜拉索中的全部钢绞线安装完成。前面介绍的“平行钢绞线”就适用于这种安装方法。

2. 张拉作业

斜拉索的张拉作业大致有以下3种：

(1)用千斤顶将塔顶索鞍顶起

每一对索都支承在各自的索鞍上，索鞍先就位在低于顶起最终的位置，当斜拉索引架就位后，将索鞍顶到其预定的高程，使斜拉索张拉达到其承载力。前面提到的前联邦德国莱茵河上的克尼桥就是采用这个方法。

(2)在支架上将主梁前端向上顶起

斜拉索引架时处于不受力状态，比受力状态时要短，为此，于主梁与斜拉索的连接点上将梁顶起。斜拉索引架完成后放下千斤顶使斜拉索受力。

(3)千斤顶直接张拉

千斤顶直接张拉，这是最常用也是最方便的方法。

斜拉索张拉顺序及次数，应按设计要求实施，例如泖港桥为四次张拉，南浦大桥也为多次张拉等。张拉机具、千斤顶、油泵等必须经标定后才能使用。张拉过程中，顺桥向两侧和上下游梁两侧均需对称、同步进行张拉，张拉中不同步拉力的相对差值不应超过设计规定值。另外，张拉过程中，还必须进行梁段和塔柱的变形观测，并与设计相应值比较。超过设计规定范围时，应检查原因，必要时应与设计单位磋商，采取适当方法进行调整。斜拉索的张拉和调整，不仅关系到整个大桥的质量与桥面内应力的控制，还与桥面最终线形有着直接关系，所以必须严格按照桥梁施工控制的要求实施。

思考题

1. 试述桥梁工程中主要的索结构的种类及各自的施工要点。
2. 简述梁的预应力索的施工工艺。
3. 试述悬索桥主缆防护的施工要点。
4. 列举出两种悬索桥平行线钢缆的架设方法及各自的工作原理。
5. 试述几种斜拉索的特点及应用。
6. 试比较两种索塔的连接方式。
7. 简述斜拉索引架作业、张拉作业的方法。

第十一章　桥梁施工测量

桥梁工程测量是将空间位置数字化及其逆过程的全部理论与技术体系。从测量目的和技术来看，它包括两个互逆的过程，即测定和测设。测定是将空间点位数字化的过程，可以是测图、测值等；这是测绘专业的主要任务。测设是把具有数字特征（坐标、高程、方位角等）的拟建桥梁结构物在实际地面上（也包括水下、空中）标定出来，作为桥梁建设的依据；这是桥梁施工测量的核心内容。因此，桥梁施工测量主要是研究和解决桥梁施工前后的所有测量和放样工作，它是桥梁修建中不可忽视的重要环节。

第一节　概　　述

桥梁施工测量是确保桥梁工程质量的关键环节。为了做好测量工作，客观上要求桥梁建设项目部给予足够的重视，如支持引进新技术的应用和配置必要的仪器、工具等。对每个工程测量人员而言，则要求其必须具有高度的责任感和团队精神，互相协作，精益求精，不断提高操作水平。

桥梁工程的测量工作按工程进行的先后步骤可分为三个方面：施工前的勘测工作、施工过程中的测量工作和竣工后的测量工作。施工前的测量工作主要是为选择桥址、确定桥跨方案给设计工作提供所必需的水文资料、跨河长度以及两岸必要的各种比例尺地形图。施工过程中的测量工作是根据施工组织设计总平面图的布置将桥梁墩、台的位置在实地进行定线放样，以作为施工的依据。竣工后测量是定期对全桥各重要部位进行位移、倾斜、沉陷等内容的观测，检查全桥的安全和质量情况。其中，桥梁施工测量的主要内容如下：

(1)对勘测部门移交的平面控制网进行验收及复测，同时根据放样工作的需要，加密施工控制点。

(2)永久性的水准基点的验收、复测及配合施工和变形观测需要加密施工水准点及基岩水准点（或深层标）组成高程控制网。

(3)定期检测平面控制网、高程控制网的成果。

(4)水中桥墩基础（沉井、围笼、管柱等）的测量和放样工作。

(5)桥墩、桥台的平面轴线放样和高程放样。

(6)施工中的水文观测。

(7)架梁过程中的测量放样工作。

(8)施工准备阶段的附属工程（购地、房屋、公路、铁路专用线、电力线路、管路等）的放样和测量。

(9)引桥的施工测量工作。

(10)竣工测量及墩、台的变形观测。

第二节　桥梁测量仪器

凡全桥长度超过 1 000m 的桥梁工程测量工作，应成立专门的测量组织来进行专业性的工作，特别是当工程量很大，工程性质艰巨复杂且由两岸同时施工时，更应由一个统一的测量队来统筹安排全桥的测量工作。因此，测量仪器、工具的配备应根据实际的自然地理条件、工程量大小、进度快慢、人员的技术水平和测量设备的状况来具体规划。桥梁施工中常用的测量仪器和工具主要有：全站仪、经纬仪、水准仪、半导体回声测探仪、流速仪、小平板仪、激光竖直仪或垂直投影仪、双筒望远镜、可调式觇标架、水准尺、尺垫、花杆、皮尺、钢卷尺、测钎等。

一、水准仪

水准仪是用于水准测量的仪器，工具有水准尺和尺垫。我国水准仪系列分为四个等级，即DS05、DS1、DS3、DS10，其中“D”、“S”分别为“大地测量”和“水准仪”的汉语拼音字头，05、1、3、10 为仪器精度，DS3 表示水准仪每公里往返测高差偶然中误差不大于 3mm。

1. DS3 水准仪

DS3 水准仪主要由望远镜、水准器、基座三部分构成（如图 11-1 所示）。望远镜由物镜、目镜、调焦透镜和十字丝分划板组成。目标成像于十字丝平面内，横丝称为中丝，用于计算高差；上、下丝称为视距丝，与水准尺配合，用于测量距离。DS3 望远镜的放大率为 28 倍。水准器分为圆水准器和管水准器（简称水准管），前者用于粗平仪器，确定仪器竖轴是否垂直，后者用于精平视准轴。

2. 光学精密水准仪 DS05、DS1

采用高精度的仪器、工具和测量方法所进行的每千米高差中误差小于 2mm 的水准测量，称为精密水准测量。精密水准测量采用的光学水准仪有 DS05 和 DS1，其构造与 DS3 水准仪基本相同，也由望远镜、水准器、基座三部分组成，如图 11-2 所示。其不同之处如下：

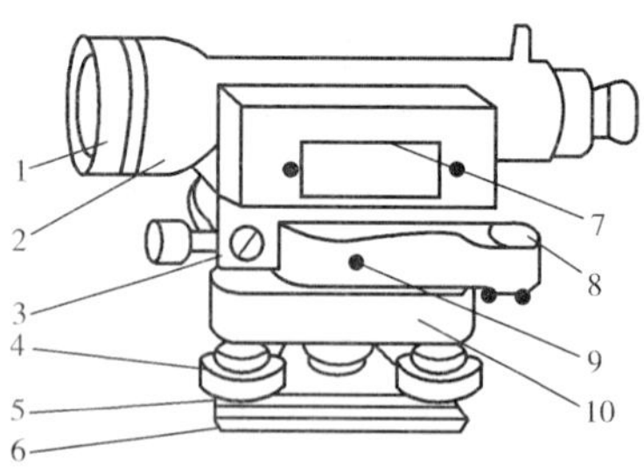

图 11-1　DS3 水准仪构造

1-物镜；2-望远镜；3-弹簧帽；4-脚螺旋；5-三脚压板；6-底板；7-管水准器；8-圆水准器；9-连接小螺丝；10-轴座

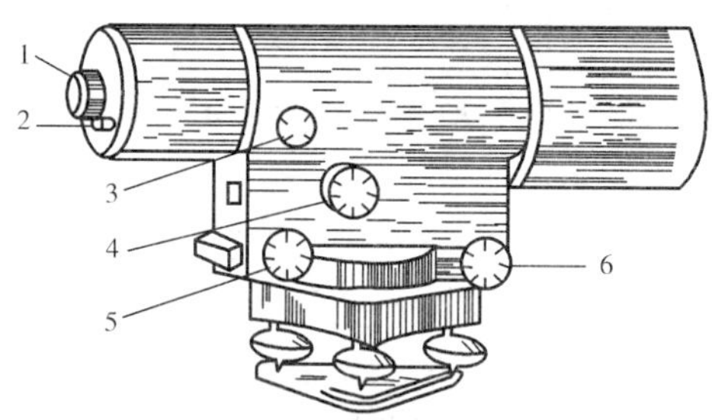

图 11-2　DS1 级光学水准仪构造

1-目镜；2-测微尺读数目镜；3-物镜对光螺旋；4-测微轮；5-倾斜螺旋；6-微动螺旋

（1）水准管分划值较小，一般为 $10''/2$mm。

（2）望远镜放大率较大，一般不小于 40 倍；望远镜的亮度好，仪器结构稳定，受温度变化的影响小等。

（3）为了提高读数精度，精密水准仪上设有光学测微器，最小读数可达 0.05mm。

（4）精密水准仪配有精密水准尺，即铟瓦合金尺。这种水准尺一般都是在木质尺身的槽内，张紧一根铟瓦合金带。在铟瓦带上标有刻度，数字注在木尺上，精密水准尺的分划值有 1cm 和 0.5cm 两种，与之相适应，精密水准仪的测微尺范围也有 1cm 和 0.5cm 两种。

光学测微器的构造是在水准仪物镜前装有可转动的平行玻璃板，其转动的轴线与视准轴垂直相交，平行玻璃板与测微分划尺之间用带有齿条的传动杆连接。当旋转测微螺旋时，传动杆推动平行玻璃板绕其轴前后倾斜，视线通过平行玻璃板产生平行移动、移动的数值由测微分划尺的读数反映出来。测微分化尺有100个分格，与水准尺上的分划值相对应，铟瓦合金水准尺上的分划值为1cm或0.5cm，故测微尺能直接读到0.1mm或0.05mm。

3. 电子水准仪

电子水准仪也是一种精密水准仪，它是利用影像处理技术自动读取高差和距离，并自动进行数据记录的全数字化电子水准仪。徕卡公司推出的电子水准仪有NA2000、NA2002、NA3000和NA3003四个型号。

电子水准仪使用的标尺采用条形码尺，区别于传统的标尺。条形码印制在铟瓦合金条或玻璃钢的尺身上。观测时，标尺上的条形码内望远镜接收后，探测器将采集到的标尺编码光信号转换成电信号，并与仪器内部储存的标尺编码信号进行比较。若两者信号相同，则读数可以确定。标尺和仪器的距离不同，条形码在探测器内成像的"宽窄"也不同，转换成的电信号也随之不同。这就需要处理器按一定的步距改变一次电信号的"宽窄"，与仪器内部储存的标尺编码信号进行比较，直至相同为止。为此在仪器中安置一个传感器，由传感器通过调焦使标尺成像清晰。这一过程采集到调焦镜的移动量，对编码电信号进行缩放，使其接近仪器内部储存的信号，因此可以在较短的时间内确定读数。

电子水准仪的特点如下：

(1)无疲劳观测及操作，只要照准标尺，调焦后按动测量键即可完成标尺读数和视距测量。

(2)采用REC模块自动记录和存储数据或直接连接电脑操作。

(3)能自动计算高差。

(4)能快速测量并提取成果，可见测尺30cm即可测量。

(5)含有用户测量程序、视准差检测改正程序及水准网平差程序。

(6)全自动高精度以电子方式测量条形码标尺，能保证最佳精度。

4. 自动安平水准仪

自动安平水准仪只用圆水准器进行粗平，仪器借助于自身的补偿功能使视准轴水平，故不必精平即可读数。自动安平水准仪可以提高工效，且通常为正像，但光强不足，视距短。

自动安平水准仪是用设置在望远镜内的自动补偿装置代替水准管，观测时，只需将水准仪上的圆水准器气泡居中，便可通过中丝读到水平水平视线在水准尺上的读数。由于仪器不用调节水准管气泡居中，从而简化了操作，提高了观测速度。现在工程中常用的水准仪大都是自动安平水准仪。

5. 水准仪的检查项目

水准仪在使用前，需检查的项目如下：

(1)望远镜部分

①望远镜的物镜、调焦透镜、十字丝分划板和目镜等是否有明显的划痕或裂纹现象。各透镜是否有脱胶或霉污斑迹。

②成像的清晰度、像差以及鉴别率等。

③十字丝分划板的位置是否正确，线条的粗细有无脱色现象。

④调焦透镜活动的灵敏性、松紧度是否正常。

⑤目镜屈光度环零位是否正确，有无晃动现象。

(2)水准器部分

①水准器与其框架是否稳固胶结。

②水准器工作面曲率是否正确，它的格值与轴系误差是否适应。

③水准器管壁有无裂纹(如气泡过长,则说明水准器管已有裂纹,使液体有蒸发现象)。

④水准器所设符合棱镜组的呈像是否清晰,有无霉污、位移等现象。

(3)竖轴系部分

①竖轴在正、反转动时的松紧度是否顺适,有无异常响声,若发现咬住或滞凝时,要分析原因,如缺油或油质不良,或在受振后各零件关系位置的改变,致使旋转工件损伤,或因保管不良受潮使钢珠生锈等。

②有无晃动。晃动是由于间隙过大、磨损或端面接触不良等所致。

(4)制动、微动和微倾螺旋的部分

①制动螺旋的作用是否正常有效。

②制动、微动环架(或顶环)在仪器旋转时有无不正常的响声或晃动。

③微动螺旋旋进、旋出时,是否平稳,有无跳动现象。

④调焦手轮的松紧是否顺适。

⑤微倾螺旋转动时,气泡应与其有相应的平稳变动,不能有跳动现象。

⑥当指标水准器居中时,微倾螺旋应位于手轮旋转量的中间位置。

(5)基座的螺旋部分

①旋转时,松紧度是否适当。

②基座螺旋有无晃动现象。

③旋转基座螺旋时,应感觉平稳;无响声。

6. 水准仪的检验与校正

为了保证仪器提供一条水平视线,水准仪的四条主要轴线:圆水准轴器轴 $L'L'$、仪器竖轴 VV、水准管轴 LL 和视准轴 CC(如图 11-3),它们应满足以下条件:

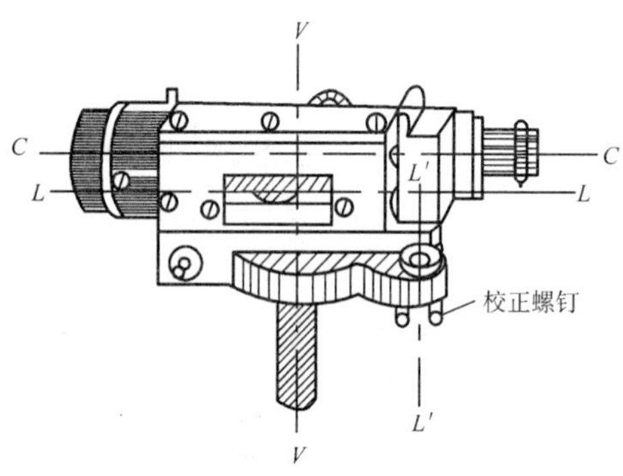

图 11-3 圆水准器调节

①圆水准器轴应平行于仪器竖轴,即 $L'L'//W$。

②十字丝中丝应垂直于竖轴。

③水准管轴应平行于视准轴,即 $LL''CC$。

(1)圆水准器轴平行于仪器竖轴的检验与校正

①目的。满足条件 $L'L'//W$,使圆水准器气泡居中时,竖轴垂直,视准轴粗平。

②检验。粗平后将仪器绕竖轴转动 180°,检查气泡是否仍居中。如不居中,则 $L'L'$ 不平行于 VV。

③校正。先用脚螺旋使气泡向居中位置移动偏离量的一半,然后调整圆水准器下面的三个校正螺丝,使气泡居中(图 11-3)。此过程须反复进行,直至仪器旋转到任何位置,圆水准器气泡均居中。

(2)十字丝倾斜的检验与校正

①检验。将被校水准仪安平,在距仪器约 40~50 m 顺光的地方固定一个水准尺,使望远镜十字丝的横丝的一端对准水准尺并读一个数值(或用细铅笔尖在尺上或墙壁上轻轻点一个固定小点对准之)。然后用望远镜的微动螺旋使望远镜作水平方向转动,若尺上读数有变化(或固定小点与横丝有偏离现象)时,则应校正。

②校正。先松开十字丝分划板外罩的护盖,轻轻按等角值拨松各十字丝改正螺钉,使十字丝环旋转一个小角即可。此项校正需反复进行直至适合要求为止。

此外，还有水准管轴平行于视准轴及水准管轴沿铅垂面与视准管轴铅铅垂面互相平行的检验和校正。

二、经纬仪

经纬仪种类繁多，按工作原理可分为光学经纬仪和电子经纬仪。现在工程中大量使用的是光学经纬仪，但电子经纬仪发展很快，且在价格上已与同级光学经纬仪相当其至更低，具有很大的发展潜力。

我国对经纬仪编制了系列标准，分为 DJ07、DJ1、DJ2 和 DJ6 等级别。其中 D、J 分别为“大地测量”和“经纬仪”的汉语拼音第一个字母，07、1、2、6 等数字，表示该仪器所能达到的精度指标，如 DJ6 表示一测回水平方向中误差不超过 6″。

1. DJ6 级光学经纬仪

DJ6 级光学经纬仪是目前工程上使用最为广泛的经纬仪，它由基座、水平度盘和照准部三部分组成(图 11-4)。基座上有三个脚螺旋，用来整平仪器，操作方法与水准仪整平基本相同。水平度盘是光学玻璃制成的圆环，用来测量水平角。其上刻有从 0°～360°的分划线，顺时针方向注记，相邻两分划线间的格值一般为 1°。照准部包括望远镜及具支架、竖盘、测微装置、照准部水准管、竖轴等。

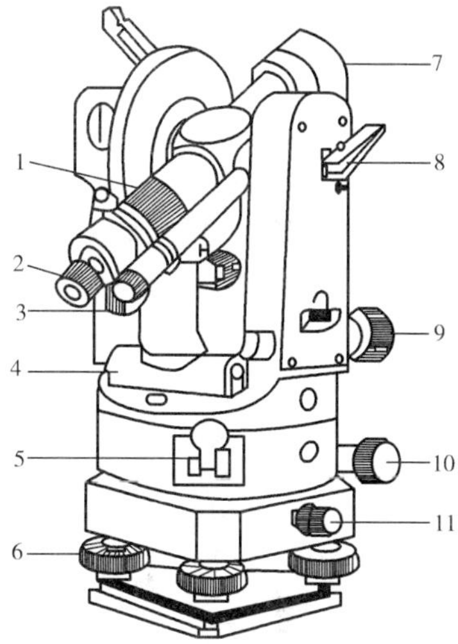

图 11-4　DJ6 级光学经纬仪

1-物镜对光螺旋；2-望远镜目镜；3-读数显微镜；4-管水准器；5-复测器扳手；6-脚螺旋；7-望远镜物镜；8-竖直制动扳手；9-竖直微动螺旋；10-水平微动螺旋；11-轴座连接螺旋

2. DJ2 级光学经纬仪

随着桥梁工程项目的规模增大，工程测量中角度测量的精度逐渐在提高，DJ2 级光学经纬仪有取代 DJ6 级光学经纬仪的趋势。

在两者结构上，除 DJ2 级光学经纬仪望远镜的放大倍数稍大(30 倍)、照准部水准管灵敏度较高(分划值为20″/2mm)、度盘格值更精细外，其区别主要表现为读数设备的不同，相比之下，DJ2 级光学经纬仪的读数设备有如下两个特点：

(1)DJ6 级光学经纬仪采用单指标读数，受度盘偏心的影响。DJ2 级经纬仪采用对径重合读数法，相当于利用度盘上相差 180°的两个指标读数并取其平均值，可消除度盘偏心的影响。

(2)DJ2 级光学经纬仪在读数显微镜中只能看到水平度盘或竖直度盘中的一种，读数时，必须通过转动换像手轮，选择所需要的度盘影像。

3. 电子经纬仪

电子经纬仪与光学经纬仪的根本区别在于其用微机控制的电子测角系统代替光学读数系统，其主要特点如下：

(1)使用电子测角系统，能将测量结果自动显示出来，实现了读数的自动化和数字化，大大减少了错误读数的概率。

(2)采用积木式结构，可和光电测距仪组合成全站型电子速测仪，配合适当的接口，可将电子手簿记录的数据输入计算机，以进行数据处理和绘图。

电子经纬仪自 1968 年面世以来，以其方便、快捷、精确等显著优势占领市场，发展很快，有不同的设计原理和众多的型号，最高精度已达到方向测回中误差小于0.5″。

4. 激光经纬仪

激光经纬仪是在光学经纬仪上安装激光装置，将激光器发出的激光束导入经纬仪望远镜内，使之沿着视准轴方向射比一条可见的激光束。

激光经纬仪提供的红色激光束可传播相当远，而光束的直径不会有显著变化，是理想的定位基准线。因此，激光经纬仪已广泛地应用于各种施工测量中，它既可用于一般准直测量，又可用于竖向准直测量，特别适合于桥塔竖向传递轴线控制点。

5. 经纬仪的检验校正

经纬仪在使用前要经过检查，必要时须对其可调部件加以校正，使之满足要求。检查项目除了前面水准仪所列项目外，还包括读数系统的检查、度盘的检查、横轴系检查和指标水准器部分的检查。

经纬仪的主要轴线有：仪器竖轴 VV、照准部水准管轴 LL、望远镜视准轴 CC 和望远镜的旋转轴(即横轴)HH。各轴线应满足的几何条件是：

(1)照准部水准管轴垂直于仪器的竖轴。

(2)十字丝竖丝垂直于横轴。

(3)望远镜视准轴垂直于横轴。

(4)横轴垂直于竖轴。

除以上条件外，经纬仪须观测竖直角，其竖盘指标差也应检验和校正。

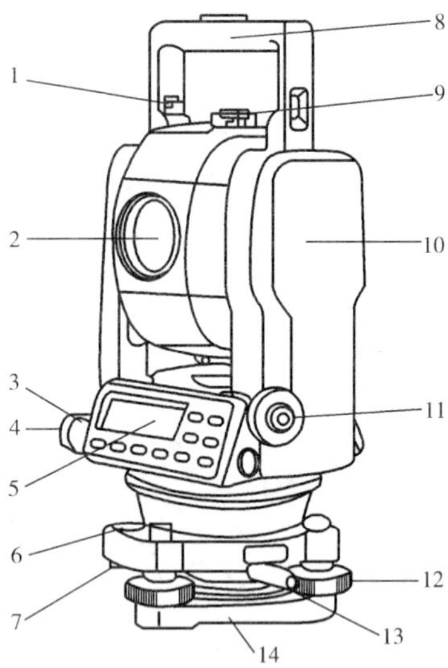

图 11-5　全站仪示意图

1-提手锁紧螺旋；2-物镜；3-水平制动螺旋；4-水平微动螺旋；5-显示窗；6-圆水准器；7-圆水准器校正螺旋；8-提手；9-瞄准器；10-仪器中心标志；11-光学对中器目镜；12-整平脚螺旋；13-三角基座固定钮；14-基座

三、全站仪

全站仪(图 11-5)实际上是一种将红外测距仪和电子经纬仪合为一体的仪器，它的全称应为全站型电子速测仪。一台全站仪，除能自动测距、测角外，由于它配有数据处理系统，故还能快速完成一个测站所需完成的工作，包括平距、高差、高程、坐标以及放样等方面数据的计算。全站仪具有多功能、高精度、自动化等方面的优点，这些是其他常规测量仪器不能做到的，其主要特点有：

(1)只要一次照准反射棱镜，即可测出水平角、竖直角、斜距和水平距离，算出镜站的相对坐标和高程，还可记录并计算测量数据。

(2)通过全站仪的主机或电子手簿的标准通信接口，可实现全站仪与计算机或其他外围设备之间的数据通信，从而使测量数据的获取、管理、计算和绘图形成一个完整的自动化测量系统。

(3)利用全站仪的微处理器来控制全站仪的测量与计算，配合相应的应用软件实现气象改正、导线测量、前后方交会、碎部测量和施工放样等计算任务。

(4)仪器内部有双轴补偿器，可自动测量仪器竖直轴和水平轴的倾斜误差，并对角度观测值自动施加改正。

全站仪在使用中应注意如下事项：

(1)新购置的仪器,如果首次使用,首先应认真阅读仪器的使用说明书。

(2)在使用过程中,严禁将照准头或望远镜直接照准太阳,以免损坏测距部的发光二极管。在烈日下或阴雨天气进行作业时,应撑伞加以保护,防尘、防雨。

(3)仪器安置在三脚架上之前,应检查三脚架各个伸缩螺旋是否已旋紧。在用连接螺旋将仪器固定在三脚架上之后,才能放开仪器。在整个操作过程中,观测者不能随意离开仪器,若必须暂时离开时,也应派专人在旁守护,以避免发生意外事故。

(4)仪器装箱前,应先将仪器的电源关闭,然后再取下电池组(盒)。

(5)仪器在使用完毕后,应及时用软毛刷、软布将仪器上的灰尘除去。目镜及物镑镜头严禁用手去摸,若有灰尘,可用吹风器或橡皮空气球吹去灰尘,再用镜头纸轻试擦净。

(6)与全站仪配套用的反射棱镜,也应保持干净,不用时也应放在箱内,以免碰坏。

(7)电池充电时间不能超过充电器规定的充电时间。如果长期不用,则一个月之内也应充电一次。存放温度以 0～40℃为宜。

(8)仪器在运输过程中,必须注意防震。长途运输应将仪器连箱装在原包装的套箱内。

四、GPS 测量系统

GPS 测量系统又称空间定位测量系统。它是一种差分技术,由两台 GPS 接收机同步测量并跟踪同样的卫星。其成果则靠后处理软件 SKI(Static Kinematic post processing software 静态动态后处理软件包前两个单词的首字母缩写词)来获取。为了作业方便起见,一台接受机将充当参考站,而另一台则充当流动站。在 SKI 中计算得到自参考站至流动站的基线。参考站与流动站观测记录速率必须设置一致。参考站与流动站记录格式的设置宜同时采用压缩格式或同时采用原始采样格式。

GPS 测量系统由三个主要部分组成:传感器、控制器、SKI 静态动态通用软件包。

GPS 测量成果质量的关键在于正确合理地采集数据。成功的数据处理可以大大降低外业消耗,减少不必要的返工和避免采纳错误的计算结果。因此,来自参考站和流动站的数据应该按同样的速率并在同样的时间采集,然后对这些数据用 SKI 软件进行处理产生最后的成果。

第三节　桥梁平面控制网测量与布置

桥梁建设中的平面控制网测设,是确保桥梁上、下部结构按照设计图纸正确、高精度地进行测量和放样到实地的控制依据。控制网布置得是否合理和能否达到预定精度要求直接影响到工程的质量。

一、桥梁平面控制网网形

桥梁平面控制主要采用三角网,三角网可以用于测定桥轴线长度,并可以为交会墩台位置提供平面控制点。在建立桥梁平面控制网时,既要考虑三角网本身的精度(即图形强度),又要考虑后继施工的需要,所以在布网之前应对桥梁的设计方案、施工方法、施工机具及场地布置、桥址地形及周围的环境条件、测设精度要求等方面内容进行认真研究,然后在桥址地形图上拟定布网方案,再到现场按照以下基本要求选定点位。

1. 网形

网形应具有足够的强度，使测得的桥轴线尺度精度能够满足施工要求、并能利用这些三角点，以足够的精度用前方交会法为桥墩放样。当主网的三角点数目不能满足施工需要时，要求能方便地增设插点，这一点在初拟网形时应有所考虑。

在满足精度和施工要求的前提下，网形应力求简单。

2. 基线

三角网的边长一般在 0.5～1.5 倍河宽的范围内变动。基线长度不宜小于桥轴线长度的 0.7 倍。一般应在两岸各设一条基线，以提高三角网的精度及增加检核条件。基线如用钢尺直接丈量，应布设成整尺段的倍数为宜。

基线场地应选在土质坚实、地势平坦的地段，以便测量。

3. 三角点

三角点应选在地势较高、土质坚实稳定、便于长期保存的地方，而且三角点要具有良好的通视条件、要避免旁折光和地面折光的影响。

在河流两岸的桥轴线上，应各设一个三角点，三角点距桥台的设计位置也不宜太远，以能保证桥台的放样精度为准。放样桥墩时，仪器可安置在桥轴线三角点上进行交会，以减少横向误差。

桥梁三角网的基本图形为大地四边形和三角形，并以控制跨越河流的正桥部分为主。图 11-6 为桥梁三角网最常用的图形，其中 a)、b)两种图形适用于桥长较短、需要交会的水中墩台数量不多的小型桥梁；c)为利用江河中的沙洲建立控制网的情况；d)、e)两种图形的控制点数多、图形坚强、精度高、便于交会墩位，适用于特大桥。实际施工中，应从现场条件与需要出发，选择最适宜的网形。

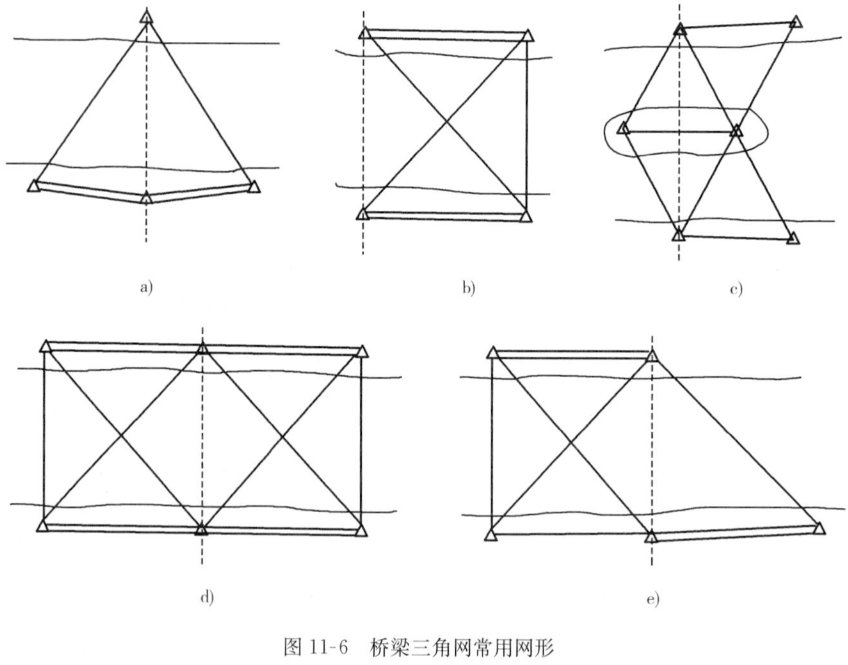

图 11-6　桥梁三角网常用网形

上面介绍的几种典型图形，是桥梁平面控制网的常用网形。在实际工程的操作中，由于桥位地形各异，需要结合现场资料，选择合适的网形，如有必要，还可以灵活变换网形。对工程进行选点及埋标时，一般要遵循以下原则：

(1)控制点应埋设在坚实的土体中，基底应埋设在冻层线0.5m以下。若在松土地带或人工填筑的江堤上，除挖深基坑外，尚需打桩以避免下沉。标石用混凝土筑造，在铅垂线上应有明、暗两个标心，以永久保存。

(2)控制点(包括三角点、基线节点、桥轴线方向点)的标石顶面应高出历史上最高洪水位0.5m。

(3)三角点上所设立的觇标，应有足够的高度，以利相互通视。

(4)选择三角点的位置时，要考虑扩展插点或引桥插网的可能性。

(5)三角架或觇标架的檐柱或钢立柱，应不妨碍由本观测站观测其他三角点和正桥桥墩放样的视线，视线离檐柱的边缘净距应不小于0.1m，以避免旁折光的影响。

(6)所需丈量基线之三角点间的地段，宜选择平坦、少溪渠、无障碍物的地带，其容许坡度为1/30，在特殊情况下不大于1/20。基线上个别线段的倾斜度不得超过1/10(用光电测距仪测距时不受上述限制)。基线长度最好不小于桥轴线控制点间长度的0.7倍，同时使其能为基线尺卡之整倍数。

(7)桥梁控制网应至少在两岸各设一条基线并分布在桥轴线的两侧(采用光电测距时，除增测基线数外，还应直接测定桥轴线的长度)。

(8)在选择三角点时，应考虑到施工组织设计的总体布置，在任何施工的情况下，必须保证三角点间的相互通视。

(9)在桥址中心方向线上，两岸各至少增设两个方向点，要保持其一定时间的稳定性(若因施工需要毁弃时，应及时地将方向点转移到已竣工的墩台上)。

(10)所选定的图形宜方正、刚强，以减少点位误差，三角网内之任一个三角形的角值应大于30°，小于120°。

(11)为了便于桥墩的施工放样，三角点宜分布在两岸，以便减少顺桥向的纵向误差，提高放样精度。

(12)三角点的建造顺序：先埋造觇标，后埋中心标石，若采用可调式的活动觇标标心时，则不受此限。但严格要求觇标内、外架不发生任何力的联系。为了避免觇标扭转，觇标最好制成椎体形。

(13)桥轴线应作为三角网之一边，与基线一端连接尽可能接近正交。

(14)标石顶上应盖上预先制好的混凝土盖子并堆以土堆加以保护。

(15)三角网应与国家三角点或线路控制桩发生联系，确定桥轴线的真方位角(精度到分即可)。

(16)所有三角点应编绘"点之记"图存档。

(17)测量觇标造好后，应按国务院颁布的"测量标志保管"的规定及时办理委托保管手续。

二、桥位三角网精度

桥梁三角网的外业工作主要包括角度测量和边长测量。由于桥轴线长度不同，对桥轴线长度的精度要求也不同，因此三角网的测角和测边精度也有所不同。通常采用以下方法来确定三角网的必要精度。

1. 由跨河长度确定桥轴线的必要精度

根据正桥跨河的长度大小来确定桥轴线上两控制点之间的相对中误差：

桥长 100m,两岸控制点之间相对中误差为 1∶20 000;

桥长 200m,其相对中误差为 1∶35 000;

桥长 500m,其相对中误差为 1∶70 000。

这种方法确定桥轴线的精度没有考虑到桥梁上部结构的形式以及跨度的大小,也没有顾及到定位的必要精度,因而应用较少。

2. 由桥长、桥跨大小、桥式以及施工安装等因素综合影响来确定三角网必要精度

在《公路桥涵施工技术规范》(JTG/T F50—2011)中,按照桥长度和跨径,将三角网划分为 4 个等级,具体技术指标见表 11-1。

桥梁三角网精度　　表 11-1

等　　级	多跨桥总长 L (m)	单跨桥跨径 L_k (m)	测角中误差 (″)	桥轴线相对中误差	最弱相邻点边长相对中误差	三角形最大闭合差(″)
二等	$L\geqslant3000$	$L_k\geqslant500$	≤±1	≤1/150000	1/100000	3.5
三等	$2000\leqslant L<3000$	$300\leqslant L_k<500$	≤±1.8	≤1/100000	1/70000	7
四等	$1000\leqslant L<2000$	$150\leqslant L_k<300$	≤±2.5	≤1/60000	1/35000	9
一级	$L<1000$	$L_k<150$	≤±5	≤1/40000	1/20000	15

3. 由墩中心的定位误差来推算桥轴线的精度

测设平面控制网的最重要目的之一是要高精度地定出墩、台中心的最或是值位置,一则确保钢梁(或混凝土梁)正确地对位在墩、台的支座上;二则还要求各墩、台尽可能地减少偏心的影响,使传力处于最佳状态。这样在布网时,应使控制点本身的误差所引起样点位的误差,相对于施工放样的误差来说,小到可以忽略不计。

在桥梁平面控制网测量中,角度观测一般采用方向观测法:观测时应选择距离适中、通视良好、成像清晰稳定、竖直角俯仰小、折光影响小的方向作为零方向,角度观测的测回数由三角网的等级和使用的仪器类型确定,具体规定见表 11-2。

三角网等级和测角回数要求　　表 11-2

等级	二等	三等	四等	一级
DJ_1	≥12	≥6	≥4	—
DJ_2	—	≥9	≥6	≥3
DJ_6	—	—	—	≥4

三角网的边长测量可根据实际需要,按不同方法施测。铟瓦线尺丈量是最精密的测距方法,适用于二、三等网的基线丈量,但组织这样一次丈量难度很大。目前高精度的基线光电测距仪也可用于二、三等网基线测量,为测距工作带来很多便利。二等以下网可用一般光电测距仪测定,也可用钢尺精密量距的方法直接丈量,但应测量 1～4 个测回取中数。

三、基线测量

基线是解算三角网所有边长的起算依据,所以基线测量的精度直接关系到整个测量工作的精度,要求不得低于规定等级基线的精度。为了控制三角网边长误差积累和检核计算边长误差的大小,桥梁三角网中至少要测两条基线。

为了控制三角网边长误差积累和检核计算边长误差的大小,桥梁三角网中至少要测两条基线。三角网的基线边、测边网及导线网的边长,可采用光电测距仪和铟瓦尺施测。采用光电

测距仪的具体要求可参考《公路勘测规范》(JTG C10—2007)中的相关内容。本书重点介绍铟瓦尺测量方法。

1. 基线测量前的准备工作

(1)清理场地、开辟测道并测绘基线场纵断面图

一般基线场均选在通视良好、平坡或缓坡的地段,在保证测量精度、安全、节约的原则下要清理出一条 2～4m 宽的测道。遇到陡坡,应削成便于丈量和通行的斜坡,地面杂草应一律清除。为了确定尺段坡度、端点位置、划分段节、安排轴杆架和补尺位置,必须施测基线纵断画图。

(2)进行基线概量埋设端点、节点标石

概量基线应使用经过检定的钢带尺,用经纬仪定向来进行,其目的主要是准确地决定基线两端点的位置,使其全长是基线尺长度的整倍数。若受地形限制而需用补尺时,要确定补尺长度和位置。边概量边在每一尺段 24m 打一小木桩。当基线端点及节点经概量确定后,即可埋设混凝土标石及标志。

(3)对基线尺的检定和野外比长

新生产的基线尺,在出厂前都经过检定,因而每一根基线主尺都附有其尺长方程式,但新的铟瓦尺由于存在分子不稳定的缺陷,其膨胀系数和尺长易发生变化,所以在作业前后,一般都要进行检定,以确定其膨胀系数和尺长改正。检定有两种方法:一是室内检定,二是野外检定。检定基线的长度一般为 600m,两端点均为坚固的混凝土标石,端部有精细牢固的不锈钢金属标志。其精确长度是用经过室内检定的一等基线尺进行多次测定的最或是平均值,精度达到数百万分之一。所以在野外检定基线尺时,是将需要检定的每根基线尺反复丈量核定基线场的基线长度,将丈量的结果与检定场的基线实际长度相比较,以求得基线尺的尺长改正值 ΔL。

2. 基线丈量的操作程序和精度要求

(1)安置轴杆架。从基线端点开始,每隔 24m 摆一个,若地面上已有预先测设的小木桩,则在每个小木桩上摆一个。基线端点上的轴杆架,必须精密严格对中,一般用两台经纬仪投影安置,其编号为 0,以下依次 1、2、…编号。一套 11 个轴杆架全部安置好,最后一个轴杆架的编号即为 10 号,则所丈量的尺段也就是 10 个 24m 尺段。除基线两端的端点及中间的节点宜用经纬仪投影外,其他的轴杆架可用对点杆或光学投影器投影。两轴杆头间的距离为 24m±1～3cm 的值,注意使大于或小于 24m 的尺段交替出现;轴杆架的一条腿应交替地放置在基线方向的两侧,如图 11-7 所示。

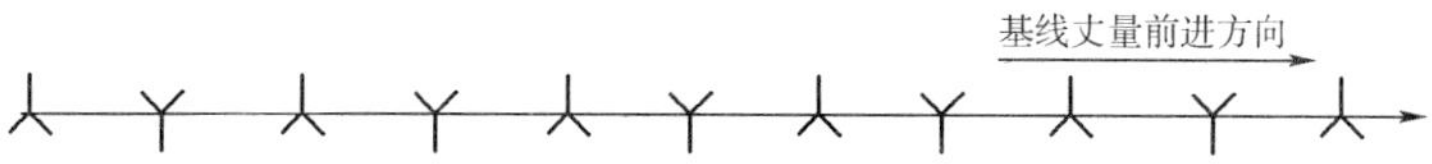

图 11-7　轴架杆摆设

(2)对轴杆头进行水准测量,以求出各相邻两轴杆头之间的高差,作量距的倾斜改正数用。一般使用 DS3 级水准仪和配有圆水准器的长 1.5～2.0m 本质轻便双面水准尺,读数精度至毫米。若用单面水准尺,则应采用三丝法读数来观测。采用双面标尺读数时,正、反面的读数差不得大于 2mm。采用单面标尺进行三丝读数时,上、下二丝读数的平均值与中丝读数的比差也不得大于 2mm。这种水准测量一般与丈量过程密切配合,也作往测和返测。

(3)基线丈量。铟瓦基线尺在丈量前 30min,将所需用尺从卷鼓上取下,并挂在标杆的钩

子上引张起来，用软布蘸汽油擦去尺上的涂层；基线尺的引张方向应使三棱尺的注记数字总是沿着丈量的前进方向相一致（这项工作可与安置轴杆头架平行作业）。

当使用补尺丈量短距时，不论往测或返测，均需读得六对连续不超限的读数。并用钢卷尺丈量以作为检核。

丈量过程中，应每隔 15min 测读温度计一次，读至 0.5℃，报告记录员记于手簿中，记录手簿见表 11-3。

基 线 测 量 手 簿

表 11-3

测段：　　　　　　起始时间：　　　　　　　　　　观测者：

天气：　　　　　　温度：　　　　　结束时间：　　记录者：

轴杆架编号	No. 230			No. 231			No. 230			No. 231		
	前(b)	后(a)	$b-a$	b	a	$b-a$	b	a	$b-a$	b	a	$b-a$
0～1	47.4	41.6	+05.8	31.4	26.4	+05.0	17.5	11.7	+05.8	26.6	21.6	+05.0
	25.4	19.6	+05.8	44.4	39.5	+04.9	29.3	23.4	+05.9	40.4	35.4	+05.0
	24.3	18.4	+05.9	34.6	29.6	+05.0	41.0	25.3	+05.7	46.2	41.2	+05.0
			+05.83			+04.97			+05.80			+05.00
1～2	52.3	43.4	+08.9	54.4	46.4	+08.0						
	43.7	34.9	+08.8	47.3	39.2	+08.1						
	35.4	26.5	+08.9	45.2	37.1	+08.1						
			+08.87			+08.7						

3. 基线测量中应注意的问题

(1)铟瓦基线尺搬运要严防碰撞或振动，在卷筒上收、放尺时要轻、稳，严防尺子碰撞或落地，更要注意不得扭曲，收卷时不得绕得大紧，注意读数三棱尺的安放位置。

(2)在城市地区丈量时，要组织专门人员做好安全保卫工作。严禁任何人从线尺上空跨越或在尺下钻过。

(3)工作中必须分工明确，建立严格的责任制，不许嬉笑、打闹，操作人员在工作时思想要高度集中。

(4)横向风力过大，超过三级或下雨，气温超过检定书上规定的温度时，应停止作业。

(5)丈量中途需间歇时，则应在节点上告一段落，若无节点时，则至少留两个以上的跨距的轴杆架不动，在间歇后重新开始丈量前，应重新检测最后一个跨距，检测结果与原结果之差不超过 0.3mm。若超过，则检测上一个跨距，最后从确定没有变动的轴杆架开始继续丈量。

(6)丈量结束后，应及时检查所有设备和工具的数量是否齐全，并做好整洁、收拢工作，交库验收。

4. 基线计算

在进行基线计算前，需完成下列工作：

(1)复核每根尺子单程测量的每尺段读数及其中数。

(2)求出每根尺子丈量基线(未经倾斜改正)的概长。

(3)绘制基线略图(包括节点、补长的配置)。

(4)摘录有关数据:尺长方程式、标石高程、基线场地纬度等。

(5)计算基线各改正数:尺长改正数、温度改正数、倾斜改正数、地面基线长度应归化投影到支座平均高程面的改正数、三棱分划倾斜的改正数、悬链线不对称的改正数、重力变化改正数。对于桥梁三角网的基线来说,后三项改正实际数值很小,可以忽略不计。

四、桥梁三角网按条件观测平差

1. 条件观测平差的基本概念

前面讲述了三角网水平方向的观测,是在等精度测量的前提下(即同测回数、同仪器、同样技术条件下的测量),直接测定各未知量的。为了检查观测有无错误,鉴定观测质量的好坏,以及减小不可避免的观测误差对未知量的影响,就必须使观测的未知量要满足几何条件,这便需要增加未知量的观测,这个增加的观测量就称做多余观测。例如在一个三角形内,要知道三个内角的未知量,通常我们只要测得其中任意两个内角的值就行了,其余一个角则根据平面三角形三内角之和等于180°的定理计算出来。但是这样就无法检查出所观测的两个角是否有错误,也鉴别不出观测的质量好坏和观测误差的大小。所以在三角网中对任一个三角形必须直接测得三个内角,使其和满足180°的几何条件,但由于观测存在误差,三个内角测算的和不能满足这个几何条件,于是就产生矛盾。这就需要将此三个直接测定的观测值,根据最小二乘法原理平差计算出它们的最或是值,使求出的最或是值恰能满足几何条件,即三个内角最或是值之和应等于180°。

由于观测的数量是按满足几何条件这一要求进行的条件观测,所以平差时,也就按这个几何条件排列条件方程式进行平差计算,这种条件平差即称为条件观测平差。

2. 条件方程式

三角网中每一个多余观测或每一个多余的已知数据,都会产生一个闭合条件,这些条件用方程式来表示时,就称为条件方程式。

按条件观测平差三角网时,必须坚持以下两个原则:

(1)观测方向(或角度)的改正数平方和为最小,即$[vv]$等于最小。

(2)经过改正后的图形的几何条件得到满足,也就是必须消除各项条件方程式内的自由项(即闭合差)。

因此,条件方程式的组成是平差计算中的重要一环。而条件方程式的种类一般分为自由网和非自由网两种情况。自由网有三个基本的几何条件:内角和的图形条件、圆周闭合条件和极条件。非自由网则除具有上述三个条件外,还有多余起算数据之间的条件方程式,即基线条件、固定边条件、方位角条件和坐标条件,后三种条件是在已知高级网的元素内插入三角网时,必须考虑列入的条件方程式。

用条件平差法求平差值时,首先要确定条件方程式的个数和根据图形及已知数据的多余存在列出条件方程式。如果条件方程式列的不正确,即使在平差计算中不发生错误,但最后所求得的一组改正数仍然不能消除实际存在的不符值,因而也就达不到平差的目的。为此,就必须确定列出条件方程式的原则,以利计算工作正确进行。一般选择条件方程式时应坚持以下几点原则:

（1）选择的条件方程式必须相互独立，也就是选定的任何一个条件方程式都不能用其他选定的条件方程式通过线性运算的方式转换而来。

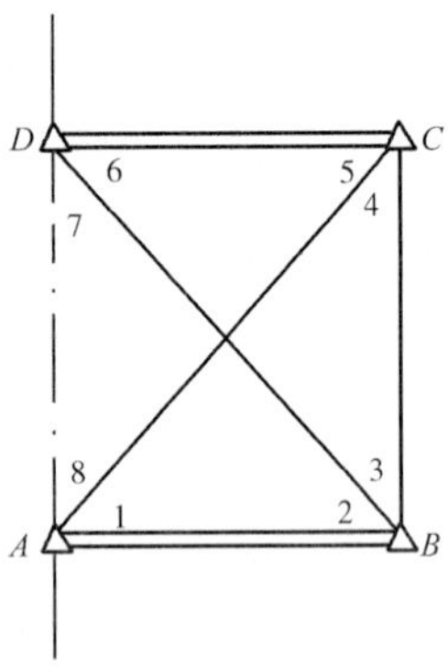

图 11-8 具有两条基线的大地四边形

（2）所选定的各条件方程式，应当是同类条件方程式中最简单的形式。

（3）在组成的各条件方程式中，应尽可能减少同一方向或同一角度重复出现的次数，这样在组成的法方程式中，非自乘项数目出现的就比较少，计算简便。

（4）在组成极条件方程式时，应尽量列入小角，因角值愈小，正弦对数秒差愈大，它对成果的精度影响就愈小。

（5）在组成基线条件方程式时，必须沿着最短的传算路线进行，同时也应尽量列入小角。

下面以具有两条基线的大地四边形（图 11-8）为例，说明桥梁三角网条件方程式的列法。

条件总数：

$$N=A-2P+4+(N-1)=8-2\times4+4+(2-1)=5 \tag{11-1}$$

其中，图形条件：

$$N_1=L-P+1=6-4+1=3 \tag{11-2}$$

极条件数：

$$N_2=L-2P+3=6-2\times4+3=1 \tag{11-3}$$

基线条件：

$$N_3=n-1=2-1=1 \tag{11-4}$$

图形条件：

$$\begin{aligned}&x_1+x_2+x_3+x_4-180^\circ=0\\&x_5+x_6+x_7+x_8-180^\circ=0\\&x_1+x_2+x_7+x_8-180^\circ=0\end{aligned} \tag{11-5}$$

极条件：

$$\frac{\sin x_1\cdot\sin x_3\cdot\sin x_5\cdot\sin x_7}{\sin x_2\cdot\sin x_4\cdot\sin x_6\cdot\sin x_8}=1 \tag{11-6}$$

基线条件：

$$AB=CD\cdot\frac{\sin x_5\cdot\sin x_7}{\sin x_2\cdot\sin x_8} \tag{11-7}$$

相应的误差方程式如下：

$$\begin{aligned}&v_1+v_2+v_3+v_4+W_1=0\\&v_5+v_6+v_7+v_8+W_2=0\\&v_1+v_2+v_7+v_8+W_3=0\\&\delta_1v_1-\delta_2v_2+\delta_3v_3-\delta_4v_4+\delta_5v_5-\delta_6v_6+\delta_7v_7-\delta_8v_8+W_4=0\\&-\delta_2v_2+\delta_5v_5+\delta_7v_7-\delta_8v_8+W_5=0\end{aligned} \tag{11-8}$$

其中：

$$
\begin{cases}
W_1 = \alpha_1 + \alpha_2 + \alpha_3 + \alpha_4 - 180° \\
W_2 = \alpha_5 + \alpha_6 + \alpha_7 + \alpha_8 - 180° \\
W_3 = \alpha_1 + \alpha_2 + \alpha_7 + \alpha_8 - 180° \\
W_4 = \sum \lg\sin\alpha_{奇数} - \sum \lg\sin\alpha_{偶数} \\
W_5 = \lg CD + \lg\sin\alpha_5 + \lg\sin\alpha_7 - \lg AB - \lg\sin\alpha_2 - \lg\sin\alpha_8
\end{cases}
\tag{11-9}
$$

式中：α_i——观测值；

δ_i——观测角的正弦对数秒差；

W_i——自由项(即闭合差，也称不符值)。

3. 三角网按条件观测平差计算的注意事项

在三角网的平差计算中，适当地确定取用小数位是非常重要的。若取小数位不足，则在平差结果中就不能全部消除网中几何条件的闭合差；若取小数位过多，将使计算工作变得烦琐，大大地增加工作量。因此，取用的小数位应该是既能保证平差结果的必要精度，又能使计算工作尽量简便。极条件和基线条件方程式的自由项(即不符值)和秒差均以对数第六位为单位，取至小数后二位。

第四节　桥梁施工的高程测量

为了精确测定墩、台各主要建筑物高度、钢梁支座高程以及其他附属工程高程放样，需要在全桥范围内建立统一的高程控制网。对于重要的、工期较长的大型桥梁而言，测设的高程控制网必须具有较高的稳定性，在建桥过程中作为墩、台基础在施工过程及交付运营前后沉降观测的可靠的控制基础。这是一项与平面控制同样重要的高精度的测量工作，一般在施工前的勘测阶段就应进行，同时在施工过程中每年或隔年必须进行复测，检查其是否有垂直位移变动情况。高程控制网由两岸的水准基点及施工水准点所组成，联测时必然还要进行过江水准测量和水准点之间的联测，这样就需要组成不同等级的闭合环或附合路线，并进行平差计算，因而也就涉及各种等级的水准测量。水准测量的高程依据一般引测自附近的水文站、铁路和国家高等点的系统。此外，四等及以下等级还可用光电测距三角高程测量，五等可采用 GPS 进行高程测量。

一、一般规定

(1)水准测量等级和测量精度，见表 11-4。

水准测量等级和测量精度(单位：mm)　　表 11-4

测量等级	每公里高差中数中误差 M_Δ	往返较差、附合或环线闭合差		检测已测段高差之差
		平原、微丘	重丘、山岭	
二等	±1	$\leqslant 4\sqrt{l}$	$\leqslant 4\sqrt{l}$	$\leqslant 6\sqrt{L_i}$
三等	±3	$\leqslant 12\sqrt{l}$	$\leqslant 3.5\sqrt{n}$或$\leqslant 15\sqrt{l}$	$\leqslant 20\sqrt{L_i}$
四等	±5	$\leqslant 20\sqrt{l}$	$\leqslant 6.0\sqrt{n}$或$\leqslant 25\sqrt{l}$	$\leqslant 30\sqrt{L_i}$
五等	±8	$\leqslant 30\sqrt{l}$	$\leqslant 45\sqrt{l}$	$\leqslant 40\sqrt{L_i}$

注：计算往返较差时，l 为水准点间的路线长度(km)；计算附合或环线闭合差时，l 为符合或环线的路线长度(km)；n 为测站数。L_i 为检测测段长度(km)，小于 1km 时按 1km 计算。

每千米水准测量高差中数的偶然中误差 M_{Δ} 按下式计算：

$$M_{\Delta}=\pm\sqrt{\frac{1}{4n}\left(\frac{\Delta\Delta}{R}\right)} \tag{11-10}$$

式中：Δ——测段 R 往返高差不符值(mm)；

n——测段数。

(2)水准测量的观测限差规定，见表 11-5。

水 准 测 量 限 差 表 11-5

等　级	水准仪型号	视线长度 (m)	前后视的距离较差 (m)	前后视的距离较差累积 (m)	视线离地面最低高度 (m)	基、辅分划或黑、红面读数较差 (mm)	基、辅分划或黑、红面所测高差较差 (mm)
二等	DS1	50	1	3	0.5	0.5	0.7
三等	DS1	100	3	6	0.3	1.0	1.5
	DS3	75				2.0	3.0
四等	DS3	100	5	10	0.2	3.0	5.0
五等	DS3	100	近似相等	—	—	—	—

注：①二等水准视线长度小于 20m 时，其视线高度不应低于 0.3m；

②三、四等水准采用变动仪器高度观测单面水准尺时，所测两次高差较差，应与黑面、红面所测高差之差的要求相同；

③数字水准仪观测，不受基、辅分划或黑、红面读数较差指标的限制，但测站两次观测的高差较差，应满足表中相应等级基、辅分划或黑、红面所测高差较差的限值。

(3)所有水准基点、施工水准点及临时水准点，应按其等级、用途统一编号，顺序排列开绘制在有坐标格网的总平面图上。并注明其概略坐标(精度到米)及其高程(注明测量年、月)。

(4)所有水准点应根据其稳定情况定期检测。

二、高程控制网的布置、埋设的基本要求

1. 选点原则

桥梁施工水准基点布设的密度应视全桥长度而定，当桥址两岸的引桥长度短于 1 000m 时，应各设不少于一个水准基点，若一岸引桥长度超过 1 000m 时，则该岸至少设置两座水准基点，一座设在正桥桥头附近，另一座则宜设在距正桥桥头至引桥全长的 2/3 地段附近，这样使水准基点的联测距离基本相等，一条为附合路线，一条为闭合环。

为了使点位的稳定不受施工干扰，在平面布置上需注意如下几点：

(1)水准基点距工地铁路专用线中线不得小于 50m，距公路边缘不得小于 20 m，距墩、台的边缘不小于基础深度的 2 倍距离。

(2)施工水准点距铁路中心线应不小于 10 m，距公路边缘不小于 5m，距施工的墩、台边缘不宜小于其基础的深度的距离。

(3)在地质不佳或易受破坏地段，水准基点应埋设辅助点和明、暗标。点的基础底部应埋于冻土深度以下 0.5m。

(4)桥梁两岸为陡峻的土坡时，则可按一定高差设置辅助施工水难点，便于高桥墩的高程放样。

2. 水准基点的结构形式

(1)混凝土标石结构

这种水准点的结构由柱石及与之相连接的底盘组成，柱石顶面安装一水准标志。若作为水准基点还须在底盘正北加设一个水准标志，作为副点，每个水准标志上均须用混凝土标志覆盖。混凝土标志盖制作时在其顶面宜用字模压印桥名、等级、水准号、埋设日期。

(2)钢筋混凝土结构标石

埋石筑在地面以下时，宜在其周围砌成砖石井圈，四周须修建排水沟，保护盖上再加适当的覆盖物。

(3)钢管结构的水准标石

当交通不便，运输材料困难时，可采用钢管或铁管作为柱子的水准标石，钢管或铁管的外径不宜小于 6cm，壁厚为 3mm，长度约为 70～80cm，在管顶焊上水准标志，下端距管底 10cm 处，装上两根成正交的钢轴根络，与混凝土底座相固结。

(4)埋在基岩中的水准基点标石

在桥址线附近若有完整基岩外露时，可在基岩埋设水准基点，埋设前，首先对岩层外部的覆盖土及风化层进行彻底清理，然后在基岩层上开凿一适当深度的岩坑，此坑内再凿成两个高差约为 0.1m 的岩孔，岩孔内用水洗净石粉，灌注水泥浆，分别埋入两个水准标志。

(5)深埋钢管水准基点

当地表覆盖层较厚，基岩埋藏更深，采用明挖不可能时，可采用钻孔埋管建立深埋钢管标。

(6)双金属标志的深埋式水准基点

双金属深埋水准标志的特点是深埋两根具有不同膨胀系数的金属管，并测定两管的温度及高程，以消除由于温度引起的标志高程误差。

(7)桩基水准基点标石

这种标石往往在施工初期，利用打试桩或钻挖试验桩的条件埋造的。一般有管桩标石和钻挖标石两种形式。

三、跨河水准测量

在桥梁施工中，跨河水准测量是必须要进行的一项重要工作。即使外单位移交或提供了两岸水准基点的高程资料，施工单位仍应进行此项工作，以校核并保证施工高程的放样工作能以统一的水准基点高程为起算数据而进行。

1. 跨河水准测量的位置选择要求

(1)最好选在桥渡线附近的江面最窄处跨越，且在两岸土质要求较坚硬的地方设置仪点及置尺点。若河中有稳定的洲时，应尽量利用，以此来缩短跨河观测的视线长度。

(2)跨河水准的视线应避免从沙丘、草丛、沙滩、芦苇的上方通过。

(3)两岸的地形状况要基本对称，最好使置镜点至水边的距离接近相等。

(4)两岸设置的水准仪应使视线接近等高，这可用瞬间水位测量的办法同时测设置镜点的概略高差。而且要求在进行一、二等跨河水准测量期间的水准仪视线高出水面 3m 以上，若跨河长度在 400m 以下时，高出水面的高度可在 2m 以上。

(5)尽量避免东西向设水准过河线，若难以避免时，则宜选择阴天或夜间进行观测为宜。利用南、北向进行跨河水准测量，有利于视线的清晰照准。

(6)注意避开码头附近和交通繁杂的地方设置测站或置尺点，以免影响正常工作。

(7)在过江水准点附近应尽量找寻可靠的水准点，以便在整个观测工作开始及结束时，与新设的固定点(置尺点)进行联测，以检查在观测期间所设固定点有无变动，特别在大雨后，新设的固定点容易产生垂直位移，更应及时联测检查，确保整个测量工作准确无误。整个跨河水准观测工作在当天无法结束时，则每天观测结束后应与水准点进行单程联测，如遇有变化就应进行复测，确认固定点稳定无误后，方可继续进行过河水准测量。

2. 跨河水准测量的场地图形布置

采用经纬仪选定跨河水准测量的测站及置尺台的位置，并临时打入小木桩。位置一般要组成矩形、平行四边形或等腰梯形。利用一台仪器进行跨河水准测量时，则可设置成"Z"形。采用这些特殊形式的布置，其主要目的是使两岸远尺视距和近尺视距均对应相等，近尺视距一般在 10～25m 之间，跨河距离(二置尺点的尺台距离)及远尺视线距离，如不能用附近的简易三角网测得，可自行用小三角测量求之。

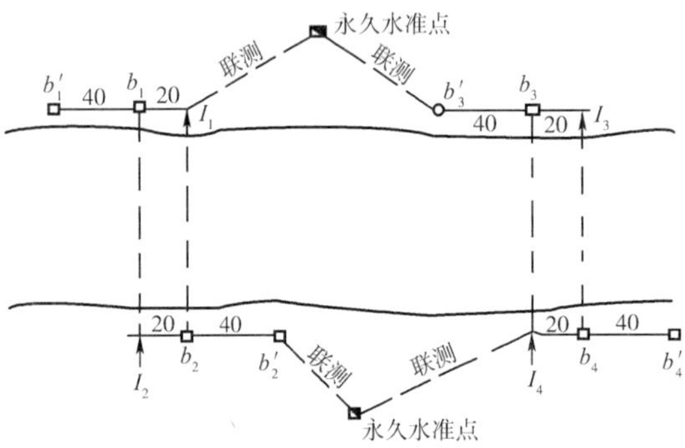

图 11-9　大型桥梁跨河水准测量的图形

对于超过 1 000m 的复杂大型桥梁，跨河水准测量的图形除按上述的要求组成矩形或平行四边形等图形外，还宜敷设双线过江，使其组成一个跨河水准闭合环，这样既可进行闭合差的平差计算，又可提高成果的精度，如图 11-9 所示。图中 I_1、I_2、I_3、I_4 和 b_1、b_2、b_3、b_4 分别为两岸置镜点(测站)和置尺点(尺台)。

设置尺台 b'_1、b'_2、b'_3 和 b'_4 的目的，主要是在每天观测前后，检查仪器的 i 角有无变化，以便根据跨河长度的大小来计算两岸的改正数。若用 DJ1 级经纬仪测微倾法进行过江水准测量时，则不必设置这些尺台。

3. 跨河水准测量的一般规定

跨河水准的跨河视线长度与测回数、组数关系的规定见表 11-6。

跨河水准测量的一般规定　　表 11-6

测量等级 / 视线长度(m)	二等		三等		四等		五等	
	测回数	组数	测回数	组数	测回数	组数	测回数	组数
＜300	2	2	2	1	2	1	2	1
300～500	2	4	2	2	2	2	2	1
500～1000	8	6	2	2	2	2	2	1
1000～1500	12	8	4	2	3	2	3	1
1500～2000	16	8	8	3	3	3	3	1
＞2000	8S	8	4S	3	4	3	4	1

注：①表中 S 为视线长度的千米数，尾数凑整到 0.5 或 1；

②1 测回时两台仪器对向观测 1 次；

③组数是指不同的时间段施测规定测回数的次数。

各"双测回"互差 d_H 应不大于其限值：

$$d_{H限}=3\cdot M_{\Delta}\sqrt{N\cdot S} \tag{11-11}$$

式中：M_{Δ}——相应等级所规定的以往返测高差不符值计算的每千米高差中数的偶然中误差现值；

N——双测回的测回数；

S——跨河视线长度，以 km 计。

第五节　桥梁基础定位与轴线测量

桥梁水下基础结构所采用的形式不仅随水深、流速不同而异，而且与地质结构、施工条件、河床地形等各个因素均有关。一般有敞坑开挖基础、打入桩基础、钻挖桩基础、管柱基础、沉井沉箱基础以及双壁围堰基础等。由于这些基础结构的特点各异，因此测量工作的内容、方法和精度要求也有所差异，必须采取与其施工方法相适应的测量方法，放样出必需数量的点和线，来满足施工需要，同时应尽量做到进行施工测量放样时不影响施工进程并及时提供数据。

一、筑岛沉井施工测量

桥梁通过浅滩部分，若桥墩基础上部荷载较大，埋置较深，通过地质钻孔资料的论证，不能采用明挖基础和桩基础时，一般采用筑岛沉井基础。在正式筑岛前，必须先测量墩位附近的河床地形、流速，概略定出墩位中心，定期监测沉井下沉过程中的位移和倾斜变化情况，及时提供资料借以正确指导施工。

1. 墩位处的河床地形测量及流速测量

墩位处附近所需测量的河床地形范围，一般至少为沉井直径（或长边）的两倍。点的密度为每 10m 间隔有一个测点，测点定位用断面法，用测绳量距。若测量范围距岸边较远，丈量距离有困难时，可用平板仪或经纬仪交会断面方向上的测深点来定位。筑岛区的流速测量若用流速仪测量时，则采用一点法（即 0.6 水深处）测得平均流速。不用流速仪也可用浮标法测取水面流速，但至少要投放两条浮标线，一条通过墩中心附近，另一条则在墩中心的外侧（即深水一侧）。

2. 岛基中心的放样和附桩的测设

筑岛填土一般应由中央开始向四周均匀扩大。故在填筑前，应先放样出岛基中心的概略位置插以长杆或设置一个浮标，以便填砂船抛填时有个目标。一般能涉水的中心，尽量自岸边桥中线上的里程控制点直接用测绳或皮尺丈量，放样出岛基中心，插立长杆，并用 DJ6 级经纬仪置在另一个三角点上检核，其误差在±30cm 以内即可，然后在该方向线和桥中线方向上各竖立两根方向杆。桥中线靠近水边的一根方向杆距岛基中心最好是一个整 10 m 的倍数，这样在填砂时，可以随时恢复岛基中心，而交会方向的两根方向杆则作会检核杆。

当岛基中心不能涉水去插杆放样时，应放样出三条交会边的 6 个方向杆。当岛基的中央部分的填砂高度高出水面后，就应立即放样出墩位的中心桩，其点位误差在±10cm 以内，以此作为填砂控制边缘的依据。

3. 底节沉井模板尺寸的检查及十字线、基准面的放样

（1）钢刃尖安装测量

筑岛沉井的刃脚部分刃尖的支垫点即为零点工作基准面，这个基准面上的各支垫处放样出刃尖的轮廓线及检查线，每块钢刃尖按轮廓线拼接点焊合拢后，应先由施工人员进行初检。测量人员根据已测定的墩位中心，以桥轴线为零方向，每间隔 22.5°，检查 16 个上、下口半径，丈量半径时，应考虑钢尺的尺差改正数。下口半径一般通过检查线来测量。刃尖上口的宽度 b，在径向同一断面上也应检查 16 个数值，其允许误差为±4mm。

（2）沉井十字线及工作基准面放样

从刀尖零点处，直接用钢卷尺向模板顶端各量出一个高出混凝土灌注高度的整数等距，钉上扁头圆铁钉。然后安置水准仪检查这四个点是否在一个平面上及该平面是否与零点基准面平行，若上、下游扁头圆铁钉上安置的水准尺的读数和等于左、右侧扁钉上水准尺的读数和，则证明四点是在一个平面上；若上、下游和左、右侧测点间的高差与刃尖相应部位处的高差相等时，即证明两个平面相平行。

4. 土模在浇筑混凝土时的沉陷观测

选择两个通视条件优良且不受施工干扰的地方，设置观测站(台)。置镜点的高度和视线应保证各有 8 个观测点的良好通视，仪器最好选用自动安平水准仪。两台仪器应共同后视一个水准点。此水准点可利用施工水准点，也可临时设置一个坚固点作为临时水准点，其高程可假设为一正整数，以便较易算出各观测点高程。在正式浇筑前，应观测两次作为原始高程，在整个浇筑过程中，最好保持仪器处于稳定状态，为了保证观测质量，每次观测前后，均应后视水准点，以检查仪器是否有变动。观测时间的间隔一般为每小时一次，两台仪器在统一指挥下同时观测，观测的记录及计算格式与一般抄平方法相同，最后所要取得的结果是每次观测时，各观测点的沉陷量及其累计沉陷量。

5. 沉井下沉中的测量

(1)沉井位移测量

外业测量沉井的位移是指沉井顶面的中心位移，底平面的中心位移是通过沉井当时测量所得的倾斜情况推算出来的。一般岸上的沉井顶平面中心位移测量，若有条件通过预设的墩中心十字线护桩来测量是最为简便，如图 11-10 所示。对于水中桥墩没有护桩条件置仪测量时，可将仪置于平面控制网的三个控制点上。由于沉井顶面中心往往在井孔中，故必须测量其结构十字线点的偏移值来推算顶面中心位移值。置仪于桥中线控制点上，测得 a_1、a_3 值；置仪于墩中线方向的护桩上，测得 a_2、a_4 值，于是沉井的顶面中心位移为：

偏上游

$$\text{顶面中心位移}=\frac{a_1+a_3}{2} \tag{11-12}$$

偏南岸

$$\text{顶面中心位移}=\frac{a_4 \pm a_2}{2} \quad \text{(同侧相加，异侧相减)} \tag{11-13}$$

(2)倾斜测量

在沉井下沉过程中观测其倾斜，通常有两种方法：一是在基准面的四个点上用水准仪读得四个水准尺读数，在下沉完一节时，后视施工水准点求得四个点的绝对高程，以便计算刀刃高程；另一种方法是在基准面的四个点上设置四根 L 形有机玻璃连通管，管底到管顶都有厘米刻度，其短的一端用软塑管连通，内填有色液体，有机玻璃管之间连接的长度应不短于沉井的长边或直径，其高度不应短于沉井长边的 1/50，如图 11-11 所示。有色液体在玻璃管内的高度应等于 $l/2$，以便保证最大的读数。这样施工人员在下沉过程中可以通过有色液体在玻璃管上显示的数字 h_i 差值求得沉井的倾斜结果。

6. 安装防水围堰的放样

防水围堰的结构组成包括：在沉井顶上构筑的钢筋混凝土环墙、钢板桩和围堰导环。因此，防水围堰的安装主要包括安装围堰内底层支撑构架的放样、钢筋混凝土环墙浇筑前后的测量、导环安装及各层平面支架中心的测量放样及钢板桩安插前后的测量放样。

7. 沉井下沉到设计高程前后的测量

当沉井安装完防水围堰后，立即继续下沉沉井，直至设计高程。在这个阶段每下沉 1m 就需测量一次位移，而对沉井的倾斜观测，除施工人员随沉井下沉随时观测外，测量人员至少每班精确测定一次。刃脚的绝对高程则每天至少测量一次。当沉井刃尖高程接近设计高程进入清基阶段时，还应加强沉井下沉量和倾斜的观测来满足施工要求。同时对井孔及探测管下面的泥面高程，每班至少测量一次，测量的尺绳必须在使用前与钢尺比较得出尺差来加以改正，其起算面则宜在每次测量刃尖高程时同时放样出来，或对其检测后方可使用，使所得的泥面的绝对高程可靠无误。

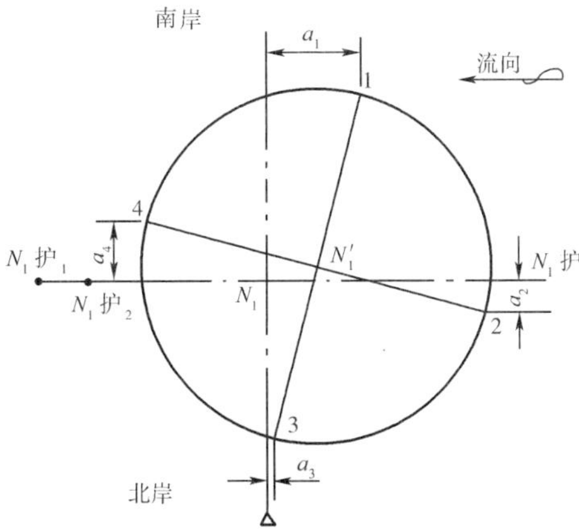

图 11-10　沉井位移护桩测量

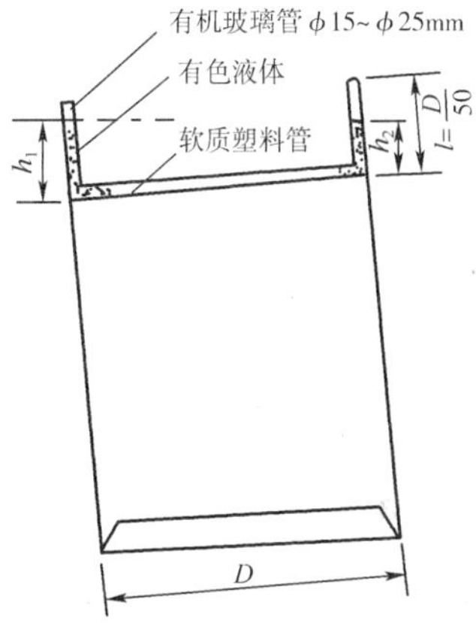

图 11-11　沉井倾斜连通管测量

沉井在下沉到设计高程并经清基后，需对沉井的稳定性进行监测。对平面位移观测，不论采用角差位移图解法或网络图法，在三个测站置镜，每个测站均不得少于两个测回，示误三角形的最大边长不宜大于 2cm，每天测量一次。垂直位移观测则宜采用精密水准仪进行不低于三等水准观测的要求。视距超过 100 m 时，应采用过江水准的重合法或测微法进行。

8. 沉井内水下封底混凝土浇筑中的测量

(1)在所有的测点范围内，在测量工作平台上钉立木杆、放样出绝对高程的换算平面，用红油漆做上标记，测量误差为±1cm。此平面应高出测量工作平台顶面约 1.0m 左右，以便操作，且平面的高程最好是正整数。

(2)用与钢尺比较过的测深锤精确测定沉井内河床面的高程两次。测点位置除安放导管处的位置外，还应与灌注混凝土时测量实际高程位置相一致。两次误差不得超过±10cm。

(3)用钢尺将经过组拼和水密试验的导管组全长丈量两次，其误差不得超过±2cm。然后涂一条白漆，稍干后，即每米用红油漆画上记号注明长度(由管底起算为零)，统一编号，起吊前在分段接头处做上对接记号，以便吊装到井孔内时，与岸上组拼的原状相一致。

二、浮式沉井基础施工测量

1. 钢刃脚(即底节钢沉井)拼装测量

钢刃脚的制造分为三种规格的类型，即刃$_1$、刃$_2$ 和刃$_3$。拼装时，根据铁驳面上的十字线，首先组拼中心部分的 4 块“刃$_3$”，安立在预设的道木垛上，然后沿周边逐件拼装 8 块刃$_1$ 和 8 块刃$_2$，操作时要随装随测随调，待全部合拢点焊成型后，经过全面的竣工检查，方可全面对称焊接。在组装外圈刃脚时，每拼装一块刃脚，都要通过顶面的中心点 O_1 来丈量检测半径，其允许误差为+0mm、-3mm。同时,宜将水准仪安置在刃脚顶部的中心位置上,检测每块刃脚顶面的高度,其允许误差±4mm。

2. 水中锚碇系统的测量放样

在抛锚前,应事先测绘有全桥河床的近期地形图,其范围应包含最远处的主锚位置外20 m,以便了解锚位处的水深资料来计算出锚链的长度,以及抛锚时,将锚事先投放于水中深度,一般定位锚碇接近设计位置时,将锚故入水中约距河床面为3m左右的深度,以便得到已定好位的指令时,迅速将锚落入河床,不致出现过大的位移误差。锚锭放样的方法,要视水深、流速、锚位距定位控制点的距离大小以及抛投的方法等因素因地制宜来选定。

3. 钢刀脚(底节钢沉井)浮运定位和起吊下水的测量

在未起吊下水前,应做好以下测量工作:导向船组连接梁的挠度测量、导向船及拼装船的吃水深度和沉井的中心位移及扭角的测量。

在测量人员与施工人员作好检查,一切准备工作就绪后,应作一次试吊,再全面检查机具、结构、电力工作状态是否处于正常情况。然后正式起吊钢刃脚,起吊时应分阶段进行。当第一步起吊钢刃脚脱开拼装船时,马上进行下列测量工作:导向船和拼装船的吃水深度、连接梁的挠度测量和钢刃脚起吊过程中的倾斜度。

4. 沉井在漂浮状态下的钢气筒的安装测量

钢气筒安装的倾斜误差,与轴心线比较为气筒高度的0.2%,量边的精度不低于1/3 000。

5. 沉井在放气落到河床前的测量

(1)在沉井中心距设计中心位置小于3m时,沉井位移测量每天观测一次,测量精度达到分米即可,测量方法采用1:100的角差位移图解法。测角精度达到30″就可以了。

(2)当沉井尖接近河床0.5m左右时,锚绳、拉缆全都应受力均匀张紧,以形成较为稳定的定位系统,此时每天应进行定点河床、流向、流速测量,弄清刃尖下河床冲刷的情况并绘制局部河床地形图。

(3)在决定正式精密定位放气下沉沉井前,应至少进行24h的位移连续观测,每半小时观测一次,绘成位移变化曲线过程图。

6. 沉井进入精密定位直到下沉到河床下的稳定深度阶段的测量

三个观测站的仪器操作人员,在观测时应由在导向船上的测量负责人用讯号或电话统一指挥。在接到观测的信号或电话前,三台仪器应事先完成后视的照准工作,然后将望远镜视线对准沉井中心上的标志固定度盘。一听到信号或电话通知,三台仪器应同时在短暂的瞬间内,用度盘微动螺钉精确瞄准沉井中心上的标志,报出观测角值,由沉井上的测量负责人迅速在网络图上找出沉井中心的实际位置及其位移值。

沉井下沉末达到稳定深度“h”前,要进行24h监测,每小时观测一次,测角精度达到秒,图解比例1:10即可,位移值提供的最小单位为厘米。在超过稳定深度后,则可减少测次,但每班至少测量一次。每次测量位移要同时测量沉井的倾斜率,以便计算出沉井底部的中心位移。

7. 浇筑承台混凝土前后的测量

在确定桥墩中心点的最或是点后,把经纬仪置于该点上,将桥墩中心十字线先后放样在沉井周围的钢板桩围堰底座的钢筋混凝土环墙上、钢板桩各层导环的顶面上,钢板桩围堰的顶面上,并均用油漆标记,以便将来浇筑承台、墩身混凝土前,可迅速恢复该桥墩十字线作为检查模板和竣工尺寸资料的依据。当墩身顶面高出钢板桩围堰时,则在恢复十字线后,在其交点上再立标杆进行测角检核。

在完成平面十字线的放样工作后，应立即将岸上或邻近墩台上的水准点高程引测到各层导环上，引测的精度不低于四等水准测量的精度，每层导环上至少设置两个临时水准点标志，用油漆标记，并注明高程，以便用于承台、墩身的高程放样工作。

在承台混凝土浇筑完毕后，通过导环上的墩身十字方向点将十字线放样在承台混凝土面上，即作为承台竣工尺寸检查的依据，又可作为墩身立模的控制线。

三、桩基础施工测量

1. 打桩船打直桩时的定位测量

在深水且有通航的河流中，常将打桩架设置在铁驳上，拼装成打桩船，打桩船构造和打桩作业示意如图 11-12 所示。

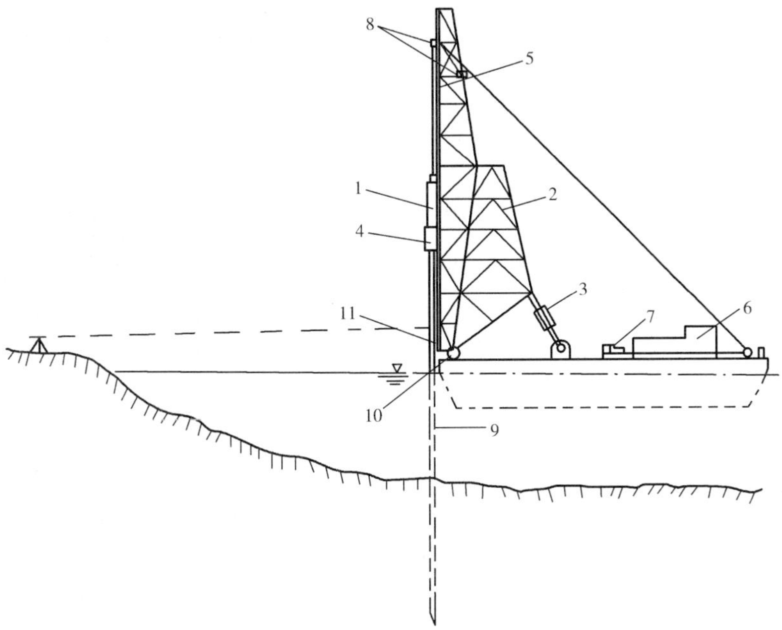

图 11-12　打桩作业示意图

1-桩锤；2-桩架；3-可调倾斜螺旋；4-送桩及桩帽；5-导向体；6-动力室；7-卷扬机；8-滑轮；9-桩；10-铰轴；11-支架上设置的抱桩器

一般在桩架下面铁驳边缘设置木制或钢制的导向框架来控制桩位，将框架中心的位置定好后，即进行插桩。若不设置框架，直接将直桩吊在桩架的龙口上，对桩本身定位也是常用的办法，具体定位方法如图 11-13 所示。

(1)选定适宜的控制点 A、B，置经纬仪于控制点处。

(2)在岸上和船舷边上，距离排桩中心线一个等距离 k，各树立两根标杆。

(3)A、B 测站同时对框架中心或桩本身测角读数，用角差位移图解法迅速定出桩中心的实际坐标，与设计坐标比较得出位移值，然后移动打桩船，使准确就位。

(4)打第一根桩时应有第二点进行测角或测距检核。

(5)第一根桩打设完毕，立即进行竣工测量。桩顶在水面以下时可装上法兰盘后测量。

2. 斜桩的定位测量

斜桩的定位测量包括以下三个内容：

(1)计算出定位时导向框架顶面或桩架抱桩器相应高程处的坐标值。

(2)斜桩平面扭角的定向测量

在得出双向斜桩在定位时所处的高程面的桩中心坐标后,除需计算出置仪点至该桩中心的方位角或交会角外,尚需进行平面扭角方向的定位工作,而桩的平面扭角则由桩架来控制。因此定向时实际上就是把打桩船的纵向轴线与桩的平面扭角定在重合线上,如图 11-14 所示。

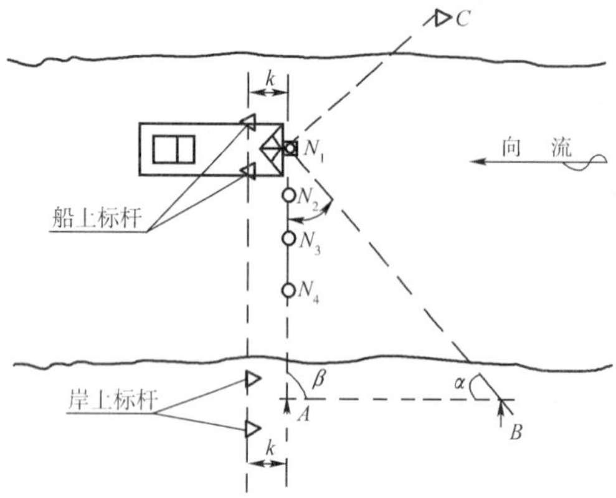

图 11-13 直桩定位

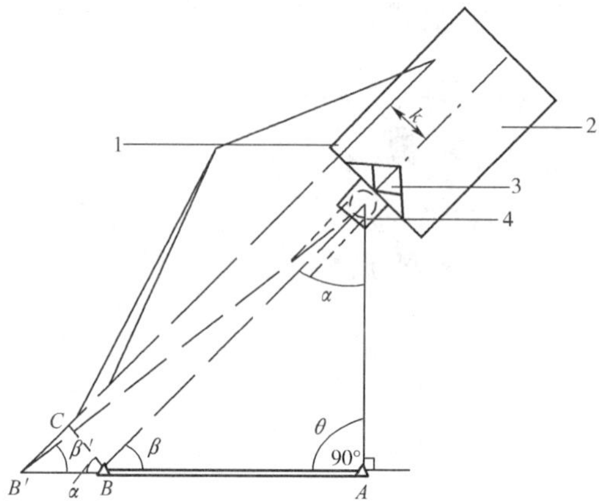

图 11-14 斜桩定位

1-标杆;2-打桩船;3-打桩架;4-导向框

在岸上顺 AB 方向丈量 BB' 得 B' 点,置仪于 B' 点,后视 A 点,逆时针旋转一个 β 角,在视线方向上设置两根标杆,在船上距打桩船 k 处亦设两根标杆。移动船使四根标杆处于同一直线上。只要置仪于 A 及 B' 两点就能定出桩的中心与平面扭角的方向。

(3)斜桩倾斜坡度的测定

用打桩架导向打桩时,斜桩的倾斜坡度可通过调整桩架上的可调式倾斜螺旋杆来实现,测量人员只需将平面位置定好便可以了。在桩插好后,可用靠尺直接读得倾斜率法来检核一下斜率是否满足施工要求。一般斜桩的倾斜坡度为 6∶1~8∶1,允许误差为 15%,所以在插桩时,斜桩坡度的误差超过 2%时,应随时予以纠偏,无法纠偏时,应考虑拔出重新下插。

3. 沉桩竣工测量

为了适应运输条件,管桩长度有 4m、6m、8m、12m 几种,一般 4m 或 6m 段的管桩均设置在顶节或作送桩用。所以每根桩在插打到设计高程后,就将送桩拆除。在拆除前,测量人员应抓紧间隙时间对送桩的顶、底两个法兰盘中心的坐标进行测定。若观测法兰盘两个切点,则取两个切点观测值的平均值。

4. 桩基高程测量

(1)直桩高程定位测量

由设计高程控制时,必须先计算出桩尖(或桩顶)接近设计高程时水准尺上的前视读数。若由贯入度来控制,当用水准仪测算得到桩的贯入度满足设计要求后,即应停止打桩,计算出桩顶的竣工高程,与设计高程比较,决定接长或截短桩的措施。

(2)斜桩高程定位测量

斜桩的桩顶高程,一般是指桩顶最低处的高程,由于桩顶平面与桩的轴线是垂直的,所以在理论上讲,桩顶面的倾斜坡度是与桩轴线的倾斜坡度是一致的,因此在测定高程时,必须顾及到桩本身倾斜坡度的影响。由设计高程控制桩顶高程时,根据倾斜方向,有两种情况计算水准尺上的前视读数,即桩的倾斜方向背向水准视线和桩的倾斜方向正向水准视线。

四、围笼管桩基础施工测量

1. 围笼的定位和管桩的测斜

围笼浮运就位的步骤基本和浮运沉井相同，一般将围笼初步定位在墩位上游相当于墩位水深的距离处，左、右岸方向的位置，则不应超过±3m，用1:500的比例进行图解交会，精度达到±1m就可以了。

初步定位后，抽出拼装船，即可进行下沉工作，下沉一节，接高拼装一节，下沉中应定期测定其结构中心偏离墩位设计中心的位移值。同时在其间不断调整锚绳长度及松紧度调整一次测量一次位移，当结构中心趋近墩位设计中心在上游50cm左右时，即开始进入正式精密定位工作。围笼的倾斜度可用吃水深或用水准仪抄平来获得。由于围笼定位的结果直接关系到管桩群位置的精确度，所以要求围笼中心的位置最后定位的精度成果：在上、下游方向，与设计的桥中线偏移值不得超过±10cm，在左、右岸方向不得超过墩中线的±5cm。

在插打定位管桩前，宜先对墩位附近作局部河床测量，测点要密。若发现定位管桩处的河床面高差过于悬殊，就要对河床面进行射水或回填沙石调节，防止插打管桩时发生过大的倾斜。

定位管桩的倾斜率要求不得大于1‰。为了及时配合施工，一般采取以下较简洁的测斜方法：直接在管桩顶面抄平法、靠尺直接读倾斜率法或自制拆装式测斜器的测量方法。

2. 管桩顶平面中心位移测量

在管桩全部下沉至设计高程后，应测定每根管桩顶部平面的中心位移，由此根据测定的倾斜率推算出在承台底部截面处的管桩中心位移和管桩本身底部的中心位移。管桩柱顶面中心位移测量的方法有以下几种：

(1)先放样出桥墩十字线直接推算坐标法。

(2)直接丈量管柱顶面中心的坐标法。采用可折叠的活动十字架，放在管柱顶上，以放样好的桥墩十字线为准，直接量取管柱中心的坐标值。如果可能，还可以与测斜器测斜同时进行。

(3)墩上设固定点交会图解法。当管柱间的顶面高程相差较大时，放样桥墩十字线又较困难，则可在墩上选择两个置仪点，测得其精确坐标，再丈量此两点间距，并与计算的结果比较，误差在±10mm内，即可使用两台仪器根据实地不同条件情况，可选用双角交会、双边交会或极坐标法，来测定管柱顶面上安置的十字架中心点(即管柱顶面中心)位移，可用1:20的比例精确地在图上(坐标方格网图)标定，直接在图上量取各管柱顶面中心的坐标值。

(4)切线夹角法。当管柱顶面因堆放杂物无条件安置活动十字架，且墩中心十字线也不易放样时，则尽可能在桥中线的方向上，找两个较高的置仪点，使两点能观测到所有管柱顶面的外冀缘(一般为法兰盘边缘)，从岸上精确测定该两点的纵坐标值(即里程值)，用极坐标图解法得到中心点坐标。

第六节　桥梁墩台定位与轴线测量

在桥梁施工测量中，测设墩台中心位置的工作称为桥梁墩台定位。这是墩台施工放样的基础。桥梁墩台定位所依据的原始资料是桥轴线控制桩的里程和桥梁墩台的设计里程。根据里程可以算出它们之间的距离，并按此距离标定出墩台的中心位置。墩台定位的方法，可视河宽、河深及墩台位置等具体情况而定，根据现场条件可采用直接丈量法、极坐标法及方向交会法等。

一、直接丈量法

直接丈量法适用于浅水河滩或小桥。这种方法根据桥轴线控制桩和桥墩、桥台的里程，算出其间的距离，然后用钢尺或测距仪由控制桩沿中线方向依次放出各段距离，将墩台中心位置标定于地上。墩台中心位置用大木桩标定，并在木桩顶面钉一铁钉。然后在这些点位上安置经纬仪，以桥轴线为基准放出与桥轴线相重合的墩台纵轴线和与桥轴线相垂直的墩台横轴线，并在纵横轴线的每端方向上于基坑开挖线外 1～2m 处设置两个方向桩（图 11-15）。墩台纵横轴线方向桩是施工过程中恢复墩台中心位置的依据，应妥善保存。

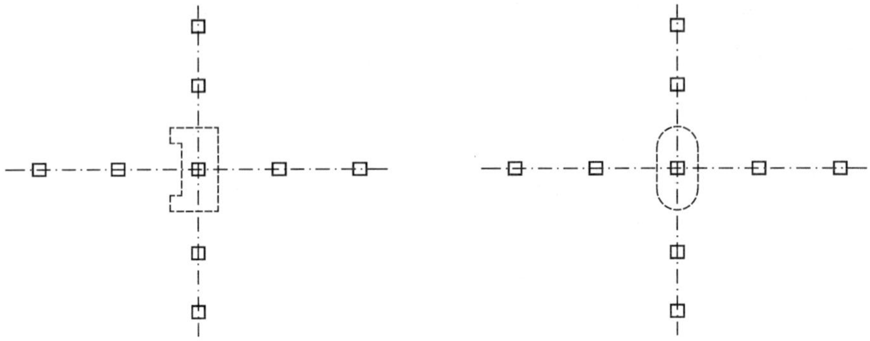

图 11-15　直接丈量法定位墩台中心

若用钢尺可以跨越丈量时，则可采用钢尺直接丈量法。丈量所使用的钢尺必须经过检定，丈量的方法与距离测量相似，但由于是测设设计的已知距离，所以应根据现场的地形情况将其换算为应测设的斜距，需要进行尺长改正、温度改正和倾斜改正。距离测设与距离丈量有着相反的修正原则。距离丈量是用钢尺量出两固定点之间的斜长，为了得到两点间的水平距离，需要加上钢尺的尺长改正、温度改正及倾斜改正等项，按下式最后求得两点间的水平距离：

$$D=l+\Delta l_l+\Delta l_t+\Delta l_h \tag{11-14}$$

式中：D——水平距离；

l——直接丈量得到的斜长；

Δl_l——尺长改正；

Δl_t——温度改正；

Δl_h——倾斜改正。

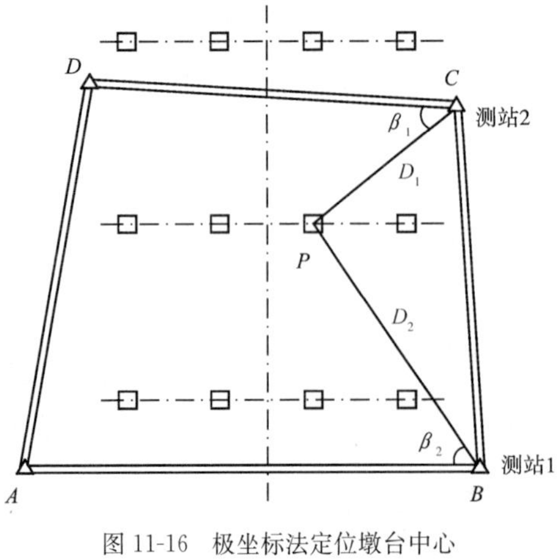

图 11-16　极坐标法定位墩台中心

二、极坐标法

如具有测距仪或全站仪，即可用极坐标法测设。先算出欲放样墩、台的中心坐标，再求出放样角度和距离，即可在施工控制网的任意控制点上进行放样。这种方法最为迅速、方便，只要墩、台中心处可以安置反光镜，且测距仪或全站仪与反光镜能通视即可。

测距时应根据当时测出的气象参数对距离进行气象改正。为保证测设点准确，常采用换站法校核，如图 11-16 所示，先在测站 1 测设桥墩 P，再搬至测站 2 测设一次，两次测设的点位之差应满足规范要求。

三、交会法

如果没有测距仪或全站仪，可用角度交会测设墩位，如图 11-17 所示。它是利用已有的平面控制点及墩位的已知坐标，计算出在控制点上应测设的角度 α、β，将型号为 DJ2 或 DJ1 的 3 台经纬仪分别安置在控制点 A、B、D 上，从 3 个方向(其中 DE 为桥轴线方向)交会得出。交会的误差三角形在桥轴线上的距离 C_2C_3，对于墩底定位不宜超过 25mm，对于墩顶定位不宜超过 15mm。再由 C_1 向桥轴线作垂线 C_1C，C 点即为桥墩中心。

在桥墩的施丁过程中，随着工程的进展，需要反复多次地交会桥墩中心的位置。为了简化工作，可把交会的方向延长到对岸，并用觇牌进行固定，如图 11-18 所示。在以后的交会中，就不必重新测设角度，可用仪器直接瞄准对岸的觇牌。为避免混淆，应在相应的觇牌上标明墩的编号。

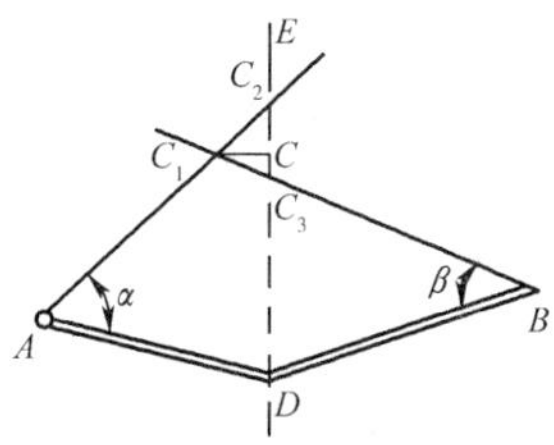

图 11-17　交会法定位墩台中心

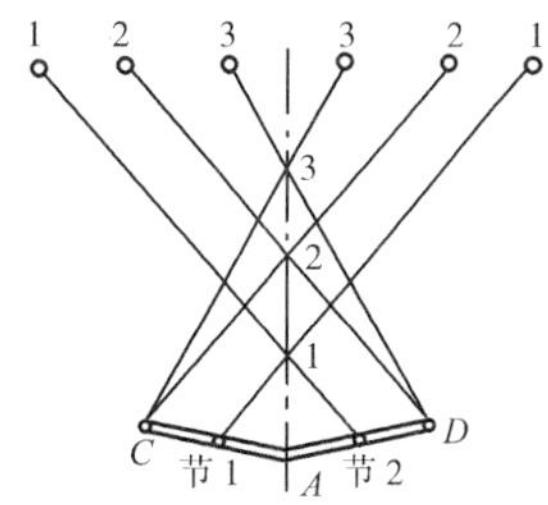

图 11-18　固定觇牌交会墩台中心

第七节　梁制造与架设中的测量

由于桥梁结构梁的截面形式不同，支承方式各异，加之施工方法上的区别，在制造和架设中的测量内容和方法也相应有差别。测量人员应了解梁在工厂制造或工地浇筑的工艺流程，拟定出测量或放样的方案，根据施工的精度需要提出测量自身的精度要求，以保证工程质量。

一、预应力混凝土简支梁的测量

1. 预应力混凝土简支梁制造场地的控制网测设

当制梁场地已有建筑物布设成相互平行的相对位置时，控制网最好布置成建筑方格网或矩形方格网，在施工组织设计的总平面图上，定出主轴线，主轴线的选择应满足如下要求：

(1)主轴线大致为制梁场地的中心线，并与所设计的制梁台座的轴线平行。若为狭长地带，也可布置在一侧。

(2)主轴线中，纵横轴的各个端点应布置在场地的边界上。

(3)为便于定线、量距和标石保护，轴线点不要落在建筑物或各种管线上，也不要落在线路轨道中间。

在总平面图上布置的方格网主轴线，必须通过工地上的平面控制点(如三角点、导线点等)来放样，这样就应确定主轴线上三个方向点的坐标，才能按极坐标法、角度交会法或距离标会法来作实地测定。

2. 制梁台座的测量放样

预应力混凝土简支梁的大批量生产均在工厂的固定式制梁台座进行，因此制梁台座上的标准跨度的放样和钢底模上的预设下挠度的测设就必须仔细地进行，保证生产出来的梁能正确地架设在桥墩上，使梁长、梁跨及梁与梁间的缝隙接近相等且较均匀。这就要求在放样桥跨时所用的鉴定钢尺也要用在方格网格点放样和制梁标准跨度的放样工作上，使精度接近相等。

为了保证制梁底模钢板正确安装，每块钢板的两端均应放样出梁的中心线点。而且在今后拆模、经过养护、张拉、封端吊至存梁场地后，在进行下一片梁的制作前，钢底板的中心线必须重新检查，观察是否产生位移，超过允许误差时，必须将钢底板调整好并重新用红漆标出点记。为了消除梁体由于张拉产生的弹性上拱度和在预应力作用下逐渐产生的徐变上拱度这两部分的迭加上拱度终极值，在制梁台座上钢底板下可设置垫木，以垫木高度的变化预先设置箱梁的下挠度。

支座板的安装对平面位置以及高程位置的测设精度都要求很高，采用的水准仪不低于DS3级，水准标尺宜采用测微水准尺，并配以圆水准器泡，读尺时，使尺身严格垂直，这种测微水准尺可直读1mm，估读0.1mm。若支座板顶面高差不能满足工艺规定的限差要求时，则可用撬棍轻轻抬起钢底板，用薄铁片来抄平，直到满足要求为止。

3. 箱梁模板检查

箱梁内、外模板制造和安装的精度要求很高，因为箱梁本身横截面的各部分尺寸都很小，是一种薄壁结构，测量的最小单位应以mm为单位，对内模和外模进行精确测量。

4. 预应力简支梁上拱度实测

对于钢筋混凝土预应力简支梁，若忽略其出现的上拱度，将会给桥梁的施工带来相当的困难，甚至会造成安全事故。考虑梁体在施加预应力后所产生的上拱主要包括两部分：在胶拼张拉完毕后立即产生的弹性上拱度和在张拉后仍在预应力作用下随时间变化而产生的徐变上拱度。

为了能保证长期观测梁的上拱，观测点的标志用镀锌铆钉尾部开叉起弯，在浇筑梁体顶板混凝土时，将铆钉圆端部露出混凝土面上，杆身埋入梁顶板内。每片梁共设若干个测点。采用DS3级自动安平水准仪按三等水准测量方法要求进行观测，并采用斜线测微水准尺。根据测量结果测算梁的上拱度。

5. 预应力简支梁架设前后的测量

(1)架梁前的墩顶跨度复测

架梁前的墩顶跨度丈量的方法与计算均与地面放样墩间的跨距的情况相同。丈量前，首先从地面的跨距护桩将跨距的方向线用经纬仪正倒镜两次投影到墩顶上。若墩身为两个立柱的结构，则宜将承台上的中心点用两台经纬仪在地面大致成90°的方向上直接投影到墩顶中心点上。弹出跨距方向线与用经纬仪在桥中线控制点上直接标定的桥中线相交得出一点，此点即是丈量墩顶跨距的标志点。

(2)架梁前的简支梁检测

架梁前的简支梁检测包括梁的跨度、全长、底宽、顶宽与梁高的检测。梁的全长检测，一般与梁跨复测同时进行，由于混凝土的温胀系数与钢尺的温胀系数非常接近，所以丈量计算时，可不考虑温差改正值。检测工作宜在存梁台座上进行，先丈量梁底两侧支座座板中心翼缘上的跨度冲孔点(在制梁时已冲好)的跨度，然后用小钢尺，从该跨度点量至梁端边缘，梁的顶面全长也必须同时量出。梁顶宽及底宽检测，一般检查两个梁端、跨中及1/4、3/4跨距共5个断面即可，除梁端可用钢尺直接丈量读数外，其他三个断面，读数时要注意的最小值为准，保证检测断面与梁中线垂直。梁高的检测位置与梁宽检测相同，一般采用水准仪读正、倒尺法求得。

(3)梁架设到桥墩上后的支座调整测算

安装铸钢的固定支座前，应在砂浆抹平的支承垫石上放样出支座中心的十字线位置，同时也应将坐板或支座下摆的中心事先分中好，用冲钉冲成小孔眼，以便对接安装。用实测若干片梁的收缩徐变量的平均值来放样下摆的中心，较为可靠。

(4)承轨台的中线水准测量

一般而言，箱梁的上拱度的终极值要在三年甚至五年以后方能达到。设计规定，承轨台混凝土是不能与梁体同时浇筑的，宜在架梁后期另行浇筑，因为必须考虑上拱度和线路高程的矛盾。对无碴无枕的桥面，由于钢轨扣件的调高量一般仅在±10～±15mm 内，其中一部分还要供施工安装误差调整用，剩下能供消除上拱度影响作调高用的量便很少了。徐变上拱度的离散性很大，实际上每片梁上拱度的终极值是不相等的，仅仅靠预设下挠度的措施来完全解决这个矛盾是不行的。因此设计规定桥面承轨台的混凝土应尽可能放在后期浇筑。这样可以消除全部近期上拱度和大部远期上拱度的影响。也就是要求工期很长，将须应力梁全部架设完毕后进行一次按线路设计坡度的高程放样，再立模浇筑承轨台混凝土，则高程质量是最可靠的。当墩台发生沉降时，则在支座上设法抬高梁体，保证承轨台上钢轨的坡度。

在求得每块承轨台模板顶面中心的高程后，应按三等水准测量的精度要求并采用测微水准尺放样出四点高程，由于桥面承轨台是一种整体浇筑的钢筋混凝土结构。一经成型，线路位置、水平就基本固定，尤其是承轨台顶面的平整度对钢轨顶面平整度起关键作用，因此严格地讲，首先要将高程放样的精度达到±1mm。承轨台的中线测量，在直线部分宜用激光准直仪来直接放样，也可用 DJ2 级光学经纬仪采取正倒镜分中法来测定，均属于一般的常规测量方法。

二、预应力混凝土连续梁的测量

1. 分段悬臂法施工测量

箱形连续梁采用悬臂法施工时具体可分为就地浇筑和预制节段组成的两种悬臂梁。对于就地浇筑的悬臂梁，施工挠度的分析计入吊篮的影响，因为它对悬臂梁的挠度有明显的作用。吊篮是按照建造的阶段而向前推移的，因此由吊篮引起的挠度会继续增加。当完成悬臂梁的建造后，拆除吊篮引起的弹性挠度就得到恢复。

就地浇筑悬臂梁的结构，上拱度的设置与一般就地浇筑的结构相同，即吊篮的高程和中线可由测量者和施工人员边观测边调整，并把预期的上拱度设置在结构上。在施工过程中，测量人员要作定期观测，绘制出实测的中线位移值和上拱度，目的是将实测数据和设计的计算数据进行对比。如果明显地发现实际值与计算值相差的值超过预定的限度，那么，在后来接着建造的节段所设置的上拱度中能校正二者之间的偏差。观测中线时，经纬仪宜设置在前进方向的桥墩上或零号块上，后视点应在本墩的桥中线方向的预绘的标志线(点)上，而不宜用倒镜后视。上拱度的每次观测，以墩顶的水准点为起测点，并定期对此水准点进行联测，检查其是否沉降，以便及时修正观测结果。

对于预制节段悬臂梁的中线和挠度测设，基本和就地浇筑悬臂梁相同，在节段之间设有密实的水泥砂浆或混凝土接缝，但这项工作只有在获得观测资料应验证其符合预定的精度后方可进行。

为了精确控制预制块件的几何尺寸，可先建立制梁场的坐标方格网，并将永久性的中线控制点设置在制梁场两端。利用坐标方格网，按各制梁台座的设计尺寸，用墨斗在梁场混凝土地坪上弹出每个台座的纵横线及边线。各制梁台座中心和边线都进行编号，以便随时检查预制块件的几何尺寸、线型、扭转以及匹配浇筑等方面的精度。各主梁块件的设计尺寸均按基线丈量方法进行，先以经过近期检定的钢尺进行丈量，并折算到合拢时的温度的长度。丈量结果往返之差均小于 3mm，取其平均值，即为台座全长。为便于制梁场的高程控制，在制梁场附近埋设三个三等永久性水准点，组成等边三角，以便进行对台座的沉降和变形观测，同时宜定期从二等水准基点与这组水准点(3 个)进行联测，保证沉降和变形观测的质量。

在悬臂架设法中，采用预制块件有众所周知的优点，但和就地浇筑法相比，预制拼装法的最大缺点就是需要强大的起吊机具，块件接头的构造也比较复杂且不易保证质量。为了减少在悬臂架设中产生的负弯矩，一种临时措施就是在桥墩处的梁上设置塔杆，并用斜缆吊起梁端，显然这种方法也就成了促进大跨度预应力混凝土斜拉桥迅速发展的主因所在。

2. 顶推法施工测量

顶推法施工过程中，要求每次顶推，必须对顶推的梁段中线和水平、各滑道的高程进行观测，并保证将误差控制在允许范围内：

(1)梁体中线与桥中线偏移不大于 2mm(观测位置在导梁前端的分中点上)。

(2)相邻两跨度支承点同测的滑移装置的纵向顶面高程差为±1mm。

(3)同一支承点上滑移装置的横向顶面高程差为±1mm。

(4)导梁纵横向底面高程(包括接头处)差为±1mm。

(5)顶推梁段与导梁的连接面下垂直度不大于梁高的 1/1 000。

顶推法施工测量的精度要求很高，因为同一墩上的左右两滑动支承的高度误差，会造成主梁扭转。水准测量最好采用精密的自动安平水准仪及倾斜测微水准尺，这样就可保证读数精度控制在 0.5mm 以下。

在每一循环的顶推施工开始前和终了后，必须测量滑动支承的高程。若不在同等高程线上或同一坡度线上，就要用不同厚度的聚四氟乙烯板进行调整。在顶推施工过程中，应对主梁底面的高程变化密切注意。若有少量下沉，便应分别加厚聚四氟乙烯板，随着主梁顶推移动，顺次加以调整。当发现有快速下沉时，得用千斤顶将主梁顶高，垫上所要求厚度的聚四氟乙烯板。若在施工过程的监测中，发现主梁有偏移时，要及时提醒施工人员在横向导向装置上插入聚四氟乙烯板的属片进行调整。

三、钢梁的测量

1. 架梁前墩顶的测量准备

(1)墩中心十字线测定

对于正桥各墩中心里程的测定，应按平差计算所得的墩中心里程标志来设放，并定出墩中心的最或是位置。而墩中心里程标志的测定以插入点法为主，同时可用直接丈量法、视线导差法或光电测距法来检核。

(2)墩顶水准联测

处在河心或江心的桥墩顶部所设的水准点的联测精度，应按三等水准测量的精度要求进行，视距超过 100m 时，就必须用过江水准测量的方法来联测。为严格消除视准误差和 i 角的影响，最好用两架同类型同精度的精密水准仪作对向观测，并且要求同时测完同时搬站。在两个桥墩间的水准联测工作，最好置镜六次，组成闭合环。

从岸上的水准基点(高等级点)联测到墩顶,高差较大而又不易用水准仪联测时,可用 DJ1 级精密光学经纬仪采取测天顶距法来传递,但同时宜用悬挂近期检定过的钢尺以水准仪直读法来检核、验证两者之间是否有过大误差或粗差存在。

2. 支座安装测量

架梁前,应首先清理支承垫石,以便安装支座底板,故先由测量人员在每块支承垫石上,测定五点高程,其位置为垫石的四个角点及其中心点。施工人员根据有关支承垫石高度差及倾斜度的要求,用水泥砂浆细心抹平,抹平后的绝对高程误差不得大于梁宽的 1/1 500,若不足设计高程时,应加高水泥砂浆或垫以铅板。

放样支座位置及测定水准面时,精度要求都应达到毫米。滚轴支承面不得有 2mm 以上的横向倾斜,支承间的横向偏斜也不得大于 2mm。

3. 膺架法拼装测量

采用膺架法拼装钢梁时,在拼装前应首先在膺架上放样出主梁的中心线和大节点的位置,对于钢桁架梁来说,上、下游两片主桁的大节点联线应严格垂直桥中线。

膺架本身一般都用万能杆件拼装,膺架的顶面一定要严格按钢梁节点的拱度设置各支点的高程。开始拼装的两个节间一定要保证平面位置的精确,以保证钢梁的顺利拼装,同时在膺架下面的支承点处应设置沉降观测点,每拼装完一个节间的钢梁,应检查一次,若发现有沉降,就必须在各钢梁支点处及时用千斤顶顶起并垫以钢板,达到工艺规定的高程和拱度,保证支点受力到位。

4. 悬臂法拼装测量

采用悬臂法拼装第一孔梁时,往往利用引桥的墩台架设平衡梁,因此,测量人员应把主梁中线放样在引桥墩顶上。当在拼装第一个节间时,应进行严格的检查,其位置和高程必须确保精度,以便延伸拼装时,减小拼装误差,发现有偏差时,应随时配合测量进行调整。平衡梁中线与桥中线所成的扭角不得大于 1′20″。

(1)中线测量

在第一个节间拼装后,就从墩台顶面的桥中心线上将其中点投影到桥面的横梁中点上,这样既可以检查第一片横梁的偏移值,又可作为置镜点来检查其他悬臂拼装节间的横梁中心偏移值。所有需安装的横梁,在预拼场均宜事先标记出横梁的本身结构中点(或线)。若中线方向受干扰时,可在横梁一端或在钢梁外侧设置与桥中线平行的基准线,用 DJ2 级经纬仪来观测夹定在上、下弦杆翼缘上的固定标尺,来测定钢梁上下的中线偏移,若再有干扰,则可置仪于前方的到达墩的桥中线方向上,见图 11-19 所示。每拼装好一个节间,就立即配合检测一次,读数至毫米,发现中线偏移值过大时,应立即通知现场架梁负责人。

(2)主桁端面倾斜检测

仅在墩顶及跨中部分截面进行此项检测,结合竖杆的倾斜测量一次就可以了。所测结果,不得超过规定的允许值。

(3)主桁梁相对节点高差及拱度测量

每拼装完一个节间并伸出去后,在检测中线偏移的同时必须测定其拱度,以与设计的拱度相比较,确保架梁的质量和安全。一般拱度测量的测点位置,均设在横梁的上、下游两端的对称位置上,常以最外侧的铆钉头或在顶板面上用红漆画上置尺点标记点为准。所有测量节间的标志点,均须与下弦杆腹板中心线成等高差。

观测仪器尽量采用精密自动安平水准仪,取位至毫米。每个测点均应观测两次或用黑、红面水准尺两面读数,两次读数误差不得超过 2mm,并取其平均值。做好相关测量记录。

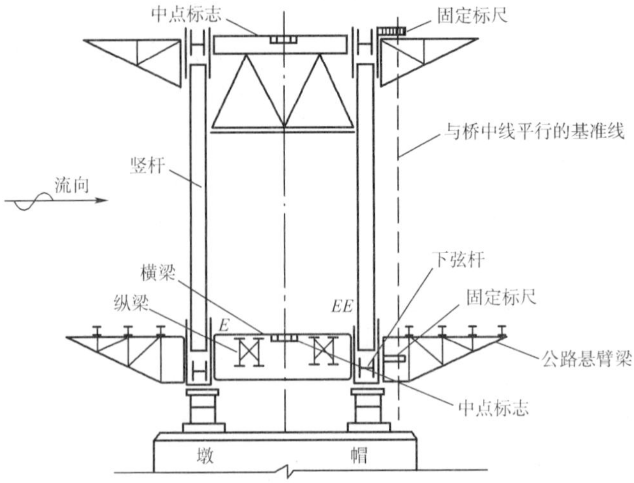

图 11-19　中线测量图

第八节　引桥施工测量

引桥是水中正桥与岸上公路或铁路联结的纽带，上部结构一般均采用钢筋混凝土梁，墩跨间距一般在 50 m 以下，故测量放样工作相对简便。对于引桥较长，采用分段施工时，为了减小累积误差，在正式施工前，应进行测量的规划与设计，以保证引桥桥墩中心放样的准确性。

一、引桥中线控制点间接测量

对于地形平坦、通视良好的情况，可直接测量控制点，用光电测距仪在桥中线上直接进行分段观测。一般进行两次对向观测后，取其平均值，确定各控制点间的水平距离及各控制点的里程及坐标。

但是，对于引桥中线不能直接测量时，则应采用间接测量。间接测量时应考虑如下几点：

①有设平行线的可能时，尽量设置平行线。

②没有条件设平行线时，可设置梯形线来控制。

③若地形条件复杂，无直线可测量时，可采用精密导线来测设控制点。

二、直线引桥桥墩中心精确测量

在精密测定各标段控制点间的水平距离并推算出各控制点的里程后，就应及时按设计里程或坐标放样出在各控制点间的各个桥墩中心的位置，然后再丈量桥跨。分跨量出的总和与控制点间距离有闭合差时，应将此闭合差分配在各跨间，不允许累积到一跨上。

在概略放样每个桥墩中心时，一般通过打入大木桩或埋设混凝土桩，并在桩顶预埋一小块铁板。为了避免墩中心归心位移值在桩顶外，故放样用的钢尺读数应考虑改正数的预加或预减量。

当放样出两个控制点间各个桥墩的墩中心后，用红铅笔在桩顶作一记号，并采用检定钢尺往返丈量一个测回，取其平均值与控制点间的精密成果相比较，若有闭合差，则予以调整。然后在桩顶钉以小钉或用钢冲冲一小孔眼，点上红漆，作为墩中心的最合适值位置。这里必须指出，在控制点前后放样出不足整跨的两段距离，必须检测其和是否等于设计跨长。

在放样墩中心位置并经复核跨距后，宜在墩中心置仪放样桥墩的跨度护桩（也称副桩）线，在桥中线的上、下游至少各埋设两个副桩，以便在开工挖基础浇筑承台混凝土后，及时将墩跨线测定在承台的两端混凝土面上，保证墩身、墩幅(或盖梁)的轴线能及时放样出来。

三、长引桥平面控制网测设

1. 三角锁的图形选择

大型桥梁长引桥的平面控制系统，应将引桥全长及正桥的分界点包括在控制范围内。在引桥末端的控制点，最好能与正桥的主网联测，成为高等级控制点，其精度可比主网精度低一级，这样就可在桥中线方向的两个控制点间布设一个三角锁来加密平面控制点，使各标段施工的控制点在同一个控制范围内。这种三角锁称为定向的线形三角锁。

通常根据引桥桥中线区域的地形来确定三角锁的图形，原则上锁的组成应以单三角形为主，且要求三角点尽量靠近桥中线，并分布在桥中线两侧，有条件时，尽量使各三角形的边长大致相等，各内角60°左右为最佳。布设在两个高等控制点间的线形锁，常因地形条件各异，布置成不同的形式，其中最常见如图11-20所示。

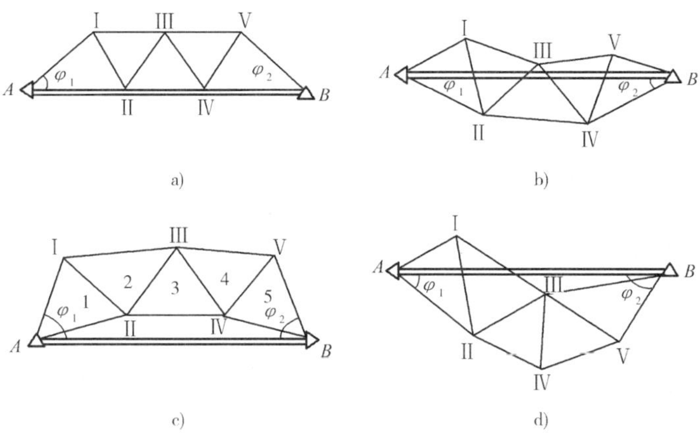

图11-20　常用的三角锁图形

2. 三角锁计算

(1)各角平差改正

由三角形和多边形的内角平衡条件可得到各角的平差改正数，推导过程在此从略。

线性锁各个角度的改正数规律如下：

①有两个内角位于多边形内的三角形。

位于多边形内的角度改正数为：

$$v_i = -f_i/3 - \delta \qquad (\text{如图 11-21 中的 } a_2、b_2、a_4) \tag{11-15}$$

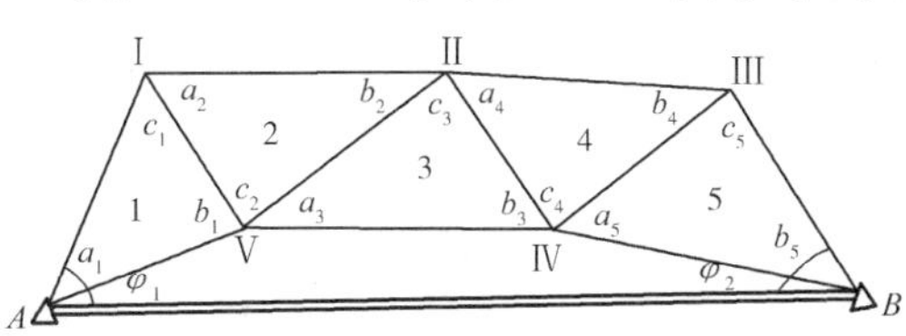

图11-21　三角锁计算示意图

不在多边形内的角度改正数为：

$$v_i = -f_i/3 + 2\delta \qquad (\text{如图 11-21 中的 } c_2、c_4) \tag{11-16}$$

②只有一个内角位于多边形内的三角形。

位于多边形内的角度改正数为：

$$v_i=-f_i/3-2\delta \qquad (\text{如图 11-21 中的 } c_1、c_3、c_5) \tag{11-17}$$

不在多边形内的角度改正数为：

$$v_i=-f_i/3+\delta \qquad (\text{如图 11-21 中的 } a_1、b_1、a_5) \tag{11-18}$$

③定向角的改正数为：

$$v_{\varphi 1}=v_{\varphi 2}=-3\delta \tag{11-19}$$

式中：v_i——各角角度改正值；

f_i——第 i 个三角形的闭合差；

$\delta=\dfrac{3W-\sum f-(f_2+f_4)}{3\times 16}$，$W$ 为大五边形的闭合差，f_2+f_4 为两个角在多边形内的三角形闭合差总和。

(2)边长计算

边长计算是在完成线形锁角度平差后进行。从图 11-21 可看出，线形锁本身仅有一条已知边 AB，可作起算数据，而布设的各三角形中并无已知边长可利用，因此必须借助于投影的方法来计算各边的边长。根据桥梁施工的特点，常以桥轴线作为局部独立坐标系的纵坐标轴，假定 AB 边作为纵轴 x，即假定该边为坐标方位角的零方向，假定 AI 边为起算边，其长度可按比例尺大致量得，取一整数，然后用式(11-15)～式(11-19)求得三角形各平差后的角值和定向值，推算出各条边的假定方位角和假定边，而后对线形锁两侧的各边进行投影计算。

四、引桥曲线段测设

引桥曲线段的测设，相对于直线段较为复杂，应以内线来推算桥中心线上的各墩、台基础中心的坐标，这个坐标系统必须与正桥的独立坐标系统相一致，有利于施工测量和放样的方便。

引桥曲线段的曲线半径一般较大，加上圆曲线两端敷设的对称缓和曲线长度，因而处于曲线上的桥墩数量也较多。为了避免累积误差，一般情况下不允许采用偏角法定位。因为除墩间跨度要保证满足 1∶5 000 的相对精度要求外，其方向偏差，严格地说，不宜大于±5mm。在实践中常用的曲线墩中心放样方法有以下几种。

1. 支距法

用经过近期检定的钢尺采取支距法来放样桥墩基础中心，是较为常用且能达到预定精度的一种方法。具体方法如图 11-22 所示。地形条件有利时，宜直接精密量出切线全长，根据设计图纸所计算的纵坐标 x_i 及横坐标 y_i 值来放样墩中心点。

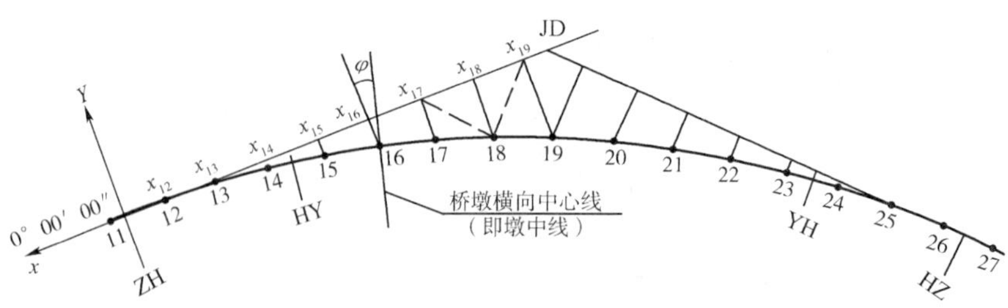

图 11-22　支距法示意图

为了计算和放样测量的方便起见，以曲线起点 ZH 及终点 HZ，各作为坐标原点，以切线方向作为纵坐标，来计算出各个桥墩基础中心的坐标值，对于曲线上的一个中间墩，如图

11-22 中的 19 号墩，需在两条切线上按各自坐标系统放样出该墩的中心点，以检核是否闭合。

从曲线起点（或终点）放样出的各 x_i 之和直至交点（JD）的总长与切线长比较，得出的闭合差，平均分配在各 x_i 值上，这样便可得到精确的纵坐标值。然后在每个垂足上，置经纬仪正倒镜各一次转为 90°角分中放样出各相应的横坐标 y_i 值。对于 y_i 值大于一整尺（50 m）长度的桥墩中心放样，则宜用相邻两个桥墩的垂足，求得正切角值进行交会验核其误差。

正式施工之前，曲线上的桥墩中心点最好能一次性放样完毕，以便互相检查并及时测设好副桩（即护桩）。墩间的跨度及径向角的相互检核，应按基础中心坐标图来进行。

2. 极坐标法

极坐标法示意如图 11-23 所示。设 M 为桥墩基础中心点，N 为切线方向上的一已知点，φ_m 为 M 点上的交切角。以曲线起点 ZH（即 A 点）为坐标原点，则 N 点坐标为：$x_N=AN$，$y_N=0$，M 点坐标为：$x_M=l(1-A)$，$y_M=lB$。其中，l 为缓和曲线 AM 的长度，A、B 值根据交切角由相关表格得到。

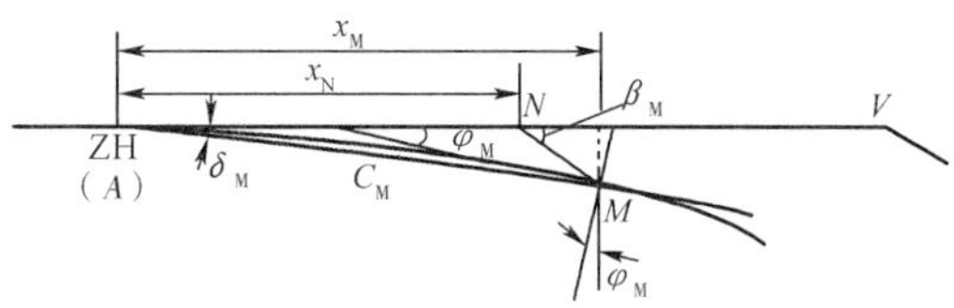

图 11-23 极坐标法示意图

在 N 点上，用极坐标法测定 M 点，必须求出边长 S_{M-N} 和方位角 α_{N-M}，即可得到交会角 $\angle VNM=\beta$，其计算式为：

$$S_{N-M}=\sqrt{(x_M-x_N)^2+(y_M-y_N)^2} \tag{11-20}$$

$$\tan\beta=\frac{y_M}{x_M-x_N} \tag{11-21}$$

当安置仪器在 A 点时，$\delta_M=\frac{1}{3}\varphi_M$，弦长 $C_M=\sqrt{y_M^2+x_M^2}$。

3. 线性三角锁放样

当采用支距法丈量或采用极坐标法放样曲线上的墩中心有困难时，可以以切线长作为已知边，布设不超过 5 个单三角形的线形三角锁，控制点最好设在曲线两侧，测定方向角，根据平差结果求得的控制点坐标与所需放样的墩中心的坐标差，选择适宜的控制点至该墩中心的方位角，进行前方交会标定，所得的示误三角形，最大边长不得大 10mm，取其内心定为最合适墩中心点。

五、引桥墩顶高程传递

墩顶的支座垫石的高程放样，精度要求较高，尽可能用水准仪通过几何测量的方法来进行，而且要采取第二种方法，如三角高程测量法或用全站仪的三维坐标法来检验。但是当墩顶高程离地面很高达数十米时，用水准仪从地面来引测就难以进行。故可采用经过近期鉴定的长钢尺一次直接将地面高程导入墩顶。

用一个稳定支架在靠近墩边的地方，将钢尺垂挂至距地面约 1m 左右，并在钢尺下端悬挂一个与鉴定钢尺时拉力相等的重锤，钢尺的零端读数放在下面，然后在地面上的 P_1 点和墩顶上的 P_2 点安置同精度的水准仪各一台，按水准测量的方法同时进行观测。在观测 $B_下$、$B_上$ 的水准尺时，宜用三丝读数，取其平均值。而在观测钢尺读数时，两台仪器要在同时瞬间读得，读得的（$R_上-R_下$）的三对差数间的不符值不得大于 2mm，然后取其平均值，最后求出墩顶的高程。

若引桥伸展很长，宜每隔15～20个桥跨，做一次桥墩上、下的水准联测工作，组成一个闭合环，进行平差，以提高墩顶高程的精度。每次联测还必须与永久性水准点(高等水准点)相联测，其精度不得低于三等水准测量的等级要求。

六、引桥竣工测量

引桥的竣工测量宜在施工过程各重要阶段结束时随时注意安排好竣工测量的内容，并把这些资料汇集编制整理好，一旦全桥竣工后，及时移交运营单位。

引桥控制测量部分主要包括以下几个方面：

①墩顶各水准点间的水准联测成果。

②沉降观测标志的位置及观测成果的汇总资料。

③永久性水准点的"点之记"及其高程。

④作平面变形观测的控制点的位置及观测资料。

思 考 题

1. 简述桥梁施工测量常用的测量仪器的特点与性能指标。
2. 简述桥梁基线测量的方法及基线计算程序。
3. 桥梁施工跨河进行水准测量时应注意哪些问题?
4. 桥梁基础类型较多，特点各异，简述几种常用的桥梁基础施工方法的特点及技术要点。
5. 常用的曲线墩中心放样方法有哪几种? 各有何特点?
6. 苏通大桥为双塔双索面钢箱梁斜拉桥，斜拉桥主孔跨度1 088m，列世界第一；主塔高度306m，列世界第一；斜拉索长度580m，列世界第一；群桩基础平面尺寸113.75×48.1m，列世界第一。专用航道桥采用T形钢构梁桥，为同类桥梁工程世界第二。根据本章所学，说明苏通大桥施工时在平面控制网设置、基础施工测量、钢箱梁架设测量和桥塔施工测量等方面应注意的问题及采用的方法。

第十二章　桥面及附属工程施工

第一节　概　　述

桥面是桥梁服务车辆、行人而实现其功能的最直接部分，主要包括支座、伸缩装置、桥面铺装层、桥面防水与排水设施、桥面防护设施(防撞护栏或人行道栏杆、灯柱等)、桥头搭板等。其施工质量不仅影响桥梁的外形美观，而且关系到桥梁的使用寿命、行车安全及舒适性。因此，对于桥面及附属工程的施工必须引起足够的重视。

第二节　支 座 施 工

桥梁支座是桥梁结构的一个重要组成部分。但由于它在桥梁工程造价中所占比例很小，往往并未引起工程技术人员的重视。20 世纪 70 年代以前，我国的公路、铁路桥梁上常不设支座或仅设置传统的钢支座。随着桥梁建设事业的发展，各种形式的大型桥梁陆续建成，对桥梁支座的承载能力、对支座适应线位移和转角能力的要求也不断提高，与之相适应的各种新型桥梁支座便应运而生。

桥梁支座是连接桥梁上部结构和下部结构的重要结构部件。它能将桥梁上部结构的反力和变形(线位移和转角)可靠地传递给桥梁下部结构，同时保证上部结构在荷载、温度变化、混凝土收缩徐变等因素作用下的自由变形，以便使结构的实际受力情况与计算理论图式相符合，并保护梁端、墩台帽不受损伤。

桥梁支座必须满足以下功能要求：首先桥梁支座必须具有足够的承载能力，以保证安全可靠地传递支座反力；其次支座对桥梁变形(位移和转角)的约束应尽可能地小，以适应梁体自由伸缩及转动的需要。此外支座应便于安装、养护和维修，并在必要时可进行更换。

梁式桥的支座一般分为固定支座和活动支座。固定支座允许梁截面自由转动而不能移动，活动支座允许梁在挠曲和伸缩时转动与移动。针对桥梁跨径、支座反力，支座允许转动与位移不同，支座选用的材料不同，支座是否满足防振、减振要求不同，桥梁支座具有许多相对应的类型。

随着桥梁结构体系的发展，支座类型也相应得以更新换代，过去一般针对小跨径桥梁的或加工较烦琐的支座，如简易垫层支座、弧形钢板支座、钢筋混凝土摆柱式支座等已不常使用，代之以板式橡胶支座、盆式橡胶支座、球形钢支座、聚四氟乙烯滑板支座以及圆形板式橡胶支座等。

一、板式橡胶支座

随着橡胶工业的发展，从 20 世纪 50 年代起已尝试应用优质合成橡胶来制造桥梁支座。二三十年的使用经验表明，橡胶支座与其他金属刚性支座相比，具有构造简单、加工方便、省钢材、造价低、结构高度小、安装方便等一系列优点，因此，近些年来在桥梁工程中橡胶支座已获得广泛应用。此外，鉴于橡胶支座能方便地适应任意方向的变形，故对于宽桥、曲线桥和斜交桥具有特别的适应性。橡胶的弹性还能消减上下部结构所受的动力作用，这对于抗振也十分有利。

板式橡胶支座（图 12-1、图 12-2）由数层薄橡胶片与薄钢板镶嵌、黏合、压制而成。它具有足够的竖向刚度以承受垂直荷载，能将上部结构的反力可靠地传递给墩台；有良好的弹性，以适应梁端的转动；有较大的剪切变形以满足上部结构的水平位移。

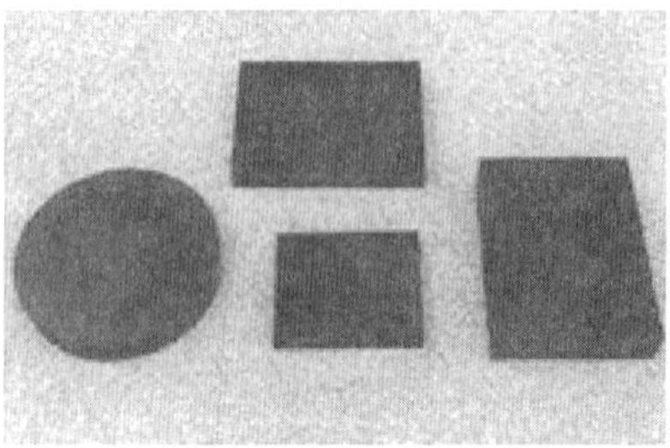

图 12-1　桥梁板式橡胶支座

图 12-2　板式橡胶支座的结构

板式橡胶支座适用于中小跨径的公路、城市和铁路桥梁。我国公路桥梁规范规定，标准跨径 20m 以内的梁和板桥，一般可采用板式橡胶支座，但在实际应用中往往超越上列跨径界限，只要严格按设计原则考虑，均能取得满意结果。国产板式橡胶支座的支座承载能力范围可为 150～7 000kN。公路桥梁中使用的板式橡胶支座分类如表 12-1 所示。

板式橡胶支座分类表　　表 12-1

<table>
<tr><td rowspan="5">板式橡胶支座</td><td rowspan="4">加劲板式橡胶支座</td><td rowspan="2">普通板式橡胶支座</td><td>矩形普通板式橡胶支座</td><td rowspan="2">一般称为“固定支座”</td></tr>
<tr><td>圆形板式橡胶支座</td></tr>
<tr><td rowspan="2">四氟板式橡胶支座</td><td>矩形四氟板式橡胶支座</td><td rowspan="2">滑动支座，应设防尘罩</td></tr>
<tr><td>圆形四氟板式橡胶支座</td></tr>
<tr><td>无加劲板式橡胶支座</td><td colspan="2">仅有一层橡胶板</td><td></td></tr>
</table>

板式橡胶支座安装时，应注意下列事项：橡胶支座在安装前，应检查产品合格证书中有关技术性能指标，如不符合设计要求时，不得使用；支座下设置的支承垫石，混凝土强度应符合设计要求，顶面要求高程准确，表面平整，在平坡情况下同一片梁两端支承垫石水平面应尽量处于同一平面内，其相对误差不得超过 3mm，避免支座发生偏歪、不均匀受力和脱空现象；安装前应将墩、台支座垫石处清理干净，用干硬性水泥砂浆抹平，并使其顶面高程符合设计要求；将设计图上标明的支座中心位置标在支承垫石及橡胶支座上，橡胶支座准确安放在支承垫石上，要求支座中心线同支承垫石中心线相重合；安装时，应进行检查核对，避免将方向反置、上下面倒置等情况。当墩、台两端高程不同，顺桥向有纵坡时，支座安装方法应按设计规定办理；吊装梁、板前，抹平的水泥砂浆必须干燥并保持清洁和粗糙，梁、板安放时，必须仔细，使梁、板就位准确且底面与支座密贴，就位不准时，或支座与梁板不密贴时，必须吊起，采取措施垫钢板和使支座位置限制在允许偏差内，不得用撬棍移动梁、板。

二、盆式橡胶支座

盆式橡胶支座是钢构件与橡胶组合而成的新型桥梁支座，具有承载能力大、水平位移量大、转动灵活等特点，适用于支座承载力为 1 000kN 以上的大跨径桥梁，也适用于城市、林区、矿区的桥梁。

盆式橡胶支座构造简单、结构紧凑、滑动摩擦系数小、转动灵活，与一般铸钢辊轴支座相比，具有重量轻、建筑高度低、加工制造方便、节省钢材、降低造价等优点；与板式橡胶支座相比，具有承载能力大、容许支座位移量大、转动灵活等优点，因此盆式橡胶支座特别适宜在大跨径桥梁上使用。

盆式橡胶支座按使用性能可分为：双向活动支座（又称多向活动支座），具有转动和纵向与横向滑移性能；单向活动支座，具有转动和单一方向（纵向或横向）滑移性能；固定支座仅具有转动性能。按适用温度范围可分为：常温型支座适用于−25～60℃；耐寒型支座适用于−40～60℃。以活动盆式橡胶支座为例，其结构由上支座板、聚四氟乙烯板、承压橡胶块、橡胶密封圈、中间支座板、钢紧箍圈、下支座板以及上下支座连接板组成。国内常用的盆式橡胶支座有GPZ型、TPZ型、QPZ型等系列（图12-3、图12-4）。

图12-3　GPZ盆式橡胶支座

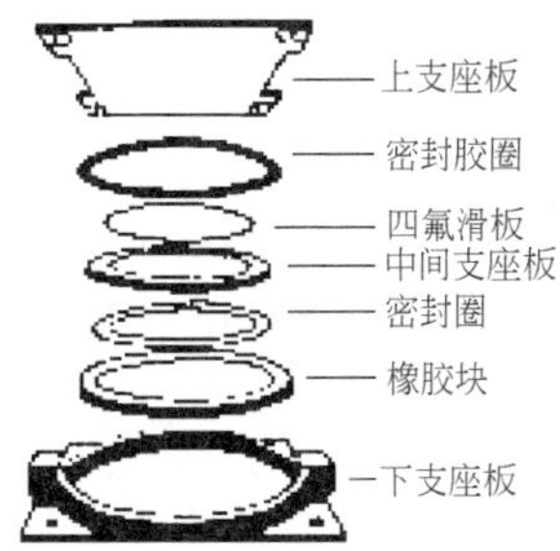

图12-4　盆式橡胶支座结构图

近来新发展的几种盆式橡胶支座有抗震型盆式橡胶支座、高度可调式盆式橡胶水平支座及盆式橡胶测力支座等。盆式橡胶测力支座是在橡胶支座的腔块内部设置油腔，通过油路在支座体外测读支座反力，在润扬大桥世业洲互通匝道研究项目中使用了这种测力支座。

支座规格和质量应符合设计要求，支座组装时其底面与顶面（埋置于墩顶和梁底面）的钢垫板，必须埋置稳固。垫板与支座间应平整密贴，支座四周不得有0.3mm以上的缝隙，严格保持清洁。活动支座的聚四氟乙烯板和不锈钢板不得有刮伤、撞伤。氯丁橡胶板块密封在钢盆内，要排除空气，保持紧密。

活动支座安装前，用适宜的清洁剂仔细擦洗各相对滑移面，擦净后在四氟滑板的储油槽内注满硅脂类润滑剂，并注意硅脂保洁；坡道桥注硅脂应注意防滑。盆式橡胶支座的顶板和底板可用焊接或锚固螺栓栓接在梁体底面和垫石顶面的预埋钢板上。采用焊接时，应防止温度过高对橡胶板、聚四氟乙烯板以及对周边混凝土产生影响；焊接完成后，应在焊接部位作防锈处理。安装锚固螺栓时，其外露螺杆的高度不得大于螺母的厚度。对跨数较多的连续梁，支座顶板纵桥向的尺寸，应考虑温度、预应力、混凝土收缩与徐变等影响因素引起的梁长变化，保证支座能正常工作。

三、球形钢支座

随着大跨径桥梁结构的发展，要求桥梁支座的承载能力大，同时具备适应大位移和转角的要求。球形钢支座传力可靠，转动灵活，它不但具备盆式橡胶支座承载能力大，允许支座位移大等特点，而且能更好地适应支座大转角的需要，与盆式橡胶支座相比具有如下优点。

(1)球形钢支座通过球面传力，不出现力的缩颈现象，作用在混凝土上的反力比较均匀。

(2)球形钢支座通过球面聚四氟乙烯板的滑动实现支座的转动过程，转动力矩小，而且转动力矩只与支座球面半径及聚四氟乙烯板的摩擦系数有关，与支座转角大小无关，因此特别适用于大转角要求，设计转角可达 0.05rad 以上。

(3)支座各向转动性能一致，适用于宽桥、曲线桥。

(4)支座不用橡胶承压，不存在橡胶老化对支座转动性能的影响，特别适用于低温地区。

球形钢支座有固定支座、单向活动支座和多向活动支座之分。活动支座的主要组成是上支座板、不锈钢位移板、聚四氟乙烯滑板、中间球形钢芯板、聚四氟乙烯球形板、橡胶密封圈，下支座板和上下固定连接螺栓等。目前球形支座已在国内独柱支承的连续弯板结构、独柱支承的连续弯箱梁结构、双柱支承的连续 T 梁结构及大跨度斜拉桥中广泛应用(图 12-5、图 12-6)。

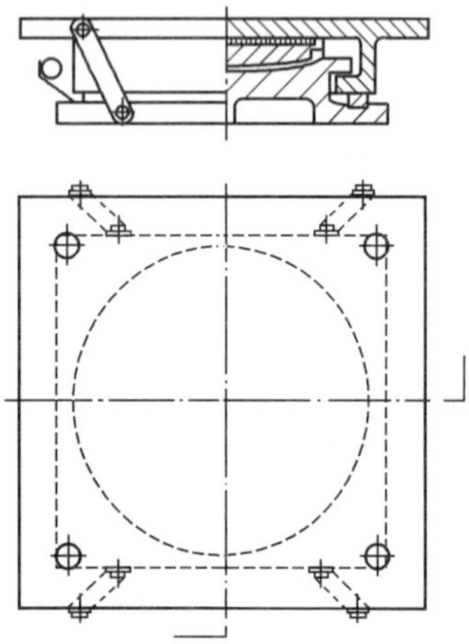

图 12-5 球形钢支座构造一

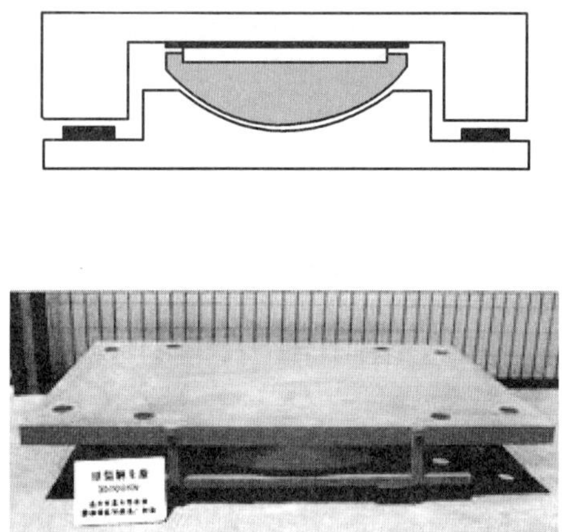

图 12-6 球形钢支座构造二

球形支座出厂时，应由生产厂家将支座调平，并拧紧连接螺栓，以防止支座在安装过程中发生转动和倾覆。支座可根据设计需要预设转角及位移，但施工单位应在订货前提出预设转角及位移量的要求，由生产厂家在装配时预先调整好。支座安装前方可开箱，并检查装箱清单，包括配件清单、检验报告复印件、支座产品合格证书及支座安装养护细则。开箱后，不得任意转动连接螺栓，并不得任意拆卸支座。

支座安装高度应符合设计要求，要保证支座平面的水平及平整。支座支承面四角高差不得大于 2mm。支座安装时应注意支座开箱并检查清单及合格证；安装支座板及地脚螺栓时，在下支座板四周用钢楔块调整支座水平，并使下支座板底面高符合设计要求，找出支座纵、横向中线位置，使之符合设计要求；支座在安装过程中，不得松开上顶板与下底盘的连接固定板；用环氧砂浆灌注地脚螺栓孔及支座底面垫层，砂浆应饱满、密实；环氧砂浆硬化达到规定强度后，拆除支座四角临时钢楔块，并用环氧砂浆填塞密实抽出楔块的位置；在梁体安装完毕后，或现浇混凝土梁体形成整体并达到设计强度后，在张拉梁体预应力之前，拆除支座上顶板与下底盘的连接固定板，解除约束使梁体能正常转动和位移；拆除连接固定板后，应对支座进行清洁，检查无误后灌注硅脂，并应及时安装支座外防尘罩。当支座与梁体及墩台采用焊接连接时，应先将支座准确定位后，用对称间断焊接，将下支座板与墩台上预埋钢板焊接，焊接时，应采取适当措施防止损伤支座的钢构件、聚四氟乙烯板、硅脂以及周边的混凝土等；焊接后，应对焊接部位做防锈处理。支座在试运营期一年后应进行检查，清除支座附近的杂物及灰尘，并用棉丝仔细擦去不锈钢表面的灰尘。

四、特殊形式支座

在《公路桥涵施工技术规范》(JTG/T F50—2011)中，特殊形式支座包括拉力支座、海洋环境桥梁防腐蚀支座、竖向和横向限位支座等具有特殊功能和规格的支座。聚四氟乙烯滑板式橡胶支座是工程中较为常用的一种特殊支座。聚四氟乙烯滑板式橡胶支座是在普通板式橡胶支座上按照支座尺寸大小粘贴一层厚2～4mm的聚四氟乙烯板，除具有普通板式橡胶支座的竖向刚度与压缩变形，且能承受垂直荷载及适应梁端转动外，还能利用聚四氟乙烯板与梁底不锈钢板间的低摩擦系数，使桥梁上部结构水平位移不受限制。此外，这种支座还可在顶推、横移等施工中作滑板使用(图12-7)。

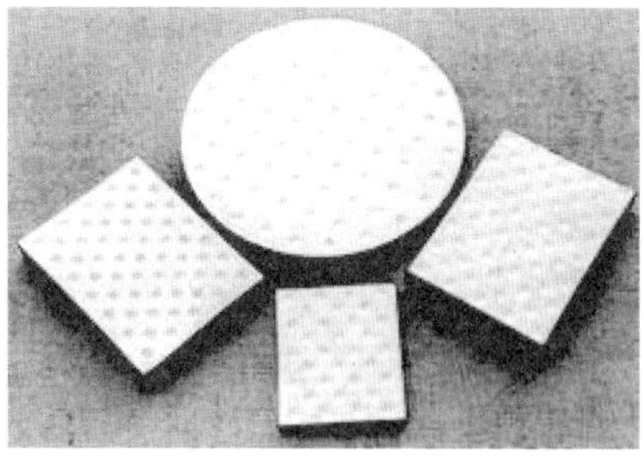

图12-7 聚四氟乙烯滑板式橡胶支座

聚四氟乙烯滑板式橡胶支座，四氟板表面应设置储油槽，支座四周设置防尘设施，在安装时应注意：

(1)墩台上设置的支承垫石，其高程应考虑预埋的支座下钢板厚度，或在支承垫石上预留一定深度的凹槽，将支座下钢板用环氧树脂砂浆黏结于凹槽内。

(2)在支座下钢板上及四氟滑板式支座上标出支座位置中心线，两者中心线相重合放置，为防止施工时移位，应设置临时固定措施。安装时宜在与年平均气温相差不大时进行。

(3)梁底预埋有支座上钢板，与四氟滑板式支座密贴接触的不锈钢板嵌入梁底上钢板内，或用不锈钢沉头螺钉固定在上钢板上，并标出不锈钢板中心线位置。安装支座时，不锈钢板、四氟板表面均应清洁、干净，在四氟滑板表面涂上硅脂油，落梁时要求平稳、准确，无振动，梁与支座密贴，不得脱空。

(4)支座正确就位后，拆除临时固定装置，采取安装防尘围裙措施。

圆形板式橡胶支座的安装施工要点可参照板式橡胶支座相关要求。

五、支座的养护与更换

桥梁支座在遭受损坏、作用不能充分发挥时，将会使桥梁上、下部结构受到不利的影响，也容易对结构物产生重大障碍。因此必须经常养护，损坏时要及时进行更换或修补。

1. 支座的养护

支座的各部分应保持完整、清洁、要扫除垃圾，冬季清除积雪和冰块，保证梁跨自由伸缩；在活动支座滚动面上要定期涂一薄层润滑油，在涂油之前，必须先用钢丝刷或揩布把滚动面揩擦干净。为了防锈，支座各部分除钢辊和滚动面外其余要涂刷油漆保护，对固定支座应检查锚栓坚固程序，支座垫板要平整紧密，即时拧紧接合螺栓。

2. 支座的更换

常用的支座更换方法是采用大吨位、低高度液压千斤顶通过液压泵站控制千斤顶整体顶升全断面或同一墩台顶面梁体进行支座更换。

首先在墩台两侧搭设工作平台，清除墩台顶杂物后平稳放置经标定检验合格后的千斤顶，千斤顶上、下面用钢垫板垫平，使其全面受力。用高压油管连接千斤顶、高压油表、高压泵站等，每片支座处设置一个百分表，以检查梁体升高情况，相邻梁体顶升高差值应控制在1mm以内，顶升均匀缓慢进行，随时检查升高位移的均匀性，并即时进行调整，顶升过程中及时用楔形块楔进顶升梁体防止意外。

待顶升高度超过支座高度时，采用环形钳取出损坏支座，取出前对原有支座的位置进行测量标记，然后将新支座安装在原位置上，并检查位置是否正确，高低合适、接触良好后，缓慢均匀落梁卸出千斤顶，将梁体落梁就位。

第三节　伸缩装置及其安装

为了保证桥跨结构在气温变化、活载作用、混凝土收缩与徐变等影响下按静力图式自由地伸缩变形，就需要使桥面在两梁端之间以及在梁端与桥台背墙之间设置横向的伸缩缝(亦称变形缝)。伸缩缝的构造多种多样，视桥梁变形量和活载的大小而异，其不但要能保证梁的自由变形，而且要使车辆在设缝处能平顺地通过，防止雨水、垃圾、泥土等渗入阻塞；对于城市桥梁还应使缝的构造在车辆通过时能降低噪声。此外，伸缩缝构造应使施工和安装方便，不但其本身要有足够的强度，更应与桥面铺装部分牢固连接；对于敞露式的伸缩缝还要便于检查和清除缝下沟槽的污物。桥面伸缩装置是公路桥梁中的薄弱环节，多年来伸缩缝及其装置发生损坏的事例也屡见不鲜，其中施工程序不合理或施工不慎是造成破坏的因素之一，应该引起施工人员的重视。

一、伸缩装置的分类

为适应材料胀缩变形对结构的影响，而在桥梁结构的两端设置的间隙称为伸缩缝；为了使车辆平稳通过桥面并满足桥面变形的需要，在桥面伸缩接缝处设置的各种装置统称为伸缩装置。在我国各地使用的伸缩装置种类繁多，按其传力方式及构造特点可以分为对接式、钢质支承式、橡胶组合剪切式、模数支承式、无缝式，各种类型的形式、型号等，详细信息如表12-2所示。

桥梁伸缩装置分类信息表　　　　表12-2

序号	分　类	形　式	说　明	型　号
1	钢质支承式	钢质式	采用面层钢板或梳齿钢板的构造	钢梳齿板；钢板叠合
2	橡胶组合剪切式	板式橡胶式	将橡胶材料与钢件组合，以橡胶的剪切变形吸收梁的伸缩变位，桥面板缝隙支承车轮荷载的构造	BF、JB、JH、SD、SC、SB、SG、SEG型；SFJ型；UG型；BSL型；CD型
3	模数支承式	模数式	采用异型钢材或钢组焊接与橡胶密封带组合的支承式构造	TS型；J-75型；SSF型；SG型；XF斜向型；GQF-MZL型
4	无缝式	暗缝式	路面施工前安装的伸缩构造	GP型(桥面连续)
			以路面等变形吸收梁变位的构造	TST弹塑体；EPBC弹塑体
5	对接式	填塞对接式	以沥青、木板、麻絮、橡胶等材料填筑缝隙的构造(在任何状态下，都处于压缩状态)	沥青、木板填塞；U形镀锌铁皮；矩形橡胶条；组合式橡胶条；管形橡胶条
		嵌固对接式	采用不同形状的钢构件将不同形状橡胶条(带)嵌固，以橡胶条(带)的拉压变形吸收梁变位的构造	W型；SW型；M型；SDII型；PG型；FV型；GNB型；GQF-C型

二、伸缩装置的施工程序

桥面的平整度一直是各类公路工程、桥梁工程质量检验评定的一个很重要的指标，而桥梁的伸缩装置则是影响桥面平整度的重要元素之一。如果由于施工程序不合理或施工不慎，在3m长度范围内，其高程与桥面铺装的高程有正负误差，将造成行车的不舒适，甚至会造成跳车，这种现象在高等级公路上更为严重。在车辆跳跃的反复冲击下，将很快地导致桥梁伸缩装置的破坏。因此，遵照伸缩装置的施工程序并谨慎施工是桥梁伸缩装置安装成功的重要保证。

伸缩装置的施工程序分为两类，无缝式伸缩装置的施工程序自成一体，而其余伸缩装置的施工程序可统一表示。无缝式伸缩装置（图12-8）一般用于伸缩量较小的小桥，其上部结构多为板式结构，在板上面还设有约10cm厚的整体化桥面混凝土，根据这一特点，其伸缩装置的施工程序如图12-9所示。

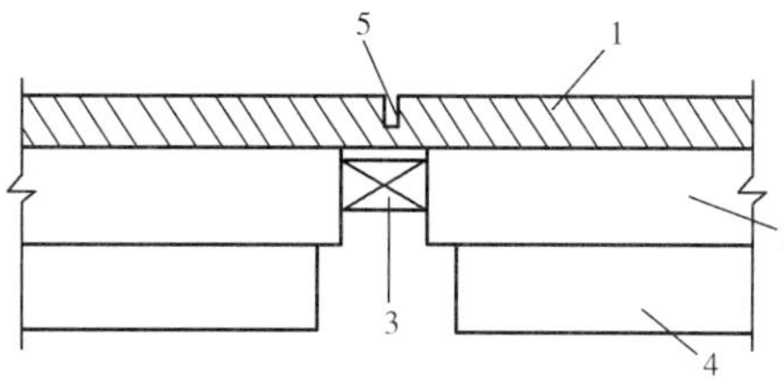

图12-8　无缝式伸缩装置结构示意图
1-桥面铺装；2-桥面整体化混凝土；3-伸缩体；4-梁（板）体；5-锯缝

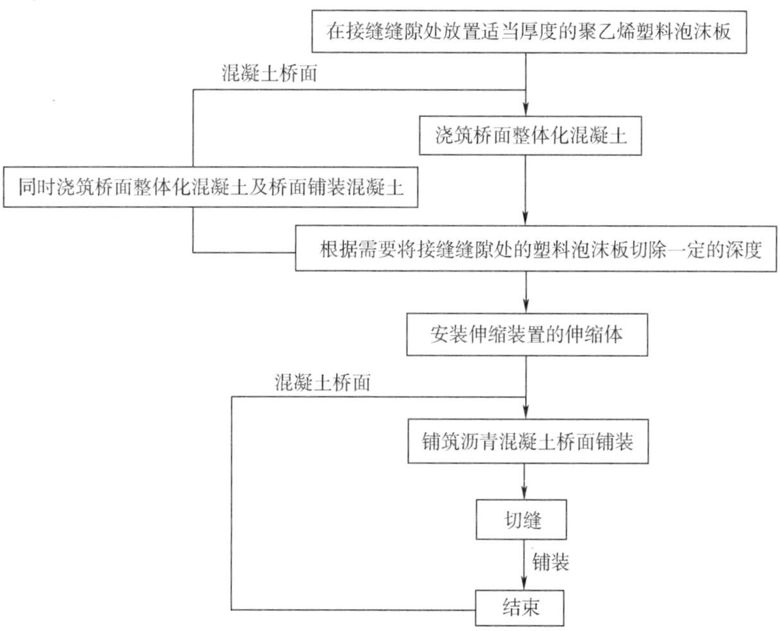

图12-9　无缝式伸缩装置施工流程图

其他类型的伸缩装置可以统一表示为如图12-10所示的结构构造，而相应的施工程序如图12-11所示。伸缩装置宜在桥面铺装完成后，采取反开槽的方式进行安装；当采取先安装再铺装桥面的方式时，应采取有效措施对安装好的伸缩装置进行妥善保护。

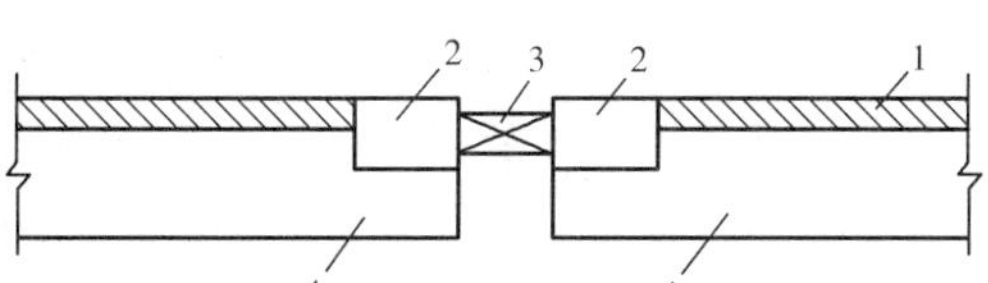

图12-10　其他类型（除无缝式外）伸缩装置结构示意图
1-桥面铺装；2-伸缩装置的锚固系统；3-伸缩缝；4-梁（板）体

三、伸缩装置的安装

实践证明，桥梁伸缩装置破坏的原因多数与锚固系统有关，锚固系统薄弱，本身就容易破坏，锚固系统范围内的高程控制不严，容易造成跳车，车辆的反复冲击，会导致伸缩装置过早破坏。因此，伸缩缝锚固系统的安装相当重要，现将几种主要的伸缩装置的安装施工要点介绍如下。

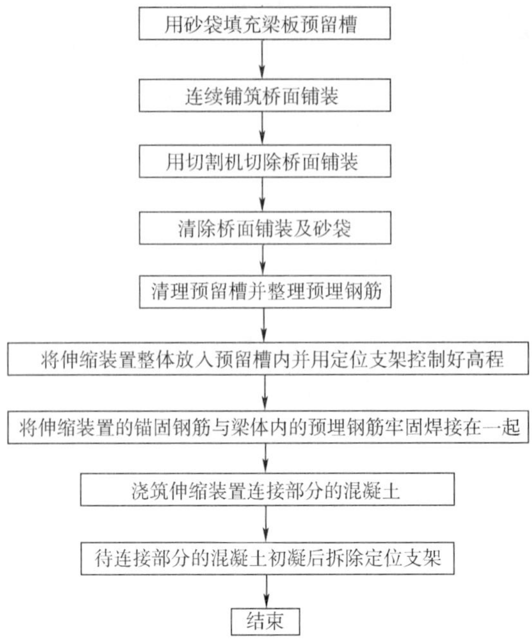

图 12-11　其他类型(除无缝式外)伸缩装置施工流程图

1. 梳齿板式伸缩装置

钢质支承式的伸缩装置是用钢材装配制成的，能直接承受车轮荷载的一种伸缩装置。以前这种伸缩装置多用于钢桥，现也用于混凝土桥梁。钢质支承式伸缩装置的形状、尺寸和种类繁多。其中，面层板成齿形，从左右伸出桥面板间隙处相互啮合的悬臂式构造，或者面层板成悬架的支承式构造，统称为梳齿板式伸缩装置(图 12-12)。梳齿板式伸缩装置的构造是由梳形板、连接件及锚固系统组成，有的梳齿板式伸缩装置在梳齿之间填塞有合成橡胶，起防水作用。

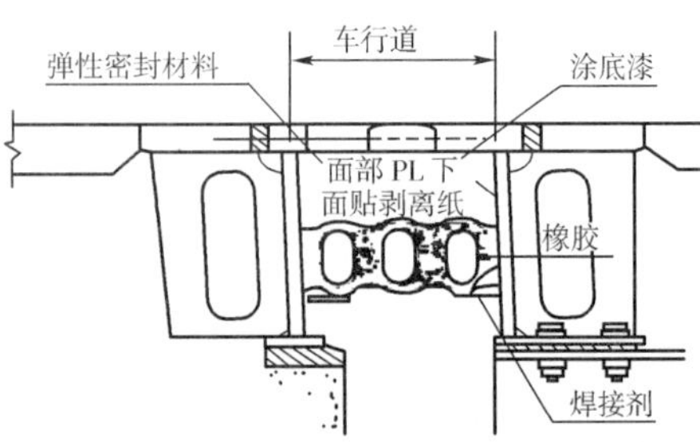

图 12-12　梳齿板式伸缩装置断面图

(1)安装施工流程

梳齿板式伸缩装置的安装施工流程图见图12-13。

(2)安装施工要点

定位角铁的拆除一定要及时，以保证伸缩装置因温度变化而自由伸缩，也可采用其他方法，把相对的梳齿板固定在两个不同的定位角铁上，让它们连同相应的角铁自由伸缩。

安装施工应仔细进行，防止产生梳齿不平、扭曲及其他的变形，安装时一定将构件固定在定位角铁上，以保证安装精度。要严格控制好梳齿间的槽向间隙，由于伸缩方向性的误差及横向伸缩等原因，在最高温度时，梳齿横向间隙不得小于 5mm，齿板的间隙应不小于 15mm。当构件安装及位置固定好之后，就可着手进行锚固系统的树脂混凝土浇筑，为了锚固系统可靠牢固，必须配备较多的连接钢筋及钢筋网，这给树脂混凝土的浇筑带来不便。因此，浇筑混凝土一定要认真细心，尤其角隅周围的混凝土，一定要振捣密实。在钢梳齿根部可适当钻些直径

20mm 的小孔，以利于浇筑混凝土时空气的排除。

对于小规模的伸缩装置，由于清扫和维修非常困难，故一般都不做接缝内的排水设施，但此时必须考虑支座的防水及台座排水与及时清扫等，所以它也只能用于跨河流或不怕漏水场地的桥跨结构。这种伸缩装置，在营运中须加养护，及时清除掉梳齿之间灰尘及石子之类的杂物，以保证它的正常使用。对于焊接而成的梳齿型构件，焊缝一定要考虑汽车反复冲击下的疲劳强度。施工中，应使锚固系统可靠，防止锚固螺栓松动，螺帽脱落，并应设置橡胶密封条防水。

(3)安装时的间隙控制

采用梳齿板式伸缩装置安装时的间隙，应按安装时的梁体温度决定，一般可按下式计算：

$$\Delta_1 = l - l_1 + l_2 \qquad (12\text{-}1)$$

式中：Δ_1——安装时的梳齿板间隙；

l——梁的总伸缩量；

l_1——施工时梁的伸长量，应考虑混凝土干燥收缩引起的收缩量，预应力混凝土梁还应考虑混凝土徐变引起的收缩量；

l_2——富余量。

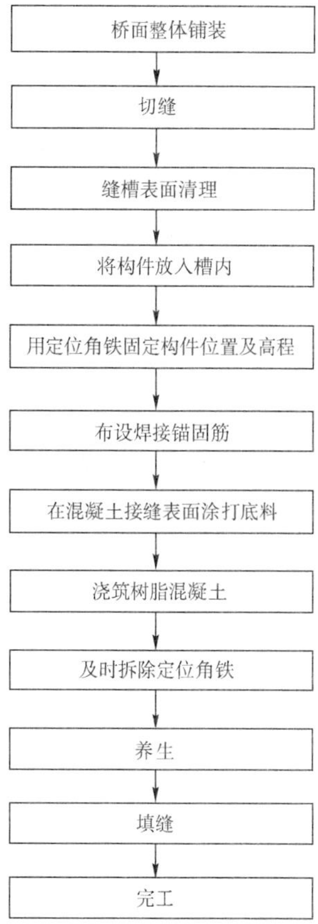

图 12-13　梳齿板式伸缩装置安装施工流程图

2. 橡胶伸缩装置

采用橡胶伸缩装置时，材料的规格、性能应符合设计要求。根据桥梁跨径大小或连续梁(包括桥面连续的简支梁)的每联长度，可分别选用纯橡胶式、板式、组合式橡胶伸缩装置。板式橡胶伸缩装置是利用橡胶材料剪切模量低的原理设计制造而成。该装置在剪切橡胶伸缩体内设有上下凹槽，橡胶体内埋设承重钢板和锚固钢板，并设有预留螺栓孔，通过螺栓与梁端连成整体，它是依靠上下凹槽之间的橡胶体剪切变形来满足梁体结构的相对位移；依靠橡胶伸缩体内预埋钢板跨越梁端间隙，承受车辆荷载(图 12-14)。国内生产的具有代表性的产品有 BF 型、SEJ 型、UG 型、BSL 型和 CD 型。

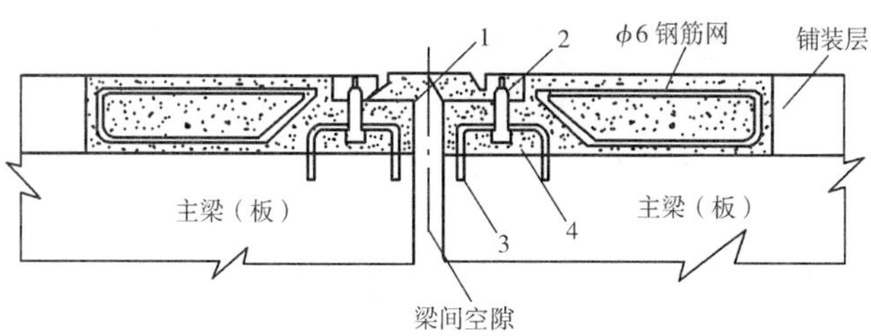

图 12-14　板式橡胶伸缩装置断面图

1-橡胶板；2-预埋螺栓；3-预埋锚筋(ϕ10mm)；4-水平筋(ϕ10mm)

板式橡胶伸缩装置，具有构造简单、安装方便、经济适用等优点，主要适用于伸缩量为30～60mm 的二级以下的公路桥梁。该伸缩装置应有成品解剖检验证明，安装时，应根据气温高低，对橡胶伸缩体进行必要的预压缩。气温在 5℃以下时，不得进行橡胶伸缩装置施工。采用后嵌式橡胶伸缩体时，应在桥面混凝土干燥收缩完成且徐变也大部分完成后再进行安装。

伸缩装置安装时，首先应检查桥面板端部预留的槽口的尺寸、钢筋，注意不受损伤，若为沥青混凝土桥面铺装，宜采用后开槽工艺安装伸缩缝，以提高与桥面的顺适度；其次，根据安装时的环境温度计算橡胶板伸缩装置的模板宽度与螺栓间距，将准备好的加强钢筋与螺栓焊接就位，然后浇筑混凝土并洒水养生；最后，将混凝土表面清洁后，涂防水胶黏材料，应根据气温和缝宽，进行必要的调整后，再将伸缩装置安装就位，且安装后应使其处于受压状态，向伸缩装置螺栓孔内灌注防蚀剂后，注意及时盖好盖帽。伸缩装置的位置、构造应按《公路桥梁橡胶伸缩装置》(JT/T 327—2004)规定办理。

3. 模数式伸缩装置

随着我国高等级公路和城市高架桥建设事业的迅速发展，桥梁的长大化得到突破性进展，这就要求有结构合理、大位移量的桥梁伸缩装置来适应这一发展的需要。然而板式橡胶制品类的伸缩装置，很难满足大位移量的要求；钢质型的伸缩装置，又很难做到密封不透水，而且容易造成对车辆的冲击，影响车辆的行驶舒适性。因此，出现了利用吸震缓冲性能好又容易做到密封的橡胶材料，与强度高、刚性好的异型钢材组合的，在大位移量情况下能承受车辆荷载的各种类型模数支承式(模数式)桥梁伸缩装置系列。

模数式伸缩装置是由 V 形截面和其他截面形状的橡胶密封条(带)嵌接于异型边梁钢和中梁钢内组成的可伸缩密封体，其优点主要是密封不透水、行车性能好、可满足大位移量的要求。它适用于伸缩量为 80～1 200mm 的桥梁工程。其主要产品有 J-75 型、TS 型、SSF 型、SG 型 XF 斜向支承型、GQF-MZL 型、德国毛勒模数式等伸缩装置(图 12-15)。

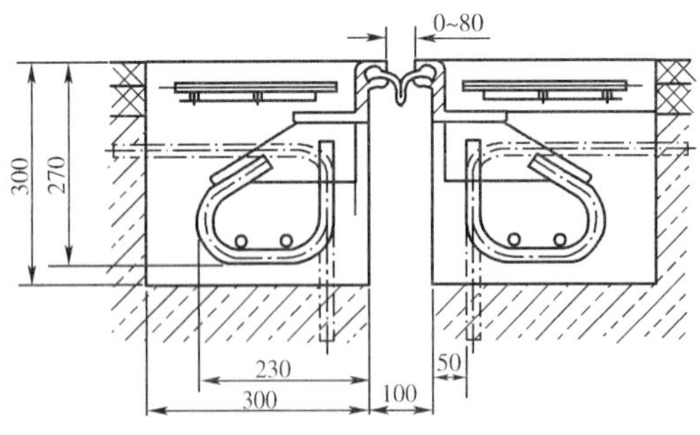

图 12-15　德国毛勒模数式伸缩装置断面图(尺寸单位：mm)

伸缩装置中所用异型钢梁沿长度方向的直线度应满足 1.5mm/m，全长应满足 10mm/10m 的要求。伸缩装置钢构件外观应光洁、平整，不允许扭曲变形，且应进行有效的防腐处理。伸缩装置必须在工厂进行组装，组装钢构件应进行有效的防护处理；吊装位置应用明显颜色标明；出厂时应附有效的产品质量合格证明文件。伸缩装置在运输中应避免阳光直接暴晒，雨淋雪侵，并应保持清洁，防止变形，且不能与其他物质相接触，并需注意防火。

施工安装时，要按照设计核对预留槽尺寸，预埋锚固筋若不符合设计要求，必须首先处理，满足设计要求后方可安装伸缩装置。伸缩装置安装之前，应按照安装时的气温调整安装时的定位值，用专用卡具将其固定。安装时，伸缩装置的中心线与桥梁中心线重合，并使其顶面高程与设计高程相吻合，按桥面横坡定位、焊接；绑扎其他钢筋和铺设防裂钢筋网等工作，应在按桥面横坡定位、焊接固定后进行。浇筑过渡段混凝土前应将间隙填塞；浇筑时应防止混凝土渗入伸缩装置的位移控制箱内，或撒落在密封橡胶带缝中及表面，如发生此现象，应立即清除；浇筑混凝土后应将填塞物及时取出。伸缩装置两侧的过渡段混凝土应覆盖洒水养护不少于 7d，其强度满足设计要求后，方可开放交通。

4. 弹塑体材料填充式伸缩装置

伸缩缝所用弹塑体，其胶结材料系采用橡胶沥青内掺多种高分子聚合物组成，石料采用粒径较单一(如 6～25mm) 短级配石料。施工时，在梁端伸缩缝处先盖以跨缝铝板(厚 1mm，柔性)或钢板(厚 6mm,刚性),将胶结料和专用石料在高温条件下拌和均匀,摊铺在预留伸缩缝位置,经压实后构成为一种无缝式弹性伸缩装置(图 12-16)。此类伸缩装置的优点是施工方便、快捷,桥面无缝,车辆行驶较舒适,适用于位移量小于 50mm 的中、小桥梁中,适应温度为−25~60℃。当位移量较大时,伸缩缝在工作过程中,弹塑体可产生 3mm 以上的隆起或凹陷,桥面平整度将达不到沥青混凝土面层的技术要求,行车也会有不平整的感觉。该种伸缩装置设计使用年限 5~7 年,弹塑体的更换除将增大桥梁养护成本外,还给大交通量下的维修工作带来不便。当梁端挠度较大时,由于重复变形的疲劳影响,弹塑体易产生开裂破坏。因此,一般认为弹塑体伸缩装置应限制用在小伸缩量的中小桥梁中,对高速公路和其他重载、大交通量路线中的桥梁,或日温差较大、梁端变形大的桥梁中则不宜使用。

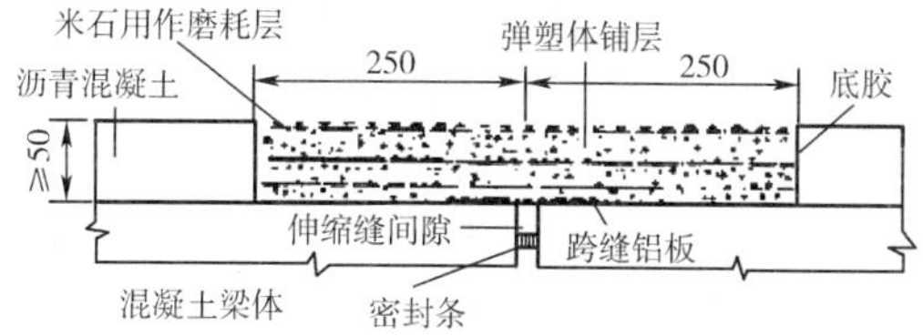

图 12-16　弹塑体材料填充式伸缩装置断面图(尺寸单位:mm)

弹塑体材料物理性能应符合有关规定,产品应附有效的合格证书。弹塑体材料加热熔化温度应按要求严格控制。主层石料压碎值不大于 30%,扁平及细长石料含量少于 15%~20%,石料使用前应清洗干净,其加热温度控制在 100~150℃。

风力大于 3 级,气温低于 10℃及有雨时不宜施工。施工可采用分段分层浇灌铺筑法,亦可采用分段分层拌和铺筑法。

5. 复合改性沥青填充式伸缩装置

伸缩体由复合改性沥青及碎石混合而成。适用于伸缩量小于 50mm 的中、小跨径桥梁工程,适用温度为−30~70℃。

改性沥青应符合产品有关规定,其加热熔化温度要控制在 170℃以内。粗石料(14~19mm)和细石料(6~10mm)应满足以下要求:强度>100MPa;密度 2.6~3.2g/cm^3;磨耗值(L. A)<30;磨光值(P. S. V)>42;压碎值(A. C. V)<20;扁平细长颗粒含量<15%。嵌入桥梁伸缩缝空隙中的 T 形钢板厚度 3~5mm,长度约为 1m 左右。

四、伸缩缝质量标准

伸缩缝安装的质量标准见表 12-3。

伸缩装置安装质量标准　　　表 12-3

项　目		规定值或允许偏差
长度(mm)		符合设计要求
缝宽(mm)		符合设计要求
与桥面高差(mm)		2
纵坡(%)	一般	±0.5
	大型	±0.2
横向平整度(mm)		3

注:缝宽应按安装时的气温折算。

第四节　桥面铺装层施工

桥面铺装层是直接承受汽车荷载的桥梁表层，除受汽车轮载的直接作用外，还受环境因素（温度和湿度等）的影响，受力状态极为复杂，若设计、施工稍有不当，则容易造成铺装层的早期损坏。据统计，桥面铺装层的损坏极易发生，损坏率远远超过路面损坏率，并且损坏先发生裂缝唧浆，接着形变、网裂，最后演变成坑洞，将严重影响桥梁整体性、行车安全及舒适性，因此，必须对其给予足够重视。

桥面铺装层的作用是实现桥梁的整体化，使各片主梁共同受力，同时为行车提供平整舒适的行车道面。高等级公路及二、三级公路桥梁的桥面铺装层一般为复合式铺装，即上层为4～8cm的沥青混凝土，下层为8～10cm的水泥混凝土桥面铺装。水泥混凝土增加桥梁的整体性，沥青混凝土提高行车的舒适性，同时能减轻车辆对桥梁的冲击与振动。四级公路或个别三级公路桥梁为减少工程造价，直接采用水泥混凝土桥面铺装，也有三级公路桥梁在水泥混凝土桥面上铺设一层沥青碎石或沥青表处，所以桥面铺装层的结构形式应根据公路桥梁等级、交通量大小和荷载等级设计确定。本节将分别介绍各种桥面铺装层及其施工技术。

一、沥青混凝土桥面铺装

沥青混凝土桥面铺装是混凝土铺装层的其中一类，沥青混凝土以其独特的性质和性能，为提高并完善桥面铺装层的功能作出了不可磨灭的贡献。随着桥梁建设事业、桥梁形式及规模的不断发展，沥青混凝土桥面铺装工艺和技术也随之推陈出新，并在实践中形成了双层式SMA、浇筑式沥青混凝土及环氧沥青混凝土等多种铺装材料和工艺，不仅用于钢筋混凝土桥面，更针对解决钢桥面防渗水、钢桥面板与沥青铺装层的黏结效果、沥青铺装层的使用性能及耐久性能等方面。

浇筑式沥青混凝土（Mastic Aspalt，也有部分国家称Guss Asphalt，guss源自德语）指在高温状态下（200～260℃）进行拌和，混合料摊铺时流动性大，依靠自身的流动性摊铺成型，无需碾压，沥青、矿粉含量较大，空隙率小于1%的一种特殊的沥青混合物。浇筑式沥青混凝土具有优良的防水、抗老化及疲劳耐久性，对钢板的追从性、与钢板间的黏结性能与一般沥青混凝土相比具有很大的优势。因为浇筑式沥青混凝土具有上述特点，其在钢桥面铺装上得到广泛应用。由于各地气候条件、荷载状况的不同，各国在浇筑式沥青混凝土的使用上也不尽相同。日本一般把浇筑式沥青混凝土作为双层复合结合的下层，上层采用改性沥青混凝土，如本州四国联络桥；德国、丹麦等采用双层浇筑结构的比较多，如大、小贝尔特桥；有的采用单层浇筑式沥青混凝土，如英国的福塞桥等。但不论浇筑式沥青混凝土在桥面铺装中以何种结构层次出现，其施工工艺大同小异。

以美国为代表的环氧沥青混凝土，是在沥青中加入环氧树脂，并经过固化反应，使沥青性质由热塑性转为热固性，从而使该材料具有很多优良的性能。环氧沥青混凝土具有很高的强度，其马歇尔稳定度是一般沥青混凝土的3～5倍；还有很好的耐疲劳性能和良好的耐腐蚀性；铺装层材料变形特性好，能尽量追随钢板的伸缩变形；热稳定性好，高温时不发生推移和车辙等永久变形；抗裂性好，低温时不产生硬化和开裂，铺装层对钢桥面板变形有良好的追从性；防水性能好，混合料沥青含量高，环氧沥青黏结性好，集料较细（最大公称粒径13.2mm），属于密集型混合料，能阻止水分渗透到桥面钢板，防止钢板锈蚀；环氧沥青重量轻，铺装层面较薄，降低了对钢桥的静荷载；环氧沥青要求养护的时间比较长，一般在 28d 以后才可开放交通；性价比高，环氧沥青铺装层单价较高（主要原因是目前环氧沥青全部美国进口），但使用寿命长，减少了维修周期，降低了维护费用。在我国南京长江第二大桥和江苏润扬长江公路大桥钢桥面铺装施工中均成功地采用了这种形式（图 12-17、图 12-18）。

图 12-17　南京长江第二大桥

图 12-18　润扬长江公路大桥桥面铺装

沥青混凝土桥面铺装应按设计要求施工。沥青混凝土的配合比设计、铺筑、碾压等施工程序，应符合现行《公路沥青路面施工技术规范》（JTG F40—2004）的有关规定。具体施工要点详述如下。

1. 准备工作

铺筑沥青混凝土面层以前，须对混凝土桥面的平整度、粗糙度等进行检查，桥面应平整、粗糙、干燥、整洁，并应符合规定的设计要求。并测设中线和边线的高程，根据所需铺筑沥青混凝土的最小、最大及平均厚度计算沥青混凝土的数量，做好用料计划。

清扫桥梁混凝土面层，保持清洁、干燥，并喷洒黏层油，黏层沥青宜采用快裂的洒布型乳化沥青，也可采用快、中凝液体石油沥青或煤沥青，并采用机械喷布工艺，用量一般控制在 0.3～0.4kg/m^2，要求洒布均匀。

2. 浇洒黏层沥青工艺要求

如上所述，黏层沥青应均匀洒布（亦可涂刷），浇洒过量的局部地段或积聚油量较多时应予以刮除。当气温低于 10℃或水泥混凝土桥面层潮湿（或不洁），不得浇洒黏层沥青。浇洒黏层沥青后，严禁除沥青混合料运输车外的其他车辆、行人通过。黏层沥青洒布后，应紧接铺筑沥青混凝土面层，但乳化沥青应待破乳、水分蒸发完后铺筑。洒布沥青黏层前宜在路缘石上方涂刷石灰水或粘贴保护纸张，以免沥青沾染缘石。

3. 伸缩缝处理

铺筑沥青面层时，伸缩缝处宜用黄砂等松散材料临时铺垫与水泥混凝土顶面相平，沥青混凝土面层可连续铺筑，铺筑完成后再按所用伸缩装置的宽度，画线切割，挖除伸缩缝部分的沥青混凝土后再安装伸缩装置。

4. 热拌沥青混合料的运输

沥青混凝土面层铺筑用沥青混合料应采用较大吨位的自卸汽车运输，车厢应清扫干净。为防止沥青与车厢板黏结，车厢侧板和底板可涂一薄层油水混合液（柴油与水比例可为 1∶3），但不得有余液积聚在车厢底部。运料车应用篷布覆盖，用以保温、防雨、防污染，夏季运输时间短于 0.5h 时，亦可不加覆盖。连续摊铺过程中，运料车应在摊铺机前 10～30cm 处停住，不得撞击摊铺机；卸料过程中运料车应挂空挡，靠摊铺机推动前进。沥青混合料运至摊铺地点后应凭运料单接收并检查拌和质量及温度要求，遇有已经结成团块或已经遭雨淋湿的混合料不得铺筑在桥面、道路上。

5. 沥青混凝土面层的铺筑

铺筑沥青混凝土面层应采用机械摊铺，并宜以伸缩缝的间距确定一次铺筑的长度，要求在相邻两个伸缩缝之间尽量不设施工缝。桥面的宽度宜在 1d 内铺筑成，每次铺筑的纵向接缝宜在上次铺筑的沥青混凝土的实际温度未降至 100℃时予以接缝铺筑并碾压。

根据混凝土桥面层的平整度、沥青混凝土面层的厚度和结构层次决定一次铺筑或两次铺筑。沥青混凝土面层厚度大于 6cm 时，宜采用两次铺筑以提高沥青混凝土面层的平整度。沥青混合料必须缓慢、均匀、连续不间断地摊铺，摊铺过程中不得随意变换速度或中途停顿。摊铺速度一般应控制在 2～6m/min，可根据沥青混合料供应及机械配套情况及摊铺层厚度、宽度确定。

摊铺好的沥青混合料应紧接碾压（碾压方法、要求可参照沥青路面施工有关规定）。如因故不能及时碾压或遇雨时，应停止摊铺，并对卸下的沥青混合料覆盖保温。当先铺筑的沥青混凝土的实际温度降至 80℃以下时，与后铺筑的沥青混凝土应按冷接缝方式处理，即铣刨接缝处的沥青混凝土，要求接缝顺直。纵缝的铣刨宽度宜为 20～30cm，横缝的铣刨宽度应用 3m 直尺测量后决定，一般不宜小于 100cm。如无铣刨机时，可按划线用切缝机切割后，再凿除。

沥青混凝土面层的铺筑和碾压宜从下坡向上坡进行。施工车辆和施工机械不允许停留在新铺筑的沥青混凝土面层上，也不允许柴油之类的油料滴漏在沥青混凝土面层上，以免引起沥青混凝土软化、壅包。当采用刻槽方式增加沥青混凝土铺装层与混凝土桥面的啮合，提高其抗滑能力时，刻槽的宽度宜为 20mm，槽间距宜为 20m，槽深宜为 3～5mm。

二、水泥混凝土桥面铺装

1. 普通水泥混凝土桥面铺装

如图 12-19 所示，水泥混凝土桥面铺装结构层次非常简单，除了桥面铺装的材料性能之外，其施工的焦点就集中在桥面铺装层的上下两个界面上。表面是行车面，应保证其耐磨、抗滑且具有规范要求的平整度，提供给行车一个舒适、安全、美观的环境；下表面与混凝土桥面板的上表面相接触，需要保证两者间黏结牢固，在行车荷载作用下不出现剥离现象，保证整个铺装结构的耐久性，使其在设计年限内不出现破坏。

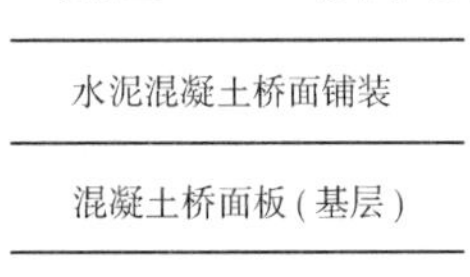

图 12-19 某大桥水泥混凝土桥面铺装

影响桥面板与桥面铺装层之间黏结的因素主要有：铺筑前桥面板表面的清洁程度、铺筑前桥面板表面的微裂缝、铺筑前桥面板表面的水泥混凝土浮浆、铺筑层混凝土的振捣、铺筑层的养护、铺筑前桥面板表面的潮湿程度、铺筑前桥面板表面的粗糙度以及铺筑前桥面板表面的黏结剂的选用等。此外，钢筋绑扎、混凝土的浇筑也是铺装施工成功的关键环节。因此，针对各种影响因素，制定好相应的措施指导施工工艺，才能铺筑出满足使用要求的桥面铺装层。具体施工要点如下：

(1)准备工作

浇筑面层铺装混凝土时，必须在横向连接钢板焊接工作完成后方可进行，以免后焊的钢板胀缩引起桥面混凝土在接缝处发生裂纹。浇筑混凝土前使梁、板顶面粗糙，清洗干净，按设计要求铺设纵向接缝钢筋和桥面钢筋网，然后浇筑。桥面铺装混凝土如设计为防水混凝土，施工时应按防水要求施工，防水层不得漏水或使水渗入结构本体。浇筑铺装层之前应复测梁板间高程，如系预应力混凝土梁，则每跨至少复测跨中和支点处的中线和边线高程；如果铺装层的最小厚度不能满足设计要求时，就需调整设计高程，应事先取得有关方面的同意和签证。

(2)钢筋绑扎

桥面钢筋的绑扎应根据设计要求和有关规定，一般可参照现行规范中钢筋的有关绑扎搭接要求，必须注意放正钢筋位置，对斜交桥梁，桥面钢筋应按图纸规定方向放置，防止有误；所有钢筋均应正确留有保护层厚度；采用双层钢筋网时，两层钢筋之间应有足够数量的定位撑筋，以保证两层钢筋的位置正确。

(3)混凝土浇筑

铺筑桥面混凝土时，为防止铺装层出现收缩裂缝，宜采用分仓浇筑施工法。分仓原则可按桥面宽度以及无伸缩缝桥面的长度来考虑，并在施工组织设计中有计划地事先做好周密部署，重大工程尤其不可忽视。

(4)注意事项

浇筑铺装层时，必须严格要求，不得在钢筋上搁置重物或运料小车在钢筋网上推运及人行践踏而使钢筋变位，必须搭设走道支架架空，并在浇筑过程中，随时注意纠正钢筋位置。浇筑混凝土时，宜从下坡向上坡进行；要求路拱符合设计规定，面层必须平整、粗糙；由于桥面纵坡较大，因此必须进行压纹处理。当在水泥混凝土面层上，还需铺装沥青混凝土时，其做面应采取防滑措施，并宜分两次进行。第二次抹平后，应沿横坡方向拉毛或采用机具压槽，拉毛或压槽的深度应符合现行行业标准《公路水泥混凝土路面施工技术规范》(JTG F30—2003)的有关规定，用以增加与沥青混凝土面层的黏结。沥青混凝土面层宜采用粗糙度较大的防滑层结构。连续桥面的施工应符合有关设计规定的要求。

2. 钢纤维水泥混凝土桥面铺装

钢纤维混凝土(简称 SFRC)是一种具有优良力学性能的特种混凝土。在水泥混凝土中加入一定数量的钢纤维后，由于钢纤维在混凝土中的均匀分布，在受载过程中限制了混凝土基体的开裂，因而混凝土表现出较高的抗裂和抗冲击性，其抗拉、抗弯、抗剪性能和耐磨性得到显著提高，在延长路面的使用寿命和降低养护维修费用等方面，都优于普通混凝土。同时，由于钢纤维混凝土具有较高的强度，可以减薄铺筑厚度，对一些受高程限制的特殊地段，特别是桥位处的桥面铺装，具有重要的使用价值。

桥面铺装层的厚度应根据当地的气候条件、桥面的使用条件、桥梁结构对桥面的要求和钢纤维混凝土的性能并参考已有工程的经验来确定，一般宜在 80～90mm 之间取值。例如：三峡工程对外交通专用公路桥桥面，铺装层的厚度采用 100mm，铺装层的材料用钢纤维混凝土，另配两层钢筋直径为 8mm，网格为 150mm×150mm 的钢筋网，采用这种较为简单的复合型铺装层，既可保持复合型铺装层的优良力学性能，又不至于给施工造成太大的困难。钢纤维混凝土作为桥面铺装层，国内虽进行了一些初步研究，但从设计理论与方法到施工技术还有许多技术问题需要研究解决。

钢纤维水泥混凝土桥面铺装除了符合普通水泥混凝土的铺装要求外，还应符合现行中国工程建设标准化协会标准《纤维混凝土结构技术规程》(CECS 38—2004)的规定。

桥面用钢纤维混凝土，强度等级不低于 CF30；采用硅酸盐水泥或普通硅酸盐水泥，其强度不低于 42.5 级；水泥用量应不少于 360kg/m³。钢纤维混凝土施工宜采用机械搅拌，当钢纤维体积率较高，拌和物稠度较大时，搅拌机一次搅拌量不宜大于其额定搅拌量的 80%。搅拌和投料次序和方法应以搅拌过程中钢纤维不产生结团和保证一定的生产率为原则，并通过试拌或根据经验确定。宜优先采用将钢纤维、水泥、粗细集料先干拌而后加水湿拌的方法，也可采用先投放水泥、粗细集料和水，在拌和过程中分散加入钢纤维的方法。必要时可采用钢纤维分散机布料。钢纤维混凝土的搅拌时间应通过现场搅拌试验确定，并应较普通混凝土规定的搅拌时间延长 1～2min。采用先干拌后加水的搅拌方式时，干拌时间不宜少于 1.5min。

钢纤维混凝土应采用机械振捣，应保证钢纤维分布均匀。首先用平板式振捣器振捣密实，然后用振动梁振捣整平；其次，用表面带凸棱的金属圆滚将竖起的钢纤维和位于表面的石子和钢纤维压下去，然后用金属圆滚将表面滚压平整。待钢纤维混凝土表面无泌水时用金属抹刀抹平，经修整的表面不得裸露钢纤维，也不应留有浮浆。抹平的表面应在初凝前作拉毛处理。拉毛时不得带出钢纤维，拉毛工具可使用刷子和压滚，不得使用木刮板、粗布路刷和竹扫帚。钢纤维混凝土可采用与普通混凝土相同的养护方法。

钢纤维混凝土桥面铺装层厚度一般宜在 80～90mm 间选取，有特殊需要时可适当减薄，但不宜小于 60mm。钢纤维混凝土桥面层内配置的钢筋网应较相应普通混凝土桥面层内配置的钢筋网数量少，宜采用直径 8mm，间距 200mm 的钢筋网，保护层厚度宜取 35mm。对于小跨径的桥面或确有当地工程经验时，可取消钢纤维混凝土桥面层内的钢筋网。

桥面层分缝应采用矩形分块，纵缝和横缝应垂直相交，纵缝两侧的横缝不得互相错位。纵缝的间距由桥面宽度确定，但不应大于 15m。单向坡三车道或小于三车道的桥面可不设纵缝。横缝分为缩缝和胀缝。横向缩缝间距应依据当地气候条件、钢纤维的性能和体积率、桥面长度等因素确定，宜在 10～15m 间选取，最长不得超过 20m。胀缝间距可取缩缝间距的 2 倍，胀缝宽度宜取 5～8mm。

三、复合式桥面铺装

复合式桥面铺装，即前面介绍过的上层为沥青混凝土桥面铺装，下层为水泥混凝土桥面铺装。其铺装施工的方法和要点直接参照各自铺装施工技术即可。

四、钢桥面铺装

钢桥面铺装的结构层、厚度、材料等应符合设计规定。铺装施工前应制订专项施工技术方案，并应做好人员培训、材料的调查试验以及机具设备的检查维护等准备工作。钢桥顶面在出厂时应按设计要求涂防锈漆，在桥面铺装施工前应喷丸除锈并做防锈处理。铺装施工前应做试验段，试验段的铺设应包括，钢桥面铺装的全部工序。

铺装施工在一道工序完成之后，下道工序应连续进行；上层铺装施工前其下层应保持干燥、整洁，不得有尘土、杂物、油污或损坏，当不符合要求时应予以处理。铺装层完工后，应规定时限，期间严禁车辆通行。

钢桥面铺装宜避开雨季施工。钢桥面铺装的每个层次均不得在雨天施工，施工中遇雨必须立即停工，在消除雨水所带来的危害后，方可重新施工。钢桥面铺装施工的环境温度应在 15℃以上，且不宜在夜间施工。

五、桥面铺装施工质量标准

混凝土桥面铺装施工质量标准见表 12-4。

混凝土桥面铺装施工质量标准　　表 12-4

<table>
<tr><td colspan="3">项　　目</td><td colspan="2">规定值或允许偏差</td></tr>
<tr><td colspan="3">强度或压实度</td><td colspan="2">符合设计要求</td></tr>
<tr><td colspan="3" rowspan="2">厚度</td><td>沥青混凝土</td><td>水泥混凝土</td></tr>
<tr><td>+10,−5</td><td>+20,−5</td></tr>
<tr><td rowspan="5">平整度</td><td rowspan="2">高速公路、一级公路</td><td>IRI(m/km)</td><td>2.5</td><td>3</td></tr>
<tr><td>σ(mm)</td><td>1.5</td><td>1.8</td></tr>
<tr><td rowspan="3">其他公路</td><td>IRI(m/km)</td><td colspan="2">4.2</td></tr>
<tr><td>σ(mm)</td><td colspan="2">2.5</td></tr>
<tr><td>最大间隙 h(mm)</td><td colspan="2">5</td></tr>
<tr><td colspan="2" rowspan="2">横坡(%)</td><td>水泥混凝土面层</td><td colspan="2">±0.15</td></tr>
<tr><td>沥青混凝土面层</td><td colspan="2">±0.3</td></tr>
<tr><td colspan="3">抗滑构造深度</td><td colspan="2">符合设计要求</td></tr>
</table>

注:①桥长不足 100m 时,按 100m 处理;

②高速公路、一级公路上的小桥可按路面的要求进行质量控制。

对钢桥面沥青混凝土铺装进行检测时,不得采用钻孔法,而应采用无损检测法。钢桥面铺装施工质量应符合表 12-5 的要求。

钢桥面铺装施工质量标准　　表 12-5

<table>
<tr><td colspan="3">项　　目</td><td>规定值或允许偏差</td></tr>
<tr><td rowspan="4">压实度代表值</td><td rowspan="2">SMA</td><td>面层</td><td>理论最大密度的 94%</td></tr>
<tr><td>下层</td><td>理论最大密度的 95%</td></tr>
<tr><td>AC</td><td>面层</td><td>理论最大密度的 94%</td></tr>
<tr><td>环氧沥青混凝土</td><td>面层、下层</td><td>理论最大密度的 97%</td></tr>
<tr><td rowspan="2">面层厚度</td><td colspan="2">代表值</td><td>设计值的−10%</td></tr>
<tr><td colspan="2">极值</td><td>设计值的−20%</td></tr>
<tr><td rowspan="2">总铺装层厚度</td><td colspan="2">代表值</td><td>设计值的−8%</td></tr>
<tr><td colspan="2">极值</td><td>设计值的−15%</td></tr>
<tr><td rowspan="2">平整度</td><td colspan="2">标准差(mm)</td><td>≤1.2</td></tr>
<tr><td colspan="2">最大间隙(mm)</td><td>≤3</td></tr>
<tr><td colspan="3">路表渗水系数(mL/min)</td><td>≤200</td></tr>
<tr><td colspan="3">宽度(mm)</td><td>−20</td></tr>
<tr><td colspan="3">横坡度(%)</td><td>±0.3</td></tr>
<tr><td colspan="3">表层构造深度(mm)</td><td>满足设计要求</td></tr>
<tr><td colspan="3">摩擦系数</td><td>满足设计要求</td></tr>
</table>

第五节　其他附属工程施工

除以上章节叙述的桥面工程外，仍有很多桥面的细部单项工程，如桥面防水、泄水管、桥面防护设施、桥头搭板等，统称为桥面附属工程，共同组成桥面并完成桥面的整体功能，不可或缺。因此，其施工技术的研究、施工质量的好坏也需要引起桥梁工作者的重视。

一、桥面防水施工

由于桥面柔性防水层可以同时保护桥面板和主梁钢筋不被碳化和腐蚀破坏，因此目前在提高混凝土桥面的耐久性时柔性防水材料使用较多，且效果良好。桥面防水层施工是对防水材料的一次再加工，其施工质量的好坏直接关系到整个防水系统的成败。

1. 卷材类防水层施工

(1)施工顺序及铺设方向

大面积铺设卷材前，应先做好一些细部如泄水管处、伸缩缝处等的密封处理。卷材铺设应采取“先低后高、先远后近”的施工顺序，即有纵坡的桥面先从纵坡低处铺起；在横向，先铺路拱低处(即从两边铺向中间)。卷材的铺设方向宜与桥梁中心线平行，沿桥梁纵向铺设。对于弯桥，宜与桥梁中心线成最小的角度铺设，并选择合理的裁剪方式，使裁剪量和搭接缝尽可能少，表面看起来整洁美观。

(2)搭接方法、宽度及要求

卷材间连接采用搭接法，长短边搭接宽度在考虑材料特殊要求的基础上应分别大于等于100mm、150mm；相邻两幅卷材间的接头还应相互错开300mm以上，以免接头处多层卷材重叠而黏结不实；搭接缝处宜用相同成分黏结密封材料封严。

(3)施工工艺

卷材铺设前应按照桥面准备方法及标准对桥面进行认真清理，特别是平整度不符合要求和浮浆比较严重的区域。对于大多数厂家的卷材都要求底涂，即设下黏层，底涂层材料及其用量一般由卷材提供方配套提供，一般采用刷或喷涂的方法施工。根据防水工程的具体情况，确定卷材的铺设顺序和铺设方向，并进行试铺。在基层上弹出基准线，然后沿基准线铺设卷材。

采用热熔法铺设卷材时，先把卷材展铺在预定的位置上，将卷材末端用火焰加热器加热熔融涂盖层，并粘贴固定在预定的基层表面上。然后把卷材的其余部分重新卷成一卷，并用火焰加热器对准卷成卷的卷材与基层表面的夹角，均匀加热至卷材表面开始熔化并呈光亮黑色时即可边熔融卷材涂盖层，边滚铺卷材。滚铺时应排除卷材与基层间的空气，使之平展并黏结牢固，卷材的搭接缝部位以均匀地溢出沥青为宜。溢出的热熔改性沥青，应立即用刮板刮平，沿边封严。铺设卷材时应注意加热均匀，不得过分加热或使用强火在一处停留不动而烧穿卷材，但也切忌慢火烘烤。喷枪头与卷材面一般应保持300～500mm的距离，与基层成30°～45°角为宜，如图12-20所示。卷材被热熔后应立即铺设，并在卷材还较柔软时用压辊进行滚压，排除卷材下面的空气，使其黏结牢固。

防水层与路缘石、护栏、伸缩缝等处的细部处理，按照细部结构处理方法实施，应精心设计裁剪方式，做到布局、用料合理，表面美观。泄水管处宜将卷材直接铺设过去，然后将泄水口上的卷材剪开，向下粘贴到管内壁。如果泄水管管径较小，应先在下面垫贴一块卷材。

2. 涂膜类防水层施工

基层应平整、坚实，符合桥面准备标准，如不满足则按推荐的处理措施进行校正。将稀释的防水材料均匀涂布于基层找平层上，涂刷时最好选择在无阳光的早晚间进行，以使涂料有充分的时间向基层毛细孔内渗透，增强涂层对底层的黏结力。涂刷时应做到厚度适宜，涂布均匀，不得有流淌、堆积或漏涂现象，以利于水分蒸发，避免起泡。

中(间)涂层为加筋涂层，要铺贴胎体增强材料，一般为玻璃纤维网布或聚酯无纺布。胎体材料可顺着车道行进方向铺贴，各幅材料间采用搭接法，长短边搭接宽度分别为 100mm、150mm。铺贴胎体材料时，一般边涂防水材料边铺贴胎体材料。为了操作方便，可将胎体卷成圆卷，边滚边贴，随即用毛刷将胎体碾压平整、排除气泡，并用刷子在其上面均匀涂刷，使胎体牢固黏结到基层上，并使全部胎体布网眼浸满涂料，不得有漏涂现象和皱折。当需要做“二布”或“多布”，几层布间的交接缝应相互错位。

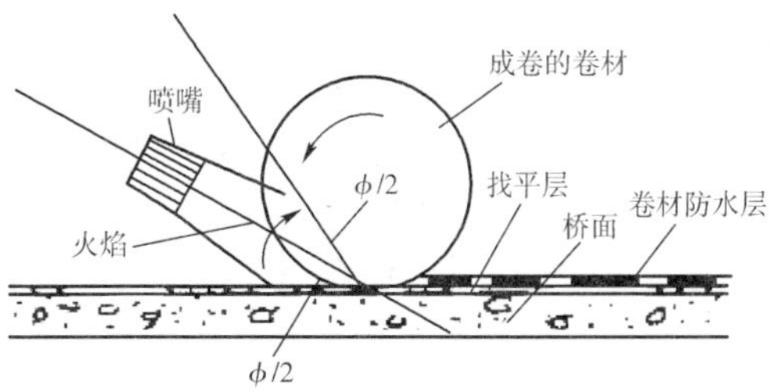

图 12-20　熔焊火焰与成卷卷材和基层表面的相对位置

按照设计要求，需要设保护层的地方，根据保护层的不同类型，施工方法也不一样。对于预拌沥青碎石、AC-5(或 AC-10)沥青混凝土或表面处治等沥青碎石类保护层可采用沥青混凝土的施工方法和步骤来实施。有时也会直接在防水层上撒铺瓜米石(粒径 2.36～4.75 mm)后轻压。

二、泄水管施工

钢筋混凝土结构不宜经受时而湿润时而干晒的交替作用。湿润后的水分如因严寒而结冰，则更有害，因为深入混凝土微细发纹和大孔隙内的水分，在结冰时会导致混凝土发生破坏。而且，水分侵袭钢筋也会使它锈蚀。因此，为防止雨水滞积于桥面并渗入梁体而影响桥梁的耐久性，除在桥面铺装内设置防水层外，应使桥上的雨水迅速引导排出桥外，设置泄水管即是出于以上目的。

1. 泄水管的种类

泄水管一般有铸铁泄水管、钢筋混凝土泄水管及横向排水管道几种。

铸铁泄水管适用于各种形式的铺装结构。泄水管的内径一般为 10～15cm，管子下端应伸出行车道板底面以下至少 15～20cm。安放泄水管时，与防水层的接合处要做得特别仔细，防水层的边线要紧夹在管子的顶缘与泄水漏斗之间，以便防水层上的渗水能通过漏斗上的过水孔流入管内。这种铸铁泄水管使用效果好，但构造较复杂。通常还可以根据具体情况，在此基础上做适当的改进，例如管和钢板的焊接构造，甚至改用塑料制成的泄水管等。

钢筋混凝土泄水管适用于不设专门防水层而采用防水混凝土的铺装构造上。在制作时，可将金属栅板直接作为钢筋混凝土管的端模板，以使焊于板上的短钢筋锚固于混凝土中。这种预制的泄水管构造简单，也可以节约钢材。

对于一些小跨径桥，有时为了简化构造和节省材料，可以直接在行车道两侧的安全带或缘石上预留横向孔，并用铁管、竹管等将水排出桥外。这种做法构造简单，但因孔道坡度平缓，易于堵塞。

2. 泄水管布置

通常当桥面纵坡大于 2%、桥长小于 50m 时，桥上可不设泄水管，但在引道两侧应设置流水槽，以免冲刷路基；当桥面纵坡大于 2%、桥长大于 50m 时，一般每隔桥长 12～15m 需设置一个泄水管；当桥面纵坡小于2％时，一般需每隔6～8m设置一个泄水管。泄水管过水面积通常按每平方米桥面不少于2～3cm²。泄水管可沿行车道路两侧左右对称排列，也可交错排列，弯桥泄水管宜放置于桥面较低的一侧。

3. 泄水管构造

城市桥梁桥面排水要求封闭式排水系统将雨水集中排放，而且外部布局美观。因此，泄水管构造比较复杂，有时需将部分泄水管设置在梁体内部。立交桥及高速公路上的桥梁，泄水管不宜直接挂在板下，可将泄水管通过纵向及竖向排水管道直接引向地面，并且管道要有良好的固定装置，如锚定轨及抱箍等预埋件。立交桥下汇流管的过水面积必须大于泄水管的过水面积。公路桥梁设置人行道时，通常采用竖向排水的泄水管，管中心距缘石的最小距离为10～20cm，要在主梁浇筑时预留泄水管位置。

三、桥面防护设施施工

桥面防护设施一般包括：安全带、路缘石、人行道梁、人行道板、栏杆、扶手、防撞护栏、灯柱等。在桥面防护设施修建安装完工后，其竖向线形或坡度、断缝或伸缩缝必须符合设计规定。

1. 安全带和缘石

悬臂式安全带构件应在主梁横向联结或拱上结构完成后方可安装。安全带梁必须安放在未凝固的M20稠水泥砂浆上，以便形成设计要求的顶面横向排水坡。为减少从缘石与桥面铺装缝中渗水，缘石宜采用现浇混凝土，使其与桥面铺装的底层混凝土结为整体。

2. 人行道

人行道通常采用预制块件安装施工方法，有些桥的人行道采用整块预制，分中块和端块两种，若为斜交桥，其端块还要做特殊设计。预制时要严格按照设计尺寸制模成形，保证强度。大部分桥梁人行道采用分构件预制法，一般分为A挑梁、B挑梁、路缘石、支撑梁、人行道板五部分。跟安全带与缘石相类似，悬臂式人行道构件必须与主梁横向连接或拱上建筑完成后才可安装。人行道梁必须安放在未凝固的M20稠水泥砂浆上，并以此来形成人行道顶面设计的横向排水坡。人行道板必须在人行道梁锚固后才可铺设，对设计无锚固的人行道梁、人行道板的铺设应按照由里向外的次序。在安装有锚固的人行道梁时，应对焊缝认真检查，必须注意施工安全。人行道铺设应符合表12-6的要求。

人行道铺设要求 表12-6

项　　目	规定值或允许偏差
人行道边缘平面偏位(mm)	5
纵向高程(mm)	＋10，0
接缝两侧高差(mm)	2
横坡	±0.3％
平整度(mm)	5

3. 栏杆、护栏、灯柱

栏杆块件必须在人行道板铺设完毕后才可安装，安装栏杆柱时，必须全桥对直、校平（弯桥、坡桥要求平顺），竖直后用水泥砂浆填缝固定。钢筋混凝土墙式护栏的高度必须在纵坡变化点处调整，以使线形顺适、美观；钢筋混凝土柱式护栏、金属制护栏放样前应选择桥梁伸缩缝附近的端部立柱等作为控制点，当间距出现零数，可用分配办法使之符合规定的尺寸，立柱宜等距设置；轮廓标的安装高度宜尽量统一，连接牢固。

桥上灯柱通常只在城镇设有人行道的桥梁上设置，灯柱的设置位置有两种：一种是设在人行道上；另一种是设在栏杆立柱上。灯柱应按设计位置安装，必须牢固、线条顺直、整齐美观。灯柱线路必须安全可靠。

栏杆、护栏安装质量应符合表 12-7 的要求。

栏杆、护栏安装质量标准　　表 12-7

项　　目	规定值或允许偏差(mm)
护栏、栏杆平面偏位	4
扶手高度	±10
栏杆柱顶面高差	4
护栏、栏杆柱纵、横向竖直度	4
相邻栏杆扶手高度及护栏接缝两侧高差	3

4. 防撞护栏

随着社会发展对行车安全要求的提高，防撞护栏越来越多的应用在桥梁工程中，成为了桥梁的重要组成部分。目前常用的护栏形式为混凝土防撞护栏、冷弯型钢防撞护栏等。对混凝土防撞护栏的施工应符合以下要求。

对结构重心位于梁体以外的悬臂式防撞护栏，应在主梁横向联结或拱上结构完成后，方可施工。对就地现浇的防撞护栏，宜在顺桥向每间隔 5～8m 设 1 道断缝或假缝。防撞护栏的钢筋应与梁体的预留钢筋可靠连接。模板宜采用钢模，支模时宜在顶部和底部各设 1 道对拉螺杆，或采用其他固定模板的装置。宜采用坍落度较小的干硬性混凝土，浇筑时应分层进行，分层厚度不宜超过 200mm；振捣时应采取适当的措施使模板表面的气泡逸出。对预制安装的防撞护栏，在搬运和安装时，应采取适当的保护措施，防止损伤棱角处的混凝土。连接钢板的焊接质量应符合设计要求和规范的相关规定。施工完成后的防撞护栏，其顶面高程和位置应准确，位于弯道上的护栏其线形应平顺。

混凝土防撞护栏施工质量应符合表 12-8 的规定

混凝土防撞护栏施工质量标准　　表 12-8

项　　目	规定值或允许偏差	项　　目	规定值或允许偏差
混凝土强度(MPa)	在合格标准内	竖直度(mm)	4
平面偏位(mm)	4	预埋件位置(mm)	5
断面尺寸(mm)	±5		

四、桥头搭板施工

台背填土位于路堤与桥梁衔接处，其状态不仅因自身密实度随时间变化而变化，而且还会受地基沉降的影响；它不仅承受汽车荷载的作用，而且与物理力学性质截然不同的桥台之间存在着相互作用。因其对汽车平稳行驶及桥台乃至全桥稳定意义重大，历来受到重视。桥台和路堤的刚度、强度差异很大，一旦台背填土发生沉降，台背结构与桥台形成错台或折线，就会出现跳车。因此，设计中应考虑台背填土至少 15mm 沉降差引起的汽车荷载增加值，要求增强台背填土的强度和刚度，以此设计采用桥头搭板结构，实现桥台—过渡段—路基刚柔过渡，来消除桥头跳车的发生。

我国常用桥头搭板，按埋置深度分为地面式、半埋式、深埋式；按埋置方式分为平置式、斜置式；按浇筑方式分为整体浇筑式（分A型、B型）、装配式（分Ⅰ型、Ⅱ型）、装配一整体式、分块式。国外的桥头搭板类型也是种类繁多，特点各异。

钢筋混凝土桥头搭板，台后填土的填料应以透水性材料为主，分层压实应按砌体施工要求填筑。台背回填前应按设计要求作防水处理。台后地基如为软土，应按设计依照软基处理方法进行处理，预压时应进行沉降观测，预压沉降控制值应在施工搭板前完成。桥头搭板下路堤可设置排水构造物。钢筋混凝土搭板及枕梁宜采用就地浇筑。搭板钢筋与其下的垫层间宜设置垫块并应交错布置。在上、下两层钢筋之间应设置支撑并保证其位置的准确。浇筑搭板混凝土时应按照搭板的坡度由低处向高处进行，振捣时应避免碰撞钢筋、模板。

桥头搭板施工质量应符合表12-9的规定。

桥头搭板施工质量标准　　表12-9

项目		规定值或允许偏差
混凝土强度(MPa)		在合格标准内
枕梁尺寸(mm)	宽、高	±20
	长	±30
板尺寸(mm)	长、宽	±30
	厚	±10
顶面高程(mm)		±2
顶面纵坡(%)		0.3

思考题

1. 试述橡胶支座的分类及特点，球形支座的构造特点。
2. 试述伸缩装置的分类及施工工序。
3. 试述桥面铺装的类型及适用范围，并简述沥青混凝土桥面铺装的特点。
4. 试述桥面卷材类防水层的施工要点。

第十三章 桥梁施工控制技术简介

第一节 概 述

桥梁施工控制技术就是将现代控制理论应用到桥梁施工过程中，确保在整个施工过程中桥梁结构的内力、变形处于允许的安全范围内，保证桥梁最终的实际变形和内力满足设计变形和内力要求。

施工控制贯穿于桥梁施工全过程，是施工技术的重要组成部分，对桥梁工程建设的顺利完成和保证工程质量具有重要的意义。桥梁施工，特别是大跨径桥梁的施工是一项系统工程。在自开工到竣工整个为实现设计目标而努力的过程中，将受到许多确定和不确定因素(误差)的影响，包括设计计算、桥用材料性能、施工精度、荷载、大气温度等诸多方面在理想状态与实际状态之间存在的差异，施工中如何从各种受误差影响而失真的参数中找出相对真实的数值，如何对施工状态进行实时识别(监测)、调整(纠偏)、预测，对设计目标的实现是至关重要的。上述工作一般需以现代控制论为理论基础来进行，所以称之为施工控制。以往，在桥梁施工技术中未突出施工控制的内容，甚至没有提到"施工控制"，其原因是由于过去所建桥梁一般跨径不大，规模较小，影响因素少等，由施工控制不力而产生的不良后果也就不明显，从而使人们忽视了它的重要性。

桥梁施工控制作为整个桥梁施工过程的一部分，有其重要性和必要性。随着桥梁工程规模的不断发展和新施工技术的运用及特大桥梁的出现，这种重要性日益突显出来。比如，交通事业和施工技术的发展，使大量跨越大江、大河和海湾的大跨径桥梁的修建有可能变为现实。为了建桥过程中不中断通航，不设造价昂贵的河道支架，自架设体系的施工方法广泛应用于桥梁施工中。自架设体系即将桥梁的上部结构分节段或分层进行施工，后期节段或后层是靠已浇节段或已浇层来支承，逐步完成全桥的施工，也就是无支架而靠自身结构进行施工。这种技术的广泛采用，使得混凝土桥得到了较大的发展，比如T形刚构、大跨径钢筋混凝土拱桥、预应力混凝土斜拉桥等能在世界各地广泛修建，不能不说是采用自架设体系施工方法的结果。自架设体系施工方法的应用，必然给桥梁结构带来较为复杂的内力和位移变化，为了保证桥梁施工质量和桥梁施工安全，桥梁施工控制是不可缺少的。

不同体系、不同施工方法、不同材料等的桥梁，其施工控制技术要求也不一样，桥梁施工控制不仅是桥梁施工技术的重要组成部分，而且也是实施难度相对较大的部分。以钢桁梁的悬臂架设为例，为使最终满足设计高程，通常采用预设拱度的方法来解决，即将先架设的节点预先抬高来考虑后架设节段的影响。由于钢材的匀质性和制造尺寸的准确性，预设拱度方法在钢桁梁悬臂拼装过程中是较为成功的方法。但是，对于同样采用悬臂法施工的混凝土桥梁就不那么简单。因为混凝土桥梁除了本身材料的非匀质和材料特性的不稳定外，它还要受温度、湿度、时间等因素的影响，加上采用悬臂施工这种自架设体系施工方法，各节段混凝土或各层混凝土相互影响，且这种相互影响又有差异，这就必然造成各节段或层的内力和位移随着混凝土浇筑或块件拼装过程变化而偏离设计值的现象，甚至出现超过设计允许的内力和位移。对这种情况，若不通过有效的施工控制及时发现、及时调整，就势必造成成桥状态的线形与内力不符合设计要求或在施工过程中结构的破坏。

桥梁施工控制是确保桥梁施工宏观质量的关键，也就是通过施工控制，使各节段内力和变形达到预计值，最终达到设计要求，确保建桥的施工质量。衡量一座桥梁的施工宏观质量标准就是其成桥状态的线形以及受力情况符合设计要求。对于桥梁的下部结构，只要基础埋置深度和尺寸以及墩台尺寸准确就能达到标准要求，且容易检查和控制。而对采用多工序、多节段施工的桥梁上部结构，要求结构内力和高程的最终状态符合设计要求，就不那么容易了。比如预应力混凝土刚构桥和斜拉桥在悬臂安装1号块件时，如预抛高设置不准，可能影响到以后各节段合龙高程以及全桥的线形。斜拉桥除了主梁的混凝土浇筑或预制块件悬臂拼装中要考虑预抛高而使主梁高程符合设计要求外，还要求在斜拉桥建成时斜拉索的内力也达到设计要求。否则，斜拉索受力不均将影响斜拉桥的使用寿命。斜拉桥是多次超静定结构，在施工过程中主梁高程的调整将影响到斜拉索的内力，某根斜拉索内力的调整又影响到主梁高程和邻近斜拉索的内力，这说明斜拉桥比混凝土刚构桥更加复杂。为确保桥梁施工质量，对施工过程进行控制是必不可少的。目前我国计算机的应用已非常普遍，技术人员完全可以对多节段、多程序的自架设体系施工方法进行模拟，可预先计算出各节段内力和位移，称之为预计值。将施工中的实测值与预计值进行比较，若有误差可以进行调整，直到达到最满意的设计状态。我国借鉴国外的经验，从建设第一座斜拉桥起，就注意施工过程控制的重要性。只是在对这个问题的解决上还存在差异，有个别斜拉桥施工完成后线形不够理想。比如有座跨径组合为210m＋200m的单塔单索面混凝土斜拉桥，在施工中采用劲性骨架悬臂浇筑主梁的施工方法，浇筑主梁时通过水箱放水减载与浇筑的混凝土重力相平衡，以此保持设计线形（设计高程），理论上是完善的，但由于主梁分边箱和中箱两次挠筑，施工工序除纵向分节段外，横向又分两次完成，工序太多，不容易控制，所以造成该桥完工后，主梁外观呈波浪形，在桥面行车时更为明显，不但影响行车舒适，也留下外观缺憾。而各斜拉索受力是否符合设计要求，也难以确定。这就再次说明，为了建成质量高、外形美的桥梁，施工控制是绝不可少的。

桥梁施工控制系统是桥梁建设的安全系统，是桥梁建设的安全保证。通过施工控制可以有效防止意外事故的发生，做到安全施工。每种体系的桥梁所采用的施工方法均按预定的程序进行，施工中的每一阶段，结构的内力和变形是可以预计的，同时可通过监测得到各施工阶段结构的实际内力和变形，从而完全可以跟踪掌握施工进程和发展情况。当发现施工过程中监测的实际值与计算的预计值相差过大时，就要进行检查和原因分析，而不能再继续进行施工，否则，将可能出现事故。这方面实例很多，例如，跨径548.64m的加拿大魁北克桥就是因为在施工中两次发生事故而闻名于世的。该桥采用悬臂拼装法施工，当南侧锚碇桁架快架完时，突然崩塌坠落。原因是悬出的桁架太长（悬臂长176.8m），靠近中间墩处的下弦杆受力过大，致使下弦杆腹板失去稳定而引起全桁架严重破坏。尽管造成事故的原因是设计问题，若当时采用了施工控制手段，在内力较大的杆件中布置监控测点，当发现异常现象时，及时停工检查，就不会发生突然崩塌坠落事故。由此可知，为避免突发事故的出现，按期、安全地建成一座桥梁，施工控制是有力的保证。

桥梁施工控制是现代桥梁建设的必然趋势，符合当前建筑业可持续发展的理念。在近年来的桥梁建设中，人们已普遍认识到施工控制在施工技术中的重要地位与作用，施工控制已在桥梁施工过程中得到广泛应用。另外，在桥梁建设阶段进行施工控制中留下的长期观测点还将给桥梁创造终身安全监测的条件，从而给桥梁营运阶段的养护工作提供科学的、可靠的数据，给桥梁安全使用提供可靠保证。

第二节　桥梁施工控制的任务与工作内容

桥梁的施工控制是一个施工→测量→预测→识别→修正→预告→施工的循环过程，通过把现代控制理论技术应用到桥梁施工过程中来保证工程质量，其最重要的目的是确保施工中结构的安全。具体表现为：结构的内力合理，变形控制在允许范围内，并保证有足够的稳定性。桥梁施工控制的任务就是对桥梁施工过程实施控制，确保在施工过程中桥梁结构的内力和变形始终处于容许的安全范围内，确保成桥状态（包括成桥线形与成桥结构内力）符合设计要求。

桥梁施工控制就是围绕上述控制任务而展开的，不同类型的桥梁，其施工控制工作内容不一定完全相同，但从总体上来看，均包括下列几个方面。

一、几何（变形）控制

桥梁结构尺寸的控制是施工控制的基本要求。任何建筑结构在施工中的尺寸误差都是不可避免的，是绝对存在的。同样，桥梁结构在施工过程中总要产生变形（挠曲），并且结构的变形将受到诸多因素的影响，极易使桥梁结构在施工过程中的实际位置（立面高程，平面位置）状态偏离预期状态，使桥梁难以顺利合龙，或成桥线形与设计要求不符，所以必须对桥梁实施控制，使其结构在施工中的实际位置状态与预期状态之间的误差在容许范围和成桥线形状态符合设计要求。

鉴于施工中变形误差存在的绝对性，几何（变形）控制的目的就是尽量减小结构尺寸与设计尺寸的偏差，并将其降低到允许的程度，最终目标就是达到设计的几何状态要求。我们一般引入误差容许值来评判。桥梁施工中对结构的最终误差应按《公路桥涵施工技术规范》（JTG/T F50—2011）的规定，把尺寸偏差控制在一定范围内。下面列出几种主要桥型常见施工控制标准，供参考。

1. 扩大基础施工质量标准（表 13-1）

扩大基础施工质量标准　　表 13-1

检查项目		规定值或允许偏差
混凝土强度（MPa）		在合格标准内
平面尺寸（mm）		±50
基础底面高程（mm）	土质	±50
	石质	+50，−200
基础顶面高程（mm）		±30
轴线偏位（mm）		25

2. 承台施工质量标准（表 13-2）

承台施工质量标准　　表 13-2

项　目	规定值或允许偏差	项　目		规定值或允许偏差
混凝土强度（MPa）	在合格标准内	尺寸	$B \leqslant 30$m	±30
			$B > 30$m	$\pm B/1\ 000$
轴线偏位（mm）	15	顶面高程（mm）		±20

注：①B 为承台边长；

②深水基础中以围堰作为承台模板时，承台的轴线偏位应符合设计规定。

3. 墩、台身施工质量标准(表 13-3)

墩、台身施工质量标准 表 13-3

<table>
<tr><td>项　　目</td><td colspan="2">规定值或允许偏差</td><td>项　　目</td><td>规定值或允许偏差</td></tr>
<tr><td>混凝土强度(MPa)</td><td colspan="2">在合格标准内</td><td>断面尺寸(mm)</td><td>±20</td></tr>
<tr><td rowspan="2">竖直度(mm)</td><td>H≤30m</td><td>H/1500,
且不大于 20</td><td rowspan="2">顶面高程(mm)</td><td rowspan="2">±10</td></tr>
<tr><td>H>30m</td><td>H/3000,
且不大于 30</td></tr>
<tr><td>节段间错台(mm)</td><td colspan="2">5</td><td>轴线偏位(mm)</td><td>10</td></tr>
<tr><td>预埋件位置(mm)</td><td colspan="2">10</td><td>大面积平整度(mm)</td><td>5</td></tr>
</table>

4. 墩台帽和盖梁施工质量标准(表 13-4)

墩台帽和盖梁施工质量标准 表 13-4

项　　目	规定值或允许偏差	项　　目	规定值或允许偏差
混凝土强度(MPa)	在合格范围内	断面尺寸(mm)	±20
轴线偏位(mm)	10	顶面高程(mm)	±10
预埋件位置(mm)	10	大面积平整度(mm)	5

5. 预制梁、板施工质量标准(表 13-5)

预制梁、板施工质量标准 表 13-5

<table>
<tr><td colspan="3">项　　目</td><td>规定值或允许偏差</td></tr>
<tr><td colspan="3">混凝土强度(MPa)</td><td>在合格标准内</td></tr>
<tr><td colspan="3">梁(板)长度(mm)</td><td>+5,−10</td></tr>
<tr><td rowspan="5">宽度(mm)</td><td colspan="2">干接缝(梁翼缘、板)</td><td>±10</td></tr>
<tr><td colspan="2">湿接缝(梁翼缘、板)</td><td>±20</td></tr>
<tr><td rowspan="2">箱梁</td><td>顶宽</td><td>±30</td></tr>
<tr><td>底宽</td><td>±20</td></tr>
<tr><td colspan="2">腹板或梁肋</td><td>+10,−0</td></tr>
<tr><td rowspan="2">高度(mm)</td><td colspan="2">梁、板</td><td>±5</td></tr>
<tr><td colspan="2">箱梁</td><td>+0,−5</td></tr>
<tr><td rowspan="3">断面尺寸(mm)</td><td colspan="2">顶板厚</td><td rowspan="3">+5,−0</td></tr>
<tr><td colspan="2">底板厚</td></tr>
<tr><td colspan="2">腹板或梁肋</td></tr>
<tr><td colspan="3">跨径(支座中心至支座中心)(mm)</td><td>±20</td></tr>
<tr><td colspan="3">支座平面平整度(mm)</td><td>2</td></tr>
<tr><td colspan="3">平整度(mm)</td><td>5</td></tr>
<tr><td colspan="3">横系梁及预埋件位置(mm)</td><td>5</td></tr>
</table>

6. 悬臂施工混凝土施工质量标准(表 13-6、表 13-7)

悬臂浇筑预应力混凝土梁施工质量标准 表 13-6

项目		规定值或允许偏差
混凝土强度(MPa)		在合格标准内
轴线偏位(mm)	$L \leqslant 100m$	10
	$L > 100m$	$L/10\ 000$
顶面高程	$L \leqslant 100m$	±20
	$L > 100m$	$\pm L/5\ 000$
	相邻节段高差	10
断面尺寸	高度	+5,−10
	顶宽	±30
	底宽	±20
	顶底腹板厚	+10,−0
同跨对称点高差(mm)	$L \leqslant 100m$	20
	$L > 100m$	L/5 000
横坡(%)		±0.15
平整度		8

注:L 为跨径。

预应力混凝土梁节段悬臂拼装施工质量标准 表 13-7

项目		规定值或允许偏差
湿接头、合龙段混凝土强度(MPa)		在合格标准内
轴线偏位(mm)	$L \leqslant 100m$	10
	$L > 100m$	$L/10\ 000$
顶面高程(mm)	$L \leqslant 100m$	±20
	$L > 100m$	$\pm L/5\ 000$
	相邻节段高差	10
同跨对称点高差(mm)	$L \leqslant 100m$	20
	$L > 100m$	$L/5\ 000$

注:L 为跨径。

7. 整孔预制大型后张预应力混凝土箱梁施工质量标准(表 13-8)

整孔预制大型后张预应力混凝土箱梁施工质量标准 表 13-8

项目		规定值或允许偏差
混凝土强度(MPa)		在合格标准内
梁长(mm)		+5,−10
梁高(mm)		+0,−5
梁宽(mm)	顶板	±20
	底板	±10
断面尺寸(mm)	顶板厚	+10,−0
	腹板厚	+10,−5
	底板厚	+10,−0

续上表

项　　目	规定值或允许偏差
横隔板厚(mm)	+10,−5
梁体上拱(mm)	L/3 000
表面平整度(mm/m)	5
横坡(%)	±0.15
预埋件位置(mm)	5
顶面预留钢筋位置(mm)	5

注:L 为跨径。

8. 混凝土斜拉桥施工质量标准(表 13-9～表 13-11)

混凝土斜拉桥索塔施工质量标准 表 13-9

项　　目		规定值或允许偏差
混凝土强度(MPa)		在合格标准内
塔柱底偏位(mm)		10
横梁轴线偏位(mm)		10
倾斜度(mm)	总体	符合设计规定;设计未规定时按塔高的 1/3 000,且不大于 30
	节段	节段高的 1/1 000,且不大于 8
塔顶高程(mm)		±20
外轮廓尺寸(mm)	塔柱	±20
	横梁	±10
拉索锚固点高程(mm)		±10
横梁顶面高程(mm)		±10
预埋索管孔道位置(mm)		10,且两端同向

混凝土主梁悬臂浇筑施工质量标准 表 13-10

项　　目		规定值或允许偏差
混凝土强度(MPa)		在合格标准内
轴线偏位(mm)	L≤100m	10
	L>100m	L/10 000,且不大于 30
塔顶偏位(mm)		符合设计要求和施工控制要求;未要求时,纵向不大于 30,横向不大于 20
斜拉索索力(kN)		符合设计要求和施工控制要求
断面尺寸(mm)	高度	+5,−10
	顶宽	±30
	底宽	±20
	板厚	+10,−0
梁锚固点高程(mm)	L≤100m	±20
	L>100m	±L/5 000
锚具轴线与孔位轴线偏差(mm)		5

注:L 为跨径。

混凝土主梁悬臂拼装施工质量标准 表 13-11

项　　目		规定值或允许偏差	
合龙段混凝土强度(MPa)		在合格标准内	
轴线偏位(mm)	$L \leqslant 100$m	10	
	$L > 100$m	$L/10\,000$;且不大于 30	
塔顶偏位(mm)		符合设计要求和施工控制要求;未要求时,纵向不大于 30,横向不大于 20	
斜拉索索力(kN)		符合设计和施工质量要求	
锚具轴线与孔道轴线偏位(mm)		5	
梁锚固点高程(mm)		$L \leqslant 100$m	±20
		$L > 100$m	$\pm L/5\,000$

注:L 为跨径。

9. 钢斜拉桥及钢—混凝土组合斜拉桥施工质量标准(表 13-12～表 13-14)

钢索塔安装质量标准 表 13-12

项　　目		规定值或允许偏差
顶面高程(mm)		$\pm 2.0n$,且不大于 20
总体垂直度偏差(mm)	顺桥向	$H/4\,000$
	横桥向	$H/4\,000$
对接口板错边量(mm)		⩽2
塔柱中心距(接头部位)(mm)		±4.0
节段轴线相对塔柱轴线的偏差(mm)	顺桥向	$2h/1000$
	横桥向	
两塔柱横梁中心处高程的相对差(mm)		4
端面金属接触率(%)	壁板	符合设计要求
	腹板	符合设计要求
	加劲板	符合设计要求
斜拉索锚固点高程(mm)		±10

注:n 为节段总数;H 为索塔总高度;h 为节段高度。

钢主梁安装质量标准 表 13-13

项　　目		规定值或允许偏差		
		0 号梁段	悬臂拼装梁段	合龙梁段
轴线偏位(mm)		5	$L \leqslant 200$m,10; $L > 200$m,$L/20\,000$	10
塔顶偏位(mm)		符合设计和施工控制要求;未要求时,纵向不大于 30,横向不大于 20		
线形高程(mm)		符合设计和施工控制要求		
梁顶水平度(mm)		20		
梁段上 3 点相对高差(mm)		±3	符合施工控制要求	符合施工控制要求
相邻梁段匹配高差(mm)		2		
索力(kN)		符合设计规定;设计未规定时与设计值相差 10%		
连接	焊缝尺寸	符合设计要求		
	探伤			
	高强螺栓扭矩	±10%		

注:L 为跨径。

钢—混凝土组合梁施工质量标准 表 13-14

项 目		规定值或允许偏差
混凝土强度(MPa)		在合格标准内
轴线偏位(mm)	L≤200m	10
	L>200m	L/20 000;20
混凝土桥面板断面尺寸(mm)	厚	+10,−0
	宽 4	±30
桥面板中心线与钢梁中心线(mm)		10
塔顶偏位(mm)		符合设计要求和施工控制要求;未要求时,纵向不大于 30,横向不大于 20
斜拉索索力(kN)		符合设计和施工控制要求
梁顶面高程(mm)	L≤200m	±20
	L>200m	±L/10 000
连接	焊缝尺寸	符合设计要求
	焊缝探伤	
	高强螺栓扭矩	±10%
钢梁防护		涂装符合设计要求

注:L 为跨径。

10. 悬索桥

悬索桥由索塔、主缆、锚碇、索鞍、猫道、索夹与吊索、加劲梁等主要结构组成。为确保结构各部尺寸符合设计要求,也应对其施工过程进行严格监控。

(1)索塔:悬索桥混凝土索塔施工质量应符合表 13-15 的规定,钢索塔的施工质量宜按表 13-12 的规定执行。

悬索桥混凝土索塔施工质量标准 表 13-15

项 目	规定值或允许偏差
混凝土强度(MPa)	在合格标准内
塔柱底水平偏位(mm)	10
倾斜度(mm)	符合设计规定;设计未规定时,塔高的 1/3 000,且不大于 30
断面尺寸(mm)	±20
横梁高程(mm)	±20
索鞍底板面高程(mm)	+10,−0
预埋件位置(mm)	10

(2)锚碇:锚碇为重力式锚时,可按表 13-16 锚碇混凝土施工质量标准进行施工控制。

锚碇混凝土施工质量标准 表 13-16

项 目		规定值或允许偏差
轴线偏位(mm)	基础	20
	锚面槽口	10
断面尺寸(mm)		±30
基础底面高程(mm)	土质	±50
	石质	+50,−200

续上表

项　　目	规定值或允许偏差
顶面高程(mm)	±20
大面积平整度(mm)	8
预埋件位置(mm)	10

(3)索鞍:索鞍在安装时应根据设计规定的预偏量进行就位和固定,且应在主缆加载过程中根据监控数据分次顶推到设计位置。顶推前应确认滑动面的摩擦系数,严格控制顶推量。索鞍安装质量应符合表 13-17 和表 13-18 的规定。

主索鞍安装质量标准 　　表 13-17

项　　目	规定值或允许偏差	项　　目	规定值或允许偏差
纵向最终偏差(mm)	符合设计要求	高程(mm)	+20,−0
横向偏差(mm)	10	四角高差(mm)	2

散索鞍安装质量标准 　　表 13-18

项　　目	规定值或允许偏差	项　　目	规定值或允许偏差
纵、横向偏位(mm)	5	角度(°)	符合设计要求
高程(mm)	±5		

(4)主缆工程:对索缆线形进行垂度调整时,其精度宜以索股高程的允许误差控制:索股中跨跨中为±L/20 000(L 为跨径),边跨跨中为中跨跨中的 2 倍;上下游基准索股高差为 10mm,一般索股(相对于基准索股)为−5mm,+10mm。

(5)加劲梁:加劲梁安装质量应符合表 13-19 的规定。

加劲梁安装质量标准 　　表 13-19

项　　目	规定值或允许偏差	项　　目	规定值或允许偏差
吊点偏位(mm)	20	吊索防护	符合设计规定
梁顶面高程在两吊索处的高差(mm)	20	梁段工地连接接头	符合设计规定
相邻节段匹配高差(mm)	2	加劲梁工地防护	符合设计规定

二、应力控制

应力控制就是要保证桥梁结构在施工过程中以及在成桥状态时的受力情况与设计相符合。通过结构应力的监测及时了解实际应力状态,若发现与理论(计算)应力状态的差别超限就要进行原因查找和调控,使之控制在允许范围内。结构应力控制好与否,在外观检查时不易发现。但是,如果结构实际应力状态与设计应力状态不符,将会给结构造成危害,并较之结构的变形控制影响大,所以,在对桥梁进行施工控制时,尤其要注意对结构应力的监控。对应力控制的项目和精度还没有明确的规定,需根据实际情况确定,通常包括:

(1)结构在自重力作用下的应力(实际应力与设计相差宜控制在+5%)。

(2)结构在施工荷载作用下的应力(实际应力与设计应力相差宜控制在+5%)。

(3)结构预加应力。结构预加应力除对张拉实施双控(压力表控制和伸长量控制,伸长量误差允许在±6%以内)外,还必须考虑管道摩阻影响(对于后张结构)。

(4)斜拉桥拉索张力的实测值与设计值的偏差不宜大于 5%,超过时应进行调整。

(5)悬索桥主缆吊杆拉力，应符合《公路悬索桥吊索》(JT/T 449—2001)中的规定，中下承式拱桥吊杆拉力，应符合设计要求。

(6)温度应力，特别是大体积基础、墩柱等要考虑。

(7)其他应力，如基础变位、风荷载、雪荷载等引起的结构应力。

(8)施工中用到的对桥梁施工安全有直接影响的支架、挂篮、缆索吊装系统等的应力在安全范围内。

三、稳定控制

稳定控制是指在施工过程中严格地控制施工各阶段的结构构件的局部和整体稳定。

桥梁结构的稳定性关系到桥梁结构的安全，它与桥梁的强度有着同等的甚至更重要的意义。世界上曾经有过不少桥梁在施工过程中由于失稳而导致全桥破坏的例子，最典型的为加拿大的魁北克(Quebec)桥。该桥在南侧锚碇桁架快要架完时，由于悬臂端下弦杆的腹板屈曲而发生突然崩塌坠落。我国四川州河大桥也因悬臂体系的主梁在吊装主跨中段时承受过大的轴力而失稳破坏。因此，桥梁施工过程中不仅要严格控制变形和应力，而且要严格地控制施工各阶段结构构件的局部和整体稳定。

目前，桥梁的稳定性已引起人们的重视，但主要注重于桥梁建成后的稳定计算。对施工过程中可能出现的失稳现象还没有可靠的监测手段，尤其是随着桥梁跨径的增长，受动荷载或突发情况的影响，还没有快速反应系统，很难保证桥梁施工安全。为此，应建立一套完整的稳定监控系统。目前主要通过稳定分析计算(稳定安全系数)，并结合结构应力、变形情况来综合评定、控制其稳定性。

桥梁的稳定安全系数是衡量结构安全的重要指标，但现行规范中尚未详细列出不同材料的不同结构在不同工况下的最小稳定系数，这有待今后完善。现将在规范中已明确的条文列出，以备参考。

1. 钢桥

(1)安装前，应对临时支架、支承、吊机等临时结构和钢桥结构本身在不同受力状态下的稳定性进行验算。

(2)杆件宜采用预先组装、栓合或焊接，扩大拼装单元进行安装，对容易变形的构件应进行稳定性验算，必要时应采取加固措施。

2. 钢筋混凝土及预应力混凝土结构

钢筋混凝土及预应力混凝土结构的稳定，应按轴心受压计算公式验算。当长细比 λ 大于规范所列数值时，可按临界力控制稳定，其稳定安全系数应大于4～5。考虑到施工过程时间短，其稳定安全系数至少大于3。采用架桥机简支梁、板进行安装作业时，其抗倾覆稳定系数应不小于1.3；架桥机过孔时，应将其中小车置于对稳定最有利的位置，且抗倾覆稳定系数应不小于1.5。

施工中，除桥梁结构本身的稳定性必须得到控制外，施工过程中所用的支架、挂篮、缆索吊装系统等施工设施的各项稳定系数也应满足要求。

四、安全控制

桥梁施工过程中安全控制是桥梁施工控制的重要内容，只有保证了施工过程中的安全，才能保证其他控制与桥梁的建成。桥梁施工安全控制是上述变形控制、应力控制、稳定控制的综合体现，上述各项得到了控制，安全也就得到了控制（由于桥梁施工质量问题引起的安全问题除外）。由于结构形式不同，直接影响施工安全的因素也不一样，在施工控制中需根据实际情况，确定其安全控制重点。

第三节　桥梁施工控制方法

桥梁施工控制方法随桥梁结构形式、施工方法及具体控制内容的不同而不同。目前，工程界采用的施工控制方法主要有事后控制法、预测控制法、自适应控制法、最大宽容度法等。

一、事后控制法

事后控制法是指在施工中，当已成结构状态与设计要求不符时，即可通过一定手段对其进行调整，使之达到要求。这种方法仅适用于那些结构内力与线形能够调整的情况，现在应用已不多。

事后调整根据具体情况又分两种：

(1)在施工过程中每个施工阶段（或节段）完成后，当发现结构状态与设计不符时，即可通过调整斜拉索力来调整结构状态，然后继续施工，直到施工完成。这种方法工作量很大，并且索力调整本身也较麻烦，调整效果也不一定好。

(2)在桥梁结构形成后，检查结构状态，如果与设计不符，则可对斜拉索力进行一次性调整。这种方法从理论上讲是可行的，但其实施较困难。因对施工过程中的结构内力状态不清楚，容易出现安全事故，且最终的线形往往难以达到理想状态。

事后调整不是一个好的控制方法，特别是对于上述第二种情况只能算是一个“补救措施”。

二、预测控制法

预测控制法，是从施工方案及影响桥梁状态的诸因素出发，在确定桥梁结构的应变和应力理想状态后（称控制理想状态），针对施工过程中，由于实际情况和假定诸因素之间不一致而产生的误差，由测试监测系统反馈后，在调试系统中进行修正，再给定下一步施工的数据，这样，对结构的每一个施工阶段形成的前后的状态进行预测，使施工实际沿着预定的理想状态进行的控制方法。

这种方法是桥梁施工控制的主要方法，对于那些已成结构的状态具有不可调整性的桥梁施工控制必须采用此法。如悬臂施工的顶应力混凝土连续刚构桥，其已成节段的状态（内力、高程）是无法调整的，只能根据施工的节段预测状态进行改变。预测控制以现代控制论为理论基础，其预测方法常见的有卡尔曼（Kalman）滤波法、灰色理论法等，基本结构如图 13-1 所示。

三、自适应控制法

自适应控制法也称为参数识别修正法，它是指在控制开始时，控制系统的某些设计参数与实际情况不完全相符，系统不能按设计要求得到符合实际的输出结果，但是，在系统的运行过程中，通过系统识别或参数估算以及不断地修正参数，使设计输出与实际输出相符，从而实际问题得到控制。我国温州大桥便采用该方法。图 13-2 所示即为某桥自适应施工控制情况。

四、最大宽容度法

最大宽容度法，是在设计时给予主梁高程和内力最大的宽容度，即误差的容许值。如香港某斜拉桥主梁线形设计的宽容度达±15cm（悬臂长为215m），同时对每一节段的误差也要进行限制。这种做法在减少了控制难度同时，也会产生其他问题，如斜拉索的制作长度问题等。对于现有支架施工中的支架安全控制则主要通过对支架应力、变形进行跟踪监测，并将其监测值与相应计算值比较，判断是否在安全范围内，若有异常出现，则暂停施工，查找原因，以确保施工安全。

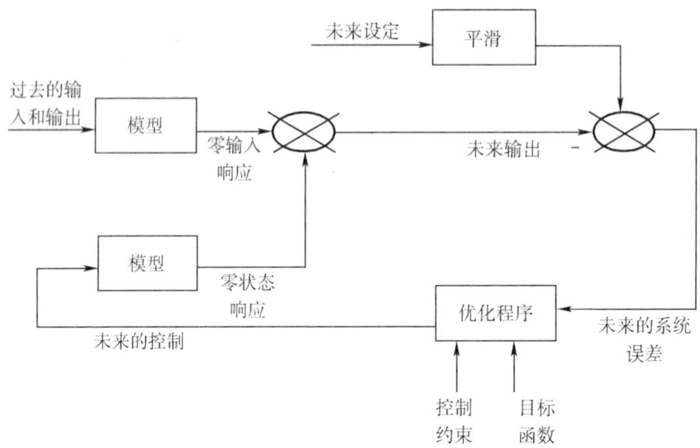

图13-1　预测控制的基本结构

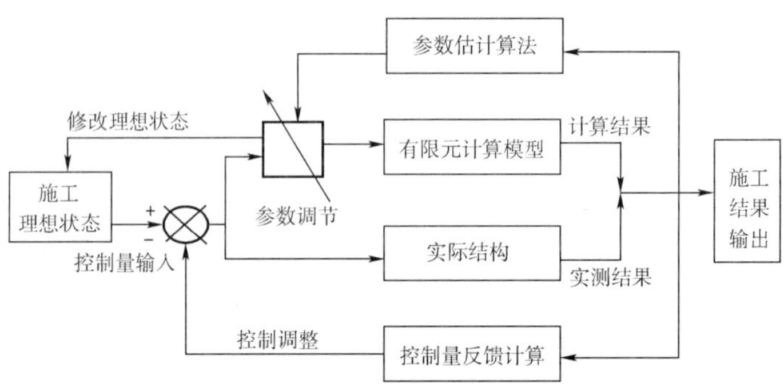

图13-2　某桥自适应施工控制情况

第四节　各种桥型施工控制特点

施工控制最基本的要求是要保证施工中的安全和结构恒载内力及结构线形符合设计要求。由于桥梁结构形式和施工方法有许多，而具体某一座桥梁的施工控制又有它的侧重点，所以不同桥型和施工方法有不同的施工控制特点。

一、梁式桥的施工控制特点

1. 连续梁桥顶推施工控制

顶推法施工梁式桥具有较多优点，但施工过程要受到诸多不利影响因素的影响，必须加强施工控制。从顶推连续梁的自身特点来看，只有保证任何状态下结构受力变形在设计允许范围内以及落梁后的梁体受力状态（截面弯矩、支座反力）与设计相符时，才能使顶推施工顺利进行。顶推施工是针对已成结构进行的，其施工控制的主要内容包括顶推过程中的结构理想状态预测、顶推施工状态监测和施工过程中的调整，使实际桥轴线与理想桥轴线趋于吻合。

（1）顶推施工过程模拟结构分析

①根据顶推施工方案确定导梁钢结构形式与尺寸、墩间是否设置临时墩以及顶推方式。

②在已掌握的各种实际参数基础上，对设计确定的施工方案进行模拟计算分析，预测出施工过程中梁体、支墩的内力与变形状态，指导施工并形成施工控制系统。

（2）监测

①预制平台变形与平整度监测。在预制平台上设置长期观测点，按要求进行变形观测，一旦超过允许的变形，就必须进行处理。同时，在节段浇筑前应对平台顶面平整度进行检查，保证平整度符合要求。

②临时支墩变形观测。在临时支墩上设置观测点，在顶推中必须对其作实时观测，除了对支墩压缩变形进行观测外，对支墩顶的水平位移也要进行观测，需要时，应监测其应力变化。

③温度检测。温度变化会使临时支墩产生变形，从而对主梁受力产生影响。因此，必须对施工现场温度作实时监测，判断其对施工产生不利影响，并做出相应的调整。

④顶推同步性与施力监测。顶推方式主要包括单点顶推和多点顶推两种。对单点顶推，要求两侧顶推同步；对多点顶推，除两侧同步顶推外，还要求各墩上顶推同步，要求全桥实施顶推千斤顶集中管理与控制。

此外，还需对主梁轴线位置、主梁及导梁控制截面的挠度和应力、滑动装置的静摩擦系数和动摩擦系数进行实时监测，一旦出现问题，均应暂停施工，查找原因。

（3）调整

通常为最大宽容度控制，并对顶推每一个误差值作控制。在正常情况下施工中梁内力与设计时无大变化，其高程无调控余地，故须对每一阶段严格控制，以达到理想效果。尤其是对落梁控制更要做到精心施工。因为墩顶千斤顶的不同会造成力的不均衡，如超出误差允许范围，会造成梁体开裂，故要慎重对待之。

2. 连续梁、连续刚构桥悬臂施工控制

对分节段悬臂浇筑施工的连续梁、连续刚构桥来说，施工控制的目的就是保证施工过程中结构的可靠度和安全性，保证成桥桥面曲线及受力状态符合设计要求。连续梁、连续刚构桥的形成要经过一个复杂的过程，当跨数增多，跨径进一步增大时，就会出现许多新的问题。如何保证合龙前两悬臂端竖向挠度的偏差和主梁轴线的横向偏移不超过容许范围；如何保证合龙后的桥面线形良好；如何避免施工中主梁截面出现过大的应力，这些问题若处理不当，不仅会对结构受力不利，而且可能会使主梁梁底曲线不顺畅，形成永久性缺陷而影响外形美观。

（1）施工控制特点

①对变形和内力实施双控，是悬臂浇筑施工过程控制中应遵循的基本原则，虽然宜以变形控制为主，但亦应兼顾内力，以达到双控的目的。

②悬臂浇筑阶段是对称静定结构，施工时应对称、平衡地进行，两端悬臂荷载的实际不平衡偏差不得超过设计规定值。

③避免桥梁悬臂体下沉无法调节，准确判断参数，正确预留抛高度。

④充分考虑施工因素，特别是挂篮重力。

⑤考虑预应力张拉调节作用，考虑梁为变截面，中心线为曲线，预应力有偏心距。

⑥施工步骤的细节要考虑，例如浇筑段底模接头处衔接圆滑、模板底模桁架设铰连接，以适应变截面的要求。

(2)施工控制系统

①施工方案。由于连续梁桥、连续刚构桥恒载内力、结构高程与施工方法和安装程序密切相关，施工控制计算应首先对施工方案和安装程序做深入研究，对于以挂篮为主的施工荷载给出精确数字。

②结构分析程序。施工过程中的结构体系是在不断发生变化的，连续梁桥一般要经过梁墩固结→挂篮拼装→悬臂施工合龙→解除梁墩固结(体系转换)→合龙过程；连续刚构桥也要经过悬臂施工和数次合龙等过程，因此采用正确的计算图式进行分析就显得尤为重要。

③施工控制结构计算方法主要有以下两种：

a. 前进分析法。由确定的施工方案，逐阶段的进行计算(前一阶段将是本次施工阶段结构分析的基础)，确定配筋和高程，最终才能得到成桥结构的受力状态和变化情况。

b. 倒退分析法。为了保证竣工后的桥梁结构线形满足设计要求，通过在施工过程中设置预拱度的方法来实现。其基本思想是，假定 $t=t_0$ 时刻结构内力分布满足前进分析 t_0 时刻的结果，轴线满足设计线形要求。在此初始状态下，按照前进分析的逆过程，对结构进行倒拆，分析每次拆除一个施工阶段对剩余结构的影响，在一个阶段内分析得到的结构位移、内力状态便是该阶段结构理想的施工状态。

④施工控制系统。施工控制系统就是在上述分析的基础上研究每座桥理想的受力和变形状态。例如三滩黄河大桥在对每一施工阶段进行详尽理论分析，在采用前进分析和倒退分析法后，提出了该桥施工控制内容：

a. 成桥时主梁线形及结构受力状态；

b. 每一施工阶段预应索的张拉力、主梁挠度、控制截面的控制应力、立模高程和悬拼节段前端点高程等；

c. 施工顺序、施工荷载的明确规定；

d. 满足应力控制及其他约束条件下预应力的允许调整幅度等内容。

(3)监测

①主梁结构部分设计参数监测：

a. 预应力钢绞线弹性模量；

b. 混凝土弹性模量；

c. 混凝土收缩徐变系数；

d. 混凝土重度；

e. 材料热胀系数。

②主梁结构变形监测：

a. 在每段梁段移动后，安装模板的立模高程；

b. 每一梁段施工过程中，主梁各控制点的挠度、中轴线及高程变形情况；

c. 每一梁段的截面尺寸变异。

③主梁应力监测：

a. 主梁控制截面应力(应变)；

b. 每一梁段施工过程中各预应力索的索力及索力变化值。

④若干关键情况下的基础变位。

⑤典型气候条件下，日照温差对主梁挠度的影响。

(4)调试

施工控制的核心任务就是对各种误差进行分析、识别、调整，对结构未来状态作出预测。对连续梁桥、连续刚构桥而言，要保证控制目标的实现，最根本的就是对立模高程作出尽可能准确的预测，即依靠预测控制(可采用卡尔曼滤波法)。由于连续梁桥、刚构桥没有像斜拉桥斜拉索那样容易调整，只能靠立模高程和预应力束来调整。

鉴于桥梁已完成阶段的不可控制性，再加上施工中对成型误差纠正措施有限，控制误差的发生就凸显出来，所以，采用自适应控制法对其控制也是有效的。另外也可采用灰色理论预测法进行控制。

二、拱桥的施工控制特点

拱桥施工控制，就是控制拱圈形成阶段以及拱上结构形成阶段的拱圈及桥面系的内力和变形符合设计理想状态的内力和变形。鉴于拱圈形成过程施工方法很多，施工控制就要相应保证拱圈施工过程中结构的可靠度和安全性，保证拱圈建成后其曲线及受力状态符合设计要求。

1. 外置式拱架施工控制

外置式拱架式施工法具有施工方便的优点，但拱架结构构造复杂，且拱架一经形成，在施工中就基本上不容人为改变(主要指拱架顶面线形与高程)。因此，要对拱架预拱度及其设置方式作出较为准确预测。拱架形成后的施工过程控制重点则在于拱架与先期形成的拱环的结构行为的监测与控制。外置式拱架施工的拱桥施工控制目标如下：

(1)确保拱圈形成过程中拱架的受力与变形控制在容许范围内。

(2)确保拱圈在形成过程中，拱圈的受力、变形和稳定状态在控制范围内，避免结构出现裂缝。

(3)确保拱圈(落架后)在拱上结构形成过程中的受力、变形与稳定满足要求，可采用卡尔曼滤波法进行变形预控。

2. 劲性骨架施工控制

对劲性骨架施工来说，骨架是形成拱圈的基准，必须正确预测骨架的无应力加工和形成后的状态(特别是变形状态)，把好控制的第一关。在骨架形成后进行的施工，实际上是一种自架设方式，拱轴线形成与内力状态随着拱圈的逐渐形成在不断的发生变化，鉴于在拱圈形成后的调整余地很小，因此施工过程中的跟踪控制就显得尤为重要。

根据劲性骨架拱的特点，其施工控制的总目标是确保结构在施工中的受力、变形与稳定状态在设计允许范围，其原则是内力、变形与稳定控制综合考虑，而稳定为第一位。按此种方法的施工顺序，施工控制主要包括以下几个方面：

(1)劲性骨架形成过程中内力变形控制。劲性骨架形成多采用悬索吊装或转体法等，劲性骨架吊装控制是后续混凝土施工和整个拱圈及拱桥形成的基础，而这部分往往是跨度大、相对刚度小，局部应力难控制，整体稳定要求高的阶段，其施工安全性较之运营阶段高。一旦劲性骨架控制失误，易造成高程不准确，几何线形与设计线性相差较大，导致最终拱轴线调整困难。因此采用切实可行的方案，加强理论分析及施工技术上的可行性分析，严格施工步骤和施工中的控制。

(2)在劲性骨架形成后整个拱圈混凝土形成的过程中,可采用锚索加载法、水箱加载法、斜拉扣挂法或多点平衡浇筑法控制其拱圈的内力和变形,并进行跟踪监测,以保证拱圈形成过程中内力和变形符合控制要求;否则应采取纠正措施。

(3)拱上结构形成过程中,拱圈的变形状态及内力变化和稳定取决于拱上结构的施工程序,可在跟踪监测的条件下采取预控措施进行施工控制。

3. 预制吊装施工控制

对于预制吊装施工,由于预制拱段完成后,在吊装过程中拱段几何状态(轴线长度)难以改变,同样须对拱段无应力加工状态作出正确预测。考虑到预制吊装施工系通过多段拱肋在空中组装而完成的,在什么样的状态下进行拱段接头处理以及处理到什么程度(固结还是临时固结)将直接影响成拱状态。若考虑拱圈一次成型,则必须把握好接头连接时机与结构状态。若考虑在成拱前作一定调整,则应使其具有调整的余地。另外,拱肋在吊装过程中的稳定性控制是不可忽视的。预制吊装施工控制的主要内容如下:

(1)拱片在运输和装卸过程中的受力、变形控制。

(2)吊装过程中稳定控制。

(3)预制拱段无应力几何状态控制。

(4)拱肋吊装合龙前各接头高程、拱肋轴线控制。

(5)拱上结构吊装过程中拱圈受力、变形和稳定控制。

控制的方法有:

(1)通过改变扣索张力来实现拱段接头高程的调整。

(2)通过设置足够的抗风索来调整和控制边段就位时的中线位置;约束拱肋(箱)合龙时的接头横向偏移;减小成拱的自由长度,增大其横向稳定性;约束外力作用下拱肋(箱)的横向位移。

预制吊装过程中,没有升置式拱架和埋置式拱架对拱圈高程和内力进行控制,因而吊装方案的结构受力、变形和稳定模拟分析就很重要。在实施过程中,要跟踪监测临时塔变位、拱肋高程及应力变化值,用卡尔曼滤波法预控其误差值,保证拱圈最终之受力和变形状态符合设计理想受力和变形状态要求。

4. 悬臂施工控制

对于悬臂施工这种自架设方式,其特点与悬臂施工梁桥一样,已成结构具有不可调整性,因此,对其进行预测控制是必不可少的。

和控制吊装不同,悬臂现浇或拼装是有挂篮和桥面吊机在已浇拱肋段或已拼装拱肋段上施工,其荷载数值是可观的。在施工控制模拟分析时,要充分考虑该施工荷载对拱圈曲线的影响。施工控制可采用卡尔曼滤波法预测其误差值,采取控制索力的方法调整期内力和高程,以实现实际拱曲线与理想拱曲线相吻合。在悬臂浇筑拱圈的施工过程中,应对扣索和锚索系统、拱圈的应力和变形等进行监控,并应确定适当的扣索张拉次数,保证拱圈混凝土在悬臂施工过程中不出现拉应力。大跨径拱桥悬臂浇筑拱圈时,应对拱肋在悬臂状态下的控制工况进行压屈分析计算,其压屈稳定系数应大于4。

三、斜拉桥施工控制特点

斜拉桥属于高次超静定结构,犹如多跨的弹性支座连续梁,所采用的施工方法和安装程序与成桥后的梁线形和结构恒载内力有着密切关系。

斜拉桥施工控制涉及到梁、塔、索三个要素，是一项比较困难和复杂的综合性工程。对于挂篮悬臂现浇的 PC 斜拉桥而言，具有结构参数准确性相对较差、主梁刚度较大、索力调整对局部变形影响较小以及索力调整范围受到混凝土应力限制等特点，要正确估算程序参数的实际数值，识别产生每节段误差的原因（主要参数是混凝土弹性模量、材料重度、混凝土徐变系数、挂篮重力等）。对已建成梁段线形误差可通过斜拉索调整（一定限度）。但由于混凝土的刚度大，不可能一次解决时，残余误差可由下一次调整。在挂篮悬臂浇筑中要考虑挂篮重力对梁局部变形的影响。挂篮在混凝土浇筑段参与结构受力，影响正在浇筑段梁的高程，其误差将存在于主梁线形中，故而要尽量减小挂篮重力，多采用混合法施工技术，通过斟酌每一节段的误差控制，才能更好地使多节段施工完成后桥的线形随之逐步形成。例如某一斜拉桥主跨 200m，采用挂篮悬臂浇筑施工，塔梁索共确定 130 个计算段，如塔、0 号段、2 号段、悬臂施工段、边合龙段、中跨合龙段等。施工控制目标：最终目标，成桥后线形与设计线形控制在 4cm，斜拉索与设计误差控制在 5%范围内；施工每一节段误差控制，定位高程 1m，索力控制 2%。控制实施时分为 4 个阶段，即 0～3 节段，9～12 节段，12 节段至合龙段前、合龙后最后一次调索。在0～3 号段悬臂矩按设计参数运行，发生 3 号段高程偏低，从 4 号段开始重新估算重力、弹性模量和按人工估算挂篮刚度影响，作调整后再运作，4～12 节间，索力校准，索力和高程在一定范围内按随机误差控制确定，12 节段后加 300kN 配重到最后实际线形与设计线形基本吻合，误差控制在允许范围内。

大跨径 PC 斜拉桥多采用挂篮悬臂拼装法，主梁每节节间定位高程受到预制线形限制，对于湿接头，可通过接缝间现浇部分调整，但调整余地很小；而对于干接头就无余地，例如美国 P-K 桥，全桥全部节段重量拼装前可以预先给定，必须以拼装前线形作依据，在拼装过程中重新确定每阶段的张拉索力，这就要求预制各节段拼装时索力调整要严格，高程位置、塔偏移控制要严格，误差必须在控制范围之内，这样才能使实际桥轴线与设计桥轴线最终趋于一致。

大跨径钢斜拉桥采用桥面吊机加安全平台施工方法，其特点为：

(1)钢梁线形在钢梁拼装阶段已确定，现场拼装时，节段之间相对位置几乎没有调整余地。

(2)全部节段的重力在拼装前可以全获得。

(3)拼装阶段钢梁刚度相对较小，索力集合在对高程影响较为明显。

(4)钢梁抗拉、抗弯能力较强。

针对这些特点，要严格控制节段的误差，多采用多次张拉法控制桥梁实际线形和索力使之与设计线形趋于吻合。

斜拉桥的施工控制是通过施工→监测→结构分析→状态预报→调整→施工的循环过程来实现的，主要包括以下几点。

1. 施工管理

施工单位根据施工控制文件要求编制施工方案、组织施工人员、落实施工设备，并按照施工方案架设桥梁。

(1)在所有因素中，主梁恒载的误差对结构内力和变形影响较为显著，无论是悬臂浇筑还是悬臂拼装，要保证其断面尺寸严格控制在规范允许范围内。施工单位要从技术上、管理上采取有效措施将误差控制在最低限度。对于挂篮或其他施工荷载也要严加控制，以减小由施工不当而导致的结构内力和变形。

(2)及时完成各项施工测试任务，准确地采集测试数据，保证施工控制数据的正确性。

(3)按照规定的施工顺序进行安装架设，若发现实际数据与理论数据有较大的出入，应及时反映情况，查明原因，获得与此相应的施工控制的理论参数值，从而保证理论设计计算模式和实际过程的一致。

2. 施工监测

监测是施工控制的重要环节，可以及时反映施工的实际情况，即斜拉桥每个施工阶段的结构内力和变形第一手资料，其主要内容如下：

(1)变形测试主要观测主梁挠度、主梁轴线偏差和索塔平面位置、倾斜度、线形的变化情况。通常使用精密水准仪、经纬仪、倾角仪、全站型电子速测仪等测量仪器。

(2)主要测定斜拉索索力、支座反力和主梁、塔柱的应力、倾斜索塔的水平顶撑力和拉杆拉力在施工过程中的变化情况。一般采用千斤顶油压表、荷载传感器或激振法、随机振动法等测定斜拉索索力，主梁、塔柱应力测试则使用各种应变仪或测力计等。

(3)温度测试主要观测主梁、塔柱和斜拉索的温度(温度场)以及主梁挠度、塔柱位移等随气温和时间而变化的规律。尤其对连续梁的合龙段施工，施工前夕温度的测试，对于合龙段温度的选择预测方案的确定，特别对钢梁预制段长度的确定，是有指导作用的。

3. 施工控制

(1)施工控制原则

一般来说，在斜拉桥主梁悬臂架设阶段，必须确保主梁线形和顺、正确，施工中以高程控制为主。二期恒载施工时，为了保证结构的内力和变形处于设计理想状态，拉索再次张拉时以索力控制为主。

所谓以高程控制为主，并非只控制主梁的高程，而不顾及拉索索力的偏差。施工中应根据结构本身的特性和施工方法的不同，采取相应的控制策略。若主梁刚度较小，斜拉索索力的微小变化将引起悬臂端挠度的较大变化，斜拉索张拉时应以高程测量进行控制为主，但索力张拉吨位不应超过容许范围，确保施工安全。若主梁刚度较大，斜拉索索力变化了很多，而悬臂端挠度的变化却非常有限，施工中应以拉索张拉吨位进行控制，然后根据高程的实测情况，对索力作适当的调整。此时高程、线形的控制主要是通过混凝土浇筑前底模高程的调整(悬臂浇筑方法)或预制块件间接缝转角的调整(悬臂拼装方法)来加以实现的。

(2)施工控制中的两种索力形成方法

施工控制中有两种索力形成方法，即一次张拉法和多次张拉法，在形成施工控制文件时已确定，而在施工控制中是再度按要求实施。

①一次张拉法。是指在施工过程中，每一根斜拉索张拉至设计索力后不再重复张拉。对于施工中出现的梁端挠度和塔顶水平位移偏差不用调整索力或任其自由发展，或通过下一节段接缝转角进行调整，直至跨中合龙时采用重压的方式纠偏。一次张拉法简单易行、施工方便，但对构件的制作要求较高，由于对已完成节段的主梁高程和索力不予调整，主梁线形较难控制，跨中强迫合龙则扰乱了结构理想的恒载内力状态。

我国斜拉桥修建初期，跨径不大时曾采用过这种方法，多为“倒装法”进行控制。随着斜拉桥跨径增大，主梁刚度相对越小，而桥面系重力相对越大，在实施过程中，一次张拉法往往使主梁在施工中承受过高的应力，施工、监控稍有失误就会造成结构质量隐患，甚至发生结构破坏，故应谨慎采用。

②多次张拉法。即施工过程中对拉索进行分期分批张拉，分次张拉、逐步到位，确保施工

各个阶段结构内力合理，使梁塔的受力处于大致平衡状态。主梁的线性主要是通过斜拉索索力在一定范围内调整加以控制。

南浦大桥的施工就是采用这一控制方法，由于大桥建设的工期短，为满足施工进度的要求并同时保证施工的质量，在每一阶段的施工中，当发现主梁线形与设计线形发生一定偏离时，即调整正在施工节段上拉索的索力，对主梁线形进行局部调整，索力调整的幅度一般在设计值±300kN的范围内。考虑到桥面板与钢形成组合梁后主梁刚度增大，不仅线形调整的难度增加，而且索力调整受到一定的限制，因此线形调整一般在接缝混凝土浇筑前进行，接缝混凝土养护期间则对主梁进行一次全面观测。此外，安装新节段钢梁前，拼接点的高程应符合设计要求，这主要取决于接缝混凝土达到强度后，斜拉索进行第二次张拉，以及桥面吊机位移时的控制、调整。采用上述调索方法后，南浦大桥主梁的线形得到了有效控制，两岸主梁在未进行系统调索的状态下顺利合龙。合龙时两岸上、下游四个主梁悬臂端点的高差最大为15mm（其余3点的最大高差为3mm）。

(3)施工控制中误差处理和索力调整方法

不论是采用一次张拉法或多次张拉法，施工控制中总要对理论计算值与实测值之间的误差进行处理、识别，以及根据实际需要进行索力调整。

①设计参数识别、参数法。主要是根据施工中结构的实测值对主要设计参数进行估计，然后将被修正过的设计参数反馈到控制计算中去，重新给出施工中索力和挠度的理论期望值，以消除理论值与实测值不一致的主要部分。所选择的设计参数主要有混凝土的收缩，徐变参数，主梁抗弯刚度（EI）和构件自重力等。

②卡尔曼滤波法。基于现代控制理论的卡尔曼滤波法是一种线性最优随机控制法。此法通过一定控制过程，使索力达到预期目的且处于最优状态。它以主梁挠度作为随机状态变量，索力作为控制变量，通过选取索力控制梁端挠度、索塔水平位移为一特定值时，使结构的应变能最小来进行最优终点控制。

四、悬索桥施工控制特点

悬索桥跨越能力强，但结构构造复杂，在施工过程中几何形状变化大，较难控制。主要原因如下：

(1)悬索桥是由刚度相差很大的构件（索、吊杆、梁）组成的高次超静定结构，与其他桥梁相比，具有显著大变形特点。在整个施工过程中，悬索桥结构几何形状变化很大。

(2)悬索桥几何形状对温度变化非常敏感。

(3)施工各阶段中消除误差比较困难。主缆一旦施工完毕无法调整其长度，吊杆长度也只能通过垫片作些微调。

综上所述，对于悬索桥施工控制是十分必要的。其施工控制的内容如下：

(1)悬索桥主缆形成过程中的内力、变形符合设计内力、变形要求，并满足施工稳定及安全要求。

(2)悬索桥索夹、吊杆和加劲梁施工过程中，其主缆和桥面变形、内力符合理想状态的变形和内力要求。

（一）悬索桥施工控制系统

1. 方案确定

悬索桥主缆架设是在索塔、锚碇结构以及塔上主索鞍、锚碇结构、散索鞍以及猫道架设完毕后进行的。

(1)主缆架设方案分为两种方法:一是AS法,即空中纺线法,二是像江阴长江大桥、虎门桥等采用PWS法(预制平行线法)。采用AS法必须相应采用门架式拽拉器牵引方式,而PWS法既可采用门架工拽拉器牵引方式也可采用轨道式小车牵引方式。我国的几座已施工悬索桥均采用门架式拽拉器牵引方式。

(2)荷载考虑:主缆恒载;索夹、吊索、加劲梁重力;设备重力。

2. 理想状态下的施工过程模拟计算

(1)模拟计算目的

理想状态下施工全过程模拟计算具有重要的意义,通过它可以校核主要设计计算数据,掌握施工过程中结构位移及内力的变化规律,初步确定索鞍顶推量及顶推时间,搞清施工过程控制的关键,为施工提供指导性建议和必要的意见,以做到施工时总体稳定和安全施工,保证施工按照计划有序进行。

(2)结构计算参数的取用

各理想状态的线性及内力,应根据设计意图及设计图纸文件进行计算。对于悬索桥而言,结构线形预先确定主缆几个指定点的高程(对形成空缆状态或形成最终悬索状态),所有桥面高程、主缆及加劲梁各吊点水平坐标、其他点高程及结构内力尚不能精确确定。对于未知的坐标及结构内力,应根据已知条件通过迭代计算确定。

通过计算形成悬索桥主缆空缆时线形状态以及相应的内力要求和对锚碇的拉力,以及悬索桥在索夹、吊杆和加劲梁施工过程中一期恒载计算时几何形态及内力和二期恒载计算时(即在第一阶段计算达到平衡的结构上,加劲梁之间由第一期铰接全部变为刚接以后),塔顶对鞍座仍没有水平约束时得到的计算结果。

(3)悬索桥结构分析方法

悬索桥结构分析方法分为有限元法和解析法。

有限元法又分为结构行为模拟和悬索桥结构架设参数迭代算法两种。下面将分别进行介绍。

①结构行为模拟。

a. 主缆结构行为模拟。通常情况下,采用悬链曲线理论计算主缆在自重作用下的初始位置和初应变,然后用非线性有限元平衡迭代结果进行修正。再分别计算各阶段不同结构物体所承受的施工机具、吊杆、加劲梁、桥面系荷载以及温度变化、强迫位移等因素影响下结构各部位所产生的变形和内力。

以设计成桥状态控制点为坐标目标,进行施工全过程循环迭代逼近分析。也就是以设计图上给出的成桥主缆、加劲梁和索鞍位置坐标为目标,按实际施工荷载、主梁吊装和固结先后顺序及结构的实际刚度,从基础施工开始直到桥面系二期恒载施工完毕,划分若干计算阶段,从空缆到成桥反复计算,直到控制点位置坐标均满足要求为止。

索鞍结构行为模拟见图13-3。图13-3中1点的主索鞍顶点在主索鞍中心线上,2和3点是主缆与主索切点,6点是主索鞍底主索鞍中心线与塔顶面线交点,7点是主索鞍底索塔中心线与塔顶面线之间的偏心距,此称主索鞍预偏量。

单元离散时假定的位移协调关系:2、1、3为一刚体,即这三点位移相同,互相间无相对位移,1、6点水平位移相同;6、7点垂直位移相同。

散索鞍单元离散情况见图13-4。散索鞍铰接摆柱作用用一个轴向刚度很大的杆单元连接1、2两点来模拟。主缆跨过散索鞍时稍有转折，然后四散开锚住。图中3点实际是主缆锚固中心点。

b.加劲梁结构行为模拟。加劲梁单元可根据实际施工情况规定其吊装、固结阶段，见图13-5。取加劲梁跨中段和紧靠跨中的两个标准短，说明加劲梁单元离散方法。加劲梁计算节点在每个吊点处有一个，图13-5中2、3、5、6、8、9点即为对应①～⑥吊杆的加劲梁节点，每两吊杆之间可增加一个分段节点，如图中的1、4、7、10点。图中1～4节点间3个梁单元，7～10节点间3个梁单元分别构成两个加劲梁标准段，4～7节点间3个梁单元构成一个加劲梁跨中节段。

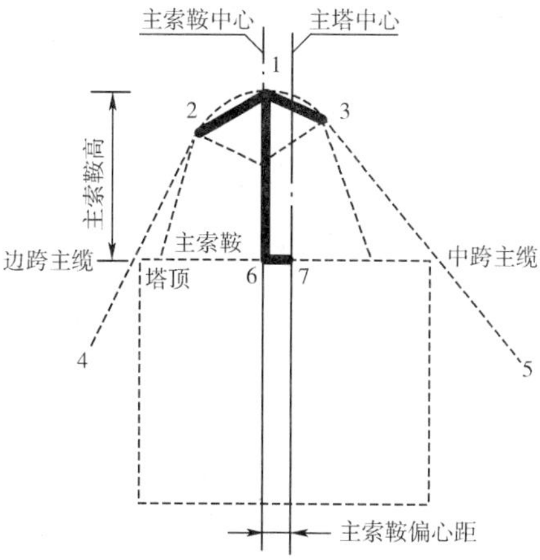

图13-3　主索鞍与塔顶连接示意图

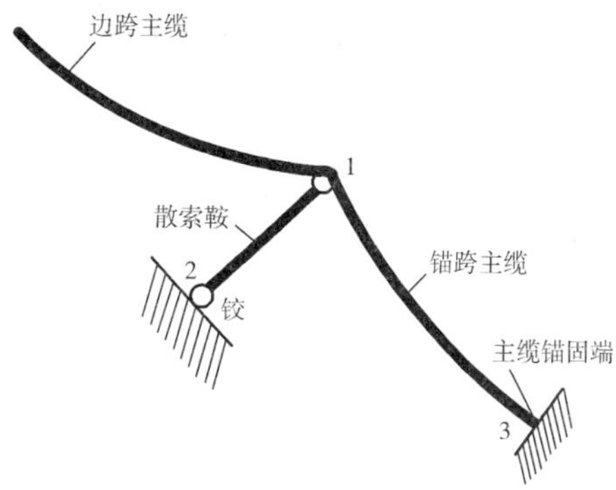

图13-4　散索鞍与主缆连接示意图

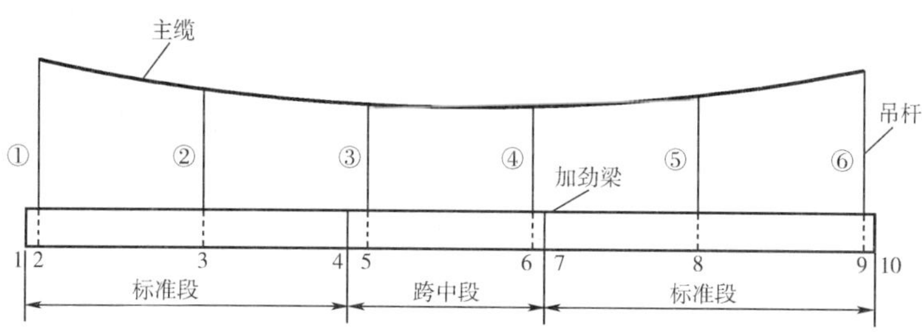

图13-5　加劲梁单元离散示意图

c.塔墩结构行为模拟。图13-6中用4个梁单元模拟一个主墩下的群桩基础。简化原则是调整两个基单元3-5和4-6的桩径、桩高和桩间距使其抗推刚度、抗弯刚度以及抗压强度与实桥群桩相等。3-2和2-4都是抗弯刚度以及抗压刚度很大的单元，用以模拟刚臂将主墩底的轴力、剪力和弯矩传递给桩基单元。

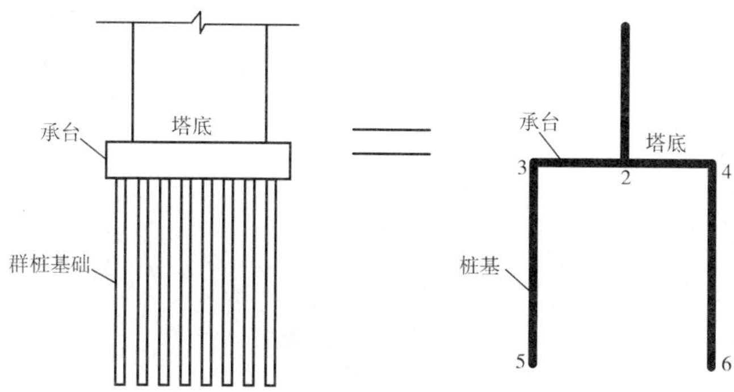

图13-6　塔墩和桩基单元离散示意图

②悬索桥结构架设参数迭代算法。

悬索桥结构架设参数指的是主缆、吊索、塔、加劲梁段等构件的无应力尺寸及索座、索夹预偏量等。

悬索桥结构架设参数是通过多次迭代计算来求得的，其迭代过程为假设→计算→比较→修改假设，并加上单元对结构进行施工过程模拟来实现。具体过程是：事先假设悬索桥的主缆、吊索、主塔、加劲梁段等构件无应力尺寸及鞍座、索夹等预偏量，通过模拟施工过程及结构体系转换，把用几何非线性有限元方法计算得到的成桥状态的有关结构几何状况参数与设计的成桥状态结构几何参数进行比较，如果不满足精度要求，可对假定的构件尺寸及预偏量进行修改，重复上述过程直到满足精度为止，从而得到各构件无应力尺寸及鞍座、索夹的预偏量。

根据一、二期恒载作用时结构体系的不同，模拟施工过程计算可分为两个阶段：第一个阶段是在主缆架设完毕时的索塔结构平衡状态上作出索夹、吊索、加劲梁等一期恒载计算。此时加劲梁之间全部铰接，塔顶对鞍座没有水平约束，主缆承受全部恒载。计算得到的是由鞍座、塔、主缆、吊索相互铰接的加劲梁段组成的达到平衡的几何形状及内力。第二阶段是在第一阶段计算达到平衡的结构上，加劲梁之间全部刚接以后，但塔顶对鞍座仍没有水平约束，在这样结构上作用二期恒载的计算。

解析法是另一种悬索桥施工控制模拟结构分析常用的方法，恒定无应力索长迭代法就是其中一种。其基本原理就是在任何受力状态下，柔索索段无应力索长总是保持不变。此法能分析结构初始位置，确定主缆和吊索等部件的无应力长度、空缆线形、索鞍预偏量以及索夹初始安装位置；同时还可以进行施工状态结构计算分析，确定各施工状态下的主缆线形、索塔偏移和内力以及模拟索鞍顶推。

无应力状态法是以单元的无应力长度为控制量，具有较明显得优点，主要表现在：它是一个相对稳定、比较独立的量，该法应变能力较强；在分析桥梁结构受力状态时，只进行正装计算，无需进行结构的倒装计算，全部参数均参与迭代，因此收敛快。

此外，无应力状态法在进行结构理想状态计算时，程序编制比较简单，是大跨径桥梁进行安装计算的一个较好方法。

(4)无应力下料长度计算

①主缆无应力下料长度计算。

②吊索(或吊杆)无应力下料长度计算。

③梁段无应力下料计算。

④索塔裸塔状态塔顶高程确定。

(5)设计空缆状态线形及内力计算

①确定主缆各跨跨径与矢高。

②确定主缆各跨跨中高程。

③确定索鞍预偏量。

④确定主缆水平拉力、鞍底支反力及锚跨索股拉力。

(6)吊装过程各状态线形及内力计算

①确定结构控制点位置与位移及过程图。

②确定主缆水平拉力、鞍底支反力及锚跨索股拉力。

③确定索塔塔顶水平位移及索塔内力。

④确定索鞍顶推量及顶推时间。

⑤确定吊索(或吊杆)力。

⑥确定梁段接缝下缘开口宽度。

⑦各吊索(或吊杆)上下吊点间的倾斜量。

⑧理想成桥状态线形及内力计算。

(二)实施

(1)根据设计资料编制施工组织设计。

(2)按施工组织设计要求落实材料、设备、人员进场。

(3)完成整个桥的施工项目,例如汕头海湾大桥大体有如下项目:

①准备工作。

②主塔2座。

③锚碇2座。

④箱形混凝土主梁段预制(121段)。

⑤主缆钢丝索(2×110索股)。

⑥吊索、索夹(484组、242个)。

⑦主鞍、散索鞍(各4个)。

⑧三大件研制(挤圆机4台、缆载吊机4台、缠丝机2台)。

⑨主缆安装(2×110索股,包括猫道、鞍座安装、架索、调索、挤圆、吊索夹安装)。

⑩主梁安装(包括吊机安装、鞍座复位、吊装梁段、穿束、湿接头、合龙段张拉,主梁长760m)。

⑪桥面(760m)。

⑫主缆缠丝及防腐。

(4)悬索桥施工流程。先进行索塔、塔上鞍座及钢结构安装和两岸锚碇结构施工,在安装和施工完毕后,可按照下列施工流程进行:导索架设→猫道承重索架设→猫道面铺装架设→主缆索股牵引系统架设→主缆索股拖拉架设及调整→索夹、吊索安装→加劲梁吊装→悬索桥全面施工结束。

(5)完成施工测量。

(6)完成调试过程中施工负责的任务。

最后使实际桥梁线形和内力符合设计理想线形和内力。

(三)监测

(1)监测结构线形。主要监测主缆线形和加劲梁顶面线形,看其是否满足设计线形要求,并应对索塔在施工状况中的倾斜度、塔顶高程、塔中心线里程及沉降变位进行观测,以便对将索塔的各种变化进行调整和控制。多采用精密水准仪、全站仪、钢尺等。

(2)测定主缆锚跨索股拉力。测定主缆锚跨索股拉力可采用压力传感器、千斤顶张拉以及弦振动等方法,对成缆状态下和成桥状态下的所有索股拉力进行测定,保证其应力在设计容许范围内。

(3)测定塔应力。采用钢筋计等对塔的各个状态进行应力测定。控制截面位置应在塔截面变化处,塔根及有系梁处。单塔柱控制截面总数不能少于两处。

(4)测试吊索拉力。在成桥状态应对所有吊索拉力进行测定。其方法可采用拉力传感器,千斤顶张拉及弦振动法。

(5)测定加劲梁应力。对钢加劲梁要到成梁后才进行测定，对预应力混凝土加劲梁在连续接缝时就开始测定应力。应力测定可用钢筋计等。

(四)施工控制(调试系统)

1. 辅助试验

理想状态下的设计参数是根据设计规范、材料的假定力学参数决定的，而实际的参数值总是和设计参数值存在着或多或少的差异，因此施工前做一些辅助试验来获得较准确的参数是非常必要的。

(1)索股试验，包括确定索股钢丝弹性模量、热膨胀系数、钢丝直径及重度；确定索股整体弹性模量、热膨胀系数、单位长度重力。

(2)吊索(或吊杆)试验，包括确定吊索弹性模量、热膨胀系数、单位长度重力、截面积及破断力；确定吊索设计恒载下的长期非弹性效应。

(3)加劲梁质量试验。通过称量确定标准梁段质量。

(4)索夹、吊杆、锚头及夹具质量试验。

(5)吊机质量试验。

(6)温度测试，主要是观测日温昼夜变化规律。

(7)索塔温度效应试验以及其他有关试验等。

2. 悬索桥主缆形成过程中的施工控制

主缆的施工控制主要是为了保证架设后主缆线形与设计一致，而主缆是由基准索股和非基准索股组成，在施工中对主缆线形进行控制，就是对基准索股的跨中绝对高程和非基准索股的跨中相对高程进行控制，此外还须对锚拉力进行控制。

(1)基准索调索

一般情况下主缆架设的第一根索为基准索，以后各索垂直调整均以它为基准，其线形将决定主缆的线形。1 号索调整为绝对矢量调整，精度要求很高。江阴长江大桥要求误差控制在±15mm 之内，汕头海湾大桥要求跨中垂直度偏差在设计允许的 3cm，虎门大桥则要求小于 3.5cm。垂度调整应在夜间温度稳定时进行。温度稳定的条件为：长度方向索股的温差 $\Delta t_1 \leqslant 2$℃；横截面索股的温差 $\Delta t_2 \leqslant 1$℃。

索股的调整顺序为先中跨，后边跨，再锚跨。基准索股调整前，应根据各跨跨长、索鞍预偏量、索股垂度高程以及温度，计算出索股移动量与各跨跨中垂度，温度变化的对应关系数据表，之后开始索股调整。算出调整值后开始索股调整。

边跨垂度测量在边墩上进行，垂度调整时，在索股锚头底配以穿心式千斤顶，索股的收紧和放松通过千斤顶张拉垫垫片来实现的。边跨线形的调整以其定距垂度和千斤顶的张拉力双控。边跨基准索调整之后，索股在索鞍位置应进行临时压紧固定，不得在鞍槽内滑移。基准索调整完成后，应连续数天对其线形进行观测，观测宜在风力小于 5 级的夜间且温度稳定时进行，并应记录对应的跨中高程、气温、索股温度及索鞍 IP 点的偏量，确认基准索股的线形稳定后方可进行其他索股的架设。

基准索股的高程应连续 3d 在夜间温度稳定时进行测量，3 次测出的结果其误差应在设计及规范允许范围内(中跨误差－20～40mm，边跨误差－40～＋80mm，上下游索股相对误差 10mm)，并取 3 次的平均值作为该基准索股的高程。

基准索股调整完毕后，应同时利用连通水管进行两侧基准索股的高差测量，将其高差控制在 10mm 以内。

(2)一般索垂度调整

在1号索调整完毕之后，其余索股调整均采用相对垂度调整法(或称相对矢量调整法)，在各跨跨中点利用大型测量卡尺测出待调整索与基准索的相对高度，并经跨度与温度修正后求出调整量，按先中跨后边跨的顺序，纵向移动索股在鞍槽内的位置，来达到垂直调整的目的，直至相对误差控制在0～+5mm范围内。索股垂度的测定和调整应反复进行，调整好后的索股间应保持若即若离状态。

在调整完索股线形之后，由于索鞍处索股与索股、索股与鞍座之间存在较大摩阻力，即使线形调整到位后，索股的张力仍存在差异，因此尚需进行张拉，将索力调整到设计值。在完成全部索股架设后，还须采用振动法和千斤顶法对所有索股进行张力测试，比较两种结果，对其中异常者重新进行张拉调整。

(3)紧缆

紧缆工作是在主缆架设结束后、索夹安装前进行，其目的是要达到设计要求的断面形状及索夹的安装要求。大桥采用振动法和千斤顶法用紧缆机进行紧缆工作，一般为4台紧缆机，其中两台边跨、两台主跨。

主缆的紧缆应分为预紧缆和正式紧缆两阶段进行，并应符合下列规定：

①预紧缆应在温度稳定的夜间且应将主缆全场分为若干区段分别进行。预紧缆完成处应采用不锈钢带绷紧，并应保持主缆的形状，不锈钢带的间距可为5～6m，外缘索股上的绑扎带宜边紧缆边拆除。预紧缆的目标空隙率宜为26%～28%。

②正式紧缆时，应采用紧缆机将主缆挤压整形成圆形，其作业可在白天进行。紧缆的顺序宜从跨中向两侧方向进行，紧缆预压点的间距宜为1m；紧缆的空隙率应符合设计规定，其允许误差应为−0，+3%，圆度偏差宜不超过主缆设计直径的5%。紧缆点空隙率达到要求后，应在靠近紧缆机的压蹄两侧打上两道钢带，带扣宜设在主缆的侧下方，其间距宜为100mm。

3. 第二阶段施工控制

不仅要使成桥状态主缆和加劲梁内力和线形最大限度的接近设计理想状态，更要防止施工过程中出现超限应力和变形。其主要控制内容如下：

(1)对索夹初始安装位置和吊索无应力下料长度的控制，即确定吊索长度、吊索锚头高程以及索夹位置的超前预测控制值。

(2)对主鞍分阶段顶推的控制，即确定主鞍分阶段顶推梁和顶推时超前预测控制值。

(3)吊索索力匀值性的控制。梁段吊装可以是由中间开始，然后对称向两侧延伸，最后合龙，总体分为标准段、特殊段和合龙段三部分。例如江阴长江大桥，共为44个梁段，其中标准段38段，每段长32m，中心节段34m一段，南北靠索塔各25m一段，合龙段为3个节段，每段重410t左右。又例如汕头海湾大桥为预制钢筋混凝土梁，安装顺序跨中两台缆索吊机从主塔向跨中对称架完各12块梁段，同时，分6次将偏放的主塔鞍座顶移复位。两边跨缆索吊机开始从塔两岸架梁，即4台缆索吊机对称平衡架设至合龙。在海湾大桥架设过程中保持对称平衡架梁，仅允许差一块梁段。主塔顶推移量不超过设计允许量12cm。

两座桥在架设过程中均出现主缆受载不均、线性变形，像海湾桥各梁段间高差达37cm，但随架桥进度，主缆线形逐渐形成，各梁段高差逐渐减小，待全部梁段架完，主缆线形基本形成。

无论是在整个桥索夹安装及吊索安装中，还是在梁段架设过程中，施工控制的基本要求是确保施工过程中结构安全以及成桥外形和内力符合设计要求。控制中主要根据现阶段施工测量情况来分析、预测下一阶段的控制值。预测控制可应用反馈控制理论来实现。反馈控制是根据结构理论状态情况，现场实例状态情况和各种误差信息进行分析，同时，根据当前施工阶段信息向前计算分析，及时预测下一阶段的控制变量值，使结构施工的实际状态趋近于理想状态。

第五节　施工监测与仪器

施工监测是施工控制中的一个环节，是为施工控制服务的，所监测的内容也是围绕施工控制展开。只有在施工中对重要的结构设计参数、状态参数进行监测，获取实际施工中的数据和信息，才能保证整个施工控制的顺利进行。桥梁结构施工过程是一个复杂的动态系统，加之实际参数和设计取用参数存在着一定的差异，随着工程的推进，主体结构逐渐增加，边界条件和结构体系在不断改变，使表征结构特征的参数发生变化，因此在施工过程中运用反馈控制分析方法得出优化调控措施，消除误差影响，是确保施工结构状态最大限度地接近理想状态的重要手段。而反馈控制分析是建立在结构实测数据基础之上的。可见，施工监测是施工控制必不可少的组成部分。下面按照施工监测内容的不同，分别简要介绍其监测方法及相关仪器。

一、几何监测

几何监测是施工监测的最基本内容，对施工控制、预报结构状态起着重要作用，它主要是获取已成结构的实际几何形态数据，其内容包括高程、跨长、结构和缆索的线形、结构变形或位移等。

桥梁结构几何形态监测的主要仪器包括测距仪、水准仪、经纬仪、全站仪、光电图像式挠度仪等。通常采用测距和测角精度不低于规定值[如±(2mm＋$2L\times10^{-6}$)和±2″]的全站仪并结合固定高亮度发光体照准目标作为需要全过程动态跟踪监测的三维几何形态参数(如悬索桥索塔位置、主索鞍位置、主缆索和加劲梁线形、索夹位置等；斜拉桥索塔位置、斜拉索锚固位置、加劲梁平面位置、线形等；拱桥轴线线形、拱上结构位置等；连续刚构桥墩位、悬臂施工箱梁的平面位置等)的监测手段；采用精密水准仪和铟钢水准尺水准联测、活动砧标视准线法观测和精密电子倾角仪倾角测量或激光挠度仪等作为高程、变形(位)等的监测手段。

对需要全过程跟踪监测的结构几何形态参数的监测，是通过指定控制点的位置坐标监测来实现的。一般系在结构温度趋于恒定的时间区段内(一般为夜间10:00至次日凌晨6:00)，利用桥址附近的施工平面和高程控制网，采用全站仪并以安装在各控制点的高度发光体和测距棱镜作为照准目标进行多测回观测的极坐标或三角高程测量获取控制测点三维大地坐标，并通过坐标变换求出控制测点的施工设计位置坐标。在进行控制点位置坐标监测时，应同时对结构温度进行监测，只有在结构温度趋于稳定后，所观测到的控制点位置坐标方可作为监测结果。对于结构温度趋于稳定的标准问题，根据经验可定为：若以结构构件同一断面上的表面测点平均温度作为结构构件断面测试温度，则构件长度方向测试断面的最大温差$|\Delta t|$应不超过2℃，在同一测试断面上测点温度的最大温差$|\Delta t|$应不超过1℃。

为掌握诸如桥墩(塔)、拱座、锚碇等有无超出设计范围的异常变形或变位，需定期监测结构几何形态参数，而无需全过程监测，也就是只需对控制量进行定期复核性的监测即可。这些监测通常采用精密水准仪、精密倾角仪、位移传感器等进行量测。为了确保桥梁施工放样和几何控制的精度，施工现场一般都建立有高精度的施工平面和高程控制网。在上述控制网的基础上，根据结构几何形态参数监测工作的可实现和现场操作便利性要求，在进行局部控制网优化处理后，便可形成一个形变监测控制网，并以此作为结构几何形态参数监测的基准。形变监测控制网的精度必须满足设计、规范以及施工控制本身的要求。

通过施工监测所获得的几何形态参数监测结果将直接反馈给施工控制系统，要求其结果具有准确性，并可通过监测数据实时处理分析系统对数据及时整理完成。对于定期监测的数据，应按照不同等级水准测量的国家规范等有关标准规定的作业成果记录整理方法，采用手记录、现场外业手簿计算水准联测的闭合差、测量中误差以及观测点的变形或变形位移。对全过程动态跟踪的几何参数监测，首先对在现场手工记录的角度、距离等原始观测值进行100%的检查，在观测数据满足有关规范、标准规定的限差要求的前提下，对观测成果进行必要的改正(如仪器常数、气象条件等)，然后进行观测点的三维坐标转换(一般需转换至施工设计位置坐标)。上述实时处理分析系统可通过计算机完成，并可将其结果直接与施工控制系统相联系。

近些年来，随着科学技术的发展，GPS定位技术也广泛地应用于桥梁施工控制和施工监测中。GPS系统具有高精度、全天候、高效率、多功能、操作简便、应用广泛的优点，自应用以来它发挥出了巨大的作用，大大提高了施工控制的精度和效率。GPS的整个系统由三部分组成，即空间部分、地面控制部分和用户部分。自20世纪90年代初开始，经过试验、总结和发展，GPS静态相对定位技术被逐步应用到桥梁施工平面控制测量中。GPS定位系统所负担的主要任务是控制网的布设、测量、检核和结构物的放样。与传统的三角测量技术相比，GPS建网技术具有受外界影响小、效率高、成本低、点位精度高且分布均匀等显著优点，是现代大型跨海桥梁、隧道工程建设中的关键技术之一。此外，我国自主研发的北斗定位系统也日趋成熟，今后会在桥梁施工控制中发挥重要的作用。

二、结构截面的应力监测

结构截面的应力主要包括混凝土应力、钢筋应力、钢结构应力等。截面应力监测为施工过程提供安全预警，一旦结构应力超出设计应力允许范围便会发出警告，它是施工监测的主要内容之一。无论是拱桥、梁(刚构)桥。还是斜拉桥和悬索桥，其结构某指定点的应力也同其几何位置一样，随着施工的推进，其值是不断变化的。在某一时刻的应力值是否与分析(预测)值一样，是否处于安全范围是施工控制关心的问题。解决的办法就是进行监测。若监测发现异常情况，就立即停止施工，查找原因并及时进行处理。

鉴于桥梁施工的长期性，应力监测也必然是一个长时间的连续的量测过程，这就需要采用方便、可靠和耐久的传感组件来实时、准确监测结构的应力情况。目前应力监测主要是采用电阻应变片传感器、钢弦式传感器等。电阻应变片传感器只能用于短暂的荷载增量下的应力测试，并且使用不便、耐久性差，一般仅用于辅助应力测试与校核。考虑到钢弦式传感器具有较良好的稳定性、具有应变累计功能、抗干扰能力较强、数据采集方便等特点，对于适合于现场复杂情况、连续时间较长且量测过程始终要以初始零点作为起点的应力监测，目前基本上均采用钢弦式传感器。

图13-7所示常用的钢弦式传感器，其中图13-7a)为钢筋应力传感器，用于监测钢筋混凝土结构内的钢筋应力；图13-7b)为埋入式应变传感器，用于混凝土结构内部的应变(应力)测量。图13-7c)为表面应变传感器，用于量测结构表面应变。

从实际使用看，钢弦式传感器虽然较其他传感器优越，但总还是存在温度漂移和零点漂移等问题。另外，钢弦式传感器体积仍然较大，通常要埋入结构内或固定于结构表面上，容易在施工时被损坏而失效。

为更好地适应施工控制应力监测以及使用阶段的长期应力监测需要，有必要对监测手段作进一步研究，开发、引进更为先进的监测技术（如遥感技术），使其应力监测更方便、更准确。光线传感器、压电式传感器是更具有发展潜力的新型传感器。

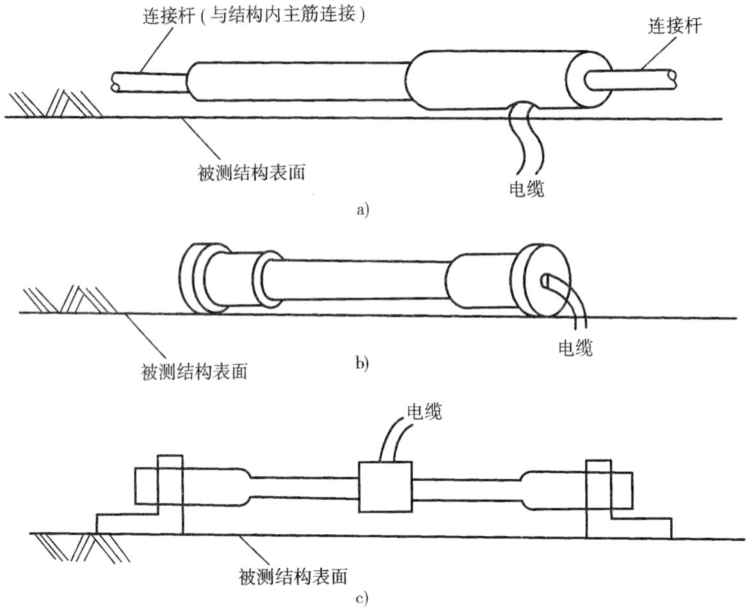

图 13-7　钢弦式传感器

光纤应变传感器运用了光纤的光损法（LAM）和光传输时间两个特性，是一种更方便、更准确的结构应变（应力）监测仪器。它具有信息传输与感应性能好、自身优良的可埋入性以及抗电磁干扰、耐高温、抗腐蚀能力强的特点，并且可分布式传感及传感器复用，因此是监测桥梁结构应变（应力）及动态响应较为理想的传感组件。压电式传感器是以某些物质的压电效应为基础的一种自生电传感器。近年来，压电式传感器受到了广泛重视，相信压电式传感器将是未来桥梁施工状态（以及服役状态）应变（应力）与动态响应监测的主要传感设备。

三、索力监测

斜拉桥的斜拉索、悬索桥主缆及吊索索力是设计的重要参数，也是施工监控中需要监测与调整的施工控制参数之一。索力量测效果将直接对结构的施工质量和施工状态产生影响。在施工过程中比较准确地了解索力实际状态，选择适当的量测方法和仪器，并设法消除现场量测中各种误差因素的影响非常关键。

目前可供现场索力量测的方法主要有以下三种。

（1）压力表量测法

目前，索结构通常使用液压千斤顶张拉，由于千斤顶的张拉油缸中的液压和张力有直接的关系，因此，只要测定张拉缸的压力就可求得索力。使用 0.3～0.5 级的精密压力表，并事先通过标定，求得压力所示液压和千斤顶拉力之间的关系，则利用压力表测定索力的精度也可达到 1%～2%。

千斤顶的液压可用液压传感器来测定。液压传感器受液压后输出相应电信号，显示仪表在接收到信号后即显示压强或换算后直接显示张拉力。由于电信号可通过导线传输，能进行遥测，使用就更为方便。

液压换算索力的方法简单易行，可直接借助施工中已有的千斤顶，故是施工控制中索力测量实用的方法之一。

(2)压力传感器量测法

压力传感器量测法是指在悬索桥主缆索或斜拉桥斜拉索等的锚下安装压力传感器，通过二次仪表读取拉索索力。这种方法量测优点是准确性高，稳定性较好，易于长期监测。选择恰当的传感器除满足施工控制监测需要外，还可用于桥梁使用过程中的索力量测。

(3)振动频率量测法

振动频率量测法是在已知索的长度、两端约束情况、分布质量等参数时，利用索力与索的振动频率之间存在对应关系的特点，通过测量索的振动频率，进而计算出索的拉力。

桥梁结构中的索受外界环境影响时刻发生着随机振动，且各阶频率混在一起，只有用精密的拾振器才能感受，通过频谱分析，根据功率谱图上的峰值才能判断其各阶频率。频率得到后即可据以求算索力。现有的仪器及分析手段使频率测定精度可达 0.005Hz。当索力的端部约束不明显时，通常经现场试验确定相应的换算长度。振动频率法在实施中要求现场操作人员有一定的经验。

在监测中应根据实际情况选用最为合适的测试方法。为确保监测的精度，最好是上述两种或三种方法同时并用，互为校验。在掌握了某种关系和规律后，也可采用以某种方法为主，以其他方法作为校核的方式进行大批量监测。随着科学技术的发展，涌现出一些全新的索力监测方法，诸如磁通量法、波动法等，在现代桥梁索力监测中得到不同程度的应用。

下面介绍一种主缆索股锚下压力传感器，该传感器由交通部公路科学研究所和广东省公路工程总公司共同研制。该传感器除需满足施工监测要求外，还需兼顾桥梁长期监测要求，所以，要求其具有可靠性、稳定性、耐久性且安装方便。

1. 传感组件选择

目前用于索力量测的锚下传感器传感组件主要有钢弦频率式和电阻应变式，前者蠕变极小，零点基本保持不变，温度稳定性也较好，以频率信号式输出，不易受干扰，适合于需长期连续量测的桥梁施工控制监测和使用过程中的监测，所以，将其作为锚下压力传感器的机电转换组件。后者具有灵敏度高的特点，但由于其长期间断连续量测零点不能校核，衔接性差，因此，不适合于长期连续跟踪观测，且由于量测的输出量为模拟信号，易受干扰，不适于大跨度桥梁施工中常见的远距离传输。

2. 结构特点

用于索力量测的锚下压力传感器常见均为穿心式，即将传感器结构设计成圆环状，使用时需将索穿过其中心孔并固定于锚下进行量测，这在现场施工中十分不便，也容易被损坏，所以，将索股锚下压力传感器设计成插入式结构。其外形尺寸与主缆锚下 U 形垫板相同，一侧留一缺口，这样可以在主缆索股浇铸锚头之后架设索股进行张拉调整时插入锚下，其厚度小于索股架调整时一端预留垫板的厚度。插入式压力传感器只是代替了部分垫板的位置，对施工无影响，使用方便。该传感器由上、下 V 形承载板和安装在上、下承载板之间呈等边三角形布置的 3 只特别的钢弦式传感器组件及外壳等组成。

3. 技术指标(MSG—1200 传感器)

(1)总体要求：

总量测范围：150～1 200kN（由 120°等间距布置的三只弦式传感器组件组成）。

分辨力：2kN。

外形尺寸：高度不超过 20cm，承载板外形尺寸与锚下垫板相同。

（2）弦式传感组件技术要求：

量测范围：每一只为 600kN（考虑了 3 只受力均匀性）。

分辨力：≤600N/Hz。

零点漂移：≤（2～3）Hz/a。

温度漂移：（3～4）Hz/10℃。

初频：2 200Hz±50Hz（只考虑受压）。

使用温度：－20～＋50℃。

密封性能：1MPa 水压下不泄漏。

频率范围适合二次仪表，与 SS-II 频率计配套。

4. 性能检验和标定

主要对 MSG—1200 传感组件进行了时效老化、温度老化及应用老化处理。使用前在与现场条件相同的条件下对其进行标定，获得力—频率关系曲线，并以此作为现场量测的校准数据。

索力现场量测的影响因素较多，在施工中要根据现场具体情况和量测方法具体分析和尽可能排除。

对于悬索桥主缆股索力和斜拉索索力量测，常采用多种方法互相补充校正。实施时要注意：

（1）在使用张拉千斤顶油表量测时，首先要做好对千斤顶液压系统的标定，建立油压表读数与千斤顶张拉力之间的换算关系；其次在张拉时要控制好锚头与垫板之间的间隔应尽量小，使锚头与垫板处于“若即若离”状态。

（2）在使用压力传感器量测时，不仅要正确选择好传感器（可选用成品，也可进行专门研制），而且要使传感器的各项技术指标满足监测需要；在埋设时，为保证长期使用要注意保护导线；为使受力组件受力均匀，注意正确设置索股与传感器的位置关系；量测读数时注意在显示值连续稳定时读取。

（3）振动频率法量测是基于弦振动理论获取张紧索的张力与其振动频率的相互关系进行分析计算的，其影响量测的因素较多，主要包括索两端的约束条件及其索长的取值与理论假设的差异和索抗弯刚度对其振动频率的影响。因此，在现场进行试验标定、修正必不可少（包括在部分索股锚下埋设专用压力传感器进行校正等）。此外，为减小误差，在进行数据处理时，应尽量采用低阶频率进行计算。索长越长，误差减小越明显。

在实施振动频率法量测索力时，由于实际索股的振动是复杂的，即便是采用人工激振的方法也不一定能激发出索股基频的自由振动，而随机环境的激振更使索股产生复合振动，因此，一般市场销售的索力量测仪较难获得满意效果，而需在随机信号测量与处理技术基础上，对索股人工激振和环境随机激振的振动信号进行测量与处理分析，获得被测索股的频率参数，再进行索力的分析计算，并通过其锚下压力传感器观测，进行数据对比分析，获得不同长度索股的修正系数，然后再进行大量的索力量测。

现场量测时用专门制作的绑带将加速度计垂直固定在索上，量测方向为水平横桥向，由磁带机记录索在环境随机振动或人工激振时的振动信号，再利用信号处理机进行频谱分析。

吊索上端与主索的连接使其上端约束条件较为复杂，因此必须进行现场标定修正。吊索可不计抗弯刚度的影响。在某些情况下，压力传感器受结构构造限制无法在锚下安装时，可采用在部分吊索上设置一定标距的两个基准点，安装专用夹具，通过在一定荷载增量时由千分表测量两基准点标距的伸长量，求得吊索受载后的索力增量，并与加载前后用振动频率法测得的索力增量进行对比分析，确定被测吊索的换算索力。对不同长度的吊索逐一进行试验，以便得到各吊索索长的换算系数。

四、预应力监测

影响预应力桥梁（如连续梁、连续刚构桥等）施工控制目标实现的主要因素之一就是预应力水平，因此对预应力水平的监测直接影响到结构安全和工程质量，监测主要是对预应力筋的张拉真实应力、预应力管道摩阻损失及其永存预应力值进行测定。对于前者，通常在张拉时通过在张拉千斤顶与工作锚板之间设置压力传感器测得；对于后两者，可在指定截面的预应力筋上贴电阻应变片测其应力，张拉应力与测得的应力之差即为该截面的预应力管道摩阻损失值。

五、温度监测

温度效应对大跨径桥（尤其是斜拉桥、悬索桥等）的影响是十分明显的，因此温度监测在桥梁施工过程中就显得尤为重要。如悬索桥主缆线高程将随温度的改变而变化，索塔也可能因温度变化而发生变位，这些都会对主缆的架设、吊杆料长计算确定等产生很大影响；斜拉桥斜拉索在温度变化时其长度将相应伸长或缩短，直接影响主梁高程；悬臂施工连续刚构（梁）桥高程也将随温度的变化发生上（下）挠。因此，在大跨径桥梁施工过程中对结构的温度进行监测，寻求合理的立模、架设等时间，修正实测的结构状态的温度效应，对桥梁按目标施工和实施施工监控都是十分重要的。

目前，结构温度的测量方法较多，包括辐射测温法、电阻温度计测温法、热电偶测温法以及其他各种温度传感器等。每种方法的测量范围、精度和测量仪器的体积及测量繁杂程度都有所不同，通常应选用体积小、附着性好、性能稳定、精度高且可进行长距离监测传输的测温组件。例如，用 BTS—400 型 P—N 结构温度传感器作为结构测温组件，用 TD—10 型数字测温仪进行定点接触测温，且可多点测量，操作方便，并可进行长距离监测传输。

悬索桥主缆架设期间的温度监测重点放在基准索股和一般索股上。通常做法是沿跨长方向选择多点（断面）进行监测，温度传感器沿索股周长对称布置在每一断面的上、下和左右，并使其紧贴于索股表面股丝之间，确保所测温度是索股表面丝的真实温度，在基准索股线形观测的同时对各断面温度进行监测。在一般索股架设高时对基准索股和欲调一般索股同时进行温度监测，根据基准索股和欲调索股的相对温差计算其间的相对高差修正值。

对斜拉桥斜拉索、悬索桥主缆等成缆结构而言，其温度状态确定正确与否将直接影响主梁立模高程的确定和加劲梁吊装架设的控制计算。由于钢丝间的空隙影响，缆索横截面内的温度场分布很不均匀，根据国内外经验，对直径较小的缆索，其平均温度可取主缆表面测点温度的平均值，但对直径超过 60cm 的缆索，应对其表面测点的平均温度进行适当地修正才能作为其平均温度（即计算温度取用值）。斜拉索索温修正的一般方法是制造一段同实索等粗的试验索，在其中心和内部以及外表均对称布置测点，吊挂于施工现场实索部位，使之处于同样的大气环境条件下。对其他实索，每种型号选择 1～2 根，在其表面布设测点，测得表面温差，对照试验短索的测量结果，确定实索的内外温差。

对连续刚构梁体、斜拉桥和悬索桥索塔等混凝土结构的温度测量，包括表面温度测量和体内温度测量两方面。对结构表面温度采用表面温度点测计测量，点测计测量灵活性大，可对任意点处的表温进行测量；对体内温度测量通常是将选好的温度传感器贴在钢筋上，在作防潮和防机械损伤处理后埋入指定截面的混凝土体内并引出导线，通过温度测量显示仪读取测量值。

受桥梁所处的地理位置、方位、自然条件（如环境气温、当时风速风向、日照辐射强度）、组成构件的材料等因素影响，大跨径桥梁结构的结构温度是一个复杂随机变量，施工期间的结构实际温度在设计中很难准确预计（只能根据施工进度安排和当地既有气候情况预估，若施工计划改变和气候变化则更难预估），因此，为保证大桥施工达到设计要求的内力状态和线形，必须对结构实际温度进行实地监测。监测时要特别注意对结构局部温度与整体温度相结合的测量，只有准确掌握了施工结构整体温度分布状态才能有效地克服温度对施工结构行为的影响。

思 考 题

1. 什么是桥梁施工控制？简述其重要性和必要性。
2. 桥梁施工控制的作用有哪些？
3. 桥梁施工控制的任务和内容有哪些？
4. 对比讨论各桥梁施工控制方法的异同，并阐述其优缺点。
5. 振动频率量测法的原理是什么？
6. 说明施工检测在施工控制过程中的重要性及意义。

第十四章　施工组织设计

第一节　概　　述

桥梁建设作为国家的基本建设，必须遵守基本建设程序，即决策、设计、准备、实施和竣工验收五个阶段。桥梁施工是桥梁基本建设程序中的一个重要环节，要做到计划、设计、施工三个环节互相衔接，投资、工程内容、施工图纸、设备材料、施工力量五个方面的落实，以保证建设计划的全面完成。现代化桥梁施工是一项多工种、多专业的复杂的系统工程，要使施工全过程顺利进行，以期达到预订的目标，就必须用科学的方法进行施工管理。

桥梁工程的施工是一项十分复杂多变的生产活动，其工作千头万绪，各种矛盾和问题层出不穷，影响因素十分复杂、广泛。主要表现在：桥梁工程的类型多、工种多，施工技术复杂，施工时人员集中，工作面小，在施工过程中还要克服水文、地质、地形以及气候上的各种困难和障碍。基础复杂的深水桥梁，不仅工程数量大、消耗建筑材料多，而且作业项目复杂多样，需要使用各式各样的机械设备，工程量艰巨，特别是大桥、特大桥、高桥或技术比较复杂的桥梁工程表现更为突出。因此，面对如此复杂艰巨的工作，必须在施工前预先进行谋划、组织和安排，对这些工作整理、梳理出头绪，分出轻重缓急是必要的，以避免施工过程中产生盲目性和施工现场出现混乱现象，防止质量事故、不安全事故的发生。这种预先的谋划、组织和安排实际上也就是施工组织设计。桥梁施工组织设计是规划和指导拟建工程的施工准备到竣工验收过程的一个综合性的技术经济文件，是施工管理的重要组成部分，它对统筹桥梁施工全过程、推动企业技术进步及优化桥梁施工管理起到核心作用。它是桥梁施工准备工作的核心内容，其作用是规划部署施工生产活动，制定先进合理的施工方案和技术组织措施。编制桥梁施工组织设计必须统策规划，科学地确定施工顺序、选择施工方法和施工机械，科学地组织人力和调配物资，建立正常的施工秩序，充分利用空间、争取时间，推广、采用先进的施工技术，用最少的人力、物力和财力取得最佳的经济效益。

要做到在确保工程质量的同时，又能缩短工期、降低工程成本，就必须对整个项目的施工过程进行合理的施工组织设计，做到运筹帷幄、精打细算。桥梁施工组织设计是桥梁施工准备工作的核心内容，是实行科学管理的重要手段。实践证明，只要工程项目的施工组织设计能正确反映客观实际和施工规律，并能得到认真贯彻执行，施工就可以有条不紊地进行，否则就会出现盲目施工的混乱局面，导致工程质量事故和其他安全事故，造成不必要的损失。

第二节　施 工 准 备

施工准备工作是为了保证工程顺利开工和施工活动正常进行而必须事先做好的各项准备工作。它是施工程序中的重要环节，不仅存在于开工之前，而且贯穿在整个施工过程之中。为了保证工程项目按质、按量、按期完成，必须做好施工准备工作。

一、施工准备工作的意义

1. 遵循桥梁施工程序

施工程序是人们在长期的生产实践活动中，科学总结的项目建设所固有的客观规律，施工准备工作是遵循施工程序办事的重要环节之一。现代工程施工是十分复杂的生产活动，其技术规律和社会主义市场经济规律要求工程施工必须严格按桥梁施工程序进行。只有认真做好施工准备工作，才能取得良好的建设效果。

2. 降低施工风险

就工程项目施工的特点而言，其生产受外界干扰及自然因素的影响较大，因而施工中可能遇到的风险比较多。只有充分做好施工准备工作、采取预防措施，加强应变能力，才能有效地降低风险损失。

3. 创造工程开工和顺利施工条件

工程项目施工中不仅需要耗用大量材料，使用许多机械设备、组织安排各工种人力。涉及广泛的社会关系，而且还要处理各种复杂的技术问题，协调各种配合关系，因而需要通过统筹安排和周密准备，才能使工程顺利开工，开工后能连续顺利地施工且能得到各方面条件的保证。

4. 提高企业经济效益

做好工程项目施工准备工作是实现工程顺利开工，提高施工企业经济利益的重要条件。它可以充分调动各方面的积极因素，使工程施工在保证质量的前提下，提高机械利用率和劳动生产率、降低工程成本、缩短工程工期。实践证明，施工准备工作的好与坏，将直接影响桥梁产品生产的全过程。凡是重视和做好施工准备工作，积极为工程项目创造一切有利的施工条件，则该工程能顺利开工，取得施工的主动权，反之，如果违背施工程序，忽视施工准备工作，或工程仓促开工，必然在工程施工中处处被动，以致造成重大的经济损失。

二、施工准备工作的任务

施工准备工作的任务主要有以下几点：

(1)掌握工程项目的特点、进度要求，摸清施工的客观条件。

(2)合现部署施工力量。

(3)选择最佳的施工方案。

(4)从技术、物资、人力和组织等方面为工程项目的施工创造一切必要的条件。

总之，施工准备工作就是为桥涵工程的施工建立必要的技术和资源条件，充分发挥人的主观能动性，统筹安排施工力量和施工现场，创造有利的施工环境，加快施工进度，提高工程质量，保证施工过程连续、均衡、有节奏地进行，防止施工过程中盲目、混乱现象的发生，节约资金和原材料。

三、施工准备工作的一般内容

施工准备工作的内容繁多，工作量大，一般可归纳为六个部分：调查研究收集资料、技术准备、施工现场准备、资源准备、劳动组织准备和季节施工准备，如图 14-1 所示。

1. 调查研究、收集有关施工资料

调查研究、收集有关施工资料，是施工准备工作的重要内容之一。尤其是当施工单位进入一个新的地区时，此项工作显得更加重要，它关系到施工单位全局的部署与安排。

施工调查主要是对拟建工程进行实地勘察，进一步获得有关原始数据的第一手资料，这对于正确选择施工方案，采取相应技术措施，合理安排施工顺序和施工进度计划是非常重要的。施工调查一般包括自然条件和技术经济条件两方面的内容。自然条件包括地质、水文、气象和施工现场的地形地物；技术经济条件通常包含施工现场的动迁、当地可利用的地方材料、地方能源和交通运输、地方劳动力及技术水平、当地生活资料供应、可提供的施工用水用电、设备租赁，以及消防治安等情况。

现场核对设计图纸与现场实际情况的符合性，如果差异较大，则应及时提出并与设计单位协商解决。

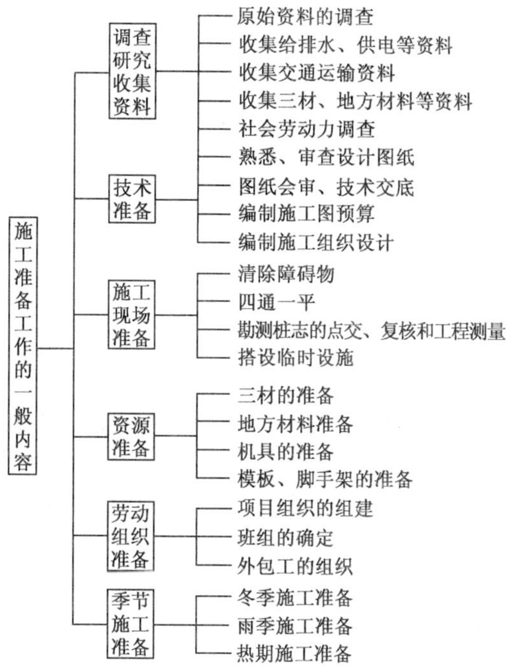

图 14-1　施工准备工作的内容

(1)自然条件调查

原始资料调查主要是针对工程条件、施工条件等施工技术与组织的基础资料进行调查，以此作为项目准备工作的依据。

①地形、地貌资料。收集建设地区的地形、地貌资料，以便正确布置施工现场的施工总平面图。同时也为沿线(道路工程)施工力量部署、施工方法(引道工程)的确定提供依据。

②工程地质资料。这些资料内容包括：钻孔布置图、地质剖面团、土物理力学性质(天然含水率、天然空隙比)、土压缩试验和承载能力的报告、古墓钻探报告等。根据这些资料可以拟定特殊地区(如黄土、古墓、流沙等)工程项目的施工方法、技术措施和基坑开挖的边坡等。

③水文地质资料。包括地下水文资料、地面水文资料和水质分析资料。地下水文资料可为确定土方工程、基础工程的施工方法、技术措施以及地基处理方案提供依据。地面水文资料为工程项目的临时供水、雨季的排水方案提供依据。

④气象资料。桥梁工程系野外露天作业，当地的气象条件直接影响着施工作业的天数及恶劣气候下的防护措施，对桥梁施工进度有着较大影响，所以必须对其进行认真调查。调查的内容包括气温资料、风资料和降雨降雪资料等。这项调查包括全年、各月平均气温、最高与最低气温、5℃及0℃以下气温的天数和时间；雨季起止时间，最大及月平均降水量及雷暴时间；主导风向及频率，全年大风的天数及时间等资料。这些资料一般可作为确定冬、雨期季节施工的依据。

(2)技术经济调查

①收集给排水、供电资料

a.收集当地给排水资料。确定经济合理的给排水方式，收集供水情况，即水源、水量、水质、接管距离及水费等资料，还要调查利用当地排水设施排水的可能性、排水距离、去向等资料。

b.收集供电资料。调查了解建设地区有无发电站和变电站；查明能否从该地区电力网上取得电力，可供工地利用程度、接线地点及使用条件。

②收集交通资料

详细调查建设地区的铁路、公路、水运、航运情况，以便正确组织交通运输；此外，为了组织运输业务、选择经济合理的运输方式，还需调查主要材料及构件运输通道的情况。有超长、超高、超宽或超重的大型构件、大型机械，还要调查沿途架空电线、天桥的高度，并与有关部门协商。

③收集三材、地方材料等资料

a. 地方建筑工业、企业分布情况。这部分资料从当地计划经济机关获得，其内容有：当地有无采料场、建筑材料、预制件的生产企业；这些单位的分布情况；主要产品名称、规格、生产能力、供应能力、价格等。同时还应了解这些产品运往施工现场的方法、交货价格和运输费用。

b. 地方资源情况。应查明当地有无石灰场、石场、沙场；这些建筑材料在数量、质量方面能否满足施工的要求；并要研究分析进行开采、运输和使用的可能性和经济合理性。

④社会劳动力和生活条件调查

调查当地可供利用的社会劳动力的数量、工种、技术水平、过去的施工经验、工资标准、距工地的距离，是否存在承包工程的组织机构等。当地有无可供施工用的宿舍、食堂、俱乐部、医院、浴室等建筑物的数量，并应详细查明其所在地点、结构特征、面积和设备条件。充分利用这些情况是降低工程成本的重要途径。

2. 技术资料准备

技术资料的准备是施工准备工作的核心，也即通常所说的室内准备(内业准备)，它对工程建设质量的影响巨大，任何技术差错和隐患都可能引起人身安全和质量事故，造成生命财产和经济的巨大损失。因此，必须做好技术资料的准备工作。其主要内容包括：熟悉与会审图纸、编制施工组织设计、编制施工图预算和施工预算。

(1)熟悉审查设计图纸

在收到拟建工程的设计图纸和有关技术文件后，应组织工程技术人员熟悉、研究所有技术文件和图纸，以全面地领会设计意图。熟悉、研究技术文件和图纸的过程中，应注重以下几个方面：

①设计图纸是否齐全、完整、清楚、明确，图纸本身及相互之间有无错误和矛盾，尺寸、坐标、高程和说明是否一致，能否满足施工的要求。

②图纸是否完全符合国家有关的技术政策、标准、规范和批准的设计文件精神，技术要求是否正确。

③熟悉水文地质、工程地质资料，审查地基处理和基础设计是否合理，与现场情况是否相符。

④掌握设计内容及技术条件，弄清设计规模、结构形式、特点和质量要求等。

⑤详细了解设计中考虑采用的施工方法。

需要强调的是，施工单位应遵守设计要求，严格按照设计中提出的施工方法进行施工，不得任意修改或变更。因为不同的施工方法在施工过程中会产生不同的施工工况，现代桥梁设计计算大多与拟采用的施工工况密切相关。即使同一类型的桥梁，采用不同的施工方法，就要采用不同的设计计算方法。

⑥图纸中有无含混不清之处；有无修改设计方面的疑问和建议等。

(2)图纸会审、技术交底

施工单位的图纸会审、技术交底实际上是反复进行的。其程序如下：

①施工单位的技术负责人首先组织本单位的技术人员、技工全面熟悉和会审图纸，彻底弄

清设计意图和要求,发现图纸中的问题要做好详细记录,并提出自己的处理或改进意见,以便将来向设计单位提出。

②施工单位负责人在充分熟悉、审查设计图纸的基础上,向建设单位提出召开"图纸会审、技术交底"会议。

③设计技术交底一般由建设单位(业主)主持,设计、监理和施工单位参加。先由设计单位说明工程的设计依据、意图和功能要求,并对特殊结构、新技术和新材料提出设计要求,进行技术交底;然后施工单位应根据研究图纸记录以及对设计意图的理解,提出对设计文件的疑问、建议和变更;最后在统一认识的基础上,对所探讨的问题逐一做好记录,形成"设计技术交底会议纪要",由建设单位正式行文,参加单位会签,作为与设计文件同时使用的技术文件或指导施工的依据。当工程为设计施工总承包时,应由总承包人主持进行内部设计技术交底。

④及时编写会议纪要。

⑤施工单位的技术人员和技工要认真学习交底会议内容,然后根据设计图纸制定工艺过程和操作程序,向工人班组进行技术交底。

(3)编制施工组织设计

施工组织设计是整个建设项目或群体工程的指导性文件,贯穿于拟建工程从施工准备到施工完成的组织、技术、经济的整个过程。编制施工组织设计要从全局出发,对建设地区的自然条件、技术经济状况及工程特点要有系统的研究,既要体现基本建设计划和设计的要求,又要符合施工活动的客观规律,对建设项目的施工全过程起到部署和安排的双重作用。

(4)编制施工预算

施工预算是施工准备的一项重要工作,要在工程开工前事先做好。工程预算是我国现阶段确定桥梁工程预算造价的法定形式,反映了建设工程的经济效果。根据编制阶段和作用的不同,工程预算可分为设计概算、施工图预算和施工预算三种。施工预算是施工单位以单位工程为对象,根据施工图纸和施工定额等资料编制的计划文件,主要作为控制工料消耗和施工中成本支出的依据。编制施工预算要结合拟采用的技术组织措施和节约措施,以便在施工中对用工、用料实行切实有效的控制,促进工程成本的降低,以及施工管理水平的提高。

3. 施工现场的准备

施工现场的准备即通常所说的室外准备(外业准备),其工作应根据施工组织设计的要求进行。它为工程创造有利的施工条件,是工程建设顺利开工的重要保障,其主要内容有:清除障碍物、四通一平、勘测桩志的点交、复核和施工测量、搭设临时设施等。

(1)清除障碍物

开工前,建设单位应负责清除施工场地内(地上部分或地下部分)的一切障碍物,也可委托施工单位来完成这些工作。

架空电线(电力、通信)、地下电缆(包括电力、通信)的拆除,要与电力部门或通信部门联系并办理相关手续后方可进行。自来水、污水、煤气、热力等管线的拆除,最好由专业公司来完成。场地内若有树木,需报园林部门批准后方可砍伐。

(2)四通一平

"四通一平"是指水通、电通、通信通、路通和平整场地,这是公路工程施工行业一种通俗的说法。以往仅提"四通一平",但在当前的信息化时代,通信的通畅非常重要,因此增加了"通信通"而成为"四通"。此外,还有其他"通",如通煤气、热力管线等。

(3)勘测桩志的点交、复核和施工测量

这些工作一般由建设单位主持,设计单位向施工单位、监理单位在现场点交桥位(沿线)勘测时所设的桩志,包括中线核、基线桩、水准点以及重要的桩志保护桩等。施工单位在点交时做好记录,随后进行复核,发现问题及时提出处理。除此之外,施工单位在准备阶段和施工过程中还应进行下列测量工作:

①补充施工需要的中线桩。

②测量中线及基础轴线的位置。

③测量桥台锥坡、翼墙及导流构造物的位置。

④补充施工需要的水准点。

⑤施工过程中不断复核、检查中线及高程。

(4)搭设临时设施

施工现场搭设的临时性建筑,是为施工队伍和管理人员生产和生活服务的,要本着有利施工、方便生活、勤俭节约和安全使用的原则,统筹规划,合理布局,并要遵照当地有关规定进行规划布置。如房屋的间距、标准是否符合卫生和防火要求,污水和垃圾的排放是否符合环境的要求等。因此,临时建筑平面图及主要房屋结构图,都应报请城市规划、市政、消防、交通、环境保护等有关部门审查批准。

各种生产、生活用的临时设施,包括各种仓库、混凝土搅拌站、预制构件场、机修站、各种生产作业棚、办公用房、宿舍、食堂、文化生活设施等,均应按批准的施工组织设计规定的数量、标准、面积、位置等要求组织修建。大、中型工程可分批分期修建。

4. 物资准备

施工物资准备是指施工中必需的劳动手段(施工机械、工具、临时设施)和劳动对象(材料、配件、构件)等的准备,它是一项较为复杂而又细致的工作,应根据工程进度计划编制各种物资需要量计划。

(1)施工材料准备

施工材料的准备主要是根据工料分析、按照施工进度计划的使用要求以及材料储备定额和消耗定额,分别按材料名称、规格、使用时间进行汇总,编出施工材料需要量计划。施工材料的准备包括三材和地方材料的准备。准备工作应根据材料的需要量计划,组织货源、确定加工、供应地点和供应方式,签订物资供应合同。

材料的储备应按工程进度分期分批进行,做好现场保管工作,现场堆放应合理,减少二次搬运,还要做好技术试验和检验工作。

(2)预制构件和商品混凝土的准备

桥梁施工中需要大量的预制构件,这些预制构件、配件必须事先提出订制加工单。对于采用商品混凝土的工程,则先要到生产单位签订供货合同,注明品种、规格、数量、需要时间和送货地点等。

(3)施工机具的准备

施工选定的各种土方机械、混凝土、泥浆搅拌设备、垂直及水平运输机械、吊装机械、动力机具、钢筋加工设备、木工机械、焊接设备、打夯机、抽水设备等应根据施工方案和施工进度,确定数量和进场时间。需租赁机械时,应提前签约。

施工机械按计划进场安装(或拼装)、检验和试运转,保证机械完好,处于待运转状态。对驾驶员及机修人员要进行培训,并进行机械施工技术的交底工作。

(4)模板和脚手架的准备

模板和脚手架是施工现场使用量大、堆放占地大的周转材料，为保证其能够反复循环使用，一定要分规格、型号整齐码放，尽量避免撞击或其他方式的损坏。

5. 施工人员准备

工程质量的好坏，与工程建设施工人员的素质高低是密切相关的。现场施工人员包括施工的组织指挥者和具体操作者两大部分。这些人员的选择和组合，将直接关系到工程质量、施工进度及工程成本。因此，施工现场人员的准备是开工前施工准备的一项重要内容。

(1)项目组织的组建

项目组织是指为完成工程项目施工任务而负责现场指挥、管理工作的组织机构。设置项目组织的几个基本原则：统一领导，分级管理；各级组织要有明确的目标；根据项目特点合理确定人选，职能机构的设置，既要有合理分工，又要注意相互协作配合；力求提高管理的效能和效率，避免机构层次过多、因人设事及人浮于事的局面出现。

项目组织机构的主要形式有：直线制、职能制、直线职能制、矩阵结构、多维结构等。几种形式各有优缺点，适用于不同条件。不论选择何种形式，都要考虑两个方面，既要考虑任务本身和生产过程的特点，又要考虑组织结构对职工心理因素的作用和影响，并把技术因素和心理因素有机地结合起来。

(2)施工班组的确定

工程的特点、现有的劳动力组织情况及施工组织设计的劳动力需要量计划都直接影响到施工班组的确定。例如，桥梁结构形式不同，其施工方式就不一样，因此施工班组也会发生改变，需要根据实际情况确定有关工种工人的组织。

(3)外包工的组织

由于建筑市场的开放，用工制度的改革，施工单位仅仅靠自身的基本队伍来完成施工任务已不能满足需要，因而往往要联合其他建筑队伍(一般称外包施工队)共同完成施工任务。根据工程进度计划编制劳动力需要量计划，根据劳动力需要量计划招募工人、签订用工合同、办理各种手续。

同时按计划分阶段安排行政、管理、技术人员和各种技工、普工进场，组织部分施工机械、设备进场，在施工现场集结施工力量。

在人员准备上还要进行后勤准备，即在大批人员、机械、物资进场之后，还必须做好后勤工作的安排，主要解决职工的衣、食、住、行等问题。

6. 季节施工准备

桥梁工程施工基本上都是野外露天作业，因此，季节特别是冬季、雨季及高温给施工生产增加了很大的难度。为保证按期、保质完成施工任务，必须提出保证质量和安全的切实可行的技术、组织措施，做好冬、雨季施工准备工作。

(1)冬季施工准备

冬季施工的准备工作主要包括两个方面：一是组织准备，二是技术准备。组织准备是指为各项设施配备必要的材料，施工人员安排及应采取的防护措施；技术准备是指根据冬期施工的特点进行的专项施工设计、制订施工技术方案和施工工艺等。

冬季一般为枯水期，应合理安排冬季施工项目，对各项设施和材料，应提前采取防雪、防冻、防火及防煤气中毒等防护措施；对于处于结冰水域的结构物，应采取必要的防护措施，防止其在施工期间和完工后遭受冻胀、流冰撞击等危害。冬季施工昼夜温差大，为保证施工质量应做好测温工作，防止混凝土在达到临界强度前遭受冻结而破坏。建立冬季施工制度，编制冬季施工技术措施，诸如对钢筋的冷拉和预应力钢筋的张拉，制订专门的施工工艺及安全技术方案。

(2)雨季施工准备

雨期施工时，主要应从防雨、防潮、防洪和防风等方面，对工程的材料、机具设备、临时设施及结构进行有针对性的防护，以保证施工期间的质量和安全。雨期施工的工作面不宜过大，宜逐段、分片、分期施工。雨期施工应避开大风大雨天气，遇暴风雨或受洪水危害时应停止施工作业。

应做好雨季施工安排，雨季到来之前，创造出适宜雨季施工的室外或室内工作面。尽量避免雨季窝工造成的损失。雨季水位升高，应采取措施保证施工中的桥梁基础、平台的安全。储存的材料及施工机具要注意防护，避免雨淋变质或生锈。为防止雨季供料不及时，现场应适当增加材料储备。要认真编制雨季施工技术措施，并认真组织贯彻实施。加强对职工的安全教育，防止各种事故发生。

(3)热期施工准备

当昼夜日平均气温高于30℃时，混凝土工程和砌体工程的施工应符合热期施工规定。热期施工所用的原材料，其储存及温度应符合规定。应采取必要措施对水泥和砂、石集料等遮阳防晒，或对砂、石料堆喷水降温，降低原材料进入搅拌机的温度。对拌和水宜采用冷却装置或其他适宜的方法降温；对水管及水箱应设置遮阳或隔热设施。

上述各项准备工作，并不是孤立的，而是一环扣一环、互为补充、互相依赖、互相配合和制约的。任何一环出了问题，都会给施工准备工作带来严重影响。因此，施工准备工作必须实行统一领导、分工负责，要落实到人。既要有明确的分工，又有专人负责，并且与个人的经济利益挂钩。

第三节　施工组织设计

施工组织设计是规划和指导拟建工程从施工准备到竣工验收全过程施工活动的技术经济文件，是以工程项目、单项工程或单位工程为对象编制的。它是对建设项目进行总体部署的战略性施工纲领，并对施工条件和建筑生产能力提出总体规划。它是施工前的一项重要准备工作，也是施工企业实现生产科学管理的重要手段。它既要体现拟建工程的设计和使用要求，又要符合桥梁施工的客观规律，对施工的全过程起战略部署或战术安排的作用。

编制施工组织设计的目的，就是在保证工程质量的前提下，尽可能地缩短工程工期、降低工程成本、尽量发挥工程项目的经济效益。

一、施工组织设计的分类

编制施工组织设计要结合工程项目本身的规模、特点和工程项目的实施阶段分别进行。

1. 按工程项目的规模、特点划分

(1)施工组织总设计

施工组织总设计是以整个工程建设项目或群体工程为对象(包括该项目的各单项工程、每个单项工程中的各单位工程及每个单位工程中的各分部分项工程)，以初步设计为依据，由总承包单位编制而成的，是整个建设项目和群体工程的全局性指导文件。它是一个项目轮廓性、粗线条的施工计划安排，可作为各单位工程施工组织设计及年度施工计划编制的依据。

(2)单位工程施工组织设计

单位工程施工组织设计是以单位工程为对象，以施工图设计为基础、以施工组织总设计为依据，由承包单位编制的对单位工程的全面施工具有指导作用的技术、经济文件。它已经较为具体、详细，既可作为编制分部、分项工程施工方案及季度、月度计划的依据，又是对施工进行科学管理、提高企业经济效益的重要手段。

(3)分部、分项工程施工方案或技术措施

分部、分项工程施工方案或技术措施是以分部、分项工程为对象，以单位工程施工组织设计为依据编制而成的。它主要针对一些特别重要、复杂、技术难度大而又缺乏施工经验的分布、分项工程。例如，大体积混凝土工程、深水基础、高空架设工程等。

2. 按工程项目实施阶段划分

(1)规划性施工组织设计

也称初步施工组织设计，是设计单位在设计阶段编制的施工组织设计。初步施工组织设计只能制订桥梁施工的轮廓计划，初步拟定施工方法、施工程序及施工的时间安排。虽然初步施工组织设计不详细、具体，但它是把桥梁设计计算付诸实施的战略性决策，应当力求切合实际。

(2)指导性施工组织设计

中标以后开工以前，施工单位还必须进一步依据规划性施工组织设计对报价文件进行修订或重新编制施工组织设计，这个阶段编制的施工组织设计称为指导性施工组织设计。

指导性施工组织设计需要施工单位深入了解和研究设计文件，以及调查复核现场情况之后才可以编制的。和规划性施工组织设计相比，指导性施工组织设计更详细、更具体、更完善，并具有全面指导施工全过程的作用。

(3)实施性施工组织设计

施工过程中基层施工单位还要根据各分部工程(如基础工程、墩台工程、上部构造预制、安装工程)的具体情况，及分工负责施工的队或班组的人力、机具等配备情况，编制分部工程的施工方案或技术措施，称为实施性施工组织设计。实施性施工组织设计是以指导性施工组织设计为依据，把指导性施工组织设计按年度、季度、月或将单位工程施工组织设计按各分部、分项工程分割后编制的。实施性施工组织设计，必须具体、详细，但也不可过于复杂、烦琐。否则，计划过于复杂，执行起来也困难，因而也就失去指导意义。

二、施工组织设计编制原则

1. 充分利用时间和空间的原则

桥梁工程是一个复杂庞大的空间结构，要对工程项目的各个构成部分的施工按照时间的先后顺序作出计划安排，换句话说，就是在什么时间、用什么材料、使用什么机具设备，在结构空间的什么部位上进行施工，也就是时间与空间的关系。时空关系处理的好与否直接关系到项目实施三大目标的实现。要处理好时间和空间的关系，除了考虑工艺关系外，还要考虑组织关系，更重要的是利用运筹理论、系统工程原理来解决。这种关系一旦处理不好就会给项目实施造成不必要的损失。

2. 人尽其力、物尽其用的原则

处理好人力与物力的关系，保证人、机不间断地连续施工，既要防止停工待料、停机待料，也要防止在材料方面的浪费，做到人的连续工作与物的消耗相协调。材料积压过多，不仅会导致材料霉烂、变质、失效、损失、浪费、失窃等情况发生，使直接费(材料费)增大，还会使临时设施费增加，间接费增大，最终增加了工程的成本。解决这一问题的途径是根据工程进度计划计算施工速度和材料用量，再应用存储论原理计算最佳库存且和最小库房面积。

3. 工艺与设备配套的优选原则

任何一个工程项目都具有一定的工艺过程，可采用多种不同的设备来完成，但却具有不同的效果(不同工期、不同成本、不同质量)。不同的机具设备又具有不同的工序能力，因此，必须通过试验取得此种机具设备的工序能力指数。选择工序能力指数最佳的施工机具或设备实施该工艺过程，既能保证工程质量，又不致造成浪费。

4. 最佳技术经济决策原则

影响工程项目工期和成本的因素有许许多多，包括施工方法、施工技术、机具和设备及材料等，其中任何一种因素的变化都会导致不同的结果(工期、成本)。因此，如何从中选择经济合理的施工方法、技术或材料设备成为控制工期、成本的关键，对于此类工程项目的施工，一般是从这些不同的施工方法、施工技术中，通过具体地计算、分析、比较，选择最佳的技术经济方案，以达到降低成本、缩短工期的目的。

5. 专业化分工与紧密协作相结合的原则

现代施工组织管理既要求专业化分工，又要求紧密协作。特别是流水施工组织原理和网络计划技术编制，尤其如此。

处理好专业化分工与协作的关系，就是要减少或防止窝工，提高劳动生产率和机械效率，以达到提高工程质量、降低工程成本、缩短工程工期的目的。

6. 供应与消耗的协调原则

物资供应要与施工现场的物资消耗相协调，既不能过剩又不能不足。一方面，物资的供应要保证施工现场的消耗，如果物资供应不足，必然影响施工的连续性，造成工程停工待料，从而降低劳动生产率，既延长工期又提高工程成本；另一方面，物资供应又不能出现过剩，否则，过剩物资要多占施工现场面积，甚至还需要多建存放库房，必然导致临时设施费用的增加。此外，过剩物资积压时间过长，还可能造成部分物资霉烂、变质、失效，从而加大材料费用的支出，最终导致工程成本的增加。因此，在物资供应与消耗的关系上一定要坚持协调性原则。

三、施工组织设计编制依据

施工组织设计的编制依据主要有以下几个方面的内容：

(1)施工合同。包括工程范围和内容，工程开、竣工日期，工程质量保修期及保养条件，工程造价，工程价款的支付、结算及交工验收办法，设计文件及概预算和技术资料的提供日期，材料和设备的供应和进场期限，双方相互协作事项，违约责任等。

(2)经过会审的施工图。包括桥梁工程的全部施工图纸、会审记录和标准图等有关设计资料，及设计单位对新结构、新材料、新技术和新工艺的要求。

(3)施工组织总设计。本施工工程若为整个桥梁建设项目中的一个项目，应把施工组织总设计中的总体施工部署及对本工程施工的有关规定和要求作为编制依据。

(4)建设单位可能提供的条件。包括建设单位可能提供的临时房屋数量，能否保证水、电供应充足且连续，水压、电压能否满足施工要求等。

(5)工程预算文件及有关定额。应有详细的分部、分项工程量，必要时应有分段或分部位的工程量及预算定额和施工定额。

(6)本工程的资源配备情况。包括施工中需要的劳动力情况，材料、预制构件和加工品来源及其供应情况，施工机具和设备的配备及其生产能力等。

(7)施工现场的勘察资料。包括施工现场的地形、地貌，地上与地下障碍物，工程地质和水文地质，气象资料，运输道路及场地面积等。

(8)有关的国家规定和标准。主要是国家现行规范和规程以及有关部门的要求，包括施工及验收规范、质量评定标准及安全操作规程等。

(9)有关的参考资料及类似工程施工组织设计实例。

四、桥梁施工组织设计的编制

桥梁施工组织设计的内容，根据工程的性质、规模、结构特点、技术复杂程度和施工条件的不同，对其内容和深广度要求也不同，不强求一致，但内容必须简明扼要，使其真正能起到指导现场施工的作用。施工组织设计的内容一般应包括：工程概况、施工方案、施工进度计划、施工准备工作及各项资源需要量计划、施工平面布置图及主要技术经济指标等。

施工组织设计的编制过程，也是确定其各组成部分形成的先后次序及相互之间的制约关系的过程，其间需对建设地区的自然条件、技术经济状况及工程特点等进行全面系统的研究。编制程序如图 14-2 所示，从中可进一步了解施工组织设计的内容。

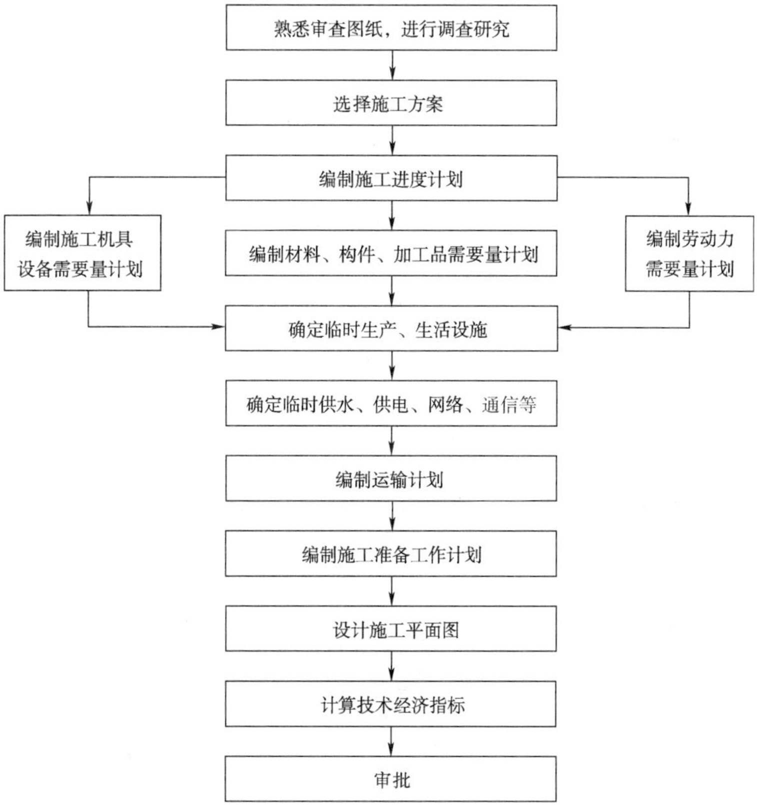

图 14-2　施工组织设计编制程序

1. 工程概况

施工组织设计中的工程概况是选择施工方案、编制施工进度计划、设计施工总平面图的重要依据，是对拟建工程的地区特征、工程特点以及施工条件等所作的一个简明扼要、重点突出的文字介绍。

(1)工程特点

工程项目特点就是工程项目的概况，主要包括：建设地点与时间、工程性质、工程规模、工程期限、桥梁结构概况及复杂程度。此外，对新材料、新工艺及施工难点应重点说明。

(2)地区特征

主要介绍拟建工程的位置、桥位附近地形情况、水文地质情况、工程地质情况、工程所处地区气温、冬、雨期期限、主导风向、风力和地震烈度等特征。

(3)施工条件

施工条件主要包括：当地劳动力供应情况、水、电、通信、道路及场地平整的"四通一平"情况、交通运输条件、施工现场及施工企业情况、预制构件的生产供应情况及地方施工企业的等级、机械设备、技术力量、劳动组织形式及施工管理水平等。

通过对工程特点、地区特征和施工条件等内容的分析，对于施工过程中影响工期的工程项目、技术复杂的工程项目、施工难度大而又缺乏施工经验的工程项目及采用新结构、新材料、新工艺、新技术的关键性工程项目，在选择施工方案的选择、组织物资供应和技术力量配备以及施工准备工作上应当采取特殊措施，以保证其顺利实施。

2. 施工方案

施工方案是施工组织设计的核心。施工方案合理与否，不仅影响到施工进度计划的安排和施工平面图的布置，而且将直接关系到工程的施工效率、质量、工期和技术经济效果，因此，必须引起足够的重视。所选择的施工方案应符合施工现场的实际状况，满足施工上可行，技术上先进、经济上合理的要求，因此必须对拟定的几个施工方案进行详细的技术经济分析比较，选出最优方案，从而避免施工方案的片面性。某T梁桥吊装方案比选如表14-1所示，根据方案比选，最后确定的安装方案是单导梁法，该法不仅成本较低，而且施工单位对单导梁法安装T梁已具有丰富的施工经验，操作熟练、安全可靠。

T梁吊装方案比选 表14-1

T梁安装方案	成　本	使用机具设备	说　明
单导梁法	29 437元	导梁、龙门架、若干滑车、链滑车、千斤顶绞车等	成本计算中，考虑了安装费、吊装设备费、轨道运输费
跨墩门架法	31 148元	门架及若干滑车、链滑车、千斤顶、绞车等	成本中考虑了安装费、吊装设备费、整修便道或搭设支架费及轨道运输费
缆索吊装设备	171 556元	缆索主要由主索、天线滑车、起重索、牵引索、起重及牵引绞车、主索地锚、塔架、风缆等组成	成本中考虑了塔架、地锚、索道缆索运输等费用

施工方案的选择一般包括：确定施工流程和施工顺序，合理选择施工机械和施工方法，制定技术组织措施，施工力量的部署等。

(1)确定施工流程和施工顺序

①施工流程。施工流程是指工程在平面或空间上施工的开始部位及其展开方向，它着重强调工程粗线条的施工流程，但这种粗线条却决定了整个工程施工的方法步骤。确定施工流程应综合考虑施工方法、工程各部分的繁简程度及相互关系、工程现场条件、施工阶段的特点和建设单位要求等因素。合理的施工流程既涉及最佳排序问题，也涉及工程所处地区的地形、地质水文、气候等因素，还涉及经济问题。在旱季，基础施工流向可安排从一岸到另一岸或从河中心分别向两岸延伸施工，桥墩升高一般随基础施工流向；在雨季，河水上涨，河床中间施工难度增大，一般安排施工流向为从两岸向中间靠拢。

②施工顺序。施工顺序是指分项工程或工序之间施工的先后次序。只有合理地确定施工顺序，才能顺利编制施工进度计划，才能按照客观的施工规律组织施工，解决工种之间在时间上的搭接和在空间上的利用问题从而在保证质量与安全施工的前提下，充分利用空间，争取时间、实现缩短工期的目的。安排施工顺序时，需要考虑几种因素：施工工艺要求、施工方法和施工机械的要求、施工组织的要求、施工质量的要求、当地气候条件的要求及安全技术的要求。一般而言，以下几条可作为安排施工顺序时参考：

a. 先地下、后地上；先主体、后围护；先结构、后装修；

b. 地下由深到浅；地下、地上尽量平行、交叉进行；

c. 在保证工人连续工作的前提下，充分、合理利用工作面；

d. 在组织流水作业时，合理确定流水组中的施工段数目，保证各组流水工期之和最小，按此确定的施工顺序是最佳顺序。

施工顺序的确定，是对拟定的多种方案进行技术、经济比较，从中选择最佳方案作为推荐方案。例如，某钢筋混凝土 T 梁桥长 104m，基础工程量不大，仅采用一台钻机，一组施工专业人员进行施工，按图 14-3 所示施工顺序进行桩基础施工。

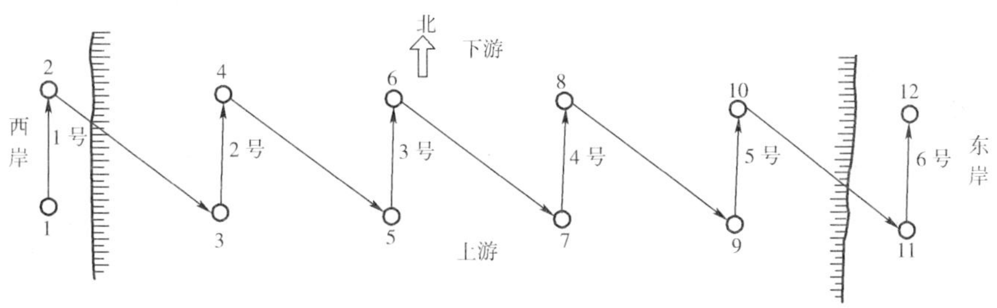

图 14-3　基础施工顺序图

其中，钻孔灌注桩的施工顺序为：平整场地→精确桩位放样→钻机就位→埋设钢护筒→钻孔→终孔检查→清孔→下钢筋笼、导管→二次清孔→灌注水下混凝土→凿桩头→验桩。

梁体预制施工顺序：底模安装→张拉预应力筋→侧模安装→底板钢筋绑扎→底板混凝土浇筑→安设芯模→绑扎顶板钢筋→浇筑腹板及顶板混凝土→养护。

(2)选择施工方法

选择施工方法时，应重点考虑影响整个单位工程施工的分部分项工程的施工方法。主要是选择工程量大且在工程中占有重要地位的分部分项工程、施工技术复杂或采用新技术、新工艺及对工程质量起关键作用的分部分项工程、不熟悉的特殊结构工程或由专业施工单位施工的特殊专业工程的施工方法，要求详细而具体，必要时应编制单独的分部分项工程的施工作业设计，提出质量要求及达到这些质量要求的技术措施，指出可能发生的问题并提出预防措施和必要的安全措施。而对于按照常规做法和工人熟悉的分项工程、则不必详细拟订，只提出应注意的一些特殊问题即可。

(3)施工机械设备的选择

施工机械和施工方法的选择是紧密联系的。机械化施工是改变建筑工业生产落后面貌、实现建筑工业化的基础。因此，施工机械的选择是施工方法选择的中心环节。

选择施工机械时，应注意以下几点：

①选择施工机械时，首先应选择主导工程的施工机械，然后根据工程特点及材料、构件种类配备辅助机械，最后确定与施工机械相配套的专用工具设备。

主导机械就是从事主要工序作业的机械。选择主导机械要注意主导机械的施工单价、工程规模的大小、机械运行的可靠性、通用性及机械噪声等。其中，主导机械的施工单价按下式计算：

$$C_u=\frac{R+P\cdot X}{q\cdot X} \tag{14-1}$$

式中：C_u——主导机械施工单价；

R——使用本单位机械时为损耗费，租赁机械时为租金；

X——机械实际作业时间；

P——单位时间内机械运行费；

q——单位时间内机械施工量。

②选择与主导机械配套的各种辅助机械或运输工具时，应注意使它们的生产能力互相协调一致，使主导机械的生产能力得以充分发挥。例如，桥头引道的土方工程或基础工程的开挖中，主导机械是挖土机，辅助机械是汽车，汽车容量是挖土机斗容量的整数倍，汽车数量应保证挖土机连续工作。又如在结构安装施工中，运输机械的数量及每次运输量，应保证起重机械连续工作。

③为充分发挥施工单位现有机械的能力，实现机械综合配套，避免由于工地上机械类型过多而造成的机械修理工作复杂化，在工程量较大，适宜专业化大生产的情况下，应该尽量采用专业施工机械；工程量小而分散的情况下，尽量采用多用途的机械，使一种机械能适应不同分部分项工程的施工需要，即一机多用。例如，挖土机既可用于挖土，又可用于装卸、起重和打桩。这样既便于工地上的管理，又可以减少机械转移时的工时消耗。

每一施工过程都可以采用多种不同的施工方法和施工机械来完成。确定施工方案时，应当根据现有的或可能获得的机械的实际情况，首先拟定几个技术上可能的方案，然后从技术及经济上互相比较，从中选出最合理的方案，使技术上的可行性同经济上的合理性统一起来。

(4)尽量组织平行、流水作业，缩短工期

流水作业法是现代工业生产的先进作业方法，对于规模大的桥梁工程，一般都尽可能采用流水作业法。

桥梁工程施工中，组织流水作业既可缩短工程工期、降低工程成本，还可提高工程的质量，从而提高工程建设的经济效益。在桥头引道工程中，对于成批的小桥、涵洞工程可各自组织流水作业，对于路基、路面工程可组织流水线作业法；在桥梁结构施工中，基础、墩台升高、梁体预制、大梁安装等也均可组织流水作业。

虽然平行施工法有许多缺点，但它却具有两条突出的优点：一是工期最短；二是工作面得到充分利用。正因为如此，平行作业法仍具有强大生命力。因此，桥梁施工中可利用平行作业法原理，组织多组流水作业，使这些组的流水平行，以大大缩短工程工期。

至于顺序施工法，缺点远多于优点，一般不可取。但是，在无法组织流水作业的情况下还不得不采用。

(5)施工力量部署

施工力量部署是进一步完善施工方案，为实现桥梁工程施工目标所做的具体安排。施工力量的部署与施工速度估算是反复比较进行的，应满足合同规定的工期指标或上级的指令工期。通过施工力量的部署，为估算施工速度和进一步制订工程进度计划、资源需要量计划、物资的采购和运输计划、施工总平面图的设计等提供了物质条件。

这里应该指出，施工力量包括以下内容：劳动力的数量及劳动能力、劳动生产率的大小，施工机械设备的数量、施工能力、机械效率，技术人员、管理人员的素质；技工的种类及素质等。部署施工力量时，应注意以下几点：

①施工力量部署与选择的施工方法和施工机械有关。

②施工力量的部署与工程数量有关。

③施工力量的部署与工作面大小有关。

④施工力量的部署也与施工段的划分、施工过程的多少等有关。

⑤应事前安排好施工力量的调转工作方式和调转计划。

⑥部署施工力量要具体到各分部、分项工程上，同时不要忽视安排料场、构件预制场及附属加工企业的人员、机械配备问题。

施工力量的部署是在充分了解工程情况、施工方法及施工机械的基础上，对整个建设工程进行合理全面的劳动力安排，是一项严密、细致的工作，它关系到桥梁建设的战略成败、工程项目目标特别是工期目标能否实现，是决战前的准备工作，对这项工作要慎之又慎，反复进行。

(6)制定技术组织措施

技术组织措施是为保证工程质量、确保工程安全以及实现文明施工而在技术和组织上采用的方法。这些方法的制定是一项具有创造性的工作。

①质量保证措施包括：

a. 确保拟建工程定位、放线、轴线尺寸、高程测量等准确无误的措施；

b. 各种基础、墩台施工的质量措施；

c. 确保各主体承重结构主要施工过程满足质量要求；各种预制承重构件检查验收的措施；各种材料、半成品、泥浆、混凝土等检验及使用要求；

d. 对新结构、新工艺、新材料、新技术的施工操作提出质量措施或要求；

e. 冬、雨期施工的质量措施；

f. 桥梁附属结构的施工质量措施；

g. 解决质量通病措施；

h. 执行施工质量的检查、验收制度；

i. 提出各分部工程的质量评定目标计划等。

②进度控制措施：包括组织措施、技术措施、合同措施、经济措施和信息管理措施等。

a. 组织措施主要是落实各层次进度控制人员、任务和责任，建立组织系统，对项目进行分解，确定其进度目标，建立目标控制体系，对影响进度的因素进行分析和预测；

b. 技术措施主要是采取加快施工进度的技术方法；

c. 合同措施指对作业队及班组签订的合同工期与有关进度计划目标的协调；

d. 经济措施指实现进度计划的资金保证；

e. 信息措施指不断收集施工实际进度的有关资料，进行数理统计与计划进度比较，以便采取措施不断纠偏。

③施工安全保证措施包括：

a. 认真贯彻执行"安全第一、预防为主"的方针。组织职工学习安全生产法规、条例和规程，增强职工安全责任意识，提高职工的安全操作技能，制定违反安全条例惩罚措施，设置安全标志网和特殊安全保障措施；

b. 各级管理人员坚持"管生产必须管安全"的原则，落实安全生产责任制；

c. 制定安全技术措施。机械操作手必须建立机组责任制，持证上岗，定人定机；施工现场用电线路、用电设施的安装和使用必须符合安装规范和安全操作规程；施工机械必须经过安全检查，合格后方可使用；

d. 制定奖罚制度，进行"创安"工作评比；

e. 建立健全各项安全制度及防护措施。

④现场文明施工措施。

⑤环境保护措施。

环境保护是我国的一项基本国策。施工现场的环境保护，是指按照国家、地方法规及行业的要求。采取措施控制施工现场的各种粉尘、废水、废气、固体废弃物以及噪声、振动等对环境的污染和危害。环境保护的措施一般有以下几条：

a. 实行环保目标责任制；

b. 加强检查和监控工作；

c. 对需要保护和改善的施工现场环境进行综合治理；

d. 应有技术措施，严格执行国家的法律、法规；

e. 采取有效措施防止各种污染。

3. 施工进度计划

施工进度计划是按照施工部署的要求，在确定了施工方案的基础上，根据规定工期和各种资源供应条件，合理确定工程项目工期及各单位工程施工的先后顺序、开工和竣工日期和它们之间的搭接关系。然后在此基础上编制月、季计划及各项资源需要量计划。根据施工项目划分的粗细程度，施工进度计划可分为控制性与指导性施工进度计划两类。控制性施工进度计划按分部工程来划分施工项目、控制各分部工程的施工时间及其相互搭接配合关系。它主要适用于工程结构较复杂、规模较大、工期较长而需跨年度施工的桥梁工程。指导性施工进度计划按分项工程或施工过程来划分施工项目，具体确定各分项工程或施工过程的施工时间及其相互搭接配合关系。它适用于施工任务具体而明确、施工条件基本落实、各种资源供应正常、施工工期不太长的工程。

(1)施工进度计划编制程序

施工进度计划的编制程序如图 14-4 所示。

(2)施工进度计划的表现形式

①横道图。横道图因为有时间坐标，各项工作的施工起讫时间、作业持续时间、工作进度、总工期，以及流水作业的情况等都能表示的清楚明确，具有形式简单、醒目、易绘、易懂的优点。

它的缺点是:不能全面地反映出各工序相互之间的关系和影响;不便进行各种时间计算;不能客观地突出工作的重点(影响工期的关键工序);也不能从图中看出计划中的潜力及其所在;不能电算及优化。用横道图表达单位工程施工进度计划,有两种设计方法:一种是根据施工经验直接安排、检查调整的方法;另一种是按工艺组合,组织流水施工的设计方法。

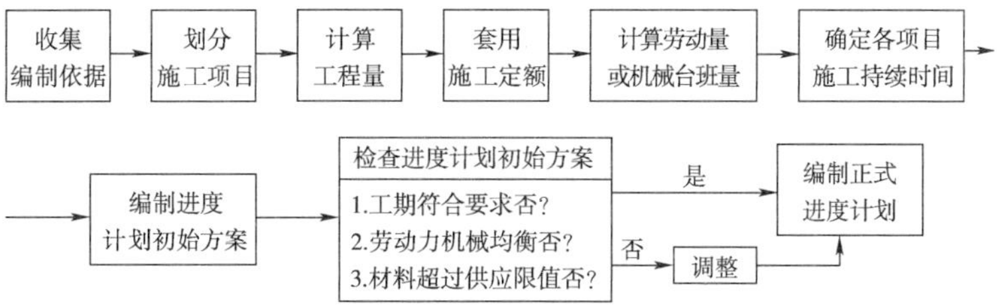

图 14-4 施工进度计划编制程序

②网络计划图。网络计划图把施工过程中的各相关工作组成了一个有机的整体,全面、正确地反映出各工序之间相互制约和相互依赖的逻辑关系;它的优点比较明显:网络计划图可以反映出各工序的机动时间,利用这个特点可以更好地调配人力、设备和资源,从而节约人力、物力,达到降低成本的目的。在计划执行过程中,当某一工序因故提前或延后,能从计划中预见它对其他工序及总工期的影响程度,便于及早采取措施以充分利用有利的条件或有效地消除不利的条件。可以进行各种时间计算;能在工序繁多、错综复杂的计划中找出影响工程进度的关键工序,便于管理人员集中精力抓施工中的主要矛盾,确保按期竣工,避免盲目抢工。此外,它还可以利用计算机对复杂的计划进行计算、调整、优化。它的缺点是从图上很难清晰地看出流水作业的情况,也难以根据一般网络图算出人力及资源需要量的变化情况。

③网络横道图。网络横道图是将网络计划通过时间参数转换为横道图。网络横道图汇集了横道图和网络计划两种方法的优点,剔除了两者的缺点。网络横道图与横道图的区别是工序作业时间中给出了该工序总的机动时间。在网络横道图中,没有总的机动时间的工序为关键工序,由关键工序组成的线路为关键线路。关键工序是管理的重点。实际上,网络计划的执行过程,就是向关键工序要时间、向非关键工序要资源的过程。

(3)施工进度计划的编制方法

①熟悉图纸,调查研究,分析情况。在编制计划前,要全面熟悉和了解与工程有关的情况,仔细审查图纸,掌握设计意图和工程主要构造,了解建设目的和要求,摸清与工程有关的自然、技术、经济条件,熟悉劳动力、材料及机械设备使用和供应情况,并注意与设计单位、建设单位加强沟通和联系。通过调查研究,分析情况,为制订施工方案打好基础。

②制订施工方案,确定施工顺序。制订施工方案包括:施工的流向、施工顺序、各分部分项工程的施工方法和施工机械选择、流水作业方式的确定和沿线施工力量的部署等。

③确定各施工项目或工序的持续时间。确定各施工项目或工序的持续时间一般有以下三种方法:

a. 定额法。根据施工项目需要的劳动量或机械台班量,以及配备的工人人数或机械台数,来确定其工作的持续时间,其计算公式如下:

$$t=\frac{Q}{SRN}=\frac{P}{RN} \tag{14-2}$$

式中:t——项目或工序持续时间,按进度计划的粗细,可用小时、日或周;

Q——项目或工序的工程量;

R——拟配备的人力或机械数量；

S——产量定额，即单位工日或台班完成的工程量；

N——每天工作班制；

P——劳动量（工日）或机械台班量（台班）。

b. 经验估计法。根据过去的施工经验或资料估计项目或工序持续时间，此法较简便，采用较多。有时为提高估计的准确程度，而采用“三时估计法”，即先估计出最长、最短、最可能的三种持续时间，然后据以求出期望的持续时间作为该工序的持续时间，其计算公式如下：

$$t=\frac{A+4C+B}{6} \tag{14-3}$$

式中：t——项目或工序持续时间；

A——最长施工持续时间；

B——最短施工持续时间；

C——最可能施工持续时间。

c. 倒排计划法。根据规定的总工期和施工经验，先确定各分部分项工程的施工持续时间，然后再按各分部分项工程需要的劳动量或机械台班量，确定每一分部分项工程的每个工作所需的工人数或机械台数，此时可将式（14-2）变化为：

$$R=\frac{P}{tN} \tag{14-4}$$

④确定各施工项目或工序之间的逻辑关系。各施工项目或工序之间的逻辑关系包括组织关系和工艺关系，组织关系即人为关系，虽然它对施工进度计划不起决定性作用，但组织关系处理的是否恰当，将在很大程度上影响到施工进度计划编制的好坏。组织关系要受到种种因素的影响和施工条件的限制，但可以改变，进行优化，在编制施工进度计划时，重点应放在组织关系的处理上。工艺关系取决于施工方法和施工机械，当施工方法和施工机械确定之后，工艺关系就固定下来，不能改变。

⑤编制初始网络计划。根据施工方案、项目或工序的划分、各项目或工序之间逻辑关系的分析以及工序的持续时间，就可以编制出初始网络计划方案。如某桥的初始网络计划方案如图 14-5 所示。编制网络计划的初始方案是一项工作量大、费时多的工作，需要反复研究，才能较好地完成。

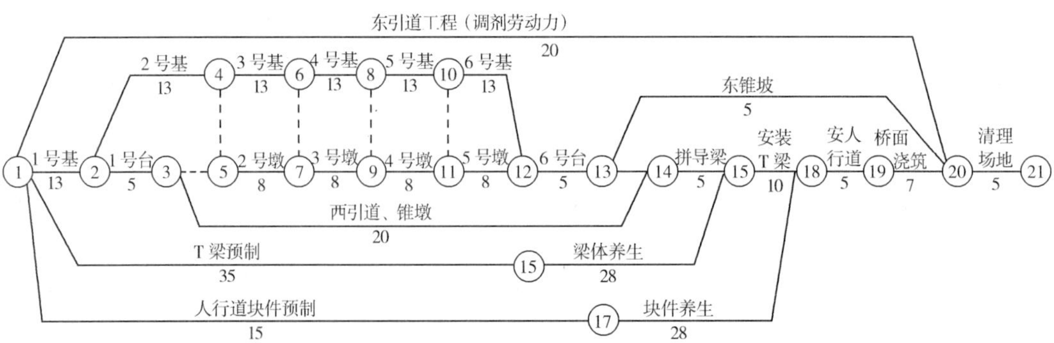

图 14-5　网络计划初始方案

⑥计算时间参数、寻找关键线路、转换为网络横道图。计算时间参数的目的，是从时间安排角度去考察网络计划的初始方案是否合乎要求，以便对网络计划进行优化。为了考察时更

明显、直观起见，将计算过时间参数的网络计划转换为网络横道图。

⑦对计划进行审查与调整。对网络计划的初始方案进行审查，是要确定它是否符合工期要求与资源限制的条件。首先，要分析网络计划的总工期是否超过规定的要求。如果超过，就要调整关键工序持续时间，使总工期符合要求。其次，要对资源需要量进行审查，检查劳力和物资供应是否满足计划要求，如不符合，就要进行调整，以使计划切实可行。

⑧正式绘制可行的工程网络计划。通过对网络计划初始方案的审查和调整，就可以把它绘制成正式的网络横道计划。这时的网络计划只是保证了其可行性，并不是一个最优的网络计划，必须进行优化，才能得到一个令人满意的计划。但在执行过程中由于管理水平的限制，实际进度与计划常常产生偏离，过分的优化会限制到计划的弹性，即使进行不断调整，其结果还是达不到预定目标，因此，优化应结合计划留有充分的余地。根据可行的施工进度总计划，可进一步把这个总目标计划进行纵向切割成许多子目标计划，即年度、季度、月度及旬作业计划；当横向切割时，可形成许多分部、分项工程的子目标计划。在计划执行中，时刻抓紧子目标计划按期实现，则必然保证总目标计划的按期完成。正式网络计划必须有必要的说明。

4. 编制施工准备工作计划

施工准备工作既是工程的开工条件，也是施工中的一项重要内容。桥梁工程施工是一个复杂的组织和实施过程，开工之前，必须做好施工准备工作计划，以提高开工之前施工的计划性、预见性和科学性。因此，它贯穿于施工过程的始终。施工准备工作要有计划地进行，为便于检查、监督施工准备工作的进展情况，使各项施工准备工作的内容有明确的分工，有专人负责，并规定期限，可编制施工准备工作计划。并拟在施工进度计划编制完成后进行，其表格形式可参如表 14-2 所示。

施工准备工作计划表 表 14-2

序号	准备工作项目	工程量		简要内容	负责单位或负责人	起止日期		备注
		单位	数量			日/月	日/月	

5. 各种资源需要量计划

在施工进度计划编制确定以后，就开始着手编制各种资源需要量计划，它是为了进一步明确各种技术工人和技术物资的需要量，是做好劳动力与物资的供应、平衡、调度、落实的依据，也是施工单位编制月、季生产作业计划的主要依据之一。各种资源需要量计划应根据施工图纸、工程量计算资料、施工方案、施工进度计划等有关技术资料进行编制，主要包括劳动力需要量计划、各种主要材料、构件和半成品需要量计划及各种施工机械的需要量计划。

(1)劳动力需要量计划

根据施工准备工作计划、工程进度计划或主要分部分项工程进度计划，套用概预算定额或经验资料计算出所需劳动力人数，其表格形式如表 14-3 所示。

劳动力需要量计划表 表 14-3

序号	工种名称	人数	月			月			备注
			上旬	上旬	中旬	上旬	上旬	下旬	

合理的劳动力需要量计划一般应遵循这样的规律：在桥梁施工前的准备工作阶段，开始由少量人员进场做准备工作，随准备工作的进展，进入工地人数逐渐增加，到施工前准备工作将

要结束、工程全面开工时，人数增加到计划需要量的最高峰；在全面施工阶段，达到前述的高峰人数并保持稳定；工程的主体结构全面完成，工程开始进入收尾清理阶段，工人逐步分批分期撤离工地，直到清理工作结束，工人全部撤离工地，如图 14-6 所示为某工程劳动力动态图。

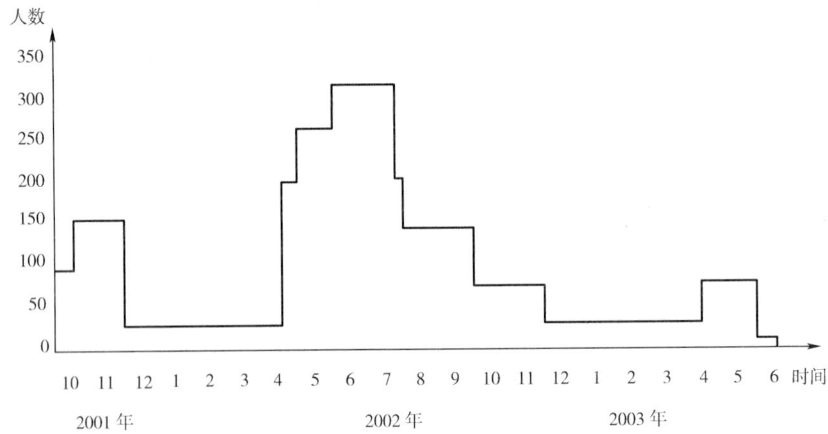

图 14-6　劳动力动态图

(2)主要材料需要量计划

桥梁工程的材料费用，一般要占整个工程造价的 50%～75%。做好材料供应计划和材料采购、保管、使用等工作，是保证施工工作顺利进行的重要前提，也是严格控制或降低工程成本的关键之一。其编制方法是将施工进度计划表中各施工过程的工程量，按材料名称、规格、数量、使用时间计算汇总而得，其表格形式如表 14-4 所示。

主要材料需要量计划表　　表 14-4

序　号	材料名称	规格	需　要　量		供应时间	备　　注
			单位	数量		

材料供应计划的编制，是在确定计划需要量的基础上，经过综合平衡后，提出申请量和采购量。因此，供应计划的编制过程也是平衡过程，包括数量、时间的平衡。在实际中，首先考虑的是数量平衡，因为计划期的需用量还不是实际的需用量，还必须扣除库存量，考虑为保证下一期施工必要的储备量。工程项目材料的储备量，主要由材料的供应方式和现场条件决定，一般应保持 3～5d 的用量，在一定条件下，可以多一些，也可以少一些，甚至可以是无储备现场(例如预制构件采用随运随吊)，即用多少供多少。

(3)构件和半成品需要量计划

桥梁结构构件、配件和其他加工半成品的需要量计划可根据施工图和施工进度计划编制，其表格形式与表 14-4 类似。它主要用于落实加工订货单位，并按照所需要规格、数量、时间，组织加工、运输和确定仓库或堆场。

(4)施工机具、设备需要量计划

施工机械、设备需要量计划的编制是将施工进度计划表中的每一个施工过程每天所需的机械、设备类型、数量和施工日期进行汇总，即得施工机械、设备需要量计划。其表格形式如表 14-5 所示。它主要用于确定施工机械、设备的类型、数量、进场时间，也可据此落实施工机械来源，组织进场。

施工机械、设备需要量计划表　　表 14-5

序号	机械、设备名称	规格、型号	需要量		货源	使用起止时间	备　注
			单位	数量			

(5)资金需要量计划

这里所说的资金是指已完建安工作量的预算价值，考虑中标报价则为工程进度款。

资金需要量计划的计算方法与前述相似，也是按时间顺序，求出施工进度计划中各个施工项目在单位时间内的资金需要量，最后求出不同时间各个施工项目单位时间资金需要量的累计即为资金需要量的计划，或称资金动态曲线。所不同的是，还需再一次累计资金需要量计划，形成资金需要量累积曲线，简称S形曲线，如图 14-7 所示。

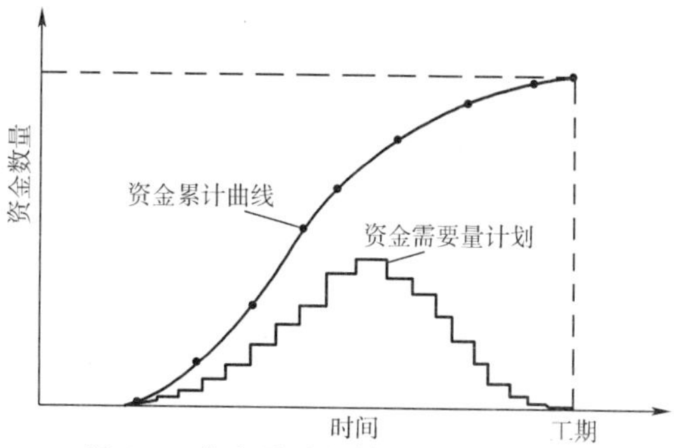

图 14-7　资金需要量计划及资金累积曲线

6. 采购、运输计划

材料物资的采购是获得桥梁工程项目所需材料的必要手段，是执行材料物资输入和调节、控制储备状况的职能，是控制库存储备水平、减少资金占用的重要途径。

在采购材料过程中，要求做好以下几方面的工作：

(1)充分进行市场调查，选择经济可靠的供货单位和供货方式。通常可采用直接购买、议价选购和购买招标等方式，力求所购买的材料既能满足功能要求又能使购买费用最低。

(2)合理选择购买方法。根据实际情况，选择期货或现货购买、一家购买或多家购买、向生产企业直接购买或向销售企业购买。

(3)认真签订订货合同。为保证材料按时到场，维护供需双方的经济利益，供货单位确定之后，必须签订订货合同，并在执行过程中认真履行合同条款。订货合同的内容必须明确、具体，文字力求准确、清楚。其基本内容包括材料供应依据、交接条件、供应条件、货款结算条件、经济责任、合同附则和签署。

合理组织运输业务，对节约运费、控制工程进度和降低工程成本具有重大意义，特别是在桥梁施工过程中，运输量十分浩大，要调运大量的建筑材料和其他物资(如机具设备、燃料、制品及生活用物资)，且运输费用占工程造价的比例也很大。因此必须制订合理的运输计划，减少或避免货物在运输过程中的损耗，尽量减少倒运环节。

桥梁施工工地的运输分为场外运输和场内运输。场外运输是指材料、物资从产地或交货地点运到工地仓库或料场。场内运输是指在工地范围内，从库房、料场或预制场等地到施工地点的材料、物资搬运。

场外运输工作的组织主要包括：货运量的确定、运输方式的选择、运输工具需要量的计算、运输线路的规划以及装卸方式与设备的选择等。场外运输如果发包给运输单位，可用招投标办法进行经济比较，选择最低运价授标。

7. 施工组织设计技术经济分析

(1)技术经济分析的目的

技术经济分析的目的是,论证施工组织设计在技术上是否可行,在经济上是否合算。通过科学的计算和分析比较,选择技术经济效果最佳的方案,为不断改进和提高施工组织设计水平提供依据,为实现增产节约和提高经济效益提供信息。技术经济分析既是施工组织设计的重要环节,也是必要的设计手段。

(2)技术经济分析的基本要求

①全面分析。要对施工的技术方法、组织方法及经济效果进行分析,对需要与可能进行分析,对施工的具体环节及全过程进行分析。

②作技术经济分析时,应抓住施工方案、施工进度计划和施工平面图三大重点,并据此建立技术经济分析指标体系。

③在作技术经济分析时,要灵活运用定性方法和有针对性地应用定量方法。在做定量分析时,应对主要指标、辅助指标和综合指标区别对待。

④技术经济分析要依据国家有关规定、设计方案的要求及工程的实际需要进行。

(3)施工组织设计技术经济分析的指标体系

施工组织设计中技术经济指标应包括:工期指标、劳动生产率指标、质量指标、安全指标、成本率、主要工程工种机械化程度、三大材料节约指标等。这些指标应在施工组织设计基本完成后进行计算,并反映在施工组织设计文件中,作为考核的依据。技术经济指标体系如图 14-8 所示。

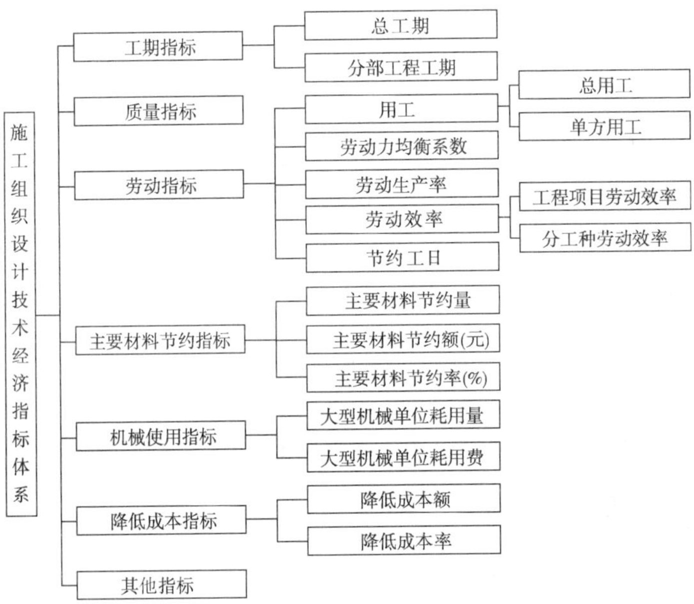

图 14-8　施工组织设计技术经济指标体系

(4)技术经济分析方法

①定性分析法。定性分析法是根据经验对施工组织设计的优劣进行分析。这种分析方法最大的特点是比较方便,但缺点是依赖于经验,决策受主观因素影响大,不够精确,也不能优化。例如,工期是否适当,可按一般规律或施工定额进行分析;选择的施工机械是否适当,主要看它能否满足使用要求、机械提供的可能性等;流水段的划分是否适当,主要看它是否给流水施工带来方便;施工平面图设计是否合理,主要看场地是否合理利用,临时设施费用是否适当。

②定量分析法。定量分析法常采用多指标比较法。该方法简便实用,工程应用得较多。比较时要选用适当的指标,注意可比性。有两种情况要区别对待:

a. 一个方案的各项指标明显地优于另一个方案，可直接进行分析比较；

b. 几个方案的指标优劣有穿插、互有优势，则应以各项指标为基础，将各项指标的值按照一定的计算方法进行综合后得到一个综合指标进行分析比较。

通常的方法是：首先根据多指标中各项指标在技术经济分析中的重要性的相对程度，分别定出权值 W_i，再用同一指标依据其在各方案中的优劣程度定出其相应的分值 C_{ij}。假设有 m 个方案和 n 种指标，则第 j 方案的综合指标值 A_j 为：

$$A_j=\sum_{i=1}^{n}C_{ij}W_i \qquad (j=1,2,\cdots,m) \tag{14-5}$$

综合指标值最大者为最优方案。

第四节　施工场地布置

施工场地布置，即进行施工现场平面图设计，是施工组织设计的一个重要组成部分，它具体指导现场施工的平面布置，对于有组织、有计划地进行文明和安全施工有重大意义。它是施工准备工作的一项重要依据，也是实现文明施工、节约并合理利用土地、减少临时设施费用的先决条件。施工场地布置不但要在设计时周密考虑，而且还要认真贯彻执行，这样才会使施工现场井然有序，施工顺利进行，保证施工进度，提高效率和经济效果。施工平面图的绘制比例一般为 1∶500～1∶200。

一、施工场地布置原则

(1)在保证施工顺利进行的前提下，现场布置紧凑合理，能最大限度方便施工，占地要省，不占或尽量少占农田。

(2)在保证工程顺利进行的前提下，充分挖掘施工现场潜力，尽可能利用已有的建筑物、构筑物、各种管道及道路，临时工程的费用尽可能减少，降低工程成本。

(3)合理布置现场的运输道路及加工厂、搅拌站和各种材料、机具的堆场或仓库位置，最大限度降低工地的运输费，尽量做到短运距、少搬运，从而减少或避免二次搬运。

(4)临时生产、生活设施尽可能采用装拆式，以利重复使用降低临时设施费用。

(5)利于生产和生活，遵循劳动保护和防火方面的法规或技术要求。

一般情况下，中小桥施工场地应布置在交通方便的一岸；大桥一般为减少场内搬运，可在一岸(交通方便)设置主要场地，在对岸设置辅助场地；特大桥梁一般都是两岸设置施工场地，各有独立的施工指挥系统；城市桥梁，一般只能沿街布置场地，在桥头工地只宜设置必需的仓库、工场，占地较大的预制、加工场地宜设于与交通线衔接的空旷地区；桥梁分段施工时，也可根据各阶段工程内容及其特点，采取不同的场地布置方案。

二、桥梁结构构件的预制场、堆放场的布置

桥梁预制构件的预制和堆放场的布置是桥梁施工现场总平面设计的主龙头，它的位置安排合理与否直接影响到总平面设计能否成功。它的位置关系到砂石料堆放场、钢筋制作场、木材加工场、混凝土搅拌站、水泥库的位置，以及道路、水电线路的布置等。因此，应予以优先考虑。

为避免大型构件远距离运输，桥梁预制构件的预制、堆放场地，除特殊情况以外，一般宜设在工地。设在工地内的预制场，应尽量靠近桥头，以缩短安装时运输距离和减少相应的临时设施。堆放场地应靠近桥头，堆放场的面积大小不仅与预制构件的片数有关，也与构件安装时间

安排和构件预制时间安排有关，还与构件堆放的有关规定有关。大构件预制的基座在满足工期对预制进度要求的情况下，不宜设置太多，以减少占地面积。

三、材料加工、堆放场地布置

在预制场、堆放场的位置确定之后，上述砂石料堆放场、水泥库、模板和钢筋制作场的位置应尽量靠近预制场设置，以减少搬运距离。使水泥库位置处于下风向，以防水泥进出库时灰尘飞扬，影响制作场、预制场工人的工作。而钢筋加工场、木材加工场应相应靠近钢筋制作和模板制作场。为了防止钢材切割和钢筋电焊引起火灾，将钢筋加工制作场和木材加工制作场地分开设置，要注意符合安全规定。

场地的面积大小要根据预制件进度计划以及墩台、基础的施工进度计划来精确计算，随后进行布置。场地面积过大会增加临时设施费用，过小会影响工程进度，同时也会造成现场管理难度的增加。水泥库的面积大小要根据水泥材料的需要量计划、供应计划来考虑，并且要符合存储论原理。水泥库过大、存储水泥过多不但增大临时设施费用，而且水泥储存过久会导致受潮结块及强度降低，从而影响工程质量，增加工程成本（材料费）；过小，则会出现停工待料，影响工程进度，推延工期。

在山区修建桥梁时，经常要用炸药清除障碍，开凿基坑。对于炸药和雷管的存放和管理，必须严格按照国家对这一类爆破材料制定的规章和制度来执行。雷管和炸药不得同车装运、同库储存。仓库距住宅区应有一定的安全距离，并严加警卫。

四、工地临时房屋的布置

办公室、工人休息室、门卫室、开水房、食堂、浴室、厕所等非生产性临时设施的布置，应考虑使用方便，符合安全、防火的要求，并要尽量利用已有设施或已建工程。修建时必须要经过计算，合理确定面积，努力节约临时设施费用。职工生活区及办公室，最好设在工地周围不太受施工噪声干扰的地方，符合安全、卫生条件，且按消防规定相互隔离，每间房都应配备灭火器。但不能远离工地，也要防止洪水掩没。直接指挥生产的机构及施工现场调度室应该设在工地的中心地区，以使指挥和调度工作方便、及时。

行政管理、临时宿舍、生活福利用临时房屋参考面积见表 14-6。

行政管理、临时宿舍、生活福利用临时房屋面积参考表　　表 14-6

序号	临 时 房 屋 名 称	单位	参 考 面 积 (m^2)
1	办公室	m^2/人	3.5
2	单层宿舍（双层床）	m^2/人	2.6～2.8
3	食堂兼礼堂	m^2/人	0.9
4	医务室	m^2/人	0.06(≥30m^2)
5	浴室	m^2/人	0.10
6	俱乐部	m^2/人	0.10
7	门卫、收发室	m^2/人	6～8

五、现场运输道路的布置

现场道路应尽量利用永久性道路，当无永久道路可供利用时，要修建必要的临时便道，可根据各施工对象的相对位置，研究货流情况，明确各段路上运输负担，并区分主要道路和次要道路，主干道宜为环状，支线可为枝状布置。一般去砂石料堆放场、钢材堆放场、木材堆放场以及库房均为主干道。同时要修好排水沟以利排水，并指定专人维护管理。这样做的目的是因为桥梁施工要消耗大量的材料、生活物资及反复调动各种不同的施工机械，道路承担的交通运输任务繁重。因此对施工现场的道路不但要提高标准，而且还需平时加强维护和管理，只有这样才可保证施工任务的圆满完成。

现场运输道路应按材料和构件运输的需要，沿着仓库和堆场进行布置。尽可能利用永久性道路，或先做好永久性道路的路基，在交工之前再铺路面。道路宽度要符合规定，通常单行道应不小于 3～3.5m，双行道应不小于 5.5～6m。现场运输道路布置时应保证车辆行驶通畅，有回转的可能。因此，最好围绕临时设施布置成一条环形道路，以便运输车辆回转、调头方便。道路两侧一般应结合地形设置排水沟，沟深不小于 0.4m，底宽不小于 0.3m。

六、施工现场运输规划

桥梁施工现场运输也称场内运输，一般分水平和垂直运输。水平运输是将材料或构件从仓库、料场或预制加工场地运至施工使用地点。垂直运输则主要是修建墩台及上部构造时，将材料或构件从地面提升到使用部位。

场内运输的工具，常见的有：人力车、小四轮翻斗车、装载机、汽车、轨道运输车、皮带运输机、架空索道、缆车、拖拉机等。场内运输的方式应根据工地的地形、地物，材料在场内的运距、运量，以及周围道路和环境等因素选择。当某些工程的用料数量较大，而运输线路又固定不变时，采用轨道运输是比较经济的。例如预制构件由预制场运至安装地点，一般都采用轨道运输。当用料地点比较分散、运输线路不固定且有上下坡及急转弯时，用装载机运输砂、石、混凝土、灰浆等最为方便灵活。小型预制构件则可采用汽车运输，吊车配合。在通航河流上修建装配式桥梁时，构件大多采用船运到桥下，浮吊吊起安装。

七、工地水、电管网布置

工程中如可利用现有水源、电源，这时管线应从外面接入工地，沿主要干道布置干管、主线，然后与各用户接通。

桥梁施工供水管网首先要经过计算、设计，然后进行设置，其中包括水源选择、用水量计算(包括生产用水、机械用水、生活用水、消防用水等)、取水设施、储水设施、配水布置、管径的计算等。

桥梁施工用电的设计应包括用电量计算、电源选择、电力系统选择和配置。用电量包括电动机用电量、电焊机用电量、室内和室外照明容量。要计算出现场施工用电和照明用电的数量，选择变压器和导线的截面及类型。变压器应布置在高压线接入处，距地面高度应大于 30cm，在 2m 以外四周用高度大 1.8m 铁丝网围住，以确保安全，不宜布置在交通要道口处。

八、施工场地布置的评价指标

上述各项布置内容并不是截然分开的，要得出圆满的布置方案，就应该互相结合起来，统一考虑，并反复修正。常用一些技术经济指标评价施工场地布置的质量：

(1)施工用地面积包括征用土地和租用土地在内。它是评价施工场地布置的重要指标，反映了场地布置的紧凑性、合理性。

(2)施工场地利用率是施工场地的有效面积(总面积减去空间面积)与总面积之比。它也是衡量施工场地布置是否紧凑的主要指标。

(3)场内主要运输工作量是反映场地布置是否合理的一个重要标志。布置得不合理,必然会增加各种材料和制品的运距。为简化计算,零星物资和 20m 以内的小搬运可不予计算。

主要运输工作量的计算方法如下:

$$Q=\sum W_1 \cdot D_1+\sum W_2 \cdot D_2+\sum W_3 \cdot D_3+\sum W_4 \cdot D_4 \tag{14-6}$$

式中:Q——总运量(t·km);

W_1——各种材料的质量(t);

D_1——各种材料各自的平均运距(km);

W_2——各项设备的质量(t);

D_2——各项设备的平均运距(km);

W_3——各类预制品的质量(t);

D_3——各类预制品各自的平均运距(km);

W_4——组合件的质量(t);

D_4——组合件的平均运距(km);

某钢筋混凝土 T 梁桥的施工平面布置图如图 14-9 所示。

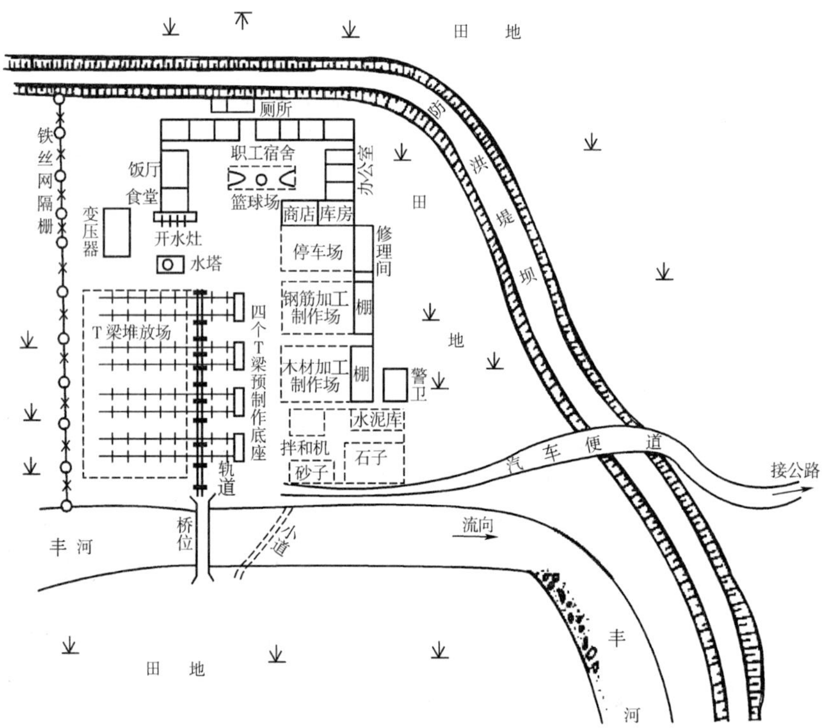

图 14-9 桥梁施工平面布置图

思 考 题

1. 试述施工准备工作的意义。

2. 简述施工准备工作的主要内容。

3. 简述桥梁施工组织设计编制的依据。

4. 桥梁基础施工可采用多种施工技术方案，如钢围堰和钢吊箱等，试对深水区桥梁基础的施工技术方案进行方案比选。若采用钢吊箱进行施工，试对单臂钢吊箱和双壁钢吊箱进行技术方案比选。

5. 简述桥梁施工组织设计编制的主要内容及技术要点。

6. 编制桥梁施工组织设计时，资金需要量计划、劳动力需要量计划和机械设备的需要量计划的主要依据是什么？这几种计划的变化趋势是否需要一致？

7. 桥梁施工场地布置主要考虑哪些因素？

8. 调查一个桥梁施工工地的现场布置情况、人员及设备配制情况，并分析现场布置及人员设备配制是否与该工程的特点相适应。

第十五章　桥梁工程施工管理

第一节　概　　述

施工管理对于提高项目管理效益、控制工程进度和保证工程质量起着重要的作用，现代工程正朝着大型化、规模化、现代化的方向发展，工程的复杂程度较之以前呈指数级倍增，在建设投资力度不断增加的情况下，施工过程中的进度、质量、成本要通过严格的控制和管理才能得到保证。施工管理的目的就是要保证工程按设计要求的质量、计划规定的进度和低于设计预算或合同报价的成本安全、顺利地完成，也就是使施工工作进行得又快、又好、又省、又安全。它对于工程建设的顺利实施、保证工程质量、降低工程成本及提高施工企业效益具有重要的意义，同时施工管理也是施工过程中一项十分复杂的工作。

土建工程，特别是桥梁工程系露天作业，受自然条件的影响较大，其生产特点是产品的位置是固定不动的，而制造产品所需要的劳动力、机具、材料则是流动的；产品的生产周期长，而且多数产品是一次性的；生产程序和生产工艺因具体情况的不同，需要不断地调整和改变。因而施工管理工作比工厂生产管理工作要复杂困难得多，这就要求从事施工的人员给予足够的重视，必须在施工中随时掌握工程进展的实际情况和存在的问题，采用科学的管理方法，进行切实有效的施工管理，才能达到预期的目的。

第二节　桥梁施工的进度管理

一个工程项目能否在预定的时间内交付使用直接关系到投资效益的发挥。工程建设进度管理的目标是保证工程在设计预定的工期内完工。因此，对桥梁工程施工进度进行有效的管理，使其顺利达到预定的目标，是桥梁施工项目管理过程中的一项必不可少的重要环节。

一、桥梁施工进度管理的内容

桥梁施工的进度管理是一个不断进行的动态管理，也是一个循环进行的过程。它是指在限定的工期内，编制出最佳的施工进度计划，并将该计划付诸实施，在执行该计划的施工过程中，经常检查实际施工进度是否按计划进行，若出现偏差，便及时分析产生的原因和对工期的影响程度，采取必要的补救措施和调整、修改原计划，不断地如此循环，直到工程竣工验收。桥梁施工进度管理的主要内容如下：

(1)对施工进度计划编制中的管理。

(2)对施工进度计划实施中的管理。

(3)施工进度计划实施中的检查与调整。

二、影响桥梁施工进度的因素和产生的原因

1. 影响工程施工进度的因素

由于桥梁工程建设项目具有庞大、复杂、周期长及相关单位多等特点，故影响桥梁工程施工进度有很多因素，主要是来源于工程建设相关单位的影响。

(1)政府及上级建设主管部门的、建设单位(业主)及业主代表的(监理单位)影响。例如当业主或业主代表(监理单位)发了开工令后，施工场地还未能完全交出给施工单位施工，或属于业主责任应完而未完的前期工作(比如“四通一平”)。

(2)供货单位影响。施工过程需要的材料、构配件、机具和设备等不能按期运抵施工现场或运抵后发现不符合有关标准的要求，都会影响施工进度。

(3)资金的影响。工程的顺利施工必须有足够的资金作保障。通常，资金的影响来自业主，或由于没有及时给足工程预付款，或由于拖欠工程进度款。

(4)设计单位的影响。由于原设计有问题需要修改，或由于业主提出了新的要求，特别是所谓的“三边工程”，即边设计、边施工、边投入使用的工程，在施工过程中出现设计变更是在所难免的。

(5)施工条件的影响。在施工过程中遇到工程地质、天气及周边环境等方面的不利因素，或由于要处理地下障碍物，从而必然影响到施工进度。

(6)各种风险因素的影响。风险因素包括政治、经济、技术及自然等方面的各种可预见或不可预见的因素，政治方面的有战争、内乱、罢工、拒付债务、制裁等；经济方面的有延迟付款、汇率浮动、换汇控制、通货膨胀、分包单位违约等；技术方面的有工程事故、试验失败、标准变化等；自然方面的有地震、洪水等，这些因素都会对施工进度产生较大的影响。

(7)承包单位本身管理水平的影响。施工现场的情况千变万化，若承包单位的施工方案不恰当、计划不周详、管理不完善、解决问题不及时等，都会影响工程项目的施工进度。

2. 影响施工进度的原因

将上述影响工程施工进度的因素归纳起来，有以下几个原因：

(1)在估计工程特点及工程实现的条件时，过高地估计了有利因素或过低地估计了不利因素。

(2)在工程实施过程中出现了工作方面上的失误。

(3)不可预见事件的发生。

三、桥梁工程施工进度的检查方式和检查方法

正是由于各种因素的影响，经常会打乱原始计划的安排并出现进度偏差，不变是相对的，变化是绝对的，所谓“计划赶不上变化”，从而使施工阶段的进度控制显得非常必要。因此，应及时了解和掌握工程实际进展情况，分析和检查影响进度偏差的原因，为工程施工进度的调整和控制提供信息依据。

(1)工程施工进度的检查方式。在工程进度计划实施后，应及时跟进并收集工程实际进展情况，包括工作的开始时间、完成时间、持续时间、逻辑关系、实物工程量和工作量，以及工作时差的利用情况等，从中了解到施工过程中影响进度的潜在问题，以便及时采取相应的措施加以预防和纠正偏差。

(2)工程施工进度的检查方法。施工进度的检查方法主要是对比法，也有利用横道图比较法、S形曲线比较法、香蕉形曲线比较法、前锋线比较法、列表比较法等，将经过整理的实际进度数据与计划进度数据进行比较，从而发现是否出现偏差和偏差的大小。若偏差较小，可在分析其产生原因的基础上采取有效的措施，使矛盾得以解决，继续执行原计划；若偏差较大，经过

努力不能按原计划实现时，则要考虑对原计划进行必要的调整，即适当延长工期或改变施工速度。

四、工程施工进度的调整

工程进度的调整一般是不需要的和尽量避免的，但如果发现原有的进度计划已落后，不适应实际情况时，为确保工期，实现进度控制的目标，就必须对原有的计划进行调整，形成新的进度计划，并作为进度控制的新依据。调整工程进度计划的主要方法有以下两种。

(1)压缩关键工作的持续时间。不改变工作之间的顺序关系，而是通过缩短网络计划中关键线路上的持续时间来缩短已被延长的工期。具体采取的措施有增加工作面、延长每天的施工时间、增加劳动力及施工机械的数量的组织措施；有改进施工工艺和施工技术以缩短工艺技术间歇时间、采取更先进的施工方法以减少施工过程或时间、采用更先进的施工机械的技术措施；有实行包干奖励、提高资金数额、对所采取的技术措施给予相应补偿的经济措施；还有改善外部配合条件、改善劳动条件等其他配套措施。在采取相应措施调整进度计划的同时，还应考虑费用优化问题，从而选择费用增加较少的关键工作作为压缩对象。

(2)组织搭接作业或平行作业。这种方法的特点是不改变工作的持续时间，而只改变工作的开始时间和完成时间。对于大型的桥梁工程项目，由于其单位工程较多且相互制约比较小，可调整的幅度比较大，所以容易采用平行作业的方法来调整施工进度计划。而对于单位工程项目，由于受工作之间工艺关系的限制，可调整的幅度比较小，所以常采用搭接作业的方法来调整施工进度计划。但不管是搭接作业还是平行作业，工程项目在单位时间内的资源需求量将会增加。

(3)不改变工作的持续时间，而只改变工作的开始时间和完成时间。这种调整情况有：对于大型工程项目，如小区工程可调整的幅度较大是由于有多项的单位工程而它们之间制约比较小，从而可调整的幅度比较大，因此比较容易采用平行作业的方法来调整进度计划；对于单位工程项目，由于受工作之间工艺关系的限制，可调整的幅度较小，通常采用搭接作业的方法来调整施工进度计划。

需要注意的是，无论采取哪种方法进行施工进度调整，都必然会增加工程费用，因此施工单位在进行施工进度控制时还应该考虑到投资控制的问题。此外，当可调整的幅度受到限制时，或工期拖延得太多，或采取某种方法未能达到预期效果时，还可以同时用这两种方法来调整施工进度计划，以满足工期目标的要求。

总之，施工进度管理是技术性要求较强的工作，不仅要求施工管理人员掌握施工组织设计的编制，还要熟悉桥梁施工、桥梁工程劳动定额与工程预算定额、技术方案方面的知识，并具有丰富的专业知识，另外还要求细心收集和整理有关设计变更、现场签证、自然灾害等资料。在工程项目实施过程中，进度管理就是一个需要不断地计划、执行、检查、分析和调整的动态循环，因此要做好施工进度的计划与衔接，跟踪检查施工进度计划的执行情况，适时进行调整，在保证工程质量的前提下，确保工程建设进度目标的实现。

第三节　桥梁施工的质量管理

质量管理是企业为了保证和提高产品质量或工程质量，组织全体职工及有关职能部门同心协力、综合运用管理技术、专业技术和科学方法、经济合理地开发、研制、生产并提供给用户满意的产品的管理活动。施工企业进行质量管理的直接目的是：保证和提高施工生产工作质量和工程质量，提供用户满意的产品。

质量管理中质量的含义，主要有以下几方面：

(1)产品质量。即能够满足国家建设和人民需要所具备的自然属性。一般包括适用性、可靠性、安全性、经济性和使用寿命等，也就是产品的使用价值。这种属性区别了产品的不同用途，建筑工程的施工质量，是指建筑物、构筑物或构件是否符合设计文件和现行《建筑安装工程施工及验收规范》、《公路工程质量检验评定标准》的要求。

(2)工序质量。即生产中人、机器、材料、施工方法和环境等综合对产品起作用的过程，并在这个过程所体现出的产品质量。

(3)工作质量。不像产品质量那样直观，工作质量主要体现在施工企业的一切生产经营活动中，并通过经济效果、生产效率、工作效率和产品质量，集中地表现出来。施工企业的经营管理、技术组织、思想政治工作不仅是提高工程质量的保证，也是提高企业经济效益的保证。

产品质量、工序质量和工作质量虽是不同的概念，但三者关系又是紧密相连的。产品质量取决于工序质量，是企业施工的最终成果。工作质量是工序质量和产品质量的基础重要保证。提高产品质量或工程质量，不能仅抓产品质量，必须通过提高工作质量，以工作质量来保证和提高工序质量，从而达到提高产品或工程质量的目的。提高产品质量的目的，归根到底还是为了提高经济效益，为社会创造更多的财富。

一、保证和提高工程质量的重要意义

工程质量是建筑产品使用价值的集中表现，只有符合质量要求的工程才具有使用价值，才能投入生产和交付使用，取得投资效果。工程质量越高，使用价值就越大。质量不合格，就丧失了使用价值，是社会物质资源和人力资源极大的浪费。因此，在施工中必须牢固树立"百年大计、质量第一"的思想，做到"好中求快、快中求省"。

由于工程质量是建筑物和构筑物使用价值的集中体现，因而投资者(建设单位)最关心工程质量的好坏。施工企业要想维持生存，求得发展，不可不重视工程质量。从一定意义上来说，工程质量是施工企业的生命。

就施工企业来说，为提高经济效益：一是加快施工进度，增加产品数量；二是提高产品质量；三是降低成本。而提高产品质量则是国家和社会根本利益所在，也是施工企业根本利益所在。没有质量就没有效益，就不能形成财富，只会造成社会资源的浪费。社会主义建设中，速度固然重要，但质量是根本。如果不能保证工程质量，达不到设计要求，速度再快也毫无意义，产品再多也只是浪费。工程质量的好坏，不仅关系到施工企业的信誉，更重要的是关系到国民经济的全局，必须把工程质量当作关系现代化建设的大事来抓。

总而言之，保证工程质量，是施工企业求产值、求速度、求成本节约、求企业信誉、求经济效益和社会综合效益的基础。

二、质量管理的发展

质量管理的发展，大致经历了以下三个阶段：

(1)质量检查阶段。大约从20世纪20年代到30年代，这一阶段的质量管理主要是靠事后检查把关，在大量产品中剔出废品。

(2)统计质量管理阶段。第二次世界大战时期，美国很多军用品生产中出现了大量废品，

于是采用数理统计方法，制定《战时质量管理法》，取得了良好效果。这种方法是采取积极预防、检查与预防相结合，用数理统计的方法分析生产中可能影响产品质量的因素和环节，并进行控制和协调。

(3)全面质量管理阶段。从20世纪50年代末、60年代初开始，其基本思想是把专业技术、经营管理、数理统计和思想教育结合起来，建立起从产品的研究设计、生产制造、售后服务等一整套质量保证体系，用最经济的手段，生产用户满意的产品。其核心是以提高人的工作质量来保证工序质量，以工序质量来保证产品质量，从而达到全面提高企业和社会效益的目的。其基本特点是将过去的事后检验为主，变为预防、改进为主，将管理结果变为管理影响因素。通过把影响质量问题的诸因素查找出来，抓住主要矛盾，发动全员、全部门参加，依靠科学理论和方法，使生产、经营的全过程都处于受控状态。

全面质量管理阶段的理论和方法，并不是全面否定前两阶段的传统质量管理，而是继承了传统质量管理的方法，并从深度和广度上向前发展。其发展主要表现在一个"全"字。首先，全面质量管理不仅重视产品质量，同时强调了工作质量，并发动群众，全员、全部门参加管理。其次，全面质量管理以预防为主的观点，也着眼于一个"全"字。即对从施工准备、施工过程到竣工验收全过程中的每一个环节中影响质量的因素，依靠科学理论、程序和方法进行预防性的控制。第三，全面质量管理，树立了"为用户服务"和"下一道工序就是用户"的观点，每一工序(分部分项工程)对下一工序来说是一种"产品"，凡本工序的质量问题一定要在本工序内解除，不给下道工序留麻烦。不仅最终产品质量(工程质量)应满足用户的要求，而且保证工程建成后为用户提供良好的服务。第四，全面质量管理注重好、快、省的结合，不仅注重工程质量本身，而且还要重视工期和成本，强调好快省和安全的全面效果。

三、我国质量管理概况

新中国成立以来，在党的领导下，经过60多年的建设实践，施工质量管理取得了很大成绩，积累了十分宝贵的经验。新中国成立初期我国就制定了一系列的建设方针和政策，如"百年大计、质量第一"，"严格把关与积极预防相结合，以预防为主"等。同时我们的施工企业，从公司到班组，普遍建立了质量管理机构，组成专业质量管理和群众质量管理相结合的体制，提倡三结合，还建立了自检、互检、交接检的"三检"制度。大多数企业都建立和健全了技术管理制度，除执行国家规范和规程外，还补充了一些行之有效的方法，如中间交工、隐蔽工程验收、质量事故处理规定，重视质量通病的管理，有些企业还建立了工程交工后回访制度和定期保修制度等。可以说我们所进行的传统质量管理中，已包含了全面质量管理的基本思想和方法，但问题是我们没有把这些思想和行之有效的方法形成系统的理论并制定统一的制度来贯彻执行，没有运用数理统计方法，用数据说话，而是仅仅根据经验找出质量问题加以控制，因此，在质量管理科学性上也存在不少问题。

在1975年，我国首先在工业企业中推广全面质量管理，进展很快。1980年开始在建筑施工企业推广全面质量管理，调动了广大职工参与企业管理的积极性、创造性，提高了工作质量、工序质量和产品质量，取得了比较显著的效果。近几年来实行百元产值工资包量包干，由于某些施工企业措施不配套、不得当，产生了质量下降，以次充优，欺骗用户的问题。通过企业整顿和继续完善百元产值工资包量包干办法，采取工资增减与工程质量挂钩等措施，使问题得以解决。

实践证明，要把全面质量管理真正推广开、搞得好，必须做到以下几点：

(1)领导大力支持和重视。领导特别是主持全面工作的经理、厂长和总工程师必须亲自动手抓，关键在于企业领导班子牢固树立“质量第一、信誉第一、用户第一”的经营指导思想。

(2)重视培养技术骨干，使其成为推进全面质量管理的中坚力量。

(3)广泛开展群众性的质量管理小组活动。开展质量管理小组活动，对提高质量、降低消耗，提高企业效益有着重要的作用。质量管理小组活动，是我国多年来开展的群众参加管理的经验同外国先进的科学管理方法相结合的产物，是搞好全面质量管理的群众基础。

(4)注重职工的培训。必须使每个职工从思想上认识到保证产品质量和工作质量对国家、企业和个人的重要意义。真正树立起“质量第一”的思想。同时使他们提高工作能力和技术水平，拥有不断提高产品质量和工作质量的基本素质。因此，必须办好各种类型的业务技术训练班，开展岗位练兵，新工人进场要进行培训；徒工转正、工人升级必须进行技术考核；从事关键工序操作和重要设备安装的工人，达不到技术要求的不得上岗。企业的各级领导也必须学习业务技术，并为广大干部钻研业务、提高技术创造必要的条件。

(5)搞好质量管理，要有明确的方针、目标和计划。搞好全面质量管理，要结合实际存在的问题，确定方针、目标、计划，不搞形式主义。

(6)全面质量管理工作要和百元产值工资包量包干、企业内部工资奖金分配政策挂钩，建立健全质量保证体系，明确各职能部门、各环节以至每个职工在质量上的责任、权限、分工，并和考核奖惩、个人物质利益结合起来；质量高的单位和职工，得到更多的收入，质量差的单位和职工，扣减一定数量的奖金或工资额；各级要建立健全质量管理专职机构，充实得力精干的人员；加强检验、化验和标准化机构。

四、质量管理的基本要求

1. 全面质量管理所管的范围是产品质量产生、形成和实现的全过程

产品的全过程包括产品的设计、制造和使用过程，也就是产品质量的产生、形成和实现过程。要保证产品质量，就要把产品全过程的各个环节都结合起来管理，形成一个综合性的质量管理工作体系，也即管理好设计、制造和使用得整个过程。对产品全过程的质量管理要体现预防为主的思想，不设计用户不满意的产品，不制造不合格产品，就是体现了预防为主的思想，同时也体现了为用户服务的思想。企业为了用户，实行全过程的质量管理，就要在全过程的各个环节上树立为用户服务的思想。在企业内部，每道工序都应该把下道工序当作用户，企业各道工序才能目标一致地、协调地生产出用户满意的产品来。

2. 质量管理要求的是全企业的管理

每个企业的质量管理都可以分为上层管理、中层管理和基层管理，其中每一层都有各自质量管理活动内容，不同层次的内容和侧重点也不一样，但其总目标是一致的，都是在同一个目标系统中进行得全面管理；上层管理侧重于质量决策，主要是制订质量方针、质量目标与质量计划，并统一组织、协调企业各部门、各环节、各类人员的质量管理活动，保证实现企业总的经营管理目标；中层则要实施上层的质量决策、进行质量方针展开、目标分解和质量计划的执行，按照各自的质量职能，进行具体的业务管理；基层则要求实干，严格按照技术标准进行生产，按照规章制度进行具体工作，完成各项任务。因此，全面质量管理必须是全企业的管理。同时，要提高产品质量，就必须将分散在企业部门的质量职能充分地发挥出来，所以各部门的质量管理工作都是不可分割的，要求企业的各有关部门都要参加全面质量管理。

3. 质量管理是要求全员参与的质量管理

全面质量管理要求的是全企业的管理，同时要求企业全体人员都必须参加。只有通过企

业的各级领导、管理干部、工程技术人员、技术工人、后动工人和企业其他各方面人员的共同努力才能实现全面质量管理，才能真正把产品质量搞好。因为产品质量是企业各个环节、各个部门的各项工作质量的综合反映，企业中任何一个环节，任何一个部门中的任何一个人的工作质量都会不同程度直接地或间接地影响到产品的质量。所以必须把企业的全体人员动员起来，上自经理厂长，下至每个工人，都积极参加全面质量管理，自觉地参加质量管理的各项活动，努力做好本职工作，不断提高个人的技术素质、管理素质和政治素质，牢固地树立质量第一的思想，有强烈的质量意识，从而才能不断地生产出适销对路、质优价廉的产品，产生更高的经济效益和社会效益。

4. 质量管理所应用的管理方法是多种多样的

随着现代科学技术的发展，人们生活水平和社会文明的不断提高，对产品质量提出的要求也越来越高。同时，影响产品质量的因素也越来越多，越来越复杂，既有物的因素，又有人的因素；既有企业内部的因素，又有企业外部的因素；既有技术上的因素，又有组织管理的因素。因此，要做好社会需求、市场动向的分析预测，做好一系列影响产品质量的控制管理工作，必须采用一整套科学的质量管理方法。全面质理管理所应用的方法是多种多样的，其中有排列图、直方图、控航图、回归分析法、抽样检查法、正交试验法等多种常用的数理统计方法，也有大家比较熟悉的PDCA循环工作法。还有价值分析法、系统工程和运筹方法等，同时又广泛地运用了科学技术的最新成果，如先进的专业技术、检测手段和应用电子计算机等。由于行业不同、企业条件不同、产品不同，因而要根据具体情况灵活运用各种可行的方法，以发现问题，分析问题和解决问题。从使用成果来看，目前用得最多最有效的还是数理统计方法。随着全面质量管理的推广和深入，它所应用的方法也将会有所发展，有所创新。

五、质量管理的基础工作

企业推行全面质量管理，是在具备了一定的基本条件，具有一定的手段和应有的规章制度下进行的。所以，企业要想搞好全面质量管理，就必须做好质量教育、标准化、计量、质量责任制和质量信息等五项基础工作。为了更好地开展全面质量管理，企业还必须组织起各种类型的质量管理小组，以吸引更多的职工参加质量管理活动并为建立健全质量保证体系打好群众基础。

1. 质量教育工作

(1)质量教育的内容

质量教育工作包括两个方面的内容：一是技术教育与培训；二是全面质量管理基本知识的宣传教育。因为产品质量的好坏，归根到底取决于职工队伍的技术水平和管理工作水平。若工人缺乏必要的技术训练，没有掌握好必要的操作技术，就难以加工出来高质量的产品。同样，如果企业领导干部、管理人员和技术人员不能熟练地掌握有关的业务、技术和管理知识，缺乏工作能力与组织能力，也是不能生产制造出优质产品来的。所以，企业必须对全体职工不断进行技术教育与培训。当然，只有技术教育与培训还是远远不够的，还必须对全体职工进行经常的、不断深入的质量管理基本知识宣传教育，使全体职工牢固树立质量第一的思想，强化质量意识，掌握全面质量管理的基本理论，熟练运用全面质量管理的各种方法。此外，不同的行业，不同的企业开展质量教育的内容不尽相同，即使对同一企业的不同人员(如领导干部、中层干部、技术干部、一般科室干部和不同岗位的工人)也应该有不同内容、不同深度和不同层次的质量教育。

(2)质量教育的任务

质量教育工作的主要任务，就是要不断增强企业全体人员的质量意识，使全体职工牢固地树立质量第一的思想，认识到质量与人民生活息息相关，质量是企业生存和发展的根本所在，认识到提高质量对于我国四化建设的重要意义，使每个职工认识到自己在提高质量中的责任，自觉地提高业务管理水平和技术操作水平，提高自己的工作质量。因此，质量教育工作是四化建没的需要，是职工自身的需要，是企业推行全面质量管理的第一项基础工作。

2. 标准化工作

(1)标准的内容

标准是指为取得全局的最佳效果，在充分协商的基础上，依据科学技术和实践经验，对经济、技术和管理等活动中具有多样性、相关性特征的重复事物和概念，以特定的程序和形式颁发的统一规定。标准包括技术标准和管理标准两个方面的内容。技术标准是对技术活动中需要统一协调的事物制定的技术准则和法规。它的对象可以是物质的，如产品、零件、材料、工具等，也可以是非物质的，如程序、方法、符号、图形等。技术标准除国际标准和国外先进标准外，在我国一般又分为国家标准、部门标准和企业标准。管理标准是为正确处理生产，交换、分配和消费中的相互关系，以及行政和经济管理机构行使其计划、监督、指挥、组织、控制等管理职能而制定的准则，它是组织和管理企业生产经营活动的依据和手段。管理标准包括企业规定的生产经营工作标准、管理业务标准和生产班组管理标准等。例如企业的各项管理活动的工作程序、办事准则、工作规程和规章制度等。

(2)标准化工作的重要性

标准化是指以国家利益为目标，以重复性特征的事物和概念为对象，以管理、技术和科学实验为依据，以制订和贯彻标准为主要内容的一种有组织的活动过程。对施工企业来说，从原材料进场到产品完成的各个环节都制定相关的标准，要建立一套完整的标准化体系，既要有技术标准，又要有管理标准。没有标准，就无法进行质量管理。随着科学技术的发展和社会需要的扩大，标准化的对象与范围越来越广泛，几乎无所不包，其中大多数标准都同质量管理直接有关。因此可以说，标准是质量管理的基础，质量管理是贯彻执行标准的保证。企业要推行全面质量管理，就必须认真做好标准化这项基础工作。

3. 计量工作

计量工作是工业生产的重要环节，是保证产品质量的重要手段和方法，计量工作的首要任务是统一国家的计量单位制度，组织量值传递，保证量值的统一。没有计量单位制度和量值的统一，执行标准就是一句空话，全面质量管理工作也就无从做起。所以做好计量工作，包括测试、化验、分析、能源计量等工作，是企业开展全面质量管理的一项重要的基础工作。计量工作的主要要求是：配备齐全必要的量具和分析、化验用的仪器，要做到完整无缺；保证量具和仪器的质量稳定，示值准确一致；出现损伤时恢复要及时；此外要选择正确的测定计量方法。

搞好计量工作，必须着重抓好以下几个主要环节：

(1)建立必要的计量组织机构和配备适当的计量人员。

(2)建立健全计量管理制度。

(3)保证计量器具和仪器的正确合理使用。

(4)定期进行计量器具和仪器的检定。

(5)及时修理(或报废)计量器具和仪器。

(6)改进计量工具和计量方法。

4. 质量责任制

只有实行严格的质量责任制，才能建立正常的生产技术工作秩序，才能加强对设备、工具、原材料和技术工作的管理，才能统一工艺操作。建立质量责任制，是工业企业中建立经济责任制的首要环节。实行经济责任制，必须首先实行质量责任制。实行质量责任制不仅能提高与产品质量直接有关的各项工作的质量，还能提高企业各项专业管理的工作质量，把各方面的隐患消灭在萌芽之中，防止产品质量缺陷的产生。

在建立质量责任制时，首先要明确其实质是责、权、利三者的关系，要分对象，分层次，分专业制定各类人员的质量责任制，同时注意由粗到细先易后难，先定性后定量，逐步完善。在制定经济责任制时，必须以质量责任为主要内容，进行严格考核和奖励，以确保产品质量。

质量管理责任制的主要内容如下：

(1)建立和健全保证工程质量的各项管理制度，推行质量管理标准化，使企业各级机构、各个业务部门、各道环节从上到下都担负起质量管理的职责，从而促进各项质量管理基础工作的巩固和发展。

(2)建立企业各级人员的质量岗位责任制。按照国家的规定，经理、厂长负责本企业的质量管理工作，对产品质量负全面责任。总工程师和主管技术、生产的副经理、副厂长等要解决工程建设中的重大技术问题，组织技术攻关和建设工程创优活动，并协助经理、厂长督促检查各项质量计划的实现，各职能科室、工程队、班组等都要明确质量管理的职责，用提高工作质量来保证工程产品质量。

(3)执行经济奖惩制度，改变干好干坏一个样的状况。

(4)组织各种形式的质量检查，及时分析工程质量改进情况和存在问题。

(5)建立质量回访制度，做好工程保修工作，及时进行信息反馈。

(6)严肃处理质量事故，认真做到“三不放过”(即事故原因不清不放过，事故责任者和群众没有受到教育不放过，没有改进及防范措施不放过)。

5. 质量信息工作

质量信息是反映企业产供销各个环节工作质量和反映产品质量的各种基本数据、原始记录以至产品使用过程中反映出来的各种资料。它是质量管理的耳目，是实现质量管理的基本前提。企业的质量信息有来自企业外部的，如来自上级主管部门、同行业厂家、外购外协件厂家、市场和用户的质量信息；有来自企业内部的，如各个施工工区、班组、检验部门、经营科、维修服务部门的质量信息；有反映产品质量的信息，也有反映工作质量的信息等。总之，凡是涉及产品质量的信息都属于质量信息的范畴。

要提高产品质量，首先要对来自各方面的影响因素有清楚的认识，做到心中有数、决策及时。影响产品质量的因素是多方面的，也是错综复杂的，应尽量减少或避免不利因素，充分发挥有利因素。

质量信息是质量管理不可缺少的重要依据，是改进产品质量、各项工作质量的依据，也是正确认识影响产品质量诸因素变化规律的依据，是企业领导层制定质量决策的依据。因此，企业推行全面质量管理就必须做好质量信息这项基础工作。

6. 开展质量管理小组活动

(1)质量管理小组

又称 QC 小组，它是职工参加民主管理活动、改进管理工作、提高管理水平的一个重要环节和组织保证。质量管理小组活动内容见图 15-1。小组的组建要从实际出发，自愿和行政组织相结合。可在班组和施工队内建立,也可跨班组、跨施工队建立(一般不超过15人);小组的组长应由热心质量管理、有一定文化技术水平且能带领全体组员开展活动的人员担任。小组建立并确定课题后,要向所在工程队登记,并由工程队(或车间)汇总报送企业质量管理部门。跨队的小组可直接向企业质量管理部门登记。

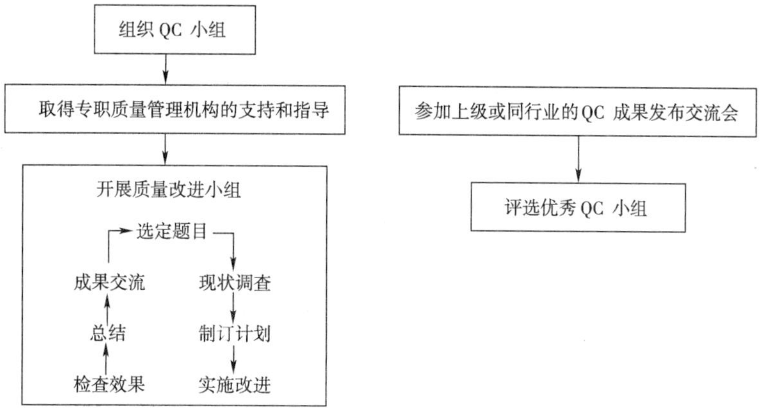

图15-1 QC小组活动内容

(2)质量管理小组的活动

小组的活动要根据企业的质量目标展开,从分析本岗位、班组、工程队(车间)的现状着手,围绕提高质量、降低消耗以及文明施工、改善管理、提高小组素质等方面选择课题,企业领导也可根据需要布置课题。小组完成课题后,应选择新的课题,继续开展活动。课题变更,要及时备案。

小组活动要按照"计划、实施、检查、处理"(PDCA)这一工序开展活动,做到目标明确、现状清楚、对策具体、措施落实,并要及时检查、总结。

小组活动要学创结合,讲求实效,注意吸取我国群众性质量管理活动的经验,同时也要学习和借鉴外国的科学管理经验,努力做到专业技术、管理技术和其他科学方法相结合。小组要如实做好活动记录,包括课题、实施情况、现状分析、对策措施、数据处理及出席人员等项目。小组取得成果后,要制订标准化措施,逐步形成制度,予以巩固,并且由企业质量管理部门定期组织经验介绍、成果发表会,以推进小组活动。为了总结经验,表彰先进,应当每年组织一次优秀质量管理小组的评选活动,对企业的优秀质量管理小组和推动小组活动作出贡献的质量管理工作人员给予一定的奖励。全国和部分地区的优秀质量管理小组由各主管部门颁发奖牌或证书、证章,所在企业将荣誉记入小组成员个人档案,作为晋级和职称评定的依据之一。

第四节　桥梁施工的成本管理

一、成本管理及其意义和任务

工程成本管理是施工企业为降低工程成本而进行的各项管理工作的总称。其基本任务是降低工程建设成本,提高企业利润,减少投资浪费,为国家提供更多的积累,使企业及其职工获得更大的利益。它对促进施工企业顺利完成施工任务发挥着重要的作用。工程成本管理主要包括成本的计划、控制和分析。

工程成本管理与其他管理工作有着密切联系，施工企业总的技术水平和经营管理水平的高低，均能直接或间接地反映在成本这个综合指标上。工程成本的降低，表明施工企业在施工过程中活劳动和物化劳动的节约。活劳动的节约说明劳动生产率的提高，物化劳动的节约说明机械设备利用率的提高和建筑材料消耗率的降低。

一般来讲，施工阶段影响工程造价（即工程投资）的可能性只有5%～10%，节约投资的可能性比较小，但是，工程投资却主要发生在这一阶段，浪费投资的可能性则很大。因此，加强对工程成本的管理，不断降低工程造价，具有十分重要的意义。

二、工程成本及其分类

1. 工程成本

工程成本是工程价值的一部分。建筑安装工程的价值是由已消耗生产资料的价值（原材料费、燃料费、动力费、设备折旧费等），劳动者必要劳动所创造的价值（工资等）和劳动者剩余劳动所创造的价值（税收、利润等）三部分组成。其中前两部分加在一起构成建筑安装工程的成本。

2. 工程成本的分类

进行工程成本管理，首先要将成本按照一定的划分标准进行分类，这样才能正确计算工程成本，找到降低成本的途径，满足成本管理和经营决策的需要。

（1）按成本控制的不同标准划分

工程成本按控制的不同标准一般可分为预算成本、实际成本和计划成本。

预算成本是根据一定时期的现行预算定额和规定的取费标准计算的成本，它是衡量实际成本节约还是超支的尺度。

实际成本是根据工程施工过程中发生的实际生产费用所计算的成本，它是按一定的成本核算对象和成本项目汇集的实际耗费。实际成本反映了施工企业在一定时期内实际达到的成本管理水平。

计划成本则是根据计划期平均先进的施工定额编制的施工预算，并考虑降低成本的技术组织措施后确定的成本。计划成本反映了企业在计划期内预计达到的成本水平，是计划期企业在成本方面的努力目标。

（2）按计入成本核算对象的方法划分

按计入成本核算对象的方法一般可将成本分为直接成本和间接成本。

直接成本对施工企业来说就是工程的直接费，即指可以直接计入每个工程项目中的生产费用，它是由人工费、材料费、施工机械使用费和其他直接费以及现场费用等成本项目组成。

间接成本是指不能直接计算到每个工程项目中，而与整个企业生产活动有关，需要按一定的标准计入各个成本核算对象上去的费用。例如，为组织施工和经营管理而支出的施工管理费、劳动保险费等就属于间接成本。

（3）按成本与产量的关系划分

工程成本按成本与产量的关系一般可分为变动成本和固定成本。

变动成本是指成本总额随产量的变化成比例变化的成本。例如，构成工程实体的主要材料费、使用机械费和施工用水用电等费用均随着主体工程量的增加而成比例增加，属变动成本。但是，单位变动成本则是相对稳定的，基本不受工程量变化的影响。例如，单位主体工程所需的主要材料费不随工程量的增加而增加，是相对稳定的。固定成本是指成本总额不受产量变化的影响，不随产量变化而变化的成本。例如，大部分的施工管理费，在一定的产量范围内，基本上不随产量变化而变化，如工作人员工资、办公费、劳动保险费、固定资产使用费、职工教育经费等均属固定成本。然而，在一定时期内，随着产量的增加，每单位产品分摊的成本数量相应减少，即单位固定成本是变化的，它随着产量的增加而减少。

三、成本计划

降低工程成本，不断提高劳动生产率，是社会主义经济发展的客观要求，为了有步骤地降低工程成本，必须做好成本管理工作，而要做好成本管理，就需要有一定的成本计划。编制成本计划是加强成本管理的前提，没有成本计划，就不可能有效地控制成本，也无法进行成本分析工作。编好成本计划，首先应以先进合理的技术经济定额为基础，以施工进度计划、材料供应计划、劳动工资计划和技术组织措施计划等为依据，使成本计划达到先进合理，并能综合反映上述计划预期产生的经济效果。编制成本计划，还要从降低工程成本的角度，对各方面提出增产节约的要求。同时要严格遵守成本开支范围，注意成本计划与成本核算的一致性，正确考核和分析成本计划的完成情况。

施工企业成本计划的内容包括降低成本计划和企业管理费用计划。降低成本计划是综合反映施工企业在计划期内建筑安装工程预算成本、计划成本、成本计划降低额（即预算成本减去计划成本）和成本计划降低率（成本计划降低额/预算成本）的文件，其格式见表 15-1。

降低成本计划格式表　　表 15-1

成本项目	预算成本	计划成本	成本降低额	成本降低率（%）
	(1)	(2)	(3)＝(1)－(2)	(4)＝(3)/(1)

企业管理费用计划则是根据费用控制指标、施工任务和组织状况，结合所采取的节约措施，由各归口管理部门按企业管理费的明细项目，分别计算各个项目的计划支出数，然后经汇总而成。它反映了企业在计划期管理费的支出水平。

四、成本控制

工程成本控制是施工企业在施工过程中按照一定的控制标准，对实际成本支出进行管理和监督，并及时采取有效措施纠正脱离目标成本的偏差，消除不正常损耗或浪费，使各种费用的实际支出控制在预定的标准范围之内，从而保证企业成本计划的完成和目标成本的实现。

1. 成本控制的三个阶段

成本控制按工程成本发生的时间顺序，可划分为事前控制、过程控制和事后控制三个阶段。

(1)成本的事前控制

成本的事前控制是指在施工前应对可能引起成本发生较大变化的因素和条件进行控制，是成本形成前的成本控制，具体做法有：制定成本控制标准，拟订相应的成本计划，实行目标成本管理；建立健全成本控制责任制，把成本计划指标层层分解落实到各单位、各部门或个人，在保证完成企业降低成本总目标的前提下，制定各责任单位成本控制的具体目标，分清经济责任。

(2)成本的过程控制

成本的过程控制是指对项目的实施过程进行控制，主要是对成本的形成和偏离目标成本的差异进行日常控制，其方法如下：

①严格按照成本计划和各项消耗定额，对施工费用随时随地进行审核，及时制止不合理开支，把可能导致损失和浪费的苗头消灭在萌芽状态。

②建立反映出现成本差异的信息反馈体系，随时把成本形成过程中出现的偏离目标的差异反馈给责任部门和个人，及时采取纠正偏差的具体措施。

(3)成本的事后控制

成本的事后控制，即对实际已发生的成本变化进行结算管理的控制。是指在施工全部或部分结束以后，对成本控制情况进行综合分析与考核，并对成本计划的执行情况加以总结，以便采取措施改进日后成本管理工作。成本事后控制的主要内容为成本分析。

2. 成本控制的管理体系

成本控制要根据“统一领导、分级管理”和“业务归口、责权结合”的原则，按成本指标所属范围和指标性质，分别下达给各级单位和各个职能部门。为保证整个成本计划的实现，还需要各部门在成本控制中各负其责，明确本部门的成本责任，树立节约成本的思想，从不同角度进行成本控制。

另外，还要建立健全成本管理信息系统，该系统主要包括指标系统、核算、控制系统和分析、预测系统，指标系统是指对计划指标和实际指标的计算、汇总、平衡、分解下达和传递反馈等；核算、控制系统指对各种施工生产经营耗费进行经济核算，并按预定标准进行控制。分析、预测系统是指进行各种形式的检查分析，以及预测成本变化趋势和成本降低计划的完成程度。

五、成本分析

工程成本分析是成本管理工作的一项重要内容，它的基本任务是通过成本核算、报表及其他有关资料，全面了解和掌握成本的变动情况及其变化规律，系统研究影响成本升降的各种因素和其形成的原因，借以揭示经营中的主要矛盾，挖掘和动员企业的潜力，并提出降低成本的具体措施。通过成本分析，可以对成本计划的执行情况有一个清楚的认识，能够更好的对成本进行有效的控制，并对执行结果进行评价，从而为下一阶段的成本控制提供重要依据，以保证成本的不断降低，促进生产的不断发展。

工程成本分析一般包括综合分析和单项分析两种。

1. 工程成本的综合分析

工程成本的综合分析是对企业工程降低成本计划执行情况的概括性分析和总的评价，同时也为下一步成本的单项分析指出了方向。综合分析一般采用如下方法进行：

(1)将实际成本与计划成本进行比较，以检查企业计划成本指标的完成情况，进而检查技术组织措施、计划编制的合理性及实际效果。

(2)将实际成本与预算成本进行比较，以检查企业是否完成降低成本目标以及各个成本项目的节约或超支情况，从而分析工程成本升降的主要原因。

(3)在企业所属施工单位之间进行分析、比较和检查，根据各施工单位成本控制情况，总结低成本的经验并加以学习借鉴，查找高成本的原因从中吸取教训。

(4)将本期实际指标与上期或历史先进水平的实际指标进行比较，以便了解企业经营管理发展变化情况。

2. 工程成本的单项分析

综合分析只是对施工过程中成本控制情况的概括性分析和总的评价，要想进一步掌握成本升降的详细情况及影响成本的具体因素，就必须在工程成本综合分析的基础上，对工程的每一个成本项目进行深入地分析。

(1)人工费的分析

影响人工费节约或超支的两个主要因素是实际耗用工日数与预算工日数之差和实际日平均工资与预算定额的日平均工资之差。当实际耗用工日数小于预算工日数时,或实际日平均工资少于预算定额的日平均工资时,将会节约人工费,反之,则造成人工费超支。根据以上两个因素,可以进一步分析人工费节约或超支的原因,包括定额完成情况、工日利用情况、劳动组织情况、工人平均等级和各种基本工资变动以及工资调整等情况,据此可以寻找节约人工费的途径。

(2)材料费的分析

材料费分析是根据预算材料费与实际材料费的比较来进行的。影响材料费的主要因素是量差与价差。量差是材料实际耗用量同预算定额用量之差;价差是材料实际单价与预算单价之差。通过分析,找出造成量差与价差的原因,并弄清哪些是客观原因,哪些是主观原因,从而进一步挖掘节约材料的潜力,降低材料费。材料费在桥梁工程成本中占的比例最大,对材料费用的控制直接关系到成本目标计划的实现并影响到工程造价的最终结果,所以材料费的分析控制一直是工程造价管理的重要环节。

(3)机械使用费的分析

机械使用费分析是根据预算和实际的机械成本、机械台班产量及台班费用定额进行的。分析要按自有机械使用费和机械租赁费分别进行。影响机械租赁费的因素主要是预算台班数与实际台班数的差异。这一差异是由机械效率和施工组织方面的原因引起的。影响机械使用费变动的因素主要有白班数变动和台班成本的变动。前者是由于机械使用效率的原因引起的,而后者是由于实际台班费用比定额费用节约引起的。根据上述分析,可根据不同情况采取相应的措施,以节约机械使用费的支出。

(4)现场经费、间接费分析

现场经费、间接费分析是分别把这两项费用的实际发生数与预算收入数或与计划支出数进行比较,详细了解这两项费用的节超原因,并将各个费用项目进行比较分析。节约现场经费和间接费的支出,是降低工程成本的重要途径。

现场管理费和企业管理费中的管理人员工资及办公费用是与施工时间成正比的,所以其最大的节约潜力在于缩短施工工期,但必须与加快施工速度所需增加的费用进行工期—费用优化。

第五节　桥梁施工的合同管理

一、桥梁工程施工合同概述

桥梁工程施工合同即桥梁工程承包合同,它是业主与承包人为完成桥梁工程项目的建设任务,明确相互权利和义务关系的协议。

1. 桥梁施工合同的特点

桥梁施工合同有许多类型,既有新建桥梁工程,也有旧桥加固工程等,这些合同既有共性,也具有自己的个性。无论是那一种施工合同,都要服从国家有关一般桥梁工程建设的条例规定,又要符合有关部门关于具体工程的特殊要求。桥梁施工合同有其自身的特点,既与天文、地理等自然气候条件有关,又与人为因素相关联。

桥梁施工合同具有以下基本特点：

(1)业主和承包人必须具备签订合同的资格和履行合同的能力。

(2)具有很强的计划指导性。

(3)具有严格的法定程序。

(4)合同主体之间具有严密的协作性。

(5)履行期限具有长期性。

(6)接受国家专业银行的监督。

2. 施工合同的类型

(1)按选择承包者的方法划分为任意合同和竞争合同。

(2)按工程规模内容划分为BOT项目承包合同、总承包合同和分包合同。

(3)按施工承包合同计价的方式划分为总价合同、单价合同和成本补偿合同。

二、施工合同的法律规定和作用

1. 施工合同的法律规定

签订桥梁施工合同首先应遵守《合同法》和《建筑法》,还应遵守国务院颁发的《建筑安装工程承包合同条例》,其合同格式应参照交通部颁发的现行《公路工程国际招标文件范本》或《公路工程国内招标文件范本》。

2. 施工合同的作用

(1)明确发包商和承包人在施工过程中的权利义务。

(2)有利于工程施工过程中的管理。

(3)有利于建筑市场的健康发展。

三、施工合同管理

1. 工程转包和分包的管理

施工单位的施工技术力量、人员素质、单位信誉等的好坏,对工程质量、投资和进度控制有直接影响。发包商是经过一系列考察及资格预审、投标和评标等活动后选中承包人,签订合同。

(1)工程转包

工程转包,即不行使承包人管理职能,不承担技术经济责任,将所承包的工程倒手转给他人承包的行为。属于转包的行为如下:建筑施工单位将承包的工程全部转给其他施工单位;总包单位将工程的主要部分或超过半数以上的群体工程转给其他施工单位;分包单位将承包的工程再次分包给其他施工单位。

我国《建筑安装工程总分包实施办法》明确规定,禁止转包工程。《建筑法》在第28条中也明确规定"禁止承包单位将其承包的全部建筑工程转包给他人,禁止承包单位将其承包的全部工程肢解以后以分包的名义分别转包给他人"。《建筑市场管理规定》对此也有明确规定。根据以上法律规定,《施工合同示范文本》在"承包人"的说明解释条款中明确规定"乙方不能将工程转包或者出让"。

(2)工程分包

工程分包,即经合同约定或发包商认可,从工程总承包人承包的工程中承包部分工程的行为。总承包人将部分工程分包出去是允许的。《建筑安装工程承包合同条例》第12条规定"承包单位可将承包的工程，部分分包给其他分包单位，签订分包合同”。

①分包合同的签订。根据《建筑法》、《建筑工程施工合同管理办法》、《建筑市场管理规定》等法律法规的要求，分包工程应先征得发包商同意，并且总承包人必须自行完成桥梁工程项目的主要部分，其非主要部分或专业性较强的工程可分包给资质条件符合该工程技术要求的建筑施工单位。分包合同签订后，业主与分包商之间不存在直接的合同关系。

②总包单位职责如下：

a. 编制施工组织总设计，全面负责桥梁工程的工程质量、安全生产等管理工作；

b. 依照合同规定的时间，向分包商提供建筑材料、构配件、施工机具及运输条件；

c. 统一向发包商领取工程技术文件和施工图纸，按时供给分包单位；

d. 按合同规定统筹安排分包单位的生产生活临时设施；

e. 参加分包工程中间检查和竣工验收；

f. 统一组织分包单位工程预算、已完工程产值报表及结算。

③分包单位职责如下：

a. 保证分包工程的质量，确保分包工程按合同规定工期完成；

b. 依据施工组织总设计编制分包工程的施工组织计划，参加总包单位的综合协调；

c. 编制分包工程的预(结)算、施工进度计划表；

d. 及时向总包单位提供分包工程的技术、质量等有关资料。

④分包合同的履行。总包单位(桥梁施工合同的乙方)与分包单位作为分包合同的当事人，都应严格履行分包合同规定的义务。对业主而言，分包合同不能解除乙方任何义务和责任。乙方应在分包场地派驻相应的监督管理人员，以保证合同的履行。分包单位的任何违约，均视为乙方违约。除合同明确规定外，分包合同工程价款由乙方与分包单位结算。分包单位经竣工验收(包括中间交工验收)达到合格标准后，由总包单位和分包单位在验收证书上签字，作为分包单位向总包单位交工的证件。验收不合格者，由分包单位进行返工修理，并负担全部返修费用。

2. 不可抗力、保险和担保的管理

(1)不可抗力

根据《施工合同示范文本》第39条：不可抗力是指合同当事人不能预见、不能避免并且不能克服的客观情况。桥梁工程施工中的不可抗力包括因战争、动乱或其他非承发包商原因造成的爆炸、火灾，以及桥梁专用条款约定的风、雨、洪水、地震等自然灾害。由于不可抗力事件发生后，对桥梁施工合同的履行会造成较大的影响，因此在合同订立时就应当明确规定不可抗力的范围，以避免纠纷产生。

①不可抗力事件发生后双方的职责。不可抗力事件发生后，承包人应在力所能及的条件下迅速采取措施，尽可能地减少损失，发包商应协助承包人采取措施。不可抗力事件结束后，承包人应在48h内向工程师通报受害和损失情况，及预计清理和修复的费用。工程师认为应当暂时停工时，承包人应暂时停工。若不可抗力事件持续发生，承包人应每隔7d向工程师报告一次灾害情况，并于不可抗力事件结束后14d内，向工程师提交清理和修复费用的正式报告及有关资料。

②双方承担的责任。因不可抗力导致的费用及工期的延误由双方按以下的方法承担：

a. 桥梁工程本身的损坏或因桥梁工程的损坏导致第三方人员伤亡和财产损失以及运至施工现场用于施工的材料和待安装设备的损害，由发包商承担；

b. 发包商和承包人人员的伤亡分别由其所在单位负责，并承担相应的费用；

c. 承包人的机械设备损害和停工损失，由承包人承担；

d. 在停工期间，承包人需应工程师要求留守必要的管理人员和保卫人员在施工现场，期间产生的费用由发包商承担；

e. 工程所需的清理和修复费用，均由发包商承担；

f. 所产生的工期延误由双方相应顺延。

(2)保险(《施工合同示范文本》第 40 条)

桥梁工程开工前，必须办理建筑工程一切险和安装工程一切险的投保。发包商和承包人的保险义务如下：

①桥梁工程开工前，发包商应当为桥梁工程和施工场地内发包商人员及第三方人员生命财产办理保险并承担保险费用。发包商也可委托承包人办理。

②承包人必须为从事危险作业的工作人员办理意外伤害保险，并为施工场地内自由人员的生命和施工机械设备办理保险，承担其保险费用。

③运至施工现场用于桥梁施工的材料和待安装设备，均由发包商(可委托承包人)为其办理保险，承担保险费用。

④一旦意外事故发生，双方应尽其所能采取必要的抢救措施，尽可能避免或减少损失。

(3)担保(《施工合同示范文本》第 41 条)

在桥梁施工合同中，一般是由信誉较好的第三方(如银行)出具保函的方式担保施工合同当事人履行合同。担保的内容、方式和相关责任，发包商和承包人除在专用条款中约定外，被担保方和担保方还应签订担保合同，作为施工合同的附件。提供担保后，对承包人履行合同的约束力增加了。若承包人违反合同约定，发包商可要求银行支付保函中承诺的保证金，银行有向承包人要求赔偿的权利。当合同顺利履行后，履约担保将被退回。

3. 违约责任的管理

由于发包商没能按合同约定支付价款或工程师不能及时给出必要的指令、确认，从而致使合同无法履行时，应由发包商承担违约责任，支付因违约给承包人带来的直接损失，所延误的工期相应顺延。合同专用条款中应包括发包商赔偿承包人损失的计算方法。

承包人无法按合同约定工期竣工，或桥梁工程质量达不到合同约定的质量标准，或由于承包人单方面原因致使合同无法履行，承包人承担违约责任，支付其违约给发包商带来的损失。合同专用条款中也应包括承包人赔偿发包商损失的计算方法。

4. 施工合同的计价形式和价款确定

我国颁布的《建筑工程施工发包与承包计价办法》规定，合同价可采用固定价、可调价和成本加酬金三种方式。

(1)固定价

固定价，是指合同总价或单价，在合同约定的风险范围内不可调整，实施期间不因资源价格等因素的变化而调整的价格。

①固定总价。固定总价合同的价格计算是以设计图纸、工程量及规范等为依据，发承包双方就承包工程协商一个固定的总价，即承包人按投标时发包商接受的合同价格实施工程，一笔包死，无特定情况不做变化。采用这种合同，合同总价只有在设计和工程范围发生变更的情况下才能做相应的变更。采用固定总价合同，承包人要承担合同履行过程中的主要风险。在合同履行过程中，发包商和承包人均不能以工程量、机械设备和材料价格等变动作为理由，提出

对施工合同总价调值的要求。因此，承包人可能要为诸多不可预见的因素付出代价，致使这种合同的投标价可能较高。固定总价合同一般适用于以下情况：

a.招标时设计深度已达施工图设计要求，工程设计图纸完整齐全，在履行合同期间不会出现较大的设计变更；

b.合同工期较短，一般是在一年之内工程，如旧桥加固工程；

c.规模较小，技术要求不太高的小型桥梁工程。承包方一般在报价时可以合理地预见到实施过程中可能遇到的各种风险。

②固定单价。固定单价又可分为估计工程量单价和纯单价。

(2)可调价

可调价，是指合同总价或单价在合同履行期内，可按合同约定随工程量、材料价格等因素的变化，对合同总价或单价进行调整。

(3)成本加酬金

成本加酬金合同是将工程项目的实际投资划分为直接成本费用和承包人完成工程后应得酬金两部分。成本加酬金合同又可分为以下几种：

①成本加固定百分比酬金。成本加固定百分比酬金合同，是指工程实际成本由发包商实报实销，同时发包商须按照实际成本的固定百分比付给承包人酬金。工程量总价表达式为：

$$C=C_d+C_dP \tag{15-1}$$

式中：C——合同价；

C_d——工程实际发生的成本；

P——合同双方约定的酬金固定百分比。

这种合同计价方式，付给承包人的酬金随工程成本增加而增加，不利于承包人降低成本，正是这种弊病的存在，目前桥梁工程中已经很少采用。

②成本加固定金额酬金。成本加固定金额酬金合同与成本加固定百分比酬金合同类似，酬金一般也是按估算工程成本的一定百分比确定，不同之处在于在成本上所增加的费用是一笔固定金额的酬金。工程量总价表达式为：

$$C=C_d+F \tag{15-2}$$

式中：F——合同双方约定的酬金具体数额。

其他符号意义同上。

这种合同计价方式，虽然也不利于承包人降低成本，但从尽快获得全部酬金减少管理投入出发，会有利于缩短桥梁工程的工期。

③成本加奖罚。成本加奖罚合同，是指在签订合同时双方事先约定该工程的预期成本以及实际发生成本与预期成本差异的奖罚计算方法。工程量总价表达式为：

$$C=C_d+F \quad (C_d=C_o) \tag{15-3}$$

$$C=C_d+F+\Delta F(C_d<C_o) \tag{15-4}$$

$$C=C_d+F-\Delta F(C_d>C_o) \tag{15-5}$$

式中：C_o——签订合同时双方约定的预期成本；

ΔF——奖罚金额。

其他符号意义同上。

这种合同计价方式，可以促使承包人极力降低成本，缩短工期，而且目标成本可随设计的进展加以调整，发承包双方都不会承担太大的风险。在桥梁工程施工合同中应用较广泛。

④最高限额成本加固定最大金额。最高限额成本加固定最大金额合同，首先须确定最高限额成本、报价成本和最低成本。如果实际成本没有超过最低成本时，承包人发生的成本费用和应得酬金都能保证，并与发包商分享节约额；如果实际成本在最低成本和报价成本之间，此时只能保证承包人的成本费用和酬金；如果实际成本超过最高限额成本，发包商不予承担超过部分金额。

(4)影响合同计价方式选择的因素

①桥梁工程项目的复杂程度。新建桥梁工程一般规模大且技术复杂，承包风险大，各项费用不易估算准确，不宜采用固定总价合同，可采用单价合同或成本加酬金合同，或者有把握的部分采用固定总价合同，估算不准的部分采用单价合同或成本加酬金合同。有时，在同一工程中采用不同的合同形式，是发包商和承包人合理分担工程实施中不确定风险因素的有效办法。

②桥梁工程设计工作的深度。桥梁工程招标时所依据的设计深度经常是选择合同计价方式时应主要考虑的因素。

③桥梁工程施工的难易程度。我国目前新建的一些桥梁工程，较大部分采用了新技术新工艺，发包商和承包人对此都没有经验，且国家颁布的标准、规定和定额中都没有涉及此方面，不宜采用固定总价合同，较为保险的做法是采用成本加酬金合同。

④桥梁工程进度要求的紧迫程度。在招标过程中，对一些紧急或抢险工程，由于没有施工图纸，只有实施方案，此时采用成本加酬金合同较为合理。

5. 解除桥梁施工合同的管理

桥梁施工合同签订后，当事人应尽其所能履行合同。但在一定的特定环境下，当事人也可以解除合同。

(1)可解除合同的情况

①双方协商解除合同。

②发生不可抗力解除合同。

③当事人违约时解除合同。

(2)合同一方主张解除合同

合同一方主张解除合同，应向对方发出解除合同的书面通知，并在发出通知的前7d告知对方，通知到达对方时合同解除。对解除合同有争议，按照解除合同争议程序处理。

(3)合同解除后的处理

合同解除后，合同双方约定的结算和清理条款仍旧有效。承包人应当按照发包商要求妥善做好已完工程和已购材料、设备的保护和移交工作，将自有施工机械和人员撤离施工场地。发包商应为承包人的撤出提供必要条件，支付以上所发生的费用，并按合同约定支付已完工程的工程款。已订货的材料和设备由订货方负责退款或解除订货合同，订货、解除订货合同所发生的费用和不能退还的货款，均由发包商承担。

第六节　桥梁施工的安全管理

一、桥梁施工的安全管理概述

桥梁施工的安全管理是指桥梁工程在实施过程中，组织安全生产的全部管理活动。通过对生产因素进行具体的状态控制，使生产过程中不安全的行为和因素减少或消除，避免引发事故，尤其是避免引发人身伤害事故的发生。

近年来，党中央、国务院对安全生产工作高度重视，相继出台了《建筑法》、《安全生产法》、《建设工程安全生产管理条例》以及《安全生产许可证条例》等法律法规，对于促进我国桥梁工程施工安全管理工作起到了有力的推动作用。桥梁施工安全生产基本上走上了有法可依、有章可循的轨道，施工的安全管理水平有了大幅度提高，安全管理状况得到了很大程度改善，大大减少了各类安全事故的发生。但是，由于种种原因，我们对桥梁工程的安全形势也不能过分乐观，桥梁工程重特大事故仍时有发生，给国家造成了严重的经济损失。目前，我国正在构建和谐社会，做好建筑施工安全管理工作是十分必要的。

二、桥梁施工的安全管理规定

施工单位必须按国家规定建立健全各级安全管理机构和设立专职安全检查人员。桥梁工程开工前，施工企业必须详细核对设计文件，根据施工现场的水文、地质及气象等资料，在编制施工组织设计的同时，制订相应的安全技术措施。施工现场必须设置足够的消防设备，施工人员熟悉消防设备的性能和使用方法。参加施工的人员必须接受安全技术教育，熟悉安全技术操作规程，定期接受考核，合格者方能上岗操作。从事特殊工种的施工人员，应参加专门培训，获合格证书后方能上岗。操作人员上岗前，必须按规定穿戴防护用品，施工负责人和安全检查人员应随时检查劳动防护用品的穿戴情况，不按规定穿戴防护用品的人员不准上岗。施工所用的机械设备和劳动保护用品，应定期进行检查，以保证其经常处于完好状态，不合格的机械设备和劳动保护用品严禁使用。重要的安全设施必须执行与桥梁工程主体“三同时”的原则，即同时设计、审批，同时施工，同时验收、投入使用。

三、桥梁施工准备阶段的安全管理

1. 施工现场

施工现场应具备文明生产、文明施工的条件，并符合防洪、防火等安全要求，以保证生产顺利进行，方便职工生活。施工现场的临时设施，应选在水文地质良好的地段。施工场地内的各种运输道路、生产生活房屋、易燃易爆仓库、材料堆放处、动力通信线路及其他临时设施，应按照有关安全规定合理布置，并应符合防火、防洪、防汛、防爆、防震要求。施工现场还应设置安全标志。易燃易爆仓库发电机房变电所须采取必要的安全防护措施，严禁采用易燃材料修建。炸药库的设置必须符合国家有关安全规定，并且要有专人看护。施工现场较高的建筑物临时设施及重要库房需安装避雷装置。

2. 施工测量

在密林草丛间进行施工测量时，应遵守护林防火规定，严禁烟火，并预防有害动植物伤人。在陡坡及危险地段测量时应系安全带，戴安全帽，穿软底轻便鞋。在交通繁忙的道路上测量时，必须有专人警戒，防止交通事故。在高压线附近作业时，必须保持足够距离。

3. 施工机械设备

设备操作人员必须持证上岗，具有较高的设备操作技能。在工作中不得擅自离开工作岗位，不得操作与操作证不相符的机械设备，不得将机械设备交予无本机械操作证的人员操作，必须严格执行作业前的检查制度和作业后的检查保养制度，并在作业过程中密切观察现场情况，防止人为疏忽引发事故。机械驾驶室或操作室禁止存放易燃易爆物品，严禁酒后操作机械设备及机械设备带故障或超负荷运转。机械设备在施工现场停放时，应选择安全的停放地点，并按有关规定做好安全防范工作。

四、桥梁施工的安全管理

1. 安全生产责任制的落实

层层建立健全桥梁施工安全生产责任制，明确安全管理人员及其职责，明确参与桥梁施工的有关单位，总包与分包单位以及有关人员的安全生产责任，建立安全生产管理的资料档案。实行安全岗位责任与经济利益挂钩，实施规范化管理，保证施工安全生产的有效实施。

2. 桥梁施工现场的环境管理

桥梁工程庞大复杂，人员设备比较多，施工现场环境的好坏是影响安全生产的重要因素，创造一个良好的施工环境是安全管理的必备条件。在严寒、高温等安全事故发生频率较高的季节以及高空作业时，我们要充分做好安全措施，使施工人员的生命得到保障。桥梁施工环境要采用合理的色彩，使施工人员在施工过程中减轻眼睛疲劳。同时，还要减少噪声粉尘等对施工人员的不利影响。

3. 施工企业的安全管理

桥梁施工企业是桥梁工程安全生产的责任主体。树立“以人为本，安全第一”的思想，保障劳动者在生产过程中的安全与健康，防止伤亡事故的发生，既是施工企业的神圣责任，也是施工企业安全生产的需要。施工企业应时刻在“安全第一”的思想指导下去提高施工质量，创造社会和经济利益，实现安全施工、文明施工。

(1)制定目标，签订责任状

目标管理是一种先进的科学管理方法，安全生产通过对事故控制指标，直观地衡量、检查、考核安全生产工作的好坏。为了使得责任部门的安全工作有针对性，有目的性，桥梁施工企业每年应对控制指标层层分解到各级责任部门，并签订责任状，明确责任部门的安全目标及所需承担的安全责任，贯彻“谁主管，谁负责”的原则，做到职责明确，责任到人，同时实施必要的考核。

(2)安全宣传工作

安全宣传对于顺利实现安全施工起着非常重要的作用，它是桥梁施工企业宣传的重要内容之一，做好安全宣传是施工企业的责任和义务。通过安全宣传，让施工人员对整个工程的安全理念、规章制度耳熟能详、牢记于心，让安全生产成为自觉行为，尤其是对刚入场或入场不久的农民工，更要让其知道安全法规和安全防范具体措施，牢固树立珍视生命的观点。企业安全宣传教育要跳出就安全宣传安全的旧框框，要借助安全文化特有的影响力、渗透力、扩张力，通过强有力的宣传，引导施工人员逐渐转变观念，树立起正确的安全观，使安全生产管理获得广泛的群众基础和丰富的文化内涵。

(3)预防和控制农民工伤亡事故的高发现象

①依法加强对建筑安全生产的管理，建立健全安全生产责任制，明确农民工在安全生产方面的权利、责任和义务。

②加强宣传工作，在农民工中开展安全生产法律、法规及安全常识的普及工作，增强农民工的安全意识和自我保护意识。

③对新招雇的农民工要进行三级安全教育和岗前教育，未经培训教育合格的，一律不得上岗。特别是特殊工种，一定要经劳动部门培训合格后方可持证上岗。

④不要随意调用农民工从事危险的作业，调换工种时必须先进行新岗位的安全教育。

⑤根据国家和行业的安全技术规范和标准组织施工，针对施工现场可能发生的事故制定

预防措施，设置有效的安全防护装置，确保农民工施工的安全。

⑥现场管理人员要在工作上、生活上关心农民工，安全管理与安全防护用品发放等方面，应同其他工人享有同等待遇。

⑦组织农民工学文化，学技术，增强他们的安全意识和自我防护能力。

⑧建立一套完善的农民工管理制度。

(4)做好安全交底，安全教育工作，统一施工安全资料标准

施工前，进行安全技术措施的交底是施工企业的一项必须工作，它的目标是使广大员工都知道，在什么时候、什么作业应当采取哪些措施，并说明其重要性。桥梁工程每个单项工程开始前，实行逐级安全技术交底制，开工前由技术负责人向全体员工进行交底，两个以上施工队或工种配合施工时，要按工程进度交叉作业的交底，班组长每天要向工人进行施工要求、作业环境的安全交底，在下达施工任务时，必须填写安全技术交底卡。安全技术交底必须以书面形式进行，交底应双方签字认可。开展安全教育，旨在使党和国家安全生产方针政策深入人心，增强全体职工的安全法制观念，提高安全技能，预防安全事故，保障企业安全，推动企业发展，是企业管理者不可推卸的责任。

安全教育主要包括：安全生产思想、知识、技能三方面的教育。安全技术操作规程是安全教育的主要内容。同时还包括有：事故教育、安全法制教育、新工人的三级教育、施工人员的进场教育、节假日前后的教育等经常性的安全教育。全面开展学习《安全生产法》、《建设工程安全生产管理条例》等建筑施工安全生产规范和有关文件，统一标准，强化标准，时刻加强安全教育，增强各方安全意识，并贯彻落实到每一个施工现场，让每一个人都学安全、懂安全、守安全，切实提高桥梁施工一线人员的安全生产意识和自我防护能力，从而制止和消除违章指挥、违章作业和违反劳动纪律的不安全行为，保障工程建设安全顺利实施。

(5)做好安全检查和跟踪处理工作

企业坚持“安全第一，预防为主”的方针，定期或不定期到施工现场进行安全检查。在检查中，始终坚持“认真”二字，对施工现场检查发现的事故隐患，决不放过，对每次整改都一定要有复查，回复。同时定期或不定期召开安全生产例会，研究分析生产中出现的安全问题，把“分析结果”变为“分析原因”，把“事故后处理”变为“事故前预防”，由“纠正型”、“治理型”变为“预防型”和“强化型”。

(6)做好安全工作的持续改进

施工企业应将日常工作遇到的问题一一记录在案，并将记录的内容定期分析，定期汇总总结。同时通过多种渠道与广大员工进行广泛、有效的宣传和沟通，如开展“安全生产月咨询日”、“安全热线”等多种形式实现与广大员工互动，引导全员参与，了解员工的实际需要和解决实际问题，亦可从侧面了解实际工作中存在的问题，使企业形成浓厚的舆论氛围，使员工在参与中逐渐由了解到认知，由认知到认同，由认同到成为自觉的行为。最终达到让员工潜移默化地接受新的安全价值观，并逐渐用以指导自己的行动。

(7)加大施工企业安全生产科技进步的投入

依靠先进科学技术来保障安全施工，加大施工企业安全生产科技进步的投入，结合安全生产实际，大力推广安全适用、先进可靠的生产工艺和技术装备，及时淘汰落后的生产工艺和设备。发展信息网络建设，建立施工安全生产及文明施工不良行为公布制度和档案库。同时，以规章制度为基础、以科技进步为动力，全面提高施工企业安全生产能力和水平。

根据以上实施步骤，列出桥梁施工企业安全生产管理控制步骤图，如图 15-2 所示。

4. 监理的安全管理

安全事故发生前的管理是主动管理，事故发生后的管理是被动管理。在安全管理中应变被动为主动，通过预防和检查杜绝安全事故的发生。监理在整个桥梁施工过程中应优先采取“事前预防，事中控制，事后检查”的主动管理方法。监理单位内部首先要建立完善的安全管理体系，制定相应的规章制度并分工明确、责任落实到个人。并按照国家的法令、法规及合同的约定，检查、督促承包单位按照现代安全管理体系的结构特征，建立职业安全卫生管理体系和完善的质量保证体系，设立安全生产领导机构，由专人负责，实现责任到生产班组长一级，并制定完善的安全管理制度。

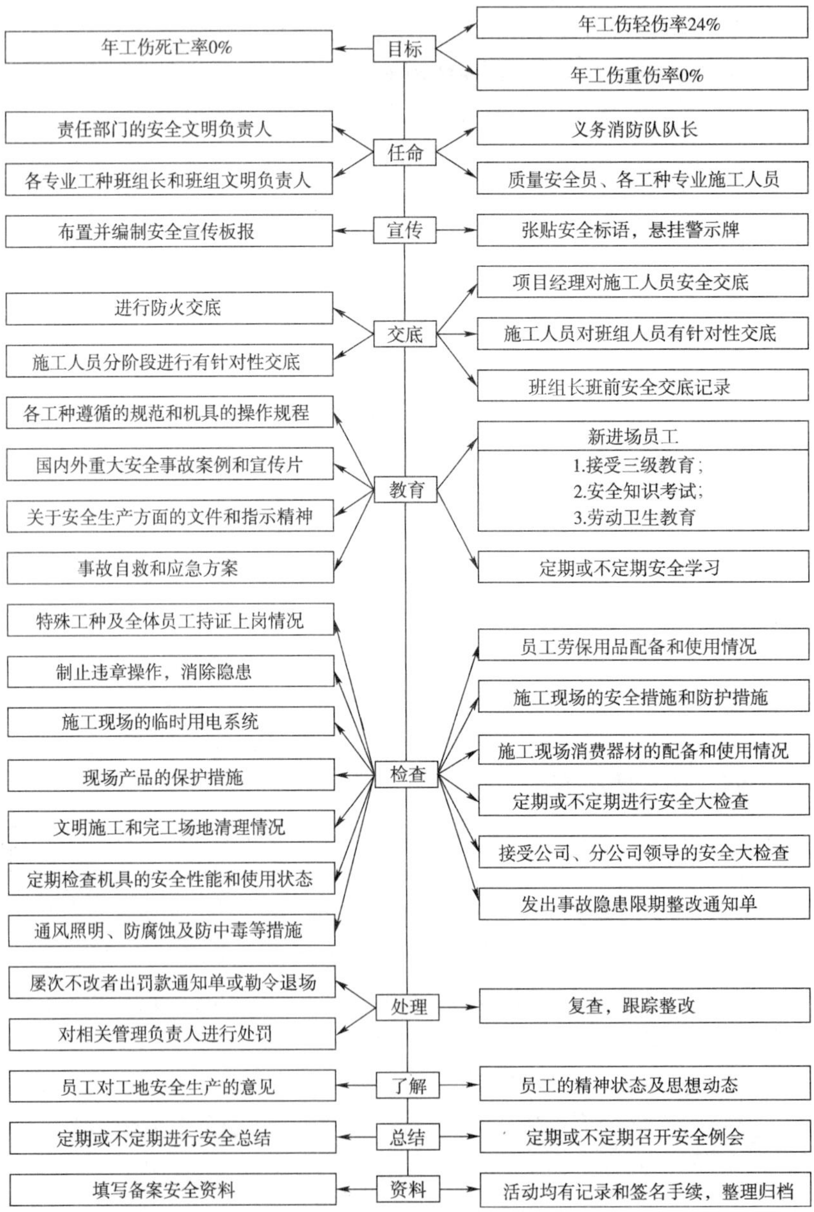

图 15-2　施工企业安全生产管理控制图

在安全管理中，人的因素是关键，从管理者到现场施工人员只有树立强烈的安全意识，才能保证安全管理工作顺利展开。在施工过程中，监理应根据桥梁工程的特点、难点对每一道工序、每一个施工环节认真研究，找出易发生安全事故的部位或工序，对可能出现的问题要求承包单位做好相应的应急措施。此外，落实措施必须分工明确、具体到人。在实施过程中对进场的原材料、仪器设备进行检验、检查，对中间产品进行抽查。检查特殊工种人员持证情况，严格要求持证上岗，要求承包单位建立完善的质量保证体系，加强人员培训。在“三检”合格的基础上严格工序验收制度，把好质量关，确保工程质量达到工程安全。同时还要建立和保持危害辨识、危险评价及必要控制措施的实施程序。为了便于实施有效的管理，发挥各岗位人员的作用，职责和权限必须予以界定并以文件传达。在生产过程中进行定期和不定期的检查并对检查中出现的安全隐患制定出纠正措施并限期进行整改。有了现代安全管理体系后还应对生产系统本质危险进行分析，在此基础上做出管理评审以提高人员的安全素质。对多次违规、违章的人员进行处理，以确保安全管理体系持续有效地运行，实现安全生产。

5. 安全监督

安全生产监督不到位是施工安全事故发生的主要原因，要加大对建筑施工现场的监督管理力度。要积极理顺建筑市场管理体制。各级建设行政主管部门要认真履行法定监管职责，切实采取有效措施，加大监管力度，要依法规范建筑市场，严格法定建设程序，严肃查处挂靠、转包和违法分包以及违反法定建设程序的市场行为，对相关责任单位和责任人要给予严肃处理。同时，监理人员要加强施工现场的巡视，对施工中违反有关安全生产方面的法律和法规，存在不规范的施工安全行为，存在重大安全隐患的施工单位，要责令限期整改或停工整顿。

第七节　桥梁施工的信息管理

当今社会中，信息在生产生活方面发挥的作用越来越大，每一个企业、每一项管理活动，都要涉及各种信息处理工作。信息管理是对信息的收集、整理、处理、储存、传递和应用等一系列工作的总称，即把信息作为管理对象进行管理。信息管理的目的是根据信息的特点，有计划地组织信息沟通，以保证决策者能及时准确获得相应的信息。为了达到信息管理的目的，就要把握信息管理的各个环节，使其构成信息管理系统。

一、桥梁工程项目管理信息的特点及表现形式

1. 桥梁项目管理信息的特点

桥梁项目管理信息的特点主要有信息量大、信息系统性强、信息传递中障碍多、信息存在滞后现象。

2. 信息的表现形式

(1)书面材料

包括图纸、说明书、工作条例、规定、施工组织设计、情况报表、谈话记录、原始记录、报表、信件等提供的信息。

(2)个别谈话

包括口头分配任务、做指示、汇报、工作检查、建议、批评、介绍情况、谈判交涉等产生的信息。

(3)集体口头形式

包括讨论研究、会议、培训班、特殊任务的工作机构、检查组、工作队等产生的信息。

(4)技术形式

包括广播、电话、电报、电视、互联网、录像、录音、展览、板报等产生的信息。

二、桥梁施工的信息流及管理信息系统的构成

1. 信息流

为了进行建筑工程项目管理，必须使信息在项目组织内部及该组织与环境之间进行流动，称为“信息流”。从信息流的角度对工程项目管理信息进行观察，主要有以下内容：

(1)自上而下流动的信息

自上而下流动的信息是上级向下级传递的信息，是由项目经理开始，流向项目管理工作部门及人员，乃至工人班组的信息，或在分级管理时，每一个中间层次的机构向其下级逐级流动的信息，即信息源在上，接受信息者为其直接下属。这些信息主要是管理目标、命令、工作条例、办法及规定、业务指导意见等。

(2)自下而上流动的信息

自下而上的信息是指由下级向上级传递的信息，即信息源在下，接受信息者在上。通常是基层工作人员的工作情况和一些值得引起上级注意的情况、意见或上级因决策指挥需要下级提供资料和情况以及施工管理中有关目标的完成量、进度、成本、质量、安全、消耗、效率情况等。

(3)横向流动的信息

横向流动的信息是指项目管理工作机构中，为了共同实现工程建设目标，同一层次的工作部门或工作人员之间相互提供或接受的信息。这种信息一般是由于分工不同而产生的，但为了共同的目标又需要相互协作而互通有无或相互补充，以及任务特殊、紧急情况下，为了节省信息流动时间而需要横向提供的信息。

(4)以综合部门为集散中心的信息

综合部门为项目经理决策做准备，既需要大量信息，又可作为有关信息的提供者。它是汇总信息、分析信息、分发信息的部门。辅助工作部门进行规划、任务检查，对有关的专业技术问题进行分析。因此各工作部门不仅要向上级汇报，而且应当将信息传递给综合部门。

(5)项目管理部门与环境之间进行流动的信息

项目管理部门为了满足自身项目管理的需要以及与环境的协作要求，与自己的企业领导、建设单位、设计单位、供应单位、建设银行、监理单位、质量监督部门、有关国家管理部门和业务部门之间，要根据不同情况的需要进行信息交流，或按国家规定的要求相互提供信息。因此，项目经理对这种信息应给予充分重视，它涉及信誉、竞争、守法和经济效益等多方面的重大原则问题。

2. 桥梁施工的管理信息系统构成

施工项目管理信息系统的构成，可以根据计划、决策、执行、检查的动态管理过程来建立模型。通过检查得到的信息，并对其进行加工处理，综合分析，然后反馈给计划与决策部门，再次进行计划与决策。与此同时，每一个计划(或决策)过程的本身，也构成了一个信息收集、处理、分析与反馈的过程。图 15-3 表示了这样一个双重循环的动态管理信息系统。对于作为管理对象的桥梁施工项目，其中每一个计划，每一个决策，每一个执行与每一个检查，都提供了信息，并且必须把这些信息传递给下一个管理环节。同时，也需把这些信息传递给信息收集者，加以分类、编码，形成各种按分类原则划分的信息子系统。如桥梁进度信息子系统、成本信息子系统等，然后经过信息处理，存入数据库。

此外，每一个管理计划或管理决策的进行，不但需要前一环节的有关信息，而且需要其他外部信息。如进行计划时，就需要掌握当地的水文、地质、供电、交通运输、环境保护等各种外部资料，还需要过去与当前经过分析的信息，了解以前的情况，吸取其他桥梁施工项目中的经验等等。这就需要把以前存储起来的有关信息检索出来，给予分析整理，反馈给管理环节。如此循环往复，便构成了桥梁施工项目信息管理的动态循环过程。

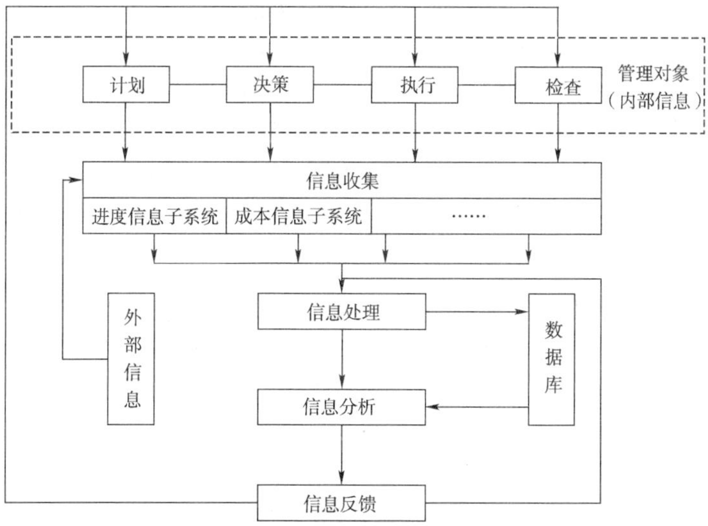

图 15-3　信息管理动态循环图

桥梁施工项目管理信息系统的构成大致有下列三个步骤：

(1)建立各信息子系统。如桥梁工程进度信息子系统、成本信息子系统等。

(2)在各信息管理子系统中，首先按管理过程(计划、决策、执行、检查)，来划分和组织信息，然后按信息管理过程(收集、处理、分析、反馈)，来确定信息流程与传递方式等。在建立各信息管理子系统的过程中，检查与信息反馈是关键。因此，建立有效的检查制度以获取信息以及设计正确可靠的信息反馈路线以传递信息是至关重要的。

此外，在桥梁施工项目信息处理过程中，除了要建立新的实际完成数据，而且还要对原有数据进行修改或删除。在信息分析过程中，不但要统计实际施工指标，而且需输出各相应的定额指标与计划指标，并指出两者之间的偏差。然后再把其分析结果信息输送给计划或决策部门以便重新计划或决策。如此循环往复，直至工程结束。

(3)综合各信息管理子系统，建立施工项目管理信息系统。在这一过程中，为了使子系统与总系统相协调，首先应统一各子系统的编码。然后进行总系统与各子系统以及子系统与子系统之间的接口设计，并统一各子系统的信息输入输出形式以及信息处理方法。

施工项目的信息处理过程，实际上是施工项目管理与实施的过程，施工项目信息系统是在动态中反映施工项目实施的过程，施工项目的不断变化，其管理信息系统也应相应变化，此外，外界信息的变化也将造成信息系统的变化。

三、桥梁施工管理信息系统的信息处理

1. 信息收集

信息的可靠度很大程度取决于原始信息的收集是否真实、完整与及时。因此原始信息的

收集是信息处理中一项十分重要的环节。桥梁施工过程往往较复杂，因而信息的来源也较复杂，收集信息必须经过认真的筛选。一般情况下收集信息应同时考虑以下因素。

(1)信息需要的频数。一个桥梁施工项目有成千上万的信息，不需要也不可能将所有的信息收集起来，只能收集经常使用的信息。

(2)信息的重要程度。即如果不传递该信息是否会造成桥梁施工与管理的困难，以及有多大的困难，此外还应考虑造成施工与管理困难的涉及面的大小。

(3)信息收集的费用与时间。只有当信息符合经济性时才会成为收集的对象，因此在决定是否收集某个信息，除考虑该信息的重要性外，还必须考虑其效益与成本之比，当该比率大于1时，才会将其作为对象来收集。然而，在实际桥梁施工与管理中，很难确定某个信息的收集所带来的效益有多大。不过我们可以通过一类信息，或一个信息管理子系统的效益成本之比进行判断。同样，信息的收集也必须符合及时性，那些需要花费大量时间才能收集到的信息一般是不可取的。

(4)信息收集的形式与路线。信息收集的形式与路线等要将所要花费的费用、时间考虑进去。无论采用哪种收集形式必须同时照顾到经济性与及时性，不能一味追求计算机化。

2. 信息加工

信息的加工是将收集到的数据进行逻辑的或算术的运算。它是信息处理的基本内容。根据数据处理问题的性质和实际状况不同，数据处理作业项目和步骤也不同，但基本有下列几种处理。

(1)变换信息形式，即信息输入或输出载体转换的处理。

(2)信息排序，即根据项目中包含和指定的序号，将信息数据或文件整理成逻辑序列的处理。

(3)信息核对，是将两个数据或文件的有关内容进行核对的处理。

(4)信息合并，是将两个以上文件中的同类数据合并在一个文件内的处理。

(5)信息更新，是对原数据或文件进行添加、删除和修改的处理。在项目实施过程中，数据的更改是不可避免的。

(6)信息选择，即在原文件中将有关数据取出作为新文件数据的处理。

(7)信息分筛，即将数据文件按分筛条件分成两个以上文件的处理。

(8)信息生成，即将不同性质的文件组合在一起产生所需要的新文件的处理。

3. 信息传输

信息的传输形成了桥梁施工的信息流。施工过程中信息传输的形式有多种多样，与经济、时间有关。主要有以下几个方面：

(1)向上级传递的信息。对于上级来说，过多的信息无异于是一种负担。所以这类信息一定要简洁明了，必须是概括的、综合性的与总结性的。也就是，向上传递信息必须考虑信息量的问题，必须符合信息浓缩化原则。

(2)向下级传递的信息。这类信息必须是逐步扩大化、详细化。必须让下级了解任务的确切内容、任务的目的以及任务的完成手段与条件。对于同等级部门，就是一个横向信息传递问题。这类信息有时需要双边关系，有时需要多边关系，有时只收不发，有时需要反馈。一般来说，在一个桥梁施工项目中，往往较缺乏横向信息。因而，横向信息的传输是信息流设计的主要内容。

4. 信息存储

经处理后的信息，有的并非立即就要使用，有的信息虽属立即就要使用，但还要作为今后的参考。因此，就涉及到了信息的存储。信息存储涉及两个基本问题：存储形式和存储技术。存储形式有图表、文字、卡片及磁盘等；存储技术与信息分类、编码及检索有较大关系。

5. 信息检索

信息的检索就是查找需要的存储信息。要在大量的存储信息中迅速方便地查到目标，就需设计一套科学的检索方法。

图 15-4 列出了一个施工过程中材料供应信息系统的信息处理过程。从图中可见，它由下列几个过程组成：

(1)材料、构件的分类与编目过程。

(2)材料、构件的计划、订货、购买、消耗与库存的信息处理过程。

(3)材料、构件实际需要与供应过程。

(4)计划与实际需要不断修正的过程。

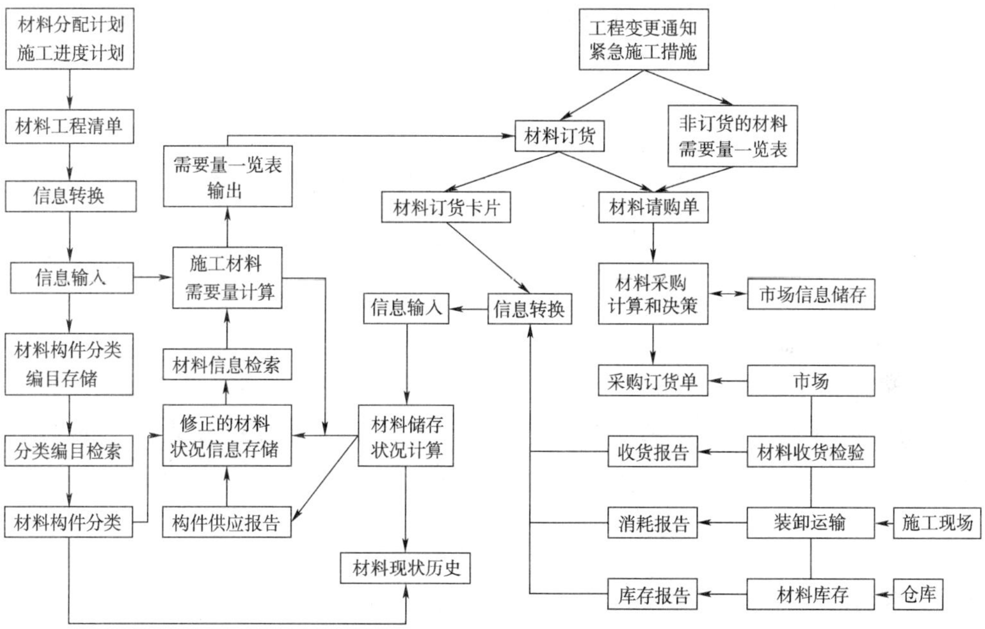

图 15-4　桥梁施工材料供应信息流程图

由图中可见，无论是信息的存储还是传输，都必须同时考虑及时、准确、适用和经济等要求。由于信息处理在桥梁施工过程中涉及面广，信息量大，并且关系复杂，所以不能盲目追求机械化、自动化，必须对信息处理的方法和技术手段进行全面的技术经济分析。

四、桥梁施工管理信息系统的自动化管理

信息系统的自动化管理就是利用计算机进行数据处理，并为施工人员提供决策用的信息，实现对施工过程的全面管理。其系统的实质是人机过程。

1. 信息系统自动化管理的阶段

在施工管理中，要达到信息管理自动化，必须经过逐步发展，一般可分为下列三个阶段：

(1)单项数据处理阶段

这一阶段计算机的效用并没有充分发挥出来,优越性不十分明显。此时主要应用计算机处理一些事务性工作,如计算进度表、材料统计等。而原始数据的收集往往还需手工操作,计算机只是局部地代替了施工人员的手工管理信息方式,使部分管理工作的效率有所提高。尽管计算机的效率未能充分发挥,但此阶段可使施工管理人员初步接触计算机与数据处理方法,为计算机的进一步应用打下基础。

(2)建立信息管理子系统阶段

在具备了一定的数据处理经验后,就可以逐步建立信息管理的子系统,并应用计算机来进行处理,如进度控制子系统、成本控制子系统等。这一阶段计算机也应从PC机过渡到多用户共享资源,形成联机系统。这样既能保证各种施工信息由主机集中处理,又能为各个施工部门或人员提供信息。

(3)信息管理的系统处理阶段

此阶段应用计算机把施工过程中的数据,全面收集存储起来,建立数据库,从而向各个施工环节或职能部门提供数据资料。目前在国内外,施工管理中还不能完全实现自动化,不能全面地提供所需信息。即便在一些发达国家,大多数施工场合,计算机也只是提供部分必要的信息或不同的方案,各级施工管理人员进行决策还是非常必要的。

2. 实现信息系统的自动化管理的基础工作

(1)施工企业组织结构的合理化

明确各个工作部门人员之间的权责利关系,建立层次清楚、线路明确的命令系统。

(2)工作流程的程序化与标准化

编制各项施工管理工作的流程图,明确各项工作执行的先后顺序。尤其要注意各项工作之间的搭接关系,既不可重叠,也不能间断。

(3)建立专业队伍

为了有效地应用计算机,必须有一支专业队伍,包括统计分析人员、程序设计人员、计算机操作人员、硬件和软件系统的维修人员。由于这些新的专业人员配备的要求,企业内部一部分人员,需从原来工作岗位转移到计算机部门,接受计算机培训,从而使企业内部的人员结构发生一些变化。为此必须做好人员的计划、选择与培训工作。

(4)建立合理的管理信息系统

建立合理的信息管理系统,必须注意以下三个方面的内容:

①设想要求与实际可能性之间的协调。在设想引进计算机处理时,必须充分估计现场的施工管理状况,并计划目前在哪些方面可以实行计算机管理。工作量多大,机器的配备如何,资金是否有保证以及人员素质等问题,必须作全面分析。

②总系统与子系统的协调。各个子系统在数据资源、信息编码及各种输入输出信息的格式等的统一上,都必须与总系统协调一致。在建立各信息子系统时,一方面应具有自己明确的分目标,同时又要服从整个信息管理系统总体目标的要求。

③新旧信息处理系统之间的协调。计算机信息管理系统一般都是在现行的手工信息管理系统基础上建立起来的。因此,必须充分利用旧系统,并处理好交替衔接问题,否则会造成交替过程中的业务中断或徒劳重复。

(5)配套的硬件设备

根据系统设计提出的目标,要有阶段地考虑设备的配置问题。既要防止先购设备后考虑应用的求全做法，又要克服不顾今后网络联机的发展，一户一机、各自为政的盲目做法，以避免造成资源的浪费。

思 考 题

1. 简述桥梁施工进度管理的内容。
2. 简述影响桥梁施工进度的因素和产生的原因。
3. 如何进行桥梁工程施工进度的调整？
4. 简述桥梁质量管理的含义。
5. 桥梁质量管理的基本要求是什么？
6. 简述桥梁工程成本分类。
7. 桥梁工程成本控制分哪些阶段？
8. 桥梁项目成本分析有哪几种？主要分析内容是什么？
9. 简述总分包合同签订后，总包单位和分包单位的主要职责。
10. 不可抗力发生后，承包单位与发包单位的主要职责是什么？
11. 桥梁施工合同的计价形式有哪几种？
12. 桥梁施工准备阶段的安全管理工作具体在哪几个方面？有哪些具体要求？
13. 如何预防和控制农民工伤亡事故的高发现象？
14. 收集桥梁施工信息时应考虑哪些主要因素？
15. 如何实现桥梁施工管理信息系统的自动化管理？

第十六章　桥梁工程施工实例

第一节　梁式桥施工实例

一、衡阳蒸水大桥

衡阳蒸水大桥全长675m，宽29m，由中间间隔0.5m的两幅独立的桥梁组成。桥梁自北向南跨径为：20m×17PC空心板梁+(35+40×4+35m)PC箱形连续梁+20m×5PC空心板梁，南北两端分别设2%和1%的纵坡，中间由半径$R=12\ 000$m，$T=180$m，$E=1.35$的竖曲线连接。

该桥主跨6孔PC箱形连续梁均为单箱单室三向PC结构，断面尺寸为顶、底板厚22 cm，腹板厚30cm，底板宽700cm，顶板宽1 425cm，顶板悬臂长362.5cm，箱梁中心高度250cm，每联PC箱梁浇筑C40混凝土1 590m^3，钢筋用量212t。采取现场分联分段预制、逐段多点顶推，先上游、后下游的方法进行施工。每联PC箱形连续梁长229.6 m，分13个节段预制。其中前12个节段混凝土梁体采取在制梁台座上预制后顶推就位，最后一节梁段(第13节段)为纵向就地灌注，然后全联起落就位。全桥各梁段顶推示意见图16-1。

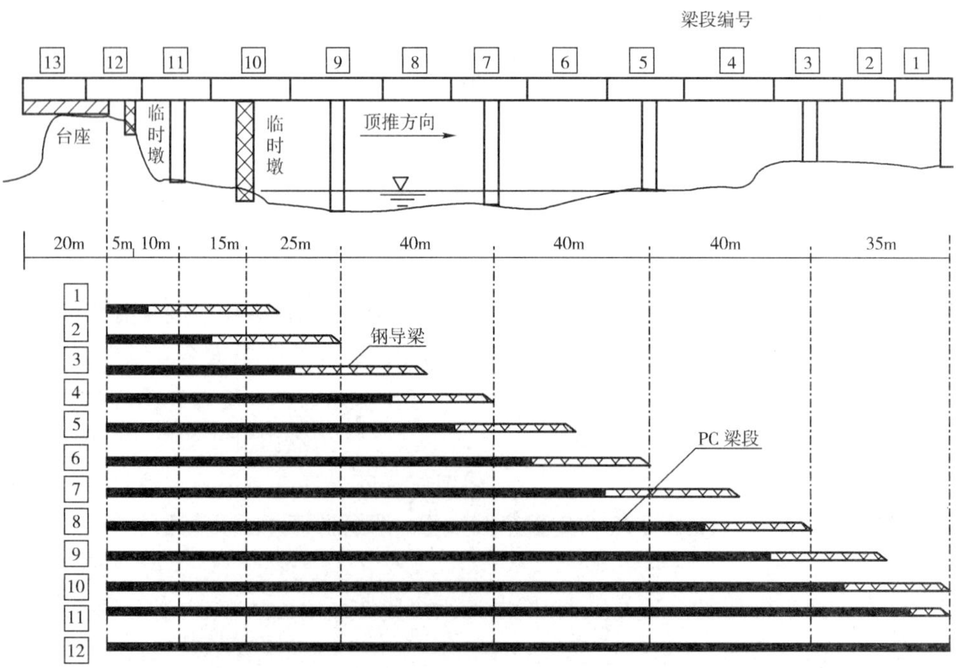

图16-1　梁段顶推工况示意

该桥于1996年11月开工，2001年9月建成，由铁道部第十六工程局承担施工。

蒸水大桥预应力连续箱梁顶推的主要特点是：主跨为竖曲线箱梁且全联长达230 m；单向

顶推，先上坡后下坡。鉴于该桥施工的难点，施工承包人与业主等单位紧密合作，成功研究并运用了一系列关键技术，主要有以下技术。

1. 制梁台座基础

顶推梁施工对制梁台座基础的沉降变形有严格的要求，以保证顶推后梁段预制台座与梁在墩上的位置在同一空间曲线坐标上。然而根据现场条件，该桥制梁台座只能建在横跨呈梯形断面河堤的土质地基上，制梁台座布置见图 16-2。

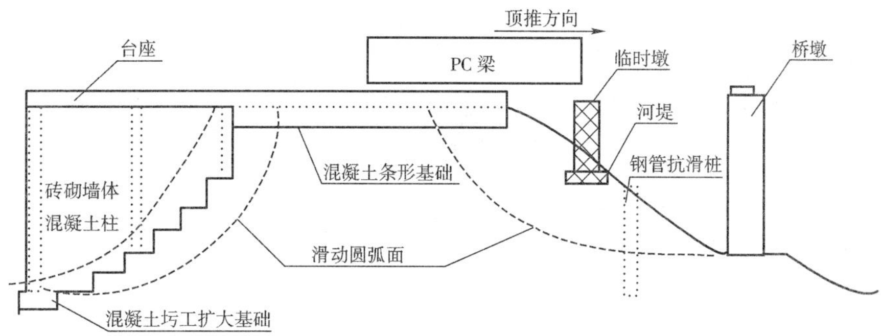

图 16-2 制梁台座布置示意图

根据工地实际情况，该桥主要采取以下台座基础加固和 PC 梁制作、顶推工艺优化措施：

(1)为防止台座下土体侧向滑移变形，沿河堤圆弧滑动面打入钢管抗滑组合桩。

(2)对台座下地基土进行加固处理，通过压注水泥浆进行硬化，提高台座地基的承载力。

(3)地表面用现浇混凝土进行封闭，防止由于地表水侵入使土质软化而导致地基的承载力下降。

(4)增设临时墩并用预应力拉索将临时墩与台座纵向锁定，以保证其稳定性。除制梁平台连续滑道长 21.875m 外，将两孔(35＋40m)梁跨化为四孔(3.125＋10＋16 ＋24m)PC 梁顶推作业平衡段。

(5)箱梁混凝土先浇筑至腹板顶部，待腹板混凝土强度达 80％以上转为自承重梁后，再进行顶板施工，以协调不均匀沉降对梁产生的附加应力，减少裂缝的开展。由此保证了曲线梁的预制质量。

2. 台座整体滑道技术

台座整体滑道系统由滑道梁、滑道板和滑块组成。滑道梁由 8 根 100 mm 的槽钢拼成，长 21.5 m；滑道板由整块钢板按设计图纸尺寸加工、外包镜面不锈钢而成；滑块为橡胶——聚四氟乙烯板，为厂家提供的成形产品，顶推施工时，滑块及梁底活动模板一起随梁体滑出。运用台座整体连续滑道技术，使预制箱梁段在顶推过程中接触面积大、接触应力小，滑动平稳，台座滑道无需专人喂滑块。和管桩排架墩上多点滑动相比具有更大的水平刚度，滑道中线、竖曲线更便于调整、精度更高，铺设操作方便等特点。

3. 多点顶拉、同步移梁

将拖梁水平千斤顶分散布置在前方各桥墩上，通过钢绞线和每段混凝土箱梁上两侧安装的两个拉锚器连接，见图 16-3。

当各个千斤顶同步运行时，各个拉锚点同时受力将梁往前拖移。采取这种施工方法，首先是避免了设置传统的后背墙或梁；其次是改变了以往集中千斤顶顶梁端部的做法，因此不需对梁端混凝土及结构采取局部加强、加厚及配筋，或者在某墩上集中设千斤顶而引起墩的水平力过大，避免了使墩产生过大的水平位移和裂缝。

多点顶拉的关键是做到多台千斤顶同时动作，且油泵内流量一致、千斤顶活塞缸顶出速度和顶力一致，为此采取的主要控制措施如下：

(1)各墩水平千斤顶均设置限位开关和自动调压阀，以使各个千斤顶协同动作并控制油泵最大输出压力。

(2)用电缆将油泵继电器和中心控制室连接，通过人工对各个千斤顶工况进行集中控制。

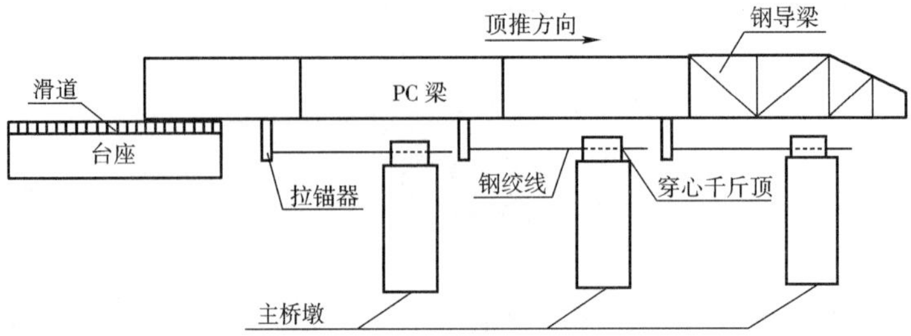

图 16-3　PC 梁顶推示意图

4. 计算及自动监控综合纠偏

箱梁在顶推过程中，由于多种因素的影响，如梁的纵向重心和桥中心不重合或桥墩上两侧千斤顶出力大小和顶速不一致等等都会导致梁体偏移摆动。为克服箱梁在运行过程中梁体的偏移摆动问题，采取的综合纠偏技术主要如下：

(1)PC 梁未上墩时，通过在与梁体偏移相反的方向，人工用导链拉导梁头，直至梁体正位。

(2)分级调压，控制千斤顶顶速与顶力增量，防止产生扭矩，当梁体出现 10 mm 偏位时，适当加大偏移方向侧千斤顶的进油量以增加其顶力和顶速，或适当减少另一侧千斤顶的进油量。

(3)利用横向千斤顶调偏。

(4)在主墩或临时墩上梁的两侧安装丝杆滚轮纠偏装置，梁体偏位时及时拧紧偏移侧的丝杆。

(5)加强测量控制，用计算机测控梁前中线，经纬仪复测梁尾中线，及时反馈纠偏信息，调整箱梁中线。

需要注意的是，禁止在梁体静止时强行横移纠偏。

5. 顶推过程结构受力分析与实时监控

为确保顶推施工过程中的结构安全和成桥后桥梁结构各项技术指标符合设计和规范要求，需要对顶推各工况条件下梁体、墩(包括临时墩)的应力、应变状态进行计算分析，提出控制目标值，并在施工过程中实施实时监控，及时反馈结构的力学信息。主要的监控项目有：

(1)梁内主筋应力。

(2)梁内预应力束的应力损失量。

(3)梁及导梁挠度。

(4)梁及导梁平面轴线偏移。

(5)墩台顶支座反力。

(6)墩台支座顶面高程及纵、横相邻支座点高差。

(7)墩台沉降、竖向压缩变形及水平位移。

(8)梁体及墩台裂缝的发生、发展。

6. 分墩起顶、高差限定、多次迭代、逐步逼近、反力精调技术

箱梁全联顶推到位后的落梁就位是一项技术精度要求很高的工作，规范要求落梁反力的允许偏差应为±10%设计反力；顶起时相邻墩各顶点的高差不得大于 5mm，同墩两侧梁底顶起时，高差不得大于 1mm。由于千斤顶设备不足，无法一次性顶升落梁，施工时采取了分墩顶起、分批分墩反复调整的落梁方法：事先分批分墩计算每次起顶力、确定多次迭代程序，然后用称重千斤顶每次在两墩上轮回进行反力精调、逐步逼近，同时限定每次顶起高度不大于 10mm，直至将全桥各支座反力误差值调至符合设计和规范要求。

第二节　拱桥施工实例

一、恩里克拱桥

恩里克桥是葡萄牙波尔图市杜罗河上闻名世界的拱桥。恩里克桥全长为 371m，跨径布置为(28+35+280+28)m，桥面为双向四车道，总宽为 20m，主跨为 280m，矢高为 25m，矢跨比为 1/11.2，其拱轴线由几段直线段组合而成。主拱圈为等高变宽的箱形结构，高度仅为1.5m，结构异常轻巧纤细。拱圈宽度从拱脚处的 20m 线形变化到拱顶处的 10m，主梁为刚度非常大的预应力混凝土单室箱梁，梁高 4.5m。在 70m 长的跨中节段，主拱圈与主梁结合在一起，形成一个 6m 高的箱形结构，该结构的侧面被挖成槽状，从而给人以主梁与拱圈连续的感觉。其总体布置与结构横截面详见图 16-4。

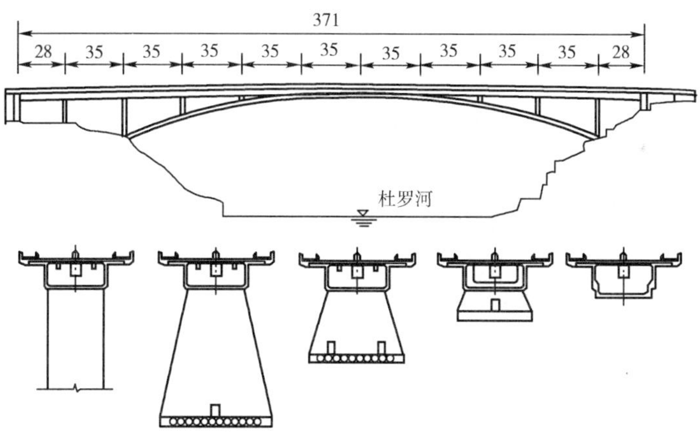

图 16-4　恩里克拱桥总体布置与结构横截面示意(尺寸单位：m)

柔性坦拱只有与桥道结构组合才能发挥其结构作用。因此，恩里克桥采用了桥道主梁与拱肋同时施工的悬臂桁架法，但与以往的悬臂桁架施工不同的是，该桥作为刚梁柔拱结构，施工时先施工主梁，然后再利用支承在主梁上的挂篮进行拱圈的悬臂施工(图 16-5)。同时，为了缩短施工中临时桁架的悬臂长度，在河的两岸各修建了一个临时墩，从而使拱桥的施工跨径从 280m 降低到 210m，大大减小了施工难度。

恩里克桥的施工步骤如下：

①进行边跨、辅助墩以及主拱座和交界墩的施工，并锚固背索与桥墩(台)的基础处，为主跨的悬臂施工提供抗力。

②利用移动挂篮进行主跨第一孔的主梁悬臂施工，通过支承在主梁上的挂篮进行主拱圈

的悬臂施工。

③在完成第一孔的施工后，通过拱圈、主梁以及两者间增加的斜拉杆(由临时索提供)和竖向压杆(由钢筋混凝土柱及临时钢支柱来提供)组成的桁架，向跨中悬臂施工主梁与拱圈，具体施工方法同步骤②。

④同样利用移动挂篮进行跨中节段的悬臂现浇施工，直至合龙。

图 16-5　恩里克拱桥悬臂施工

⑤将背索、斜拉杆、临时立柱与辅助墩按照一定的程序拆除，完成全桥施工。

恩里克拱桥施工步骤见图 16-6。

考虑到恩里克桥跨径大、结构纤细，施工难度大。为保证该桥施工的安全与顺利，进行了详细的施工设计，并安装了现代化的监控设备，以便在施工过程中进行在线实时监测和干预控制。监控系统分为 3 个独立的部分，分别监控着岸边的花岗岩斜坡、临时的拉索以及混凝土构件。其中混凝土构件监控系统是利用 120 个设置在关键截面的传感器(包括应变计、测角仪、温度传感器以及测力传感器)收集数据，通过对相关参数、可视化信号以及统计程序进行分析，系统修正起决策作用的数值模型，从而对每个施工阶段进行精准的实时监控。

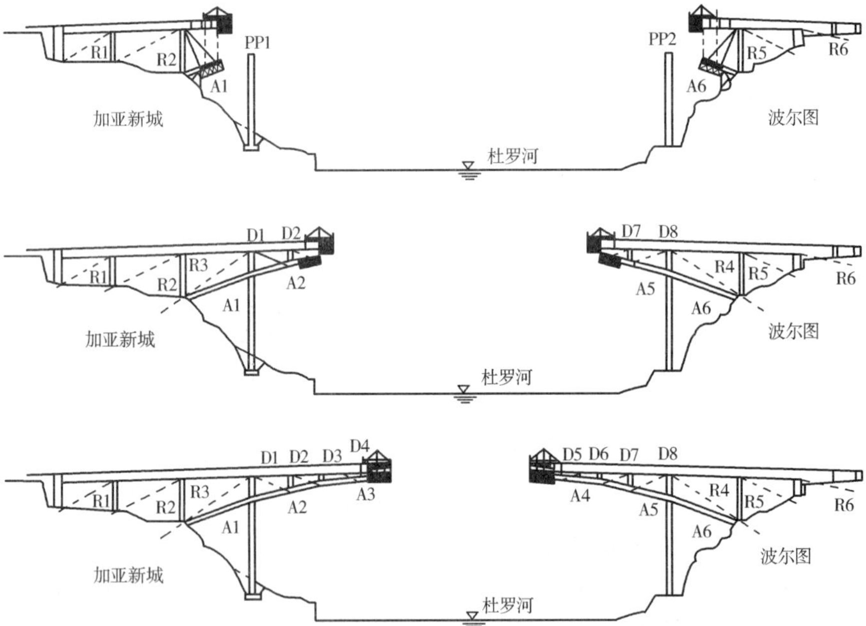

图 16-6　恩里克拱桥施工步骤

监控设备采用了计算机辅助控制系统，能够精确的评估不同结构类型的性能，包括拱圈、主梁与立柱(包括临时的钢立柱)主要截面的支承反力、轴力、弯矩、扭矩和温度效应，以及临时的构件(背索、斜拉杆)的轴力，从而把构件的内力控制在允许范围内，以保证桥梁施工顺利安全进行。

恩里克桥的施工监控主要涉及以下几个方面：

(1)利用传统的测力传感器监测拉索张力的成本将非常昂贵，因此通过检测拉索的振动频率来间接的获取索力。

(2)在拱圈每个节段混凝土浇筑前，通过使用两个计算机辅助的自动液压系统，使拱圈的浇筑平台的就位精度达到毫米级。

(3)施工期间对桥梁结构的监控是由计算机中央系统进行的，它通过监测设备所收集到的信息资料进行存储、管理和分析来实现。

(4)辅助墩顶部高程的微调及其拆除也是通过在线的实时监测与计算机系统来控制的。

(5)重达 8 000kN 的辅助墩的拆除是通过一个旋转和转移系统来完成的。千斤顶支撑着悬挂在临时墩中部的旋转轴，通过在线控制和调整千斤顶的力来实现辅助墩的拆除与转移。

第三节 斜拉桥施工实例

苏州市石湖大桥主桥为跨径(100＋35)m 独塔无背索斜拉桥，桥宽 37m。主梁采用工字形纵梁为主要受力构件的梁格体系，塔梁固结处局部形成封闭箱形梁；正交异性桥面板，全钢、全焊接结构；材质为 Q345q-D 桥梁用结构钢。主塔采用梭子型封闭箱形结构，全钢、全焊接结构，材质为 Q345q-D 桥梁用结构钢；箱内施工中分期填充混凝土，平衡梁体重量。斜拉索采用挤包层平行钢丝索股，共设 10 对，呈竖琴式布置。主桥桥式布置见图 16-7。

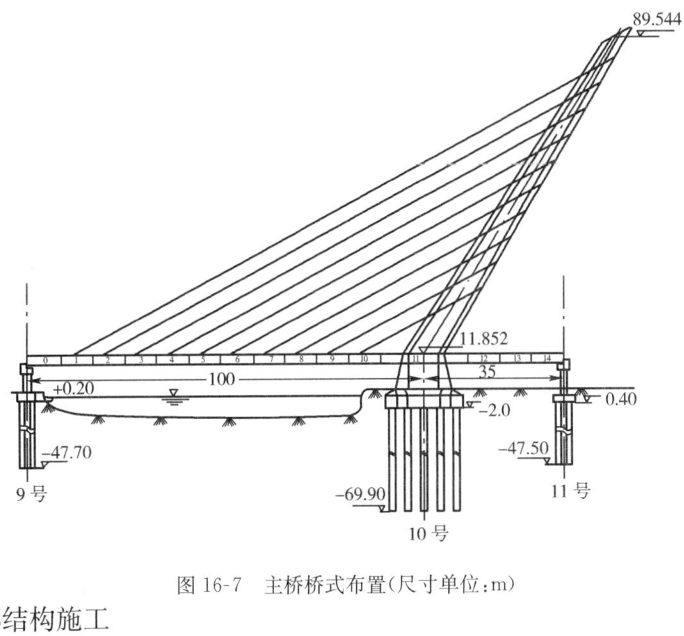

图 16-7 主桥桥式布置(尺寸单位：m)

1. 主桥下部结构施工

10 号墩为石湖大桥主塔墩，采用 2 个独立基础，由系梁连接成整体，共布置 28 根直径为 1.5m 的钻孔桩，桩长 68.0m。9 号、11 号为边墩，均位于岸上，为陆地施工，基础均采用直径为 1.0m 的钻孔桩，桩长 48.0m，共 30 根，设 3 个独立基础。

主墩承台尺寸为 11.0m×19.0m×4.0m，混凝土用量约 800m^3。为了保护河堤安全，施工时靠河岸侧部分插打钢板桩防护，采用小咬口，止水打设，其余侧面放坡开挖。基坑开挖采用人工配合挖掘机进行开挖。基坑内采用明排水，四周设排水沟，两对角设汇水井，利用潜水泵抽水。承台混凝土采取分层浇筑，施工时应注意采取措施降低水化热，并进行温控监测，确保大体积混凝土的施工质量。

2. 主塔施工

塔柱钢结构吊装采用 ZSD 35170 高塔吊机(布置见图 16-8),吊机最大起重能力为 6 500 kN·m,根据吊机起重能力和主塔锚固区结构特点,梁面以上塔柱共分 15 块段,如图 16-8所示。

主塔塔座利用履带吊机吊装,现场安装就位后进行调整,检验合格后与预埋件焊接,焊接后灌注混凝土。

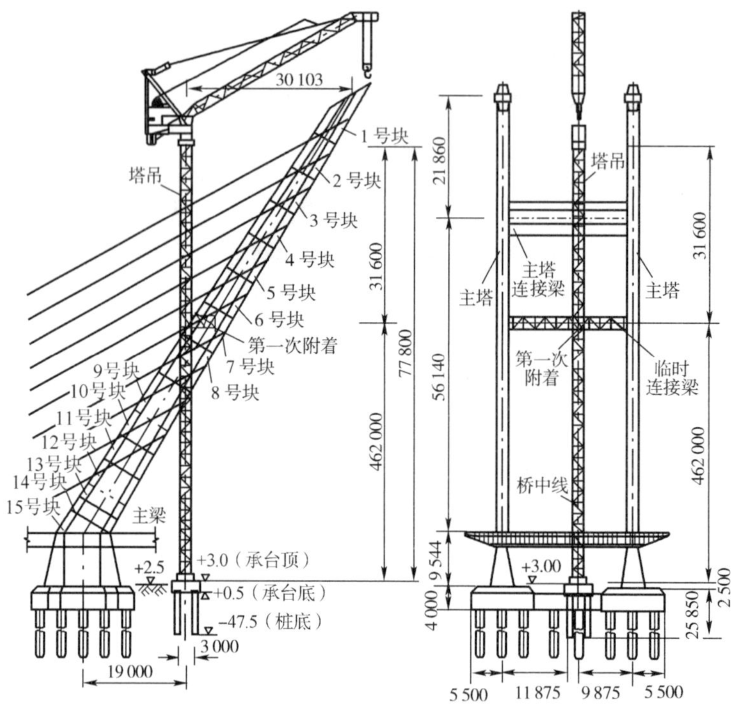

图 16-8 主塔施工布置(尺寸单位:mm;高程单位:m)

利用塔吊吊装桥面以上第 15~11 节段,初步定位,搭建施工脚手架,调节临时连接螺杆,同时调整环缝间隙(2±2)mm,采用二氧化碳气体保护焊(或手工焊)焊接环缝。灌注已安装塔柱钢箱内混凝土。安装第 10 节段塔柱钢箱,灌注塔柱内混凝土,吊装主跨钢箱梁,挂设张拉 1 号斜拉索。同理施工其余节段塔柱。塔柱横系梁亦利用高塔吊机安装。

3. 钢梁架设

根据设计图纸要求,钢梁共有 15 个梁段。根据桥位自然条件、运输设备、起吊设备等因素,将钢梁划分成 4 种类型,即 0 号梁段、1~10 号标准梁段、12 号与 13 号梁段、11 号与 14 号梁段。其中标准 1~10 号梁段长 8m,吊装质量约 100t,采用架梁吊机吊装;其余类型梁段分块吊装,利用船舶运输至岸边,岸上布置 1 台履带吊机吊装架设。

主桥边跨钢梁(12~14 号梁段)和 0 号块段钢梁利用格构式型钢作为拼装平台,平台上设超薄千斤顶以调整钢梁高程、线形。船舶运输钢梁至岸边后,由履带吊机吊装就位。其余块段利用架梁吊机直接从运河铁驳上起吊(在钢梁 0 号段安装就位后,在 0 号段顶板上进行架梁吊机拼装),依次架设 1~10 号标准段。架设主跨合龙段钢梁(11 号梁段)时,也采用船舶运输至岸边,由履带吊机吊装就位。主跨钢梁架设、斜拉索挂设时,同步进行钢主塔安装及混凝土填充施工。主要施工流程见图 16-9。

钢梁架设时，钢梁节段由铁驳经水路运至安装位置，且运输铁驳采用定位船进行水上定位。起吊时，需调整吊架系统，保证吊梁时梁面倾角正确。将吊架与钢梁吊点连接，调整定位船缆绳使起吊钢丝绳垂直，然后起吊。当钢梁接近待拼位置时，须减速提升。对中后，焊接平台移向接缝处进行打冲钉和焊接作业。

合龙段安装前，测量工作首先得到位，对各梁段须进行一次中线、高程测量，并绘制平弯曲线、竖曲线。并对塔柱进行变形观测。需要注意的是，高程测量须在夜间气温稳定的情况下进行，以避免测量误差。合龙前要详细测量合龙处悬臂端在各种气温下的距离、高差、索力变化等数据，并有施工测量时的钢梁温度及大气温度的记录，以选定合龙的最佳时间，一般宜选在晚上温度较为恒定的时候，便于操作和解除临时约束。

4. 斜拉索施工

塔上斜索锚固块布置在主塔东侧外壁上。索面 2 排拉索间距为 23.75m，梁上索距 8m，塔上索距在 6.029～6.403m 之间，拉索水平倾角在 26°～29°之间变化。

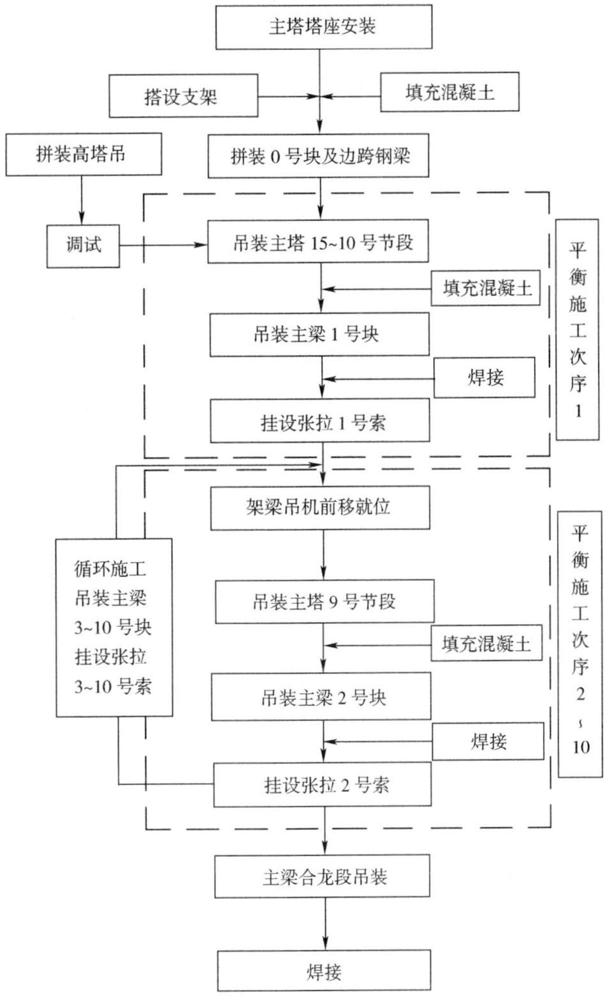

图 16-9 施工流程

斜拉索挂设总原则为先安装梁端，再安装塔端，最后在塔上张拉斜拉索到设计值。其安装基本步骤为：施工准备→放索→梁端安装→塔端安装→塔上斜拉索牵引及张拉。

第四节 悬索桥施工实例

自锚式悬索桥不同于一般的悬索桥，它是将主缆直接锚固在加劲梁上，由主梁来承担主缆的水平拉力，从而省去了庞大的锚锭。竹圆大桥位于苏州市区，横跨航运繁忙的京杭大运河，是连接新老城区的重要纽带。大桥全长 378m，钻孔灌注桩基础，主桥为（33＋90＋33）m 自锚式悬索桥，桥面宽度 37m，迭合梁结构。索塔为独立半弓弦形结构，上下游独立受力，自身稳定；主缆 19-61-ϕ7 平行钢丝束，正六边形断面半成品索。上下游索距 29.5m，矢跨比 1/8，吊杆 71-ϕ7 平行钢丝束、冷铸锚具。钢丝标准强度为 1 670MPa。竹圆大桥主桥如图 16-10 所示。

对悬索桥来说，其总体的施工顺序为：主桥基础→主索塔施工→端横梁施工、临时锚锭施工→边跨钢梁的架设、架设猫道、安装牵引系统（安装索鞍）→主缆股索的牵引→主缆的线形调整→索夹、吊杆的安装→钢梁中跨吊装→钢梁的线形初调整、钢梁的焊接、检测→体系转换→桥面板的安装（期间钢梁两次线形调整）→桥面铺装→主缆防腐→沥青混凝土施工→主塔以及栏杆的涂装→竣工验交。

1.索塔施工

苏州竹园大桥索塔设计为分离式，高 25m，共设 4 个。造型别致，采用半弓形环状塔形，线形舒畅，不同于传统中小跨径悬索桥的门式塔形。

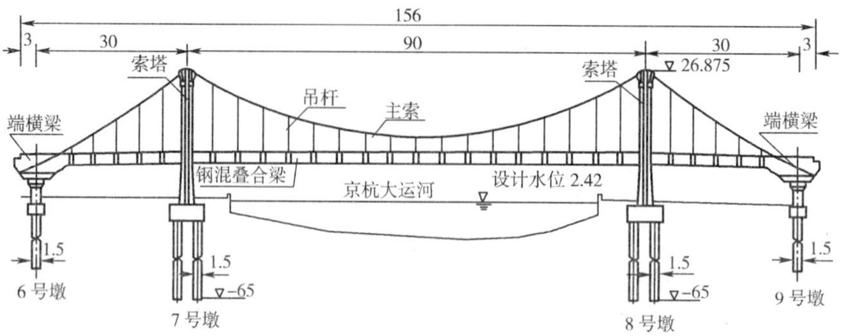

图 16-10　苏州竹圆大桥主桥（尺寸单位：m）

为解决索塔施工阶段的稳定性，确保索塔混凝土光滑平顺、内实外美，设计了定型钢模板。分段施工时，主塔超前一节段施工，再利用主塔对附塔模板支承定位，保证大桥的索塔施工质量。索塔施工要点如下：

(1)索塔内的预应力钢筋在塔身混凝土达到设计强度的 80%后，方可张拉，张拉时对称进行。

(2)塔顶预埋钢板下的混凝土确保密实，无气泡，预埋钢板表面平整度应满足高强螺栓连接钢板接触面的规范要求。

(3)施工完成后，需测定索塔倾斜度、跨距和塔顶的高程，以此作为主缆线形计算调整依据。

(4)弧形端采用定型模板，由加工场 1∶1 放样加工。在施工前预先在地面进行拼装，保证模板几何尺寸准确，弧度圆顺。保证模板在灌筑混凝土后，不变形、不移位；模内干净无杂物，拼合平整严密无漏浆缝隙。

(5)浇筑索塔顶部实心段混凝土时，埋设刚性牛腿，用于拼装塔顶门架和索道塔架。

(6)墩身浇筑前先检查支架、模板、钢筋和预埋件，把模板内的杂物、积水清除干净，模板缝隙填塞严密。并把基础混凝土表面松散的部分凿除并将泥土、石屑等冲洗干净。

2. 临时锚碇和临时索

临时锚碇由地下连续墙和抗拔桩构成。临时锚索上端与端横梁锚固，下端为张锚端，固定在连续墙内缘。钢梁安装阶段张拉锚索以平衡主缆的索力，保证端横梁位置稳定。

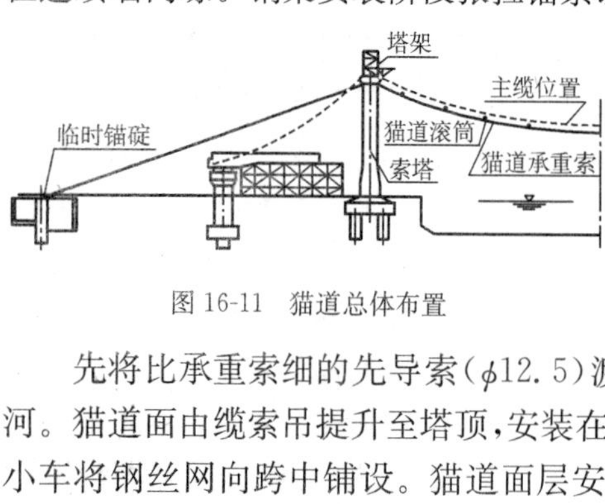

图 16-11　猫道总体布置

3. 猫道施工

猫道设在主缆的下方，并与主缆的线性基本一致。其设计应注意尽量减轻自重，减少挡风面积，同时要求安装和拆除方便。它主要由支架、索鞍、承重索、猫道面、栏杆和扶手、风缆等组成。猫道面宽 2.4m，低于主缆中心 1.4～1.5m，其总体布置见图 16-11。

先将比承重索细的先导索(ϕ12.5)渡河，形成牵引循环索，利用它将猫道承重索牵引过河。猫道面由缆索吊提升至塔顶，安装在施工平台上，前端与拖拉槽钢相连，利用索道的牵引小车将钢丝网向跨中铺设。猫道面层安装完毕后，测量垂度，利用锚固端的调节装置进行调整，直到符合要求为止。

为使猫道适应施工过程中主缆线形的变化，保证人员和机械设备能进行正常操作，需要在临时锚碇的锚墙固定端设计承重索的调节装置。调节装置采用丝杆调节器，一端与预埋件相连，另一端与承重索相连。

4. 主缆架设及索夹、吊杆安装

由 19 股股索组成的主缆断面是六边形，主缆采用平行钢丝，冷铸锚体系，其一端厂制，另一端在主缆散索套后辐射散开后镦头并张锚在端横梁上。为方便安装，每根主缆设基准股索 2 根，每根股索设着色丝 1 根，并在厂内进行标准丝的着色和长度标记。主缆安装工艺如下。

(1)索鞍安装

索鞍由索鞍底座上、下平板，鞍槽及索鞍盖板等组成，索鞍上平板和鞍槽间设置四氟乙烯滑板，鞍体在施工阶段可纵向滑移，索鞍底座板件均用高强螺栓连接，总重 10.1t，最大块件重 6.3t。其下平板在索塔顶部预埋于混凝土表面，其余部分采用吊车分次吊装。在架设主缆前，预设纵向预偏量(16cm)并临时定位。

(2)股索安装

为保证主缆线形准确和受力均匀以及股索的精确安装，股索和主缆的断面要求每根钢丝都应在设计位置上。基准索定位安装和整形是关键，其余股索以基准索为标准进行安装和整形，同时要确保钢丝束在拽拉过程中不损害镀锌层，丝与丝之间保持平行，不扭转，不鼓丝。

①股索牵引和整形。架设顺序是上、下游对称平行进行，从下层至上层按设计顺序依次架设。由前端牵引绳牵引股索，通过控制放索架使股索缓慢放出，在股索翻越主塔处设置凹槽橡胶滚轮。股索过河后，利用对岸塔顶导向起重设备，将股索拽拉到位。并将股索前端引入端横梁并锚固，进行冷铸锚头的制作。

②股索横移入鞍。

a. 股索入鞍：股索牵引完成后，先按牵引状态进行自然悬挂，确认股索是否有扭转现象并给予纠正；从索鞍外缘 2m 处用整形导轮将股索整为矩形，入鞍后用插片进行固定；调整股索标记点与索鞍中心对齐；下落股索，使股索入鞍；量测矩形股索高度，并将股索顶部钢丝调整均匀，保证其形心位置正确；

b. 基准索股线形观测和调整：将基准股索与索鞍标记点对准并固定。连续 3d 用水平仪对 1 号基准股索指定位置的高程进行观测，与设计值进行比较和调整；将基准索用限位钢板或用铅合金楔将基准股索固定；

c. 股索：股索安装以基准索为准，要保证与基准股索的相对位置，同时兼顾出厂时所作的标记。

(3)主缆预紧及成型

对安装完成的股索进行全面的检查合格后，利用临时索夹对主缆进行预紧并对主缆进行全面检查。

(4)索夹及吊杆安装

索夹在中跨从两岸向跨中对称跳跃式安装，边跨从塔顶向锚固端顺序安装。索夹的高强螺栓分 5 次施拧，每次施拧均按设计拉力进行。

利用运输索道顺序安装吊杆。中跨在猫道上安装吊杆及接长吊杆。边跨利用汽车吊和卷扬机在支架上一次安装到位。

5. 钢梁安装

钢梁以索塔为界，分为中跨和边跨，中跨有 17 个节段，边跨 10 个节段，本桥横跨运河，净空受限，中跨无法采用支架施工。采用边跨钢梁在支架上安装，中跨钢梁顶升安装(图 16-12)。

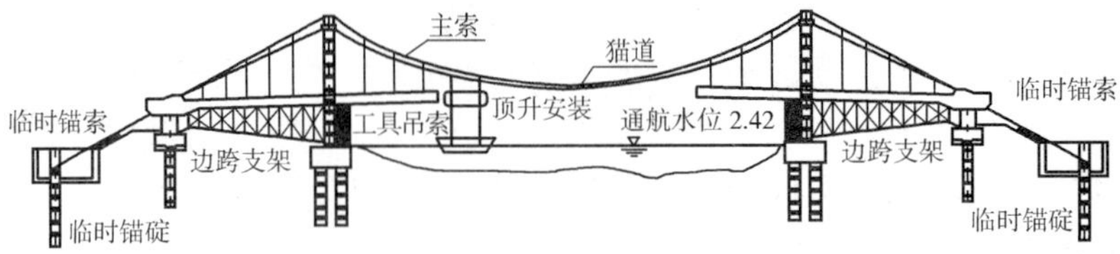

图 16-12　钢梁安装施工方案示意

边跨钢梁安装在主缆安装之前进行，边跨钢梁采取有支架法安装。根据现场场地条件和构件的结构特点，将边跨钢梁分解成箱体、横梁、纵梁等单元，在地面搭设支架。根据现场的安装顺序采用运输船运输，吊机卸船上岸，吊装上岸后在型钢支架上进行定位和调整。检查合格后进行单元段焊接。全部单元段焊接完后，根据全桥钢梁线形将边跨钢梁焊接成整体，完成边跨钢梁的安装。

中跨钢梁采取无支架法连续顶升安装，是在主索和吊杆安装之后进行。为了防止起吊后梁大幅度晃动，梁起吊脱离驳船前检查工具索的垂度，调整船的位置。在顶升过程中，用 4 台连续千斤顶，利用吊杆和工具吊杆进行顶升施工，预设钢梁成桥线形；通过调整临时锚索索力来平衡中跨钢梁安装时主缆的索力变化，观测端横梁位置稳定，确保在吊装过程中结构受力安全；同时对索塔的位移进行观测，通过回调索鞍的预偏量来保证索塔受力平衡。中跨钢梁 17 个梁段分 11 次吊装完成，由两边向中间对称吊装。

设计要求钢梁按照成桥线形高程进行安装，主桥面板分两批架设，期间进行两次钢梁线形的调整。桥面恒载全部完成后，再进行最后吊杆索力的调整。为实现设计意图，在施工中必须在永久吊杆的下部增加接长吊杆，接长吊杆在第二批桥面板安装完成后拆除。具体操作步骤为：安装第一批桥面板→调整至成桥高程→安装第二批桥面板→将钢梁反拱(吊杆锚固到位)→完成二期恒载→标定吊杆索力。

第五节　大跨预应力混凝土桥施工实例

福建下白石大桥是同三国道主干线福鼎—宁德高速公路上的一座跨海特大桥，主桥为 145＋2×260＋145＝810(m)的 4 跨预应力混凝土连续刚构桥，桥型布置如图 16-13 所示。桥面宽 24.50m，上部结构分为两个独立的单箱，墩顶处用四道横隔板连接。单箱顶宽为 12.00m，底宽为 6.00m，箱梁墩顶处高 14.00m，跨中及现浇梁段梁高 4.2m，顶板厚 25～40cm，箱梁根部底板厚 140cm，跨中底板厚 30cm，根部腹板厚为 70cm，跨中腹板厚 40cm。箱梁下缘按 1.6 次抛物线变化，悬浇梁段最大控制质量 225.2t。

主桥箱梁为三向预应力结构。纵向预应力采用 ASTM416-87A270 级钢绞线，钢绞线极限强度为 1 860MPa，采用 25×ϕ15.24 和 27×ϕ15.24 两种钢束，设计张拉力为 4 883kN 和 5 273kN。采用塑料波纹管真空辅助压浆新技术。横向预应力钢束采用扁锚，竖向预应力钢筋采用进口 1 080 级 ϕ32 的精轧螺纹粗钢筋。箱梁混凝土强度等级采用 C60。

下部结构：基础为 24 根桩径为 3.0m 的群桩基础和墙式嵌岩基础；桥墩为双柱薄壁墩身，高 26m。箱梁横断面如图 16-14 所示。

1. 主桥箱梁浇筑

本桥箱梁在墩顶处高 14m，浇筑混凝土 87m^3，首次采用挂篮一次悬浇施工。根据箱梁结构特点，设计了结构简单、受力明确、自重轻、移动快速、横向刚度大、安全性能好、连接简便和混凝土浇筑方便的自锚式后支点轻型滚动挂篮进行箱梁悬臂浇筑施工。

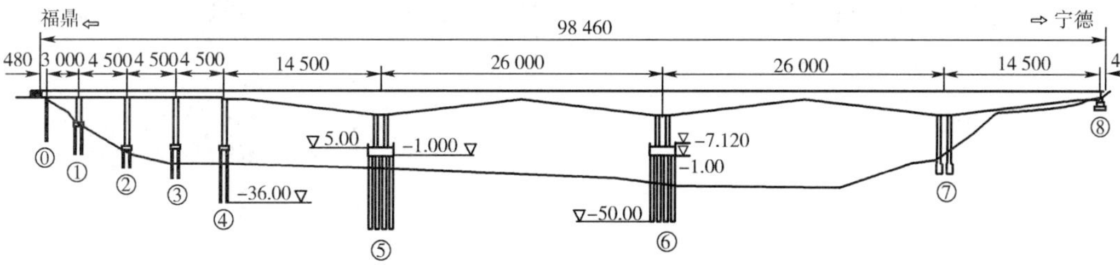

图 16-13 桥型总体布置(尺寸单位:cm;高程单位:m)

2. 塑料波纹管和真空压浆技术

箱梁纵向预应力束除跨中底板采用 27ϕ15.24 外，其余均采用 25ϕ15.24，长度为 21.8～260.05m。管道采用塑料波纹管。为验证塑料波纹管的孔道摩阻损失，现场进行勒索长为 102.163m 和 110.188m 的孔道摩阻试验测试，得到孔道摩阻系数和孔道偏差系数分别为 0.12～0.15 和 0.001，为箱梁纵向预应力束延伸量的计算提供了参数依据。

本桥采用了真空辅助压浆的工艺，真空辅助压浆的优点是通过抽真空，消除管道内的空气和水，同时可消除混在浆体内的气泡和多余的自由水，增强浆体的密实度；浆体内的微沫浆和稀浆在真空负压下率先流出，待稠浆流出后，管道内浆体的稠度即能保持一致，使浆体密实度和强度得到保证；在真空负压下可减少管道高低弯曲而使浆体自身形成的压头差，使压浆能连续且迅速施工，缩短压浆时间，同时保证管道压入均匀密实的水泥浆。

3. 高强精轧螺纹粗钢筋锚固

为保证竖向预应力钢筋的锚固效果，减少预应力损失，主桥的竖向预应力钢筋张拉锚固，采用扭力扳手拧紧锚固工艺，控制张拉端螺母的扭矩为 2 000N·m。施工时采用超张拉，必要时采用了二次张拉。同时，在锚固时采用扭力扳手按设计扭力紧固，以严格控制张拉力和锚固力，尽量减少锚固时的应力损失。此外，为增加预应力钢筋应力储备，采用了进口高强度(1 080 级)ϕ32mm 的精轧螺纹粗钢筋，设计张拉吨位为 782kN。

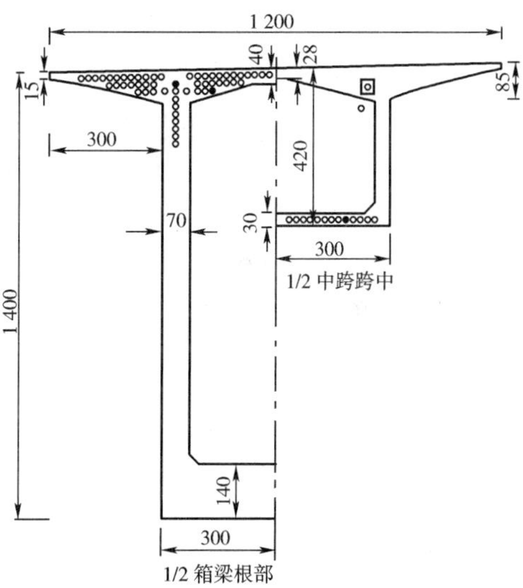

图 16-14 钢束布置横断面(尺寸单位:cm)

4. 箱梁悬臂施工变形控制

在施工过程中，以箱梁线形和内力双控为原则，对施工过程的内力和线形进行有效控制，使大桥逐段悬浇合龙，均满足设计受力要求。根据施工监测所得的结构参数(真实值)，进行施工阶段计算，确定出每个悬臂浇筑节段的立模高程，并在施工过程中根据施工观测的成果对误差进行分析、预测，并对下一立模高程进行调整，以此来保证成桥后桥面线形。合龙段梁悬臂端高程的相对偏差要求不大于设计值 20mm，平面轴线偏差不大于 10mm。

此外，海洋环境下的桥梁施工，应侧重两个方面：一为海上桥梁的特殊施工要求；二为海洋腐蚀环境下结构的耐久性要求。

5. 海洋环境桥梁的防腐蚀措施

海洋环境下桥梁的防腐蚀措施应符合《混凝土结构耐久性设计规范》(GB/T 50476—2008)、《公路工程混凝土结构防腐蚀技术规范》(JTG/T B07-01—2006)、《海港工程混凝土结构防腐蚀技术措施》(JTJ 275—2000)的规定。

(1)钢筋的防腐蚀

钢筋的防腐蚀措施主要包括：采用环氧涂层钢筋；在混凝土中掺加钢筋阻锈剂和工程纤维。

采用环氧涂层钢筋时，应注意以下问题：

①环氧涂层钢筋不得与阴极保护联合使用。因为采用外加电流阴极保护方法会在涂层的局部损伤处产生杂散电流，导致严重的电腐蚀问题。

②环氧涂层钢筋在运输、装卸、存放、加工制作及绑扎安装等过程中，应采取措施避免在操作过程中损伤涂层。

③环氧涂层钢筋与混凝土之间的黏结与无涂层的普通钢筋相比，黏结强度降低 10%～20%，故其锚固长度和受拉钢筋绑扎搭接长度应适当加大，并符合《公路桥涵施工技术规范》(JTG/T F50—2011)中的规定。

④浇筑混凝土时，宜采用附着式振捣器；使用插入式振捣器进行振捣时，应采用塑料或橡胶将振捣器包覆，同时应采取其他辅助措施防止在振捣过程中损伤钢筋的涂层。

在混凝土中掺加钢筋阻锈剂时，其掺量和使用方法应符合相关产品的技术要求，并应经试配和适应性试验验证。阻锈剂的质量验证试验可按现行行业标准《水运工程混凝土试验规程》(JTJ 270—1998)的规定执行。

(2)混凝土防腐蚀

海洋环境桥梁结构的混凝土，宜采用具有防腐蚀耐久性的高性能混凝土。亦可采用在混凝土表面涂刷防腐蚀涂料或在混凝土表面浸渍硅烷等附加防腐蚀措施。

6. 海洋桥梁的施工安全

由于海上的自然环境条件相对于陆上更为复杂，如台风、季风、波浪、海流、大雾等均会对桥梁的施工产生不利影响，其施工风险远大于陆上，为保证海上施工的安全，有必要对可能产生的风险进行评估，并有针对性地制订相应的对策和防范措施。

参考文献

[1] 欧阳效勇，任回兴，徐伟. 桥梁深水桩基础施工关键技术——苏通大桥南塔基础工程施工实践. 北京：人民交通出版社，2006.

[2] 张鸿，刘先鹏，徐伟，等. 特大型桥梁深水高桩承台基础施工技术. 北京：中国建筑工业出版社，2005.

[3] 王钧利. 桥梁施工技术及质量控制. 北京：中国水利水电出版社，2006.

[4] 项海帆. 世界桥梁发展中的主要技术创新. 广西交通科技，2003(5).

[5] 于忠涛，朱芳芳. 桥梁结构体系发展综述. 辽宁省交通高等专科学校学报，2004(9).

[6] 孔祥福，符力国. 近代以来中外桥梁发展概述. 山东交通学院学报，2003(6).

[7] 李自光. 桥梁施工成套机械设备. 北京：人民交通出版社，2003.

[8] 王常才. 桥涵施工技术. 北京：人民交通出版社，2002.

[9] 刘自明. 桥梁深水基础. 北京：人民交通出版社，2003.

[10] 中华人民共和国行业标准. 公路桥涵施工技术规范(JTG/T F50—2011). 北京：人民交通出版社，2011.

[11] 中华人民共和国行业标准. 公路桥涵设计通用规范(JTG D60—2004). 北京：人民交通出版社，2004.

[12] 范立础. 桥梁工程. 北京：人民交通出版社，2003.

[13] 房贞政. 桥梁工程. 北京：中国建筑工业出版社，2004.

[14] 杨文渊，徐犇. 桥梁施工工程师手册. 第2版. 北京：人民交通出版社，2003.

[15] 田克平.《公路桥涵施工技术规范》实施手册. 北京：人民交通出版社，2011.

[16] 交通部第一公路工程局. 公路施工手册　桥涵. 北京：人民交通出版社，2000.

[17] 黄绳武. 桥梁施工及组织管理(上册). 北京：人民交通出版社，2000.

[18] 桂业昆，邱式中. 桥梁施工专项技术手册. 北京：人民交通出版社，2005.

[19] 孟广文，赵卫国. 简明公路桥涵设计实用指南. 北京：人民交通出版社，2005.

[20] 谭金龙，易巍. 浅谈公路桥梁墩台的布设与构思方法. 西部探矿工程，2003(8).

[21] 刘雅清，李永全，王长兴. 大型高桩墩台施工新工艺. 中国港湾建设，1999(4).

[22] 束廉阶，曾建雄，李维荣. 工业建筑大型结构泵送混凝土侧压力的计算与实践研究. 建筑施工，2002(2).

[23] 余宗明. 从混凝土浇筑工艺探讨模板荷载计算. 建筑施工，2000(6).

[24] 张同猛，周魁. 铁路大桥墩台的泵送混凝土施工. 铁道建筑，2001(12).

[25] 鲁宏瑞，柴颂东，鲁海. 双层高架桥Y型墩台立柱施工技术. 浙江建筑，2005(10).

[26] 李建东. 新庄特大桥空心高墩翻模施工简述. 山西交通科技，2002(6).

[27] 肖刚，舒建辉，李君. 高墩提升模板施工技术. 河南交通科技，2000(8).

[28] 陈宝春. 钢管混凝土拱桥设计与施工. 北京：人民交通出版社，2000.

[29] 张志发. 钢管混凝土拱桥的施工技术. 广东土木建筑，2002(4).

[30] 陈宝春. 钢管混凝土拱桥发展概述. 桥梁建设，1997(2).

[31] 王丽荣. 桥梁工程. 北京：中国建材工业出版社，2005.

[32] 严国敏. 现代悬索桥. 北京：人民交通出版社，2002.

[33] 周孟波,刘自明,王邦楣,等. 悬索桥手册. 北京：人民交通出版社，2003.
[34] 钱冬生. 大跨悬索桥的设计与施工. 成都：西南交通大学出版社，1999.
[35] 刘士林，梁智涛. 斜拉桥. 北京：人民交通出版社，2002.
[36] 刘万帧. 城市桥梁施工. 北京：中国建筑工业出版社，1992.
[37] 中国建筑工业出版社. 城市道路与桥梁施工验收规范. 北京：中国建筑工业出版社，1997.
[38] 陈仁福. 大跨悬索桥理论. 成都：西南交通大学出版社，1994.
[39] 铁道部大桥局桥梁科学研究所. 悬索桥. 北京：科学技术文献出版社，1996.
[40] 周昌栋. 悬索桥上部结构施工. 北京：人民交通出版社，2004.
[41] 陈明宪. 斜拉桥建造技术. 北京：人民交通出版社，2004.
[42] 刘玉珠. 土木工程测量. 广州：华南理工大学出版社，2003.
[43] 吴栋材，谢建纲. 大型斜拉桥施工测量. 北京：测绘出版社，1996.
[44] 孙素霞. 桥梁支座的类型. 黑龙江交通科技，2004(3).
[45] 周剑光，丁汉山. 桥梁支座类型及其应用. 四川建筑，2006，26(2).
[46] 虞翠云. 桥梁伸缩装置评述. 山西交通科技，1999(5).
[47] 李洪涛，黄卫，吉林. 浇筑式沥青混凝土桥面铺装施工技术简介. 桥梁建设，2004(5).
[48] 郭永明. 环氧沥青混凝土钢桥面铺装施工技术和工艺. 建设，2006(2).
[49] 裴建中，李鹏辉，王秉纲. 桥面防水层施工技术研究. 筑路机械与施工机械化，2006(2).
[50] 徐君兰. 大跨度桥梁施工控制. 北京：人民交通出版社，2000.
[51] 向中富. 桥梁施工控制技术. 北京：人民交通出版社，2001.
[52] 舒国明，郭磊. GPS 定位技术在桥梁施工测量中的应用. 交通标准化，2006(5).
[53] 王小荣，钱立. 部分斜拉桥的施工控制. 金华职业技术学院学报，2006，6(3).
[54] 石德斌，程浪舟，朱文清. 大跨度变截面预应力混凝土连续梁桥施工监控. 铁道标准设计，2006(2).
[55] 苏寅申. 桥梁施工及组织管理(下). 北京:人民交通出版社，1999.
[56] 向中富. 桥梁施工控制技术. 北京:人民交通出版社，2001.
[57] 刘武成. 土木工程施工组织学. 北京:中国铁道出版社，2003.
[58] 张桂连，谢福君. 衡阳蒸水大桥施工关键技术简介. 市政技术，2003，21(6).
[59] 陈宝春，黄卿维. 葡萄牙亨里克拱桥的设计与施工. 世界桥梁，2006(3).
[60] 徐进. 石湖大桥主桥施工技术. 桥梁建设，2005(增刊).
[61] 陈野. 苏州竹圆大桥主桥施工技术. 铁道标准设计，2004(10).
[62] 晁庚奇. 苏州竹圆自锚式悬索桥施工. 铁道标准设计，2005(2).
[63] 郭兴伦，秦诗平. 苏州竹圆大桥自锚式悬索桥无支架施工技术. 青海交通科技，2004(3).
[64] 刘玉兰. 福建下白石大桥主桥施工关键技术. 公路，2006(6).